TAXNET
세무/회계 전문 재경비즈니스 포털 서비스

2025

무역회계와 세무실무

개정 2판

홍승열 저

T A X

◆ 무역이론과 조세법률 적용을
알기 쉽고 명료하게!

A F F A I R S

조세통람

PREFACE

2025년 개정판을 내면서

무역은 단순한 상품의 수출입을 넘어, 회계와 세무가 복잡하게 얽힌 경영활동이다. 하지만, 실무 현장에서는 여전히 관련 지식이 단편적이거나 어렵게 설명되는 경우가 많아, 실무자들이 필요한 정보를 손쉽게 찾고 활용하는 데 어려움을 겪고 있다.

본서는 바로 그런 현장의 목소리에서 출발했다. 수출입 거래의 실무 흐름을 따르며 회계와 세무 이슈를 함께 이해할 수 있도록 경상거래를 중심으로 '재화의 수입', '재화의 수출', '전자적 형태 무체물의 수출입', '용역의 수출입'으로 세분화하고 실무자들이 놓치기 쉬운 포인트와 질문이 많았던 주제에 대해 구체적인 사례 중심으로 내용을 구성했다.

이번 개정판의 주요 개정 사항은 다음과 같다.

Part 1 무역 거래

세무 담당자가 무역 거래를 쉽게 이해할 수 있도록 '원산지증명서', 외국환거래법상 '거주자와 비거주자' 및 '외국환 지급절차'에 대해 관련 사례를 보완했다. 그리고 다양한 형태의 서비스업이 수출 지원을 받을 수 있도록 외화획득용 용역의 범위에 건설업 및 창고업 등을 포함하는 대외무역법 개정 내용과 해외 송 · 수금시 거래 당사자의 증빙서류 제출의무 금액기준 확대, 계약건당 미화 10만불을 초과하는 수출입대금을 물품 선적 전 1년을 초과하여 지급 · 수령하는 경우에만 신고의무 부여하는 외국환거래규정 개정 사항도 반영하였다.

Part 2 재화의 수입

'관세 납세의무자', '과세가격', '용도세율' 및 성실납세를 유도하기 위하여 수정신고에 따른 과소신고가산세 감면율을 상향 조정 등 관세법 개정 사항을 반영하였고, '이전가격 보상규정'에 대한 관세처리지침과 회계처리 등 관련 사례와 함께 상세히 기술하였다.

'커피, 코코아 등 수입 미가공식료품'과 '독립된 거래로 포장되어 수입하는 김치, 단무지 등'에 대해 2025년 12월 31일까지 부가가치세를 면세처리 하는 내용과 '부가가치세 납부유예 관련 성실요건'이 개정되어 이를 반영하였다. '재고자산' 관련 질의회신과 선하증권 양도 등 재화의 수입 관련 최신 예규 등도 업데이트하였다.

Part 3 재화의 수출

중소수출기업 지원을 위해 간이정액환급률표에 따라 환급받을 수 있는 환급대상의 기준을 직전 2년간 매년도 환급실적 및 당해연도 환급신청일까지의 환급실적이 각각 '6억원 이하'일 것에서 각각 '8억원 이하'일 것으로 완화하는 개정사항과 재화수출 관련 회계감리지적 사례를 반영하였다.

Part 4 기타의 수출입

'국외사업자 전자적 용역'의 간편 사업자 관련 부가가치세법 개정 사항과 외화획득 용역 관련 한국표준산업분류표 제11차 개정 사항을 반영했다. 특히, '국내원천소득' 원천징수 방법과 '외국납부세액 공제'에 대해서는 자세한 설명과 함께 관련 사례를 보완했다.

Part 5 외화자산부채평가

보론으로 중소기업 수출입회계처리 중 '내국수입유산스 회계처리', '위 · 수탁판매' 및 '위탁가공무역' 등 세무 실무자가 쉽게 적용할 수 있도록 실무사례를 추가하였다.

PREFACE

회계와 세무에 관한 내용을 개정하면서 선행 관계에 있는 무역 관련 법령의 달라진 부분을 찾는 개정 작업은 항상 어려운 일이다. 변함없이 최선을 다하지만, 미처 눈이 닿지 못해 법조문 표시나 내용에 오류가 있을까 걱정된다. 그 부족한 부분은 계속 보완하려고 생각하고 있다.

마지막으로 본서가 2021년에 출간된 후 올해 3판을 발간하게 되어 독자 여러분의 성원에 깊이 감사드린다. 또한 개정판 출간 기회를 마련해준 조세통람 관계자 분들과 시간에 쫓기면서도 세심하게 편집해 주신 출판부 임직원분들에게도 진심으로 감사드린다. 끝으로 개정작업에 집중하는 동안 격려와 지지를 보내준 가족과 언제나 저자를 응원해주시는 어머님에게 감사의 뜻을 전하고 싶다.

2025년 6월

저자 홍승열

일 러 두 기

부가법 … 부가가치세법
부가령 … 부가가치세법 시행령
부가칙 … 부가가치세법 시행규칙
부기통 … 부가가치세법 기본통칙
부가집 … 부가가치세법 집행기준
법인법 … 법인세법
법인령 … 법인세법 시행령
법인칙 … 법인세법 시행규칙
법기통 … 법인세법 기본통칙
법기집 … 법인세법 집행기준
소득법 … 소득세법
소득령 … 소득세법 시행령
소득칙 … 소득세법 시행규칙
조특법 … 조세특례제한법
조특령 … 조세특례제한법 시행령
조특칙 … 조세특례제한법 시행규칙
국조법 … 국제조세조정에 관한 법률
국조령 … 국제조세조정에 관한 법률 시행령
국조칙 … 국제조세조정에 관한 법률 시행규칙
개소법 … 개별소비세법
개소령 … 개별소비세법 시행령
개소칙 … 개별소비세법 시행규칙
지방법 … 지방세법
지방령 … 지방세법 시행령
지방칙 … 지방세법 시행규칙
국기법 … 국세기본법
국기령 … 국세기본법 시행령
국기칙 … 국세기본법 시행규칙

무역법 … 대외무역법
무역령 … 대외무역법 시행령
외환법 … 외국환거래법
외환령 … 외국환거래법 시행령
관세법 … 관세법
관세령 … 관세법 시행령
관세칙 … 관세법 시행규칙
환급법 … 수출용원재료에 대한 관세 등 환급에 관한 환급법
환급령 … 수출용원재료에 대한 관세 등 환급에 관한 환급법 시행령
환급칙 … 수출용원재료에 대한 관세 등 환급에 관한 환급법 시행규칙
무보법 … 무역보험법

일반기준 … 일반기업회계기준

FTA관세법 … 자유무역협정의 이행을 위한 관세법의 특례에 관한 법률

FTA관세령 … 자유무역협정의 이행을 위한 관세법의 특례에 관한 법률시행령

CONTENTS

PART 1

무역거래

2025
무역회계와
세무실무

Chapter 01 무역거래

❶ 무역거래 개요 28
1–1 국제거래 28
1–2 무역거래 29

❷ 무역 관련 주요 법률 29
2–1 대외무역법 29
(1) 개요 29
(2) 관리체계 29
2–2 관세법 30
(1) 개요 30
(2) 관세법의 성격 30
(3) 관리체계 31
(4) 관세법의 구성 31
(5) FTA관세법 31
2–3 외국환거래법 32
(1) 개요 32
(2) 관리체계 32
2–4 외국인투자촉진법 32
(1) 개요 32
(2) 관리체계 32

❸ 수출 33
3–1 대외무역법 33
(1) 국내에서 외국으로 물품 이동 34
(2) 우리나라의 선박이 하는 현지 수출 34
(3) 보세판매장에서 물품 매도 34
(4) 외국에서 외국으로 물품 인도하는 행위 35
(5) 거주자가 비거주자에게 용역 제공 35
(6) 전자적 형태의 무체물 인도 37
3–2 관세법상 수출 38
3–3 부가가치세법상 수출 38

❹ 수입 40
4-1 대외무역법상 수입 40
(1) 외국으로부터 국내로 물품 이동 40
(2) 유상으로 외국물품 인수 40
(3) 비거주자가 거주자에게 용역 제공 41
(4) 전자적 형태의 무체물 인도 42
4-2 관세법상 수입 43
4-3 부가가치세법상 수입 43

❺ 물품과 용역의 범위 44
(1) 물품과 재화의 비교 44
(2) 용역의 비교 44

보론
❶ 외국환거래법상 거주자와 비거주자 46
❷ 세법상 거주자와 비거주자 47
(1) 개인 거주자 판정기준(소득법§1의2①, §3) 47
(2) 법인 거주자 판정기준(법인법§2, 법인령§2) 47

Chapter 02 수출입계약

❶ 계약절차 51
1-1 계약체결 51
1-2 계약방식 51

❷ 계약조건 52
2-1 수량조건 52
(1) 중량조건 52
2-2 가격조건 53
(1) 인코텀즈(INCOTERMS) 2020 53
(2) 위험 이전과 비용부담 53
(3) E 조건(공장인도조건) 53
(4) F 조건(운임 미지급조건) 54
(5) C 조건(운임 지급조건) 54
(6) D 조건(도착지 조건) 55
2-3 원산지증명서 57
(1) 원산지증명서 57
(2) 원산지확인서 58
2-4 무역클레임 58
(1) 중재 58
(2) 소송 59

❸ 수출입승인 59
3-1 수출입공고 59
3-2 통합공고 60
3-3 전략물자 수출입고시 60

❹ 통관절차 61
4-1 통관의 종류 61

❺ 운송 61
5-1 해상운송 62
(1) 수출화물 운송절차 62
(2) 수입화물 운송절차 63
(3) 해상운송주선인(ocean freight forwarder) 64
(4) 부정기선의 용선계약 64
5-2 항공운송 69
(1) 수출화물 운송절차 69
(2) 수입화물 운송절차 69
(3) 항공화물주선업자 70
(4) 국제특송업 70
5-3 복합운송 72
(1) 국제물류주선업자(복합운송주선인) 72
(2) 복합운송주선인 업무 72
(3) 복합운송 주요경로 72

❻ 해상보험 73
6-1 해상보험의 종류 73

CONTENTS

6-2 해상손해의 종류 74
(1) 전손과 분손 74
(2) 공동해손과 단독해손 74
6-3 적하보험증권 75

❼ 무역보험 75
7-1 수출보험 75
(1) 수출보험의 종류 77
(2) 단기수출보험 79
7-2 수입보험 81
(1) 대상거래 81
(2) 운영방식 81

Chapter 03 수출입대금 결제

❶ 수입대금 결제 82
1-1 송금결제방식 82
(1) 사전송금방식 82
(2) 사후송금방식 82
1-2 추심결제방식 83
(1) 환어음 83
(2) D/P 조건 84
(3) D/A 조건 84
1-3 신용장결제방식 85
(1) 신용장 85
(2) 신용장 거래 당사자 86
(3) 신용장거래구조 87
(4) 신용장 이용방식 89
(5) 신용장 관련 비용 90

❷ 수출대금회수 92
2-1 추심전 매입 92
2-2 신용장 매입 92
2-3 O/A 수출채권 매입 93

❸ 수출입대금 결제 관리 93
3-1 환율 93
(1) 환율의 표시방법 93
(2) 환율의 종류 94
3-2 외국환 101
(1) 환 101
(2) 외국환 101
3-3 외국환 지급과 수령 101
(1) 경상거래와 자본거래 101
(2) 외국환지급절차 102
3-4 외국환거래의 통보 113

❹ 수출입관련 예금거래 115
4-1 국내 외화예금 115
(1) 예금주의 자격 115
(2) 외화예금의 종류 116
4-2 해외예금 외국환신고 116
4-3 해외금융계좌 신고 118
(1) 신고의무자 118
(2) 신고면제자 119
(3) 신고방법 120
(4) 신고의무 불이행에 대한 제재 120
(5) 수정신고 및 기한 후 신고 120

❺ 수출입관련 여신 121
5-1 수입거래 121
(1) 지급보증 121
(2) 내국수입유산스 122
(3) 외화대출 122
5-2 수출거래 123
(1) 무역금융 123
(2) 내국신용장과 구매확인서 123
(3) 매입외환 124
5-3 국내거래여신과 수출입여신 비교 125

PART 2

재화의 수입

2025
무역회계와
세무실무

Chapter 01 수입통관

❶ 수입통관 128

❷ 수입물품 장치 130
2-1 보세구역 130
(1) 지정보세구역 130
(2) 특허보세구역 131
(3) 종합보세구역 134
2-2 보세구역외장치장 135
2-3 자유무역지역 135
2-4 보세운송 135

❸ 수입신고 135
3-1 신고인 136
3-2 신고내용 136
(1) 신고단위 137
(2) 통관고유번호 137
3-3 수입심사 138
(1) 물품검사 138
(2) 서류심사 138
(3) 세관장 확인물품 139
3-4 수입신고수리 140
3-5 수입신고 지연가산세 141
(1) 신고기한 141
(2) 가산세율 141
3-6 미반출 과태료 141

❹ 납세신고 142
4-1 납세의무자와 과세물건의 확정 143
(1) 납세의무자 143
(2) 과세물건 143
(3) 예외 사유 143
(4) 적용법령 145

CONTENTS

4-2 과세가격 145
(1) 가격신고 145
(2) 과세가격결정 145
4-3 관세세율 149
(1) 품목분류 149
(2) 세율 149
(3) FTA협정세율의 적용 152

❺ 관세납부 156
5-1 납부세액 156
(1) 납부세액 계산 156
(2) 납부기한 156
5-2 세액변경 157
(1) 정정신청 157
(2) 보정신청 157
(3) 수정신고 및 경정청구 157
(4) 가산세 158
(5) 가산세 감면 159

❻ 관세감면 160
6-1 관세법상 주요감면 161
(1) 재수출면세 161
(2) 재수입면세 161
(3) 해외임가공물품 등의 감세 163
6-2 조세특례제한법상 관세감면 163
6-3 관세감면 신청 163

❼ 수입물품에 대한 관세 환급 165
7-1 계약 내용과 다른 물품 등에 대한 관세 환급 165
(1) 환급액 165
7-2 수입한 상태 그대로 수출되는 자가사용물품에 대한 관세 환급 165
(1) 환급액 166

❽ 통관절차의 특례 166
8-1 수입신고수리전 반출 166
8-2 수입신고전의 물품 반출 166
8-3 전자상거래물품 등의 특별통관 166
8-4 탁송품의 특별통관 167
(1) 통관목록 제출 167
(2) 간이신고 167
(3) 일반 수입신고 167
8-5 우편물 통관 169
8-6 휴대품 통관 169
8-7 A.T.A 까르네 169

보론 이전가격 보상조정과 관세평가 170
❶ 이전가격 보상규정 170
(1) 이전가격 170
(2) 정상가격 170
(3) 보상조정(compensating adjustment) 171
❷ 이전가격 보상규정에 대한 관세의 가격신고 171
(1) 이전가격 보상규정 171
(2) 이전가격 보상규정이 있는 경우 관세의 가격신고 방법 173
❸ 국세의 정상가격과 관세의 과세가격 사전조정 176
❹ 국세와 관세의 경정청구 176
(1) 국세 경정청구 176
(2) 관세 경정청구 176

Chapter 02 재고자산 인식

❶ 재고자산 177

❷ 미착상품 인식 178
2-1 인식시점 178
2-2 계정과목 179

❸ 취득원가 180
3-1 매입원가 180
(1) 매입금액 181
(2) 부대원가 182
(3) 매입할인 · 에누리 182
(4) 기타 가산원가 183
3-2 제조원가 184
3-3 기타취득 184
(1) 무상취득 184
(2) 재고자산 교환 184

❹ 기간비용 186

Chapter 03 부가가치세 신고납부

❶ 수입재화의 부가가치세 188
(1) 부가가치세 납세의무 188
(2) 부가가치세 신고납부 188

❷ 관세법 우선 적용 189

❸ 재화의 수입에 대한 면세 190
(1) 면세적용 사전 요건 190
(2) 수입계산서 발급 191
3-1 미가공 식료품 192
(1) 식료품의 범위 192
(2) 과세되는 수입 미가공식료품 202
(3) 식용으로 제공되는 농산물 · 축산물 · 수산물 · 임산물 203
3-2 도서, 신문 및 잡지 204
3-3 학술연구단체, 교육기관, 문화단체가 수입하는 재화 205
3-4 종교단체 · 자선단체 또는 구호단체에 기증되는 재화 207
3-5 국가, 지방자치단체 또는 지방자치단체조합에 기증되는 재화 207
3-6 거주자가 받는 소액물품으로서 관세가 면제되는 재화 208
3-7 이사, 이민 또는 상속으로 인하여 수입하는 재화 209
3-8 여행자의 휴대품, 별송(別送) 물품 및 우송(郵送) 물품 210
3-9 견본과 광고용 물품 210
3-10 박람회, 전시회, 품평회, 영화제 출품 물품 210
3-11 조약 · 국제법규 또는 국제관습에 따라 관세가 면제되는 재화 210
3-12 수출된 후 다시 수입하는 재화 211
(1) 재수입면세 211
(2) 해외임가공물품 212
3-13 일시 수입하는 재화 212
3-14 담배 214
3-15 관세가 무세(無稅)이거나 감면되는 재화 214
(1) 관세법 외의 법령에 따라 관세가 감면되는 물품 216
(2) 화폐, 유가증권, 수집품 등 이와 유사한 물품 216
(3) 장애인용 제조된 물품 217
(4) 관세의 기본세율이 무세인 물품 220
3-16 무연탄 223
3-17 선박 223
3-18 보세건설물품 223

CONTENTS

❹ 수입재화의 과세표준 224

4-1 관세의 경감이 없는 경우 224

4-2 관세의 경감이 있는 경우 225

4-3 기타 거래 과세표준 계산 227

(1) 무환수입 227

(2) 원료과세 228

❺ 수입세금계산서 228

5-1 발급의무자 228

5-2 발급대상 228

5-3 발급받는 자 229

(1) 수입세금계산서를 발급받을 사업장 229

5-4 교부시기 229

(1) 일괄교부 229

(2) 월별납부서단위의 수입세금계산서 교부 229

(3) 수입세금계산서의 재교부 230

5-5 거래형태별 발급방법 230

(1) 위탁(대행)수입 230

(2) 조달사업에 관한 법률에 따라 물자 공급 231

(3) 리스거래 231

(4) 세관장이 선 발급한 국내재화 및 용역거래 231

(5) 기타거래 232

❻ 수정 수입세금계산서 233

6-1 발급사유 234

(1) 수입자의 수정신고 등 234

(2) 세관장의 결정 또는 경정 235

(3) 관세조사에 따른 수정신고 235

6-2 발급 불가사유 236

(1) 관세포탈죄 등을 위반하여 고발되거나 통고처분을 받은 경우 236

(2) 부정한 행위 또는 부당한 방법으로 과소신고한 경우 236

(3) 중대한 잘못이 있는 경우 236

6-3 작성방법 237

(1) 공급가액에 추가 또는 차감되는 금액이 발생한 경우 237

(2) 필요적 기재사항 등이 착오로 잘못 기재된 경우 237

(3) 일괄 또는 월별수입세금계산서 238

6-4 세관장 발급 238

(1) 발급 후 불가사유가 발생한 경우 238

(2) 후발적 사유가 발생한 경우 238

6-5 발급신청 238

(1) 신청시기 239

(2) 신청서 제출 239

(3) 발급 통지 239

❼ 부가가치세 신고 · 납부 240

7-1 재화의 수입에 대한 신고 · 납부 240

7-2 세관장의 징수 240

7-3 납부유예 241

(1) 신청 기업 241

(2) 대상 재화 242

(3) 신청 절차 242

(4) 부가가치세 정산 납부 243

(5) 납부유예의 취소 243

7-4 매입세액공제 244

(1) 공제요건 244

(2) 공제시기 245

(3) 거래형태별 매입세액 공제 246

7-5 매입세액 관련 가산세 249

Chapter 04 수입대금의 결제

❶ 신용장대금 지급거래 251
1-1 일람불(At sight) 신용장 거래 251
(1) 신용장 이용방식 251
(2) 회계처리 251
1-2 기한부 신용장(Usance L/C) 거래 253
(1) 신용장 이용방식 253
(2) 신용공여자에 따른 분류 253
(3) 회계처리 255
(4) Usance 이자 처리 259
(5) 재무상태표 차입금 검토 261
(6) 기한부신용장별 회계처리 사례 262
1-3 수입화물선취보증 266
(1) 회계처리 266

❷ 무신용장대금 지급거래 267
2-1 송금방식에 의한 수입대금 결제 267
2-2 추심결제방식에 의한 수입대금 결제 268
(1) D/P 거래 268
(2) D/A 거래 268
(3) D/A 관련 이자비용 269

Chapter 05 기타 수입거래

❶ 보세구역 거래 270
1-1 보세구역의 범위 270
1-2 보세구역에 관련된 재화의 공급 271
(1) 외국에서 반입 271
(2) 보세구역 내 거래 271
(3) 보세구역에서 국내로 반입 272
(4) 국내에서 보세구역으로 반입 273
1-3 선하증권의 양도 273
(1) 국외 물품 선하증권 양도 274
(2) 보세구역 내 선하증권 양도(순액) 274
(3) 수입신고 수리전 선하증권 양도(총액) 276
(4) 수입신고수리 후 선하증권 양도 277
(5) 면세재화에 대한 선하증권 양도 278
(6) 명의개서가 없는 선하증권 양도 279
1-4 조달청창고와 런던금속거래소 지정창고의 창고증권 양도 280
(1) 창고증권 280
(2) 창고증권의 양도 280
(3) 임치물의 반환이 수반되지 않는 창고증권의 양도 280
(4) 임치물의 반환이 수반되는 재화의 공급 281

❷ 특정거래형태의 수입 282
2-1 무환수입 282
(1) 회계처리 282
(2) 세무상 취득가액 282
(3) 간이수입신고 283
2-2 수탁판매수입 283
(1) 수탁판매수입 절차 283
(2) 수입통관 284
(3) 창고반입 284
(4) 국내판매 284
(5) 수탁자의 수수료수익 284
2-3 임차수입 285
(1) 관세납세의무자 285
(2) 수입세금계산서 발급 286
(3) 취득세 287
(4) 재산세 287
(5) 회계처리 288
(6) 국적취득조건부 나용선 (Bare Boat Charter with Hire Purchase) 288

CONTENTS

2–4 연계무역 290
(1) 회계처리 290
(2) 법인세 처리 291
2–5 외국인수수입 291
(1) 국외거래 291

❸ 수입물품의 클레임(반품) 292
3–1 가격인하 292
(1) 관세의 과세가격 292
(2) 부가가치세 처리 293
3–2 반품 후 동일제품 교체 293
(1) 반품처리 293
(2) 동일제품 재수입 296
3–3 대체품 수입 296
3–4 회계처리 297
3–5 개별소비세 환급 299

PART 3

재화의 수출

2025
무역회계와
세무실무

Chapter 01 수출통관

❶ 개요 302

❷ 수출신고 303
2-1 보세구역 반입 303
2-2 수출신고서 제출 303
(1) 신고인 303
(2) 신고 기준 303
(3) 신고 세관 304

❸ 수출심사 304
3-1 물품검사 304
3-2 세관장의 확인 305

❹ 수출신고의 수리 307
❺ 수출신고수리물품의 적재 307
❻ 반송통관 307

Chapter 02 환급특례법상 관세환급

❶ 환급개요 308
1-1 의의 308
1-2 환급대상 309
1-3 산출방법 309

❷ 환급요건 309
2-1 수출용원재료 310
(1) 수출물품을 생산하는데 소요되는 물품 310
(2) 원상태수출물품 310
2-2 수출이행기간 311
(1) 기준일 311
(2) 이행기간 311
(3) 수입 기준일 312
(4) 수입신고필증 단축대상 물품 312
(5) 국내거래 증명서류 313
2-3 환급대상수출 314
(1) 유상수출 314
(2) 무상수출 315
(3) 주한미군 등에 대한 판매 또는 공사 315
(4) 보세구역 반입 316
(5) 기타 수출 316
2-4 환급청구 316

❸ 환급관세 산출방법 317
3-1 간이정액환급 317
(1) 중소기업 317
(2) 수출물품의 생산자 317
(3) 간이정액환급률표에 게기된 물품 318
(4) 적용제외 물품 318
(5) 간이정액환급률표 적용시기 319
3-2 개별환급 319
(1) 대상기업 319
(2) 소요량 계산 319
(3) 부산물 공제 319

CONTENTS

Chapter 03 수출매출액

❶ 수익과 익금 321

1-1 수익 321

1-2 익금 321

❷ 수출매출액의 인식 322

2-1 회계처리 322

(1) 인식시점 322

(2) 복합거래 323

(3) 계정과목 324

2-2 법인세 처리 325

(1) 인식시점 325

(2) 복합거래 326

2-3 부가가치세 처리 326

(1) 선적일 326

(2) 공급가액이 확정되는 때 328

(3) 재화가 인도되는 때 328

❸ 수출매출액 측정 329

3-1 판매대가 329

(1) 회계처리 329

(2) 법인세 처리 330

(3) 부가가치세 처리 331

3-2 외화수입금액 332

(1) 회계처리 332

(2) 법인세 처리 333

(3) 부가가치세 처리 334

Chapter 04 부가가치세 거래징수

❶ 공급장소 335

1-1 재화의 공급장소 335

(1) 재화의 이동이 필요한 경우 335

(2) 재화의 이동이 필요하지 아니한 경우 335

1-2 국외거래 337

(1) 계산서 발급 337

(2) 계산서 합계표 제출 339

(3) 계산서 관련 가산세 340

❷ 영세율 344

2-1 대상거래 344

2-2 적용사업장 345

2-3 영세율 첨부서류 345

(1) 국세청장이 정하는 서류 345

(2) 외화획득명세서 346

2-4 상호주의 346

(1) 비거주자 또는 외국법인 346

(2) 상호면세국 346

❸ 세금계산서 발급 348

3-1 세금계산서 348

(1) 기재사항 348

(2) 전자세금계산서 348

3-2 세금계산서 발급시기 349

(1) 월합계세금계산서 349

(2) 세금계산서 사전발급 349

3-3 세금계산서 발급의무 면제 350

(1) 수출하는 재화 350

(2) 국내사업장이 없는 비거주자 또는 외국법인에게 공급되는 재화 351
(3) 국내사업장이 있는 비거주자 또는 외국법인에게 직접 공급하는 재화 351
(4) 외국을 항행하는 선박 및 항공기 또는 원양어선에 공급하는 재화 352
(5) 그 밖에 국내사업장이 없는 비거주자 또는 외국법인에 공급하는 재화 352
3-4 수정세금계산서 발급 352
(1) 공급시기 이후에 발급된 내국신용장 등 352
(2) 면세 등 발급대상이 아닌 거래에 세금계산서 발급 357
(3) 세율을 잘못 적용하여 발급 359
3-5 세금계산서 관련 가산세 361

❹ 면세포기 362
4-1 포기대상 362
4-2 포기신고 362
4-3 포기효과 362
(1) 의제매입세액 불공제 363

Chapter 05 영세율적용대상 국외반출 거래

❶ 직수출 364
1-1 직수출 364
(1) 내국물품의 외국반출 365
(2) 공급시기 366
(3) 공급가액 368
(4) 세금계산서 발급 369
(5) 영세율 첨부서류 369
1-2 국외반출 수탁가공무역 370
(1) 영세율 370
(2) 공급가액 및 영세율 첨부서류 371
(3) 세금계산서 교부의무 371
(4) 매입세액 공제 371
1-3 휴대품(핸드캐리) 수출 372
(1) 간이수출신고 372
(2) 핸드캐리 372
1-4 우편 수출 등 372
(1) 우편수출 372
(2) 특송수출 372
(3) 인터넷 쇼핑몰 373
1-5 북한으로 반출하는 물품 373

❷ 무상수출 373
2-1 무상수출의 범위 374
(1) 사업상 증여로 영세율 적용 374
(2) 재화의 공급으로 보지 않는 거래 374
2-2 영세율 적용 375
2-3 공급시기 376
2-4 공급가액 376
2-5 세금계산서 발급 376
2-6 영세율 첨부서류 376
2-7 부가가치세 신고 377

❸ 보세구역물품의 국외반출 378
3-1 공급시기 378
3-2 공급가액 378
(1) 외국통화나 그 밖의 외국환으로 받은 경우 378
3-3 세금계산서 발급 379
3-4 영세율 첨부서류 379

CONTENTS

❹ 대행수출 380
4-1 대행수출의 범위 380
(1) 수출품생산업자와 수출업자 380
(2) 수출알선용역(오퍼상) 380
4-2 영세율의 범위 381
(1) 수출품생산업자의 영세율 적용 381
(2) 수출업자의 대행수수료 381
4-3 공급시기 381
4-4 공급가액 382
4-5 세금계산서 발급 382
4-6 영세율 첨부서류 382
4-7 회계처리 등 383
(1) 수출대행의 경우 수입금액 계산 383
(2) 수출신고필증으로 확인하는 대행수출 383

❺ 임대수출 384
5-1 영세율의 범위 384
(1) 국외반출 384
(2) 국외반출 후 임대용역 384
(3) 임대장비 소유권 이전 384
(4) 임대장비 재수입 385

Chapter 06 영세율적용대상 국외거래

❶ 중계무역방식수출 386
1-1 중계무역의 범위 386
1-2 영세율의 범위 387
(1) 신용장 양도방식의 중계무역 387
1-3 공급시기 388
1-4 공급가액 388
1-5 세금계산서 발급 388
1-6 영세율 첨부서류 389

❷ 위탁판매수출 389
2-1 위탁판매수출의 범위 389
2-2 영세율의 범위 390
2-3 공급시기 390
2-4 공급가액 390
2-5 세금계산서 발급 391
2-6 영세율 첨부서류 391
2-7 보세창고인도조건 수출 391
(1) 공급시기 391
(2) 공급가액 392
(3) 수입금액 처리 392
(4) 판매수수료에 대한 원천징수 392

❸ 외국인도수출 393
3-1 외국인도수출의 범위 393
(1) 외국인도수출과 중계무역의 비교 393
3-2 영세율의 범위 394
(1) 국외거래와 비교 394
3-3 공급시기 395
3-4 공급가액 395
3-5 세금계산서 발급 396
3-6 영세율 첨부서류 396

❹ 위탁가공무역수출 397
4-1 위탁가공무역수출의 범위 397
(1) 조세특례제한법상 업종 398
(2) 원자재 무환 반출 398
4-2 영세율의 범위 399
4-3 공급시기 399
4-4 공급가액 399
4-5 세금계산서 발급 399
4-6 영세율 첨부서류 400

❺ 국외원재료 반출 400
5-1 국외원재료 반출의 범위 400
5-2 영세율의 범위 401
5-3 공급시기 401
5-4 공급가액 401
5-5 세금계산서 발급 401
5-6 영세율 첨부서류 402

❻ 보세구역 물품의 외국으로의 반출 403
6-1 외국물품 403
6-2 영세율의 범위 403

Chapter 07 영세율적용대상 국내거래

❶ 내국신용장, 구매확인서 거래 404
1-1 내국신용장과 구매확인서의 범위 405
(1) 내국신용장 405
(2) 구매확인서 406
1-2 영세율의 범위 406
(1) 적용 대상 407
1-3 공급시기 407
1-4 공급가액 408
(1) 외국통화나 그 밖의 외국환으로 받은 경우 408
1-5 세금계산서 교부 408
1-6 영세율 첨부서류 410

❷ 수탁가공 후 국내공급 410
2-1 수탁가공 후 국내공급의 범위 410
2-2 영세율의 범위 411
(1) 비거주자 또는 외국법인 411
2-3 공급시기 411
2-4 공급가액 412
2-5 세금계산서 교부 412
2-6 영세율 첨부서류 412
2-7 매입세액 공제 413

❸ 외화획득 재화공급 413
3-1 국내에서 국내사업장이 없는 비거주자 또는 외국법인에게 재화공급 413
(1) 대가의 지급방법 414
(2) 비거주자 또는 외국법인이 지정하는 국내사업자에게 양도 415
(3) 공급시기 415
(4) 세금계산서 발급 416
(5) 영세율 첨부서류 416
(6) 수탁가공 후 국내공급과 비교 417
3-2 국내사업장이 있는 비거주자 또는 외국법인에게 공급 418
(1) 대가의 지급방법 418
3-3 외국항행 선박 등에 공급하는 재화 420
(1) 외국을 항행하는 선박 420
(2) 영세율첨부서류 420

CONTENTS

Chapter 08 사후관리

❶ 관세환급 423
1-1 직접환급 423
(1) 회계처리 423
(2) 법인세처리 424
(3) 부가가치세 처리 424
1-2 간접환급 424
(1) 회계처리 424
(2) 부가가치세 처리 425

❷ 클레임 426
2-1 재화환입(계약해제) 426
(1) 법인세 처리 427
(2) 부가가치세 처리 427
2-2 가격조정 428
(1) 법인세 처리 428
(2) 부가가치세 처리 429
2-3 교환 429
(1) 반입 후 동일제품 교체 429
(2) 반입 후 동종(유사)제품 교체 429
(3) 반입 없이 동일제품 재수출 430

❸ 수출대금 회수 431
3-1 수출환어음의 '매입'(Negotiation) 431
(1) 매입의 개념 431
(2) 회계처리 431
(3) 법인세 처리 433
(4) 부가가치세법 434
3-2 신용장 양도 434
(1) 의의 434
(2) 양도의 조건 434
(3) 조건변경 435
(4) 회계처리 435
(5) 법인세 처리 436
(6) 부가가치세 처리 436

❹ 부가가치세 신고 438
4-1 조기환급신고 438
(1) 일반환급 438
(2) 조기환급 사유 438
(3) 조기환급세액 계산 439
(4) 조기환급신고 439
4-2 부가가치세 신고 및 납부 440
(1) 예정신고 440
(2) 확정신고 441

❺ 영세율 관련 가산세 442
5-1 조기환급 관련 가산세 442
(1) 조기환급신고 누락분 정기신고 제출 442
(2) 예정 · 확정신고 전 조기환급 경정 444
(3) 예정 · 확정신고 후 조기환급경정 445
5-2 영세율과세표준 신고불성실가산세 445
(1) 영세율과세표준 무신고가산세 445
(2) 영세율과세표준 과소신고가산세 445

❻ 수출매출채권 대손상각 447
6-1 회계처리 447
6-2 법인세 처리 448
(1) 대손금 대상채권 448
(2) 대손금 제외채권 448
(3) 대손인정사유 450
(4) 손금산입 시기 451

PART 4

기타의 수출입

2025
무역회계와
세무실무

Chapter 01 전자적형태의 무체물의 수출입

❶ 전자적형태의 무체물 456
1-1 전자적형태의 무체물의 정의 456
(1) 소프트웨어 456
(2) 영상물, 음향 · 음성물, 전자서적, 데이터베이스 456
1-2 전자적형태의 무체물의 수출입 456

❷ 전자적형태의 무체물의 수입 457
2-1 관세부과 457
(1) 컴퓨터소프트웨어에 대하여 지급되는 권리사용료 457
2-2 국내원천소득 459
(1) 소프트웨어 정의 460
(2) 소득 구분 460
(3) 원천징수 대상 461
2-3 소프트웨어의 자산계정 분류 462
(1) 회계처리 462
(2) 법인세처리 463

❸ 전자적형태의 무체물 수출 464
3-1 회계처리 464
(1) 로열티 수익 464
(2) 소프트웨어(백신프로그램)를 판매하는 경우 465
(3) 소프트웨어 판매 후 지원 및 제품개선 용역 465
(4) 주문형 소프트웨어의 개발 수수료 465
3-2 법인세 처리 466
3-3 부가가치세 처리 466
(1) 영세율 적용 467
(2) 공급시기 467
(3) 공급가액 467
(4) 세금계산서 발급 467
(5) 영세율첨부서류 467

CONTENTS

Chapter 02

용역의 수출입

❶ 용역의 범위 470

❷ 용역의 수입 471

2-1 국내원천소득 원천징수 471
(1) 비거주자의 국내원천소득 471
(2) 외국법인의 국내원천소득 473
(3) 국내원천소득 구분 474
(4) 국내원천소득 과세방법 478
(5) 종합과세 479
(6) 원천징수 481

2-2 부가가치세 대리납부 482
(1) 공급자(국외사업자) 요건 483
(2) 공급 받는자의 면세사업 요건 483
(3) 용역 또는 권리 요건 484
(4) 공급장소 486
(5) 징수시기 487
(6) 대리납부세액 계산 487
(7) 대리납부신고서 제출 488
(8) 대리납부 불이행 가산세 489

2-3 국외사업자 용역 및 전자적 용역 등 공급 특례 492
(1) 국외사업자의 용역 또는 권리공급에 관한 특례 492
(2) 전자적 용역을 공급하는 국외사업자의 사업자등록 및 납부 등에 관한 특례 494

❸ 용역의 수출 499

3-1 회계처리 499
(1) 용역의 범위 499
(2) 진행기준 499

3-2 법인세 처리 500
(1) 진행기준 500
(2) 인도기준 500
(3) 외국납부세액 공제 501
(4) 직접외국납부세액 공제 502
(5) 간주외국납부세액 공제 504
(6) 법인지방소득세 504

3-3 부가가치세 처리 508
(1) 용역의 공급 508
(2) 용역의 공급장소 509
(3) 국외거래 511
(4) 영세율 적용 511
(5) 세금계산서 발급 및 면제 513

❹ 영세율 적용대상 용역 515

4-1 외국항행용역 517
(1) 외국항행용역의 범위 517
(2) 영세율 적용 518
(3) 세금계산서교부 518
(4) 영세율 첨부서류 518
(5) 북한에 제공하는 북한항행용역 519

4-2 국외제공용역 520
(1) 용역의 범위 520
(2) 공급시기 521
(3) 공급가액 523

(4) 세금계산서 교부 524
(5) 영세율첨부서류 524
(6) 외화획득용역과 구분 525

4-3 국내에서 국내사업장이 없는 비거주자 또는 외국법인에게 용역공급 526
(1) 법소정의 용역사업 526
(2) 대가의 지급방법 545
(3) 공급시기 546
(4) 공급가액 547
(5) 세금계산서 발급 548
(6) 영세율 첨부서류 548

4-4 국내사업장이 있는 비거주자 또는 외국법인에게 용역공급 549
(1) 법소정의 용역사업 549
(2) 대가의 지급방법 549
(3) 공급시기 551
(4) 공급가액 552
(5) 세금계산서 발급 552
(6) 영세율 첨부서류 552
(7) 국내사업장이 없는 외화획득 용역공급과 비교 553

4-5 수출임가공용역 554
(1) 수출업자와 직접도급 계약 554
(2) 임가공용역의 범위 554
(3) 공급시기 555
(4) 공급가액 556
(5) 세금계산서 발급 556
(6) 영세율 첨부서류 557

4-6 내국신용장 또는 구매확인서에 의하여 공급하는 수출재화임가공용역 557
(1) 적용 대상 557
(2) 공급시기 557
(3) 공급가액 558
(4) 세금계산서 교부 559
(5) 영세율 첨부서류 560

4-7 외국을 항행하는 선박 및 항공기 또는 원양어선에 공급하는 용역 561
(1) 외국을 항행하는 선박 561
(2) 영세율첨부서류 561

CONTENTS

PART 5

외화자산부채평가 및 파생상품거래

2025
무역회계와
세무실무

Chapter 01 외화자산부채 인식

❶ 회계처리 564
1-1 수입시 외화회계처리 564
1-2 수출시 외화회계처리 564

❷ 법인세 처리 565
2-1 사업연도 중에 발생된 외화자산 · 부채 565
2-2 사업연도 중에 보유외환 매각 또는 외환 매입 565
2-3 사업연도 중에 보유외환으로 다른 외화자산 취득 또는 기존의 외화부채 상환 565

❸ 부가가치세 처리 566
3-1 공급대가를 외국통화로 받는 경우의 부가가치세법상 과세표준 566
(1) 공급시기가 되기 전에 원화로 환가(換價)한 경우 566
(2) 공급시기 후에 외국통화를 받거나 외국환 상태로 보유하는 경우 등 566
3-2 매출인식과 부가가치세 과세표준 신고금액의 관리 566
(1) 선적일에 대금을 수령한 경우 566
(2) 선적전에 계약금 등을 수령한 경우 566

Chapter 02 외환자산부채 평가

❶ 외환차손익 567
1-1 회계처리 567
(1) 화폐성 항목에서 발생한 손익 567
(2) 비화폐성 항목에서 발생한 손익 567
1-2 법인세 처리 568

❷ 외화환산손익 568
2-1 회계처리 568
2-2 법인세 처리 569
(1) 평가대상 569
(2) 평가방법 569
(3) 평가손익의 처리와 평가방법 신고서 등의 제출 569

Chapter 03 파생상품에 대한 회계처리와 세무조정

❶ 파생상품 572
1-1 파생상품의 의의 572
1-2 파생상품의 종류 572
(1) 선도거래와 선물거래 572
(2) 옵션 573
(3) 스왑(swap) 574

❷ 파생상품의 회계처리 574
2-1 파생상품의 정의 574
2-2 회계처리 575
(1) 매매목적 파생상품 평가손익 575
(2) 위험회피수단으로 지정된 파생상품의 평가손익 575
2-3 위험회피회계 575
(1) 위험회피의 유형구분 575
(2) 공정가치위험회피 회계 575
(3) 현금흐름위험회피 회계 576
(4) 해외사업장순투자의 위험회피 회계 576
2-4 법인세 처리 577
(1) 파생상품 거래손익에 대한 손익 귀속사업연도 577
(2) 일반법인의 세무조정 577

보론 중소기업 수출입 회계처리 방법 582
❶ 외화예금 582
(1) 불일치금액 처리방법 582
❷ 외화선급금 및 외화선수금 인식 584
(1) 외화선급금 584
(2) 외화선수금 585
❸ 외화선급금 및 외화선수금 대체 585
(1) 외화선급금 대체 585
(2) 외화선수금 대체 586
(3) 부가가치세 업무처리 587
❹ 신용장 회계처리 587
❺ 일반 수출입 회계처리 589
❻ 위 · 수탁판매 수출입 회계처리 590
❼ 위탁가공무역 수출 회계처리 590

부록

1. 대한상사중재원 물품매매계약서 594
2. 수입신고서 작성요령 602
2-1 일반사항 604
2-2 품명 · 규격 기재에 관한 사항 606
2-3 작성방법 약어 설명 608
2-4 작성 방법 609
3. 수출신고서 작성요령 631
3-1 일반사항 633
3-2 품명 · 규격 기재에 관한 사항 638
3-3 제7조의3에서 정한 보세구역 등 반입 후 수출신고에 관한 사항 639
3-4 작성방법 약어 설명 641
3-5 수출신고서 세부작성 요령 642

2025
무역회계와
세무실무

PART 01

무역거래

CHAPTER

01
무역거래

02
수출입계약

03
수출입대금 결제

CHAPTER

01 무역거래

무역거래 개요

1-1 국제거래

국제거래는 외국과의 거래로 물품, 용역, 자본 및 이에 수반되는 결제거래를 국제거래라 한다. 국제거래는 외국과의 거래라는 점에서 대외거래라고 하기도 한다. 국제거래를 자금흐름으로 분류하면, 경상거래와 자본거래로 구분한다. 경상거래는 무역거래, 무역외거래, 이전거래로 세분할 수 있다.

▶ 국제거래의 구분

<table>
<tr><th colspan="3">구 분</th><th>거래내역</th><th>적용 법령</th><th>비고</th></tr>
<tr><td rowspan="10">국제거래</td><td rowspan="8">경상거래</td><td rowspan="2">무역거래</td><td>물품의 수출입</td><td>대외무역법
관세법</td><td>수출입거래</td></tr>
<tr><td>지급 및 영수방법</td><td rowspan="9">외국환거래법
외국인투자촉진법</td><td rowspan="9"></td></tr>
<tr><td rowspan="4">무역외거래</td><td>운수관련 지급 등</td></tr>
<tr><td>보험관련 지급 등</td></tr>
<tr><td>인적용역 대가 지급 등</td></tr>
<tr><td>기타거래</td></tr>
<tr><td>이전거래</td><td>기부금 등</td></tr>
<tr><td colspan="2" rowspan="2">자본거래</td><td>거주자의 해외투자</td></tr>
<tr><td>외화자금 차입</td></tr>
</table>

1-2 무역거래

무역이란 국가와 국가사이에 이루어지는 '물품'의 매매거래를 의미하며 수출(export)과 수입(import)으로 구분한다. 무역거래는 국내거래와는 다르게 물품의 국가간 이동으로 물품결제 통화가 외국통화이고, 외국통화 보유로 환율변동에 의한 환리스크를 가진다. 수출자에게는 신용위험(수출대금회수의 불확실성)이 있으며, 수입자에게는 상업위험(기한 내에 물품수령의 불확실성)이 있다.

② 무역 관련 주요 법률

2-1 대외무역법

(1) 개요

대외무역법은 무역에 대한 기본법으로 대외 무역을 진흥하고 공정한 거래 질서를 확립하여 국제 수지의 균형과 통상의 확대를 도모함으로써 국민 경제를 발전시키는 데 이바지함을 목적으로 하고 있다.

(2) 관리체계

대외무역법은 무역관리에 대한 기본법이다. 대외무역법에서는 무역관리를 아래와 같이 ①주체, ②객체, ③행위로 나누어서 하고 있다. 관리 실적(수출입 실적)은 무역정책혜택(무역금융 한도설정, 무역의 날 포상 등) 산정기준으로 활용한다.

① **인적 관리** : 무역업고유번호 등
② **물적 관리** : 수출입공고, 통합공고, 전략물자 수출입고시 등
③ **행위 관리** : 수출입승인, 특정거래형태의 수출입인정, 외화 획득용 원료수입, 원산지 관리 등

보충 설명 무역업 고유번호와 전문무역상사

1. 무역업 고유번호

수출입통계 데이터베이스를 구축 및 수출입 거래가 질서 있고 효율적으로 이루어질 수 있도록 산업통상자원부가 무역업자에게 부여하는 번호(무역령 §21)

(1) **고유번호 부여**

대외무역관리규정 제24조제2항에 따라 한국무역협회장은 접수 즉시 신청자에게 고유번호를 부여한다.

(2) **신청 후 변동사항이 발생한 경우**

대외무역관리규정 제24조제3항에 따라 무역업고유번호를 부여받은 자가 상호, 대표자, 주소, 전화번호 등의 변동사항이 발생한 경우에는 변동사항이 발생한 날부터 20일 이내에 한국무역협회장에게 알리거나 한국무역협회에서 운영하고 있는 무역업 데이터베이스에 변동사항을 수정 입력해야 한다.

2. 전문무역상사

산업통상자원부장관은 신시장 개척, 신제품 발굴 및 중소기업 · 중견기업의 수출확대를 위하여 수출실적 및 중소기업 제품 수출비중 등을 고려하여 무역거래자 중에서 전년도의 수출실적 또는 최근 3년간의 평균 수출실적이 미화 100만불 이상인 자 또는 전체 수출실적 대비 타 중소 · 중견기업 생산 제품의 전년도 수출 비중 또는 최근 3년간 평균 수출 비중이 100분의 20 이상인 자를 전문무역상사를 지정하고 지원할 수 있다.(무역법 §8의2)

2-2 관세법

(1) 개요

관세법은 수출입으로 관세선을 통과하는 물품을 규제하는 법이다. 관세법은 관세의 부과 · 징수 및 수출입물품의 통관을 적정하게 하고 관세수입을 확보함으로써 국민경제의 발전에 이바지함을 목적으로 하고 있다.

(2) 관세법의 성격

관세법은 관세선 통과(통관)와 관련된 통관법적 성격과 통관할 때 납부하는 관세와 관련된 조세법적 성격을 가지고 있다.

(3) 관리체계

관세법은 무역거래 중 통관과 관세부과징수를 관리하는 법이다. 관세법에서도 관세법 성격에 따라 아래와 같이 ①주체, ②객체, ③행위로 나누어서 하고 있다. 관리 실적(수출입통계)는 수출입신고일(통관)을 기준으로 계산하며, 거시통계로 사용한다.

구 분	통관법적 성격	조세법적 성격
① 주체 관리	화주, 운영인 등	납세의무자
② 객체 관리	수입물품, 수출물품, 보세구역	과세물건, 세율
③ 행위 관리	수출 · 입신고, 반송신고, 보세운송 등	납세신고, 부과징수

(4) 관세법의 구성

현행 관세법은 330개의 조문, 부칙 및 관세율표로 구성되어 있고, 본문의 내용은 총칙, 조세법, 통관법, 관세범처벌법(벌칙)으로 분류할 수 있다.

<table>
<tr><th>구분</th><th>본칙(본문)</th><th>부칙</th><th>별표</th></tr>
<tr><td rowspan="4">관세법</td><td>총칙(§1 ~§131)</td><td>시행일</td><td rowspan="4">관세율표</td></tr>
<tr><td>조세법(§14 ~ §132)</td><td rowspan="3">다른 법률의 개정</td></tr>
<tr><td>통관법(§133 ~ §268)</td></tr>
<tr><td>벌칙(§268조의 2 ~ §330)</td></tr>
</table>

(5) FTA관세법

우리나라가 체약상대국과 체결한 자유무역협정의 이행을 위하여 필요한 관세의 부과 · 징수 및 감면, 수출입물품의 통관 등 「관세법」의 특례에 관한 사항과 자유무역협정에 규정된 체약상대국과의 관세행정(關稅行政) 협조에 필요한 사항을 규정함으로써 자유무역협정의 원활한 이행과 국민경제의 발전에 이바지함을 목적으로 한다.

① 자유무역협정

우리나라가 체약상대국(締約相對國)과 관세의 철폐, 세율의 연차적인 인하 등 무역의 자유화를 내용으로 하여 체결한 「1994년도 관세 및 무역에 관한 일반협정」 제24조에 따른 국제협정과 이에 준하는 관세의 철폐 또는 인하에 관한 조약 · 협정을 말한다.

② **원산지**

관세의 부과 · 징수 및 감면, 수출입물품의 통관 등을 할 때 협정에서 정하는 기준에 따라 물품의 생산 · 가공 · 제조 등이 이루어진 것으로 보는 국가를 말한다.

③ **협정관세**

협정에 따라 체약상대국을 원산지로 하는 수입물품에 대하여 관세를 철폐하거나 세율을 연차적으로 인하하여 부과하여야 할 관세를 말한다.

2-3 외국환거래법

(1) 개요

외국환거래법은 외국환거래와 그 밖의 대외거래의 자유를 보장하고 시장기능을 활성화하여 대외거래의 원활화 및 국제수지의 균형과 통화가치의 안정을 도모함으로써 국민경제의 건전한 발전에 이바지함을 목적으로 하고 있다.

(2) 관리체계

외국환거래법은 무역거래 중 수출입대금의 결제관계를 관리하는 법이다. 외국환거래법에서도 결제관리를 위해 아래와 같이 ①주체, ②객체, ③행위로 나누어서 하고 있다.

① **인적 관리** : 거주자, 비거주자 등
② **물적 관리** : 외국환, 환율 등
③ **행위 관리** : 경상거래와 자본거래의 외국환결제 등

2-4 외국인투자촉진법

(1) 개요

외국인투자촉진법은 외국인투자를 지원하고 외국인투자에 편의를 제공하며 외국인투자유치를 촉진함으로써 국민경제의 건전한 발전에 이바지함을 목적으로 한다.

(2) 관리체계

① **인적 관리** : 외국인
② **물적 관리** : 외국인투자기업(등록), 외국인투자지역

③ **행위 관리** : (외국인)투자의 신고 · 허가, 외국인투자지원(조세감면 등)

▶ **무역거래와 관련 행위에 적용되는 법률**

구 분	경상거래			자본거래
	물품	전자적 형태의 무체물	용역	
원인행위	대외무역법 관세법	대외무역법		외국환거래법 외국인투자촉진법
결제행위 (대금지급 및 수령)	외국환거래법	외국환거래법		

3 수출

일반적으로 수출이라 함은 국내물품을 외국으로 반출하는 것을 의미하지만, 수출거래 관련 법령에서는 목적에 따라 다르게 규정하고 있다. 대외무역법, 관세법, 부가가치세법상 수출의 정의에 대해 살펴보자.

3-1 대외무역법

우리나라 수출 관련 일반법이며 기본법인 대외무역법시행령 제2조에서는 수출을 다음과 같이 규정하고 있다.

(1) 국내에서 외국으로 물품 이동
(2) 우리나라의 선박이 하는 현지 수출
(3) 보세판매장에서 물품 매도
(4) 외국에서 외국으로 물품 인도
(5) 거주자가 비거주자에게 용역 제공
(6) 전자적 형태의 무체물 인도

(1) 국내에서 외국으로 물품 이동

매매, 교환, 임대차, 사용대차(使用貸借), 증여 등을 원인으로 국내에서 외국으로 물품이 이동하는 것을 수출로 인정한다. 여기서 국내란 대한민국의 주권이 미치는 지역으로 관세법상 보세구역은 국내로 본다.

(2) 우리나라의 선박이 하는 현지 수출

우리나라의 선박이 외국에서 채취한 광물(鑛物) 또는 포획한 수산물을 외국에 매도(賣渡)하는 것도 수출로 간주한다.

(3) 보세판매장에서 물품 매도

보세판매장에서 외국인에게 국내에서 생산(제조 · 가공 · 조립 · 수리 · 재생 또는 개조하는 것을 말한다.)된 물품을 매도하는 것은 수출에 해당한다. 하지만, 보세판매장에서 국산품을 판매하여 출국인등이 물품을 가지고 외국으로 이동하는 것은 매매 등을 원인으로 국내에서 외국으로 물품이 이동하는 것으로 볼 수 없어, 대외무역법 수출에 해당하지 않는다.

⊕ 보충 설명

1. 질의요지

보세판매장(시내면세점 또는 출국장면세점)에서 출국인 또는 통과여객기(선)에 의한 임시체류인에게 국산품을 판매하여 출국인 또는 임시체류인이 그 물품을 소지하고 여객기(선)에 의하여 외국으로 이동하는 경우, 이러한 물품 이동이 「대외무역법 시행령」 제2조제3호에 따른 "수출"에 해당하는지?

2. 회답

보세판매장(시내면세점 또는 출국장면세점)에서 출국인 또는 통과여객기(선)에 의한 임시체류인에게 국산품을 판매하여 출국인 또는 임시체류인이 그 물품을 소지하고 여객기(선)에 의하여 외국으로 이동하는 경우, 이러한 물품 이동은 「대외무역법 시행령」 제2조제3호에 따른 "수출"에 해당하지 않는다고 할 것입니다.【법령해석사례(12-0473, 2012.09.18.)】

3. 대외무역법상 수출의 의미

「대외무역법 시행령」 제2조제3호에 따르면, "수출"이란 매매, 교환, 임대차, 사용대차, 증여 등을 원인으로 국내에서 외국으로 물품이 이동하는 것 등을 말하고, 같은 조 제1호 및 제2호에 따르면, "국내"란 대한민국 주권(主權)이 미치는 지역을 말하며, "외국"이란 국내 이외의 지역을 말한다고 하고 있는바, 여기서 매매 등을 원인으로 물품이 이동한다는 것은 그 물품의 이동이 매매계약 등의 이행행위로서 이루어지는 것을 의미한다고 할 것이다.

따라서, 국내인 보세판매장에서 국산품을 판매하여 출국인등이 물품을 가지고 외국으로 이동하는 것은 매매 등을 원인으로 국내에서 외국으로 물품이 이동하는 것으로 보기 때문에 대외무역법령상 수출에 해당하지 않는다. 대외무역법상의 무역거래란 원칙적으로 통관절차을 통해 물품의 국내에서 외국으로 이동이 일어나는 경우만을 의미한다.

(4) 외국에서 외국으로 물품 인도하는 행위

유상(有償)으로 외국에서 외국으로 물품을 인도(引渡)하는 것으로서 산업통상자원부장관이 정하여 고시하는 기준에 해당하는 것은 수출에 해당한다. 외국에서 외국으로 물품을 인도하는 경우에는 유상거래만 대외무역법상 수출거래에 해당된다는 점을 유의해야 한다.

① 산업통상자원부장관이 정하여 고시하는 기준(대외무역관리규정§2)

11. "중계무역"이란 수출할 것을 목적으로 물품등을 수입하여 「관세법」 제154조에 따른 보세구역 및 같은 법 제156조에 따라 보세구역외 장치의 허가를 받은 장소 또는 「자유무역지역의 지정 등에 관한 법률」 제4조에 따른 자유무역지역 이외의 국내에 반입하지 아니하고 수출하는 수출입을 말한다.
12. "외국인수수입"이란 수입대금은 국내에서 지급되지만 수입 물품등은 외국에서 인수하거나 제공받는 수입을 말한다.
13. "외국인도수출"이란 수출대금은 국내에서 영수하지만 국내에서 통관되지 아니한 수출 물품등을 외국으로 인도하거나 제공하는 수출을 말한다.

(5) 거주자가 비거주자에게 용역 제공

①거주자가 비거주자에게 ②산업통상자원부장관이 정하여 고시하는 방법으로 제3조에 따른 ③용역을 제공하는 것을 수출로 본다.

① 거주자와 비거주자 구분(외환법§3)

거주자	비거주자
• 대한민국에 주소 또는 거소를 둔 개인 • 대한민국에 주된 사무소를 둔 법인 • 비거주자의 대한민국에 있는 지점, 출장소, 그 밖의 사무소 (법률상 대리권의 유무에 상관없이 거주자로 본다)	• 거주자 외의 개인 및 법인

※ 거주자와 비거주자의 구분
외국환거래법에서 거주자와 비거주자로 구분하여 외국환거래의 유형과 절차를 달리하고 있다. 거주자와 비거주자를 구분하는 거주성 개념은 국적과는 관계없이 일정 기간을 거주하고 있거나 거주할 의사를 가지고 있고 경제적으로 밀착되어 있는 지역을 기준으로 한다. 즉, 외국 국적을 가진 사람이 대한민국에 경제이익의 중심을 두고 있는 경우에는 외국인이라고 하여도 거주자로 취급되므로, 거주성의 개념이 국적과 논리 필연적인 관계에 있는 것은 아니다.(헌재 2003헌바114, 2005.6.30.)

② 산업통상자원부장이 정하여 고시하는 방법(대외무역관리규정§3)

제공방법	예시
용역의 국경을 넘은 이동에 의한 제공	우리나라 기업이 온라인을 통해 용역 제공
비거주자의 국내에서의 소비에 의한 제공	비거주자가 국내에 들어와서 용역 제공 받음
거주자의 상업적 해외주재에 의한 제공	우리나라 기업의 해외지점이 해외업체에 용역 제공
거주자의 외국으로의 이동에 의한 제공	우라나라 기업의 직원이 해외로 파견되어 제공하는 용역

③ 용역의 범위(무역법§3)

1. 「부가가치세법시행령」 제3조에 따른 용역(출판업과 영상 · 오디오 기록물 제작 및 배급업을 포함한다)

■ 부가가치세법시행령 제3조에 따른 용역은 1. 건설업, 2. 숙박 및 음식점업, 3. 운수 및 창고업, 4. 정보통신업(출판업과 영상 · 오디오 기록물 제작 및 배급업은 제외한다), 5. 금융 및 보험업, 6. 부동산업(전 · 답 · 과수원 · 목장용지 · 임야 또는 염전 임대업, 공익사업과 관련해 지역권 · 지상권을 설정하거나 대여하는 사업은 제외한다.), 7. 전문, 과학 및 기술 서비스업과 사업시설 관리, 사업 지원 및 임대서비스업, 8. 공공행정, 국방 및 사회보장 행정, 9. 교육 서비스업, 10. 보건업 및 사회복지 서비스업, 11. 예술, 스포츠 및 여가관련 서비스업, 12. 협회 및 단체, 수리 및 기타 개인서비스업과 제조업 중 산업용 기계 및 장비 수리업, 13. 가구내 고용활동 및 달리 분류되지 않은 자가소비 생산활동, 14. 국제 및 외국기관의 사업

2. 지식기반용역 등 수출유망산업으로서 산업통상자원부장관이 정하여 고시하는 업종의 사업을 영위하는 자가 제공하는 용역

■ 산업통상자원부장관이 정하여 고시하는 업종은 전기통신업, 금융 및 보험업, 임대업, 광고업, 사업시설 유지관리 서비스업, 교육 서비스업, 보건업, 연구개발업, 번역 및 통역 서비스업

3. 국내의 법령 또는 대한민국이 당사자인 조약에 따라 보호되는 특허권 · 실용신안권 · 디자인권 · 상표권 · 저작권 · 저작인접권 · 프로그램저작권 · 반도체집적회로의 배치설계권의 양도(讓渡), 전용실시권(專用實施權)의 설정 또는 통상실시권(通常實施權)의 허락

Part 01

(6) 전자적 형태의 무체물 인도

거주자가 비거주자에게 정보통신망을 통한 전송과 그 밖에 ①산업통상자원부장관이 정하여 고시하는 방법으로 ②제4조에 따른 전자적 형태의 무체물을 인도하는 것

① 그 밖에 산업통상부자원부장관이 정하여 고시하는 방법

컴퓨터 등 정보처리능력을 가진 장치에 저장한 상태로 반출 · 반입한 후 인도 · 인수하는 것을 말한다.

② 전자적형태의 무체물(무역령§4)

1. 「소프트웨어산업 진흥법」 제2조제1호에 따른 소프트웨어
2. 부호 · 문자 · 음성 · 음향 · 이미지 · 영상 등을 디지털 방식으로 제작하거나 처리한 자료 또는 정보 등으로서 산업통상자원부장관이 정하여 고시하는 것

■ 산업통상자원부장관이 정하여 고시한 것은 영상물(영화, 게임, 애니메이션, 만화, 캐릭터를 포함한다), 음향 · 음성물, 전자서적, 데이터베이스의 자료 또는 정보 등을 말한다.

3. 제1호와 제2호의 집합체와 그 밖에 이와 유사한 전자적 형태의 무체물로서 산업통상자원부장관이 정하여 고시하는 것

3-2 관세법상 수출

관세법 제2조에서는 수출을 내국물품을 외국으로 반출하는 것을 말한다.

용어 설명 내국물품(관세법§2)

5. "내국물품"이란 다음 각 목의 어느 하나에 해당하는 물품을 말한다.
   가. 우리나라에 있는 물품으로서 외국물품이 아닌 것
   나. 우리나라의 선박 등이 공해에서 채집하거나 포획한 수산물 등
   다. 제244조제1항에 따른 입항전수입신고(이하 "입항전수입신고"라 한다)가 수리된 물품
   라. 제252조에 따른 수입신고수리전 반출승인을 받아 반출된 물품
   마. 제253조제1항에 따른 수입신고전 즉시반출신고를 하고 반출된 물품

보충 설명

공해상에서 채포된 수산물 중 우리나라 선박으로 채포한 것은 내국물품이고 외국선박으로 채포한 것은 외국물품으로서 수입물품으로 취급하여 이에 관세를 부과하고있는 바, 그 이유는 공해상에서의 수산물채포라는 행위의 특성에 비추어 외국선박으로 공해상에서 채포한 수산물은 외국에서 들어오는 외국화물과 경제적의미에서 동일하고 우리나라 선박으로 공해상에서 채포한 수산물은 우리나라에 있는 물건과 경제적 의미에서 동일하다.(광주고등법원 1987. 12. 24. 선고 87노624)

3-3 부가가치세법상 수출

부가가치세법 제21조에서는 수출을 다음과 규정하고 있다.

1. 내국물품(대한민국 선박에 의하여 채집되거나 잡힌 수산물을 포함한다)을 외국으로 반출하는 것
2. 중계무역 방식의 거래 등 대통령령으로 정하는 것으로서 국내 사업장에서 계약과 대가 수령 등 거래가 이루어지는 것

① 중계무역 방식의 수출(수출할 것을 목적으로 물품 등을 수입하여 「관세법」 제154조에 따른 보세구역 및 같은 법 제156조에 따라 보세구역 외 장치의 허가를 받은 장소 또는 「자유무역지역의 지정 및 운영에 관한 법률」 제4조에 따른 자유무역지역 외의 국내에 반입하지 아니하는 방식의 수출을 말한다)

② 위탁판매수출[물품 등을 무환(無換)으로 수출하여 해당 물품이 판매된 범위에서 대금을 결제하는 계약에 의한 수출을 말한다]

③ 외국인도수출[수출대금은 국내에서 영수(領收)하지만 국내에서 통관되지 아니한 수출물품 등을 외국으로 인도하거나 제공하는 수출을 말한다]

④ 위탁가공무역 방식의 수출[가공임(加工賃)을 지급하는 조건으로 외국에서 가공(제조, 조립, 재성, 개조를 포함한다. 이하 같다)할 원료의 전부 또는 일부를 거래 상대방에게 수출하거나 외국에서 조달하여 가공한 후 가공물품 등을 외국으로 인도하는 방식의 수출을 말한다]

⑤ 원료를 대가 없이 국외의 수탁가공 사업자에게 반출하여 가공한 재화를 양도하는 경우에 그 원료의 반출

⑥「관세법」에 따른 수입신고 수리 전의 물품으로서 보세구역에 보관하는 물품의 외국으로의 반출

3. 기획재정부령으로 정하는 내국신용장 또는 구매확인서에 의하여 재화[금지금(金地金)은 제외한다]를 공급하는 것 등으로서 대통령령으로 정하는 것

① 사업자가 기획재정부령으로 정하는 내국신용장 또는 구매확인서에 의하여 공급하는 재화(금지금은 제외한다)

② 사업자가「한국국제협력단법」에 따른 한국국제협력단에 공급하는 재화(한국국제협력단이 같은 법 제7조에 따른 사업을 위하여 외국에 무상으로 반출하는 재화로 한정한다)

③ 사업자가「한국국제보건의료재단법」에 따른 한국국제보건의료재단에 공급하는 재화(한국국제보건의료재단이 같은 법 제7조에 따른 사업을 위하여 외국에 무상으로 반출하는 재화로 한정한다)

④ 사업자가「대한적십자사 조직법」에 따른 대한적십자사에 공급하는 재화(대한적십자사가 같은 법 제7조에 따른 사업을 위하여 외국에 무상으로 반출하는 재화로 한정한다)

⑤ 사업자가 다음 각 목의 요건에 따라 공급하는 재화

㉮ 국외의 비거주자 또는 외국법인(이하 이 호에서 "비거주자등"이라 한다)과 직접 계약에 따라 공급할 것

㉯ 대금을 외국환은행에서 원화로 받을 것

㉰ 비거주자등이 지정하는 국내의 다른 사업자에게 인도할 것

㉱ 국내의 다른 사업자가 비거주자등과 계약에 따라 인도받은 재화를 그대로 반출하거나 제조 · 가공한 후 반출할 것

4 수입

일반적으로 수입이라 함은 외국물품을 국내로 반입하는 것을 의미하지만, 수입거래 관련 법령에서는 목적에 따라 다르게 규정하고 있다. 대외무역법, 관세법, 부가가치세법상 수입의 정의에 대해 살펴보자.

4-1 대외무역법상 수입

우리나라 수입 관련 일반법이며 기본법인 대외무역법시행령 제2조에서는 다음과 같이 규정하고 있다.

(1) 외국으로부터 국내로 물품 이동 (2) 유상으로 외국물품 인수 (3) 비거주자가 거주자에게 용역 제공 (4) 전자적 형태의 무체물 인도

(1) 외국으로부터 국내로 물품 이동

매매, 교환, 임대차, 사용대차, 증여 등을 원인으로 외국으로부터 국내로 물품이 이동하는 것

(2) 유상으로 외국물품 인수

유상으로 외국에서 외국으로 물품을 인수하는 것으로서 산업통상자원부장관이 정하여 고시하는 기준에 해당하는 것

① **산업통상자원부장관이 정하여 고시하는 기준**(대외무역관리규정§2)

> 11. "중계무역"이란 수출할 것을 목적으로 물품등을 수입하여 「관세법」 제154조에 따른 보세구역 및 같은 법 제156조에 따라 보세구역외 장치의 허가를 받은 장소 또는 「자유무역지역의 지정 등에 관한 법률」 제4조에 따른 자유무역지역 이외의 국내에 반입하지 아니하고 수출하는 수출입을 말한다.
> 12. "외국인수수입"이란 수입대금은 국내에서 지급되지만 수입 물품등은 외국에서 인수하거나 제공받는 수입을 말한다.
> 13. "외국인도수출"이란 수출대금은 국내에서 영수하지만 국내에서 통관되지 아니한 수출 물품등을 외국으로 인도하거나 제공하는 수출을 말한다.

(3) 비거주자가 거주자에게 용역 제공

비거주자가 거주자에게 ①산업통상자원부장관이 정하여 고시하는 방법으로 ②제3조에 따른 용역을 제공하는 것

① **산업통상자원부장관이 정하여 고시하는 방법**(대외무역관리규정§3)

> 1. 용역의 국경을 넘은 이동에 의한 제공
> 2. 거주자의 외국에서의 소비에 의한 제공
> 3. 비거주자의 상업적 국내주재에 의한 제공
> 4. 비거주자의 국내로 이동에 의한 제공

② **용역의 범위**(무역령§3)

> 1. 「부가가치세법시행령」 제3조에 따른 용역(출판업과 영상 · 오디오 기록물 제작 및 배급업을 포함한다)
>
> ■ 부가가치세법시행령 제3조에 따른 용역은 1. 건설업, 2. 숙박 및 음식점업, 3. 운수 및 창고업, 4. 정보통신업(출판업과 영상 · 오디오 기록물 제작 및 배급업은 제외한다), 5. 금융 및 보험업, 6. 부동산업(전 · 답 · 과수원 · 목장용지 · 임야 또는 염전 임대업, 공익사업과 관련해 지역권 · 지상권을 설정하거나 대여하는 사업은 제외한다.), 7. 전문, 과학 및 기술 서비스업과 사업시설 관리, 사업 지원 및 임대서비스업, 8. 공공행정, 국방 및 사회보장 행정, 9. 교육 서비스업, 10. 보건업 및 사회복지 서비스업, 11. 예술, 스포츠 및

여가관련 서비스업, 12. 협회 및 단체, 수리 및 기타 개인서비스업과 제조업 중 산업용 기계 및 장비 수리업, 13. 가구내 고용활동 및 달리 분류되지 않은 자가소비 생산활동, 14. 국제 및 외국기관의 사업

2. 지식기반용역 등 수출유망산업으로서 산업통상자원부장관이 정하여 고시하는 업종의 사업을 영위하는 자가 제공하는 용역

■ 산업통상자원부장관이 정하여 고시하는 업종은 전기통신업, 금융 및 보험업, 임대업, 광고업, 사업시설 유지관리 서비스업, 교육 서비스업, 보건업, 연구개발업, 번역 및 통역 서비스업

3. 국내의 법령 또는 대한민국이 당사자인 조약에 따라 보호되는 특허권 · 실용신안권 · 디자인권 · 상표권 · 저작권 · 저작인접권 · 프로그램저작권 · 반도체집적회로의 배치설계권의 양도(讓渡), 전용실시권(專用實施權)의 설정 또는 통상실시권(通常實施權)의 허락

(4) 전자적 형태의 무체물 인도

비거주자가 거주자에게 정보통신망을 통한 전송과 그 밖에 ①산업통상자원부장관이 정하여 고시하는 방법으로 ②제4조에 따른 전자적 형태의 무체물을 인도하는 것

① 그 밖에 산업통상부자원부장관이 정하여 고시하는 방법

컴퓨터 등 정보처리능력을 가진 장치에 저장한 상태로 반출 · 반입한 후 인도 · 인수하는 것을 말한다.

② 전자적형태의 무체물(무역령§4)

1. 「소프트웨어산업 진흥법」 제2조제1호에 따른 소프트웨어
2. 부호 · 문자 · 음성 · 음향 · 이미지 · 영상 등을 디지털 방식으로 제작하거나 처리한 자료 또는 정보 등으로서 산업통상자원부장관이 정하여 고시하는 것

■ 산업통상자원부장관이 정하여 고시한 것은 영상물(영화, 게임, 애니메이션, 만화, 캐릭터를 포함한다), 음향 · 음성물, 전자서적, 데이터베이스의 자료 또는 정보 등을 말한다.

3. 제1호와 제2호의 집합체와 그 밖에 이와 유사한 전자적 형태의 무체물로서 산업통상자원부장관이 정하여 고시하는 것

Part 01

4-2 관세법상 수입

관세법 제2조에서는 수입을 외국물품을 우리나라에 반입(보세구역을 경유하는 것은 보세구역으로부터 반입하는 것을 말한다)하거나 우리나라에서 소비 또는 사용하는 것(우리나라의 운송수단 안에서의 소비 또는 사용을 포함하며, 제239조 각 호의 어느 하나에 해당하는 소비 또는 사용은 제외한다)을 말한다.

관련 법령

관세법 제239조(수입으로 보지 아니하는 소비 또는 사용) 외국물품의 소비나 사용이 다음 각 호의 어느 하나에 해당하는 경우에는 이를 수입으로 보지 아니한다.

1. 선박용품 · 항공기용품 또는 차량용품을 운송수단 안에서 그 용도에 따라 소비하거나 사용하는 경우
2. 선박용품 · 항공기용품 또는 차량용품을 세관장이 정하는 지정보세구역에서 「출입국관리법」에 따라 출국심사를 마치거나 우리나라에 입국하지 아니하고 우리나라를 경유하여 제3국으로 출발하려는 자에게 제공하여 그 용도에 따라 소비하거나 사용하는 경우
3. 여행자가 휴대품을 운송수단 또는 관세통로에서 소비하거나 사용하는 경우
4. 이 법에서 인정하는 바에 따라 소비하거나 사용하는 경우

4-3 부가가치세법상 수입

부가가치세법 제13조에서는 재화의 수입을 다음과 같이 규정하고 있다.

재화의 수입은 다음 각 호의 어느 하나에 해당하는 물품을 국내에 반입하는 것[대통령령으로 정하는 보세구역(이하 이 조에서 "보세구역"이라 한다)을 거치는 것은 보세구역에서 반입하는 것을 말한다]으로 한다.

1. 외국으로부터 국내에 도착한 물품[외국 선박에 의하여 공해(公海)에서 채집되거나 잡힌 수산물을 포함한다]으로서 수입신고가 수리(受理)되기 전의 것
2. 수출신고가 수리된 물품[수출신고가 수리된 물품으로서 선적(船積)되지 아니한 물품을 보세구역에서 반입하는 경우는 제외한다]

5 물품과 용역의 범위

(1) 물품과 재화의 비교

물품의 정의는 관세법에는 규정이 없고, 대외무역법 제2조에서 '외국환거래법에서 정한 지급수단, 증권, 채권을 화체한 서류를 제외한 동산'이라고 규정하고 있다. 부가가치세법에서는 재화를 재산 가치가 있는 물건 및 권리를 말한다. 물건은 상품, 제품, 원료, 기계, 건물 등 모든 유체물(有體物)과 전기, 가스, 열 등 관리할 수 있는 자연력을 포함하며, 권리는 광업권, 특허권, 저작권 등 물건 외에 재산적 가치가 있는 모든 것으로 한다. 부가가치세법상 재화는 권리를 제외하면 민법상 물건(동산과 부동산)의 범위와 유사하다고 할 수 있다. 따라서, 부가가치세법상 재화는 물품과 전자적 무체물을 포함한 개념이라 할 수 있다. 다만, 재화의 수입은 대외무역법상 물품으로 한정하고 있다.(부가법 稏)

▶ 부가가치세법의 재화와 관세법상 물품의 비교

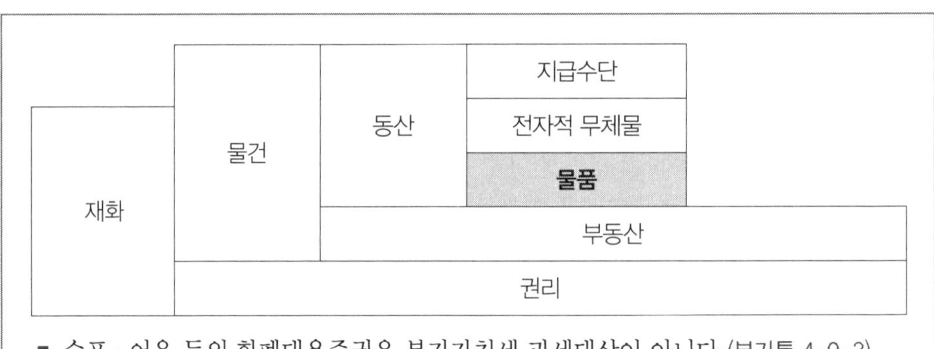

■ 수표 · 어음 등의 화폐대용증권은 부가가치세 과세대상이 아니다.(부가통 4-0-3)

(2) 용역의 비교

대외무역법에서는 기존에 물품 및 전자적형태의 무체물의 수출입으로 한정하던 무역의 범위를 2003년 용역을 무역의 범위에 포함시켰다. '23년 개정을 통해 대외무역법상 무역거래로 인정되는 용역의 범위를 부가가치세법시행령 제3조 용역의 범위와 일치시켰다.

▶ **전자적 형태의 무체물, 용역의 비교**

<table>
<tr><th>구분</th><th>대외무역법</th><th>관세법</th><th>부가가치세법</th><th>법인세법</th></tr>
<tr><td>소프트웨어</td><td rowspan="2">전자적 형태의 무체물</td><td rowspan="2">매개체를 통한 수입의 경우 과세</td><td rowspan="2">■ (제품) 재화
■ (개발) 용역</td><td rowspan="2">■ 재화의 공급
■ 국내원천소득 (사용료 소득)</td></tr>
<tr><td>음향 · 음성물, 전자서적 등</td></tr>
<tr><td>건설업, 서비스업 등</td><td rowspan="6">용역</td><td rowspan="6">–</td><td rowspan="3">■ 용역의 공급</td><td>■ 사업소득 등</td></tr>
<tr><td>운수업</td><td>■ 국제운수소득</td></tr>
<tr><td>임대업</td><td>■ 사업소득 등</td></tr>
<tr><td>특허권의 양도</td><td>■ 재화의 공급</td><td rowspan="3">■ 사용료 소득 등</td></tr>
<tr><td>전용실시권의 설정</td><td rowspan="2">■ 용역의 공급</td></tr>
<tr><td>통상실시권의 허락</td></tr>
</table>

관련 예규 용역에 대한 부가가치세법 예규

- 사업자가 특허실시권을 특정인에게 허락하고 당해 특정인으로부터 그 대가를 받는 경우에는 부가가치세법 제7조 제1항의 규정에 의하여 부가가치세가 과세되는 것입니다.(부가46015–707 , 1999.03.18.).
- 사업자가 기술이전약정서에 의하여 기술에 관한 전용실시권을 이전하기로 하고 계약조건에 따라 그 대가를 분할하여 지급 받기로 한 고정기술료는 부가가치세법 시행령 제22조 제2호의 규정에 의한 완성도기준지급 또는 기타 조건부로 용역을 공급하는 경우로서 그 대가의 각 부분을 받기로 한 때가 당해 용역의 공급시기가 되는 것입니다.

귀 질의와 같이 개발과 관련하여 기술 및 특허에 관한 전용실시권을 허여하여 주고 기술이전 대가를 수차례 나누어 받기로 한 경우, 반환의무 여부에 불구하고 익금의 귀속시기는 당초 계약내용에 따라 성공여부가 확정된 날이 속하는 사업연도로 하는 것입니다.(서면인터넷방문상담3팀–1625 , 2005.09.27.)

❶ 외국환거래법상 거주자와 비거주자(외환령 § 10)

<table>
<tr><th colspan="2">구분</th><th>거주자</th><th>비거주자</th></tr>
<tr><td rowspan="3">개인</td><td>대한
민국
국민</td><td>① 대한민국 재외공관에서 근무할 목적으로 외국에 파견되어 체재하고 있는 자
② 비거주자이었던 자로서 입국하여 국내에 3개월 이상 체재하고 있는 자
③ 그 밖에 영업 양태, 주요 체재지 등을 고려하여 거주자로 판단할 필요성이 인정되는 자로서 기획재정부장관이 정하는 자</td><td>① 외국에서 영업활동에 종사하고 있는 자
② 외국에 있는 국제기구에서 근무하고 있는 자
③ 2년 이상 외국에 체재하고 있는 자. 이 경우 일시 귀국의 목적으로 귀국하여 3개월 이내의 기간 동안 체재한 경우 그 체재기간은 2년에 포함되는 것으로 본다.
라. 그 밖에 영업양태, 주요 체재지 등을 고려하여 비거주자로 판단할 필요성이 인정되는 자로서 기획재정부장관이 정하는 자</td></tr>
<tr><td colspan="3">거주자 또는 비거주자에 의하여 주로 생계를 유지하는 동거 가족은 해당 거주자 또는 비거주자의 구분에 따라 거주자 또는 비거주자로 구분한다.</td></tr>
<tr><td>외국인</td><td>① 국내에서 영업활동에 종사하고 있는 자
② 6개월 이상 국내에서 체재하고 있는 자</td><td>① 국내에 있는 외국정부의 공관 또는 국제기구에서 근무하는 외교관 · 영사 또는 그 수행원이나 사용인
② 외국정부 또는 국제기구의 공무로 입국하는 자
③ 거주자였던 외국인으로서 출국하여 외국에서 3개월 이상 체재 중인 자</td></tr>
<tr><td colspan="2" rowspan="2">법인</td><td>① 대한민국 재외공관
② 국내에 주된 사무소가 있는 단체 · 기관, 그 밖에 이에 준하는 조직체</td><td>① 국내에 있는 외국정부의 공관과 국제기구
② 「대한민국과 아메리카합중국 간의 상호방위조약 제4조에 의한 시설과 구역 및 대한민국에서의 합중국군대의 지위에 관한 협정」에 따른 미합중국군대 및 이에 준하는 국제연합군(이하 이 호에서 “미합중국군대등”이라 한다), 미합중국군대등의 구성원 · 군속 · 초청계약자와 미합중국군대등의 비세출자금기관 · 군사우편국 및 군용은행시설
③ 외국에 있는 국내법인 등의 영업소 및 그 밖의 사무소
④ 외국에 주된 사무소가 있는 단체 · 기관, 그 밖에 이에 준하는 조직체</td></tr>
<tr><td colspan="2">비거주자의 대한민국 내의 지점, 출장소 그 밖의 사무소는 법률상 대리권의 유무에 상관없이 거주자로 본다.</td></tr>
</table>

❷ 세법상 거주자와 비거주자

거주지에 기초하여 전세계소득 또는 국내원천소득 과세를 목적으로 하는 소득세법 및 법인세법상 거주자, 비거주자의 기본적인 개념은 외국환거래법과 동일하지만, 체류목적이나 체류기간 등을 비교하면 차이가 있다.

(1) 개인 거주자 판정기준(소득법§1의2①, §3)

거주자		비거주자
영구거주자	비영구거주자	
① 국내에 주소를 둔 **개인** ② 183일 이상의 거소를 둔 **개인** ③ 해당 과세기간 종료일 10년 전부터 국내에 주소나 거소를 둔 기간의 합계가 5년 초과인 **외국인 거주자**	① 국내에 주소를 둔 **개인** ② 183일 이상의 거소를 둔 **개인** ③ 해당 과세기간 종료일 10년 전부터 국내에 주소나 거소를 둔 기간의 합계가 5년 이하인 **외국인 거주자**	거주자이외의 자
전세계소득	국내원천소득 국내에서 지급되거나 국내로 송금된 국외원천소득	국내원천소득

① **외국인의 범위**

외국인은 외국국적자를 말하며 이중국적자는 외국인(국일46017-58, 1995.01.26.)으로 보지만, 한국국적을 가진 해외영주권자는 제외한다.(국제세원-588, 2009.11.30.)

(2) 법인 거주자 판정기준(법인법§2, 법인령§2)

거주자	비거주자
① 본점이 국내에 있는 법인 ② 주사무소가 국내에 있는 법인 ③ 사업의 **실질적 관리장소**가 국내에 있는 법인	① 본점이 외국에 있는 단체 ② 주사무소가 외국에 있는 단체 (단, 사업의 **실질적 관리장소**가 국내에 있는 경우에는 거주자로 본다.) 〈단체의 범위〉 1. 설립된 국가의 법에 따라 법인격이 부여된 단체 2. 구성원이 유한책임사원으로만 구성된 단체 3. 그 밖에 해당 외국단체와 동종 또는 유사한 국내의 단체가 「상법」 등 국내의 법률에 따른 법인인 경우의 그 외국단체 〈조세조약 적용〉 외국법인 기준의 적용은 조세조약 적용대상의 판정에 영향을 비치지 아니한다.
전세계 소득	국내원천소득

① 실질적 관리장소

실질적 관리장소는 법인의 사업 수행에 필요한 중요한 관리 및 상업적 결정이 실제로 이루어지는 장소를 뜻하고, 법인의 사업수행에 필요한 중요한 관리 및 상업적 결정이란 법인의 장기적인 경영전략, 기본 정책, 기업재무와 투자, 주요 재산의 관리 · 처분, 핵심적인 소득창출 활동 등을 결정하고 관리하는 장소를 말한다.

관련 판례 실질적 관리장소 판단

법인의 실질적 관리장소가 어디인지는 이사회 또는 그에 상당하는 의사결정기관의 회의가 통상 개최되는 장소, 최고경영자 및 다른 중요 임원들이 통상 업무를 수행하는 장소, 고위 관리자의 일상적 관리가 수행되는 장소, 회계서류가 일상적으로 기록 · 보관되는 장소 등의 제반 사정을 종합적으로 고려하여 구체적 사안에 따라 개별적으로 판단하여야 한다. 다만 법인의 실질적 관리장소는 그 결정 · 관리행위의 특성에 비추어 어느 정도의 시간적 · 장소적 지속성을 갖출 것이 요구되므로, 실질적 관리장소를 외국에 두고 있던 법인이 이미 국외에서 전체적인 사업활동의 기본적인 계획을 수립 · 결정하고 국내에서 단기간 그 사업활동의 세부적인 집행행위만을 수행하였다면 종전 실질적 관리장소와 법인 사이의 관련성이 단절된 것으로 보이는 등의 특별한 사정이 없는 한 그 법인이 실질적 관리장소를 국내로 이전하였다고 쉽사리 단정할 것은 아니다.(대법 2014두8896, 2016. 1. 14.)

② 외국단체 과세방법

외국단체가 법인세법상 외국법인으로 볼 수 있다면 그 단체를 납세의무자로 하여 국내원천소득에 대하여 법인세를 납부하고, 법인세법상 외국법인으로 볼 수 없다면 거주자의 경우와 동일하게 1비거주자 또는 단체의 구성원들을 납세의무자로 하여 그들 각자에게 분배되는 소득금액에 대하여 소득세를 납부해야 한다.(법인령§2, 소득법§2)

구분	내국법인	외국단체	
		외국법인	외국법인외 단체
판단 기준	① 본점 ② 주사무소 ③ 사업의 실질적 관리장소 국내에 있는 외국단체	① 본점 ② 주사무소 외국에 있는 단체 중 일정기준 충족	① 본점 ② 주사무소 외국에 있는 단체 중 일정기주 미충족
과세 대상	전세계소득	국내원천소득(법인세)	국내원천소득(소득세) ‣ 1비거주자 과세 ‣ 구성원별 과세

③ 파트너십 과세방법

파트너십(partnership)은 기업 형태인 법인(corporation)과 구별되는 인적 집합체로 영미법의 기업형태 중 하나이다. 파트너십의 구성원인 파트너가 파트너십의 채무에 대하여 무한 또는 유한 직접책임을 지는 경우에는 무한책임 파트너(general partner), 유한책임 파트너(limited partner)라고 부른다. 국외에서 설립된 LP(Limited Partnership) 등은 소득세법 제2조 제5항 및 아래 관련예규에 따라 국외투자기구(투자권유를 하여 모은 금전 등을 가지고 재산적 가치가 있는 투자대상자산을 취득, 처분하거나 그 밖의 방법으로 운용하고 그 결과를 투자자에게 배분하여 귀속시키는 투자행위를 하는 기구로서 국외에서 설립된 기구)로 소득세법의 적용대상이 된다.

관련 예규 기획재정부 국제조세제도과-586,2019.12.31

1. 귀 질의에서 제시된 영국령 케이만군도의 법률(The Exempted Limited Partnership Law)에 따라 설립된 유한파트너십(Limited Partnership)은 「법인세법 시행령」(2019. 2.12., 대통령령 제29529호로 개정되기 전의 것) 제1조 제2항에서 정한 4개의 외국법인 판정기준 중 어느 하나에 해당하지 아니하는 단체이므로 원칙적으로 외국법인으로 보지 아니하는 것입니다.
2. 다만, 해당 유한파트너십 계약 및 이와 관련된 실제 법률행위의 양상 등을 고려할 때 위 케이만군도의 법률 규정에 부합하지 않는 사실관계가 있는 경우에는 위와 달리 판단할 수 있는 것입니다.
3. 한편, 귀 질의 중에서 국내원천소득의 실질귀속자 판단 사안에 관해서는 우리부의 기존 예규(국제조세제도과-12, 2016. 1.11.)를 참고하시기 바랍니다. 끝.

관련 사례 거주자와 비거주자 구분 사례

갑은 일본에 거주한 지 2년 6개월, 영주권은 소유하고 있지 않으나, 일본에서 근무하는 관계로 현재 직장에 계속 있는 한, 한국에 들어갈 가능성은 매우 희박하고, 일본은 월세가 매우 비싸 일본의 부동산을 취득하는 경우

- 외국환거래법 거주자 판단
  * 2년 이상 외국에 체재 → 비거주자 → 일본 부동산 취득 → 비거주자의 해외부동산 취득 → 외국환거래법 규제 대상이 아님
  * 만약, 국내에 있는 본인 재산을 송금하는 경우 → 비거주자의 지급 절차(규정 제4-4) → 기타 내외지급수단 매매신고(한국은행신고)

■ 소득세법 거주자 판단

* 183일 이상 해외에 거주 → 비거주자

* 만약, 배우자 또는 가족이 국내에 있는 경우 → 거주자로 판단될 가능성 높음

CHAPTER
02 수출입계약

① 계약절차

수출입계약이란 국제간에 이루어지는 매매계약으로 매도인(수출상)은 매수인(수입상)에게 계약된 물품 또는 용역을 양도하고, 매수인은 대금지급을 약정하는 계약이다.

1-1 계약체결

해외시장조사 및 해외영업을 통해 구매 또는 판매거래처를 확보하고 수출입계약을 체결한다. 수출입계약은 청약(offer)과 승낙(acceptance)함으로써 성립한다.

⊕ 보충 설명 청약과 승낙

수출상의 판매계약 의사표시, 수입상의 구매계약의사표시를 청약이라 하며, 구매의사와 판매의사에 대한 동의를 승낙이라 한다. 청약에 대한 승낙은 동의의 의사표시가 청약자에게 도달한 시점에 효력이 발생한다.

1-2 계약방식

계약은 구두이더라도 성립하지만, 국제거래에서는 향후 분쟁 발생시 입증 등을 위해 매매계약서(sales contract)를 작성한다.

② 계약조건

2-1 수량조건

계약서에는 매매물품의 중량(weight), 용적(measurement), 길이(length), 개수(piece, set, dozen, gross)와 포장단위(통(keg, cask, barrel), 부대(bag), 상자(carton))를 계약서 표시한다. 다른 화물과 식별을 용이하기 위해 화인을 표시하기도 한다.

(1) 중량조건

중량은 무게의 중량톤(weight ton)과 부피의 용적톤(measurement ton)으로 계산한다. 용적톤 계산은 '가로×세로×높이'로 계산한다.

▶ 중량톤과 용적톤

중량톤	용적톤
• L/T(long ton : English ton) = 2,240 lbs. = 1,016 kg • S/T(short ton : American ton) = 2,000 lbs. = 908 kg • M/T(metric ton : French ton) = 2,204 lbs = 1,000 kg	• 1 cubic meter(CBM) = 1m×m×m = 1m3 = 1톤 • 1 cubic ton = 40 cubic feet = 1톤 • 1 gross ton = 100 cubic feet = 1톤

실무 Tip 운송운임 계산

① 해상운송

화물의 중량 톤수와 용적톤수 중 큰 톤수(revenue ton)를 적용한다.

사례 운임 톤당 50USD/톤, 중량톤수 3톤, 용적톤수 5톤인 경우

＊해상운임 = 50USD ×5톤 = 250USD

② 항공운송

해상운송과 동일하게 revenue ton으로 계산한다. 다만, 용적톤수는 해상운송과 다르게 환산(chargeable weight)한다.

환산식 부피중량(volume weight, kg) = [가로(cm) ×세로(cm) ×높이(cm)]/6,000

또는 1CBM × 167kg

사례 운임 kg당 6,000원, 중량 30kg, 가로40cm, 세로50cm, 높이60cm인 경우

＊부피중량 = (40×50×60)/6,000 = 20kg

또는 0.4 × 0.5 × 0.6 × 167 = 20.04

＊항공운임 = 6,000원 ×30kg* = 180,000원

* 중량 30kg, 부피중량 20kg 중 큰 중량을 적용

2-2 가격조건

(1) 인코텀즈(INCOTERMS) 2020

인코텀즈는 International Commercial Terms의 약어로 국제매매거래의 정형거래이다. 인코텀즈는 무역거래의 분쟁 요소를 없애고, 국제무역의 확대를 도모하기 위해 국제상업회의소(ICC)에서 1936년에 제정하여 약 10년 주기로 개정하고 있다. 인코텀즈 2020은 2019년에 개정하여 2020년 1월1일부터 적용하고 있다.

(2) 위험 이전과 비용부담

인코텀즈 2020에서는 11가지 정형거래조건에 대해서 매도인과 매수인의 의무 각각 10가지씩을 규정하고 있다. 10가지 의무사항 중 위험의 이전과 비용의 분담이 중요하다.

① **위험 이전**(transfer of risks)[A5/B5]

'위험이전규정'은 물품이 운송 도중 사고가 발생했을 때 누가 그 책임을 부담하는지를 규정하고 있다. 매도인으로부터 매수인에게 위험 이전되기 전에 사고가 발생한 경우에는 매도인이 책임을 부담하고, 위험이 이전된 후에 발생한 사고는 매수인이 책임을 진다.

② **비용의 부담**(allocation of costs)[A9/B9]

'비용부담규정'은 물품이 매도인을 출발해서 매수인이 지정한 장소에 도착할 때까지 발생하는 운송비, 보험료, 통관비 등의 부대비용을 매도인과 매수인 간에 어떻게 분담할지를 규정하고 있다.

(3) E 조건(공장인도조건)

① **EXW**(Ex Works) : 공장인도조건

EXW에서는 매도인이 자신의 작업장 구내 또는 다른 지정된 장소에서 수출통관을 하지 않은 채, 그리고 운송수단에 적재하지 않은 상태로 매수인의 처분 하에 두는 조건이다. 매도인에 대한 최소한의 의무를 나타내는 조건이며, 매수인은 매도인의 공장에서 물품 인수 후 모든 비용 및 위험을 부담한다.

- 거래조건 표시 : EXW SB CO., Ltd., Seoul

(4) F 조건(운임 미지급조건)

인코텀즈 F 조건은 운임 미지급조건으로 해상운송에서만 사용할 수 있는 FAS(Free Alongside Ship), FOB(Free On Board)조건과 모든 운송수단에서 사용할 수 있는 FCA(Free Carrier)조건이 있다.

① **FCA**(Free Carrier) : 운송인인도조건

FCA에서는 매도인이 수출통관된 상태로 물품을 매수인이 지정한 운송인에게 인도하는 조건이다.

매수인이 지정한 운송인에게 인도할 때 위험과 비용이 매수인에게 이전한다.

■ 거래조건 표시 : FCA Yongdang Container Terminal, Busan

② **FAS**(Free Alongside Ship) : 선측인도조건

FAS에서는 매도인이 수출통관된 물품을 지정된 선적항의 본선 선측(alongside)에 적치(place)하여 매수인의 처분하에 두면 매도인의 인도의무가 종료되고 위험과 비용도 매수인에게 이전되는 조건이다.

■ 거래조건 표시 : FAS Busan port pier 1

③ **FOB**(Free On Board) : 본선인도조건

FOB에서는 물품이 지정선적항에서 본선의 난간(ship's rail)을 통과하는 때 매도인의 의무가 완료되는 조건이다. 매수인은 난간 통과 후 모든 위험과 비용을 부담한다.

■ 거래조건 표시 : FOB Busan

(5) C 조건(운임 지급조건)

인코텀즈는 인도가 위험과 비용의 분기점이다. 즉, 물품을 인도하면 위험과 비용이 같이 이전한다. 하지만, C 조건은 매도인이 물품을 매수인에게 이전하는 경우, 위험도 같이 이전하지만, 비용(운임과 보험)은 거래조건에 따라 매도인이 부담하는 조건이다.

① **CPT**(Carriage Paid To) : 운송비지급조건

CPT에서는 매도인이 자신이 지정한 운송인에게 물품을 인도하면 위험은 이전하지만, 도착지까지 물품을 운송하는데 필요한 운송비는 매도인이 부담하는 조건이다.

■ 거래조건 표시 : CPT New York Airport

② **CIP**(Carriage and Insurance Paid To)

CIP에서는 CPT와 동일하게 매도인 자신이 지정한 운송인에게 물품을 인도하면 위험은 이전하지만, 도착지까지 물품을 운송하는데 필요한 운송비와 보험료는 매도인이 부담하는 조건이다. 인코텀즈 2020에서는 매도인은 I.C.C(A)조건으로 보험을 부보해야 한다.

■ 거래조건 표시 : CPT New York Airport

③ **CFR**(Cost and Freight)

CFR조건에서는 물품이 지정선적항에서 본선의 난간을 통과할 때 위험이 이전하지만, 매도인은 도착지까지 물품을 운송하는 필요한 해상 운임을 부담해야 한다.

■ 거래조건 표시 : CFR Shanghai Port

④ **CIF**(Cost Insurance and Freight)

CIF조건에서는 CFR와 동일하게 물품이 지정선적항에서 본선의 난간을 통과할 때 위험이 이전하지만, 매도인은 도착지까지 물품을 운송하는 필요한 해상 운임과 보험료를 부담해야 한다. 매도인은 I.C.C(C)조건으로 보험을 부보하면 된다.

■ 거래조건 표시 : CIF Shanghai Port

(6) D 조건(도착지 조건)

인코텀즈 D 조건은 매도인이 매수인이 지정한 장소까지 물품을 운송하는 조건으로 DAP(Delivered At Place), DPU(Delivered at Place Unloaded), DDP(Delivered Duty Paid)조건이 있다.

① **DAP**(Delivered At Place) : 도착지 인도

DAP에서는 매도인은 물품을 지정목적지에서 도착운송수단에 실어둔 채, '양하준비 상태(ready for unloading)'로 매수인의 처분하에 두거나, 그렇게 인도된 물품을 조달함으로써 인도하는 조건이다.

■ 거래조건 표시 : DAP Shanghai Terminal

② **DPU**(Delivered at Place Unloaded) : 도착지 양하인도

DPU에서는 매도인은 물품을 지정목적지에서 도착운송수단에서 '양하하여(unload the goods from the arriving means of transport)'매수인의 처분하에 두거나 그렇게 인도된 물품을 조달함으로써 인도하는 조건이다.

■ 거래조건 표시 : DPU Shanghai Terminal

③ **DDP**(Delivered Duty Paid) : 관세지급인도

DDP에서는 매도인은 물품을 지정목적지에서 도착운송수단에 실어 둔 채, '양하준비 상태(ready for unloading)'로 매수인의 처분하에 두거나, 그렇게 인도된 물품을 조달함으로써 인도하고 수입통관도 매도인이 수행하는 조건이다. DAP와 위험이전조건은 동일하지만, 비용조건(수입통관비용)이 다르다.

■ 거래조건 표시 : DDP SB Warehouse, Chicago

▶ **위험이전 및 비용부담에 따른 인코텀즈2020 11가지 정형거래조건**

<table>
<tr><th rowspan="2">위험
비용</th><th colspan="4">수출지</th><th colspan="2">지정목적지</th></tr>
<tr><th>공장</th><th>운송인</th><th>선측</th><th>선박</th><th>양하준비</th><th>양하</th></tr>
<tr><td>물품대금</td><td>EXW</td><td>FCA</td><td>FAS</td><td>FOB</td><td rowspan="3">DAP
DDP</td><td rowspan="3">DPU</td></tr>
<tr><td>(+)운송료</td><td>–</td><td>CPT</td><td>–</td><td>CFR</td></tr>
<tr><td>(+)보험료</td><td>–</td><td>CIP</td><td>–</td><td>CIF</td></tr>
</table>

보충 설명 인코텀즈 활용사례

1. 운송조건변경을 통한 물류비 절감

운송조건 변경(FOB → CIF)으로 선적에 대한 권한 확대로 적기선적, 바이어가 선택한 선사보다 저렴한 운임 등으로 물류비 절감

2. FOB조건의 '지정 선적항'에 대한 계약변경을 통한 내륙 운송비 절감

지정 선적항(named port of shipment)을 복수(부산, 광양, 인천)로 계약 변경하여 내륙 운송비를 절감

〈중소기업 물류비 절감방안, 2021.4., 한국무역협회〉

Part 01

2-3 원산지증명서

원산지란 '어떤 물품이 성장했거나 생산, 제조 또는 가공된 지역으로서 일반적으로 정치적 실체를 지닌 하나의 국가'를 의미하나, 한 나라의 국경선 밖에 있는 식민지, 속령 또는 중국 귀속 후 홍콩 등과 같이 국가가 아닌 특정지역도 독립관세 영역이나 자치권보유국 등도 경우에 따라서는 원산지가 될 수 있다. 원산지 개념은 1883년 파리협정에 기원을 두며, 지식재산권(Intellectual Property)과 비슷한 배경에서 출발했다. 즉, 특정상품의 경우 일부 국가 혹은 지역에서 생산된 것이 다른 지역에 비해 품질 등이 뛰어나면, 당연히 그 물품에 대한 소비자 수요 및 가격이 높아지게 마련이므로 이를 일종의 재산권으로 보호할 필요성이 제기된 것이다.(대한상공회의소 원산지증명센터)

수입거래	수출거래
• 원산지증명서 – 국내산 원산지증명서(비특혜원산지 규정) – FTA 원산지증명서(특혜원산지 규정) – 수출원산지증명서	• 원산지확인서

(1) 원산지증명서

국내산 원산지증명서는 소비자 보호 목적으로 국내 유통 중인 수출입물품 및 국내생산 물품등에 대한 원산지를 증명하는 문서이다.(원산지제도운영에 관한 고시), FTA원산지증명서란 협정별 원산지결정기준을 충족하고 협정에서 정한 원산지증명서를 구비해야 FTA

세율 적용이 가능하도록 물품을 생산한 나라 또는 물품의 국적을 의미하는 원산지를 증명하는 문서이다.(특혜관세 적용 및 원산지증명 제도 운영에 관한 고시)

■ 자유무역협정(FTA: Free Trade Agreement)은 협정국 상호간 상품 및 서비스, 투자, 지재권, 정부조달 등에 대해 관세 및 비관세 장벽을 완화함으로써 상호간 교역을 증진하여 경제협력을 강화하기 위한 특혜무역협정이다.

■ FTA 원산지증명서 종류

구분	주요 적용협정
① 원산지증명서(Certificate of Origin)	중국, 미국, 아세안 등
② 원산지신고서(Origin Declaration)	EU, 영국, 필리핀 등
③ 연결원산지증명서(Back to Back C/O)	아세안 등

■ FTA 원산지증명서 발급방식

① 기관발급: 협정이 정하는 방법과 절차에 따라 원산지국가의 관세당국 기타 발급권한이 있는 기관이 당해 물품에 대하여 원산지를 확인하여 발급하는 제도

② 자율발급: 협정이 정하는 방법과 절차에 따라 수출자가 당해 물품에 대하여 원산지를 확인하여 작성한 후 서명하여 사용하는 제도

(2) 원산지확인서

원산지확인서는 수출물품의 생산에 사용되는 재료 또는 최종물품을 생산하거나 공급하는 자가 생산자 또는 수출자의 요청이 있는 경우 해당 재료 또는 최종물품의 원산지를 확인하여 생산자 또는 수출자에게 제공하기 위해 작성하는 서류이다.

2-4 무역클레임

계약서에는 매도인과 매수인의 의무이행과 관련해서 클레임(claim)이 발생했을 경우 클레임을 제기하는 시기와 제기방법, 그리고 해결방법을 규정하고 있다. 클레임 해결방법으로는 중재(arbitration)과 소송(litigation)이 있다.

(1) 중재

중재란 당사자 간의 합의로 재산권상의 분쟁 및 당사자가 화해에 의하여 해결할 수 있는 비재산권상의 분쟁을 법원의 재판에 의하지 아니하고 중재인(仲裁人)의 판정에 의하여 해결하는 절차를 말한다.(중재법§3) 중재에 관한 국제규칙으로 '외국중재판정의 승인

및 집행에 관한 유엔협약(뉴욕협약)'이 있다.

▶ **계약서 예시**

> Any dispute arising out of or in connection with this contract shall be finally settled by arbitration in Seoul in accordance with the Arbitration Rules of the Korean Commercial Arbitration Board.

Part 01

(2) 소송

소송이란 법원의 재판을 통해 분쟁을 해결하는 절차를 말한다. 분쟁발생시 소를 제기할 관할(jurisdiction)과 어느 나라 법에 따라 계약 내용을 해석하고 분쟁을 해결해 나갈 것인지 준거법(governing law)을 같이 정해야 한다. 준거법 적용에 따른 법률 효과의 예측성을 위해 준거법과 관할법원은 일반적으로 같은 나라로 한다.

3 수출입승인

수출입은 무역거래자의 책임하에 대외무역법 범위내에서 자유롭게 이루어지는 것이 원칙이다. 다만, 조약과 국제법규에 따른 이행, 생물자원의 보호 등 통상 · 산업정책 상 필요에 의해 수출입을 제한하거나 금지할 수 있다.(무역법 §11) 수출입의 제한은 수출입금지 또는 수출입제한품목을 정하여 공고하는 '수출입공고', 약사법 등 개별법에 의한 제한내용을 취합해서 공고하는 '통합공고'와 국제평화 및 안전유지와 국가안보를 위하여 제한 품목을 공고하는 '전략물자 수출입 고시'에 따라 이루어진다.

3-1 수출입공고

수출입공고는 물품등의 수출 또는 수입의 제한 · 금지, 승인, 신고, 한정 및 그 절차 등에 관한 사항을 산업통상자원부장관이 고시한다. 수출입공고와 통합공고는 상호 독립적이므로 통합공고 상에 수출 및 수입하고자 하는 물품의 수출 · 수입요령을 정한 것이 있는 경우에는 통합공고요건을 충족하여야 한다. 수출입공고 품목분류는 HS(Harmonized Commodity Description and Coding System) 상품분류에 의하며, 동 분류된 품목의 세분류는 관세 · 통계통합품목분류표(HSK)에 의한다.

3-2 통합공고

통합공고는 대외무역법 이외의 다른 법령(약사법 등 62개 개별법)에서 해당물품의 수출입의 요건 및 절차 등을 산업통상부장관이 고시한다. 품질검사, 형식승인 등 절차상의 요건확인을 통한 규제가 대부분이다.

3-3 전략물자 수출입고시

전략물자 수출입고시는 대외무역법에 따라 전략물자의 수출입통제에 관한 사항을 산업통상부장관이 고시한다. 전략물자라 함은 이중용도품목 및 군용물자품목에 해당하거나, 상황허가 대상인 물품등을 말한다. 전략물자 수출입고시는 전략물자의 수출허가 및 수입목적확인서 발급에 관한 사항을 규정하고 있다.

⊕ 보충 설명 전략물자의 판정

1. 전략물자

국제수출통제체제의 원칙에 따라 국제평화 및 안전유지와 국가안보를 위하여 수출허가 등 제한이 필요한 물품으로 재래식무기 및 대량살생무기 관련한 전용품목 및 산업용품목(이중용도품목)을 말한다.(무역법 §19)

2. 전략물자 판정

전략물자를 판정하는 방법은 물품 등의 무역거래자가 직접 판정하는 '자가판정'과 전략물자관리원 또는 관련 전문기관에 신청하는 '전문판정 신청'이 있다.(무역법 §19) 자가판정, 전문판정신청, 수출허가는 전략물자관리시스템(www.yestrade.go.kr)으로 한다.

④ 통관절차

통관이란 화물의 이동, 즉 수출입에 관한 해당 국가의 법령에서 정하는 바에 따라 허가 · 승인 · 표시 또는 그 밖의 조건을 갖출 필요가 있는 물품을 세관장에게 증명하는 절차를 의미한다. 관세법 제2조에서는 통관을 관세법에 따른 절차를 이행하여 물품을 수출 · 수입 또는 반송하는 것이라고 규정하고 있다.

Part 01

4-1 통관의 종류

통관은 화물이동경로에 따라서 수출통관, 수입통관, 반송통관으로 구분한다. 수출통관은 물품이 국내에서 외국으로 이동하는 경우, 수입통관는 외국에서 국내로 이동하는 경우의 통관을 의미하고, 반송통관은 국내에 도착한 외국물품이 수입통관절차를 거치지 않고 다시 외국으로 반출되는 것을 말한다. 입국 또는 입항하는 운송수단에서 출국 또는 출항하는 운송수단으로 물품을 옮겨 싣는 환적은 통관에 해당하지 않는다.(관세법 §2)

▶ 반송통과 환적 비교

구분	반송통관	환적
수하인	국내거주자	외국인
세관절차	반송신고	물품하역신고 → 환적신고

⑤ 운송

운송이란 물품을 국내에서 국외 또는 국외에서 국내로 이동하는 것을 말하며, 국내운송과 국제운송으로 구분한다. 수출측면에서 보면 국내운송은 국내창고 또는 공장에서 선적항까지의 운송을, 국제운송은 선적항에서 목적항까지의 운송을 의미한다.

5-1 해상운송

원거리, 대량운송으로 운임이 다른 운송수단보다 저렴하다는 경제성 때문에 수출입화물의 대부분은 해상운송을 통해 이루어지고 있다.

(1) 수출화물 운송절차

수출상은 계약조건상 운임이 수출상 부담조건(C조건, D조건)이면, 선박을 수배하여 운송계약을 체결하고 수출통관절차를 거쳐 물품을 선적하고 선하증권을 수취한다. 운임이 수입상 부담조건(E조건, F조건)일 경우에는 수입상이 지정하는 선박에 선적하고 선하증권을 수령한다.

▶ 수출화물 선적절차

선적절차	주요 내용
① 선박수배	선박의 운송기일(T/T ; Transit Time), 선박의 출항 예정일자(ETD ; Estimated Time of Departure), 도착예정일자(ETA ; Estimated Time of Arrival), 화물수취 마감시간 등을 확인
② 선적예약(Booking)	선박회사에 선적요청서(S/R ; Shipping Request) 제출
③ 수출통관	수출물품 소재지를 관할하는 세관에 신고
④ 선적	선하증권 3통(original, duplicate, triplicate) 화주에게 발행

⊕ 보충 설명 컨테이너 화물의 구분

구분	FCL 화물	LCL 화물
화물의 양	컨테이너 한 개를 채울 수 있는 다량화물	컨테이너 한 개를 채우는데 부족한 소량화물
화물이동경로	창고 → CY	창고 → CFS → CY
화물적입장소	창고에서 화물적입작업(도어작업) 후 봉인	CFS에서 적입작업(콘솔)

주1) LCL ; Less than Container Load, FCL ; Full Container Load
CY ; Container Yard, CFS ; Container Freight Station

(2) 수입화물 운송절차

수입상(화주)은 선적서류가 도착하면 은행에 수입물품대금을 결제한 후 선적서류를 인도받는다. 선적서류를 인도받은 화주는 수입통관 절차 거쳐 선적서류 원본을 선사에 제시한 후 수입물품을 인수한다.

▶ 수입화물 인수절차

선적절차	주요 내용
① 화물도착통지	선사가 수입화주에게 화물도착 통지(A/R ; Arrival Notice) 또는 이메일 통보
② 선하증권 원본 인수	신용장거래인 경우 개설은행에 대금을 결제하고 선하증권 원본 인수
③ 수입통관	보세구역 반입일부터 30일 이내 수입신고
④ 화물수령	선하증권 원본을 선사에 제출하면 선주는 화주에게 화물인도지시서(D/O ; Delivery Order)를 제공하고, 화주는 D/O를 보세창고 또는 CY제출하고 화물 수령

⊕ 보충 설명 발행방식에 따른 선하증권의 종류

1. **선적선하증권**(Shipped B/L)

화물이 실제로 본선에 적재되었다는 뜻이 기재된 선하증권이다. 선적선하증권 발행일이 선적이로 간주된다. 그러나 선적선하증권에 별도의 본선적재부기가 있는 경우에는 본선적재부기 일자를 선적으로 본다.(UCP600 §20)

▶ **선적선하증권 문구**

Shipped on board in apparent good order and condition except as otherwise noted the total number of containers or other packages or units enumerated below for transportation from the place of receipt to the place of delivery subject to the terms hereof.

▶ **본선적배부기 표시방법**

Shipped on board
20 June 2020

2. 수취선하증권(Received B/L)

운송인이 화물을 선적하기 위하여 수취하였다는 뜻을 기재하고 있는 선하증권이다. 선사가 본선에 물품을 적재한 경우에는 본선 적재부기를 별도로 표시해야 한다. 선적일은 본선적재부기일자로 본다.

▶ **수취선하증권 문구**

Received in apparent good order and condition except as Otherwise noted the total number of containers or other packages or units enumerated below for transportation from the place of receipt to the place of delivery subject to the terms hereof.

용어 설명 SURRENDER B/L

- Surrender B/L이란 유가증권의 기능을 포기한 B/L로, 수출자가 화물에 대한 권리를 포기한 B/L을 말한다. 수출입 업무에서 선하증권 원본은 운송인에게서 수출자로, 수출자는 수입자에게 송부하게 된다. 이런 경우 일정 시간이 소요되기 때문에 중국이나 일본 등 국가는 선하증권이 도착하기도 전에 화물이 수입지에 도착하는 경우 화물인수 지연으로 추가비용이 발생한다. 이런 문제점을 해소하기 위해 사용되는 선하증권이다. 수출대금이 선 결제되는 송금거래에서 사용되곤 한다.

(3) 해상운송주선인(ocean freight forwarder)

선박을 직접 보유하지 않은 채 하주를 위하여 화물운송의 주선을 수행하는 자를 말한다. 주선인은 하주의 대리인으로 운송수단 수배, 소량화물의 혼재(consolidation) 등의 업무를 화주에게 제공한다.

(4) 부정기선의 용선계약

화주가 원하는 시기와 항로에 선복을 제공하는 선박을 부정기선이라 한다. 곡물, 광석, 비료 등 산적화물(Bulk Cargo)을 운송할 때 부정기선을 이용한다. 산적화물 화주는 선박회사와 용선계약서(Charter Party ; C/P)를 통해 계약을 한다. 부정기선 용선방법은 항해용선, 정기(기간)용선, 나용선 세가지로 구분할 수 있다.

① **항해용선계약**(Voyage Charter)

특정한 항해를 할 목적으로 선박소유자가 용선자에게 선원이 승무하고 항해장비를 갖춘 선박의 전부 또는 일부를 물건의 운송에 제공하기로 약정하고 용선자가 이에 대하여 운임을 지급하기로 약정하는 계약이다.(상법§827)

② **정기용선계약**(Time Charter : 기간용선)

선박소유자가 용선자에게 선원이 승무하고 항해장비를 갖춘 선박을 일정한 기간동안 항해에 사용하게 할 것을 약정하고 용선자가 이에 대하여 기간으로 정한 용선료를 지급하기로 약정하는 계약이다.(상법 §842)

③ **선체용선계약**(Bare Boat Charter)

용선자의 관리 · 지배 하에 선박을 운항할 목적으로 선박소유자가 용선자에게 선박을 제공할 것을 약정하고 용선자가 이에 따른 용선료를 지급하기로 약정하는 계약이다.(상법§847). 실무에서는 나용선이라는 용어로 사용한다.

▶ **용선계약의 구분**

부정기선 용선계약을 해상기업의 영업활동(운송과 용선)으로 구분하면 다음과 같다.

운송(운임: Freight 지급약정)	용선(용선료: Hire 지급약정)
항해용선계약	정기용선계약 선체용선계약

⊕ 보충 설명 국적취득조건부 나용선(Bare Boat Charter with Hire Purchase)

1. 정의

국적취득조건부 나용선계약이란 용선료에 선박대금을 포함시켜 선체용선계약을 체결하고 용선기간이 경과한 시점에 무상 또는 통상 1 USD 대가로 소유권을 이전하는 계약을 말한다.

2. 용선사 회계처리

(1) **회계처리**

국적취득조건부 나용선계약은 일반기업회계기준 자산인식요건을 모두 충족하므로 용선사가 자기자금으로 직접 취득한 선박과 동일하게 연불매매거래 또는 금융리스거래로 회계처리 한다.

▶ **일반기업회계기준 10.5**

유형자산으로 인식되기 위해서는 다음의 인식조건을 모두 충족하여야 한다.
(1) 자산으로부터 발생하는 미래경제적효익이 기업에 유입될 가능성이 매우 높다.
(2) 자산의 원가를 신뢰성 있게 측정할 수 있다.

(2) 세무처리

① 취득

법인세법시행령 제68조 제4항에 따라 '국외거래에 있어서는 소유권이전 조건부 약정에 의한 자산의 임대' 는 장기할부판매(연불매매)로 보고 있어, 일반기업회계기준과 동일하게 처리한다.

연불구매형태로 선박을 선체용선계약 체결하고 용선계약의 형식을 취하고는 있으나 실질적으로는 선박의 매매로서 그 선박의 매매대금을 일정기간 동안 분할하여 지급하되 그 기간 동안 매수인이 선박을 사용할 수 있는 것으로서 선박수입의 특수한 형태이다. 한편, 구법인세법 시행령 제68조 제3항은 자산의 장기할부조건 판매 또는 양도와 관련하여 "장기할부조건이라 함은 자산의 판매 또는 양도(국외거래에 있어서는 소유권이전 조건부 약정에 의한 자산의 임대를 포함한다)로서 판매금액 또는 수입금액을 월부·연부 기타의 지불방법에 따라 2회 이상으로 분할하여 수입하는 것 중 당해 목적물의 인도일의 다음날부터 최종의 할부금의 지급기일까지의 기간이 1년 이상인 것을 말한다"고 규정하고 있으므로, 할부금의 지급방법이 2회 이상으로 분할되어 최종지급기일까지의 기간이 1년 이상인 국적취득조건부 용선계약은 법인세법을 적용하는 경우 장기할부조건부 매매와 동일하게 취급하여야 한다.(대법2006두18270, 2009. 1. 30.)

② 국적취득조건부 나용선의 반환에 따른 감가상각비의 회계처리

국적취득조건부로 수입한 선박을 반환하는 경우에도 영 제24조 제4항에 따라 이미 손금에 산입된 감가상각비는 반환을 이유로 그 후 각 사업연도의 소득금액 계산상 이를 익금에 산입할 수 없다. 반환 당시의 선가 미지급잔액과 선박계정잔액(감가상각누계액을 공제한 잔액)과의 차액은 이를 반환하는 사업연도의 익금 또는 손금으로 한다.(법기통 23-24-4)

⊕ 보충 설명 해운기업에 대한 조세 특례

1. 해운기업에 대한 법인세 과세표준 계산 특례(조특법 제104조의10)

(1) 해운기업

내국법인 중「해운법」상 외항운송사업의 경영 등 업종 및 톤수요건을 갖춘 해운기업

① 업종요건

가.「해운법」 제3조에 따른 외항정기여객운송사업 또는 외항부정기여객운송사업

나.「해운법」 제23조에 따른 외항정기화물운송사업 또는 외항부정기화물운송사업. 다만, 수산물운송사업을 제외한다.

다.「크루즈산업의 육성 및 지원에 관한 법률」 제2조제4호에 따른 국제순항 크루즈선 운항사업

② 톤수요건

용선한 선박의 연간운항순톤수의 합계가 해당 기업이 소유한 기준선박의 연간운항순톤수의 합계의 5배를 초과하지 아니하여야 한다.

■ 용선한 선박의 연간운항순톤수의 합계 ≤ 기준선박의 연간운항순톤수의 합계의 5배

가. 용선: 다른 해운기업이 공동운항에 투입한 선박을 사용하는 경우를 포함한다.

나. 연간운항순톤수: 선박의 순톤수에 연간운항일수와 사용률을 곱하여 계산한 톤수를 말한다.

다. 기준선박: 국적취득조건부 나용선, 소유권 이전 연불조건부로 리스한 선박 포함

(2) 법인세 과세표준 특례

해운기업의 해운소득 법인세과세표준은 2024년 12월 31일까지 선박표준이익으로 계산한 금액으로 할 수 있다.

■ 개별선박표준이익 = 개별선박순톤수 × 톤당 1운항일 이익 × 운항일수 × 사용률

* 톤당 1운항일 이익은 개별선박순톤수에 따라 4원, 7원, 11원, 14원 계산

* 비해운소득은 일반법인세와 동일하게 계산

구 분	해운소득	비해운소득
과세표준	개별선박순톤수	각 사업연도 소득
세율	4원 ~ 14원	9% ~ 24%

(3) 과세표준계산특례 신고

과세표준계산특례를 적용받으려는 법인은 사업연도의 과세표준 신고기한까지 해운기업의 법인세과세표준계산특례 적용신청서에 요건의 충족여부에 대한 해양수산부장관의 확인서를 첨부하여 납세지 관할세무서장에게 제출하여야 한다. 과세표준계산특례를 적용받으려는 사업연도부터 연속하여 5개 사업연도 동안 과세표준계산특례를 적용받아야 한다.

2. 우수 선화주기업 인증을 받은 화주 기업에 대한 세액공제(조특법 제104조의30)

(1) 대상 기업

「물류정책기본법」 제43조제1항에 따라 국제물류주선업자로 등록한 기업 중 인증 및 운송비용요건을 충족한 기업

① 우수 선화주기업 인증

「해운법」 제47조의2에 따라 우수 선화주기업 인증을 받은 화주 기업

② 운송비용요건

가. 화주기업이 해당 과세연도에 외항정기화물운송사업자에게 지출한 해상운송비용이 전체 해상운송비용의 100분의 40 이상일 것

나. 화주기업이 해당 과세연도에 지출한 해상운송비용 중 외항정기화물운송사업자에게 지출한 비용이 차지하는 비율이 직전 과세연도보다 증가할 것

(2) 공제금액

「해운법」 제25조제1항에 따른 외항정기화물운송사업자에게 수출입을 위하여 지출한 운송비용의 100분의 1에 상당하는 금액에 직전 과세연도에 비하여 증가한 운송비용의 100분의 3에 상당하는 금액을 더한 금액을 2025년 12월 31일까지 해당 지출일이 속하는 과세연도의 소득세(사업소득에 대한 소득세만 해당한다) 또는 법인세에서 공제한다. 다만, 공제받는 금액이 해당 과세연도의 소득세 또는 법인세의 100분의 10을 초과하는 경우에는 100분의 10을 한도로 한다.

■ 세액공제금액 = (당기 운송비용 × 1%) + (당기 운송비용 - 전기 운송비용) × 3%

* 공제한도: 법인세 또는 소득세의 10%

5-2 항공운송

항공운송은 해상운송보다 높은 운임이 단점이나, 화물의 손상이 적고 화물을 안전하게 거래 상대방에게 인도할 수 있는 장점을 가지고 있어, 소량 고가화물의 장거리 수송에 적합하다.

(1) 수출화물 운송절차

수출항공화물 운송을 절차를 보면 우선 화물의 출고시간에 맞추어 운송의뢰를 하는데, 보통 는 항공운송주선업자 또는 항공화물운송대리점이 업무를 대행한다. 항공화물운송주선업자등은 화물을 인수함과 동시에 수출상에게 항공화물운송장(Air WayBill ; AWB)을 발급한다. 항공운송주선업자등이 해당물품을 보세장치장에 반입하면 수출상이 수출신고를 하고 수출심사와 화물검사를 통해 이상이 없는 경우 항공사는 화물을 인수한다.

(2) 수입화물 운송절차

화물이 공항에 도착하면 화주가 지정한 창고 또는 항공사 지정창고에 입고되거나, 보세운송을 통해 보세구역에 반입한다. 반입이 완료되면 항공사대리점이 수입상에게 도착통지를 한다. AWB원본을 인수한 수입상은 수입통관 후 화물을 인수한다.

ⓘ 용어 설명 보세운송

보세운송이란 외국물품을 통관절차없이 외국물품 그대로 보세구역으로 운송하는 것을 말한다.(관세법§213)

선박 또는 항공기 → (하기운송) → 하선(기) 장소* → (보세운송) → 보세구역 등

* 하선(기) 장소는 선박 또는 항공기로부터 하역된 화물을 반입할 수 있는 보세구역

(3) 항공화물주선업자

항공운송도 해상운송과 마찬가지로 항공화물 운송을 위한 항공화물운송주선인(air freight forwarder)이 있다. 해상운송의 선사와 달리 항공운송의 항공사는 하주를 대상으로 직접 영업을 하지 않기 때문에 항공화물은 항공화물주선업자를 통해 운송이 이루어진다고 볼 수 있다. 항공화물주선인은 영업형태에 따라 항공화물운송대리점과 항공운송주선업자로 구분하고 있다.

① **항공화물운송대리점**(air cargo agent)

항공화물운송대리업은 항공사를 위하여 유상으로 항공기에 의한 화물의 운송계약 체결을 대리하는 사업이다. 대리점은 항공화물을 집화하면서 항공사를 대리하여 master AWB를 발행하고 화물판매수수료를 수취한다.

② **항공운송주선업자**(air freight forwarder)

항공운송주선업은 타인의 수요에 응하여 유상으로 자기의 명의로서 항공사의 항공기를 이용하여 화물을 혼재하여 운송하는 사업으로 화주와 운송계약을 체결하고 계약주체로서 독자적인 house AWB를 발급한다. 화주의 화물을 집화한 주선업자는 또 다른 화주로서 항공사와 운송계약을 체결한다.

▶ 주선업자의 역할

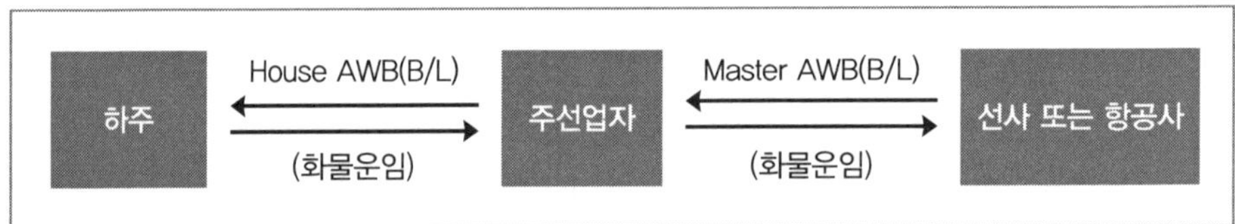

(4) 국제특송업

선적서류, 견본품 등을 항공운송을 통해 신속하게 발송 또는 배달하는 업체로 항공사업법 제2조에서는 타인의 수요에 맞추어 유상으로 「우편법」 제1조의 2 제7호 단서에 해당하는 수출입 등에 관한 서류와 그에 딸린 견본품을 항공기를 이용하여 송달하는 사업(상업서류송달업)이라고 규정하고 있다.

관련 법령 우편법 제1조의 2

7. "서신"이란 의사전달을 위하여 특정인이나 특정 주소로 송부하는 것으로서 문자 · 기호 · 부호 또는 그림 등으로 표시한 유형의 문서 또는 전단을 말한다. 다만, 신문, 정기간행물, 서적, 상품안내서 등 **대통령령으로** 정하는 것은 제외한다.

제3조(서신 제외 대상) 「우편법」(이하 "법"이라 한다) 제1조의 2 제7호 단서에서 "신문, 정기간행물, 서적, 상품안내서 등 대통령령으로 정하는 것"이란 다음 각 호의 어느 하나를 말한다.

1. 「신문 등의 진흥에 관한 법률」 제2조제1호에 따른 신문
2. 「잡지 등 정기간행물의 진흥에 관한 법률」 제2조 제1호 가목에 따른 정기간행물
3. 다음 각 목의 요건을 모두 충족하는 서적
   가. 표지를 제외한 48쪽 이상인 책자의 형태로 인쇄 · 제본되었을 것
   나. 발행인 · 출판사나 인쇄소의 명칭 중 어느 하나가 표시되어 발행되었을 것
   다. 쪽수가 표시되어 발행되었을 것
4. 상품의 가격 · 기능 · 특성 등을 문자 · 사진 · 그림으로 인쇄한 16쪽 이상(표지를 포함한다)인 책자 형태의 상품안내서
5. 화물에 첨부하는 봉하지 아니한 첨부서류 또는 송장
6. 외국과 주고받는 국제서류
7. 국내에서 회사(「공공기관의 운영에 관한 법률」에 따른 공공기관을 포함한다)의 본점과 지점 간 또는 지점 상호 간에 주고받는 우편물로서 발송 후 12시간 이내에 배달이 요구되는 상업용 서류
8. 「여신전문금융업법」 제2조제3호에 해당하는 신용카드

5-3 복합운송

복합운송(international multimodal/combined transport)이란 단송 운송계약에 의거 화물을 국내에서 해외목적지까지 2종류 이상의 운송수단을 이용하는 운송이라고 할 수 있다. 복합운송인은 운송수단 소유여부에 따라 VOMTO(vessel operating multimodal transport operator)와 NVOM-TO(non-vessel operating multimodal transport operator)로 구분한다. NVOMTO를 복합운송주선인(freight forwarder)이라고 한다.

(1) 국제물류주선업자(복합운송주선인)

국제물류주선업자는 타인의 수요에 따라 자기의 명의와 계산으로 타인의 물류시설 · 장비 등을 이용하여 수출입화물의 물류를 주선하는 사업을 영위하는 자로 물류정책기본법 제43조에서는 국제물류주선업을 시 · 도지사에게 등록하도록 하고 있다. 2008년 물류정책기본법 시행으로 법률상 국제물류주선업자이지만 아직까지 실무에서는 복합운송주선인이라는 용어를 사용하고 있다.

(2) 복합운송주선인 업무

복합운송주선인은 하주의 대리인으로 운송수단 수배, 운송관련 서류의 작성, 포장 및 창고보관, 소량화물의 혼재, 환적화물 취급 등 복합운송에 따르는 일체의 부수업무를 처리해주고 있다. 복합운송주선업자가 복합운송을 하는 경우 FIATA(복합운송인협회 국제연맹) B/L를 발급한다.

(3) 복합운송 주요경로

복합운송은 운송수단을 기준으로 해륙(sea & land)복합경로와 해공(sea & air)복합경로로 구분할 수 있다. 해륙복합경로는 철도를 가교(bridge)로 복합운송이 이루어지기 때문에 랜드브리지(Land Bridge ; LB)라고 한다.

▶ 복합운송 주요 수송경로

구분	수송경로
해륙경로	① Mini Landbridge(MLB) – 부산 →(선박)→ 미국서부 →(철도)→ 미국 동부 ② Interior Point Intermodal(IPI)/Micro Landbridge – 부산 →(선박)→ 미국서부 →(철도/트럭)→ 미국 동부
해공경로	① 부산 →(선박)→ 북미서해안 →(항공)→ 북미 동부 ② 부산 →(선박)→ 블라디보스톡 →(항공)→ 모스코바 →(항공)→ 중동/유럽 ③ 부산 →(선박)→ 동남아 →(항공)→ 유럽

6 해상보험

해상보험(marine insurance)이란 해상사업에 관한 사고로 인하여 생길 손해(해상손해)를 보상하는 보험을 말한다.(상법§693)

6-1 해상보험의 종류

해상보험은 보험의 목적에 따라 선박보험, 적하보험, 운임보험, 책임보험으로 구분할 수 있다.

▶ 해상보험의 종류

보험의 목적물	해상보험
운임	운임보험
운송물	적하보험
운송물 도착에 따른 기대이익	희망이익보험
선박(선박의 연료 등 항해에 필요한 물건)	선박보험(H&M)
오염, 선박충돌 등 손해배상책임	충돌손해배상책임보험 및 P&I(선주상호보험)

6-2 해상손해의 종류

해상사업에서 발생한 사고로 인하여 생길 손해는 물적손해, 비용손해, 배상책임손해로 구분할 수 있다. 물적손해는 손해의 정도에 따라 전손(total loss)과 분손(partial loss)으로, 손해부담자의 범위에 따라 단독해손(particular average)과 공동해손(general average)으로 구분할 수 있다.

(1) 전손과 분손

전손이란 보험목적물 전부가 손해를 입은 경우를 말하며, 분손은 전손을 제외한 손해로 해손이라고도 한다. 전손은 현실전손과 추정전손으로 분류한다.

① 현실전손

현실전손은 보험목적물이 파괴 또는 훼손되어 화물 본래의 성질을 상실한 손해를 말한다. 현실전손이 입증되면 별도의 절차 없이 바로 보험금을 청구할 수 있다.

② 추정전손

추정전손은 보험목적물이 전멸되지 않았어도 회복하기 위한 비용이 회복하였을 때의 가액을 초과하리라고 예상되는 경우의 손해를 말한다. 추정전손이 발생한 경우에는 피보험자 하주는 보험의 목적물을 보험자에게 위부(abandonment)하고 보험금액의 전부를 청구할 수 있다.(상법§710)

용어 설명

- 위부란 보험목적물에 대한 피보험자(하주)의 권리를 보험자에게 이전하는 것

(2) 공동해손과 단독해손

① 공동해손

선박과 적하의 공동위험을 면하기 위한 선장의 선박 또는 적하에 대한 처분으로 인하여 생긴 손해를 공동해손이라 한다.(상법§865)

② 단독해손

단독해손이란 공동해손이외의 손해로 보험목적물의 멸실이나 훼손으로 손해를 입은 자가 단독으로 부담하는 손해를 말한다.

6-3 적하보험증권

보험증권은 보험회사가 보험목적물이 부보되었음을 증명하는 서류(insurance policy)이다. 보험계약에서는 약관을 통해 보험계약과 관련된 보험자와 피보험자(하주)의 권리의무를 규정하고 있다. 보험실무에서는 런던보험자협회가 제정한 협회적하보험약관(Institute Cargo Clause ; ICC)을 사용하고 있다. 협회적하보험약관은 1982년에 개정(우리나라는 1983년 3월1일부터 시행)된 협회적하보험약관이 2009년 개정되어 ICC(2009)가 해상적하보험에 적용되고 있다.

▶ 적하보험약관

구약관	신약관	담보범위
I.C.C(F.P.A.)	I.C.C(C)	• 전손, • 공동해손 • 단독해손 중 화재, 선박의 좌초(stranding), 침몰(sinking) 등의 사유에 상당인과관계가 있는 멸실이나 손상
I.C.C(W.A.)	I.C.C(B)	• I.C.C(C) • 갑판유실, 적재 또는 하역작업 중 발생하는 포장단위당의 전손(sling loss)
I.C.C(A/R)	I.C.C(A)	• 전위험담보조건(all risks)으로 전쟁, 동맹파업 등 특정 위험 제외(면책)

⑦ 무역보험

무역보험이란 무역(수출 또는 수입)이나 그 밖의 대외거래와 관련하여 발생하는 위험을 담보하기 위한 비영리정책보험이다. 무역보험사업은 한국무역보험공사가 업무를 수행하고 있다. 무역보험의 종류는 산업통상자원부장관의 승인을 받아 정한다.(무보법 §3)

7-1 수출보험

수출보험이란 수출거래와 관련하여 발생하는 비상위험 또는 신용위험으로 인한 수출대금회수불능에 따라 입게 되는 손실을 보상하는 비영리정책보험이다. 수출보험은 WTO체제하에서 용인되는 간접 수출지원 제도로서 무역실무에서는 수출보험을 통해 수출대금을 회수하고 있다.

⊕ 보충 설명 비상위험 또는 신용위험(단기수출보험_선적후_일반수출거래 약관)

제4조(담보하는 위험) 공사는 보험계약자가 수출계약에 따른 물품을 수출(물품의 선적을 말함. 다만, 선적전에 물품을 수출계약상대방에게 인도한 경우에는 그 인도를 말하며 이하 같음)하였으나 다음 각호의 1에 해당하는 사유로 인한 대금회수불능에 따라 입게되는 손실을 보상하여 드립니다.

1. 비상위험

가. 외국(수입국 또는 지급국을 포함하며, 이하 같음)에서 실시되는 환거래의 제한 또는 금지
나. 외국에서의 전쟁 · 혁명 · 내란 기타 이에 준하는 사유로 인한 환거래의 불능
다. 수입국에서 실시되는 수입의 제한 또는 금지(농수산물이 제2조 제1항 제1호의 방식으로 수출되는 경우 수출물품 선적후 수입국의 행정규제조치 또는 검역기준 변경에 따른 통관불능을 포함함)
라. 수입국에서의 전쟁 · 혁명 · 내란 또는 천재지변으로 인한 그 수입국의 수입 불능
마. 대한민국 밖에서 발생한 사유로 인한 수입국으로의 수송 불능
바. 정부간 합의에 따른 채무상환 연기협정 또는 지급국에 원인이 있는 외화송금 지연
사. '가'목 내지 '바'목 외에 대한민국 밖에서 발생한 사유로서 수출계약 당사자에게 책임이 없는 경우(보험계약체결 당시 취득을 필요로 하는 수입허가 또는 외환할당을 취득할 수 없게 된 경우 및 보험계약체결 당시 취득하였던 수입허가의 효력에 부수된 조건 또는 기한에 의해 수입허가의 효력을 상실한 경우는 제외함)

2. 신용위험

가. 수출계약상대방에 의한 수출물품(선적서류 포함)의 인수거절 또는 인수불능
나. 수출계약상대방의 지급거절 또는 지급불능
다. 수출계약상대방의 지급지체

(1) 수출보험의 종류

한국무역보험공사는 수출거래와 관련하여 현재 13개의 수출보험제도, 2개의 보증제도 및 기타 환변동보험 등을 운용하고 있다.

▶ 수출보험의 종류

단기성 종목(결제기간 2년 이내의 수출거래 대상)
■ 단기수출보험 ■ 수출신용보증(선적전, 선적후, Nego) ■ 중소기업Plus+보험 등
중장기성 종목(결제기간 2년 초과 수출거래 대상)
■ 중장기수출보험(선적전, 공급자신용, 구매자신용) ■ 해외사업금융보험, 해외투자보험(주식, 대출금, 보증채무, 부동산에 대한 권리), 해외자원개발펀드보험, 해외공사보험, 수출보증보험 → 결제기간에 대한 제한이 없으나 통상 중장기거래와 관련하여 이용 ■ 이자율변동보험, 서비스종합보험 (기성고 · 연불방식) 등
기타 보험종목
■ 환변동보험 ■ 신뢰성보험, 수입자 신용조사 서비스, 해외채권 회수 서비스 등

⊕ 보충 설명 한국무역보험공사의 수출보험 외 수출지원서비스(한국무역보험공사 홈페이지)

수출보험은 수출 후 대금회수불능에 따라 입게 되는 손실을 우선적으로 담보한다. 한국무역보험공사는 수출보험 외 수출계약체결부터 대금회수과정에서 수출기업에 유용한 기타 서비스를 제공하고 있다. 이를 살펴보면 다음과 같다.

▶ **수출단계별 한국무역보험공사 수출지원서비스**

수출단계	수출지원	주요내용
수출계약체결	국외기업 신용조사 서비스	해외소재 기업의 기본정보, 재무정보 등의 신용조사를 실시한 후 의뢰인에게 신용조사 보고서를 제공하는 서비스
수출물품제조	수출신용보증 (선적전)	수출기업이 수출계약에 따라 수출물품을 제조, 가공하거나 조달할 수 있도록 외국환은행이 수출신용보증서를 담보로 대출 또는 지급보증을 실행함에 따라 기업이 은행에 대하여 부담하게 되는 상환채무를 한국무역보험공사가 연대보증하는 제도
선적 (대금회수)	단기수출보험	수출자가 수출대금의 결제기간 2년 이하의 수출계약을 체결하고 물품을 수출한 후, 수입자(L/C거래의 경우 개설은행)로 부터 수출대금을 받을 수 없게 된 때에 입게 되는 손실을 보상하는 제도
	수출신용보증 (선적후)	수출기업이 수출계약에 따라 물품을 선적한 후 금융기관이 환어음 등의 선적서류를 근거로 수출채권을 매입(Nego)하는 경우 한국무역보험공사가 연대보증하는 제도
환율변동	환변동보험	수출 또는 수입을 통해 외화를 획득 또는 지급하는 과정에서 발생할 수 있는 환차손익을 제거, 사전에 외화금액을 원화로 확정시킴으로써 환율변동에 따른 위험을 헤지(Hedge)하는 상품
채권회수	해외채권 회수 서비스	수출 또는 기타 대외거래와 관련하여 발생한 해외미수채권에 대하여 K-SURE가 해외 네트워크를 통해 채권회수를 대행하는 서비스

예시 수출실적이 없거나 담보가 부족한 중소기업이 수출물품 제조를 위해 거래은행에 (원자재)내국신용장 개설을 요청하는 경우 '선적전 수출신용보증'을 이용(위탁보증)하여 개설

(2) 단기수출보험

수출자가 수출대금의 결제기간 2년 이하의 수출계약을 체결하고 물품을 수출한 후, 수입자(L/C거래의 경우 개설은행)로 부터 수출대금을 받을 수 없게 된 때에 입게되는 손실을 보상하는 제도이다.

Part 01

① 대상거래

결제기간 2년 이내의 일반수출, 위탁가공무역, 중계무역, 재판매거래가 단기수출보험의 담보대상거래이다. 수출보험의 성격상 손실의 발생(피보험이익)이 있어야 하므로 유상수출에 한정되며, 무상수출은 제외한다.

일반수출	국내에서 외국으로의 수출을 말하며, 국내에서 자체 생산하거나 국내 제조업체로부터 구매한 물품을 수출하는방식
위탁가공무역	해외에 진출한 국내기업의 현지법인이 생산 · 가공한 물품 또는 제3국 기업에 위탁하여 동국에서 가공한 물품을 제3국에서 수입국으로 직접 수출하는 거래
중계무역	수출을 목적으로 물품을 수입하여 국내에서 통관하지 않고 제3국으로 수출하는 거래
재판매거래	수출자가 해외지사(현지법인 포함)에 물품을 수출하고, 동 해외지사가 당해 물품을 현지 또는 제3국에 재판매 하는 거래

② 운용방법

수출보험은 개별거래별로 보험청약 및 가입하는 **개별보험(인수한도)**과, 일정범위의 대상거래를 정한 후 대상거래전체를 가입하는 **포괄보험(보상한도)**으로 구분하여 운용한다.

③ 이용절차

단기수출보험 이용절차는 다음과 같다.

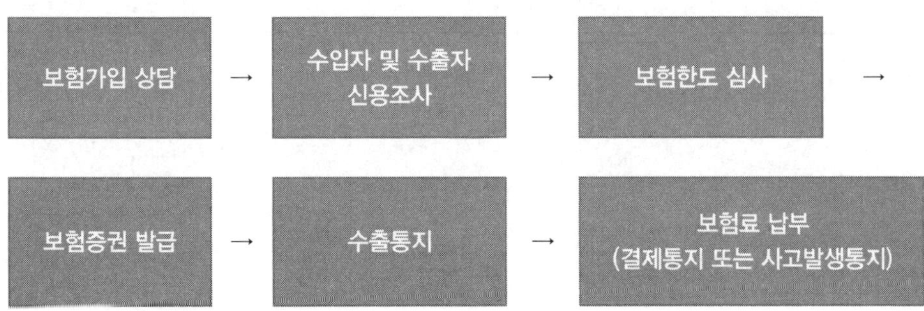

④ 상품구분

단기수출보험은 선적후, 포페이팅, 농수산물패키지, 중소중견Plus+, 단체보험으로 구분한다.

단기수출보험	주요내용
선적후	■ 수출자가 수출대금의 결제기간 2년 이하의 수출계약을 체결하고 물품을 수출한 후, 수입자(L/C거래의 경우 개설은행)로 부터 수출대금을 받을 수 없게 된 때에 입게되는 손실을 보상하는 상품
포페이팅	■ 은행이 포페이팅* 수출금융 취급 후 신용장 개설은행으로부터 만기에 수출대금을 회수하지 못하여 입게 되는 손실을 보상하는 상품 * 포페이팅 : 수출거래에서 발생한 채권을 거래은행이 소구권 없이(without recourse)매입하는 것을 의미한다.
농수산물패키지	■ 간편한 한 개의 보험으로 농수산물 수출 시 발생하는 여러가지위험(대금미회수위험, 수입국 검역위험, 클레임비용위험)을 한번에 보장하는 농수산물 수출기업용 맞춤형 상품
중소중견Plus+	■ 보험계약자인 수출기업은 연간 보상한도에 대한 보험료를 납부하며, 수입자 위험, 신용장위험, 수입국위험 등 보험계약자가 선택한 담보위험으로 손실이 발생할 때 한국무역보험공사는 책임금액 범위 내에서 손실보상하는 상품 ■ 현행 단기수출보험(선적후)이 개별 수출거래 건별로 보험계약이 체결된 반면, 동 제도는 수출기업의 전체 수출거래를 대상으로 위험별 책임금액을 설정하여 운영한다. 따라서 수입자신용조사, 수입자인수한도, 수출통지절차를 생략한다.
단체보험	■ 기존 중소중견Plus+에 단체보험 개념을 도입, 지원기관 또는 지방자치단체가 제반 보험계약절차를 진행하여 일괄 보험 계약을 체결하고, 중소중견기업은 피보험자로서 수출대금 미회수시 보험금을 수령하는 상품 ■ 일반적으로 지원기관 또는 지방자치단체가 보험료를 지원한다. 별도의 통지절차나 수입자신용조사 없이 보험기간동안 발생한 피보험자의 정상수출거래에 대한 대금 미회수위험을 담보한다.(단, 보험책임금액은 통상 U$5만 이내)

7-2 수입보험

수입보험(수입자용)은 원유, 가스 등 주요 전략물자의 장기 안정적 확보를 위하여 국내수입기업이 선급금 지급조건 수입거래에서 비상위험 또는 신용위험으로 인해 선급금을 회수할 수 없게 된 경우에 발생하는 손실을 보상하는 제도이다.

(1) 대상거래

철, 동, 공장자동화물품 등 아래 물품에 대하여 선급금지급 후 2년 이내에 선적하여야 하는 수입거래(중계무역 제외)에서 발생하는 손실을 보상한다.

주요자원	■ 철, 동, 아연, 석탄, 원유 등 주요자원
시설재	■ 공장자동화 물품(관세법 §95① 제3호) ■ 산업기술연구 · 개발용 물품(관세법 §90① 제4호)

(2) 운영방식

수입보험(수입자용)은 한도를 책정 받고 건별로 보험에 가입하는 일반방식과 수개의 수입자를 하나의 보험으로 가입하는 Pooling 특약방식으로 운용한다.

CHAPTER 03

수출입대금 결제

국제거래는 국내거래와 달리 수출상과 수입상이 격지에 떨어져 있으므로 상품의 인도와 대금결제에 있어서 시간차이가 발생하게 된다. 이런 국제거래의 특성으로 국내거래와 달리 추심결제(Collection)와 신용장(Credit)결제방법이 발달하게 되었다.

① 수입대금 결제

1-1 송금결제방식

송금결제방식은 수입상이 상품을 인도전 또는 인도 후 수출상에게 상품대금을 송금하는 결제방식이다.

(1) 사전송금방식

수입상이 대금의 전액 또는 일부를 상품선적전에 수출상에게 미리 송금하여 지급하고 인도받는 방식이다.

(2) 사후송금방식

수입상이 상품을 수령한 후에 수출상에게 대금을 송금하는 방식이다. 선적이후에 상품 또는 선적서류 교환으로 대금이 결제되는 방식도 사후송금방식으로 본다.

① **상품인도결제**(Cash On Delivery ; COD)

수출상이 상품을 선적한 후 선적서류를 수입국에 소재하고 있는 수출상의 대리인에게 송부하여 상품이 수입국에 도착하면 수입상이 검사 후 수령하여 대금을 결제하는 방식이다.

② **서류인도결제**(Cash Against Documents ; CAD)

수출상이 상품을 선적한 후, 선적서류를 수출국에 소재하고 있는 수입상의 대리인에게 선적서류를 인도하면서 대금을 결제하는 방식이다.

1-2 추심결제방식

수출상이 상품을 선적한 후 선적서류와 환어음을 수입상에게 제시하면 수입상이 환어음에 대해 지급(인수후 만기 지급)하는 결제방식이다. 추심결제방식에서는 인수 또는 지급행위를 위해 환어음이 필요하며, 대부분의 추심결제방식은 은행을 통해 이루어지고 있다. 추심결제방식은 지급인도조건(Documents against Payment ; D/P)과 인수인도조건(Documents against Acceptance ; D/A)으로 구분한다.

(1) 환어음

환어음이란 발행인(수출상)이 지급인(수입상)앞으로 어음 상 금액을 지시인 또는 소지인의 청구에 지급할 것을 위탁하는 유가증권이다. 수출입거래 중 추심 또는 신용장결제방식에서 환어음을 주로 사용한다. 신용장거래에서는 지급인을 신용장개설은행으로 한다. 환어음금액을 지급해야 하는 일자(만기)를 정하는 방법은 일람출급방식, 기한부방식이 있다.

▸ **환어음 양식**

BILL OF EXCHANGE

DATE 2020-11-20, KOREA

FOR USD 1,000,000

① AT SIGHT OF THIS BILL OF EXCHANGE
PAY TO ORDER OF SB BANK
THE SUM OF SAY US DOLLARS ONE MILLION ONLY

TO KOREA BANK

SB Company co.,Ltd

① **일람출급방식**

어음이 지급인(수입상)에게 제시하는 날이 만기가 되는 방식이다.

일람출급	AT SIGHT

② **기한부방식**

환어음의 만기를 일람방식이 아닌 일람후 정기출급, 일자후 정기출급 또는 확정일자로 기재하는 방식이다. 실무에서는 기한부어음 만기는 일람후 정기출급 또는 일자후 정기출급방식을 많이 사용한다.

일람후 정기출급	AT 30 DAYS AFTER SIGHT
일자후 정기출급	AT 90 DAYS AFTER B/L DATE
확정일자	MAY 01. 2020

(2) D/P 조건

수출상이 물품을 선적하고 선적서류와 일람출급환어음을 자기 거래은행(추심의뢰은행 remitting bank)을 통하여 추심하면, 추심의뢰를 받은 수입국 은행(추심은행 collecting bank)은 수입상에게 어음을 제시하여 대금을 받고 선적서류를 인도하는 방식이다.

▶ D/P 조건 대금결제

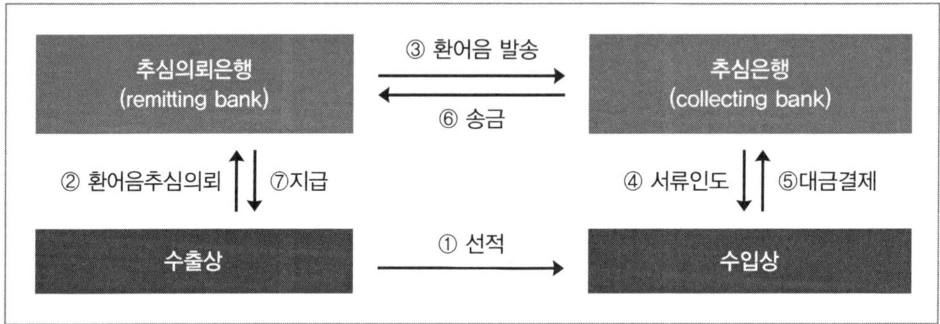

(3) D/A 조건

수출상이 물품을 선적하고 선적서류와 기한부환어음을 자기 거래은행(추심의뢰은행 remitting bank)을 통하여 추심하면, 추심의뢰를 받은 수입국 은행(추심은행 collecting bank)은 수입상에게 어음을 제시하면 수입상은 어음을 인수하고 선적서류를 인도받아 어음 만기일에 대금을 결제하는 방식이다. 수입상은 어음인수만으로 물품을 회수할 수 있으므로 유리한 방식이다.

용어 설명 환어음인수

환어음인수란 지급인(수입상)이 환어음의 지급채무를 부담하는 것을 나타내는 어음행위로 지급인(수입상)은 인수를 함으로써 환어음의 주채무자가 된다.

▶ D/A 조건 대금결제

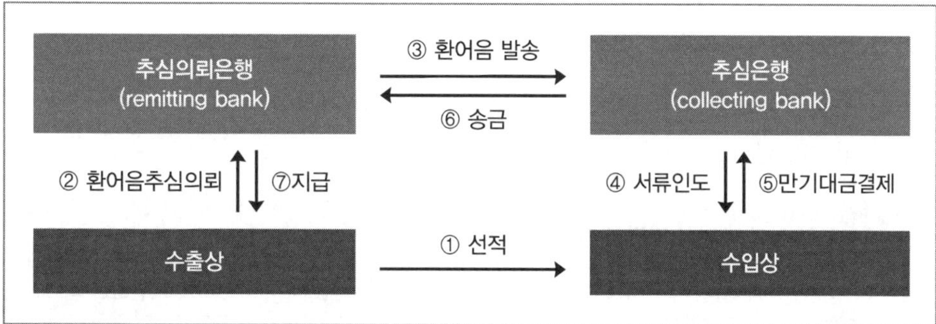

1-3 신용장결제방식

(1) 신용장

신용장은 국제무역에서 대금결제를 원활하게 하기 위하여 수입자의 거래은행(신용장개설은행)이 수입자의 요청과 지시에 따라 신용장조건과 일치하는 서류를 제시하면 신용장개설은행이 대금지급을 확약하는 조건부 지급보증서를 말한다. 신용장 거래는 신용장 개설은행의 공신력 있는 자금 중개에 의하여 무역거래가 원활하게 촉진되는 장점이 있다. 즉, 수입상은 일정 기간 대금지급을 유예받을 수 있고, 상품이 안전하게 선적되어 매매계약을 충족시키는지를 대금지급 전에 미리 확인 할 수 있다. 또한, 수출상으로서는 신용장 개설은행이 수입상을 대신하여 대금지급을 확약함으로써 대금회수 불능에 대한 위험이 방지되며, 수출환어음을 발행하여 거래은행에 매입을 요청함으로써 상품대금을 조기에 자금화할 수도 있다.

Credit means any arrangement, however named or described, that is irrevocable and there by constitutes a definite undertaking of the issuing bank to honour a complying presentation.[UCP 600 §2]

신용장은 그 명칭과 상관없이 개설은행이 일치하는 제시에 대하여 결제(honour)하겠다는 확약으로서 취소가 불가능한 모든 약정을 의미한다.

(2) 신용장 거래 당사자

① **신용장개설의뢰인**(Applicant)

무역계약에 따라 매도인에게 신용장을 개설해 주어야 할 의무가 있는 매수인이다. 자기 거래은행에 수출상 앞으로 신용장 개설을 의뢰하기 때문에 개설의뢰인이라 부른다.

② **수익자**(Beneficiary)

무역계약상의 매도인이다. 신용장에 따라 가장 혜택을 많이 보는 당사자라 하여 수익자라 한다.

▶ **수출상과 수입상의 명칭 비교**

거래내용	수출상	수입상
무역관계	Exporter(수출상)	Importer(수입상)
매매관계	Seller(매도인)	Buyer(매수인)
신용장관계	Beneficiary(수익자)	Applicant(개설의뢰인)
어음관계	drawer(발행인)	drawee(지급인)
계정관계	Accounter(대금수령인)	Accountee(대금결제인)
화물관계	Consignor(송하인)	Consignee(수하인)

③ **개설은행**(Issuing Bank)

개설의뢰인의 요청과 지시에 따라 매매계약의 당사자인 수출상 앞으로 신용장을 개설하는 은행이다.

- 확인은행(Confirming Bank) : 개설은행의 수권 또는 요청에 의하여 신용장에 확인한 은행을 말한다. 확인(confirmation)이란 일치하는 제시에 대하여 결제(honour) 또는 매입하겠다는 개설은행의 확약에 추가하는 확인은행이 하는 확약을 의미한다.확인수수료(confirming charge) 부담자를 누구로 할지 수입상과 수출상의 계약사항이고, 확인(confirmation) 추가여부는 부담자 결정사항이다.
- 상환은행(Reimbursement Bank) : 개설은행의 지시에 따라 지정은행에 신용장대금을 결제해 주는 은행을 말한다.

④ **지정은행**(Nominated Bank)

지급, 연지급, 인수 또는 매입을 할 수 있도록 신용장에서 권한을 부여받은 은행으로 일치하는 제시가 이루어지는 은행을 말한다.

- **지급은행**(Paying Bank) : 지급신용장하에서 수익자가 제시한 선적서류와 상환으로 대금지급을 해 주는 은행이다.
- **매입은행**(Negotiation Bank) : 수익자의 서류를 매입하고 수출대금을 지급하는 은행이다.
- **인수은행**(Acception Bank) : 기한부신용장에 따라 발행된 어음을 인수하는 은행을 말한다.

⑤ **통지은행**(Advising Bank)

개설은행의 요청에 따라 신용장을 수출상에게 통지하는 은행을 말한다.

⑥ **양도은행**(Transferring Bank)

양도가능신용장에서 먼저 신용장을 받은 수출상(제1수익자)의 요청에 따라 제3자(제2수익자)에게 신용장을 양도하는 은행을 말한다.

(3) 신용장거래구조

신용장은 개설은행에 의하여 개설(issuing)되어 여러 과정을 거쳐 수입자 대금상환으로 종료된다. 일반적인 경우를 예를 들어 설명하면 다음과 같다.

▶ 신용장 거래 개요

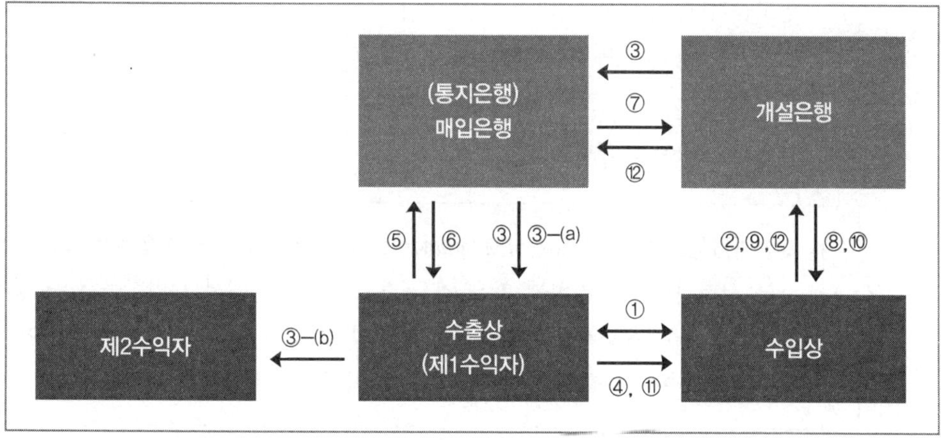

① 수출상과 수입상이 계약을 체결하면서 대금결제조건(Payment terms)으로 신용장방식으로 거래할 것을 합의한다.

② 수입상은 자신의 거래은행과 외국환거래약정을 체결하고, 신용장 개설을 의뢰한다.

③ 신용장 개설은행은 신용장을 개설하고 이를 통지은행을 경유하여 수출상(수익자)에게 통지한다.

> ■ ③-(a) 수출상이 개설은행의 공신력이 미약하다고 판단하여 추가적인 지급보증인 확인(confirmation)을 요구하는 경우 확인은행은 추가적인 확약을 한다.
>
> ■ ③-(b) 양도가능신용장에서 수출상(제1수익자)이 은행에게 신용장 양도를 요청하는 경우 제2수익자에게 양도한다.

④ 수출상은 상품을 구매하거나 생산하여 선적(기)한다.

⑤ 수출상은 운송회사로부터 선하증권(항공화물운송장)을 발급받고 기타 서류를 구비한 다음 환어음을 발행하여 거래은행에 매입을 요청한다.

⑥ 매입은행(거래은행)은 선적서류와 신용장을 대조, 확인한 다음 이상이 없을 경우 대금을 지급한다.

⑦ 매입은행은 환어음과 선적서류를 신용장 개설은행으로 송부한다.

⑧ 개설은행은 매입은행이 송부한 선적서류와 신용장을 검토한 다음 이상이 없을 경우 수입상에게 선적서류 도착사실을 통지한다.

⑨ 일람불(at sight)의 경우 수입상이 대금을 결제한다. 기한부(Usance)의 경우는 환어음을 인수(acceptance)한 다음 만기일에 대금을 결제한다.

> ■ **대도(Trust Receipt T/R)** : 기한부조건에서 수입상이 대금결제전에 선적서류를 인도받거나, 일람불조건에서 수입상의 요청에 의해 은행이 해당 물품을 먼저 처분한 다음 그 판매대금으로 수입대금을 결제하도록 허용하는 제도

⑩ 신용장 개설은행은 선적서류를 인도한다.

> ■ **수입화물선취보증서(Letter of Guarantee L/G)** : 화물이 먼저 수입지에 도착하였으나 선적서류가 도착하지 않은 경우 수입상은 은행에서 수입화물선취보증서를 발급받아 운송회사로부터 화물을 인수할 수 있다. L/G의 발행은 은행이 수입상을 위하여 운송회사에 보증을 하는 여신행위의 일종이라 할 수 있다.

⑪ 수입상은 선하증권(항공화물운송장)을 운송회사에 제출하고 상품을 인수한다.

⑫ 신용장 개설은행은 매입은행에 대금을 상환한다.

(4) 신용장 이용방식

신용장 이용방식에는 일람지급방식, 인수방식, 연지급방식, 매입방식이 있다.

Part 01

① **일람지급방식**(by sight payment)

수익자가 신용장 조건에 일치하는 서류를 제시할 경우 지정은행인 지급은행이 즉시 수익자에게 신용장대금을 지급할 수 있는 방식이다.

② **인수방식**(by acceptance)

수익자가 운송서류와 환어음을 은행에 제시하면 환어음을 인수하고 어음만기일에 대금을 지급하는 방식이다.

③ **연지급방식**(by deferred payment)

지정은행을 연지급은행으로 지명하고 연지급은행은 수익자가 신용장 조건에 일치하는 서류제시에 대하여 만기에 지급하겠다는 취소불능 약속(연지급 확약)을 하고 만기에 신용장 대금을 지급하는 방식이다. 연지급방식은 인수방식과 동일하나 환어음을 요구하지 않는다. 유럽 몇 개 국가에서는 환어음인수에 대해여 상당히 높은 세금을 부과하기 때문에 환어음이 필요한 인수신용장 대신 환어음이 없는 연지급신용장을 이용한다.

④ **매입방식**(by negotiation)

지정은행인 매입은행이 만기일 또는 이전에 일치하는 제시에 대하여 대금을 지급하거나 또는 대금지급에 동의하는 방법에 의하여 환어음 또는 서류를 매수(purchase)하는 방식을 말한다.

▶ **신용장 이용방식과 환어음**

신용장 이용방식	환어음
인수방식	항상 환어음 요구
지급방식, 매입방식	환어음 요구는 선택사항
연지급방식	항상 환어음 요구하지 않음

(5) 신용장 관련 비용

① 수입신용장 거래

㉮ 수입신용장 개설수수료(Term Charge)

수입상이 신용장개설의뢰를 할 경우 개설은행은 보증기간(Term charge)에 따라 지급보증수수료 성격으로 수입신용장 개설수수료를 받는다.

개설금액 × 매매기준율 × 발행수수료율(신용등급에 따라 차등) × 일수/360

㉯ 환거래수수료

개설은행이 해외에 있는 지정은행의 서비스를 받는 경우 지급하는 수수료를 말한다.

- 지급수수료(Payment Commission) : 지급신용장에서 발생하는 수수료이다.
- 매입수수료(Negotiation Commission) : 매입신용장에서 발생하는 수수료이다.
- 인수수수료(Acceptance Commission) : 해외은행이 연지급환어음을 인수 · 할인할 경우 발생하는 수수료이다. 기한부환어음할인료(Discount Charge)를 포함한다.
- 상환수수료(Reimbursing Commission) : 결제은행이 신용장대금을 지급할 경우 발생하는 수수료이다.

⊕ 보충 설명 상환은행의 수수료

상환은행의 수수료는 개설은행이 부담한다. 그러나 그 수수료를 수익자가 부담하여야 한다면, 개설은행은 신용장과 상환수권서에 그러한 사실을 명시할 책임을 부담한다.(A reimbursing bank's charges are for the account of the issuing bank. However, if the charges are for the account of the beneficiary, it is the responsibility of an issuing bank to so indicate in the credit and in the reimbursement authorization.)[UCP 600 §13]

㉰ 대체료(In Lieu of Exchange commission)

신용장개설은행에서 입금된 외화를 수출자의 외화계좌로 입금시키는 이체작업 수수료이다.

㉱ 지연이자(Delay Charge)

신용장개설은행은 수입자로부터 수입대금을 결제받지 못한 경우 서류도착 후 6일째 되는 날 개설은행이 우선 대납처리하고 그 이후 대금완납 시까지 기간에 대한 이자를 수입상에게 부과하는 수수료이다.

⊕ 보충 설명 개설은행 서류검토기한

개설은행에게는 제시가 일치하는지 여부를 결정하기 위하여 제시일의 다음날로부터 기산하여 최장 5 은행영업일이 각자 주어진다.(..the issuing bank shall each have a maximum of five banking days following the day of presentation to determine if a presentation is complying.)[UCP 600 §14]

㉳ **기타수수료**

신용장 조건변경수수료, 만기연장취급수수료, 우편료 · 전신료(신용장개설은행이 신용장을 통지은행에 전달하는 경우 우편도착지, 전신문 분량에 따라 차등 적용) 등이 있다.

⊕ 보충 설명 비용부담자

신용장에서 명시하지 않은 비용은 원칙적으로 신용장 개설을 지시한 개설의뢰인이 부담한다. 확인수수료, 통지수수료를 수출상에게 부담시킬 경우 신용장에 명시적인 문구(ALL BANK CHARGES OUTSIDE OF ISSUING BANK ARE ACCOUNT FOR BENEFICIARY)가 필요하다.

② **수출신용장 거래**

㉮ **환가료**(Exchange Commission)

매입신용장, 연지급신용장의 경우 매입은행은 먼저 수출상에게 자기자금을 선지급하고 개설은행에서 나중에 지급받게 되는데 그 기간동안의 이자를 수출상에게 받는다. 이것을 환가료라고 한다.

㉯ **환거래수수료**

- **통지수수료**(Advising Charge) : 통지수수료는 신용장통지료(Advising Charge), 조건변경료(Amendment Charge), 전신사용료(Cable Charege)로 구분된다.
- **확인수수료**(Confirming Charge) : 확인은행에게 지급하는 수수료이다.

㉰ **미입금수수료**(Less Charge)

매입당시 예상하지 않은 은행수수료가 추가로 징수되거나, 수익자에게 환가료를 받았으나 개설은행에서 기간을 초과하여 신용장대금을 지연 입금시킨 경우 지급하는 수수료이다.

㉣ **양도수수료**(Transfer Charge)

양도가능신용장을 수취한 수출자(제1수익자)가 신용장 금액의 일부 또는 전부를 제2수익자에게 양도해 줄 것을 요청한 경우 지급하는 수수료이다.

㉤ **기타수수료**

외화대가로 매입하는 경우 대체료, 우편료(특사배달업체의 특사배달료) 등이 있다.

② 수출대금회수

수출상은 물품을 선적하고 수출대금을 수입상의 결제로 대금을 회수할 수 있지만, 수입상 결제전 은행의 선적서류 매입(Negotiation)을 통해서도 수출대금을 회수할 수 있다. 매입은 수입상의 대금결제 전에 수출상에게 대금을 선 지급하므로, 수입상의 대금미결제 위험(신용위험)이 존재한다. 수출환어음 매입은 수출상에 대한 은행 여신으로 취급한다.

2-1 추심전 매입

D/P, D/P수출거래는 은행의 지급보증이 없는 무신용장거래로 수출상이 물품을 선적한 후 국내 외국환은행을 통해 수출대금을 추심하는 거래이다. 추심전매입은 추심거래에서 추심의뢰은행이 수입상의 대금결제 전에 선하증권 등 선적을 확인할 수 있는 서류가 첨부된 환어음을 매입하여 수출상에게 대금을 지급하는 방식이다.

2-2 신용장 매입

신용장에 매입이 수권된 은행이 신용장 서류심사결과 신용장의 조건에 부합하는 경우, 선적서류가 첨부된 환어음을 매입하고 환가료, 대체료 등을 공제하고 잔액을 지급한다.

2-3 O/A 수출채권 매입

선적통지 결제방식(Open Account) 수출이란 수출상이 거래은행과 수출채권에 대한 양수도계약을 체결하고 수입상으로부터 수입대금을 약정된 채권양수은행에 입금할 것을 승낙받아 거래하는 방식이다. 수출상은 물품 선적후 선적서류를 수입상에게 송부(통지)하고, 해당 수출채권은 은행에 매각하여 대금을 수령한다. 물품을 수령한 수입상은 물품대금을 채권양수은행에게 송금하면 거래가 종료되는 방식이다. O/A방식은 수출상이 수입상을 신뢰하여 선적서류를 수입상에게 인도하고 사후에 결제받는다는 점에서 사후송금방식 또는 D/A거래와 마찬가지로 수출상에게는 불리한 방식이다.

▶ 수출대금회수방법 비교

거래종류	은행매입방법	매입절차	환어음발행여부
추심전 매입	환어음	선적서류 인도	발행
신용장 매입	환어음	선적서류 인도	발행
O/A 수출채권매입	수출채권	선적통지	부

③ 수출입대금 결제 관리

수출입기업은 수출대금을 회수하거나, 물품대금을 지급하기 위해 외환을 매도 또는 매수한다. 외환매도 또는 매수를 하는 경우 환율이 개입하게 된다.

3-1 환율

환율은 국내통화와 외국통화의 상대적 가치이다. 환율은 다른 통화의 교환가치로 표시된다.

(1) 환율의 표시방법

환율은 어떻게 표시하느냐에 따라 직접표시법, 간접표시법으로 구분할 수 있다. 직접

표시법은 외국통화 1단위당 자국통화의 양으로 표시하는 방법이다. 간접표시법은 자국통화 1단위당 외국통화(일반적으로 달러)의 양으로 표시하는 방법이다.

구분	표시방법	대상통화
직접표시법	1USD : 1108KRW	대부분 국가
간접표시법	1EUR : 1.19USD	유로EUR, 영국GBP, 호주AUD, 뉴질랜드NZD

① 기준통화와 가변통화

통화의 상대적 가치인 환율은 항상 2개 통화가 표시된다. 2개의 통화 중 앞에 나오는 통화를 기준통화, 뒤에 나오는 통화를 가변통화라 한다. 환율을 사고 팔 때는 기준통화를 대상으로 한다.

표시방법	기준통화	가변통화
1USD : 1108KRW 또는 USD/KRW = 1108	USD	KRW

⊕ 보충 설명 통화코드

통화표시는 일반적으로 3자의 알파벳으로 표시한다. 3글자의 알파벳은 국제표준기구(International Organization for Standardization)가 정한 것으로 전 세계 공통으로 사용하고 있는 통화코드이다.

▶ ISO4217 주요 통화코드

국가	통화	코드	국가	통화	코드	국가	통화	코드
유로	Euro	EUR	일본	Yen	JPY	태국	Baht	THB
영국	Pound	GBP	중국	Yuan	CNY	호주	Dollar	AUD

(2) 환율의 종류

① 매매기준율과 재정된 매매기준율

매매기준율이란 당일 중 외국환중개회사를 통하여 거래가 이루어진 외국환은행간 미화의 현물환매매율(거래일로부터 2영업일 이내에 결제가 이루어지는 외환매매율)을 가중평균하여 산출되는 시장평균환율(기준환율)을 말하며, 재정된 매매기준율이란 국제금융시장에서 형성된 미화 이외의 통화와 미화와의 평균환율(재정환율)을 말한다. 외국환중개기관은 매매기준율과 재정된 매매기준율을 산출하여 매일 영업개시 30분전까지 한국은행, 각 외국환은행에게 통보하도록 하고 있다.

⊕ 보충 설명 재정환율 계산

사례 시장에서 거래되는 환율이 다음과 같을 경우 엔JPY, 유로EURO 재정환율 계산

- USD/KRW = 1108, EUR/USD = 1.19, USD/JPY = 103.83

해답 ① 100JPY/KRW = 1067^{12}

* 1108KRW = 103.83JPY → 1108/103.83 = JPY/KRW = 10.6712
100JPY/KRW = 1067^{12}

② EUR/KRW = 1318^{52}

* EUR/1.19USD → 1.19 × 1108 = 1318^{52}

Part 01

② 전신환매매율

전신환매매율은 외화결제를 전신으로 실행하는 경우에 적용되는 환율로서 기간에 대한 금리요인이 반영되지 않는 환율이다.

㉮ 대고객 전신환매도율(T/T Selling Rate)

전신송금의 경우 국내 은행은 송금인으로부터 원화를 받고, 외환을 매도함과 동시에 국내은행의 해외 예치계정에서 지급은행 앞으로 즉시 지급된다. 즉, 송금은행은 외환 매도와 관련해서 자금부담이 발생하지 않는다. 이와 같이 송금은행이 송금인에게 외환을 매도할 때 적용되는 환율이 대고객 전신환매도율(T/T Selling Rate)이다.

㉯ 대고객 전신환매입률(T/T Buying Rate)

외국으로부터 전신으로 송금되어온 외환을 지급하는 국내은행은 외환을 매입하고 원화를 지급하게 되는데, 원화를 지급하는 시점에 이미 국내은행의 해외 예치계정에 외화가 입금되었으므로 자금부담이 발생하지 않는다. 외환을 매입할 때 적용하는 환율이 대고객 전신환매입률(T/T Buying Rate)이다.

③ 환가료율

환가료란 외환 거래 시 은행이 일정기간 동안 자금을 부담함에 따라 발생하는 이자를 고객에게 부담시키는 수수료다. 예를 들면 은행이 일람출급환어음을 매입할 때 기업에게 어음금액을 즉시 지급하지만, 매입한 은행에서는 그 어음을 외국은행에 보내 상환받기까지는 일정한 기일이 소요된다. 이 경우 어음금액지급일로부터 상환받는날까지 이자를 징수하게 된다. 환가료율이란 해당일의 환가료에 대한 수수료율

을 의미한다. 따라서 국내 은행거래에서 어음수취인에게 만기 전 대금을 지급하고, 만기에 어음발행인에게 대금을 수령하는 상업어음할인 여신거래에서 발생하는 할인율과 경제적 실질이 동일한 개념이라 할 수 있다.

- 환가료 = 환가료율 × 표준우편일수/360 또는 365
  - JPY, HKD 등 아시아통화는 9일, 기타통화는 10일
  - GBP, AUS, NZD, HKD 통화는 1년을 365일, 기타통화는 360일 적용

▶ 어음거래에서 할인율과 환가료율

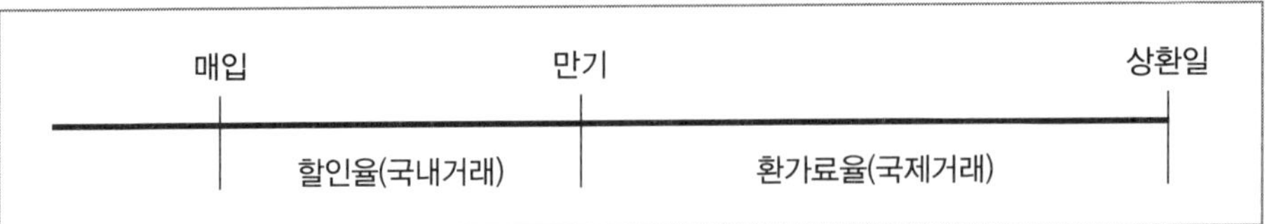

예시 시중은행 달러USD 고시 2020년 11월20일 고시회차 199회차

기업매도(은행매입)		매매기준율	환가료율	은행매도(기업매입)	
전신환매입율 (송금 받을 때)	현찰			현찰	전신환매도율 (송금 보낼 때)
1104^{60}	1095^{98}	1115^{50}	1^{99550}	1135^{02}	1126^{40}

④ 환어음 관련 환율

㉮ 수입어음결제율

일람불수입어음 결제시에 적용하는 환율이다. 국내 외국환은행의 예치계정에서 해당 어음금액이 선지급되고 수입상이 결제하므로 환가료율을 가산하여 적용한다.

- 수입어음결제율 = 대고객 전신환매도율 + 환가료율

㉯ 일람출급환 매입률

일람출급환 어음 매입시 적용되는 환율로서 매입은행 입장에서는 매입금액을 선지급하고 해당어음이 입금되므로 환가료율을 차감하여 적용한다.

- 매입금액 = 외화금액 × 일람출급환 매입률
- 일람출급환 매입률 = 대고객 전신환매입률 – 환가료율(표준우편일수)

㉰ **기한부어음 매입률**

만기가 일람후 정기출급, 일자후 정기출급 등 기한부로 표시되는 기한부 환어음을 매입하는 경우에 적용하는 환율이다. 일람후 정기출급조건의 경우에는 일람출급 환어음매입률에서 어음기간 동안의 환가료를 차감한 율이 적용되며, 일자후 정기출급의 경우에는 전신환매입률에서 어음기간 동안의 환가료를 차감한 율이 적용된다

- 매입금액 = 외화금액 × 기한부어음 매입률
- 기한부어음 매입률 = 일람출급환 매입률(or 전신환매입률) – 환가료율(어음기간)

⑤ **수출환율과 과세환율**

관세법에서는 관세업무를 처리하기 위해 관세법에서는 과세환율과 수출환율을 규정하고 있다. 주요 외국환은행의 전주 월요일부터 금요일까지 고시하는 전신환율을 평균하여 고시하므로 해당 환율은 그 다음날인 일요일부터 다음주 토요일까지 적용한다.

㉮ **과세환율**(관세법 §18)

수입신고일이 속하는 주의 전주(前週) 의 기준환율 또는 재정환율을 평균하여 과세환율을 결정한다. 과세환율은 관세환율이라고도 한다.

㉯ **수출환율**(관세법 §246)

수출신고를 함에 있어 수출신고가격을 산정하기 위하여 외국통화로 표시된 가격을 내국통화로 환산하는 때에는 수출신고일이 속하는 전주의 기준환율 또는 재정환율을 평균하여 수출환율을 결정한다.

예시 과세환율과 수출환율

* 적용기간 : 2020.11.15.(일) ~ 202011.21(토)
* 미국 달러USD 관세환율 1127^{09}, 수출환율 1105^{51}

▶ 수출입거래 관련 환율

구분	수입거래	수출거래
통관거래	관세환율	과세환율
대금결제	전신환매도율 수입어음결제율 환가료율	전신환매입률 일람출급환 매입률 기한부어음 매입률 환가료율
회계처리	기준환율 또는 재정환율	

⊕ 보충 설명 은행과 외환거래

기업이 은행과 수입대금 외환매입 또는 수출대금 외환매각을 위해 환율(달러/원)를 문의하는 경우 은행에서는 $1108^{50}/1080^{80}$ 같이 매입(bid rate)과 매도(offer rate)를 같이 알려준다. 수입대금을 지급하기 위해서 달러를 매입하고 싶은 기업은 1080^{80} 달러를 매입하고, 수출대금을 매각하기 위해서는 1108^{50}로 달러를 매각한다. 외환매입과 매도거래는 기준통화(USD)를 거래하는 것이다. 따라서, 엔을 수출하는 기업은 유념해서 거래해야 한다. 예를 들어 $103^{83}/103^{88}$ 제시된 거래에서 엔으로 받은 수출대금을 매각하는 경우(달러매입)에는 103^{88}로 거래해야 한다.

– 달러/원 거래 $1108^{50}/1080^{80}$

* (수입거래=달러매입) 1080^{80} * (수출거래=달러매각) 1108^{50}

– 달러/엔 거래 $103^{83}/103^{88}$

* (수입거래=엔매입=달러매각) 103^{83} * (수출거래=엔매각=달러매입) 103^{88}

❶ 외국환수수료

구분	수수료율
현찰매매율	USD,JPY : 매매기준율±1.75% CNY : 매매기준율±6% 기타통화 : 매매기준율±2.0%
현찰수수료	USD,JPY : 매매기준율의 1.5% EUR : 매매기준율의 3% 기타 : 매매기준율의 3 ~10% 산식 : 대상금액×수수료율×매매기준율
전신환매매율	USD : 매매기준율±0.97% JPY : 매매기준율±0.98% EUR,CAD : 매매기준율±1.00% 기타통화 : 매매기준율±0.99%
외화대체료	외화대체금액의 0.1%

❷ 수입거래 수수료

구분		내용
개설수수료 (증액, 기한연장 포함)		산식 : 개설금액×수수료율×대상기간일수/360(365)×매매기준율 – 수수료율: 1.2%(최저수수료: 10,000원) 인터넷뱅킹, EDI 개설시: 1.0% GBP, AUD, NZD, HKD – 365일 적용 기타통화 – 360일 적용
전신료		개설 : Sight(20,000원), Usance(25,000원) 신용장조건변경 : 8,000원 D/A : 8,000원 인터넷 및 EDI 개설 : Sight(10,000원), Usance(15,000원) 신용장조건변경 : 5,000원
수입화물선 취보증	보증료	보증서 금액의 연3%(최저 10,000원) 산식 : 보증서금액×3%×일수/360(365)×매매기준율
	발급 수수료	건당 10,000원 EDI거래시 건당 5,000원
S/U와B/U 인수수수료		1.8%(최저 건당 10,000원)
내국수입유산스 이자		이율 : 기준금리+가산금리 기준금리 : 기간별 Libor + 리스크프리미엄 가산금리 : 차주별 신용등급 및 채권보전 방법에 따라 차등적용 산식 : 금액×이율×일수/360(365)×매매기준율

대지급이자	외화여신 연체이율 상한금리 적용
송금방식에 의한 수입 어음결제시 송금수수료	건당 미화 90불 상당액
수입어음추심 수수료	0.1%(10,000~30,000원)
조건변경 수수료	10,000원
하자 수수료	미화 80불 상당액
환가료	산식 : 수입어음금액×환가요율×표준추심일수/360(365)×매매기준율

❸ 수출거래 수수료

배달료	선하증권(B/L) : 9,000원 ~ 20,000원 상환청구어음: 5,000원 (상환청구어음은 상환은행 또는 지급은행이 개설은행과 상이한 경우)
환가료 (ML : Month Libor)	일람불 : 1ML+1.50%(1.80%) 1개월이내 : 1ML+1.50%(1.80%) 3개월이내 : 3ML+2.05%(2.35%) 6개월이내 : 6ML+2.15%(2.45%) 1년 이내 : 12ML+2.42%(2.72%) 산식 : 매입금액×요율×징수기간/360(365)×매매기준율(최저환가료: 10,000원)
환가료 가산료율	해당기간 환가요율 + 1.5% (하자네고, 무신용장방식 180일 초과분)
입금 및 인수지연이자	신용장, 무신용장일람불 : 환가료+1.5% 무신용장방식기한부 : 외화여신 연체이율 Renego : 환가료(하자네고:환가료+1.5%) 해외에서입금 : 환가료+1.5% 적용가능
수출환어음매입취급 수수료	건당 20,000원
통지수수료	건당 20,000원
양도수수료	원신용장 20,000원 조건변경 15,000원
수출환어음추심수수료	0.1%(10,000~30,000원)
수출신용장분실통지 수수료	건당 30,000원
수출실적증명서발급 수수료	건당 2,000원
전신료	건당 8,000원

3-2 외국환

(1) 환

환이라함은 격지자간의 채권 · 채무의 수령 또는 지급을 직접하지 않고, 제3자(통상 은행)을 통해 결제하는 수단을 말한다. 국제거래에서 사용되는 결제수단을 외국환, 국내거래에서 사용되는 결제수단을 내국환이라 한다.

Part 01

(2) 외국환

외국환거래법 제3조에서는 외국환을 외지급수단, 외화증권, 외화파생상품 및 외화채권으로 규정하고 있다.

관련 법령 외환법§3①

4. "대외지급수단"이란 외국통화, 외국통화로 표시된 지급수단, 그 밖에 표시통화에 관계없이 외국에서 사용할 수 있는 지급수단을 말한다.
   "지급수단"이라 함은 법 제3조제1항제3호에서 규정하는 정부지폐 · 은행권 · 주화 · 수표 · 우편환 · 신용장과 환어음 · 약속어음 · 상품권 · 기타 지급받을 수 있는 내용이 표시된 우편 또는 전신에 의한 지급지시 및 전자금융거래법상 전자화폐, 선불전자지급수단 등 전자적 방법에 따른 지급수단을 말한다. 다만, 액면가격을 초과하여 매매되는 금화 등은 주화에서 제외한다.
8. "외화증권"이란 외국통화로 표시된 증권 또는 외국에서 지급받을 수 있는 증권을 말한다.
10. "외화파생상품"이란 외국통화로 표시된 파생상품 또는 외국에서 지급받을 수 있는 파생상품을 말한다.

3-3 외국환 지급과 수령

(1) 경상거래와 자본거래

외국환결제의 원인거래는 경상거래와 자본거래로 구분할 수 있다. 경상거래란 물품이나 용역을 매매하는 거래를, 자본거래는 외국으로부터 돈을 빌려오거나 빌려주는 거래를 말한다. 경상거래라는 용어는 외국환거래법에서 따로 정의하고 있지 않지만, 자본거래의 상대개념으로 사용하고 있다.

(2) 외국환지급절차

외국환거래법에서는 채권 · 채무 결제를 통해 외환을 불법적으로 유출하거나 유입하는 것을 막고자 지급 또는 수령행위는 원칙적으로 자유이지만 특정 거래에 대해서는 외국환은행, 한국은행에 신고하도록 하고 있다.(외국환거래규정에서는 '지급 또는 수령'을 '지급등'으로 정의하고 있다.)

▶ 외국환지급절차(요약)

<table>
<tr><th colspan="2">구분</th><th>경상거래</th><th>자본거래</th></tr>
<tr><td colspan="2">원인 거래</td><td>자유</td><td>사전 신고 등 필요</td></tr>
<tr><td rowspan="2">결제
행위</td><td>지급등 행위</td><td colspan="2">원칙 : 자유
예외 : 허가(국제평화 및 안정유지 의무이행)</td></tr>
<tr><td>지급등 절차</td><td colspan="2">원칙 : 지급등 증빙 제출(건당 미화 5천불 초과)
* 동일자 · 동일인 기준 미화 10만불을 초과하는 경우 → 서면 & 외국환은행 확인
예외 : 지급등 증명 제출 생략
* 연간 누계금액이 미화 10만불 이내 지급
* 연간 누계금액이 미화 10만불을 초과하는 지급 → 서류 & 외국환은행 확인</td></tr>
<tr><td colspan="2">지급등 방법</td><td colspan="2">원칙 : 자유
예외 : 상계/기간초과 지급등/제3자 지급등 /외국환은행외 지급등/ 지급수단 등 수출입</td></tr>
</table>

<table>
<tr><th rowspan="2">구분</th><th colspan="3">주요 신고대상</th></tr>
<tr><th>①신고 예외</th><th>②외국환은행</th><th>③한국은행</th></tr>
<tr><td>상계</td><td>• 미화 5천불 이하
• 위 · 수탁가공무역 상계 등</td><td>• ① 이외 → 사후보고</td><td>• 다수의 당사자 상계</td></tr>
<tr><td>기간초과</td><td>• 계약건당 미화 10만불 초과&1년 초과</td><td>–</td><td>• ① 이외
• 3개월 이내 사후 신고</td></tr>
<tr><td>제3자 지급</td><td>• 미화 5천불 이하
• 거주자가 당사자가 아닌 비거주로부터 수령
• 당사자가 아닌 거주자가 비거주자로부터 수령</td><td>• 미화 5천불초과 1만불 이내의 금액&제3자와 지급등</td><td>• ①, ② 이외</td></tr>
</table>

구분	주요 신고대상		
	①신고 예외	②외국환은행	③한국은행
외국환은행외 지급	• 건당미화 1만불 이하의 경상거래에 따른 대가를 직접 지급 • 해외여행경비 등 본인 명의의 신용카드 지급	–	• ① 이외
지급수단 등 수출입	• 미화 1만불 이하의 수입 · 출	• 미화 1만불 초과 국내 취득	• ①, ② 이외 → 관할 세관의 장 • 30일 이내 사후보고

① 지급 등의 행위에 대한 허가

지급등 결제행위는 원칙적으로 자유이나, 외국환거래법 제15조에 따라 국제평화 및 안정을 유지하기 위해 필요한 경우에는 지급 또는 영수에 허가가 필요하다.

관련 법령 국제평화 및 안정유지 등의 의무이행을 위한 지급 및 영수허가지침(요약)

국제평화 및 안전유지 등의 의무이행을 위한 지급 및 영수허가지침
[시행 2018. 1. 3.] [기획재정부고시 제2017-39호, 2017. 12. 28., 일부개정]

제2조(적용범위) 이 지침은 다음 각항에 해당하는 개인 및 단체등과 거주자 및 비거주자간의 지급 및 영수에 대하여 적용한다.

① 다음 각호1에 해당하는 금융제재대상자 등

1. 소말리아 및 에리트리아의 평화와 안전에 위협이 되는 자에 대한 제재, 2. ISIL, 알카에다 관계자 등에 관한 제재, 3.후세인 정권 관계자 등에 대한 제재, 4. 라이베리아 평화와 안전에 위협이 되는 자에 대한 제재, 5. 민주콩고공화국 내전 관련자에 대한 제재, 6. 코트디부아르 평화와 안전에 위협이 되는 자에 대한 제재, 7. 수단의 평화와 안전에 위협이 되는 자에 대한 제재, 8. 북한 미사일 · 핵 · 대량살상무기 관련자에 대한 제재, 9. 이란의 핵확산 민감활동 또는 핵무기 운반체계 개발 중단 합의 등과 관련한 이사회 의결, 10. 카다피 정권에 대한 제재, 11. 아프가니스탄의 평화와 안전에 위협이 되는 탈리반 관계자 등에 대한 제재, 12. 중앙아프리카공화국 평화와 안전에 위협이 되는 자에 대한 제재. 13. 예멘 평화와 안전에 위협이 되는 자에 대한 제재. 14. 남수단의 평화와 안전에 위협이 되는 자에 대한 제재, 15. ~ 17. 미합중국이 대통령명령(Executive Order)에 따라 지명한 자 중 기획재정부장관이 동 지침에 따라 지정한 자, 18.

유럽연합이사회(The Council of the European Union)가 지명한 자 중 기획재정부장관이 동 지침에 따라 지정한 자, 19. 그 밖에 국가의 안전 및 국민의 생명을 보호하기 위해 외교부장관, 통일부장관, 산업통상자원부장관 및 금융위원회위원장을 포함한 관계중앙행정기관의 장과 협의를 거쳐 기획재정부장관이 동 지침에 따라 지정한 자

② 제1항의 금융제재대상자 등을 제외하고 이란에 거주하는 개인 또는 이란에 소재하는 단체

제3조(금융제재대상자 등에 대한 지급 및 영수의 허가) 거주자 및 비거주자가 제2조제1항에 따른 금융제재대상자등에게 지급하고자 하거나 금융제재대상자등으로부터 영수하고자 하는 경우(금융제재대상자 등의 예금 · 신탁 및 금전대차 등 자본거래와 관련하여 발생하는 금융기관과의 지급 및 영수를 포함한다) 및 금융제재대상자등이 국내에서 외국에 지급하고자 하거나 외국으로부터 영수하고자 하는 경우에는 외국환거래규정에도 불구하고 한국은행총재의 허가를 받아야 한다.

제4조(이란관련 개인 및 단체 등에 대한 지급 및 영수의 허가) ① 거주자가 제2조제2항에 따른 자에게 지급하고자 하거나 제2조제2항에 따른 자로부터 영수하고자 하는 경우 거래외국환은행의 장은 해당 금융거래상대방, 선적물품 입항항구 및 운송 선사 등 지급 · 영수와 관련된 사항을 확인하여야 한다.

② 지급등의 절차

건당 미화 5천불을 초과하는 지급 및 수령을 하고자 하는 자는 외국환은행의 장에게 지급등의 사유와 금액을 입증하는 서류를 제출하여야 한다. 다만 외국환거래규정에서는 거주자와 비거주자에 대해 예외사유를 규정하고 있다.

관련 법령 거주자의 지급등 절차 예외 사유(외국환거래규정)

제4-2조(지급등의 절차) ① 건당 미화 5천불을 초과하는 지급등을 하고자 하는 자는 외국환은행의 장에게 지급등의 사유와 금액을 입증하는 서류(이하 이 장에서 "지급등의 증빙서류"라 한다)를 제출하여야 한다. 다만, 이 규정에 따른 신고를 요하지 않는 거래로서 비거주자 또는 외국인거주자가 외국에 있는 자금을 국내로 반입하기 위하여 수령하는 경우에는 그러하지 아니하다.

제4-3조(거주자의 지급등 절차 예외) ① 제4-2조제1항의 규정에 불구하고 거주자(외국인거주자는 제외한다)는 다음 각호의 1에 해당하는 경우 지급등의 증빙서류를 제출하지 아니하고 지급등을 할 수 있다.

1. 이 규정에 따른 신고를 필요로 하지 않는 거래로서 다음 각호의 1에 해당하는 지급
   가. 연간 누계금액이 미화 10만불 이내(제7-2조제8호의 거래에 따른 지급금액을 포함한다)인 경우
   나. 연간 누계금액이 미화 10만불을 초과하는 지급으로서 당해 거래의 내용과 금액을 서류를 통해 외국환은행의 장이 확인할 수 있는 경우
2. 이 규정에 따른 신고를 필요로 하지 않는 수령. 다만, 동일자 · 동일인 기준 미화 10만불을 초과하는 경우에는 서면에 의하여 외국환은행의 장으로부터 수령사유를 확인받아야 한다.
3. 정부 또는 지방자치단체의 지급등
4. 제4-5조의 규정에 의한 지급을 제외하고 거래 또는 행위가 발생하기 전에 하는 지급. 이 경우 거래 또는 행위발생 후 일정한 기간내에 지급 증빙서류를 제출하여 정산하여야 한다. 다만, 그 지급금액의 100분의 10 이내에서는 정산의무를 면제할 수 있다.
5. 전년도 수출실적이 미화 3천만불 이상인 기업의 송금방식 수출대금의 수령 및 전년도 수입실적이 미화 3천만불 이상인 기업의 송금방식 수입대금의 지급(다만, 「새만금사업 추진 및 지원에 관한 특별법」 제2조제1호에 따른 새만금사업지역 내에 소재한 기업의 경우 전년도 수출 또는 수입실적이 미화 1천만불 이상인 경우로 한다). 다만, 지급등의 증빙서류 제출을 면제받은 기업은 관련 지급등의 증빙서류를 5년간 보관하여야 한다.
6. 「외국인투자촉진법」 상 외국인투자기업 및 외국기업 국내지사의 설립을 위하여 비거주자가 지출한 비용의 반환을 위한 지급과 해외직접투자 및 해외지사 설립을 위하여 거주자가 지출한 비용의 회수를 위한 수령. 다만, 지출비용을 수령 또는 지급한 외국환은행을 통하여 지급등을 하여야 한다.
7. 〈삭제〉
8. 해외이주자(「해외이주법」 등 관련 법령에 의하여 해외이주가 인정된 자를 말한다)가 관할 세무서장으로부터 발급받은 자금출처확인서의 범위 이내에서 해외이주비를 지급하는 경우

③ 지급등의 방법

경상거래의 지급 또는 수령방법에 대해서는 별도의 신고절차가 없이 자유롭게 할 수 있다. 지급등의 방법 중 ㉮상계, ㉯제3자 지급등, ㉰기간 초과 지급등, ㉱외국환업무취급기관을 통하지 않는 지급등, ㉲지급수단등의 수출입에 해당하는 경우에는 사전에 외국환은행 등에 신고하여야 한다.

㉮ 상계

상계란 채권 · 채무를 소멸시키거나 상쇄시키는 결제방법으로, 외환거래 당사자인 쌍방이 서로 채권과 채무를 동시에 가지고 있는 경우, 서로 상쇄하고 차액만 결제하는 것을 말한다. 예를 들어 갑이 을에게 미화 100달러를 지급할 채무가 있으며, 동시에 갑이 을에게 받을 채권 70달러가 있는 경우에 70달러를 상계하고 갑이 을에게 30달러만 지급할 수 있다. 이때 상계금액은 70달러가 되는 것이다.

관련 법령 수출입거래와 관련된 상계(외국환거래규정)

제5-4조(신고 등) ① 다음 각호의 1에 해당하는 방법으로 지급등을 하고자 하는 경우에는 신고를 요하지 아니한다.

1. 일방의 금액(분할하여 지급등을 하는 경우에는 각각의 지급등의 금액을 합산한 금액을 말한다)이 미화 5천불 이하인 채권 또는 채무를 상계하고자 하는 경우
2. 거주자가 거주자와 비거주자간의 거래 또는 행위에 따른 채권 또는 채무를 이 절 제2관의 규정에 의한 상호계산계정을 통하여 당해 거래의 당사자인 비거주자에 대한 채무 또는 채권으로 상계하고자 하는 경우

…

6. 연계무역, 위탁가공무역 및 수탁가공무역에 의하여 수출대금과 관련 수입대금을 상계하고자 하는 경우
7. 물품의 수출입대금과 당해 수출입거래에 직접 수반되는 중개 또는 대리점 수수료 등을 상계하고자 하는 경우

…

11. 거주자간에 외화표시 채권 또는 채무를 상계하고자 하는 경우

…

13. 조세에 관한 법률등에 따라 거주자와 비거주자간 거래와 관련하여 발생한 소득에 대한 원천징수 후 잔액을 지급 또는 수령하는 경우
14. 거주자와 비거주자간 국내 소송 · 중재 등에 따른 지급 등과 관련하여 소송비용 등을 상계하거나 그 상계한 잔액을 지급 또는 수령하는 경우

15. 제1-2조제18호의 해운대리점이 외국 선박회사를 대리하면서 국내에서 징수한 선박임과 국내에서 지급한 경상운항경비를 상계하거나 상계한 잔액을 외국 선박회사와 지급 또는 수령하고자 하는 경우

② 제1항에 규정된 경우를 제외하고 거주자가 수출입, 자본거래 등 대외거래를 함에 있어서 계정의 대기 또는 차기에 의하여 결제하는 등 비거주자에 대한 채권 또는 채무를 비거주자에 대한 채무 또는 채권으로 상계를 하고자 하는 경우에는 외국환은행의 장에게 신고하거나, 상계처리 후 1개월 이내에 외국환은행의 장에게 사후 보고를 하여야 한다.

③ 제2항의 규정에도 불구하고 다국적 기업의 상계센터를 통하여 상계하거나 다수의 당사자의 채권 또는 채무를 상계하고자 하는 경우에는 한국은행총재에게 신고하여야 한다.

㉯ 기간을 초과하는 지급등

거주자가 수출입대금을 지급 또는 수령시점에 대해서는 원칙적으로 제한없이 자유롭게 할 수 있다. ⓐ계약건당 미화 10만불을 초과하는 수출대금을 물품의 선적 전 1년을 초과하여 수령하고자 하는 경우, ⓑ계약건당 미화 10만불을 초과하는 수입대금을 선적서류 또는 물품의 수령 전 1년을 초과하여 지급하고자 하는 경우에는 한국은행 총재에게 신고하여야 한다. 수출입 상대방의 귀책 등 불가피한 사유가 인정되는 경우에는 1년을 초과한 날로부터 3월 이내에 한국은행총재에게 사후신고를 할 수 있다. 한국은행총재는 매월별로 익월 10일 이내에 동 신고사실을 국세청장 및 관세청장에게 통보하여야 한다.

관련 법령 수출입거래와 관련된 기간을 초과하는 지급등(외국환거래규정)

제5-8조(신고 등) ① 거주자가 수출입대금(물품거래 대금으로 한정한다. 이하 이 절에서 같다)을 다음 각호의 1에 해당하는 방법으로 지급등을 하고자 하는 자는 한국은행총재에게 신고하여야 한다. 다만, 선박, 철도차량, 항공기, 「대외무역법」에 의한 산업설비를 수출입하는 경우에는 신고를 요하지 아니한다.

1. 계약건당 미화 10만불을 초과하는 수출대금을 물품의 선적 전 1년을 초과하여 수령하고자 하는 경우
2. 계약건당 미화 10만불을 초과하는 수입대금을 선적서류 또는 물품의 수령 전 1년을 초과하여 지급하고자 하는 경우

② 제1항에도 불구하고 수출입 상대방의 귀책 등 불가피한 사유가 인정되는 경우에는 1년을 초과한 날로부터 3월 이내에 한국은행총재에게 사후신고를 할 수 있다.
③ 제1항 및 제2항에 따라 신고를 받은 한국은행총재는 매월별로 익월 10일 이내에 동 신고사실을 국세청장 및 관세청장에게 통보하여야 한다.

관련 사례 수출대금 미신고로 외국환거래법 위반 사례

**법인은 2017년 8~9월 자사의 싱가포르 현지법인과 석유제품 판매 계약을 맺고 물품의 선적 전에 해외지사로부터 총 3차례에 걸쳐 해당 제품에 대한 본 · 지사간 수출대금 약 ***억 원을 한국은행에 신고하지 않아 외국환거래법상 신고의무를 위반(2022고단6079)

㉰ 제3자 지급등

외국환거래법 제16조 제3호에서는 i) 거주자가 해당 거래의 당사자가 아닌 자와 지급 또는 수령을 하거나 ii) 해당 거래의 당사자가 아닌 거주자가 그 거래의 당사자인 비거주자와 지급 또는 수령을 하는 경우에는 한국은행 또는 외국환은행에게 신고하도록 하고 있다.

관련 법령 수출입거래와 관련된 제3자 지급등(외국환거래규정)

제5-10조(신고 등) ① 다음 각 호의 어느 하나에 해당하는 경우에는 제3자 지급등에 관한 신고를 요하지 아니한다.

1. 미화 5천불 이하의 금액을 제3자 지급등을 하는 경우(분할하여 지급등을 하는 경우에는 각각의 지급등의 금액을 합산한 금액을 말한다)
2. 거주자간 또는 거주자와 비거주자간 거래의 결제를 위하여 당해 거래의 당사자인 거주자가 당해 거래의 당사자가 아닌 비거주자로부터 수령하는 경우
3. 비거주자간 또는 거주자와 비거주자간 거래의 결제를 위하여 당해 거래의 당사자가 아닌 거주자가 당해 거래의 당사자인 비거주자로부터 수령하는 경우 및 동 자금을 당해 거래의 당사자인 거주자가 당해 거래의 당사자가 아닌 거주자로부터 수령하는 경우

…

7. 인정된 거래에 따른 채권의 매매 및 양도, 채무의 인수가 이루어진 경우(비거주자간의 외화채권의 이전을 포함한다)

…

14. 수입대행업체(거주자)에게 단순수입대행을 위탁한 거주자(납세의무자)가 수입대행계약시 미리 정한 바에 따라 수입대금을 수출자인 비거주자에게 지급하는 경우

…

15. 거주자가 인터넷으로 물품 수입을 하고 수입대금은 국내 구매대행업체를 통하여 지급하는 경우 및 수입대금을 받은 구매대행업체가 수출자에게 지급하는 경우

…

16. 비거주자가 인터넷으로 판매자인 다른 비거주자로부터 물품을 구매하고 구매대금을 거주자인 구매대행업체를 통하여 지급하는 경우 및 구매대금을 받은 거주자인 구매대행업체가 판매자인 다른 비거주자에게 지급하는 경우

…

19. 거주자간 거래의 결제를 위하여 당해 거래의 당사자인 거주자가 당해 거래의 당사자가 아닌 거주자와 지급등을 하는 경우

…

22. 거주자가 외국환은행 또는 이에 상응하는 금융기관에 개설된 에스크로 계좌(상거래의 안정성을 확보하기 위하여 중립적인 제3자로 하여금 거래대금을 일시적으로 예치하였다가 일정 조건이 충족되면 당초 약정한 대로 자금의 집행이 이루어지는 계좌를 말한다)를 통해 비거주자와 지급등을 하는 경우

23. 해외광고 및 선박관리 대리대행계약에 따라 동 업무를 대리·대행하는 자가 지급 또는 수령하는 경우

…

26. 거주자인 「외국인관광객 등에 대한 부가가치세 및 개별소비세 특례규정」에 따른 환급창구운영사업자가 지급 업무의 대행에 대한 협약을 맺은 업체를 통해 비거주자에게 환급금을 지급하는 경우

27. 거주자가 외국에 있는 과세당국에 세금을 납부하기 위해 비거주자인 납세대리인을 지정하고, 당해 대리인에게 지급하는 경우

29. 비거주자가 국내에 있는 과세당국 또는 조세와 관련하여 권한 있는 당국에 납부해야 하는 세금을 위해 거주자인 세무대리인을 임명하고 당해 대리인이 법·영 및 이 규정에서 정하는 바에 따라 환급금을 수령한 후 이를 비거주자에게 지급하는 경우

30. 비거주자가 국내 법원의 소송을 위해 거주자인 소송대리인(변호인)을 임명하고 당해 대리인이 동 법원 또는 동 소송의 상대방으로부터 법원 재판에 따른 배상금 또는 제반 소송비용(공탁금 포함)과 관련된 환급금을 수령한 후 이를 비거주자에게 지급하는 경우

31. 비거주자와 거주자간 제9장제5절의 국내에 있는 부동산 또는 이에 관한 권리의 거래를 위해 비거주자가 거주자인 대리인을 임명하고 인정된 거래에 따라 거주자가 당해 대리인에게 동 취득대금을 지급한 후 당해 대리인이 이를 비거주자에게 지급하는 경우

② 제1항에 해당하는 경우를 제외하고 **거주자가 미화 5천불을 초과하고 미화 1만불 이내의 금액**(분할하여 지급등을 하는 경우에는 각각의 지급등의 금액을 합산한 금액을 말한다)을 제3자와 지급등을 하려는 경우에는 **외국환은행의 장에게 신고하여야 한다.**

③ 제1항 및 제2항에 해당하는 경우를 제외하고 거주자가 제3자와 지급등을 하려는 경우에는 **한국은행총재에게 신고하여야 한다.**

㉣ 외국환은행외 지급등

외국환거래는 외국환은행을 통해 지급등을 하는 것이 원칙이고 외국환은행을 통하지 않고 지급등을 하고자 하는 경우에는 한국은행에게 신고해야 한다. 외국환거래법 제16조 제4호에서는 '외국환업무취급기관등'으로, 외국환거래규정 제5-11조에서는 '외국환은행'으로 규정하고 있다.

관련 법령 외국환은행외 지급등(외국환거래규정)

제5-11조(신고 등) ① 거주자가 외국환은행을 통하지 아니하고 지급수단을 수령하고자 하는 경우 및 다음 각호의 1에 해당하는 방법으로 지급을 하고자 하는 경우에는 **신고를 요하지 아니한다.**

1. 외항운송업자와 승객간에 외국항로에 취항하는 항공기 또는 선박안에서 매입, 매각한 물품대금을 직접 지급 또는 수령하는 경우
3. 거주자가 인정된 거래에 따른 지급을 위하여 송금수표, 우편환 또는 유네스코쿠폰으로 지급하는 경우
4. 거주자가 외국에서 보유가 인정된 대외지급수단으로 인정된 거래에 따른 대가를 외국에서 직접 지급하는 경우

5. 거주자와 비거주자간에 국내에서 내국통화로 표시된 거래를 함에 따라 내국지급수단으로 지급하고자 하는 경우
6. 제4-2조의 규정에 의한 절차를 거친 후 당해 외국환은행의 장의 확인을 받은 다음 각목의 1에 해당하는 경우
   가. 대외무역관리규정 별표 3 및 별표 4에서 정한 물품을 외국에서 수리 또는 검사를 위하여 출국하는 자가 외국통화 및 여행자수표를 휴대수출하여 당해 수리 또는 검사비를 외국에서 직접 지급하는 경우
   라. 영화, 음반, 방송물 및 광고물을 외국에서 제작함에 필요한 경비를 당해 거주자가 대외지급수단을 휴대수출하여 외국에서 직접 지급하는 경우
   마. 스포츠경기, 현상광고, 국제학술대회 등과 관련한 상금을 당해 입상자에게 직접 지급하는 경우
   사. 제4-5조제1항제2호 내지 제4호의 규정에 의한 해외여행경비를 휴대수출하여 지급하는 경우
7. 제7장제2절의 규정에 의하여 인정된 외화자금을 직접 예치 · 처분하는 경우 및 인정된 거래에 따른 대가를 당해 예금기관이 발행한 외화수표 또는 신용카드등으로 국내에서 직접 지급하는 경우
8. 거주자와 비거주자간 또는 거주자와 다른 거주자간의 건당 미화 1만불 이하(단, 「경제자유구역의 지정 및 운영에 관한 특별법」에 따른 경제자유구역에서는 10만불 이하)의 경상거래에 따른 대가를 대외지급수단으로 직접 지급하는 경우
9. **본인명의의 신용카드등(여행자카드 포함)**으로 소정의 다음 각목의 1에 해당하는 지급을 하고자 하는 경우
   가. 외국에서의 해외여행경비 지급(외국통화를 인출하여 지급하는 것을 포함한다) 〈재정경제부고시 제2007-62호, 2007.12.17 개정〉
   나. 거주자가 국제기구, 국제단체, 국제회의에 대한 가입비, 회비 및 분담금을 지급하는 경우
   다. 거주자의 외국간행물에 연구논문, 창작작품 등의 발표, 기고에 따른 게재료 및 별책대금 등 제경비 지급
   라. 기타 비거주자와의 인정된 거래(자본거래를 제외한다)에 따른 결제대금을 국내에서 지급(국내계정에서 지급하는 것을 의미한다)하는 경우
10. 외국인관광객등에대한부가가치세및개별소비세특례규정에 의한 환급창구운영사업자가 환급금을 직접 지급하는 경우
11. 법인의 예산으로 해외여행을 하고자 하는 법인소속의 해외여행자(일반해외여행자에 한함)가 당해 법인명의로 환전한 해외여행경비를 휴대수출하여 지급하는 경우

12. 거주자가 제9장제1절, 제2절, 제4절의 규정에 의한 건당 미화 1만불 이하 대외지급수단을 직접 지급하는 경우

② 제1항의 규정에 의하여 확인요청을 받은 외국환은행의 장은 지급수단의 취득사실을 확인하고 당해 거주자에게 별지 제6-1호 서식의 **외국환신고(확인)필증을 발행 · 교부하여야 한다.**

③ 제1항에 해당하는 경우를 제외하고 거주자가 외국환은행을 통하지 아니하고 지급등을 하고자 하는 경우(물품 또는 용역의 제공, 권리의 이전 등으로 비거주자와의 채권 · 채무를 결제하는 경우를 포함한다)에는 **한국은행총재에게 신고하여야 한다.**

㉮ 지급수단등의 수출입

지급수단은 대외무역법상 물품은 아니지만, 유형의 재화로 수출입시 세관을 통관하므로 자본의 불법적인 유출입을 방지하기 위하여 세관에 신고하도록 하고 있다.

관련 법령 지급수단등의 수출입(외국환거래규정)

제6-2조(신고 등) ① 거주자 또는 비거주자가 다음 각호의 1에 해당하는 지급수단등을 수출입하는 경우에는 **신고를 요하지 아니한다.**

1. 미화 1만불 이하의 지급수단등을 수입하는 경우. 다만, 내국통화, 원화표시 여행자수표 및 원화표시자기앞수표 이외의 내국지급수단을 제외한다.
2. 약속어음 · 환어음 · 신용장을 수입하는 경우
3. 미화 1만불 이하의 지급수단(대외지급수단, 내국통화, 원화표시자기앞수표 및 원화표시여행자수표를 말한다) 및 제3항의 규정에서 정한 절차를 거친 대외지급수단을 수출하는 경우

② 제1항의 경우를 제외하고 다음 각호의 1에 해당하는 경우에는 **관할세관의 장에게 신고하여야 한다.**

1. 거주자 또는 비거주자가 미화 1만불을 초과하는 지급수단(대외지급수단과 내국통화, 원화표시여행자수표 및 원화표시자기앞수표를 말한다)을 휴대수입하는 경우
2. 국민인거주자가 미화 1만불을 초과하는 지급수단(대외지급수단, 내국통화, 원화표시여행자수표 및 원화표시자기앞수표를 말한다)을 휴대수출하는 경우

③ 다음 각호의 1에 해당하는 자가 **미화 1만불을 초과하는** 대외지급수단을 국내에서 취득하는 경우에는 당해 취득사실에 대하여 **외국환은행의 장의 확인을 받아야 한다.**

1. 영 제10조제2항제1호, 제2호 및 제6호가목 및 나목에 해당하는 자를 제외한 비거주자가 다음 각목의 1에 해당하는 방법으로 취득하는 경우
   가. 대외지급수단을 대외계정 및 비거주자외화신탁계정의 인출 등으로 취득하거나 송금을 수령하는 경우
   나. 제4-4조제1항제1호의 규정에 의하여 취득하는 경우
2. 외국인거주자가 다음 각목의 1에 해당하는 방법으로 취득하는 경우
   가. 제1호가목에 해당하는 경우
   나. 제4-4조제1항제1호의 규정에 의하여 취득하는 경우
   다. 해외여행경비 지급을 위하여 취득하는 경우. 다만, 해외체재자 및 해외유학생은 제5-11조의 규정에 따른다.

제6-3조(관할세관의 장에 대한 신고) ① 제6-2조의 규정을 제외하고 거주자 또는 비거주자가 지급수단등을 수출입하고자 하는 경우에는 **관할세관의 장에게 신고하여야** 하며, 국제우편물로 수입되어 수입된 사실을 알지 못하는 등 불가피한 사유로 인정되는 경우에는 **지급수단이 수입된 날로부터 30일 이내에 사후 보고를 할 수 있다.**

3-4 외국환거래의 통보

외국환거래법에서는 외국환업무를 취급하는 금융기관은 거래당사자의 일부 외환거래내용에 대해 매월별로 익월 10일까지 국세청, 관세청, 금융감독원, 한국수출입은행 등에 통보토록 하여 해당 기관의 과세, 외환검사업무 등에 참고하고 있다.(외환법 §21, 외국환거래규정 제4-8조, 제10-12조)

▶ 국세청 및 관세청 외국환거래 주요 통보내용

(국세청) 외국환은행의 장은 다음에 해당하는 지급등의 경우에는 매월별로 익월 10일 이내에 지급등의 내용 통보

- 지급등의 금액이 지급인 및 수령인별로 연간 미화 1만불을 초과하는 경우
- 지급금액이 지급인별로 연간 미화 1만불을 초과하는 경우
- 해외유학생 및 해외체재자의 해외여행경비 지급금액이 연간 미화 10만불을 초과하는 경우
- 건당 미화 1만불을 초과하는 금액을 외국환은행을 통하여 지급등(송금수표에 의한 지급등을 포함한다)하는 경우
- 상계, 제3자 지급등, 기간 초과 지급, 외국환은행을 통하지 않는 지급등 지급등의 방법의 예외사유 등

(관세청) 외국환은행의 장은 다음에 해당하는 지급등의 경우에는 매월별로 익월 10일 이내에 지급등의 내용 통보

- 수출입대금의 지급 또는 수령
- 외국환은행을 통한 용역대가의 지급 또는 수령
- 거주자의 지급등의 절차 예외(외국환거래규정 4-3①제1호, 제2호)
- 건당 미화 1만불을 초과하는 해외이주비의 지급
- 건당 미화 1만불을 초과하는 금액을 외국환은행을 통하여 지급등(송금수표에 의한 지급을 포함한다)을 하는 경우
- 상계, 제3자 지급등, 기간 초과 지급, 외국환은행을 통하지 않는 지급등 지급등의 방법의 예외사유 등

4 수출입관련 예금거래

4-1 국내 외화예금

수출입기업이 외국환은행과 외화예금거래를 하는 경우 외국환거래규정에서 정한 바에 따라 거래해야 한다.

(1) 예금주의 자격

외국환거래규정 제2-6조의 2에서는 외화예금 개설자의 자격에 따라 다음과 같이 구분하고 있다.

구분	거주자	비거주자
외화예금 → 외화송금	• 거주자계정 • 해외이주자계정	• 대외계정
외화예금 → 원화송금		• 비거주자원화계정 • 비거주자자유원계정

▶ 예금계정의 종류

계정 명칭	개설자	용도	처분
거주자 계정	• 거주자 • 개인사업자인 외국인거주자 (재외공관 근무자 및 그 동거자, 개인인 외국인거주자 제외)	외화자금	처분제한 없음 (처분 시 지급등 절차 준수)
해외이주자 계정	• 해외이주자 • 재외동포	외화자금 (국내재산반출용)	해외이주비 송금
대외계정	• 비거주자 • 개인인 외국인거주자 • 재외공관근무자 및 그 동거자	외화자금	외국송금 등
비거주자원화계정	• 비거주자	원화자금 (국내사용목적)	원화인출 (대외송금 불가)
비거주자자유원계정	• 외국인거주자 • 비거주자	원화자금	외화인출 (외화송금 가능)

사례

사례 ① 비거주자의 예금거래

비거주자가 외국환은행에 외화예금을 하고자 하는 경우에는 '대외계정', '비거주자원화계정', '비거주자자유원계정'을 개설 가능

사례 ② 수입대금 원화지급

거주자가 비거주자에게 수입대금을 원화로 지급하는 경우 비거주자의 국내 외국환은행에 개설한 비거주자자유원계정에 원화 입금 가능. 이 경우 비거주자는 동 원화자금을 환전하여 대외송금 가능

(2) 외화예금의 종류

외화예금종류로는 수표나 어음교부가 없는 외화당좌예금, 외화보통예금, 외화통지예금, 외화정기예금이 있다.

용어 설명

■ **외화통지예금**

가입기간 7일 이상인 예금으로 최초 신규일로부터 매 7일 단위로 가입기간이 갱신되며 인출시에는 2영업일전에 은행에 통지하여야 하는 외화예금 상품

4-2 해외예금 외국환신고

거주자가 해외에서 예금거래를 하고자 하는 경우에는 외국환거래규정 제7-11조에서 정하는 신고의 예외거래를 제외하고는 지정외국환거래은행 또는 한국은행에게 신고해야 한다.

관련규정 해외예금 거래절차(외국환거래규정)

제7-11조(거래절차 등) ① 거주자가 비거주자와 해외에서 다음 각호의 1에 해당하는 예금거래 및 신탁거래를 하고자 하는 경우에는 신고를 요하지 아니한다.

1. 외국에 체재하고 있는 거주자가 외화예금 또는 외화신탁거래를 하는 경우
2. 거주자가「공공차관의도입및관리에관한법률」 또는 이 규정에 의한 비거주자로부터의 외화자금차입과 관련하여 외화예금거래를 하는 경우

…

4. 국민인거주자가 거주자가 되기 이전에 외국에 있는 금융기관에 예치한 외화예금 또는 외화신탁계정을 처분하는 경우
5. 거주자가 제5절의 규정에 의한 외국에서의 증권발행과 관련하여 예금거래를 하는 경우
6. 거주자가 이 장 제6절의 규정에 의한 증권투자, 제7-14조 제1항 및 제5항에 의한 거주자의 현지 사용목적 외화자금 차입, 제9장의 규정에 의한 해외직접투자 및 해외지사와 관련하여 외화예금거래를 하는 경우
8. 인정된 거래에 따른 지급을 위하여 외화예금 및 외화신탁계정을 처분하는 경우

…

10. 인정된 거래에 따라 제9장제4절의 외국에 있는 부동산 또는 이에 관한 권리를 취득하고자 하거나 이미 취득한 거주자가 신고한 내용에 따라 당해 부동산 취득과 관련하여 국내에서 송금한 자금으로 외화예금거래를 하는 경우
12. 제2항의 규정에 따른 외화예금거래 신고를 한 거주자가 인정된 거래에 따라 해외에서 취득한 자금을 예치하는 경우

② 제1항의 규정에 해당하는 경우를 제외하고 거주자가 해외에서 비거주자와 외화예금거래를 하고자 하는 경우에는 지정거래외국환은행의 장에게 신고하여야 한다. 다만, 국내에서 송금한 자금으로 예치하고자 하는 경우에는 지정거래외국환은행을 통하여 송금하여야 한다.

③ 거주자가 해외에서 비거주자와 다음 각호의 1에 해당하는 예금거래 및 신탁거래를 하고자 하는 경우에는 한국은행총재에게 신고하여야 한다.

1. 제2항의 규정에 불구하고 다음 각목의 1에 해당하는 자를 제외한 거주자가 건당(동일자, 동일인 기준) 미화 5만불을 초과하여 국내에서 송금한 자금으로 예치하고자 하는 경우. 이 경우에도 지정거래외국환은행을 통하여 송금하여야 한다.

   가. 기관투자가

   나. 전년도 수출입 실적이 미화 5백만불 이상인 자

   다.「해외건설촉진법」에 의한 해외건설업자

   라. 외국항로에 취항하고 있는 국내의 항공 또는 선박회사

   마. 원양어업자

4-3 해외금융계좌 신고

거주자 또는 내국법인이 보유한 해외금융계좌 잔액의 합이 5억원을 초과하는 경우 그 해외금융계좌 정보를 매년 6월 관할 세무서에 신고해야 한다.(국조법 §53)

(1) 신고의무자

신고대상 연도 종료일 현재 거주자 또는 내국법인으로서 다음의 조건을 모두 충족하는 자가 신고의무자이다.(국조령 §92) 가상자산사업자, 가상자산 및 가상자산거래에 관한 부분은 2022년 1월 1일 이후 해외금융계좌 신고의무가 발생하는 경우부터 적용한다.(부칙 §15)

① 해외금융회사등(가상자산사업자 포함)와 금융거래를 위해 해외금융회사에 개설한 계좌(은행업무 관련 계좌, 증권계좌, 파생상품계좌, 그밖에 금융계좌)를 보유할 것

② 신고대상 연도 매월 말일 중 어느 하루의 해외금융계좌에 보유한 자산 산정액의 합이 5억원을 초과할 것. 해외금융계좌에 보유한 자산은 현금, 상장주식(예탁증서포함), 상장채권, 집합투자증권, 보험상품, 그밖에 모든 자산(가상자산, 비상장주식 · 채권등)을 포함한다.

- 「가상자산 이용자 보호 등에 관한 법률」 제2조제2호의 가상자산사업자 또는 외국의 가상자산 관련 법령에 따라 설립된 가상자산사업자 중 이와 유사한 가상자산사업자(이하 "가상자산사업자등"이라 한다)를 말한다.
- 해외금융계좌가 공동명의계좌인지 여부와 해당 해외금융계좌의 공동명의자를 판단할 때에는 해당 해외금융계좌가 개설된 해외금융회사등이 소재하는 국가의 법령에 따른다.

③ 보유중인 모든 해외금융계좌의 매월 말일 잔액을 원화로 환산하여 합산하였을 때 그 합계액이 가장 큰 날을 기준일로 하여, 그 기준일 현재 보유하고 있는 모든 해외금융계좌의 잔액 합계액을 신고금액으로 신고한다.(기준일 현재 보유계좌의 잔액이 0원이거나 (-)인 계좌는 신고대상이 아니며, 신고기준금액 산정시 금액채무 잔액은 차감하지 않는다.)

관련 사례 해외금융계좌 신고의무 판단(국세청 해외금융계좌 신고제도('24.5) 참조)

(단위: 억 원)

계좌 \ 월	1/31	2/28	3/31	4/30	5/31	6/30	7/31	8/31	9/30	10/31	11/30	12/31
A계좌 (예금)	1	1	1	2	1	–	–	2	4	2	1	1
B계좌 (가상자산)	2	2	1	3	1	–	–	–	–	1	2	1
C계좌 (보험)	계좌 미개설				1	2	2	4	–	1	–	1
D계좌 (채권)	1	3	1	4	1	1	계좌 해지					
합계	4	6	3	9	4	3	2	6	4	4	3	3

① 보유계좌잔액 5억 초과 여부 ☞ 여

② 기준월 선정 ☞ Max[2월 6억, 4월 9억] → 기준월: 4월

③ 4월 신고대상 계좌: A, B, D(신고기준일 현재 보유 계좌)

(2) 신고면제자

다음의 자는 해외금융계좌 신고가 면제된다.(국조법 §54)

① **외국인 거주자**

해당 과세기간 종료일 10년 전부터 국내에 주소나 거소를 둔 기간의 합계가 5년 이하인 자

② **재외국민**

대한민국 국민으로서 외국의 영주권을 취득한 자 또는 영주할 목적으로 외국에 거주하고 있는 재외국민으로 신고대상 연도 종료일 1년 전부터 국내에 거소를 둔 기간의 합계가 182일 이하인 자

③ 해외금융계좌 관련자(공동명의계좌의 경우 공동명의자 전원, 차명계좌의 경우 실소유자와 명의자) 중 어느 하나가 본인의 해외금융계좌정보를 함께 제출함에 따라 납세지 관할 세무서장이 본인이 보유한 모든 해외금융계좌정보를 확인할 수 있는 자

(3) 신고방법

신고대상연도 다음해 6월 1일부터 30일까지 해외금융계좌 신고서를 납세지 관할 세무서장에게 제출하거나 홈택스를 이용하여 전자신고 한다.(국조법 §53)

(4) 신고의무 불이행에 대한 제재

① 과태료 부과

신고기한 내에 해외금융계좌 정보를 신고하지 않거나 과소 신고한 경우 미(과소)신고 금액의 20% 한도 내에서 아래의 기준에 따라 과태료를 부과한다. 산정된 과태료는 그 위반행위의 정도, 위반 횟수, 위반행위의 동기와 결과 등을 고려하여 그 금액의 50퍼센트 범위에서 줄이거나 늘릴 수 있다. 다만, 과태료를 늘리는 경우에는 과태료의 상한을 넘을 수 없다. 과세당국은 과태료 부과 대상자가 「외국환거래법」 제20조에 따라 해외에서 거래한 예금의 잔액현황보고서를 제출한 경우 과태료의 50퍼센트 범위에서 그 금액을 줄여 부과할 수 있다.(국조법 §90)

구분	과태료
미신고 · 과소신고 과태료율	미신고 · 과소신고 금액 × 10%
미신고 · 과소신고 과태료 한도	10억원
미소명 · 거짓소명 과태료율	미소명 · 거짓소명 금액 × 10%(한도 없음)

② 명단공개

미(과소)신고 금액이 50억원을 초과하는 경우 위반자(법인의 경우 대표자 포함)의 성명, 나이, 직업, 주소, 위반금액 등 인적사항이 공개 할 수 있다.(국기법 §85조의5 ①)

③ 형사처벌

미(과소)신고 금액이 50억원을 초과하는 경우 통고처분이나 형사처벌(2년 이하 징역 또는 미 · 과소신고 금액의 13% 이상 20% 이하의 벌금)될 수 있다.(처벌법 §16)

(5) 수정신고 및 기한 후 신고

① 수정신고

신고기한 내에 해외금융계좌정보를 신고한 자로서 과소신고한 자는 과세당국이 과태료를 부과하기 전까지 해외금융계좌정보를 수정신고할 수 있다. 수정신고한 시점에 따라 과태료 최대 90%까지 감경될 수 있다.(국조령 §147④)

② **기한 후 신고**

신고기한 내에 해외금융계좌정보를 신고하지 아니한 경우 과세당국이 과태료를 부과하기 전까지 해외금융계좌정보를 기한 후 신고할 수 있다.(국조법 §55) 기한 후 신고시점에 따라 과태료 최대 90%까지 감경될 수 있다.(국조령 §147④)

5 수출입관련 여신

수출입기업은 수출입거래와 관련해서 다음과 같은 지급보증과 대출을 이용할 수 있다.

▶ 수출입 여신

구분	수입거래	수출거래
지급보증	• 일람불수입신용장 개설 • Shipper's Usance 신용장개설	• 내국신용장(구매확인서는 제외)
대출	• 내국수입유산스	• 무역금융
	• 외화대출	• 매입외환

5-1 수입거래

(1) 지급보증

지급보증이란 은행이 수입상을 위하여 수출상 또는 수출상 거래은행에게 채무변제(지급)의 책임을 약속하는 것이다. 지급보증은 직접적인 자금부담 없지만, 수입상이 주 채무를 불이행하는 경우 은행 대지급이 발생하므로 일반 대출과 동일하게 여신으로 취급한다. 지급보증은 회계상 우발채무로, 주채무 확정여부에 따라 확정지급보증과 미확정지급보증으로 구분한다. 수입거래에서는 일람불신용장, shipper's usance 신용장개설이 지급보증에 해당한다.

(2) 내국수입유산스

내국수입유산스는 외국환은행이 기한부수입신용장을 개설하고 동 신용장에 의하여 외국의 수출업자가 발행한 수출환어음을 인수 · 매입함으로써 어음기간 동안 국내수입업자에게 공여하는 신용을 말한다. 국내거래의 구매자금대출과 동일한 여신이다.

(3) 외화대출

외국환은행이 거주자에게 외화로 취급한 대출을 말한다. 외화대출은 환율변동에 따른 위험부담이 있기 때문에 해외실수요 용도자금(물품수입대금 결제)과 중소제조업체의 국내 시설자금으로 제한하고 있다.(한국은행 외화대출 취급지침)

관련지침 한국은행 외화대출 취급지침(요약)

1. 외화대출 용도제한 기본방향

■ 2010.7.1일 이후 외국환은행(기타 외국환업무취급기관 포함, 이하 외국환은행)이 거주자에게 제공하는 외화대출은 해외 실수요 용도의 자금에 한하여 허용

□ 다만, 중소제조업체에 대하여는 시설자금에 한정하여 국내 사용 목적의 외화대출을 허용

* 중소제조업체 : 「중소기업기본법」 및 동 법 시행령에서 정한 중소기업으로서 「한국표준산업분류」 상의 제조업을 영위하는 업체(전년도 기준 제조업과 관련한 부가가치액(매출액)이 가장 큰 사업활동이 제조업인 업체)

(1) 해외 실수요 외화대출

■ 해외 실수요 외화대출은 원화로 환전하여 사용할 목적이 아닌 해외 사용(물품의 수입 또는 용역비 지급 관련 대외외화결제, 해외직접투자, 비거주자 발행 유가증권 매입, 대외외화차입금 원리금 상환, 해외 파생상품 증거금 납입 등)을 원칙으로 함

□ 다만, 상기 원칙에 해당하지 않더라도 다음의 경우는 해외 실수요 외화대출로 인정

① 국내 수입독점업체 등을 통한 물품 구입

조달청이나 특정 독점업체의 수입을 통해서만 조달 가능한 일부 원자재 및 특정 물품의 구입을 위해 거주자간 외화로 결제되는 경우 해외 실수요로 인정

② 국내 본사의 해외 현지법인앞 운전자금 송금

국내 본사가 해외 현지법인(또는 해외지점) 등의 운전자금 용도로 외화대출을 받고자 하는 경우 「외국환거래규정」 상 해외직접투자자금으로 분류되면 해외 실수요로 인정

(2) **중소제조업체에 대한 국내 사용 시설자금 외화대출**

- 시설자금 대출금은 한국은행이 제정한「금융기관 여신운용세칙」에 따라 각 외국환은행의 장이 시설자금으로 인정한 자금으로서 운전자금과 구분되어 관계증빙서류 및 현물 또는 시설의 확인이 가능한 자금

Part 01

5-2 수출거래

(1) 무역금융

무역금융이란 물품 및 용역의 수출을 촉진하기 위하여 수출업체에 대하여 수출물품 생산, 수출용원자재 및 완제품 구매에 필요한 자금을 원화로 대출하는 단기 여신이다. '한국은행 금융중개지원대출관련 무역금융지원프로그램 운영세칙 및 운용절차에 따라 자금용도별로 지원하고 있다.

▶ 융자방법 및 자금용도

구분	내용
융자방법	실적기준
	신용장기준
자금용도	수출물품 생산자금
	수출용원자재 구매자금
	수출용완제품 구매자금
	포괄금융

(2) 내국신용장과 구매확인서

① 내국신용장

국내수출업자가 수출물품의 생산 및 원재료 · 완제품 구매를 위해 수출실적 또는 수출신용장(Master L/C)을 근거로 국내 외국환은행이 국내공급업자를 수익자로 하여 개설하는 신용장을 말한다. 즉 국내거래에서만 사용되는 일람불신용장이라고 보면 된다.(한국은행 금융중개지원대출관련 무역금융지원 프로그램 운용세칙 §12)

② 구매확인서

국내에서 외화획득용 원료 · 기재를 구매하려는 자 또는 구매한 자는 외국환은행의 장 또는 전자무역기반사업자에게 구매확인서의 발급을 신청할 수 있다. 구매확인서는 내국신용장과 달리 은행의 지급보증은 없다.(대외무역관리규정 §37)

▶ **내국신용장과 구매확인서 비교**

구분	내국신용장	구매확인서
관련근거	한국은행 운용세칙	대외무역관리규정
은행지급보증	여	부
발급기관	외국환은행	외국환은행 전자무역기반사업자
발급범위	융자범위내	제한없음
영세율 적용여부	여	여

(3) 매입외환

수출상 요청에 따라 선적서류 및 환어음을 외국환은행이 매입하여 대금을 먼저 지급하고 매입한 환어음을 지급은행 앞으로 추심하여 매입대금을 회수하는 여신이다. 국내거래의 상업어음할인과 동일한 여신이다.

▶ **무역금융과 매입외환 구분**

선적전 금융	선적후 금융
무역금융	매입외환

5-3 국내거래여신과 수출입여신 비교

국내거래여신과 수출입여신을 비교하면 다음과 같다.

구분	국내거래	무역거래		비고
		수입	수출	
물품수입	▪ 구매자금대출	내국수입유산스	–	구매자(수입상)
제조 · 가공(선적전)	▪ 네트워크론	–	무역금융	판매자(수출상)
수출대금할인(선적후)	▪ 상업어음할인 ▪ 전자방식외상매출채권담보대출	–	매입외환	

용어 설명

▪ **구매자금대출**

사업자등록증을 교부받은 업체간 재화 및 용역의 거래에 따른 구매자금결제를 위한 제도로서, 판매기업이 재화와 용역 판매 후 판매대금 추심의뢰서(세금계산서 포함)등을 은행에 제시하면 은행은 구매업체에 대출(구매자금 대출)을 일으켜 판매기업에게 판매대금을 결제하고, 만기일에 구매업체에게 대출금을 상환받는 여신

▪ **네트워크론**

판매기업과 금융기관이 대출한도를 약정한 후 판매기업이 구매기업의 발주서를 근거로 대출(일반운전자금대출)을 받고, 구매기업이 전자결제방식으로 해당 대출금을 금융기관에 상환하는 여신

▪ **상업어음 할인**

금융회사가 별도의 여신거래약정에 의거 기업으로부터 '상업어음'을 매입하면서 어음액면에서 만기일까지의 이자(할인료)를 차감한 금액을 기업에게 지급하는 여신

▪ **전자방식외상매출채권담보대출**(B2B 외담대)

사업자등록증을 교부 받은 업체간의 거래와 관련하여, 사업목적에 부합하는 경상적 영업활동으로써 재화 및 용역을 판매한 업체에게 금융기관이 (판매기업이 수취한) 외상매출채권을 담보로 자금을 대출하는 여신

⊕ 보충 설명 감사인의 기업신용공여정보 확인절차

1. 개요

감사인은 「신용정보의 이용 및 보호에 관한 법률」 제23조 제2항에 의거 한국신용정보원이 보유하고 있는 기업신용공여정보를 신용조회회사를 통하여 조회할 수 있다.

2. 관련 법령

신용정보업감독규정[별표 6] 신용정보 등록 및 이용기준(제24조의2제2항 및 제26조의4제3항 관련)

3. 월보의 구성

(1) 말일여신정보

① 대출채권, ② 유가증권, ③ 주석 등의 해당월말 신용공여 잔액, 한도성 신용공여 및 만기구조 등

(2) 월말여신정보

① 담보기록

기업이 금융기관 등과의 신용공여 거래와 관련하여 제공한 담보의 유효담보가액*

* 담보평가액에서 선순위 채권 등을 제외하여 담보권 실행 시 실제 회수가능한 유효(가용)가액

② 법인채무보증 및 법인인수약정

법인이 금융기관 등에 채무보증을 하거나 채무인수약정을 한 금액

4. 관련 사례

C기업이 운전자금대출 10억원, 신용장개설 30억원, 무역금융 한도 약정 20억원(한도 내 7억 사용 중), 내국수입유산스 8억원, 자사 건물 50억원 근저당설정을 통한 포괄담보 제공(유효담보가액 40억 가정) 중인 경우

▶ **C기업 월보 표시**

과목	운전자금(일반)	신용장개설관계	무역금융	내국수입유산스	회전한도_무역금융	대출잔액_무역금융	담보_대지건물
금액	10억	30억	7억	8억	20억	7억	40억

PART 02

재화의 수입

CHAPTER

01
수입통관

02
재고자산 인식

03
부가가치세 신고납부

04
수입대금의 결제

05
기타 수입거래

CHAPTER 01

수입통관

① 수입통관

통관이란 관세법에 규정된 절차를 이행해 물품을 수출·수입 또는 반송하는 것을 말하고 수입통관이란 외국물품을 우리나라에 반입하거나, 보세구역을 경유하는 것은 보세구역으로부터 반입하는 것을 말한다.(관세법 §2)

일반적인 수입통관절차는 수입물품의 대금을 지급하는 유환수입통관으로 수입물품을 적재한 선박 또는 항공기가 우리나라에 입항하여 하역을 통해 보세구역에 장치된 상태에서 세관에 수입신고를 하고, 물품을 반출하는 일련의 절차를 말한다.

▶ 수입통관 개요

절차	주요 내용	관세법
입항절차	선박회사, 항공사, 화물운송주선업자의 적하목록 제출	§135
하역신고	본선(항공기)에서 화물을 양륙(하륙)하여 하선(하기)장소에 반입	§140
보세구역	외국물품은 보세구역, 보세구역외장치장, 자유무역지역에 장치	§155
보세운송	외국물품 그대로 다른 보세구역 등에 운송	§213
수입신고	외국물품의 품명·규격·수량 및 가격 등을 관할 세관장에 신고	§241
신고수리	물품검사, 통관심사, 사전세액심사사항 확인 후 수입신고필증 교부	§248
관세납부	납세신고 수리일로부터 15일 이내 관세납부 후 보세창고에 D/O제출하고 물품 반출	§9 §157조2

용어 설명

■ **적하목록**(적재화물목록)(cargo manifest)

선사 또는 항공사가 Master B/L의 내역을 기재한 선박 또는 항공기의 화물적재목록을 말하며, 화물운송주선업자가 House B/L의 내역을 기재한 경우에는 혼재화물적하목록이라 한다.

■ **하역**

화물을 본선(기)에서 내리는 양륙 작업과 화물을 본선(기)에 올려 실는 적재 작업을 말한다.(보세화물 입출항 하선 하기 및 적재에 관한 고시)

■ **D/O**(Delivery Order ; 화물인도지시서)

해상운송인이 CY, CFS 및 보세창고 등 화물을 보관하고 있는 자에게 화물인도지시서의 수취인에게 운송물을 인도할 것을 지시히는 서류을 말한다.

■ **선박용품 및 항공기용품**

선박용품이란 음료, 식품, 연료, 소모품, 밧줄, 수리용 예비부분품 및 부속품, 집기, 그 밖에 이와 유사한 물품으로서 해당 선박에서만 사용되는 것을 말하며, 항공기용품은 선박용품에 준하는 물품으로서 해당 항공기에서만 사용되는 것을 말한다.(관세법 §2) 선박용품 또는 항공기용품을 외국무역선(국제무역선) 또는 외국무역기(국제무역기)에 하역하거나 환적하려면 세관장의 허가를 받아야 하며, 하역 또는 환적허가의 내용대로 하역하거나 환적하여야 한다.(관세법 3)

② 수입물품 장치

수입신고 미완료상태인 외국물품은 수입통관절차를 이행하기 위해 보세구역에 장치하여야 한다.(관세법§156) 보세구역이외 수입물품을 일시 장치할 수 있는 곳은 보세구역외장치장, 자유무역지역이 있다. 보세란 외국에서 반입된 물품을 수입신고수리를 받지 아니한 상태에 두는 것(수입신고수리미필상태)을 의미한다. 보세구역은 보세화물을 반입, 장치, 가공, 제조, 건설, 전시, 판매하는 구역을 의미한다.

▶ 수입물품 장치장소

구분		장소
보세구역	지정보세구역 (세관장 지정)	지정장치장, 세관검사장
	특허보세구역 (세관장 특허)	보세창고, 보세공장, 보세판매장, 보세건설장, 보세전시장
	종합보세구역 (관세청장 지역)	외국인투자지역, 산업단지, 공동집배송센터, 물류단지
보세구역외장치장 (세관장 허가)		수입업체 창고(거대한 물품 또는 다량의 산물(bulk))
자유무역지역		산업단지, 공항 및 배후지, 물류터미널 및 물류단지, 항만 및 배후지

2-1 보세구역

(1) 지정보세구역

① 지정장치장

지정장치장은 통관을 하려는 물품을 일시 장치하기 위한 장소로서 세관장이 지정하는 구역으로 한다.(관세법§169) 세관 구내 창고, 항만 부두의 야적장 및 창고가 이에 해당한다. 지정장치장에 물품을 장치하는 기간은 6개월의 범위에서 관세청장이 정한다. 다만, 관세청장이 정하는 기준에 따라 세관장은 3개월의 범위에서 그 기간을 연장할 수 있다.(관세법§170)

② 세관검사장

세관검사장은 통관하려는 물품을 검사하기 위한 장소로서 세관장이 지정하는 지역으로 한다. 세관장은 관세청장이 정하는 바에 따라 검사를 받을 물품의 전부 또는 일부를 세관검사장에 반입하여 검사할 수 있다 세관검사장에 반입되는 물품의 채취 · 운반 등에 필요한 검사비용은 화주가 부담한다.(관세법 §173)

(2) 특허보세구역

외국물품에 5가지 기능(보관, 제조, 판매, 건설, 전시)을 수행하기 위해 보세구역을 설치 · 운영하려는 자는 세관장의 특허를 받아야 한다.(관세법 §174) 특허보세구역의 특허기간은 10년 이내로 한다. 보세전시장과 보세건설장의 특허기간은 해당 박람회 또는 건설공사 등의 기간을 고려하여 세관장이 정하는 기간으로 한다.(관세법 §176) 특허보세구역의 설치 · 운영에 관한 특허를 받은 자가 사망하거나 해산한 경우 상속인 또는 승계법인이 계속하여 그 특허보세구역을 운영하려면 피상속인 또는 피승계법인이 사망하거나 해산한 날부터 30일 이내에 세관장에게 신고하여야 한다.(관세법 §179③)

① 보세창고

보세창고는 외국물품이나 통관을 하려는 물품을 장치하는 장소(관세법 §183)를 말한다. 보세창고는 수출입화물을 보관하는 것을 업(業)으로 하는 영업용보세창고와 운영인이 소유하거나 사용하는 자가화물을 보관하기 위한 자가용보세창고로 구분한다.(특허보세구역운영에 관한 고시 §2)

② 보세공장

보세공장은 외국물품을 원료 또는 재료로 하거나 외국물품과 내국물품을 원료 또는 재료로 하여 제조 · 가공하거나 그 밖에 이와 비슷한 작업을 할 수 있는 공장을 말한다.(관세법 §185) 보세공장 제품은 원료과세(관세법 §189) 또는 제품과세(관세법 §188)방식으로 관세를 부과한다.

▶ **보세공장 작업절차**

절차	주요 내용	관련 법령
반입신고	보세공장에 물품을 반입하려는 자는 세관장에게 반입신고를 하여야 한다.	고시 §13
사용신고	운영인은 보세공장에 반입된 물품을 그 사용 전에 세관장에게 사용신고를 하여야 한다.	관세법 §186

공장외 작업	가공무역을 위해 필요한 경우 보세공장 외 작업 허가를 할 수 있다.	관세법 §187
수입신고	보세공장에서 제조 · 가공한 물품을 운영인이 수입을 하거나 양수한 자가 수입하려는 경우 세관장에게 수입 신고를 하여야 한다.	고시 §27

* 고시는 '보세공장 운영에 관한 고시'을 말한다.

관련 법령 관세법

제188조(제품과세) 외국물품이나 외국물품과 내국물품을 원료로 하거나 재료로 하여 작업을 하는 경우 그로써 생긴 물품은 외국으로부터 우리나라에 도착한 물품으로 본다. 다만, 대통령령으로 정하는 바에 따라 세관장의 승인을 받고 외국물품과 내국물품을 혼용하는 경우에는 그로써 생긴 제품 중 해당 외국물품의 수량 또는 가격에 상응하는 것은 외국으로부터 우리나라에 도착한 물품으로 본다.

제189조(원료과세) ① 보세공장에서 제조된 물품을 수입하는 경우 제186조에 따른 사용신고 전에 미리 세관장에게 해당 물품의 원료인 외국물품에 대한 과세의 적용을 신청한 경우에는 제16조에도 불구하고 제186조에 따른 사용신고를 할 때의 그 원료의 성질 및 수량에 따라 관세를 부과한다.
② 세관장은 대통령령으로 정하는 기준에 해당하는 보세공장에 대하여는 1년의 범위에서 원료별, 제품별 또는 보세공장 전체에 대하여 제1항에 따른 신청을 하게 할 수 있다.

▶ 제품과세와 원료과세 비교

구분	원료과세	제품과세
과세물건	• 외국물품(원료)	• 외국물품 • 외국물품 + 내국물품
과세물건 확정시기	• 사용신고	• 수입신고
사례	• 가공용 귀금속으로 해당 제품관세율이 높은 경우	• 제품에 소요되는 과세대상 원재료가 많지만, 해당 제품은 무세 적용되는 정보기술제품(예 컴퓨터 8523.29)
부가가치세 과세표준	• 보세공장 반출 시 제품가격	

관세 예규 보세공장 원료과세 수입물품에 대한 부가가치세 공급가액

재화의 수입에 대한 부가가치세는 「관세법」에 따라 징수하도록 규정되어 있으나, 이는 절차적인 사항을 의미하는 것이므로, 실체적인 요건은 「부가가치세법」에 따라 판단. 「부가가치세법」 상 재화의 수입은 외국물품을 보세구역에서 국내로 반입하는 것으로, 보세공장으로의 원료 반입은 재화의 수입에 해당하지 않고, 보세공장 제조물품은 보세작업으로 인해 원료에 새로운 가치가 부가되는 것이므로 부가가치세 과세표준은 수입신고 시점의 제품에 대한 관세의 과세가격이 되어야 함. 또한, 「관세법」 상 특례인 원료과세를 부가가치세에 적용할 수 없으므로, 보세공장 원료과세 대상물품의 수입신고 時 부가가치세 과세표준은 보세공장에서 반출시 제품가격을 따르는 것이 타당.(세원심사과, 2013-04-03)

참고 개별소비세법시행령 제11조 제4항

보세공장에서 제조한 과세물품이 「관세법」 제189조에 따라 원료과세를 받는 물품인 경우에는 보세공장에서 해당 과세물품의 실제 반출가격에 상당하는 금액으로 한다.

③ 보세판매장

보세판매장은 외국으로 물품을 반출하기 위하여 판매하는 곳(관세법 §196)을 말한다.

④ 보세건설장

보세건설장은 산업시설의 건설에 사용되는 외국물품인 기계류 설비품이나 공사용 장비를 장치 · 사용하여 해당 건설공사를 할 수 있는 장소(관세법 §191)를 말한다.

▶ **보세건설장 작업절차**

절차	주요 내용	관련 법령
반입신고	보세건설장에 물품을 반입 하려는 자는 세관장에게 반입신고를 하여야 한다.	고시 §7
사용 전 수입신고	운영인은 보세건설장에 외국물품을 반입하였을 때에는 사용 전에 해당 물품에 대하여 수입신고를 하고 세관공무원의 검사를 받아야 한다.	관세법 §192
건설공사 완료보고	보세건설장의 운영인은 수입신고를 한 물품을 사용한 건설공사가 완료된 때에는 세관장에게 보고하여야 한다.	관세령 §211
수입신고 수리 후 가동	운영인은 보세건설장에서 건설된 시설을 수입신고가 수리되기 전에 가동하여서는 아니 된다.	관세법 §194

* 고시는 '보세건설장 관리에 관한 고시'을 말한다.

⑤ **보세전시장**

보세전시장은 박람회, 전람회, 견본품 전시회 등의 운영을 위하여 외국물품을 장치 · 전시하거나 사용할 수 있는 곳(관세법 §190)을 말한다.

(3) 종합보세구역

관세청장은 직권으로 또는 관계 중앙행정기관의 장이나 지방자치단체의 장, 그 밖에 종합보세구역을 운영하려는 자의 요청에 따라 보세창고 · 보세공장 · 보세전시장 · 보세건설장 또는 보세판매장의 기능 중 둘 이상의 기능(종합보세기능)을 수행할 수 있는 종합보세구역을 지정할 수 있다.(관세법 §197)

⊕ 보충 설명 보세구역 작업

1. 보수작업

보세구역에 장치된 물품은 그 현상을 유지하기 위하여 필요한 보수작업과 그 성질을 변하지 아니하게 하는 범위에서 포장을 바꾸거나 구분 · 분할 · 합병을 하거나 그 밖의 비슷한 보수작업을 할 수 있다. 이 경우 보세구역에서의 보수작업이 곤란하다고 세관장이 인정할 때에는 기간과 장소를 지정받아 보세구역 밖에서 보수작업을 할 수 있다. 보수작업을 하려는 자는 세관장의 승인을 받아야 한다.(관세법 §158)

2. 해제 · 절단 작업

보세구역에 장치된 물품에 대하여는 그 원형을 변경하거나 해체 · 절단 등의 작업을 할 수 있다. 해제 · 절단 작업을 하려는 자는 세관장의 허가를 받아야 한다.(관세법 §159)

3. 견본품 반출

보세구역에 장치된 외국물품의 전부 또는 일부를 견본품으로 반출하려는 자는 세관장의 허가를 받아야 한다.(관세법 §161)

4. 장치물품의 폐기

부패 · 손상되거나 그 밖의 사유로 보세구역에 장치된 물품을 폐기하려는 자는 세관장의 승인을 받아야 한다.(관세법 §160)

2-2 보세구역외장치장

크기 또는 무게의 과다 등의 사유로 보세구역에 장치하기 곤란하거나 부적당한 물품을 보세구역이 아닌 장소에 장치하려는 자는 세관장의 허가를 받아야 한다.(관세법 §156)

2-3 자유무역지역

자유무역지역이란 관세법, 대외무역법 등 관계 법률에 대한 특례와 지원을 통해 자유로운 제조 · 물류 · 유통 및 무역활동 등을 보장하기 위해 산업통상자원부장관이 관계 중앙행정기관의 장 및 관계 시 · 도지사와 협의하여 지정하는 지역을 말한다.(자유무역지역의 지정 및 운영에 관한 법률 §2) 외국물품을 보세상태로 보관할 수 있다는 점에서 보세구역과 동일하다. 다만, 보세구역은 관세법 적용을 받지만, 자유무역지역은 원칙적으로 관세법 적용이 배제되는 지역(자유무역지역의 지정 및 운영에 관한 법률 §3①)이라는 점에서 차이가 있다.

2-4 보세운송

보세운송은 외국물품 그대로 다른 보세구역으로 운송하는 것을 말한다. 보세운송을 하려는 자는 세관장에게 보세운송의 신고를 하여야 한다.(관세법 §213)

③ 수입신고

수입신고는 외국에서 수입하는 물품의 품명, 규격, 수량 및 가격 등을 세관장에게 신고하는 행위(관세법 §241)로 관세법상 신고요건을 충족하지 못한 경우에는 세관장이 신고의 수리를 거부할 수 있다. 따라서 허가제 성격의 수입신고(**대법 83도2193, 1983.12.13. 참조**)는 신고수리가 필요 없는 납세신고와는 다른 행위이다. 수입신고는 신고시기에 따라 ① 출항전신고, ② 입항전 신고, ③ 보세구역도착전 신고, ④ 보세구역장치후 신고로 구분한다.

▶ 수입신고 시기

수출국	국제운송	수입국	
		항구(공항)	보세구역
출항전 신고	입항전 신고	보세구역도착전 신고	보세구역장치 후 신고

관련 법령 수입통관 사무처리에 관한 고시

제3조(정의) 이 고시에서 사용하는 용어의 뜻은 다음과 같다.

1. "출항전신고"라 함은 항공기로 수입되는 물품이나 일본, 중국, 대만, 홍콩으로부터 선박으로 수입되는 물품을 선(기)적한 선박과 항공기(이하 "선박 등" 이라 한다)가 해당물품을 적재한 항구나 공항에서 출항하기 전에 수입신고하는 것을 말한다.
2. "입항전신고"라 함은 수입물품을 선(기)적한 선박 등이 물품을 적재한 항구나 공항에서 출항한 후 입항(「관세법」(이하 "법"이라 한다) 제135조에 따라 최종 입항보고를 한 후 하선(기) 신고하는 시점을 기준으로 한다. 다만, 입항보고를 하기전에 하선(기) 신고하는 경우에는 최종 입항보고 시점을 기준으로 한다. 이하 같다)하기 전에 수입신고하는 것을 말한다.
3. "보세구역 도착전신고"라 함은 수입물품을 선(기)적한 선박 등이 입항하여 해당물품을 통관하기 위하여 반입하려는 보세구역(부두밖 컨테이너 보세창고와 컨테이너 내륙통관기지를 포함한다. 이하 같다)에 도착하기 전에 수입신고하는 것을 말한다.
4. "보세구역 장치후신고"라 함은 수입물품을 보세구역에 장치한 후 수입신고하는 것을 말한다.

3-1 신고인

수입신고는 화주 또는 관세사 · 관세법인 또는 통관취급법인의 명의로 신고해야 한다.(관세법 §242)

3-2 신고내용

수입신고인은 해당 물품의 품명 · 규격 · 수량 및 가격, 포장의 종류 · 번호 및 개수, 목적지 · 원산지 및 선적지, 원산지 표시유무 · 방법 및 형태(원산지표시 대상물품), 상표, 납세의무자 또는 화주의 상호(개인의 경우 성명을 말한다) · 사업자등록번호 · 통관고유부호와 해외공급자부호 또는 해외구매자부호, 물품의 장치장소 등을 수입신고서에 기재하여 세관장에게 제출해야 한다.(관세령 §246) 수입신고는 수입신고서를 첨부서류 없이 전송하는 것(P/L신고)을 원칙으로 한다.(수입통관 사무처리에 관한 고시 §12)

(1) 신고단위

수입신고는 B/L 1건에 대하여 수입신고서 1건으로 한다. 다만, B/L을 분할하여도 물품검사와 과세가격 산출에 어려움이 없는 경우 등 세관장이 인정하는 경우에는 B/L분할신고 및 수리를 할 수 있으며, 보세창고에 입고된 물품으로서 보세화물관리에 지장이 없다고 인정하는 경우에는 여러 건의 B/L에 관련되는 물품을 1건으로 수입신고할 수 있다.(수입통관 사무처리에 관한 고시 §16)

Part 02

(2) 통관고유번호

수입신고시 사업자는 사업자 통관고유번호를 세관에 신고하여야 한다.(관세령 §246) 통관고유부호란 수출입통관업체의 식별을 위한 사업자 통관고유부호와 개인의 식별을 위한 개인 통관고유부호를 말한다.(통관고유부호 및 해외거래처부호 등록 · 관리에 관한 고시)

⊕ 보충 설명 사업자 통관고유부호 체계

1. 사업자 통관고유부호 구성 체계

갑을병정	1	98	1	01	7
상호	업체유형	본 사 설립연도	동일업체 구 분	본지사 구 분	오류검증 부 호

2. 기재 방법

① 상호

한글로 표시된(영문인 경우 한글로 읽어서 기재) 상호의 앞 4자를 사용한다. 단, '주식회사', '(주)', '유한회사', '합자회사' 등의 업체유형을 제외한 상호가 4자 미만인 경우에는 나머지 공간을 "*"으로 채운다.

예 (주)미도파 ⇒ 미도파**

② 업체유형

업체유형에 따라 다음 중 해당하는 숫자를 기재한다.

1,7,A,B,C(영리법인), 2(비영리법인), 3(국가기관), 4,9(외국법인),

5,8,D,E,F(개인과세사업자), 6(개인면세사업자)

③ **본사 설립연도**

설립연도의 끝 2자리를 기재한다.

예 1998년 ⇒ 98

④ **동일업체 구분**(일련번호)

같은 상호를 사용하고, 설립연도가 같은 경우 최초의 경우는 1부터 시작하여 9까지, 다시 A부터 시작하여 Z까지 순차적으로 부여한다.

⑤ **본지사 구분**

- 본사 및 개인업체 : 01
- 지사 : 02~99 (순차적으로 부여한다)

⑥ **오류검증부호**

부호 부여나 입력의 오류를 체크하기 위하여 1자리 숫자를 부여한다.

3-3 수입심사

수입심사는 ① 물품검사와 심사, ② 심사, ③ 전자통관심사(일정한 기준에 해당하는 성실업체가 수입신고하는 위험도가 낮은 물품에 대하여 통관시스템에서 전자적 방식으로 심사)로 구분하여 처리한다.(수입통관 사무처리에 관한 고시 §21)

(1) 물품검사

수입신고서가 세관에 오류 없이 접수되면, 세관은 수입하려는 물품에 대하여 검사를 할 수 있다.(관세법 §246) 수입신고물품 중 검사대상은 수입신고자료 접수 시 통관시스템에 의해 선별(cargo selectivity)하거나, 세관공무원에 의해 선별한다.(수입통관 사무처리에 관한 고시 §28)

(2) 서류심사

세관장은 P/L신고물품의 신고사항을 검토한 결과 신고서에 의한 심사나 물품검사가 필요하다고 판단되는 경우에는 전자서류, 종이서류의 제출을 요구할 수 있다.(수입통관 사무처리에 관한 고시 §21)

(3) 세관장 확인물품

수입을 할 때 법령에서 정하는 바에 따라 허가 · 승인 · 표시 또는 그 밖의 조건을 갖출 필요가 있는 물품은 세관장이 수입신고자료의 심사과정에서 수입요건 구비여부를 확인해야 한다.(관세법 §226)

① 원산지 허위표시

세관장은 법령에 따라 원산지를 표시하여야 하는 물품이 원산지 표시가 법령에서 정하는 기준과 방법에 부합되지 아니하게 표시된 경우에는 물품의 통관을 허용하여서는 아니 된다.(관세법 §230)

② 지식재산권 침해

특허권, 디자인권, 상표권, 저작권 등 지식재산권을 침해하는 물품은 수입할 수 없다.(관세법 §235)

사례 세관장 확인물품(마우스)_관세법령정보포탈

품목번호		8471.60-1030
품명	국문	마우스
	영문	Mouse
원산지		원산지표시대상 (Y)
원산지표시대상		[대외무역관리규정] [2015-05-18 ~]
적정표시방법		[원산지제도 운영에 관한 고시] [2015-01-30 ~] [물품명] - 개인용 컴퓨터, CPU, 입력장치, 출력장치, 기억장치 [적정표시방법] - 현품에 원산지표시 [비고] -
세관장 확인		[방송통신기기인증확인서] [전파법] 다음의 것은 국립전파연구원장의 방송통신기자재등의 적합성평가확인서(단, 의료기기법에 따른 품목허가를 받은 의료기기는 전파법 제58조의2에 따른 인증확인대상이 아님) 또는 사전통관확인서, 적합성평가면제확인서(단, 면제확인이 생략된 경우는 제외한다)를 받고 수입할 수 있음 ● 마우스

수출입공고	
통합공고	1. 다음의 것은 국립전파연구원장의 방송통신기자재등의 적합성평가확인서 또는 사전통관확인서, 적합성평가면제확인(다만, 면제확인이 생략된 경우는 제외한다)을 받고 수입할 수 있음 [전파법] ① 컴퓨터 ② 컴퓨터주변기기 ③ 터미널포트가 있는 컴퓨터 내장 구성품 ④ 유선통신단말기기(단, 형식승인 대상기기는 제외) 2. 다음의 것은 제2장제11절제82조의 2에 따른 자율안전확인신고를 한 제품과 동일모델 제품에 한하여 수입할 수 있음 ① 휴대용 레이저용품 [품질경영 및 공산품안전관리법] 3. 폐기물부담금납부대상제품은 수입 후 한국환경공단에 납부 대상여부를 확인받아야 하며, 재활용의무대상제품, 포장재일 경우 매년 4월 15일까지 전년도의 수입실적을 한국환경공단에 제출하여야 함 [자원의 절약과 재활용촉진에 관한 법률] 4. 일반 사업장의 폭발성 가스, 증기 및 분진분위기에 사용되는 방폭형 전기기계기구는 한국산업안전보건공단 또는 한국산업기술시험원 또는 한국가스안전공사 등으로부터 안전인증을 받은 것에 한하여 수입할 수 있음 [산업안전보건법]

3-4 수입신고수리

세관장은 수입신고가 관세법에 따라 적합하게 이루어졌을 때에는 이를 지체 없이 수리하고 신고인에게 신고필증을 발급하여야 한다. 다만, 국가관세종합정보망의 전산처리설비를 이용하여 신고를 수리하는 경우에는 신고인이 직접 전산처리설비를 이용하여 신고필증을 발급받을 수 있다.(관세법 §248)

관련 법령 국가관세종합정보망의 이용 및 운영 등에 관한 고시

1. "국가관세종합정보망"이란 전자통관의 편의를 증진하고, 외국세관과의 세관정보 교환을 통하여 수출입의 원활화와 교역안전을 도모하기 위하여 구축된 전산처리설비와 데이터베이스 및 정보통신망의 통합체계를 말한다.
2. "인터넷통관포탈"(이하 '통관포탈'이라한다.)이란 국가관세종합정보망을 통하여 제3조에서 정한 전자 서비스를 처리하거나 정보를 제공받을 수 있는 인터넷 사이트(unipass.customs.go.kr)를 말한다.

3-5 수입신고 지연가산세

(1) 신고기한

수입물품을 지정장치장 또는 보세창고에 반입하거나 보세구역이 아닌 장소에 장치한 자는 그 반입일 또는 장치일부터 30일 이내에 수입신고를 하여야 한다.(관세법 §241③)

(2) 가산세율

세관장은 물품의 신속한 유통이 긴요하다고 인정하여 보세구역의 종류와 물품의 특성을 감안하여 관세청장이 정하는 물품(보세화물관리에 관한 고시 §34)을 수입하거나 반송하는 자가 신고기한 내에 수입신고를 하지 아니한 경우에는 해당 물품 과세가격의 100분의 2에 상당하는 금액의 범위에서 가산세를 징수한다.(관세법 §241④) 가산세액은 500만원을 초과할 수 없다.(관세령 §247)

Part 02

▶ 가산세율

구분	가산세율
신고기한이 경과한 날로부터 20일 이내	당해 물품의 과세가격의 0.5%
신고기한이 경과한 날로부터 50일 이내	당해 물품의 과세가격의 1%
신고기한이 경과한 날로부터 80일 이내	당해 물품의 과세가격의 1.5%
이외의 경우	당해 물품의 과세가격의 2%

3-6 미반출 과태료

관세청장이 정하는 보세구역에 반입되어 수입신고가 수리된 물품의 화주 또는 반입자는 특허보세구역 장치기간에도 불구하고 그 수입신고 수리일부터 15일 이내에 해당 물품을 보세구역으로부터 반출하여야 한다. 이를 위반한 경우에는 과태료를 부과한다.(보세화물관리에 관한 고시 §19)

④ 납세신고

납세신고는 납세의무자가 관세 과세요건이 충족되었음을 확인하고 세관에 신고하는 행위이다. 물품을 수입하려는 자는 수입신고를 할 때에 세관장에게 관세의 납부에 관한 신고(납세신고)를 하여야 한다. 신고한 세액에 대하여는 수입신고를 수리한 후에 심사한다. 다만, 신고한 세액에 대하여 관세채권을 확보하기가 곤란하거나, 수입신고를 수리한 후 세액심사를 하는 것이 적당하지 아니하다고 인정하는 물품의 경우에는 수입신고를 수리하기 전에 이를 심사(사전세액심사)한다.(관세법 §38) 관세법에서는 국세기본법처럼 관세의 성립과 확정에 대한 명확한 규정이 없지만, 적용법령(관세법 §17), 관세부과의 제척기간 기산일(관세령 §6)등을 고려하면 관세는 과세물건의 확정시기(관세법 §16)인 수입신고시에 관세가 성립 · 확정된다고 볼 수 있다.

▶ 관세 과세요건

구분	관세 과세요건	제출서류	관련 조항
납세의무자	수입화주	수입신고서	관세법 §19
과세물건	수입물품	수입신고서	관세법 §14
과세표준	수입물품의 과세가격 및 수량	가격신고서	관세법 §15
세율	기본세율, 잠정세율, 탄력세율	수입신고서	관세법 §49

▶ 관세법에 대한 실질과세 원칙

대법원은 사업자등록명의를 대여해 준 형식상 수입신고 명의인이 관세납부의무자인 '물품을 수입한 화주'에 해당하는지를 판단하면서 관세법에도 실질과세 원칙이 적용된다고 판시한 이래(대판 2003. 4. 11. 2002두8442), 실질과세 원칙을 명문으로 규정하지 않은 관세법에도 동 원칙이 적용됨을 거듭 밝혀왔다(대판 2010. 4. 15. 2009두21260, 2016. 9. 30. 2015두58591 등). 실질과세 원칙이 헌법상 기본이념인 평등의 원칙을 조세법률관계에 구현하기 위한 것이라는 점에서(대판 2012. 1. 19. 2008두8499) 조세법률관계의 일종인 관세법률관계에도 적용됨은 당연하다.

4-1 납세의무자와 과세물건의 확정

(1) 납세의무자

수입신고를 한 물품인 경우에는 그 물품을 수입신고하는 때의 화주가 납세의무자가 된다.(관세법 §19) '그 물품을 수입한 화주'라 함은 그 물품을 수입한 실제 소유자를 의미한다. 다만 그 물품을 수입한 실제 소유자인지 여부는 구체적으로 수출자와의 교섭, 신용장의 개설, 대금의 결제 등 수입절차의 관여 방법, 수입화물의 국내에서의 처분ㆍ판매 방법의 실태, 당해 수입으로 인한 이익의 귀속관계 등의 사정을 종합하여 판단하여야 한다(대법원 2015. 11. 27. 선고 2014두2270 판결, 대법원 2003. 4. 11. 선고 2002두8442 판결 등 참조).

▶ 화주가 불분명한 경우

구분	납세의무자(화주)
수입을 위탁받아 수입업체가 대행수입한 물품인 경우	그 물품의 수입을 위탁한 자
수입을 위탁받아 수입업체가 대행수입한 물품이 아닌 경우	송품장, 선하증권 또는 항공화물 운송장에 적힌 수하인(受荷人)
수입물품을 수입신고 전에 양도한 경우	그 양수인

(2) 과세물건

과세물건은 수입신고(입항전수입신고 포함)를 하는 때의 물품의 성질과 그 수량에 따라 부과한다.(관세법 §16)

(3) 예외 사유

수입신고시점을 과세물건 확정시기로 규정하고 있지만, 수입신고이전에 수입물품이 소비되는 등 예외적인 사유가 발생한 경우에는 과세물건확정시기와 납세의무자를 별도로 규정하고 있다. 예외사유가 발생하여 납세의무자가 경합되는 경우에는 예외사유 납세의무자를 우선 적용한다.(관세법 §19②)

구분	과세물건확정 (관세법 §16)	납세의무자 (관세법 §19)
보세구역 밖에서 하는 보수작업 승인기간 경과	승인받은 때	승인받은 자
보세공장 외 작업허가기간이 경과 보세건설장 외 작업허가기간이 경과 종합보세구역 외 작업신고기간이 경과	작업을 허가받거나 신고한 때	작업을 허가받거나 신고한 자
보세구역에 장치된 외국물품 멸실 또는 폐기	멸실되거나 폐기된 때	운영인 또는 보관인
보세운송기간 경과	신고하거나 승인받은 때	신고하거나 승인을 받은 자
수입신고 수리전 소비하거나 사용하는 물품	소비하거나 사용한 때	소비자 또는 사용자
도난물품 또는 분실물품	도난되거나 분실된 때	보세구역장치물품 : 운영인 또는 화물관리인 보세운송물품 : 보세운송을 신고하거나 승인을 받은 자 그 밖의 물품 : 그 보관인 또는 취급인
관세법에 따라 매각되는 물품	매각된 때	–
외국물품인 선박용품 또는 항공기용품, 차량용품(또는 외국무역선 또는 외국무역기, 국경출입차량 안에서 판매할 물품)이 하역 또는 환적허가의 내용대로 운송수단에 적재되지 아니한 경우	하역을 허가 받은 때	하역허가를 받은 자
우편으로 수입되는 물품	통관우체국에 도착한 때	수취인
수입신고 수리전 즉시반출신고한 물품	즉시반출신고한 때	즉시 반출한 자
수입신고를 하지 아니하고 수입된 물품	수입된 때	소유자 또는 점유자

사례 납세의무자 판단

문제 인천상사는 실화주로 동해물산에게 수입을 위탁하였다. 송품장 등 무역서류에는 동해물산이 화주로 표시되어 있다. 동해물산이 반입한 외국물품이 인천세관의 지정장치장에 장치도중 도난되었다면 이 물품에 대한 납세의무자는?(2009년 관세사 1차 기출문제)

해답 화주 인천상사(위탁자)와 지정장치장의 화물관리인 중 지정장치장의 화물관리인이 납세의무자이다.(납세의무자가 경합되는 경우에는 예외사유 납세의무자를 우선 적용)

(4) 적용법령

관세는 수입신고 당시의 법령에 따라 부과한다. 다만, 위 예외사유에 해당되는 물품은 그 사실이 발생한 날, 보세건설장에 반입된 외국물품은 사용 전 수입신고가 수리된 날에 시행되는 법령에 따라 부과한다.(관세법 §17)

4-2 과세가격

(1) 가격신고

관세의 납세의무자는 수입신고를 할 때 세관장에게 해당 물품의 가격에 대한 신고(가격신고)를 하여야 한다. 가격신고를 할 때에는 과세가격의 결정 자료를 제출하여야 한다.(관세법 §27) 납세의무자는 가격신고를 할 때 신고하여야 할 가격이 확정되지 아니한 경우에는 잠정가격으로 가격신고를 할 수 있다.(관세법 §28)

① 잠정가격 신고

납세의무자는 가격신고를 할 때 신고하여야 할 가격이 확정되지 아니한 경우에는 잠정가격으로 가격신고를 할 수 있다.(관세법 §28①) 잠정가격으로 가격을 신고한 자는 2년의 범위안에서 구매자와 판매자간의 거래계약의 내용 등을 고려하여 세관장이 지정하는 기간내에 확정가격을 신고하여야 한다.(관세령 §16③)

(2) 과세가격결정

수입물품의 과세가격 결정방법은 6가지가 있다. 우리나라에 수출하기 위하여 판매되는 물품에 대하여 구매자가 실제로 지급하였거나 지급하여야 할 가격(제1방법)을 적용한다. 객관적이고 수량화할 수 있는 자료가 없는 경우, 무상으로 수입하는 물품 등은 제2방법에서 제6방법으로 과세가격을 결정한다.(관세법 §30) 우리나라에 수출하기 위하여 판매되는 물품은 해당 물품을 우리나라에 도착하게 한 원인이 되는 거래를 통해 판매되는 물품으로 한다. 다만, 무상으로 국내에 도착하는 물품, 국내 도착 후 경매 등을 통해 판매가격이 결정되는 위탁판매물품, 수출자의 책임으로 국내에서 판매하기 위해 국내에 도착하는 물품, 별개의 독립된 법적 사업체가 아닌 지점 등과의 거래에 따라 국내에 도착하는 물품, 임대차계약에 따라 국내에 도착하는 물품, 무상으로 임차하여 국내에 도착하는 물품, 산업쓰레기 등 수출자의 부담으로 국내에서 폐기하기 위해 국내에 도착하는 물품 등은 포함되지 않는다.(관세령 §17)

① 적용방법

과세가격 결정방법은 제1방법에서 제6방법까지 순차적으로 적용하되, 납세의무자가 요청하면 제5방법을 제4방법보다 우선 적용(2방법 → 3방법 → 5방법)하고, 제5방법을 결정할 수 없는 경우에는 제4방법, 제6방법 순서(2방법 → 3방법 → 4방법 → 6방법)에 따라 과세가격을 결정한다.(관세법 §33①단서)

▶ 과세가격 결정방법

구분	기초가격	근거
제1방법(실제거래가격)	구매자가 실제로 지급하였거나 지급하여야할 가격	관세법 §30
제2방법(동종 · 동질물품가격)	과세가격으로 인정된 사실이 있는 동종 · 동질물품의 거래가격	관세법 §31
제3방법(유사물품가격)	과세가격으로 인정된 사실이 있는 유사물품의 거래가격	관세법 §32
제4방법(국내판매가격)	특수관계가 없는 자에게 가장 많은 수량으로 국내에서 판매되는 단위가격에서 통상적으로 부가되는 이윤 등을 뺀 가격	관세법 §33
제5방법(산정가격)	해당 물품의 생산에 사용된 원자재 비용과 통상적으로 부가되는 이윤 등을 합한 가격	관세법 §34
제6방법(합리적가격)	제1방법에서 제5방법과 부합되는 합리적인 기준에 따라 산출한 가격	관세법 §35

보충 설명 실제거래가격 가감항목

제1방법(실제거래가격)에서는 과세가격을 구매자 실제지급금액(A)에 법정요소를 가감하여 산출한다.(관세법 §30) 과세가격 계산시 최종 과세가격의 기초가 되는 달러($)화는 달러($)미만을 올림하여 최하 단위를 달러($)로 하고(8,150.01 = $8,151), 원화의 경우에는 원 미만을 계산하지 아니한다.(과세가격 산출 시의 단수 계산방법에 관한 예규)

A. 물품금액	실제 지급했거나 지급할 가격	
	(+) 직접 · 간접지급금액, 조건 또는 사정에 의한 비정상적인 특별할인, 채무상계, 변제금액 등	
B. 가산금액	구매자 부담비용	(a) 구매수수료를 제외한 수수료(커미션)
		(b) 중개료
		(c) 용기 및 포장비용
	무료 또는 인하된 가격으로 구매자에 의해 제공된 재화와 용역으로서 수입물품의 제조와 수출에 사용된 :	(a) 수입물품에 결합된 재료 또는 구성요소
		(b) 수입물품의 생산에 사용되는 공구, 금형, 다이스 및 이와 유사한 물품
		(c) 수입물품의 생산과정에서 소비되는 물품(비료, 촉매 등)
		(d) 외국에서 수행된 것으로, 수입물품의 생산에 필요한 기술, 설계, 고안, 공예 및 의장, 스케치
	로열티 및 권리사용료(수입물품의 판매조건으로 직접 또는 간접 지급)	
	판매자에게 귀속되는 수입후의 전매, 처분 또는 사용에 따른 수익금액	
	수입항까지의 운송비용	(a) 운임, 왕복운임
		(b) 적하, 양하, 환적비용, 기타 운송관련비용 등
		(c) 보험료
C. 제외금액	수입장소 도착 후 운송비용	
	수입 후 행해진 건설, 설치, 조립, 유지보수 또는 당해 수입물품에 대한 기술지원 금액	
	기타비용(계약과 관련없이 구매자 자신의 필요에 의해 사용된 검사비용, 구매수수료, 교육훈련비, 연불이자 등)	
	현금할인, 수량할인 등 인정하는 가격할인 금액(필요시 기재) 수출국에서 수출시 경감 또는 환급받아야 할 관세와 내국세 금액	

사례 실제거래가격 산정

문제

수입자 I사는 구매대리업체 D사를 통해 수출자 S사로부터 10,000대의 전화기를 대당 US$400에 구매하기로 계약을 맺고, 1차로 전화기 1,000대를 US$400,000(CIF)에 수입하였다.(2010년 관세사 1차 기출문제)

가) 수입자인 I사는 전화기 수입과 관련하여 수출자 S사에게 무상으로 아래와 같은 물품 및 용역을 제공하였다. 이와 관련한 운송비용 등 기타비용은 수출자가 부담하였다.

(1) I사에 의해 수입국에서 US$20,000에 생산된 디자인 및 설계도

(2) 개당 US$10의 비용으로 수입국에서 생산된 10,000개의 액정표시판. 액정표시판은 전화기당 1개씩 사용되며, I사는 수입 수량에 따라 액정표시판의 비용을 할당하여 수입신고하기로 한다.

(3) 수입국에서 US$10,000의 비용으로 제작된 전화기 몸체 생산용 모울드.(모울드는 전화기당 1개씩 사용되며, I사는 수입수량에 따라 모울드의비용을 할당하여 수입신고하기로 한다.)

나) I사는 D사에게 거래되는 전화기 1대당 US$2의 수수료를 지급하였다.

해답

구분	금액(단위 USD)	산출근거
A. 실제지급금액	400,000	실제지급금액
B. 가산금액	–	수입국(국내)에서 생산된 디자인 및 설계도
	10,000	1,000개 × @10(생산지원비용)
	1,000	USD10,000 × 1,000대/10,000대(생산지원비용)
	–	구매수수료(구매대리업체에 지급한 수수료)
과세가격(= A+B)	411,000	

4-3 관세세율

(1) 품목분류

납세신고를 하고자 하는 자는 수입신고서에 당해 물품의 관세율표상의 품목분류 · 세율 등을 기재하여 세관장에게 제출하여야 한다.(관세령 §32)

① HSK

품목분류(classification)란 수출입물품의 신속한 통관, 통계파악 등을 위하여 물품을 세분하고 유형화하는 것을 말한다. 현재 대부분의 국가의 품목분류는 WCO(World Customs Organization, 세계관세기구)의 HS협약(International Convention on the Harmonized Commodity Description and Coding System)을 따르고 있다. 우리나라 상품분류코드 HS-K(HS of Korea)는 10자리로 6자리는 협약 공통코드이고 7자리부터는 통계 또는 관세부과 목적으로 우리나라에서 추가적으로 분류하여 사용하는 코드이다.

예시 마우스 품목분류(8471.60-1030)

HS	84	71	60	1030
	류(chapter)	호(heading)	소호(sub-heading)	
	중분류	소분류	세분류	세세분류

주) 선적서류 및 송품장 등 상업서류는 일반적으로 6자리 공통코드 기재

② 품목분류 사전심사

물품을 수출입하려는 자, 수출할 물품의 제조자, 관세사 · 관세법인 또는 통관취급법인은 수출입신고를 하기 전에 관세청장에게 해당 물품의 품목분류를 미리 심사하여 줄 것을 신청할 수 있다.(관세법 §86)

(2) 세율

수입물품에 부과되는 관세의 세율은 기본세율, 잠정세율, 덤핑방지관세, 상계관세, 보복관세, 긴급관세, 조정관세, 할당관세, 계절관세, 편익관세, 일반특혜관세의 규정에 따라 정하는 세율이 있다.(관세법 §49)

▶ 관세율의 종류

종류		내용
국정관세율	기본관세율	관세법 별표 관세율표상의 기본세율
	잠정관세율	기본세율과는 다른 세율을 잠정적으로 적용
	탄력관세율	덤핑방지관세, 상계관세 내지 일반특혜관세(국제협력관세 제외)
협정관세율		외국과의 조약이나 행정협정에 의거 결정된 세율

① 세율적용의 우선순위

기본세율과 잠정세율은 관세율표에 따르되, 잠정세율(5순위)을 기본세율(6순위)에 우선하여 적용한다. 2순위의 세율은 기본세율, 잠정세율, 3순위 및 4순위의 세율보다 낮은 경우에만 우선하여 적용하고, 할당관세의 세율은 4순위의 세율보다 낮은 경우에만 우선하여 적용한다. 다만, 국제협력관세가 기본세율보다 높은 세율로 양허한 농림축산물물품에 대하여 양허한 세율(시장접근물량에 대한 양허세율 포함)은 기본세율 및 잠정세율에 우선하여 적용한다.(관세법 §50③) 자유무역협정(FTA)의 세율(협정관세)이 관세법 제50조에 따른 적용세율과 같거나 그보다 높은 경우에는 관세법 제50조에 따른 적용세율을 우선하여 적용한다. 다만, 1순위 세율은 협정관세의 세율보다 우선하여 적용한다.(자유무역협정의 이행을 위한 관세법의 특례에 관한 법률 §5)

▶ 관세율의 종류와 우선순위

순위	관세	내용	관세법
1	덤핑방지관세	외국의 물품이 정상가격 이하로 수입(덤핑)되어 실질적 피해 등이 조사를 통하여 확인되고 해당 국내산업을 보호할 필요가 있다고 인정되는 경우에 그 물품과 공급자 또는 공급국을 지정하여 해당 물품에 대하여 정상가격과 덤핑가격 간의 차액(덤핑차액)을 추가하여 부과하는 관세	§51
	상계관세	외국에서 제조 · 생산 또는 수출에 관하여 직접 또는 간접으로 보조금등을 받은 물품의 수입으로 인하여 실질적 피해 등이 조사를 통하여 확인되고 해당 국내산업을 보호할 필요가 있다고 인정되는 경우에 그 물품과 수출자 또는 수출국을 지정하여 그 물품에 대하여 해당 보조금등의 금액을 추가하여 부과하는 관세	§57
	보복관세	교역상대국이 우리나라의 수출물품 등에 대하여 국제협정에 규정된 우리나라의 권익을 부인하거나 제한하는 등의 행위를 하여 우리나라의 무역이익이 침해되는 경우 그 나라로부터 수입되는 물품에 대하여 피해상당액의 범위에서 부과하는 관세	§63

1	긴급관세	특정물품의 수입증가로 인하여 동종물품 또는 직접적인 경쟁관계에 있는 물품을 생산하는 국내산업의 심각한 피해 등 이 조사를 통하여 확인되고 해당 국내산업을 보호할 필요가 있다고 인정되는 경우에 해당 물품에 대하여 피해의 구제가 필요한 범위에서 추가하여 부과하는 관세	§65
	특정국물품 긴급관세	국제조약 또는 일반적인 국제법규에 따라 허용되는 한도에서 특정국물품이 수입증가가 국내시장의 교란 등에 해당하는 것으로 조사를 통하여 확인된 경우에 피해를 구제하거나 방지하기 위하여 필요한 범위에서 추가하여 부과하는 관세	§67의2
	농림축산물 특별긴급관세	국내외 가격차에 상당한 율로 양허한 농림축산물의 수입물량이 급증하거나 수입가격이 하락하는 경우에 양허한 세율을 초과하여 부과하는 관세	§68
	조정관세	공중도덕 보호, 인간 · 동물 · 식물의 생명 및 건강 보호, 환경보전, 유한(有限) 천연자원 보존 및 국제평화와 안전보장 등을 위하여 필요한 경우(2호)에 100분의 100에서 해당 물품의 기본세율을 뺀 율을 기본세율에 더한 율의 범위에서 부과하는 관세	§69 2호
	FTA협정세율		
2	편익관세	관세에 관한 조약에 따른 편익을 받지 아니하는 나라의 생산물로서 우리나라에 수입되는 물품에 대하여 이미 체결된 외국과의 조약에 따른 편익의 한도에서 관세에 관한 편익을 부여하는 관세	§74
	국제협력관세	우리나라의 대외무역 증진을 위하여 필요하다고 인정될 때에 특정 국가 또는 국제기구와 협상에서 양허한 관세	§73
3	조정관세	산업구조의 변동 등으로 물품 간의 세율 불균형이 심하여 이를 시정할 필요가 있는 경우(1호), 국내에서 개발된 물품을 일정 기간 보호할 필요가 있는 경우(3호), 농림축수산물 등 국제경쟁력이 취약한 물품의 수입증가로 인하여 국내시장이 교란되거나 산업기반이 붕괴될 우려가 있어 이를 시정하거나 방지할 필요가 있는 경우(4호)에 100분의 100에서 해당 물품의 기본세율을 뺀 율을 기본세율에 더한 율의 범위에서 부과하는 관세	§69 1호, 3호, 4호
	할당관세	특정물품의 수입촉진, 국내가격의 안정, 세율불균형을 시정하기 위해 100분의 40의 범위의 율을 기본세율에서 빼고 부과하는 관세(필요하다고 인정될 때에는 그 수량 제한 가능)	§71
	계절관세	계절에 따라 가격의 차이가 심한 물품으로서 동종물품 · 유사물품 또는 대체물품의 수입으로 인하여 국내시장이 교란되거나 생산 기반이 붕괴될 우려가 있을 때에 계절에 따라 해당 물품의 국내외 가격차에 상당하는 율의 범위에서 기본세율보다 높게 부과하거나 100분의 40의 범위의 율을 기본세율에서 빼고 부과하는 관세	§72
4	일반특혜관세 (GSP)	특혜대상 개발도상국가를 원산지로 하는 물품 중 특혜대상물품에 대하여 기본세율보다 낮은 세율로 부과하는 관세	§76

예시 **관세세율** 관세법령정보포탈(https://unipass.customs.go.kr/clip/index.do)

품목번호		8471.60-1030	
품명	국문	마우스	
	영문	Mouse	
구분기호		2020년	관세구분
A		8%	기본세율
C		0% / 0%	WTO협정세율(WTO일반양허관세)
R		0%	최빈국특혜관세(일반특혜관세)

② **합의세율**

일괄하여 수입신고가 된 물품으로서 물품별 세율이 다른 물품에 대하여는 신고인의 신청에 따라 그 세율 중 가장 높은 세율을 적용할 수 있다.(관세법 §82)

③ **용도세율**

기본세율, 잠정세율, 긴급관세, 특정국물품긴급관세, 농림축산물에대한특별긴급관세, 조정관세, 할당관세, 계절관세, 일반특혜관세, 덤핑방지, 상계 · 보복 · 편익관세의 용도에 따라 세율을 다르게 정하는 물품을 **세율이 낮은 용도**에 사용하려는 자는 세관장의 승인을 받아 용도세율을 적용할 수 있다.(관세법 §83)

④ **간이세율**

여행자 또는 외국을 오가는 운송수단의 승무원이 휴대하여 수입하는 물품, 우편물, 탁송품 또는 별송품은 관세, 임시수입부가세 및 내국세의 세율을 기초로 한 간이세율을 적용한다.(관세법 §81)

(3) FTA협정세율의 적용

① **FTA협정세율**

"자유무역협정"(FTA : Free Trade Agreement)이란 우리나라가 체약상대국(締約相對國)과 관세의 철폐, 세율의 연차적인 인하 등 무역의 자유화를 내용으로 하여 체결한 「1994년도 관세 및 무역에 관한 일반협정」 제24조에 따른 국제협정과 이에 준하는 관세의 철폐 또는 인하에 관한 조약 · 협정으로 자유무역협정에 따라 체약상대국을 원산지로 하는 수입물품에 대하여 관세를 철폐하거나 세율을 연차적으로 인하하여 부과하여야 할 관세(협정관세)를 말한다.(FTA관세법 §2)

② **협정관세의 적용요건**

협정관세는 해당 수입물품이 ⓐ적용대상, ⓑ원산지, ⓒ신청요건을 모두 충족하는 수입물품에 대하여 적용한다.(FTA관세법 §6) 수입신고의 수리 전까지 협정관세의 적용신청을 하지 못한 수입자는 해당 물품의 수입신고 수리일부터 1년 이내에 협정관세의 적용을 신청할 수 있고 품목분류 변경 등 사후변경이 있는 경우에는 수정신고(납부고지 받은 날) 한 날로부터 3개월 이내에 협정관세의 사후적용을 신청할 수 있다.(FTA관세법 §9)

③ **자료보관 의무**

수입자 · 수출자 및 생산자는 협정 및 이 법에 따른 원산지의 확인, 협정관세의 적용 등에 필요한 것으로서 원산지증빙서류 등 서류를 5년의 범위에서 (협정에서 정한 기간이 5년을 초과하는 경우에는 그 기간) 보관하여야 한다.(FTA관세법 §15)

⊕ 보충 설명 품목분류(통칙)

'관세율표(제 50조 관련)의 관세율표의 해석에 관한 통칙'

관세의 세율은 「관세법」 [별표] 관세율표에 의하여 정하도록 규정하고 있고, 이에 따라 관세율표는 과세물건인 수입물품을 분류하기 위한 상품품목표와 각 품목마다의 관세율을 개별적으로 규정하고 있다. 관세율표의 품목분류는 다음 원칙(통칙)에 따른다.

▶ 관세율표의 해석에 관한 통칙 개요

구분	정의
호의 분류원칙	(통칙 제1호) 호의 용어와 관련 주 규정에 의한 분류원칙
	(통칙 제2호) 호의 적용범위를 확대하는 분류원칙
	(통칙 제3호) 둘 이상의 호로 분류할 수 있는 물품의 분류원칙
	(통칙 제4호) 가장 유사한 물품으로 분류하는 원칙

* 통칙 제1호부터 4호까지 순차적으로 적용

포장용기 분류원칙	(통칙5호) 포장용기와 포장재료의 분류원칙

소호의 분류원칙	(통칙6호) 호에 속한 소호의 분류원칙

1. 통칙 제1호

이 표의 부(部) · 류(類) · 절(節)의 표제는 참조하기 위하여 규정한 것이다. 법적인 목적상 품목분류는 각 호(號)의 용어와 관련 부나 류의 주(註)에 따라 결정하되, 각 호나 주에서 따로 규정하지 않은 경우에는 다음 각 호의 규정에 따른다.

2. 통칙 제2호

이 통칙 제1호에 따라 품목분류를 결정할 수 없는 것은 다음 각 목에 따른다.

가. 각 호에 열거된 물품에는 불완전한 물품이나 미완성된 물품이 제시된 상태에서 완전한 물품이나 완성된 물품의 본질적인 특성을 지니고 있으면 그 불완전한 물품이나 미완성된 물품이 포함되는 것으로 본다. 또한 각 호에 열거된 물품에는 조립되지 않거나 분해된 상태로 제시된 완전한 물품이나 완성된 물품(이 통칙에 따라 완전한 물품이나 완성된 물품으로 분류되는 것을 포함한다)도 포함되는 것으로 본다.

나. 각 호에 열거된 재료 · 물질에는 해당 재료 · 물질과 다른 재료 · 물질과의 혼합물 또는 복합물이 포함되는 것으로 본다. 특정한 재료 · 물질로 구성된 물품에는 전부 또는 일부가 해당 재료 · 물질로 구성된 물품이 포함되는 것으로 본다. 두 가지 이상의 재료나 물질로 구성된 물품의 분류는 이 통칙 제3호에서 규정하는 바에 따른다.

3. 통칙 제3호

이 통칙 제2호 나목이나 그 밖의 다른 이유로 동일한 물품이 둘 이상의 호로 분류되는 것으로 볼 수 있는 경우의 품목분류는 다음 각 목에서 규정하는 바에 따른다.

가. 가장 구체적으로 표현된 호가 일반적으로 표현된 호에 우선한다. 다만, 둘 이상의 호가 혼합물이나 복합물에 포함된 재료나 물질의 일부에 대해서만 각각 규정하거나 소매용으로 하기 위하여 세트로 된 물품의 일부에 대해서만 각각 규정하는 경우에는 그 중 하나의 호가 다른 호보다 그 물품에 대하여 더 완전하거나 상세하게 표현하고 있다 할지라도 각각의 호를 그 물품에 대하여 동일하게 구체적으로 표현된 호로 본다.

나. 혼합물, 서로 다른 재료로 구성되거나 서로 다른 구성요소로 이루어진 복합물과 소매용으로 하기 위하여 세트로 된 물품으로서 가목에 따라 분류할 수 없는 것은 가능한 한 이들 물품에 본질적인 특성을 부여하는 재료나 구성요소로 이루어진 물품으로 보아 분류한다.

(사례) 스파게티 꾸러미 : 스파게티(제1902호), 치즈분말(제0406호), 토마토소스 깡통(제2103호) ➡ 제1902호로 분류

다. 가목이나 나목에 따라 분류할 수 없는 물품은 동일하게 분류가 가능한 호 중에서 그 순서상 가장 마지막 호로 분류한다.

(사례) 온수기(제8516호)와 냉수기(제8418호)가 결합된 경우 ➡ 제8516호로 분류

4. 통칙 제4호

이 통칙 제1호부터 제3호까지에 따라 분류할 수 없는 물품은 그 물품과 가장 유사한 물품이 해당되는 호로 분류한다.

5. 통칙 제5호

다음 각 목의 물품에는 이 통칙 제1호부터 제4호까지를 적용하는 외에 다음 사항을 적용한다.

가. 사진기 케이스 · 악기 케이스 · 총 케이스 · 제도기 케이스 · 목걸이 케이스와 이와 유사한 용기는 특정한 물품이나 물품의 세트를 담을 수 있도록 특별한 모양으로 되어 있거나 알맞게 제조되어 있고, 장기간 사용하기에 적합하며, 그 내용물과 함께 제시되어 일반적으로 그 내용물과 함께 판매되는 종류의 물품인 때에는 그 내용물과 함께 분류한다. 다만, 용기가 전체 물품에 본질적인 특성을 부여하는 경우에는 그렇지 않다.

나. 가목에 해당하는 것은 그에 따르고, 내용물과 함께 제시되는 포장재료와 포장용기는 이들이 일반적으로 그러한 물품의 포장용으로 사용되는 것이라면 그 내용물과 함께 분류한다. 다만, 그러한 포장재료나 포장용기가 명백히 반복적으로 사용하기에 적합한 것이라면 그렇지 않다.

6. 통칙 제6호

법적인 목적상 어느 호(號) 중 소호(小號)의 품목분류는 같은 수준의 소호(小號)들만을 서로 비교할 수 있다는 점을 조건으로 해당 소호(小號)의 용어와 관련 소호(小號)의 주(註)에 따라 결정하며, 위의 모든 통칙을 준용한다. 또한 이 통칙의 목적상 문맥에서 달리 해석되지 않는 한 관련 부(部)나 류(類)의 주(註)도 적용한다.

7. 통칙 제7호

이 표에 규정되지 않은 품목분류에 관한 사항은 「통일상품명 및 부호체계에 관한 국제협약」에 따른다.

5 관세납부

5-1 납부세액

(1) 납부세액 계산

관세의 과세표준은 수입물품의 가격 또는 수량으로 한다.(관세법 §15) 우리나라는 극히 일부품목(당근 등 일부농수산물 등)에 대해서만 종량세로 부과하고 나머지 대부분은 종가세로 부과하고 있다. 관세의 납부세액은 과세표준에 세율을 곱하여 산정한다. 종량세가 부과되는 당근 등 일부농수산물은 부가가치세 과세표준을 산정하기 위해서는 관세의 과세가격을 산출해야 한다. 종량세 물품을 경정하는 경우에는 부가가치세와 관련 가산세만 경정한다.

■ 관세납부세액 = 과세가격(수입물품의 수량) × 세율(단위당 세액)

예시 종량세 대상품목

번 호		품 명	세율(%)
호	소호		
0706	10	당근과 순무 1. 당근	30% 또는 134원/㎏ 양자 중 고액(율)

(2) 납부기한

관세의 납부기한은 납세신고(납세고지)를 한 경우에는 납세신고 수리일(납세고지를 받은 날)부터 15일 이내, 수입신고전 즉시반출신고를 한 경우에는 수입신고일부터 15일 이내에 관세를 납부해야 한다. 성실납세자는 납부기한이 동일한 달에 속하는 세액에 대하여는 그 기한이 속하는 달의 말일까지 한꺼번에 납부(월별납부)하게 할 수 있다.(관세법 §9)

5-2 세액변경

(1) 정정신청

납세의무자는 납세신고한 세액을 납부하기 전에 그 세액이 과부족(過不足)하다는 것을 알게 되었을 때에는 납세신고한 세액을 정정할 수 있다. 이 경우 납부기한은 당초의 납부기한으로 한다.(관세법 §38④)

(2) 보정신청

납세의무자는 신고납부한 세액이 부족하다는 것을 알게 되거나 세액산출의 기초가 되는 과세가격 또는 품목분류 등에 오류가 있는 것을 알게 되었을 때에는 **신고납부한 날부터 6개월 이내**에 해당 세액을 보정(補正)하여 줄 것을 세관장에게 신청할 수 있다. 납세의무자가 부족한 세액에 대한 세액의 보정을 신청한 경우에는 해당 보정신청을 한 날의 다음 날까지 해당 관세를 납부하여야 한다.(관세법 §38의2)

① 보정이자

세액을 보정한 결과 부족한 세액이 있을 때에는 납부기한 다음 날부터 보정신청을 한 날까지의 기간과 보정이자금액을 더하여 해당 부족세액을 징수하여야 한다.(관세법 §38의2⑤)

■ 보정이자금액 = 부족세액 × 1천분의 31(관세령 §32의4, 관세칙 §9의3)

(3) 수정신고 및 경정청구

① 수정신고

납세의무자는 신고납부한 세액이 부족한 경우에는 보정기간이 지난 날부터 관세부과의 제척기간이 끝나기 전까지 수정신고를 할 수 있다. 이 경우 납세의무자는 수정신고한 날의 다음 날까지 해당 관세를 납부하여야 한다.(관세법 §38의3)

② 경정청구

납세의무자는 신고납부한 세액, 보정신청한 세액 및 수정신고한 세액이 과다한 것을 알게 되었을 때에는 **최초로 납세신고를 한 날부터 5년 이내**에 신고한 세액의 경정을 세관장에게 청구할 수 있다.(관세법 §38의3)

(4) 가산세

① 신고납부 불성실가산세

세관장은 납세의무자가 법정납부기한까지 납부하지 아니한 미납부세액을 징수하거나 부족세액을 징수할 때에는 다음의 금액을 합한 금액[㉮+납부지연가산세(㉯+㉰)]을 가산세로 징수한다.(관세법 §42①)

> ㉮ 부족세액의 100분의 10
> ㉯ 미납부세액 또는 부족세액 × 법정납부기한의 다음 날부터 납부일까지의 기간(납세고지일부터 납세고지서에 따른 납부기한까지의 기간은 제외한다) × 1일 10만분의 22
> ㉰ 법정납부기한까지 납부하여야 할 세액 중 납세고지서에 따른 납부기한까지 납부하지 아니한 세액 × 100분의 3(관세를 납세고지서에 따른 납부기한까지 완납하지 아니한 경우에 한정한다)

② 부당 신고납부 불성실가산세

납세자가 관세의 과세표준 또는 세액계산의 기초가 되는 사실의 전부 또는 일부를 은폐하거나 가장하는 것에 기초하여 관세의 과세표준 또는 세액의 신고의무를 위반하는 것으로서 부당한 방법으로 과소신고한 경우에는 다음의 금액을 합한 금액[㉮+납부지연가산세(㉯+㉰)]을 가산세로 징수한다.(관세법 §42②)

> ㉮ 부족세액의 100분의 60
> ㉯ 미납부세액 또는 부족세액 × 법정납부기한의 다음 날부터 납부일까지의 기간(납세고지일부터 납세고지서에 따른 납부기한까지의 기간은 제외한다) × 1일 10만분의 22
> ㉰ 법정납부기한까지 납부하여야 할 세액 중 납세고지서에 따른 납부기한까지 납부하지 아니한 세액 × 100분의 3(관세를 납세고지서에 따른 납부기한까지 완납하지 아니한 경우에 한정한다)

③ 무신고가산세

세관장은 수입신고를 하지 아니한 물품에 대하여 관세를 부과 · 징수할 때에는 다음 각 호의 금액을 합한 금액[㉮+납부지연가산세(㉯+㉰)]을 가산세로 징수한다.(관세법 §42③)

> ㉮ 해당 관세액의 100분의 20(밀수출입죄에 해당하여 처벌받거나 통고처분을 받은 경우에는 100분의 60)
> ㉯ 해당 관세액 × 수입된 날부터 납부일까지의 기간(납세고지일부터 납세고지서에 따른 납부기한까지의 기간은 제외한다) × 1일 10만분의 22
> ㉰ 해당 관세액 중 납세고지서에 따른 납부기한까지 납부하지 아니한 세액 × 100분의 3(관세를 납세고지서에 따른 납부기한까지 완납하지 아니한 경우에 한정한다)

(5) 가산세 감면

① 전액 감면

수입신고가 수리되기 전에 관세를 납부한 결과 부족세액이 발생한 경우로서 수입신고가 수리되기 전에 납세의무자가 해당 세액에 대하여 수정신고를 하거나 세관장이 경정하는 경우, 잠정가격신고를 기초로 납세신고를 하고 이에 해당하는 세액을 납부한 경우(납세의무자가 제출한 자료가 사실과 다름이 판명되어 추징의 사유가 발생한 경우는 제외한다), 국가 또는 지방자치단체가 직접 수입하는 경우, 신고납부한 세액의 부족 등에 대하여 납세의무자에게 정당한 사유가 있는 경우에는 가산세 전액을 감면한다.(관세법 §42의2)

② 일부 감면

보정기간이 지난 날부터 1년 6개월이 지나기 전에 수정신고를 하는 경우에는 부족세액의 30%(6개월 이내), 20%(6개월 초과 1년 이내), 10%(1년 초과 1년6개월 이내)에 해당하는 금액을 가산세 금액에서 차감한다.(관세법 §42의2)

▶ **수입신고와 가산세**

구분	반입 후 30일이내	수리후 15일이내	신고납부한날부터 6월이내	신고납부한날부터 6월경과	
신고	수입신고	납부기한	–	–	
수정	–	정정신청	보정신청	수정신고	
가산세 등	수입신고 지연가산세	미반출 과태료	보정이자	신고납부불성실가산세	
가산세 감면	20일 이내			6개월 이내	가산세(㉮) × 30%
	50일 이내			1년 이내	가산세(㉮) × 20%
	80일 이내			1년 6개월 이내	가산세(㉮) × 10%

6 관세감면

물품을 수입하는 경우 납부할 관세를 일정 요건에 따라 관세의 전부 또는 일부를 감면하고 있다. 관세법상 감면 내용은 다음과 같다.

▶ 관세법상 관세감면의 종류

구분	감면율(액)	관련 조항
외교관용 물품 등의 면세	면세	§88
정부용품 등의 면세	면세	§92
종교용품, 자선용품, 장애인용품 등의 면세	면세	§91
학술연구용품의 감면세	50% ~ 80%	§90
여행자 휴대품 및 이사물품 등의 감면세	면제	§96
세율불균형물품의 면세	20% ~ 100%	§89
환경오염방지물품 등에 대한 감면세	30% ~ 50%	§95
특정물품의 면세 등	면세	§93
소액물품 등의 면세	면세	§94
재수출감면세	30% ~ 85%	§98
재수출면세	면세	§97
재수입면세	면세	§99
해외임가공물품 등의 감세	수출신고가격× 관세율	§101
손상감세	가치감소분의 관세	§100

6-1 관세법상 주요감면

(1) 재수출면세

수입신고 수리일로부터 1년의 범위에서 세관장이 정하는 기간에 다시 수출하는 수입물품의 포장용품 등 특정물품에 대하여는 그 관세를 면제할 수 있다. 다만, 부득이한 사유가 있다고 인정될 때에는 세관장은 기간을 연장하거나 1년을 초과할 수 있다.(관세법 §97)

① 가산세

세관장은 관세를 면제받은 물품 중 기간 내에 수출되지 아니한 경우에는 500만원을 넘지 아니하는 범위에서 해당 물품에 부과될 관세의 100분의 20에 상당하는 금액을 가산세로 징수한다.(관세법 §97④)

(2) 재수입면세

우리나라물품이 수출되었다가 단기간 내에 수입(재수입)되어 국내에서 소비하는 경우에는 관세를 면제한다.(관세법 §99) 국내에 일시 수입하여 다시 수출하는 재수출면세와는 구분된다.

① 감면대상물품

㉮ 우리나라에서 수출(보세가공수출을 포함한다)된 물품으로서 해외에서 제조 · 가공 · 수리 또는 사용되지 아니하고 수출신고 수리일부터 2년 내에 다시 재수입되는 물품

㉯ 수출물품의 용기로서 다시 수입하는 물품

㉰ 해외시험 및 연구를 목적으로 수출된 후 재수입되는 물품

㉱ 장기간에 걸쳐 사용할 수 있는 내용연수 3년(금형인 경우 2년)인 물품으로서 임대차계약 또는 도급계약 등에 따라 해외에서 일시적으로 사용하기 위하여 수출된 물품이나 박람회, 전시회, 품평회, 국제경기대회, 그 밖에 이에 준하는 행사에 출품 또는 사용된 물품

② 감면 제외대상

㉮ 해당 물품 또는 원자재에 대하여 관세를 감면받은 경우

㉯ 관세법 또는 수출용원재료에 대한 관세 등 환급에 관한 특례법에 따른 환급을 받은 경우

㉰ 관세법 또는 「수출용 원재료에 대한 관세 등 환급에 관한 특례법」에 따른 환급을 받을 수 있는 자 외의 자가 해당 물품을 재수입하는 경우.(다만, 재수입하는 물품에 대하여 환급을 받을 수 있는 자가 환급받을 권리를 포기하였음을 증명하는 서류를 재수입하는 자가 세관장에게 제출하는 경우는 제외한다.)

㉱ 보세가공 또는 장치기간경과물품을 재수출조건으로 매각함에 따라 관세가 부과되지 아니한 경우

관련 판례

위와 같은 재수입면세 제도는 국산품에 대한 관세의 비과세 내지 관세의 이중과세를 피하기 위한 취지에서, 일시 사용이 예정된 상태로 해외 수출된 물품이 해외에서 부가가치가 증가되는 등의 사정이 없이 국내로 다시 수입되는 경우 관세를 면제하여 주기 위한 것으로, 1949. 11. 13. 법률 제67호로 제정된 관세법 제32조는 1년 이내에 재수입하되 '수출할 때의 성질과 형상이 변하지 아니한 물품'에 대하여 재수입 관세를 면제하는 것으로 규정하였다. 그러다가 2010. 1. 1. 법률 제9910호로 개정되기 전의 구 관세법 제99조는 2년이라는 기간 외에 별다른 제한을 규정하지 아니함으로써 해외로 수출되었다가 2년 내에 다시 수입되기만 하면 일시적인 사용 여부나 부가가치의 증감 등에 관계없이 일률적으로 관세를 면제할 수 있는 문제가 있었다. 이에 위 개정 후의 관세법은 당해 수출이 부가가치의 증감이 없는 해외에서의 일시적인 사용을 위한 것이어야 한다는 제한을 가하고자 위와 같은 내용으로 개정되었다. 이러한 입법취지 및 법률의 개정과정 등에 비추어 보면, 위 재수입면세 요건으로서 '임대차계약 또는 도급계약 등'을 수출의 근거가 되는 계약 등이 엄격히 임대차계약이나 도급계약에 준하는 성격을 가져야 한다고 제한적으로 해석할 수는 없고, 당해 수출이 '해외에서의 일시적인 사용을 내용으로 하는 계약 등 합의'에 기하여 이루어진 경우이면 족하다고 할 것이며, 여기서의 임대차계약이나 도급계약은 그러한 계약 등 합의를 예시한 것이라고 해석함이 타당하다.(서울고법2018누55250)

(3) 해외임가공물품 등의 감세

해외임가공물품이 수입될 때에는 그 관세를 경감할 수 있다.(관세법 §101①)

① 감면대상 물품 및 경감액

㉮ 원재료 또는 부분품을 수출하여 관세율표 제85류 및 제90류 중 제9006호에 해당하는 물품으로 제조하거나 가공한 물품은 수입물품의 제조 · 가공에 사용된 원재료 또는 부분품의 수출신고가격에 당해 수입물품에 적용되는 관세율을 곱한 금액을 경감한다.(관세칙 §56)

㉯ 가공 또는 수리할 목적으로 수출한 물품으로 가공 또는 수리하기 위하여 수출된 물품과 가공 또는 수리 후 수입된 물품의 **품목분류표상 10단위의 품목번호가 일치**하는 물품은 가공 · 수리물품의 수출신고가격에 해당 수입물품에 적용되는 관세율을 곱한 금액을 경감한다.(관세칙 §56)

② 감면배제

해당 물품 또는 원자재에 대하여 관세를 감면받거나 환급을 받은 경우 또는 재수출조건으로 매각함에 따라 관세가 부과되지 아니한 경우에는 그 관세를 경감하지 아니한다.(관세법 §101②)

6-2 조세특례제한법상 관세감면

2026년 12월 31일까지 중소기업 또는 중견기업이 수입하는 신에너지 및 재생에너지의 생산용기자재, 이용기자재 또는 전력계통 연계조건을 개선하기 위한 기자재(그 기자재 제조용 기계 및 기구를 포함한다) 등에 해당하는 물품 중 국내제작이 곤란한 것에 대해서는 관세를 경감할 수 있다.(조특법 §118) 관세를 경감하는 물품에 대한 관세경감률은 해당 관세액의 100분의 50~100분의 100으로 한다.

6-3 관세감면 신청

관세법 기타 관세에 관한 법률 또는 조약에 따라 관세를 감면받으려는 자는 해당 물품의 수입신고 수리 전에 관세감면 신청서를 세관장에게 제출하여야 한다. 다만, 관세청장이 정하는 경우에는 감면신청을 간이한 방법으로 하게 할 수 있다.(관세령 §112)

▶ 관세감면 현황

법률	조문	내용	감면율	비고
관세법	제88조	외교관용 물품 등의 면세	100%	
	제89조	세율불균형물품의 면세	100%	사후관리
	제90조	학술연구용품의 감면	80%(50%)	사후관리
	제91조	종교용품, 자선용품, 장애인용품 등의 면세	100%	사후관리
	제92조	정부용품 등의 면세	100%	
	제93조	특정물품의 면세 등	100%	사후관리
	제94조	소액물품 등의 면세	100%	
	제95조	환경오염방지물품 등에 대한 감면	30%	사후관리
	제96조	여행자 휴대품 및 이사물품 등의 감면	100%	
	제97조	재수출면세	100%	사후관리
	제98조	재수출 감면	30~85%	사후관리
	제99조	재수입면세	100%	
	제100조	손상물품에 대한 감면	가치감소분	
	제101조	해외임가공물품 등의 감면	수출가격분	
조세특례제한법	제118조	관세의 경감	50%(30%)	사후관리
	제118조의2	해외진출기업의 국내복귀에 대한 관세감면	100%(50%)	사후관리
	제121조의3	관세 등의 면제	100%	사후관리
	제121조의10	제주첨단과학기술단지 입주기업 수입물품에 대한 관세의 면제	100%	사후관리
	제121조의11	제주투자진흥지구 입주기업 수입물품에 대한 관세의 면제	100%	사후관리
	제126조의7	금 현물시장에서 거래되는 금지금에 대한 과세특례	100%	사후관리
	제140조	해저광물자원개발을 위한 과세특례	100%	

수입물품에 대한 관세 환급

수입 시 납부한 관세는 해당 물품이 계약 내용과 다른 물품으로 수출하거나 또는 수출용원재료로 수출하는 경우에는 관세를 환급해준다. 관세 환급은 환급사유에 따라 관세법상 환급과 '수출용원재료에 대한 관세 등 환급에 관한 특례법'(이하 환급특례법)상 환급으로 구분한다.

▶ 관세 환급

구분	관세법상 환급	환급특례법상 환급
환급사유	• 계약내용과 다른 물품의 수출(관세법 §106) • 수입한 상태 그대로 수출되는 자가사용물품의 수출(관세법 §106의2)	• 수출용원재료를 환급특례법 제4조의 수출을 하는 경우
환급신청인	수입자	수출자(제조자)
환급대상 세금	관세 및 부가가치세 등	관세 등(부가가치세 제외)

7-1 계약 내용과 다른 물품 등에 대한 관세 환급

수입신고가 수리된 물품이 계약 내용과 다르고 수입신고 당시의 성질이나 형태가 변경되지 아니한 경우 해당 물품이 수입신고 수리일부터 1년 이내에 보세구역에 이를 반입하였다가 다시 수출(보세공장에서 생산된 물품은 보세공장에 이를 다시 반입)하는 경우에는 그 관세를 환급한다. 이 경우 수출은 수입신고 수리일부터 1년이 지난 후에도 할 수 있다.(관세법 §106)

(1) 환급액

계약내용 상이 수출물품 등에 대한 환급액은 이미 납부한 관세 및 내국세 등(가산세는 제외)의 전액으로 하며, 그 물품의 일부만을 수출하거나 보세공장에 반입한 경우에는 그 일부물품에 해당하는 관세 및 내국세 등으로 한다.(납세업무 처리에 관한 고시 §78)

7-2 수입한 상태 그대로 수출되는 자가사용물품에 대한 관세 환급

수입신고가 수리된 개인의 자가사용물품이 수입한 상태 그대로 수출되는 경우로서 수입신고 수리일부터 6개월 이내에 보세구역에 반입하였다가 다시 수출하는 경우에는 수입할 때 납부한 관세를 환급한다.

(1) 환급액

수입한 상태 그대로 수출되는 자가사용물품에 대한 환급액은 물품을 전부 수출하는 경우에는 이미 납부한 관세 및 내국세 등(가산세 제외) 전액을, 물품의 일부를 수출하는 경우에는 이미 납부한 관세 및 내국세 등(가산세 제외) 중 그 일부 물품에 해당하는 세액을 환급한다.(납세업무 처리에 관한 고시 §90)

8 통관절차의 특례

8-1 수입신고수리전 반출

수입신고를 한 물품을 세관장의 수리 전에 해당 물품이 장치된 장소로부터 반출하려는 자는 납부하여야 할 관세에 상당하는 담보를 제공하고 세관장의 승인을 받아야 한다.(관세법 §252)

8-2 수입신고전의 물품 반출

수입하려는 물품을 수입신고 전에 운송수단, 관세통로, 하역통로 또는 관세법에 따른 장치장소로부터 즉시 반출하려는 자는 세관장에게 즉시반출신고를 하여야 한다. 이 경우 세관장은 납부하여야 하는 관세에 상당하는 담보를 제공하게 할 수 있다.(관세법 §253)

8-3 전자상거래물품 등의 특별통관

통관우대를 적용받고자 하는 물품은 통관목록을 제출하거나 수입신고하는 때 해당 전자상거래업체 고유부호와 주문번호를 각 신고서에 기재하여야 한다. 이 경우 전자상거래업체는 자신의 물품을 운송하는 특송업체 등에게 전자상거래업체 고유부호와 주문번호를 사전에 통보하여야 한다.(전자상거래물품 등의 특별통관에 관한 고시 §15)

8-4 탁송품의 특별통관

탁송품의 특별통관은 특송업체가 우리나라에 반입하는 물품 중 특송물품(탁송품의 특별통관 절차에 따라 통관하는 물품)을 통관목록 또는 간이신고를 통해 통관하는 절차를 말한다.(관세법 § 254의2)

(1) 통관목록 제출

국내거주자가 수취하는 자가사용물품 또는 면세되는 상용견품 중 물품가격이 미화 150달러(미합중국과의 협정에 따른 특송물품 통관의 특례에 해당하는 물품은 미화 200달러) 이하에 해당하는 물품(목록통관특송물품)은 특송업체가 통관목록을 세관장에게 제출함으로써 수입신고를 생략할 수 있다.(특송물품 수입통관 사무처리에 관한 고시 §8) 수하인은 목록통관으로 반출된 특송물품을 수입신고하고자 하는 경우에는 해당물품이 목록통관으로 반출된 날로부터 30일 이내에 세관장이 지정한 장소에 반입하고 사유서 등을 첨부하여 세관장에게 수입신고 할 수 있다.(특송물품 수입통관 사무처리에 관한 고시 §12조의2)

(2) 간이신고

물품가격이 미화 150달러(미합중국과의 협정에 따른 특송물품 통관의 특례에 해당하는 물품은 미화 200달러)를 초과하고 2,000달러 이하인 물품(간이신고특송물품)은 첨부서류없이 인터넷 · EDI 등을 이용하여 전자서류로 수입신고(간이신고)하여야 한다. 다만, 검사대상으로 선별된 물품은 수입신고서에 송품장, 선하증권 또는 항공화물운송장 등을 첨부하여 세관장에게 제출하여야 한다.(특송물품 수입통관 사무처리에 관한 고시 §9)

(3) 일반 수입신고

물품가격이 미화 2,000달러를 초과하는 물품(일반수입신고특송물품)은 일반 수입신고를 하여야 한다.(특송물품 수입통관 사무처리에 관한 고시 §9)

⊕ 보충 설명 COB(Courier On Board)화물 통관

1. COB화물 통관

세관장에게 등록한 COB(Courier on Board)업체가 항공기 · 선박 또는 국경출입차량을 이용하여 쿠리어(Courier)를 통해 휴대반출입 절차(COB화물 통관사무처리에 관한 고시 §1)

2. COB화물과 쿠리어

"COB화물"이란 COB업체가 휴대반출입하는 상업서류 및 그 밖의 견본품 등을 말하고, "쿠리어"란 COB업체의 직원 또는 고용계약된 사람으로서 COB화물을 항공기 · 선박 또는 국경출입 차량을 이용하여 직접 휴대운송 하는 사람을 말한다.

▶ 특송화물과 COB화물 비교

구분	특송화물	COB화물
근거법률	관세법 제226조 제1항 제6호	
화물업체	특급탁송업체	COB업체
통관절차	반입(수입)	반출입(수출, 수입)

⊕ 보충 설명 해외직구 구매대행업자

1. 해외직구의 유형(한국소비자원 국제거래 소비자포털 홈페이지 참조)

해외직구는 거래형태에 따라 다음과 같이 구분된다.

직접배송	해외 온라인 쇼핑몰에서 직접 주문 · 결제하고, 국내로 직접 배송 받는 방식
배송대행	배송대행업체가 운영하는 현지 물류창고에서 주문물품을 대신 수령한 후 배송대행 서비스를 이용하여 제품을 배송 받는 방식
구매대행	구매대행 쇼핑몰에 게재된 해외제품을 바로 주문하는 방식(쇼핑몰형), 구매하고자 하는 해외제품의 견적을 요청한 후 예상비용을 통보받아 이를 결제하여 구매하는 방식(위임형)

2. 구매대행업체 등록

수입물품의 구매 대행에 대한 체계적인 관리 · 감독과 국내 소비자 보호를 위해 2021. 7. 1.부터 구매대행업자 등록제도가 시행되어 구매대행업자는 관세청장이나 세관장에게 등록을 해야 한다.(관세법 §222①)

(1) 등록대상 구매대행업자

통신판매업자로 신고한 자로서 직전 연도 구매대행한 수입물품의 총 물품가격이 10억원 이상인 자는 구매대행업자로 등록해야 한다.

8-5 우편물 통관

우편물은 수출입이 제한되거나, 세관장의 확인이 필요하여 수출입신고대상인 우편물(관세령 §261)을 제외하고는 세관장이 통관우체국에 도착한 때를 기준으로 수취인에게 관세를 부과 고지한다.(관세칙 §9)

Part 02

8-6 휴대품 통관

우리나라에 입국하는 모든 여행자와 승무원은 관세법에 따라 인적사항, 신고대상물품을 소지하였는지와 그 취득가격 및 가축전염병발생국 축산농가를 방문하였는지를 신고서에 기재하고 여행자 서명란에 직접 서명한 후 세관장에게 제출하여야 한다.(여행자 및 승무원 휴대품 통관에 관한 고시 §5)

! 용어 설명

휴대품	일시적으로 출입국하는 여행자가 출입국시에 휴대하여 반출입하는 물품과 특수한 사정으로 사전 또는 사후에 도착된 물품(미검수하물)
별송품	여행자가 이용한 항공기 및 선박 등 이외의 운송수단을 이용하여 별도로 반입하는 물품

8-7 A.T.A 까르네

A.T.A.까르네에 의한 일시수입 통관은 '물품의 일시수입을 위한 일시수입 통관 증서에 관한 관세협약(Customs Convention on the A.T.A. Carnet for Temporary Admission of Goods)'에 따라 일시수입통관증서인 'A.T.A.까르네'의 간이한 통관절차를 말한다. A.T.A.까르네에 의한 일시수입신고를 하는 경우에는 관세 납부의무가 면제된다. 다만, 국내 판매 등 본래 목적 외로 당해 물품을 사용하고자 할 때에는 물품소재지 또는 통관지 세관장에게 용도 외 사용 승인을 신청하고 해당 물품의 관세등을 납부하여야 한다.(A.T.A.까르네에 의한 일시수출입 통관에 관한 고시)

❶ 이전가격 보상조정

(1) 이전가격

이전가격(transfer price)이란 관련기업 사이에 원재료 · 제품 및 용역을 공급하는 경우에 적용되는 가격을 말한다. 이것은 국제거래에서 발생되는 다국적기업간의 이전가격 조작 에서 특히 문제가 되는데, 이때에는 이러한 이전가격을 부인하고 정상가격을 기준으로 소득금액을 계산하는데 이를 이전가격과세라고 한다.(국세청 세법용어사전)

(2) 정상가격

정상가격이란 거주자, 내국법인 또는 국내사업장이 국외특수관계인이 아닌 자와의 통상적인 거래에서 적용되거나 적용될 것으로 판단되는 가격을 말한다.(국조법 §2)

▶ 정상가격 산출방법(국조법 §8)

산출방법	개념
비교가능 제3자 가격방법 (Comparable Uncontrolled Price : CUP)	거주자와 국외특수관계인 간의 국제거래에서 그 거래와 유사한 거래 상황에서 특수관계가 없는 독립된 사업자 간의 거래가격을 정상가격으로 보는 방법
재판매가격방법 (Resale Price Method : RPM)	거주자와 국외특수관계인이 자산을 거래한 후 거래의 어느 한 쪽인 그 자산의 구매자가 특수관계가 없는 자에게 다시 그 자산을 판매하는 경우 그 판매가격에서 그 구매자의 통상의 이윤으로 볼 수 있는 금액을 뺀 가격을 정상가격으로 보는 방법
원가가산방법 (Cost Plus Method : CPM)	거주자와 국외특수관계인 간의 국제거래에서 자산의 제조 · 판매나 용역의 제공 과정에서 발생한 원가에 자산 판매자나 용역 제공자의 통상의 이윤으로 볼 수 있는 금액을 더한 가격을 정상가격으로 보는 방법
이익분할방법 (Profit Split Method : PSM)	거주자와 국외특수관계인 간의 국제거래에서 거래 쌍방이 함께 실현한 **거래순이익**을 합리적인 배부기준에 따라 측정된 거래당사자들 간의 **상대적 공헌도에 따라 배부**하고 이와 같이 **배부된 이익을 기초로 산출**한 거래가격을 정상가격으로 보는 방법
거래순이익률방법 (Transactional Net Margin Method : TNMM)	거주자와 국외특수관계인간의 국제거래와 유사한 거래 중 거주자와 특수관계가 없는자간의 거래에서 실현된 **통상의 거래순이익률**을 기초로 산출한 거래가격을 정상가격으로 보는 방법

(3) 보상조정(compensating adjustment)

보상조정은 특수관계기업들 사이에 실제 거래된 가격이 아니더라도 그 특수관계거래에 대해 정상가격이라고 생각되는 가격을 세무신고 전에 과세목적상 이전가격으로 신고하는 것을 말한다.(OECD 이전가격지침) 보상조정은 수입자가 수입 후 추가송금하는 상향조정(upward adjustment)과 송금받는 하향조정(downward adjustment)이 있다.

❷ 이전가격 보상규정에 대한 관세의 가격신고

Part 02

(1) 이전가격 보상규정

이전가격 보상조정은 특수관계자간 거래에 있어 구매자가 최소한 목표영업이익(비교대상 업체들의 정상영업이익)을 확보할 수 있도록 사후에 이익을 조정하기로 미리 약정해 놓고, 목표영업이익과 구매자의 실현영업이익이 다른 경우, 목표영업이익과 실현영업이익이 같도록 **구매자는 그 차액을 판매자에게 지급하거나 판매자로부터 수령하는 조정행위**를 말한다.(세인관세법인 Opinion_vol.3 김병수 관세사)

사례 이전가격 보상규정(예시)

예상하지 못한 환율의 변동 또는 판매 예측수량과 실제 판매수량의 차이로 인하여 적정이윤을 확보하지 못한 경우 수입된 각각의 물품별 단위가격과 판매량을 사후에 조정할 수 있다.

* 보상조정액 = 실제영업이익 − 정상영업이익
* 실제영업이익 〉 정상영업이익 : 구매자가 판매자에게 보상조정액 지급
* 실제영업이익 〈 정상영업이익 : 판매자가 구매자에게 보상조정액 지급

① 이전가격 조정금액

물품수입 후 이전가격 보상규정이 이루어진 경우, 구매자의 추가송금액은 이전가격 상향조정(upward adjustment)으로 과세가격의 사후귀속이익, 구매자의 추가 수령액인 이전가격 하향조정(downward adjustment)에 대한 관세환급에 대한 검토가 필요하다. 특히, 구매자의 추가송금액이 사후귀속이익에 해당하는 지는 판단함에 있어 이전가격 보상규정이 적정이윤을 대상으로 하고 있다면 이는 물품가격이 아닌 자본거래에 대한 조정으로 사후귀속이익에 해당하지 않는 것으로 판단한다.

구분	구매자의 추가 송금액	구매자의 추가 수령액
검토사항	(+) 가산항목–사후귀속이익	(2) 차감항목–관세환급

② 회계처리

이익분할방법, 거래순이익률방법에 따라 영업이익을 기초로 한 이전가격 사후보상조정 회계처리와 관련하여 매출원가 계상, 영업비용 차감, 영업외이익 계상 등 다양한 방법을 사용할 수 있다. 일반적으로 영업이익 조정을 위해 매출원가 조정 회계절차를 이용한다. 과거 금융감독원 예규[2005-035] 이전가격 조정액에 대한 질의(폐기)]에서는 연말의 이전가격 조정액을 관련 상품의 매입액과 직접적으로 연결시키기는 어려우며, 동건은 매입에누리에도 해당되지 않으므로 이전가격 조정액을 영업외수익(비용)으로 회계처리하는 것이 타당하다고 판단했다.

관련 사례 사후 보상조정 관련

- (공급계약서 주요 내용) 대상물품의 판매와 관련한 수익성을 계산하여 수출자의 정상이익을 실현하도록 가격을 결정하고, 정상이익을 고려하여 월말이나 분기말에 가격보상조정을 하고 Credit 또는 Debit Note를 발행
- (송금방법) 수출자로부터 수취한 인보이스를 근거로 외국환은행을 통해 수출자에게 사후 보상조정금액을 전신환으로 송금(송금사유 : 수입대금 지급)
- (회계처리) 차) 매출원가 ××× 대) 요구불예금 ×××

관세 예규

- 수입 후 판매량 등에 따른 수입자의 영업이익 증감 또는 국내 비교대상회사의 영업이익률 증감에 따라 수출자에게 사후 송금 또는 영수하는 금액은 수입물품에 대한 실제지급가격으로 보기 곤란하므로 관세의 과세가격에 포함되지 않는다(법인심사과-1322호, 2011.8.1.)
- 쟁점금액이 사후귀속이익 해당 여부를 판단함에 있어 동 금액이 수입물품과 직접 관련된 영업이익의 일부로 사후에 수입물품 대금으로 지급되었고 지급된 영업이익을 객관적이고 수량화된 자료를 기초로 수입신고건별로 명확히 확인할 수 있다면 관세법 제30조 제1항 제5호에 따른 사후귀속이익으로 보아 과세가격에 포함하여 과세가격을 결정하여야 하고, 다만 쟁점금액이 수입물품과 직접 관련된 영업이익의 일부로 사후에 수입물품 대금으로 지급된 것이 아니라, 판관비 또는 매출액 증가 등에 기인한 국내 영업손익을 정상수준으로 환원하기 위한 수단으로 소급조정된 것이라면 쟁점금액은 사후귀속이익에 해당하지 않는다(관세평가과-1423호, 2013.6.20.)

- 부가가치세법 제35조 제2항에서는 '세관장이 과세표준 또는 세액을 결정하거나 관세조사 행위가 발생하여 과세표준 또는 세액을 결정 또는 경정할 것을 미리 알고 수정신고하는 경우에는 수정수입세금계산서 발급을 제한하지만, '수입자가 자신의 귀책사유가 없음을 증명하는 경우'에는 발급하도록 규정하고 있음
  - ㅁ 쟁점이 된 처분은 A세관의 관세조사를 통해 이루어진 것으로, **세관장이 과세표준과 세액을 결정한 경우이므로 부가가치세법 제35조 제2항의 수정수입세금계산서 발급 제한 사유에 해당함**
  - ㅁ 한편, 과세가격 결정과 관련하여 '수입자에게 귀책사유가 없음을 증명하는 경우'에 해당하는지 살펴보면, - 수입자는 관세청과 관세평가분류원의 유권해석을 신뢰하여 사후보상금액을 과세가격에 가산하지 않았으며, 보상조정금액 중 수입물품과 관련된 금액을 산정하는 것은 수입자의 전적인 책임이 아니므로 귀책사유가 없다고 주장하고 있으나, - 관세청과 관세평가분류원의 유권해석은 타업체에 대한 사례로 동사에 그대로 적용할 수 없으며, 분류원의 유권해석도 수입물품과 관련성을 검토하여 과세할 수 있다고 명시하고 있음. - 또한, 관세법 제27조에서는 '관세의 납세의무자는 수입신고를 할 때 대통령령으로 정하는 바에 따라 물품의 가격에 대한 신고를 해야 한다'라고 규정하고 있어, **수입물품의 가격신고의 책임은 전적으로 납세의무자에게 있으므로 수입자에게 귀책사유가 없음을 증명하는 경우에도 해당하지 않아 수정수입세금계산서 발급 제한 대상에 해당**(심사 2015-08-03)

(2) 이전가격 보상규정이 있는 경우 관세의 가격신고 방법

관세청은 사후보상조정과 관련하여 '수입물품과의 관련성' 등 과세 요건을 판단하기 위한 구체적인 가이드 라인이 존재하지 않아 각 심사기관(관세평가분류원, 각 세관)의 재량에 따라 과세 여부를 결정하면서 동일한 성격의 사안에 대하여 상반된 판단을 하거나 판단 기준을 달리 적용한 사례가 있다는 감사원 지적(관세심사 등 업무처리실태 감사보고서, 2019년 5월)에 따라 2019.12.6. "특수관계자간 사후보상조정 금액의 처리 지침"을 수립하였고(조심 2022관0031, 2023.2.2.), 사후보상조정에 대비하여 잠정가격신고를 할 수 있도록 가격신고 절차를 개선했다. 잠정가격신고를 활용하는 경우 추가 지급액에 대한 과세를 하더라도 가산세가 면제되며, 영수하는 금액에 대하여는 관세환급이 가능하다.(관세법 §28)

① 특수관계자간 사후보상조정 금액의 처리지침

1) 수입물품 가격 결정 자료 등을 제출하지 아니하는 경우 : 관세법 제37조의 4에 따라 거래가격 부인 후 제2방법 이하 과세
2) 거래가격 배제사유 등에 해당하는 경우 : 제2방법 이하 과세
3) 계약서에 관련 내용이 명시된 경우
   ① 실제지급금액 : 수입물품 계약서에 가격조정약관 해당 내용이 있는 경우
      ☞ 영업이익 발생원인과 상관없이 과세가격에 산입(+−)
   ② 사후귀속이익 : 수입물품 계약서에 수입 후 전매, 처분 또는 사용으로 인하여 발생한 금액이 판매자에게 귀속된다는 내용이 있는 경우
      ☞ 영업이익 발생원인과 상관없이 과세가격에 산입(+)
4) 계약서에 관련 내용이 없으나, 납세자가 사실관계 관련 자료를 제출한 경우
   ① 실제지급금액 : 제출 자료를 토대로 사실관계 확인하여 수입물품과의 관련성을 확인한 경우
      ☞ 관련된 금액만 과세가격에 산입 (+−)
   ② 사후귀속이익 : 제출 자료를 토대로 사실관계 확인하여 수입물품과의 관련성을 확인한 경우
      ☞ 관련된 금액만 과세가격에 산입(+)
   ※ 지급/영수된 금액 중 양쪽 모두가 수입물품과 관련된 부분이 있다면 지급된 금액만 사후귀속이익으로 과세하는 것은 지양
5) 수입물품의 가격과 관련 없는 영업이익 조정인 경우 : 비과세

② 잠정가격 신고

정상가격 산출방법의 사전승인을 받고 이전가격 보상규정이 관세법상 가격조정약관(가격조정약관, Price Review Clause : PRC) 등에 해당하는 경우에는 잠정가격으로 신고할 수 있다.(관세칙 §3②)

⊕ 보충 설명 가격조정약관(관세칙 §3②)

3. 수입 후에 수입물품의 가격이 확정되는 경우로서 아래의 요건을 모두 충족하는 경우
   가. 수입 이전에 거래 당사자간의 계약에 따라 최종 거래가격 산출공식이 확정되어 있을 것
   나. 최종 거래가격은 수입 후 발생하는 사실에 따라 확정될 것
   다. 수입 후 발생하는 사실은 거래 당사자가 통제할 수 없는 변수에 기초할 것

⊕ 보충 설명 사전심사 잠정가격신고요건

■ 사전심사 잠정가격신고요건

잠정가격 신고는 납세의무자, 서류제출, 가격조정요건을 모두 충족해야 한다.(관세칙 §3②)

구분	요건
납세의무자	① 과세가격 결정방법의 사전심사를 신청하여 통보받은 과세가격 결정방법이 제1방법(실제거래가격)인 경우 ② 정상가격 산출방법의 사전승인을 받은 경우
서류제출	납세의무자가 과세가격 결정방법을 통보받거나 정상가격 산출방법 사전승인을 받은 이후 해당 거래의 수입물품 수입신고 1개월 전까지 수입물품 거래가격 조정 계획서에 법정 서류를 첨부하여 세관장에게 제출한 경우
가격조정	판매자와 구매자가 수립하는 수입물품의 거래가격 조정계획에 따라 조정하는 금액이 실제로 지급 또는 영수되고 해당 거래의 수입물품에 객관적으로 배분 · 계산할 것

주1) **과세가격 결정방법의 사전심사**(Advanced Customs Valuation Approval : ACVA)

납세신고를 하여야 하는 자는 과세가격 결정과 관련하여 특수관계가 있는 자들 간에 거래되는 물품의 과세가격 결정방법에 관하여 의문이 있을 때에는 가격신고를 하기 전에 관세청장에게 미리 심사하여 줄 것을 신청할 수 있다.(관세법 §37)

주2) **정상가격 산출방법 사전승인**(Advanced Pricing Approval : APA)

거주자는 일정 기간의 과세연도에 대하여 정상가격 산출방법을 적용하려는 경우에는 정상가격 산출방법을 적용하려는 일정 기간의 과세연도 중 최초의 과세연도 개시일의 전날까지 국세청장에게 승인 신청을 할 수 있다.(국조법 §14①)

❸ 국세의 정상가격과 관세의 과세가격 사전조정

관세 과세가격 결정방법의 사전심사를 신청하는 자는 관세의 과세가격과 국세의 정상가격을 사전에 조정받기 위하여 정상가격 산출방법의 일방적 사전승인(체약상대국의 권한 있는 당국과의 상호합의절차를 거치지 아니하고 정상가격 산출방법을 사전승인)을 관세청장에게 동시에 신청할 수 있다.(관세법 §37의2) 그리고, 국세의 정상가격 산출방법에 대하여 일방적 사전승인을 신청하는 거주자도 국세의 정상가격과 관세의 과세가격을 사전에 조정받기 위하여 관세가격 사전심사를 국세청장에게 동시에 신청할 수 있다.(국조법 §18)

❹ 국세와 관세의 경정청구

국세의 정상가격 산출방법과 관세법의 과세가격 결정방법의 차이로 인한 납세자의 세부담을 경감시키기 위해, 세관장이 과세가격 심사 및 경정처분을 함에 따라 당초 신고한 법인세 또는 소득세의 과세표준 및 세액의 조정이 필요한 경우 납세의무자는 과세당국에게 경정을 청구할 수 있다.

(1) 국세 경정청구

국외특수관계인으로부터 물품을 수입하는 거래와 관련하여 납세의무자가 과세당국에 법인세 또는 소득세의 과세표준신고서를 제출한 후 세관장의 경정처분으로 인하여 관세의 과세가격과 신고한 법인세 또는 소득세의 과세표준 및 세액의 산정기준이 된 거래가격 간에 차이가 발생한 경우에는 그 경정처분이 있음을 안 날(처분의 통지를 받은 때에는 그 받은 날)부터 3개월 내에 과세당국에 법인세 또는 소득세의 과세표준 및 세액의 경정을 청구할 수 있다.(국조법 §19)

(2) 관세 경정청구

납세의무자는 지방국세청장 또는 세무서장이 해당 수입물품의 거래가격을 조정하여 과세표준 및 세액을 결정 · 경정 처분하거나 국세청장이 해당 수입물품의 거래가격과 관련하여 소급하여 적용하도록 사전승인을 함에 따라 그 거래가격과 이 법에 따라 신고납부 · 경정한 세액의 산정기준이 된 과세가격 간 차이가 발생한 경우에는 그 결정 · 경정 처분 또는 사전승인이 있음을 안 날(처분 또는 사전승인의 통지를 받은 경우에는 그 받은 날)부터 3개월 또는 최초로 납세신고를 한 날부터 5년 내에 세관장에게 세액의 경정을 청구할 수 있다.(관세법 §38의4)

CHAPTER 02

재고자산 인식

Part 02

① 재고자산

재고자산은 정상적인 영업과정에서 판매를 위하여 보유하거나 생산과정에 있는 자산 및 생산 또는 서비스 제공과정에 투입될 원재료나 소모품의 형태로 존재하는 자산을 말한다. 재고자산에는 운송 중에 있어 아직 도착하지 않은 미착상품도 포함한다. 법인세법에 재고자산의 정의규정이 없지만, 세무처리는 일반기업회계기준에 따라 처리하면 된다.

▶ 일반기업회계기준

재고자산은 정상적인 영업과정에서 판매를 위하여 보유하거나 생산과정에 있는 자산 및 생산 또는 서비스 제공과정에 투입될 원재료나 소모품의 형태로 존재하는 자산을 말한다.(문단 7.3)

재고자산에는 외부로부터 매입하여 재판매를 위해 보유하는 상품, 미착상품, 적송품 및 토지와 기타 자산을 포함한다. 또한 재고자산은 판매목적으로 제조한 제품과 반제품 및 생산 중에 있는 재공품을 포함하며, 생산과정이나 서비스를 제공하는 데 투입될 원재료와 부분품, 소모품, 소모공구기구, 비품 및 수선용 부분품 등의 **저장품을 포함**한다.(실7.1)

재고자산에 포함되는 공구 및 비품은 당기 생산과정에 소비 또는 투입될 품목에 한하며, 한 회계기간 이상 사용할 것으로 예상되는 품목이면 고정자산으로 분류한다.(실7.2)

관련 예규 재고자산과 고정자산(유형자산) 구분

- 판매를 목적으로 하지 아니하는 법인의 소유자산인 용기는 고정자산으로 회계처리하는 것이나 내용물을 포함하여 판매하는 용기는 재고자산으로 처리한다.(법기통 42-74…5)
- 주문제품에 공한 금형을 그 제품 이외의 타용도에 사용할 수 없는 것은 재고자산으로 처리하는 것으로 사용한 손료상당액을 당해 사업연도의 소득금액 계산상 손금에 산입하는 것임.(법인22601-3056,1986.10.13.)

② 미착상품 인식

2-1 인식시점

미착상품은 법률 소유권의 유무에 따라 처리한다. 법률적인 소유권 유무는 매매계약상의 거래조건에 따라 다르다. 선적지인도조건인 경우 상품이 선적된 시점에 소유권이 매입자에게 이전되기 때문에 미착상품은 매입자의 재고자산으로 인식한다. 그러나 목적지인도조건인 경우 목적지에 도착하여 매입자가 인수한 시점에 재고자산으로 인식한다. 법인세법도 권리의무 확정주의(법인세법 §40)에 따르므로 세무처리도 일반기업회계기준에 따라 처리하면 된다.

▸ 인코텀즈2020과 인식시점

구분	INCOTERMS2020	미착상품 인식
공장 인도조건	EXW	수입상 인수시점
운송인 인도조건	FCA, CPT, CIP	운송인 인수시점
선측 인도조건	FAS	본선 선측적치 시점
본선 인도조건	FOB, CFR, CIF	본선 적재시점
목적지 인도조건	DAP, DPU, DDP	선적서류 인수시점

▸ 일반기업회계기준

(1) 미착상품

운송 중에 있어 아직 도착하지 않은 미착상품은 법률적인 소유권의 유무에 따라서 재고자산 포함여부를 결정한다. 법률적인 소유권 유무는 매매계약상의 거래조건에 따라서 다르다. 선적지인도조건인 경우에는 **상품이 선적된 시점**에 소유권이 매입자에게 이전되기 때문에 미착상품은 매입자의 재고자산에 포함된다. 그러나 **목적지인도조건**인 경우에는 상품이 목적지에 도착하여 **매입자가 인수한 시점**에 소유권이 매입자에게 이전되기 때문에 매입자의 재고자산에 포함되지 않는다.(실7.5)

저자 주 법률적인 소유권 이전과 인코텀즈

일반기업회계기준에서는 법률적인 소유권 유무에 따라 미착상품 인식시점을 달리 하고 있다. 수입거래에서 "물품의 소유권 이전은 매매계약의 준거법이 아니라 물권변동의 준거법이 정하는 바에 따라 당사자가 의도하는 때(特定을 전제로), 매수인이 점유를 취득하는 때 또는 그 밖의 시기에 매수인에게 이전된다.(석광현, 국제물품매매계약의 법리(2010), 54면)" 엄밀하게 보면, 위험부담의 분기점을 규정하고 있는 인코텀즈와는 시점이 다르다. 하지만, 위험부담의 이전은 법적 소유권의 이전 또는 재화의 물리적 이전과 동시에 일어나기 때문에 실무관행상 인코텀즈에 따라 회계처리하고 있는 것으로 보인다.

참고 수입물품의 소유권 관련 준거법

국제사법

제19조(물권의 준거법) ① 동산 및 부동산에 관한 물권 또는 등기하여야 하는 권리는 그 목적물의 소재지법에 의한다.

② 제1항에 규정된 권리의 득실변경은 그 원인된 행위 또는 사실의 완성 당시 그 목적물의 소재지법에 의한다.

2-2 계정과목

상품을 수입하는 경우, 재고자산 인식 전에 지급한 금액은 선급금, 법률 소유권이 이전된 시점에는 미착상품, 국내 창고에 반입된 경우에는 상품으로 처리한다.

구분시점	법률 소유권 이전		국내창고 반입
계정과목	선급금	미착상품	상품

질의회신 재고자산

(비화폐성 외화 선급금 지급 후 비용 인식 시 적용 환율) 회사는 미착품을 자산으로 인식하는 날, 즉 선적일의 환율을 적용하여 미착품을 측정하며, 미착품은 비화폐성자산이므로 이후 환율변동효과를 인식하지 않음(제1021호 문단 21~23) 다만 미착품을 인식하는 시점에 인식한 매입채무는 화폐성 부채이므로 보고기간 말(X2.12.31)과 대금을 결제하는 시점에 환율변동효과를 인식함(제1021호 문단 29)(K-IFRS회계기준원 신속처리질의, 2022.10) 〈질의〉 회사는 선적지인도조건으로 상품을 수입하여 선적일(X2.6.1.)에 미착품을 인식하고, 도착일(X3.1.31.)에 대금을 지급하고 미착품을 상품으로 대체함. 미착품을 상품으로 대체하는 시점에 환율변동효과를 인식해야하는지?

3 취득원가

재고자산의 취득원가는 매입원가 또는 제조원가를 말한다. 재고자산의 취득원가에는 취득에 직접적으로 관련되어 있으며, 정상적으로 발생되는 기타원가를 포함한다.(일반기준 문단 7.5) 미착상품의 기말재고자산의 원가결정방법은 회사 내의 판매가능재고와 구분하여 회사의 기말재고를 구성하도록 개별법으로 처리한다.(회제일8360-00188, 2004.04.08.)

3-1 매입원가

재고자산의 매입원가는 매입금액에 매입운임, 하역료 및 보험료 등 취득과정에서 정상적으로 발생한 부대원가를 가산한 금액이다. 매입과 관련된 할인, 에누리 및 기타 유사한 항목은 매입원가에서 차감한다. 성격이 상이한 재고자산을 일괄하여 구입한 경우에는 총매입원가를 각 재고자산의 공정가치 비율에 따라 배분하여 개별 재고자산의 매입원가를 결정한다.(일반기준 문단 7.6)

- 재고자산 = 매입금액 + 부대원가 − 매입할인 · 에누리 + 기타 가산원가

관련 법령 법인세법시행령

제19조(손비의 범위) 법 제19조제1항에 따른 손실 또는 비용[이하 "손비"(損費)라 한다]은 법 및 이 영에서 달리 정하는 것을 제외하고는 다음 각 호의 것을 포함한다.

1. 판매한 상품 또는 제품에 대한 원료의 매입가액(**기업회계기준에 따른 매입에누리금액 및 매입할인금액을 제외한다**)과 그 부대비용

제72조(자산의 취득가액 등) ②법 제41조제1항 및 제2항에 따른 자산의 취득가액은 다음 각 호의 금액으로 한다.

1. 타인으로부터 매입한 자산: 매입가액에 취득세(농어촌특별세와 지방교육세를 포함한다), 등록면허세, 그 밖의 부대비용을 가산한 금액
2. 자기가 제조 · 생산 · 건설 기타 이에 준하는 방법에 의하여 취득한 자산 : 원재료비 · 노무비 · 운임 · 하역비 · 보험료 · 수수료 · 공과금(**취득세와 등록세를 포함한다**) · 설치비 기타 부대비용의 합계액

(1) 매입금액

주세, 개별소비세, 담배소비세 등의 소비세가 과세되는 물품을 수입하여 판매하는 경우, 생산자 또는 판매자가 1차적으로 납부한 소비세는 당해 물품의 판매시 구매자로부터 회수하게 되는 일종의 대납금으로서 재고자산의 취득원가에 포함되는 부대비용이 아니다. 다만, 중간납부자의 입장에서 소비세를 신뢰성있게 측정할 수 없는 경우는 재고자산의 원가에 포함될 수 있다.(일반기준 실7.11)

① 관세

수입관세는 재고자산 취득과정에 직접 관련된 원가로 매입금액에 포함한다.

② 부가가치세

일반 부가가치세와 의제매입세액은 향후 환급받을 수 있는 금액이므로 매입원가(원재료)와는 별도로 부가세대급금(부가세 선급금)으로 처리한다.(법인령 §22②)

③ 개별소비세

개별소비세는 소비자가 부담하는 비용이므로 수입업자의 판매 방식에 따라 소비세 납부 방법이 달라지더라도 수입업자의 재고자산 원가 매출에서 제외한다.[2022-I-KQA007, 수입 자동차에 부과되는 개별소비세의 회계처리]

질의회신 부가가치세 회계처리

1. 의제매입세액 공제액은 원재료의 매입원가에서 차감하는 것이 타당함.
2. 공통매입세액을 전액 부가세선급금에 계상한 후 면세사업 분에 대한 부가가치세 불공제액이 확정되면 불공제액을 자산 구입의 경우에는 해당 자산의 취득원가 또는 매입원가에 가산하고, 비용의 경우에는 해당 비용에 가산하는 회계처리를 하거나 매입시에 면세사업분에 대한 부가가치세 불공제액을 안분계산 등의 방법으로 추정하여 해당 자산의 취득원가 또는 매입원가에 가산하거나 해당 비용에 가산한 후 불공제액이 확정되면 그 차액을 조정하여 회계처리하는 것이 타당함.
3. 부가가치세 신고에 따른 가산세는 세금과공과 등의 계정과목으로 하여 당기비용으로 회계처리하는 것이 타당함.(질의회신02-068, 2002.04.11.)

관련 예규 공제받지 못한 의제매입세액

의제매입세액 공제 신고를 하지 않았을 경우나 신고했더라도 공제를 받지 못한 경우에는 매입원가로 보아 손금산입 되어야 함.(법인22601-2596,1986.08.22.)

(2) 부대원가

매매계약 가격조건에 따라 매입운임, 하역료 및 보험료 등 취득과정에서 정상적으로 발생한 부대원가를 매입원가에 가산한다. 하지만, 제조물 배상책임보험에 대한 보험료는 제조원가가 아니고 판매비와관리비로 처리한다.(질의회신 04-033, 2004-08-17)

(3) 매입할인 · 에누리

물품을 매입할 때 매입수량, 대금의 결제방법에 따라 에누리되는 금액(매입에누리)과 매입대금을 약정기일 전에 지급함으로써 받는 할인액(매입할인) 및 기타 이와 유사한 항목은 매입원가에서 차감한다.

질의회신 매입지원금 등

- **매입지원금** 광고지원비, 매장공사지원비 또는 contribution명목으로 실질적으로 상품대금을 낮추는 효과를 거두고 있는 경우, 이러한 광고지원비, 매장공사지원비 또는 contribution는 현행 일반기업회계기준 제7장 문단 7.6에 따라 매입에누리의 성격으로 보아 매입원가에서 차감합니다.(질의회신 2011-001, 2011.6.23.)

- **매입인센티브** 일정기간의 거래수량에 따라 회사가 공급회사로부터 수취하는 대가는 매입에누리로 보는 것이 타당합니다. 매입에누리는 계약상의 일정 구매량을 초과하여 구매할 가능성이 매우 높고 신뢰성있게 측정할 수 있다면, 당해 일정 구매량을 초과하여 구매하기 전에라도 매입원가에서 차감하여 인식합니다. 이때 당해 매입에누리는 재고자산(아직 판매되지 않은 부분)과 매출원가(이미 판매된 부분)에 배분하여야 합니다. 한편, 인식할 매입에누리는 최종적인 추정구매량에 근거하여 측정한 후, 당해 추정 매입에누리를 합리적이고 체계적인 방법을 사용하여 각 구매량에 배분하는 것이 타당합니다.(질의회신 06-027, 2006.7.10.)

- **판매활동지원수수료** 판매활동지원수수료는 사전약정에 의해 매입수량, 매입단가 또는 매입금액의 일정비율로 산정되므로 매입에누리와 경제적 실질이 동일하므로 병설(상품매입액에서 차감)이 타당하며, 질의2의 경우 판매활동지원수수료*가 구체적으로 식별가능한 판매촉진활동에 대한 직접적인 보전이 아니라면 매입원가에서 차감하는 것이 타당함(금감원2010-1, 2010.03.15.)

  * 사전 계약이 이루어지지 않은 상황에서 회사가 판매활동 계획을 제시하고 매입거래처로부터 일정 부분의 판매경비를 지원받는 판매활동지원수수료

(4) 기타 가산원가

기타 가산원가는 재고자산을 현재의 장소에 현재의 상태로 이르게 하는 데 발생한 범위 내에서만 취득원가에 포함된다.

① 특정원가

특정한 고객을 위한 비제조간접원가 또는 제품 디자인원가를 재고자산의 원가에 포함한다.(일반기준 실7.12)

② 연구활동

재고자산을 생산하기 위해서 때로는 디자인이나 생산공학 및 기타 이와 유사한 기술용역 등의 무형적인 노동의 산물이 소요되는 경우가 있다. 그러한 무형의 산물에

투입된 원가는 그와 관련된 유형의 산출물이 형태를 갖출 때까지 상당한 금액이 상당한 기간동안 재고자산으로 분류될 수 있다. 연구용역 및 이와 유사한 무형의 산물 또는 용역의 계약금액은 재고자산으로 계상한다.(일반기준 실7.4)

3-2 제조원가

제품, 반제품 및 재공품 등 재고자산의 제조원가는 보고기간말까지 제조과정에서 발생한 직접재료원가, 직접노무원가, 제조와 관련된 변동 및 고정 제조간접원가의 체계적인 배부액을 포함한다.(일반기준 문단7.7)

3-3 기타취득

(1) 무상취득

재고자산을 무상으로 취득(수증)하는 경우 취득시점에 공정가액을 취득가액으로 자산수증이익을 인식으로 한다.(금감원2009-1, 2009.12.31.)

관련 예규 무상수입자산의 취득가액과 통관비용 등

- 법인이 해외에서 물품을 무상으로 수입하는 경우에는 이를 각 사업연도의 소득금액계산상 익금으로 한다. 이 경우에 익금에 산입할 금액은 당해 물품의 통관시 관세과세표준금액이 되는 감정가액으로 하며 관세 및 부대비용은 취득가액에 합산한다.(법기통 15-11-3)
- 반환할 것이 약정된 무상수입자산의 통관비용 등은 그 효익이 미치는 기간에 안분하여 손금에 산입한다.(법기통 19-19-16)

(2) 재고자산 교환

재고자산 교환은 유형자산 규정(결10.3)과 동일하게 처리하면 될 것이다. 따라서 재고자산 교환을 통해 취득한 자산의 원가는 일반자산의 원가 결정과 동일한 기준을 적용하여 제공한 자산의 공정가치로 평가한다. 다만, 제공한 자산의 공정가치보다 취득한 자산의 공정가치가 보다 객관적이고 신뢰성이 있다고 판단될 경우에는 취득한 자산의 공정가치를 원가로 계상할 수 있다.(일반기준 결10.3)

질의회신 재산자산 교환

A사가 B사에게 양도하는 재고자산의 순실현가능가액이 장부가액보다 하락하였다면, 재고자산평가손실을 인식하고 교환거래로 제공받은 Barter Credits(또는 Trade Credits)의 취득원가는 재고자산의 순실현가능가액으로 회계처리하는 것이 타당함. 다만, 과거에 현금으로 판매한 사실로 보아 제공받은 Barter Credits를 즉시 현금으로 판매할 수 있는 것이 명백하거나, 교환으로 받게 될 재화나 용역의 시장가격을 객관적으로 확인할 수 있는 경우에는 Barter Credits의 취득원가는 현금판매가능가격 또는 재화나 용역의 시장가격으로 할 수 있음.(질의회신02-176, 2002.11.01.)

Part 02

관련 예규 원재료등을 소비대차한 경우의 취득가액계산

원재료 등을 일시적으로 소비대차한 경우 원료차용시에는 대여자의 정당한 매입가격에 의하여 계상하고, 상환시에는 상환하는 원료의 매입가격에 의하여 계상한다.
(법기통 41-72-2)

관련 법령 법인세법시행규칙

제40조(구상무역에 있어서의 매매가액) ① 구상무역방법에 의하여 수출한 물품의 판매금액의 계산은 다음 각호에 의한다.

1. 선수출 후수입의 경우에는 그 수출과 연계하여 수입할 물품의 외화표시가액을 수출한 물품의 선박 또는 비행기에의 적재를 완료한 날 현재의 당해거래와 관련된 거래은행의 대고객외국환매입률에 의하여 계산한 금액
2. 선수입 후수출의 경우에는 수입한 물품의 외화표시가액을 통관절차가 완료된 날 현재의 당해거래와 관련된 거래은행의 대고객외국환매입률에 의하여 계산한 금액

② 제1항의 규정에 의하여 수입한 물품의 취득가액은 수출하였거나 수출할 물품의 판매금액과 당해수입물품의 수입에 소요된 부대비용의 합계액에 상당하는 금액으로 한다.

③ 수출 또는 수입한 물품과 연계하여 수입 또는 수출하는 물품의 일부가 사업연도를 달리하여 이행되는 경우에 각 사업연도에서 이행된 분에 대한 수입물품의 취득가액 또는 수출물품의 판매가액은 제1항 및 제2항의 규정에 의하여 그 이행된 분의 비율에 따라 각각 이를 안분계산한다.

4 기간비용

수입원재료 중 비정상적으로 낭비된 부분, 추가 생산단계에 투입하기 전에 보관이 필요한 경우 외의 보관비용, 재고자산을 현재의 장소에 현재의 상태로 이르게 하는 데 기여하지 않은 관리간접원가 등은 발생기간의 비용으로 처리한다.(일반기준 문단7.10)

질의회신 환율변동손익(외화차손익)

- **환율변동손익** 재고자산의 구매조건에 따라 권리가 구매자에게 이전된 시점에서 재고자산과 매입채무를 인식해야 하며, 재고자산 인식시점 후의 환율변동으로 인한 외화 매입채무의 장부가액과 실제 지급액과의 차이는 재고자산의 취득원가에 포함하지 않고 영업외비용으로 회계처리하는 것이 타당함.(질의회신01-071, 2001.05.15.)
- **폐기처분** 회사가 구입한 원재료에 하자가 발견되어 구매거래처에 클레임을 제기한 결과, 구매거래처에서 정상품을 다시 보내주기로 하고, 하자 있는 원재료를 구매거래처에 반품하기 위하여는 운송비가 추가로 발생하므로 회사에서 자체적으로 폐기처분하기로 하였으며, 폐기처분에 따른 잡수익이나 추가비용의 발생이 없는 경우에는 정상품 보상과 관련하여 별도의 회계처리가 필요 없음.(금감원2005-041, 2005.12.31.)

관련 예규 환율변동손익 세무처리

법인이 재화를 수입하고 그 재화가액을 통관일까지 지급하지 아니한 경우 그 수입하는 재화의 가액은 통관일 현재의 기준환율로 평가한 가액으로 하는 것이며, 통관일 현재의 가액과 실제 수입대금의 결제가액과의 차액은 환차손익으로 처리하는 것(법인46012-1435 , 1999.04.16.)

저자 주 수입원가 계산

세무실무에서는 세관장이 발급하는 수입세금계산서의 공급가액을 수입원가로 계산하고, 포워더에게 지급하는 금액을 판관비로 비용 처리하는 경우가 종종 발생한다. 이런 경우 관세 과세가격에 포함되는 수입항까지의 국제운송원가(달러표시)와 부가가치세 과세표준에 포함되는 관세금액 등이 중복 계산된다. 따라서 수입원가 계산시 주의가 필요하다.

사례

- 물품대금 : 10,000,000원
- 수입통관비용(포워더 지급금액) : 4,830,600원

  * 해상운임 1,200,000(USD 1,000)

  * 하역비 및 국내운송료 : 1,525,000

  * 관세 : 896,000

  * 부가가치세 : 1,209,600

- 수입세금계산서 : 공급가액 12,096,000원/부가가치세액 1,209,600

풀이

■ **잘못된 회계처리**

(차) 매입(재고자산) 12,096,000 (대) 현금 13,305,600
부가세대급금 1,209,600

(차) 판관비 3,621,000 (대) 현금 3,621,000

■ **올바른 회계처리**

(차) 매입(재고자산) 13,621,000* (대) 현금 14,830,600
부가세대급금 1,209,600

* 매입내역: 13,621,000
- 물품대금 10,000,000
- 해상운임 1,200,000
- 하역비 등 1,525,000
- 관세 896,000

■ **비교**

1) 실제 지출금액 14,830,600원
2) 장부처리금액 (현금처리금액) 16,926,600원
3) 과다 계상금액 : 2,096,000원

* 2,096,000 = (해상운임) 1,200,000 + (관세) 896,000

CHAPTER 03

부가가치세 신고납부

1 수입재화의 부가가치세

(1) 부가가치세 납세의무

재화를 수입하는 자는 부가가치세를 납부할 의무가 있다.(부가법 §3) 부가가치세를 납부할 의무는 부가가치세법에서 정하는 과세요건이 충족하면 성립한다.(국기법 §21) 국세기본법 제21조에서는 수입재화의 부가가치세는 세관장에게 수입신고를 하는 때에 성립하는 것으로 규정하고 있다. 재화의 수입시기는 관세법에 따른 수입신고가 수리된 때 외국물품이 국내물품으로 전환되는 시점(관세법 §2)을 재화의 수입시기로 보고 있다.(부가법 §18)

(2) 부가가치세 신고납부

납세의무자가 재화의 수입에 대하여 관세법에 따라 관세를 세관장에게 신고하고 납부하는 경우에는 재화의 수입에 대한 부가가치세를 함께 신고하고 납부하여야 한다.(부가법 §50) 재화를 수입하는 자의 부가가치세 납세지는 관세법에 따라 수입을 신고하는 세관의 소재지로 한다.(부가법 §6⑥)

2 관세법 우선 적용

관세법 제4조 제1항에 따라 수입물품에 대하여 세관장이 부과 · 징수하는 부가가치세, 지방소비세, 담배소비세, 지방교육세, 개별소비세, 주세, 교육세, 교통 · 에너지 · 환경세 및 농어촌특별세(가산세 및 체납처분비 포함)의 부과 · 징수 · 환급 등에 관하여 국세기본법, 국세징수법, 부가가치세법, 지방세법, 개별소비세법, 주세법, 교육세법, 교통 · 에너지 · 환경세법 및 농어촌특별세법의 규정과 관세법의 규정이 상충되는 경우에는 관세법의 규정을 우선하여 적용한다.(관세법 §4)

Part 02

관련 판례

관세법 제4조 제1항은 내국세나 그 가산세 등의 부과 · 징수 · 환급 · 결손처분 등을 함에 있어서 절차적인 사항에 관해서는 관세법의 규정을 우선 적용하는 것이 관세에 관한 부과 · 징수 · 환급 · 결손처분 등의 절차와 통일을 기할 수 있음은 물론이고 그 절차의 간소화를 가져올 수 있으므로 조세행정의 능률과 납세자의 편의를 도모하기 위한 취지에서 관세법의 규정을 우선 적용하도록 한 것으로 보이고, 더 나아가 그 과세물건, 납세의무자, 과세표준, 세율 등 실체적 과세요건까지 관세법의 규정을 우선 적용하라는 취지를 규정한 것은 아니라고 풀이함이 상당하다. 즉, 수입물품에 대하여 세관장이 부가가치세 등 내국세 본세를 부과 · 징수할 때 그 부과대상이나 세액 산정을 위한 실체적 과세요건에 관해 부가가치세법 등 개별 내국세법의 관련 규정이 적용되어야 하고 이와 관세법의 관련 규정이 상충된다고 하여 관세법의 규정이 우선 적용되지 않듯이, 그 가산세에 대하여도 그 부과대상이나 세액 산정을 위한 실체적 과세요건에 관해서 부가가치세법 등 개별 세법에 정한 가산세 관련 규정이 적용되어야 한다.(대법원 2006. 3. 9. 선고 2005두10125 판결)

3 재화의 수입에 대한 면세

재화를 수입하는 경우 부가가치세법 제27조와 조세특례제한법 제106조 제2항에서 규정한 재화에 대해서만 면세한다. 수입한 재화를 국내에서 판매하는 경우에는 부가가치세법 제26조, 조세특례제한법 제106조 제1항에 해당하지 않으면 부가가치세가 과세된다.

▶ **부가가치세법 및 조세특례제한법상 면세대상 주요 물품**

부가법	1. 가공되지 아니한 식료품(식용으로 제공되는 농산물, 축산물, 수산물 및 임산물을 포함한다) 2. 도서, 신문 및 잡지 3. 학술연구단체, 교육기관, 「한국교육방송공사법」에 따른 한국교육방송공사 또는 문화단체가 과학용 · 교육용 · 문화용으로 수입하는 재화 4. 종교의식, 자선, 구호, 그 밖의 공익을 목적으로 외국으로부터 종교단체 · 자선단체 또는 구호단체에 기증되는 재화 5. 외국으로부터 국가, 지방자치단체 또는 지방자치단체조합에 기증되는 재화 6. 거주자가 받는 소액물품으로서 관세가 면제되는 재화 7. 이사, 이민 또는 상속으로 인하여 수입하는 재화로서 관세가 면제되거나 **간이세율이 적용**되는 재화 8. 여행자의 휴대품, 별송(別送) 물품 및 우송(郵送) 물품으로서 관세가 면제되거나 **간이세율이 적용**되는 재화 9. 수입하는 상품의 견본과 광고용 물품으로서 관세가 면제되는 재화 10. 국내에서 열리는 박람회, 전시회, 품평회, 영화제 또는 이와 유사한 행사에 출품하기 위하여 무상으로 수입하는 물품으로서 관세가 면제되는 재화 11. 조약 · 국제법규 또는 국제관습에 따라 관세가 면제되는 재화 12. 수출된 후 다시 수입하는 재화로서 관세가 감면되는 것 13. 다시 수출하는 조건으로 일시 수입하는 재화로서 관세가 감면되는 것 14. 담배 15. 6.부터 13.까지의 규정에 따른 재화 외에 **관세가 무세(無稅)**이거나 감면되는 재화
조특법	16. 무연탄 17. 과세사업에 사용하기 위한 선박(제3자에게 판매하기 위하여 선박을 수입하는 경우는 제외한다) 18. 과세사업에 사용하기 위한 「관세법」에 따른 보세건설물품 19. 농민 또는 임업에 종사하는 자가 직접 수입하는 농업용 · 축산업용 또는 임업용 기자재와 어민이 직접 수입하는 어업용 기자재

(1) 면세적용 사전 요건

수입물품이 부가가치세법 및 조세특례제한법의 면세를 적용받기 위해서는 해당 조항에서 규정한 관세의 기본세율이 무세, 협정세율이 무세, 관세의 감면이라는 사전 요건을 충족해야 한다. 사전 요건에 대해 살펴보면 다음과 같다.

▶ 수입재화 면세 사전요건

기본세율이 무세	관세법 제49조의 기본세율이 0%인 경우이다. (예 부가법 §27 15호 물품)
협정세율이 무세 (협정세율이 0)	협정세율은 일국이 타국과 협상해서 체결한 통상조약에 의하여 정한 세율로, WTO협정, '자유무역협정의 이행을 위한 관세법의 특례에 관한 법률'에 따라 체약상대국을 원산지로 하는 수입물품에 대하여 관세를 철폐하거나 세율을 연차적으로 인하하여 부과하여야 할 관세율(FTA협정관세)이 0%인 경우이다. (예 부가령 §56 22호 물품)
간이세율이 적용	관세법 제81조 간이세율이 적용되는 경우이다. (예 부가법 §27 7호 물품)
관세감면(경감)	관세의 기본세율 또는 협정세율이 0%가 아니나, 특별히 관세를 감면할 필요가 있어 관세법 등에서 감면(경감)받는 경우로, 관세의 적용세율이 0%인 경우는 이에 해당하지 않는다. (예 부가법 §27 6호에서 13호 물품)

(2) 수입계산서 발급

수입하는 재화에 대해서는 관세청장이 정하여 고시하는 바에 따라 계산서를 수입자에게 발급하여야 한다.(법인법 §121③, 법인령 §164①, 소득법 §163③, 소득령 §212의 2) 관세청장은 수입세금계산서 교부에 관한 고시 제2조 제2항에 따라 부가가치세가 면제되는 경우에는 수입신고수리를 하는 때(관세법 제16조에 해당하는 물품은 그 사실이 발생한 때)에 수입계산서를 교부한다. 계산서를 발급받은 법인 또는 개인수입자는 발급받은 계산서의 매입처별 합계표를 제출하지 아니할 수 있다.(법인법 §121⑤, 소득법 §163⑤)

관련 예규 가산세 적용여부

- 법인세법 제121조 및 동법 제76조 제9항을 적용함에 있어 세관장은 수입되는 재화의 공급자가 아니므로, 세관장으로부터 받은 계산서의 매입처별계산서합계표를 제출하지 않았다 하더라도 동법 제76조 제9항의 규정을 적용할 수 없는 것(재법인 46012-175, 2001.10.10.)
- 세관장으로부터 수입계산서를 교부받은 법인이 이를 영세율 세금계산서로 착각하고 수입계산서를 매입처별세금계산서합계표에 기재하여 제출함에 따라 법인세법 제121조 제5항의 규정에 의한 매입처별계산서합계표를 기한내에 제출하지 아니한 경우로서 교부받은 계산서에 의하여 거래사실이 확인되는 경우에는 같은법 제76조 제9항 제2호의 규정에 의한 가산세를 적용하지 아니하는 것임.(서이46012-11718, 2003.09.29)

3-1 미가공 식료품

가공되지 아니한 식료품과 식용으로 제공되는 농산물, 축산물, 수산물 및 임산물에 대해서는 부가가치세를 면제한다. 미가공 식료품과 식용으로 제공되는 농산물, 축산물, 수산물 및 임산물의 범위는 국내 공급 시 면세대상을 준용하고 있다.(부가령 §49)

(1) 식료품의 범위

미가공식료품(식용으로 제공되는 농산물, 축산물, 수산물 및 임산물 포함)의 범위는 부가가치세법시행규칙 별표1의 면세하는 미가공식료품 분류표에 따르며(부가령 §34) 미가공식료품 분류표를 적용할 때에는 관세법 별표의 관세율표를 기준으로 한다.(부가칙 §24)

① 부가가치세법 시행규칙 [별표 1] 면세하는 미가공식료품 분류표

구분	관세율표 번호	품명
1. 곡류	1001	① 밀과 메슬린(meslin)
	1002	② 호밀
	1003	③ 보리
	1004	④ 귀리
	1005	⑤ 옥수수
	1006	⑥ 쌀(벼를 포함한다)
	1007	⑦ 수수
	1008	⑧ 메밀 · 밀리트(millet) · 카나리시드(canary seed)와 그 밖의 곡물
	1101	⑨ 밀가루나 메슬린(meslin) 가루
	1102	⑩ 곡물가루[밀가루나 메슬린(meslin) 가루는 제외한다]
	1103	⑪ 곡물의 부순 알곡, 거친 가루, 펠릿(pellet)
	1104	⑫ 그 밖의 가공한 곡물[예: 껍질을 벗긴 것, 압착한 것, 플레이크(flake) 모양인 것, 진주 모양인 것, 얇은 조각으로 만든 것, 거칠게 빻은 것(관세율표 제1006호의 쌀은 제외한다)], 곡물의 씨눈으로서 원래 모양인 것, 압착한 것, 플레이크(flake) 모양인 것, 잘게 부순 것
	1106	⑬ 관세율표 제1106호에 해당하는 물품 중 건조한 채두류(菜豆類)(관세율표 제0713호의 것)의 거친 가루, 가루

2. 서류	0714	① 매니옥(manioc) · 칡뿌리 · 살렙(salep) · 돼지감자(Jerusalem artichoke) · 고구마와 그 밖에 이와 유사한 전분이나 이눌린(inulin)을 다량 함유한 뿌리 · 괴경(塊莖)[자른 것인지 또는 펠릿(pellet) 모양인지에 상관없으며 신선한 것, 냉장 · 냉동한 것, 건조한 것으로 한정한다], 사고야자(sago)의 심(pith)
	1106	② 관세율표 제1106호에 해당하는 물품 중 사고(sago) · 뿌리나 괴경(塊莖)(관세율표 제0714호의 것)의 고운 가루 및 거친 가루
	0701	③ 감자(신선한 것이나 냉장한 것으로 한정한다)
	1105	④ 감자의 고운 가루, 거친 가루, 가루, 플레이크(flake), 알갱이, 펠릿(pellet)
3. 특용작물류	**0901**	**① 관세율표 제0901호에 해당하는 물품 중 커피(원래 모양이나 분쇄한 것으로서 볶은 것은 제외한다) 및 커피의 껍데기 · 껍질과 웨이스트(waste)**
	0902	② 차류(소매용으로 포장한 것은 제외한다)
	0904	③ 후추[파이퍼(Piper)속의 것으로 한정한다], 건조하거나 부수거나 잘게 부순 고추류[캡시컴(Capsicum)속]의 열매나 피멘타(Pimenta)속의 열매
	1201	④ 대두(부수었는지에 상관없다)
	1202	⑤ 땅콩(볶거나 그 밖의 조리를 한 것은 제외하며, 껍데기를 벗겼는지, 부수었는지에 상관없다)
	1206	⑥ 해바라기씨(부수었는지에 상관없다)
	1207	⑦ 그 밖의 채유(採油)에 적합한 종자와 과실[팜너트(palm nut)와 핵(核), 목화씨, 피마자, 잇꽃 종자, 양귀비씨는 제외하며, 부수었는지는 상관없다]
	1208	⑧ 채유(採油)에 적합한 종자와 과실의 고운 가루 및 거친 가루(겨자의 고운 가루 및 거친 가루는 제외한다)
	1212	⑨ 관세율표번호 제1212호에 해당하는 물품 중 사탕무와 사탕수수(신선한 것 · 냉장이나 냉동한 것 · 건조한 것으로서 잘게 부수었는지에 상관없다)
	1211	⑩ 관세율표 제1211호에 해당하는 물품 중 인삼류
	1801	**⑪ 코코아두(원래 모양이나 부순 것으로 한정한다)**
	1802	**⑫ 코코아의 껍데기와 껍질, 그 밖의 코코아 웨이스트(waste)**
	2401	⑬ 잎담배와 담배 부산물
	0910	⑭ 관세율표 제0910호에 해당하는 물품 중 생강

4. 과실류	0801	① 코코넛 · 브라질너트 · 캐슈너트(cashew nut)(신선한 것이나 건조한 것으로 한정하며, 껍데기나 껍질을 벗겼는지에 상관없다)
	0802	② 그 밖의 견과류(신선하거나 건조한 것으로 한정하며, 껍데기나 껍질을 벗겼는지에 상관없다)
	0803	③ 바나나[플랜틴(plantain)을 포함하며, 신선하거나 건조한 것으로 한정한다]
	0804	④ 대추야자 · 무화과 · 파인애플 · 아보카도(avocado) · 구아바(guava) · 망고(mango) · 망고스틴(mangosteen)(신선하거나 건조한 것으로 한정한다)
	0805	⑤ 감귤류의 과실(신선하거나 건조한 것으로 한정한다)
	0806	⑥ 포도(신선한 것으로 한정한다)
	0807	⑦ 멜론(수박을 포함한다)과 포포(papaw)[파파야(papaya)](신선한 것으로 한정한다)
	0808	⑧ 사과 · 배 · 마르멜로(quince)(신선한 것으로 한정한다)
	0809	⑨ 살구 · 체리 · 복숭아[넥터린(nectarine)을 포함한다] · 자두 · 슬로(sloe)(신선한 것으로 한정한다)
	0810	⑩ 그 밖의 과실(신선한 것으로 한정한다)
	0811	⑪ 냉동 과실과 냉동 견과류(물에 삶거나 찐 것과 설탕이나 그 밖의 감미료를 첨가한 것은 제외한다)
	0812	⑫ 일시적으로 보존하기 위하여 처리(예: 이산화유황가스 · 염수 · 유황수나 그 밖의 저장용액으로 보존처리)한 과실과 견과류(그 상태로는 식용에 적합하지 않은 것으로 한정한다)
	0813	⑬ 건조한 과실(관세율표 제0801호부터 제0806호까지에 해당하는 것은 제외한다)과 관세율표 제8류의 견과류나 건조한 과실의 혼합물
5. 채소류	0702	① 토마토(신선한 것이나 냉장한 것으로 한정한다)
	0703	② 양파 · 쪽파 · 마늘 · 리크(leek)와 그 밖의 파속의 채소(신선한 것이나 냉장한 것으로 한정한다)
	0704	③ 양배추 · 꽃양배추 · 구경(球莖)양배추 · 케일(kale)과 그 밖에 이와 유사한 식용 배추속(신선한 것이나 냉장한 것으로 한정한다)
	0705	④ 상추[락투카 사티바(Lactuca sativa)]와 치커리(chicory)[시커리엄(Cichorium)종](신선한 것이나 냉장한 것으로 한정한다)

	0706	⑤ 당근, 순무, 샐러드용 사탕무뿌리, 선모(仙茅), 셀러리액(celeriac), 무와 그 밖에 이와 유사한 식용 뿌리(신선한 것이나 냉장한 것으로 한정한다)
	0707	⑥ 오이류(신선한 것이나 냉장한 것으로 한정한다)
	0708	⑦ 채두류(菜豆類)(꼬투리가 있는지에 상관없으며 신선한 것이나 냉장한 것으로 한정한다)
	0709	⑧ 그 밖의 채소(신선한 것이나 냉장한 것으로 한정한다)
	0710	⑨ 냉동채소(조리한 것은 제외한다)
	0711	⑩ 일시적으로 보존하기 위하여 처리(예: 이산화유황가스 · 염수 · 유황수나 그 밖의 저장용액으로 보존처리)한 채소(그 상태로는 식용에 적합하지 않은 것으로 한정한다)
	0712	⑪ 건조한 채소(원래 모양인 것, 절단한 것, 얇게 썬 것, 부순 것, 가루 모양인 것으로 한정하며, 더 이상 조제한 것은 제외한다)
	0713	⑫ 건조한 채두류(菜豆類)(꼬투리가 없는 것으로서 껍질을 제거한 것인지 또는 쪼갠 것인지에 상관없다)
6. 수축류	0101	① 말(경주마, 승용마 및 번식용 말은 제외한다), 당나귀, 노새와 버새
	0102	② 소(물소를 포함한다)
	0103	③ 돼지
	0104	④ 면양과 산양
	0105	⑤ 가금(家禽)류(닭 · 오리 · 거위 · 칠면조 및 기니아새로 한정한다)
	0106	⑥ 그 밖의 살아 있는 동물(식용에 적합한 것으로 한정한다)
7. 수육류	0201	① 쇠고기(신선한 것이나 냉장한 것으로 한정한다)
	0202	② 쇠고기(냉동한 것으로 한정한다)
	0203	③ 돼지고기(신선한 것, 냉장하거나 냉동한 것으로 한정한다)
	0204	④ 면양과 산양의 고기(신선한 것, 냉장하거나 냉동한 것으로 한정한다)
	0205	⑤ 말 · 당나귀 · 노새 · 버새의 고기(신선한 것, 냉장하거나 냉동한 것으로 한정한다)
	0206	⑥ 소 · 돼지 · 면양 · 산양 · 말 · 당나귀 · 노새 · 버새의 식용 설육(屑肉)(신선한 것, 냉장하거나 냉동한 것으로 한정한다)
	0207	⑦ 관세율표 제0105호의 가금(家禽)류의 육과 식용 설육(屑肉)(신선한 것, 냉장하거나 냉동한 것으로 한정한다)

	0208	⑧ 그 밖의 육과 식용 설육(屑肉)(신선한 것, 냉장하거나 냉동한 것으로 한정한다)
	0209	⑨ 살코기가 없는 돼지 비계와 가금(家禽)의 비계(기름을 빼지 않은 것이나 그 밖의 방법으로 추출하지 않은 것으로서 신선한 것, 냉장하거나 냉동한 것, 염장하거나 염수장한 것, 건조하거나 훈제한 것으로 한정한다)
	0210	⑩ 육과 식용 설육(屑肉)(염장하거나 염수장한 것이나 건조하거나 훈제한 것으로 한정한다), 육이나 설육(屑肉)의 식용 고운 가루 및 거친 가루
	0504	⑪ 동물(어류는 제외한다)의 장 · 방광 · 위의 전체나 부분(식용에 적합한 것으로 한정한다)
	0511	⑫ 관세율표 제0511호에 해당하는 물품 중 건(腱) · 근(筋)과 원피의 웨이스트(waste) 및 누에가루(식용에 적합한 것으로 한정한다)
	0506	⑬ 뼈와 혼코어(horn-core)[가공하지 않은 것, 탈지(脫脂)한 것, 단순히 정리한 것(특정한 형상으로 깎은 것은 제외한다), 산(酸)처리를 하거나 탈교한(degelatinised) 것], 이들의 가루와 웨이스트(waste)
8. 유란류	0401	① 밀크(관세율표 제0401호에 해당하는 물품 중 신선한 것으로 한정하며 농축 · 건조 · 가당 또는 발효된 것은 제외한다)
	0402	② 관세율표 제0402호에 해당하는 물품 중 농축유 · 연유와 분유
	0407	③ 새의 알(껍질이 붙은 것으로서 신선하거나 저장에 적합한 처리를 한 것으로 한정한다)
	0408	④ 새의 알(껍질이 붙지 않은 것)과 알의 노른자위(신선한 것, 건조한 것, 그 밖의 저장에 적합한 처리를 한 것으로 한정한다)
	1901	⑤ 관세율표 제1901호에 해당하는 물품 중 유아용 조제 분유로 한정한다.
	3502	⑥ 알의 흰자위(egg albumin)(신선한 것, 건조한 것, 그 밖의 저장에 적합한 처리를 한 것으로 한정한다)
9. 생선류	0301	① 활어(관상용은 제외한다)
	0302	② 신선하거나 냉장한 어류[관세율표 제0304호의 어류의 필레(fillet)와 그 밖의 어육은 제외한다]
	0303	③ 냉동어류[기름치 (Oilfish, 학명 Ruvettus pretiosus)와 관세율표 제0304호의 어류의 필레(fillet)와 기타 어육은 제외한다]
	0304	④ 어류의 필레(fillet)와 그 밖의 어육(잘게 썰었는지에 상관없으며 신선한 것, 냉장 · 냉동한 것으로 한정한다)

	0305	⑤ 건조한 어류, 염장이나 염수장한 어류, 훈제한 어류(훈제과정 중이나 훈제 전에 조리한 것인지에 상관없다), 어류의 고운 가루 및 거친 가루와 펠릿(pellet)(식용에 적합한 것으로 한정한다)
	0306	⑥ 갑각류(껍데기가 붙어 있는 것인지에 상관없으며 살아 있는 것과 신선한 것, 냉장이나 냉동한 것, 건조한 것, 염장이나 염수장한 것으로 한정하며, 껍데기가 붙어 있는 상태로 물에 찌거나 삶아서 냉장이나 냉동한 것, 건조한 것, 염장이나 염수장한 것을 포함한다)
	0307	⑦ 연체동물[껍데기가 붙어 있는지에 상관없으며 살아 있는 것과 신선한 것, 냉장이나 냉동한 것, 건조한 것, 염장이나 염수장한 것, 연체동물의 고운 가루 및 거친 가루와 펠릿(pellet)(식용에 적합한 것으로 한정한다)을 포함한다]
	0308	⑧ 수생(水生) 무척추동물[갑각류와 연체동물은 제외하며, 살아 있는 것과 신선한 것, 냉장이나 냉동한 것, 건조한 것, 염장이나 염수장한 것, 수생(水生) 무척추동물(갑각류와 연체동물은 제외한다)의 고운 가루 및 거친 가루와 펠릿(pellet)(식용에 적합한 것으로 한정한다)을 포함한다]
	0511	⑨ 관세율표 제0511호에 해당하는 물품 중 어류의 웨이스트(waste)(식용에 적합한 것으로 한정한다)
10. 패류	0307	관세율표 제0307호에 해당하는 물품 중 조개 · 바지락 · 백합 · 홍합 · 전복과 그 밖의 패류(살아 있는 것과 신선한 것, 냉장이나 냉동한 것, 건조한 것, 염장이나 염수장한 것으로 한정한다)
11. 해조류	1212	관세율표 제1212호에 해당하는 물품 중 김 · 미역 · 톳 · 파래 · 다시마와 그 밖의 식용에 적합한 해조류(신선한 것과 냉장이나 냉동한 것, 건조한 것, 염장이나 염수장한 것으로 한정한다)
12. 그 밖에 식용으로 제공되는 농산물, 축산물, 수산물 또는 임산물과 단순가공 식료품	0409	① 천연꿀
	0410	② 따로 분류되지 않은 식용인 동물성 생산품
	1212	③ 관세율표 제1212호에 해당하는 물품 중 주로 식용에 적합한 과실의 핵(核)과 그 밖의 식물성 생산품으로서 따로 분류되지 아니한 것(산채류를 포함한다)
	2501	④ 관세율표 제2501호에 해당하는 물품 중 소금
		⑤ 데친 채소류 · 김치 · 단무지 · 장아찌 · 젓갈류 · 게장 · 두부 · 메주 · 간장 · 된장 · 고추장(**제조시설을 갖추고 판매목적으로 독립된 거래단위로 관입 · 병입 또는 이와 유사한 형태로 포장하여 2026년 1월 1일부터 공급하는 것은 제외**하되, **단순하게 운반편의를 위하여 일시적으로 관입 · 병입 등의 포장을 하는 경우를 포함**한다)
	1209	⑥ 관세율표 제1209호에 해당하는 물품 중 채소 종자

		⑦ **쌀**에 인산추출물 · 아미노산 등 **식품첨가물**을 첨가 · 코팅하거나 버섯균 등을 배양시킨 것으로서 **쌀의 원형을 유지**하고 있어야 하고(쌀을 분쇄한 후 식품첨가물을 혼합하여 다시 알곡 모양을 낸 것은 제외한다), **쌀의 함량이 90퍼센트 이상**인 것

사례 냉동고구마를 수입하는 경우 미가공식품 면세 판단

수입하는 냉동고구마는 수입미가공식료품의 범위에 포함되므로 부가가치세를 면제한다. 냉장 · 냉동고구마의 미가공식료품 적용시기는 부칙(기획재정부령 제775호, 2020. 3. 13.) 제6조에 따라 이 규칙 시행 후 수입분부터 면세를 적용한다.

품목번호	관세율표	미가공식료품분류표(별표1)
0714.20	[0714 호 해설] 매니옥(manioc) · 칡뿌리 · 살렙(salep) · 돼지감자(Jerusalem artichoke) · **고구마**와 그 밖에 이와 유사한 전분이나 이눌린(inulin)을 다량 함유한 뿌리 · 괴경(塊莖)[자른 것인지 또는 펠릿(pellet) 모양인지에 상관없으며 **신선한 것, 냉장 · 냉동한 것, 건조한 것으로 한정**한다], 사고야자(sago)의 심(pith)	매니옥(manioc) · 칡뿌리 · 살렙(salep) · 돼지감자(Jerusalem artichoke) · 고구마와 그 밖에 이와 유사한 전분이나 이눌린(inulin)을 다량 함유한 뿌리 · 괴경(塊莖)[자른 것인지 또는 펠릿(pellet) 모양인지에 상관없으며 **신선한 것, 냉장 · 냉동한 것, 건조한 것으로 한정**한다], 사고야자(sago)의 심(pith)

㉮ 포장

데친 채소류 · 김치 · 단무지 · 장아찌 · 젓갈류 · 게장 · 두부 · 메주 · 간장 · 된장 · 고추장(이하 '단순가공식품')의 단순하게 운반편의를 위하여 일시적으로 관입 · 병입 등의 포장을 하는 경우에는 면세로 처리하지만, 제조시설을 갖추고 판매목적으로 독립된 거래단위로 관입 · 병입 또는 이와 유사한 형태로 포장하여 2026년 1월 1일부터 공급 하는 것은 과세로 처리한다. 단순가공식품 외 '부가가치세법 시행규칙 [별표 1] 면세하는 미가공식료품 분류표의 물품은 포장에 관계없이 면세로 처리한다.

관련 예규 포장관련 면세예규

■ **면세하지 아니하는 포장된 김치 · 젓갈류 등**

김치 · 젓갈류 · 간장 또는 된장 등을 거래단위로서 포장하여 최종소비자에게 그 포장의 상태로 직접 공급하는 것에 대하여는 면세하지 아니한다.(부기통 26-34-5)

■ **냉동과일**(0811호)**을 스틱바, 믹스컵 등의 형태로 수입**

사업자가 열대과일을 단순세척, 탈각, 절단 및 냉동한 냉동스틱바(Frozen Stick bar), 플라스틱 컵(Plastic Cup) 또는 비닐백 포장(CHUNK BAG)한 상태로 수입하는 재화가 관세율표 번호 제0811호에 해당하는 냉동과실류(물에 삶거나 찐 것과 설탕이나 그 밖에 감미료를 첨가한 것을 제외한다)에 해당하는 경우 해당 재화의 수입 및 국내 판매 시에는「부가가치세법」제27조 제1호 및 같은 법 시행령 제49조제1항에 따라 부가가치세가 면제되는 것임.(사전-2015-법령해석부가-0192, 2015.07.03.)

■ **유란**(0408, 3502)**의 저장에 적합한 처리의 범위**

난황(계란노른자, HS 0408) 또는 난백(계란흰자, HS 3502), 전란(계란전체, HS 0408)(이하 "제품")을 식품제조 원료로 수입하면서 선도유지 등을 위하여 설탕, 보존제 등을 첨가하여 멸균, 냉동 등의 처리를 한 후 개별용기에 포장하여 공급하는 경우 해당 제품 등이 관세율표 번호 제0408호 또는 제3502호에 해당하는 경우「부가가치세법 시행령」제34조제1항제8호 및 같은 법 시행규칙 제24조제1항에 따라 부가가치세가 면제되는 미가공식료품에 해당되는 것입니다. 다만, 해당 제품 등이「관세법」별표의 관세율표 번호 제0408호 또는 제3502호에 해당하는지 여부는 사실판단할 사항입니다.(사전-2021-법규부가-1922, 2022.01.20.)

⊕ 보충 설명 관세율표의 포장

미가공식료품 분류표를 적용할 때에는 관세법 별표의 관세율표를 기준으로 하고 있다.(부가칙 §24) 관세율표는 포장에 대해 다음과 같이 규정하고 있다.

〈HS 해석에 관한 통칙 제3호 나.〉

혼합물, 서로 다른 재료로 구성되거나 서로 다른 구성요소로 이루어진 복합물과 소매용으로 하기 위하여 세트로 된 물품으로서 가목에 따라 분류할 수 없는 것은 가능한 한 이들 물품에 본질적인 특성을 부여하는 재료나 구성요소로 이루어진 물품으로 보아 분류한다.

해설 (X) 여기에서, "소매용으로 하기 위하여 세트로 된 물품"이란 다음의 요건을 갖춘 물품을 의미한다.

가. 일견(prima facie) 서로 다른 호에 분류될 수 있을 것으로 보이는, 최소한 둘 이상의 서로 다른 물품으로 구성되어야 한다. 따라서, 예를 들면, 6개의 폰듀 포크(fondue forks)는 이 통칙에서 의미하는 세트로 간주할 수 없다.

나. 어떤 요구를 충족시키기 위해서나 어떤 특정의 활동을 행하기 위해 함께 조합한 제품이나 물품으로 구성되어야 하며

다. 재포장 없이 최종 사용자에게 직접 판매하는데 적합한 방법으로 조합한 것(예: 상자나 케이스 속이나 판 위에 등)

"소매 판매"는 추가 제조 · 조제 · 재포장 · 다른 물품과 함께 또는 다른 물품 안에 혼합한 이후 재판매하도록 한 제품의 판매를 포함하지 않는다.

따라서 "소매용으로 하기 위하여 세트로 된 물품"이라는 용어는 개별 물품들이 함께 사용될 예정인 경우에 최종 사용자에게 판매될 물품으로 구성된 세트만을 포함한다. 예를 들면, 어떤 즉석요리를 조제할 때 함께 사용될 여러 가지의 식료품을 함께 포장하여 구매자에 의하여 소비될 예정인 경우 "소매용으로 포장된 세트"라고 할 수 있을 것이다.

통칙 제3호나목에 따라 분류하는 세트의 실례는 다음과 같다.

(a) **빵 사이에 쇠고기를 넣은 샌드위치**(치즈를 넣었는지에 상관없다)**(제1602호)**와 포테이토 칩(potato chips)[프렌치 후라이(french fries)](제2004호)를 같이 포장한 세트 : 제1602호에 분류

(b) 스파게티요리를 준비할 때 같이 사용하기로 예정된 조리하지 않은 **스파게티의 꾸러미(제1902호)** · 잘게 간 치즈(제0406호) · 토마토 소스(tomato sauce)의 작은 깡통(제2103호)으로서 카톤(carton)에 넣은 것 : 제1902호에 분류.

② 미가공의 범위

미가공이란 가공되지 아니하거나 탈곡 · 정미 · 정맥 · 제분 · 정육 · 건조 · 냉동 · 염장 · 포장이나 그 밖에 원생산물 본래의 성질이 변하지 아니하는 정도의 1차 가공을 거쳐 식용으로 제공하는 것을 의미한다.(부가령 §34①)

관련 예규 미가공과 가공의 범위

미가공	■ 부패방지 · 보존목적으로 **열풍건조(flue-curing) 및 가향처리**한 잎담배가 「관세법」 별표의 관세율표번호 2401호에 해당하는 경우 해당 잎담배의 수입은 「부가가치세법」 제27조 제1호 및 같은 법 시행령 제49조에 따라 부가가치세가 면제되는 것임.(서면법령해석과-173, 2015.02.13.)

가공	■ 신청인이 중국의 농지에서 재배하여 세척한 배추를 **98℃의 물**에서 1분에서 1분30초간 컨베이어시스템으로 지나가게 한 후, 냉각시켜 10㎏ 단위로 포장·냉동시킨 제품을 수입하는 경우, 해당 배추에 대하여 **열을 가함**에 따라 색깔, 풍미, 영양가 등이 변하지 아니하여 **데친(저자 註 blanching) 채소류**로 볼 수 있는 경우에는 부가가치세법 시행령 제28조제2항제1호에 따른 **면세**되는 단순가공식료품에 해당하지만, 데친 채소류로 볼 수 없는 때(저자 註 **삶은(boiling) 채소**)에는 **면세되지 아니하는 것**임.(법규부가2011-28, 2011.02.16.) ■ 사업자가 부패방지·보존목적 외에 타사 제품과의 차별화 및 상품가치 증진을 위하여 흡연 시 담배잎 향의 불쾌감을 없애고 맛의 부드러움을 배가하는 가향처리 공정을 거친 잎담배를 수입하는 경우 해당 잎담배는「부가가치세법」 제27조 및 같은 법 시행령 제49조에 따라 부가가치세가 면제되는 수입 미가공식료품에 해당하지 아니하는 것입니다.(서면-2015-부가-0481, 2015.04.28.)

Part 02

③ 부산물

원생산물 본래의 성질이 변하지 아니하는 정도로 1차 가공을 하는 과정에서 필수적으로 발생하는 부산물(쌀겨, 옥수수배아 등)도 식료품에 포함한다.(부가령 §34②)

④ 혼합물

미가공식료품을 단순히 혼합한 것도 식료품에 포함한다.(부가령 §34②)

관련 예규 미가공식료품과 가공식료품이 혼합된 제품

- 부가가치세 면세물품인 미가공식료품과 부가가치세 과세물품인 가공식료품이 혼합된 제품을 하나의 단위로 포장한 재화의 수입은「부가가치세법」제27조 제1호의 부가가치세가 면제되는 미가공식료품에 해당되지 아니하는 것입니다.(부가가치세과-449, 2014.05.15.)
- 사업자가 부가가치세가 면제되는 미가공식료품과 과세되는 가공식료품이 각각 본래의 성질을 그대로 유지한 상태로 하나의 거래단위로 혼합·포장된 제품을 수입하는 경우 주된 재화가 면세되는 미가공식료품인 경우에는「부가가치세법」제27조제1호에 따라 부가가치세가 면제되는 것이며 이 경우 어느 것을 주된 재화로 볼 것인지는 사실판단할 사항임(법령해석과-2470, 2018.09.10.)

■ 수입과일을 판매하는 사업자가 복숭아를 절단하고 뜨거운 물에 삶아서 냉동한 상태로 수입하는 경우에는 「부가가치세법」 제27조제1호와 같은 법 시행령 제49조제1항 및 같은 법 시행규칙 제24조제1항 별표1에 따라 수입 시 부가가치세가 과세되는 것입니다.(서면-2024-법규부가-3969 [법규과-2894], 2024.11.21.)

(2) 과세되는 수입 미가공식료품

관세가 감면되지 아니하는 수입 미가공식료품으로서 부가가치세법 시행규칙 별표 2의 물품은 부가가치세를 과세한다(다만, 2025년 12월 31일까지 수입하는 경우에는 면세). 면세하지 아니하는 수입 미가공식료품 분류표를 적용할 때에는 관세법 별표의 관세율표를 기준으로 한다.(부가령 §49①단서, 부가칙 §37)

▶ 부가가치세법 시행규칙 별표 2 : 면세하지 아니하는 수입미가공식료품 분류표

구분	관세율표 번호	품명
3. 특용작물류	0901	① 관세율표 제0901호에 해당하는 물품 중 커피(원래 모양이나 분쇄한 것으로서 볶은 것은 제외한다) 및 커피의 껍데기 · 껍질과 웨이스트(waste)
	1801	⑪ 코코아두(원래 모양이나 부순 것으로 한정한다)
	1802	⑫ 코코아의 껍데기와 껍질, 그 밖의 코코아 웨이스트(waste)

① 수입거래와 국내거래

부가가치세법 시행규칙 별표 2에 열거하는 커피두 · 코코아두의 수입에 대하여는 과세한다. 다만, 부가가치세를 과세한 커피두 등이 부가가치세법 시행령 제34조에 따른 미가공의 상태로 국내에서 공급하는 때에는 면세한다.(부가집 27-49-1)

▶ 미가공식료품의 수입과 국내거래

<table>
<tr><th colspan="3" rowspan="2">구 분</th><th colspan="2">수입거래</th><th rowspan="2">국내거래
(부가가치세)</th></tr>
<tr><th>관세</th><th>부가가치세</th></tr>
<tr><td rowspan="2">미가공
식료품</td><td colspan="2">커피, 코코아두</td><td rowspan="7">과세 또는
면세</td><td>과세[주1)]</td><td>면세</td></tr>
<tr><td colspan="2">기타 미가공식료품</td><td>면세</td><td>면세</td></tr>
<tr><td rowspan="5">식용
농·축·수·
임산물</td><td colspan="2">식용</td><td>면세</td><td>면세</td></tr>
<tr><td rowspan="2">비식용[주2)]</td><td>원상태</td><td rowspan="2">과세</td><td>과세</td></tr>
<tr><td>국내생산</td><td>면세</td></tr>
<tr><td rowspan="2">화훼종자[주3)]</td><td>원 상태</td><td rowspan="2">과세
(무세로 사실상
면세)</td><td>과세</td></tr>
<tr><td>국내생산
(재배)</td><td>면세</td></tr>
</table>

주1) 2025년 12월31일까지 수입하는 경우에는 면세

주2) 행운목 수입(과세) 후 **국내에서 일정기간 재배**하여 판매하는 경우에는 면세(단, 행운목을 그대로 판매하는 경우에는 과세)

주3) 화초씨앗 수입(기본세율 무세) 후 화초씨앗을 그대로 판매하는 경우에는 과세(단, 국내에서 일정기간 재배하여 꽃(국내생산)으로 판매하는 경우에는 면세)

(3) 식용으로 제공되는 농산물 · 축산물 · 수산물 · 임산물

식용으로 제공되는 농산물 · 축산물 · 수산물 · 임산물에 대해서는 부가가치세를 면세한다. [별표 1]의 미가공식료품분류표에 열거되고, 식용으로만 제한하는 등의 별도규정을 두지 않은 농산물 · 축산물 · 수산물 · 임산물을 수입한 때에는 해당 농산물 · 축산물 · 수산물 · 임산물의 구체적인 용도(종축용 닭 · 돼지 또는 씨앗 등)에 관계없이 미가공식료품으로 보아 면세한다.(부기통 27-49-2)

관세 예규 재화의 수입에 대한 부가가치세 부과에 관한 예규 §5 (가공되지 아니한 식료품)

① 식용에 공하는 농산물, 축산물, 수산물과 임산물이란 수입물품의 본래의 성질이 식용에 공하는 물품을 말한다.

예 옥수수, 수수를 사료 제조용으로 수입하는 경우에도 부가세 면제

② 가공되지 아니한 식료품으로 부가세가 면제되는 물품은 「부가가치세법 시행규칙」 제24조제1항에 따른 별표1의 물품으로 한다. 다만, 관세가 감면되지 아니하는 식료품으로서 부가세가 과세되는 수입미가공식료품은 「부가가치세법 시행규칙」 제37조제1항에 따른 별표2의 물품으로 한다.

① **북한에서 수입하는 농산물 · 축산물 · 수산물 · 임산물**

북한지역에서 생산된 농산물 · 축산물 · 수산물 · 임신물로서 원생산물 또는 원생산물의 본래의 성상이 변하지 아니하는 정도의 원시가공을 거친 것은 부가가치세가 면제된다.(부가46015-2827, 1998.12.22.)

3-2 도서, 신문 및 잡지

도서, 신문 및 잡지는 관세법 별표 관세율표 제49류의 인쇄한 서적, 신문, 잡지나 그 밖의 정기간행물, 수제(手製)문서 및 타자문서와 전자출판물은 부가가치세를 면제한다.(부가령 §50) 전자출판물은 도서나 간행물의 형태로 출간된 내용 또는 출간될 수 있는 내용이 음향이나 영상과 함께 전자적 매체에 수록되어 컴퓨터 등 전자장치를 이용하여 그 내용을 보고 듣고 읽을 수 있는 것으로서 문화체육관광부장관이 정하는 기준에 맞는 전자출판물을 말한다. 다만, 「음악산업진흥에 관한 법률」, 「영화 및 비디오물의 진흥에 관한 법률」 및 「게임산업진흥에 관한 법률」의 적용을 받는 것은 제외한다.(부가칙 §38)

관련 예규

■ **원고, 사진 등을 제공받아 국내에서 편집 · 인쇄 · 제본하는 경우**

부가가치세가 면세되는 도서라 함은 "재화"로 공급되는 것만을 말하는 것으로, 사업자가 특정인과의 계약에 의하여 원고, 사진 등을 제공받아 편집 · 인쇄 · 제본 등의 용역을 공급하는 경우에는 부가가치세가 과세되는 것임.(재정경제부 소비46015-250, 2001.09.21.)

■ **적성검사지**

귀 질의의 적성검사지(아카데미검사)는 부가가치세법 제12조 제1항 제7호에 규정하는 도서에 해당하지 아니하는 것으로서 부가가치세가 과세되는 것임.(부가22601-1638, 1988.09.15)

3-3 학술연구단체, 교육기관, 문화단체가 수입하는 재화

학술연구단체, 교육기관, 「한국교육방송공사법」에 따른 한국교육방송공사 또는 문화단체가 과학용 · 교육용 · 문화용으로 수입하는 재화로서 다음의 재화는 부가가치세를 면제한다. 이 경우 제1호부터 제5호까지의 재화는 관세가 감면되는 것으로 한정하여 적용하되, 관세가 경감되는 경우에는 경감되는 부분으로 한정하여 적용한다.(부가령 §51)

관련 법령 부가가치세법시행령 제51조

1. 학교(「서울대학교병원 설치법」에 따라 설립된 서울대학교병원, 「국립대학병원 설치법」에 따라 설립된 국립대학병원, 「서울대학교치과병원 설치법」에 따라 설립된 서울대학교치과병원 및 「국립대학치과병원 설치법」에 따라 설립된 국립대학치과병원을 포함한다), 박물관 또는 그 밖에 기획재정부령으로 정하는 시설에서 진열하는 표본 및 참고품 · 교육용의 촬영된 필름, 슬라이드, 레코드, 테이프 또는 그 밖에 이와 유사한 매개체와 이러한 시설에서 사용되는 물품

▸ **그 밖에 기획재정부령으로 정하는 시설**

① 「정부조직법」 제4조 또는 지방자치단체의 조례에 따라 설치된 기관이 운영하는 시험소, 연구소, 공공직업훈련원, 공공도서관, 동물원, 식물원 및 전시관

② 「대한무역투자진흥공사법」에 따른 대한무역투자진흥공사의 전시관

③ 「산업집적활성화 및 공장설립에 관한 법률」 제31조제2항에 따라 설립된 산업단지관리공단의 전시관

④ 「정부출연연구기관 등의 설립 · 운영 및 육성에 관한 법률」에 따라 설립된 산업연구원과 「과학기술분야 정부출연연구기관 등의 설립 · 운영 및 육성에 관한 법률」에 따라 설립된 한국생산기술연구원 및 한국과학기술정보연구원
⑤ 수출조합의 전시관. 다만, 산업통상자원부장관이 면세를 추천한 부분으로 한정한다.
⑥ 「중소기업진흥에 관한 법률」에 따라 설립된 중소기업진흥공단이 개설한 전시관 및 연수원
⑦ 「소비자기본법」에 따른 한국소비자원
⑧ 디자인 및 포장에 관한 연구개발사업을 추진하기 위하여 비영리법인이 개설한 전시관
⑨ 「과학관의 설립 · 운영 및 육성에 관한 법률」에 따른 과학관(사립과학관의 경우에는 같은 법에 따라 등록한 것으로 한정한다)

2. 연구원, 연구기관 등 기획재정부령으로 정하는 과학기술 연구개발 시설에서 과학기술의 연구개발에 제공하기 위하여 수입하는 물품
3. 과학기술의 연구개발을 지원하는 단체에서 수입하는 과학기술의 연구개발에 사용되는 시약류
4. 「정부출연연구기관 등의 설립 · 운영 및 육성에 관한 법률」 제8조에 따라 설립된 한국교육개발원이 학술연구를 위하여 수입하는 물품
5. 「한국교육방송공사법」에 따른 한국교육방송공사가 교육방송을 위하여 수입하는 물품
6. 외국으로부터 기획재정부령으로 정하는 영상 관련 공익단체에 기증되는 재화로서 그 단체가 직접 사용하는 것

▶ **기획재정부령으로 정하는 영상 관련 공익단체**

1. 「방송통신위원회의 설치 및 운영에 관한 법률」에 따른 방송통신위원회
2. 「영화 및 비디오물의 진흥에 관한 법률」 제4조에 따른 영화진흥위원회
3. 「영화 및 비디오물의 진흥에 관한 법률」 제71조에 따른 영상물등급위원회
4. 「민법」 제32조에 따라 설립된 재단법인 한국영상자료원, 재단법인 한국방송진흥원 및 사단법인 한국영상미디어협회

관련 예규 학교의 관세 무세품목인 소프트웨어 수입

학교 등에서 학술연구용으로 수입하는 관세 무세품목인 소프트웨어는 부가가치세법 시행령 제46조에서 규정하는 수입시 부가가치세가 면제되는 재화의 범위에 해당하지 아니하여 부가가치세가 과세되는 것임.(부가46015-2077, 1997.09.08.)

3-4 종교단체 · 자선단체 또는 구호단체에 기증되는 재화

종교의식, 자선, 구호, 그 밖의 공익을 목적으로 외국으로부터 종교단체 · 자선단체 또는 구호단체에 기증되는 재화로서 다음의 재화은 부가가치세를 면제한다.(부가령 §45)

1. 종교단체 등이 그 고유의 사업목적을 위하여 일시적으로 공급하거나 실비(實費) 또는 무상으로 공급하는 재화 또는 용역
2. 학술등 연구단체가 그 연구와 관련하여 실비 또는 무상으로 공급하는 재화 또는 용역
3. 지정문화재를 소유하거나 관리하고 있는 종교단체의 경내지(境內地) 및 경내지 안의 건물과 공작물의 임대용역
4. 기숙사를 운영하는 자가 학생이나 근로자를 위하여 실비 또는 무상으로 공급하는 음식 및 숙박 용역
5. 저작권위탁관리업자가 저작권자를 위하여 실비 또는 무상으로 공급하는 신탁관리 용역
6. 외국인학교의 설립 · 경영 사업을 하는 자에게 제공하는 학교시설 이용 등 교육환경 개선과 관련된 용역
7. 비영리 교육재단이 외국인학교의 설립 · 경영 사업을 하는 자에게 제공하는 학교시설 이용 등 교육환경 개선과 관련된 용역

3-5 국가, 지방자치단체 또는 지방자치단체조합에 기증되는 재화

외국으로부터 국가, 지방자치단체 또는 지방자치단체조합에 기증되는 재화는 부가가치세를 면제한다.(부가법 §27 5호)

3-6 거주자가 받는 소액물품으로서 관세가 면제되는 재화

거주자가 받는 소액물품으로서 관세가 면제되는 재화는 부가가치세를 면제한다.(부가법 §27 6호)

관련 법령 관세법 제94조(소액물품 등의 면세)

다음 각 호의 어느 하나에 해당하는 물품이 수입될 때에는 그 관세를 면제할 수 있다.

1. 우리나라의 거주자에게 수여된 훈장 · 기장(紀章) 또는 이에 준하는 표창장 및 상패
2. 기록문서 또는 그 밖의 서류
3. 상용견품(商用見品) 또는 광고용품으로서 기획재정부령으로 정하는 물품

▸ **기획재정부령으로 정하는 물품**

① 물품이 천공 또는 절단되었거나 통상적인 조건으로 판매할 수 없는 상태로 처리되어 견품으로 사용될 것으로 인정되는 물품

② 판매 또는 임대를 위한 물품의 상품목록 · 가격표 및 교역안내서등

③ 과세가격이 미화 250달러 이하인 물품으로서 견품으로 사용될 것으로 인정되는 물품

④ 물품의 형상 · 성질 및 성능으로 보아 견품으로 사용될 것으로 인정되는 물품

4. 우리나라 거주자가 받는 소액물품으로서 기획재정부령으로 정하는 물품

▸ **기획재정부령으로 정하는 물품**

① 물품가격이 미화 150달러 이하의 물품으로서 자가사용 물품으로 인정되는 것. 다만, 반복 또는 분할하여 수입되는 물품으로서 관세청장이 정하는 기준에 해당하는 것을 제외한다.

② 박람회 기타 이에 준하는 행사에 참가하는 자가 행사장안에서 관람자에게 무상으로 제공하기 위하여 수입하는 물품(전시할 기계의 성능을 보여주기 위한 원료를 포함한다). 다만, 관람자 1인당 제공량의 정상도착가격이 미화 5달러 상당액 이하의 것으로서 세관장이 타당하다고 인정하는 것에 한한다.

3-7 이사, 이민 또는 상속으로 인하여 수입하는 재화

이사, 이민 또는 상속으로 인하여 수입하는 재화로서 관세가 면제되거나 관세법 제81조제1항에 따른 간이세율이 적용되는 재화는 부가가치세를 면제한다.(부가법 §27 7호)

관련 법령 관세법

관세법 제81조(간이세율의 적용) ① 다음 각 호의 어느 하나에 해당하는 물품 중 대통령령으로 정하는 물품에 대하여는 다른 법령에도 불구하고 간이세율을 적용할 수 있다.

1. 여행자 또는 외국을 오가는 운송수단의 승무원이 휴대하여 수입하는 물품
2. 우편물. 다만, 수입신고를 하여야 하는 것은 제외한다.
3. 삭제 〈2018. 12. 31.〉
4. 탁송품 또는 별송품

관세법시행령 제96조(간이세율의 적용) ① 법 제81조의 규정에 의하여 간이세율(이하 "간이세율"이라 한다)을 적용하는 물품과 그 세율은 별표 2와 같다.

② 제1항의 규정에 불구하고 다음 각호의 물품에 대하여는 간이세율을 적용하지 아니한다.

1. 관세율이 무세인 물품과 관세가 감면되는 물품
2. 수출용원재료
3. 법 제11장의 범칙행위에 관련된 물품
4. 종량세가 적용되는 물품
5. 다음 각목의 1에 해당하는 물품으로서 관세청장이 정하는 물품
   가. 상업용으로 인정되는 수량의 물품
   나. 고가품
   다. 당해 물품의 수입이 국내산업을 저해할 우려가 있는 물품
   라. 법 제81조제4항의 규정에 의한 단일한 간이세율의 적용이 과세형평을 현저히 저해할 우려가 있는 물품
6. 화주가 수입신고를 할 때에 과세대상물품의 전부에 대하여 간이세율의 적용을 받지 아니할 것을 요청한 경우의 당해 물품

3-8 여행자의 휴대품, 별송(別送) 물품 및 우송(郵送) 물품

여행자의 휴대품, 별송(別送) 물품 및 우송(郵送) 물품으로서 관세가 면제되거나 관세법 제81조제1항에 따른 간이세율이 적용되는 재화는 부가가치세를 면제한다.(부가법 §27 8호)

3-9 견본과 광고용 물품

수입하는 상품의 견본과 광고용 물품으로서 관세가 면제되는 재화에는 부가가치세를 면제한다.(부가법 §27 9호)

3-10 박람회, 전시회, 품평회, 영화제 출품 물품

국내에서 열리는 박람회, 전시회, 품평회, 영화제 또는 이와 유사한 행사에 출품하기 위하여 무상으로 수입하는 물품으로서 관세가 면제되는 재화는 부가가치세를 면제한다.(부가법 §27 10호)

3-11 조약 · 국제법규 또는 국제관습에 따라 관세가 면제되는 재화

조약 · 국제법규 또는 국제관습에 따라 관세가 면제되는 재화로서 다음의 재화는 부가가치세를 면제한다.(부가법 §27 11호)

관련 법령 부가가치세법시행령 제53조

1. 대한민국을 방문하는 외국의 원수와 그 가족 및 수행원이 사용하는 물품
2. 국내에 있는 외국의 대사관 · 공사관, 그 밖에 이에 준하는 기관의 업무용품
3. 국내에 주재하는 외국의 대사 · 공사, 그 밖에 이에 준하는 사절 및 그 가족이 사용하는 물품
4. 국내에 있는 외국의 영사관, 그 밖에 이에 준하는 기관의 업무 용품
5. 국내에 있는 외국의 대사관 · 공사관 · 영사관, 그 밖에 이에 준하는 기관의 직원과 그 가족이 사용하는 물품
6. 정부와의 사업계약을 수행하기 위하여 외국계약자가 계약조건에 따라 수입하는 업무 용품
7. 국제기구나 외국정부로부터 정부에 파견된 고문관 · 기술단원, 그 밖에 이에 준하는 자가 직접 사용할 물품

3-12 수출된 후 다시 수입하는 재화

수출된 후 다시 수입하는 재화로서 관세가 감면되는 것 중 수출된 후 다시 수입하는 재화로서 관세가 감면되는 것은 **사업자가 재화를 사용하거나 소비할 권한을 이전하지 아니하고** 외국으로 반출하였다가 다시 수입하는 재화로서 관세법 제99조에 따라 관세가 면제되거나 관세법 제101조에 따라 관세가 경감되는 재화는 부가가치세를 면제한다. 다만, 관세가 경감(輕減)되는 경우에는 경감되는 비율만큼만 면제한다.(부가법 §27 12호, 부가령 §54)

(1) 재수입면세

관세법 제99조 재수입면세 품목 중에서 당초 수출 당시 재화를 사용하거나 소비할 권한을 이전하지 아니한 경우에만 부가가치세를 면제하기 때문에, 수출 후 크레임으로 수출재화가 반품되는 경우에는 부가가치세를 과세한다.

관련 예규 재화를 사용하거나 소비할 권한을 이전하지 아니한 경우

- 국내 수출업자가 해당 재화를 수출한 후, 제품의 하자 등으로 인하여 수출한 재화를 다시 수입하는 경우에는 「부가가치세법시행령」 제54조의 규정이 적용되지 않는 것입니다.(부가가치세과-1017, 2013.10.29.)
- 내국물품을 「부가가치세법」 제21조제2항제1호에 따른 영세율을 적용받아 외국으로 반출한 후 외국 구매자와의 계약의 취소 등의 사유로 다시 국내로 반입되는 경우 같은 법 제27조제12호 및 같은 법 시행령 제54조의 규정을 적용하지 아니하는 것입니다.(부가가치세과-999, 2013.10.24.)
- 사업자가 수출계약상 포장용기를 반환받는 조건으로 포장용기의 대가를 차감한 가액으로 제품을 수출한 경우 해당 포장용기의 재수입에 대해서는 「관세법」에 따른 관세 감면의 범위 내에서 「부가가치세법」 제12조제2항제12호에 따라 부가가치세를 면제하는 것이나 **포장용기의 소유권을 수입하는 자에게 이전한 다음, 유상으로 그 포장용기를 재수입하는 경우에는 그러하지 아니하는 것입니다.**(부가가치세과-325, 2012.03.27.)

(2) 해외임가공물품

사업자가 위탁가공목적으로 외국의 수탁가공사업자에게 대가를 받지 않고 반출한 원자재 중 품질이 불량한 것, 생산중단 된 제품의 원자재를 다시 국내로 반입하는 경우에는 부가가치세를 면제한다.

관련 예규 해외임가공물품

질의회신

사업자가 재화를 사용하거나 소비할 권한을 이전하지 아니 하고 외국으로 반출하였다가 다시 수입하는 재화로서 「관세법」 제 101조에 따라 관세의 경감대상에 해당하는 때에는 부가가치세법 제27조 제12호에 따라 부가가치세가 면제되는 것입니다.(기획재정부부가-333, 2016.06.28.)

사실관계

- 내국법인인 A법인은 원 · 부자재를 베트남 현지법인(A법인이 100% 출자, 특수관계인)에게 무상으로 제공하고 현지법인의 임가공을 거친 완성품을 무상으로 전량 재수입하여 국내 완성차 제조업체에 납품함
- A법인은 재수입시 한 · 아세안 FTA 협정세율(0%)을 적용하여 관세는 납부하지 않고, 부가가치세는 수입세금계산서를 교부받아 세무서장에게 조기환급신고하여 매입세액을 공제받음

3-13 일시 수입하는 재화

다시 수출(재수출)하는 조건으로 일시 수입하는 재화로서 관세법 제97조에 따라 관세가 감면되는 것은 부가가치세를 면제한다. 다만, 관세가 경감되는 경우에는 경감되는 비율만큼만 부가가치세를 면제한다.(부가법 §27 13호)

관련 법령 관세법시행규칙 제50조(재수출면세대상물품 및 가산세징수대상물품)

① 법 제97조제1항제1호에 따라 관세가 면제되는 물품과 같은 조 제4항에 따라 가산세가 징수되는 물품은 다음 각 호와 같다.

1. 수입물품의 포장용품. 다만, 관세청장이 지정하는 물품을 제외한다.

2. 수출물품의 포장용품. 다만, 관세청장이 지정하는 물품을 제외한다.
3. 우리나라에 일시입국하는 자가 본인이 사용하고 재수출할 목적으로 직접 휴대하여 반입하거나 별도로 반입하는 신변용품. 다만, 관세청장이 지정하는 물품을 제외한다.
4. 우리나라에 일시입국하는 자가 본인이 사용하고 재수출할 목적으로 직접 휴대하여 반입하거나 별도로 반입하는 직업용품 및 「신문 등의 진흥에 관한 법률」 제28조에 따라 지사 또는 지국의 설치등록을 한 자가 취재용으로 반입하는 방송용의 녹화되지 아니한 비디오테이프
5. 관세청장이 정하는 시설에서 국제해운에 종사하는 외국선박의 승무원의 후생을 위하여 반입하는 물품과 그 승무원이 숙박기간중 당해 시설에서 사용하기 위하여 선박에서 하역된 물품
6. 박람회 · 전시회 · 공진회 · 품평회 기타 이에 준하는 행사에 출품 또는 사용하기 위하여 그 주최자 또는 행사에 참가하는 자가 수입하는 물품중 당해 행사의 성격 · 규모 등을 감안하여 세관장이 타당하다고 인정하는 물품
7. 국제적인 회의 · 회합 등에서 사용하기 위한 물품
8. 법 제90조제1항제2호에 따른 기관 및 「국방과학연구소법」에 따른 국방과학연구소에서 학술연구 및 교육훈련을 목적으로 사용하기 위한 학술연구용품
9. 법 제90조제1항제2호에 따른 기관 및 「국방과학연구소법」에 따른 국방과학연구소에서 과학기술연구 및 교육훈련을 위한 과학장비용품
10. 주문수집을 위한 물품, 시험용 물품 및 제작용 견품
11. 수리를 위한 물품[수리를 위하여 수입되는 물품과 수리 후 수출하는 물품이 영 제98조제1항에 따른 관세 · 통계통합품목분류표(이하 "품목분류표"라 한다)상 10단위의 품목번호가 일치할 것으로 인정되는 물품만 해당한다]
12. 수출물품 및 수입물품의 검사 또는 시험을 위한 기계 · 기구
13. 일시입국자가 입국할 때에 수송하여 온 본인이 사용할 승용자동차 · 이륜자동차 · 캠핑카 · 카라반 · 트레일러 · 선박 및 항공기와 관세청장이 정하는 그 부분품 및 예비품
14. 관세청장이 정하는 수출입물품 · 반송물품 및 환적물품을 운송하기 위한 차량
15. 이미 수입된 국제운송을 위한 컨테이너의 수리를 위한 부분품
16. 수출인쇄물 제작원고용 필름(빛에 노출되어 현상된 것에 한한다)
17. 광메모리매체 제조용으로 정보가 수록된 마스터테이프 및 니켈판(생산제품을 수출할 목적으로 수입되는 것임을 당해 업무를 관장하는 중앙행정기관의 장이 확인한 것에 한한다)
18. 항공기 및 그 부분품의 수리 · 검사 또는 시험을 위한 기계 · 기구
19. 항공 및 해상화물운송용 팔레트
20. 수출물품 사양확인용 물품

21. 항공기의 수리를 위하여 일시 사용되는 엔진 및 부분품
22. 산업기계의 수리용 또는 정비용의 것으로서 무상으로 수입되는 기계 또는 장비
23. 외국인투자기업이 자체상표제품을 생산하기 위하여 일시적으로 수입하는 금형 및 그 부분품
24. 반도체 제조설비 또는 디스플레이 제조설비와 함께 수입되는 물품으로서 반도체 제조설비 또는 디스플레이 제조설비 운반용구, 반도체 제조설비 또는 디스플레이 제조설비의 운송과정에서 해당 설비의 품질을 유지하거나 상태를 측정 · 기록하기 위해 해당 설비에 부착하는 기기에 해당하는 물품

관련 예규 재수출면세 대상이면서 협정세율이 무세인 경우

주문수집을 위한 물품을 재수출하는 조건으로 수입하는 경우로서 당해 물품을 수입하는 때에 관세법 제29조 제1항의 규정에 의한 재수출면세대상에 해당하고 당해 물품에 대한 관세의 협정세율이 무세인 경우에 당해 물품을 수입하는 때에는 부가가치세가 면제된다. (재소비 46015-81, 2000. 2. 24)

사실관계 항공기에 의한 여객운송업을 영위하는 사업자가 주문제작을 위한 항공기용의 의자 견본품을 재수출하는 조건으로 미국으로부터 수입하였으며, 항공기용의 의자는 관세의 협정세율이 무세임)

3-14 담배

담배사업법 제2조에 따른 담배로서 판매가격이 200원(20개비를 기준으로 한다) 이하거나, 특수용담배로서 영세율이 적용되는 것을 제외한 담배는 부가가치세를 면제한다.(부가법 §27 14호)

3-15 관세가 무세(無稅)이거나 감면되는 재화

관세가 무세(無稅)이거나 감면되는 재화로서 다음의 재화는 부가가치세를 면제한다. 다만, 관세가 경감되는 경우에는 경감되는 비율만큼만 면제한다.(부가법 §27 15호)

관련 법령 부가가치세법시행령 제 56조(그 밖에 관세가 무세이거나 감면되는 재화의 범위)

법 제27조제15호 본문에서 "대통령령으로 정하는 것"이란 다음 각 호의 어느 하나에 해당되는 재화로 한다.

1. 정부에서 직접 수입하는 군수품(정부의 위탁을 받아 정부 외의 자가 수입하는 경우를 포함한다)
2. 국가원수 경호용으로 사용할 물품
3. 국내 거주자에게 수여된 훈장 · 기장 또는 이에 준하는 표창장과 상패
4. 기록문서와 그 밖의 서류
5. 외국에 주둔하거나 주재하는 국군 또는 재외공관으로부터 반환된 공용품
6. 대한민국의 선박 또는 그 밖의 운수기관이 조난으로 인하여 해체된 경우 그 해체재 및 장비품
7. 대한민국 수출물품의 품질 · 규격 · 안전도 등이 수입국의 권한 있는 기관이 정하는 조건을 충족하는 것임을 표시하는 수출물품 첨부용 라벨
8. 항공기의 제작 · 수리 또는 정비에 필요한 부분품
9. 항공기의 제작 · 수리 또는 정비에 필요한 원재료로서 소관 중앙행정기관의 장이 국내 생산이 곤란한 것으로 확인하는 것
10. 국제 올림픽 및 아시아 운동 경기 대회 종목에 해당하는 운동용구(부분품을 포함한다)로서 대회 참가 선수의 훈련에 직접 사용되는 물품
11. 대한민국과 외국 간의 교량, 통신시설, 해저통로, 그 밖에 이에 준하는 시설의 건설 또는 수리에 쓰이는 물품
12. 국제적십자사, 그 밖의 국제기구 및 외국적십자사가 국제평화봉사활동 또는 국제친선활동을 위하여 기증하는 물품
13. 박람회, 국제경기대회, 그 밖에 이에 준하는 행사에 사용하기 위하여 그 행사 참가자가 수입하는 물품
14. 과학기술정보통신부장관이 국가안전보장에 긴요하다고 인정하여 수입하는 비상통신용 및 전파관리용 물품
15. 수입신고한 물품으로서 수입신고 수리 전에 변질 또는 손상된 것
16. 「관세법」 외의 법령(「조세특례제한법」은 제외한다)에 따라 관세가 감면되는 물품
17. 지도, 설계도, 도안, 우표, 수입인지, 화폐, 유가증권, 서화, 판화, 조각, 주상, 수집품, 표본 또는 그 밖에 이와 유사한 물품
18. 삭제
19. 시각 · 청각 및 언어의 장애인, 지체장애인, 만성신부전증 환자, 희귀난치성 질환자 등을 위한 용도로 특수하게 제작되거나 제조된 물품 중 기획재정부령으로 정하는 물품(협정관세율이 0인 것을 포함한다)

20. 국가정보원장 또는 그 위임을 받은 자가 국가안전보장 목적의 수행에 긴요하다고 인정하여 수입하는 물품
21. 삭제
22. 그 밖에 관세의 기본세율이 무세인 물품으로서 기획재정부령으로 정하는 것과 관세의 협정세율이 무세인 철도용 내연기관, 디젤기관차 및 이식용 각막

(1) 관세법 외의 법령에 따라 관세가 감면되는 물품

관세법 외의 법령(조세특례제한법 제외)에 따라 관세가 감면되는 물품을 수입하는 경우에는 부가가치세를 면제한다.(부가령 §56 16호) 관세법외의 법령에는 '자유무역협정의 이행을 위한 관세법의 특례에 관한 법률'도 포함한다.

관련 예규 관세법외의 법령에 따라 감면되는 물품

■ **자유무역협정의 이행을 위한 관세법의 특례에 관한 법률**

항공운송사업자가 수리 또는 가공하기 위하여 캐나다로 일시적으로 수출하였다가 다시 수입하는 부품(수리비 포함)으로서 「자유무역협정의 이행을 위한 관세법의 특례에 관한 법률」 제8조 제1항 제2호에 따라 관세가 면제되는 경우, 해당 부품(수리비 포함)의 수입에 대하여는 「부가가치세법」 제27조 제15호와 같은 법 시행령 제56조 제16호에 따라 부가가치세를 면제하는 것임(서면-2016-법령해석부가-3243 [법령해석과-1339], 2016.04.22.)

■ **협정관세율 0%인 물품**

협정관세 적용에 따라 관세가 "0%"가 되는 것은 부가가치세법시행령 제56조 제16호에 따른 「관세법」 외의 법령에서 관세가 감면되는 경우에 해당하지 않아 부가세 과세대상에 해당함(서면-2017-부가-2564[부가가치세과-2666], 2017.11.30.)

(2) 화폐, 유가증권, 수집품 등 이와 유사한 물품

관세가 무세이거나 감면되는 지도, 설계도, 도안, 우표, 수입인지, 화폐, 유가증권, 서화, 판화, 조각, 주상, 수집품, 표본 또는 그 밖에 이와 유사한 물품을 수입하는 경우에는 부가가치세를 면제한다.(부가령 §56 17호) 해당 화폐가 재산적 가치가 있는 유체물로서 거래가 가능한 경우에는 부가가치세 과세대상에 해당한다.(부가가치세과-493, 2010.04.19.)

(3) 장애인용 제조된 물품

관세가 무세, 감면 또는 협정관세율이 0인 시각 · 청각 및 언어의 장애인, 지체장애인, 만성신부전증 환자, 희귀난치성 질환자 등을 위한 용도로 특수하게 제작되거나 제조된 물품 중 별표 2의2의 부가가치세가 면제되는 장애인용품은 부가가치세를 면제한다.(부가칙 §42)

관련 법령 부가가치세법 시행규칙 [별표 2의2] 부가가치세가 면제되는 장애인용품

1. 장애인을 위한 용도로 특수하게 제작되거나 제조된 다음 각 목의 물품과 그 수리용 부분품

가. 「장애인 · 노인등을 위한 보조기기 지원 및 활용촉진에 관한 법률 시행규칙」 제2조에 따른 보조기기로서 다음의 것

(1) 음성 또는 점자 체온계, 체중계, 혈압계
(2) 점자교육용 보조기기
(3) 점자 읽기자료
(4) 지각 훈련용 보조기기 중 청각 훈련용 보조기기
(5) 음성 및 언어능력 훈련용 보조기기
(6) 팔, 몸통, 다리 운동 장치 및 스포츠용 보조기기
(7) 기립틀 및 기립을 위한 지지대
(8) 팔 보조기, 다리 보조기, 척추 및 머리보조기
(9) 팔의지(義肢), 다리의지(義肢)
(10) 기타 의지[의이(義耳), 의비(義鼻), 안면보형물, 구개보형물, 가슴보형물로 한정한다]
(11) 호흡용 보조기(산소통 없이 사용하는 것에 한정한다)
(12) 대화 장치, 의사소통용 증폭기(휴대용인 것에 한정한다)
(13) 헤드폰(텔레비전용, 전화용, 강연청취용에 한정한다)
(14) 청각보조기기(청각보조기용 액세서리를 포함한다)
(15) 시각 신호 표시기
(16) 읽기 및 독서용 시력 보조기
(17) 영상 확대 비디오 시스템
(18) 확대용 돋보기 안경, 렌즈 및 렌즈시스템
(19) 양팔 조작형 보행용 보조기
(20) 수동휠체어, 전동휠체어
(21) 시계 및 시간 측정 장치
(22) 나침반, 타이머(시각장애인용으로 한정한다)

(23) 문자판독기

(24) 촉각막대기 또는 흰지팡이

(25) 대소변 흡수용 보조기구

(26) 욕창방지 방석 및 커버

(27) 욕창 예방용 등받이 및 패드

(28) 와상용 욕창 예방 보조기구

(29) 침대 및 침대장비(욕창방지용으로 한정한다)

(30) 목욕통, 목욕의자, 바퀴가 있거나 없는 샤워의자

(31) 소변 처리기기

(32) 안경 및 콘택트렌즈(선천성 시각장애를 가진 만 19세 미만 아동의 시력발달 위하여 공급하는 것으로 한정한다)

(33) 타자기 중 점자타자기

(34) 촉각 화면 표시기

(35) 특수 키보드(점자키보드에 한정한다)

(36) 프린터(점자프린터, 점자 또는 입체복사기, 점자라벨기, 점자제판기, 점자인쇄기를 포함한다)

(37) 사람을 제외한, 질량 측정용 보조기기 및 도구(음성저울 및 음성 전자계산기에 한정한다)

(38) 특수 출력 소프트웨어

(39) 음성 화면 표시기

나. 「장애인복지법」 제40조에 따른 장애인보조견

다. 「의료기기법」 제2조에 따른 의료기기로서 다음의 것

(1) 인공후두

(2) 인공달팽이관장치(연결사용하는 외부 장치 및 배터리를 포함한다)

(3) 인조인체부분(심장병 환자의 것, 연결사용하는 외부보조장치를 포함한다)

(4) 보청기[인공중이(中耳)를 포함한다]

라. 장애인용 특수차량(관세율표 번호 제8713호의 물품과 장애인을 수송하기 위하여 특수하게 제작 · 설계된 수송용의 자동차로 한정한다)

마. 「식품위생법」 제7조에 따른 식품 중 선천성 대사질환자용으로 사용할 특수의료용도 등 식품

(1) 선천성 대사질환자용 식품

2. 질병치료를 위한 용도로 특수하게 제작되거나 제조된 다음 각 목의 물품

가. 만성신부전증환자가 사용할 물품

(1) 인공신장기

(2) 인공신장기용 투석여과기 및 혈액운송관

(3) 인공신장기용 투석액을 제조하기 위한 원자재 · 부자재

(4) 인공신장기용 투석여과기를 재사용하기 위한 의료용 화학소독기 및 멸균액

(5) 복막투석액을 제조하기 위한 원 · 부자재

(6) 인공신장기용 혈액운송관을 제조하기 위한 원자재 · 부자재

나. 희귀난치성 질환자가 사용할 물품

(1) 세레자임 등 고셔병환자가 사용할 치료제

(2) 로렌조오일 등 부신이영양증환자가 사용할 치료제

(3) 근육이양증환자의 치료에 사용할 치료제

(4) 윌슨병환자의 치료에 사용할 치료제

(5) 후천성면역결핍증으로 인한 심신장애자가 사용할 치료제

(6) 혈우병으로 인한 심신장애자가 사용할 열처리된 혈액응고인자 농축제

(7) 장애인의 음식물섭취에 사용할 삼킴장애제거제

(8) 장기이식 후 면역억제제의 합병증으로 생긴 림파구증식증 환자의 치료에 사용할 치료제

(9) 니티시논 등 타이로신혈증환자가 사용할 치료제

(10) 발작성 야간 헤모글로빈뇨증 및 비정형 용혈성 요독증후군 환자의 치료에 사용할 치료제

(11) 신경섬유종증 1형 환자의 치료에 사용할 치료제

(12) 아미팜프리딘 등 람베르트-이튼증후군 환자의 치료에 사용할 치료제

3. 장애인 교육용 물품(사회복지법인이 수입하는 경우만 해당한다)

(1) 핸드벨 및 차입벨

(2) 프뢰벨

(3) 몬테소리교구

(4) 디 · 엠 · 엘교구

(4) 관세의 기본세율이 무세인 물품

관세의 기본세율이 무세인 물품으로서 별표 3의 면세하는 품목의 분류표에 따른 물품은 부가가치세를 면제한다.(부가칙 §43) 별표3의 HSK번호란 기획재정부장관이 고시하는 관세통계통합품목분류표상의 번호를 말한다.

관련 법령 부가가치세법 시행규칙 [별표 3] 관세의 기본세율이 무세인 면세품목

구분	관세율표 번호	품명
1. 살아 있는 동물	0102	① 번식용 소
	0103	② 번식용 돼지
	0105	③ 번식용 닭
2. 다른 류에 분류되지 않은 동물성 생산품	0511	① 소의 정액
		② 동물의 정액(소의 것은 제외한다)
		③ 수정란
3. 식용의 채소 · 뿌리 · 괴경(塊莖)	0701	종자용 감자
4. 곡물		
5. 채유(採油)에 적합한 종자와 과실, 각종 종자와 과실, 공업용 · 의약용 식물, 짚과 사료용 식물	1005	종자용 옥수수
	1209	파종용의 종자 · 과실 · 포자(胞子)
6. 의료용품	3001	① 피부와 뼈(이식용으로 한정한다)
	3002	② 면역혈청 ③ 혈청과 혈장(합성인 것은 제외한다) ④ HSK번호 제3002.12.3000호, 제3002.13.0000호, 제3002.14.0000호의 것 ⑤ 사람의 피 ⑥ 동물의 피(치료용 · 예방용 · 진단용으로 조제한 것으로 한정한다)
	3822	⑦ 말라리아용 진단 시험 도구모음

7. 서적 · 신문 · 회화 · 그 밖의 인쇄물, tnwp)문서 · 타자문서 · 도면	4901	① 인쇄서적 · 소책자 · 리플릿(leaflet)과 이와 유사한 인쇄물(단매인지에 상관없다)
	4902	② 신문 · 잡지 · 정기간행물(그림이나 광고 선전물이 있는지에 상관없다)
	4903	③ 아동용 그림책과 습화책
	4904	④ 악보[인쇄나 수제(手製)의 것으로서 제본되었는지 또는 그림이 있는지에 상관없다]
	4905	⑤ 지도 · 해도나 이와 유사한 차트(제본한 것, 벽걸이용의 것, 지형도와 지구의를 포함하며, 인쇄한 것으로 한정한다)
	4906	⑥ 설계도와 도안[건축용 · 공학용 · 공업용 · 상업용 · 지형학용이나 이와 유사한 용도에 사용하는 것으로서 수제(手製) 원도(原圖)로 한정한다], 손으로 쓴 책자와 이들을 감광지에 사진복사 · 카본복사한 것
	4907	⑦ 사용하지 않은 우표 · 수입인지나 이와 유사한 물품(해당국에서 통용되거나 발행된 것으로 한정한다), 스탬프를 찍은 종이, 지폐, 수표, 주식 · 주권 · 채권과 이와 유사한 유가증권
	4911	⑧ 광고 선전물, 상업용 카탈로그(catalogue)와 이와 유사한 것 ⑨ 서화 · 디자인 및 사진을 제외한 그 밖의 인쇄물(인쇄된 설계도와 도안을 포함한다)
8. 원자로 및 그 부분품	8401	원자로, 방사선을 조사(照射)하지 않은 원자로용 연료요소(카트리지)와 동위원소 분리용 기기
9. 차량 · 항공기 · 선박과 수송기 관련품	8609	컨테이너(액체운반용 컨테이너를 포함하며, 하나 이상의 운송수단으로 운반할 수 있도록 특별히 설계되거나 구조를 갖춘 것으로 한정한다)
10. 철도용이나 궤도용 외의 차량과 그 부분품 · 부속품	8710	전차와 그 밖의 장갑차량[자주식(自走式)으로 한정하며, 무기를 장비하였는지에 상관없다], 이들의 부분품
11. 항공기와 우주선, 이들의 부분품	8802	① 그 밖의 항공기(헬리콥터는 제외한다), 우주선(인공위성을 포함한다), 우주선 운반로켓
	8804	② 로토슈트(rotochute) 및 로토슈트의 부분품과 부속품
	8805	③ 항공기 발진장치, 갑판 착륙장치나 이와 유사한 장치, 지상비행 훈련장치, 이들의 부분품(군용 · 경찰용의 것으로 한정한다)
	8806	④ 무인기
	8807	⑤ 관세율표 제8801호 · 제8802호 · 제8806호 물품의 부분품

12. 선박과 수상 구조물	8901	① 순항선 · 유람선 · 페리보트(ferry-boat) · 화물선 · 부선(barge)과 이와 유사한 선박(사람이나 화물 수송용으로 한정한다) 중 수리선박
	8902	② 어선과 어획물의 가공용이나 저장용 선박 중 수리선박
	8906	③ 군함을 제외한 그 밖의 선박(노를 젓는 보트 외의 구명보트를 포함한다) 중 수리선박
		④ 군함(수리선박을 포함한다)
13. 무기 · 총포탄과 이들의 부분품과 부속품	9301	① 군용 무기[리볼버(revolver) · 피스톨(pistol)과 관세율표 제9307호의 무기는 제외한다]
	9302	② 리볼버(revolver)와 피스톨(pistol)(관세율표 제9303호 · 제9304호의 것은 제외한다)
	9305	③ 리볼버(revolver) 또는 피스톨(pistol)(관세율표 제9302호의 것)의 부분품과 부속품 ④ 군용 무기(관세율표 제9301호의 것)의 부분품과 부속품
	9306	⑤ 폭탄 · 유탄 · 어뢰 · 지뢰 · 미사일과 이와 유사한 군수품과 이들의 부분품, 탄약, 그 밖의 총포탄 · 탄두와 이들의 부분품[산탄알과 탄약 안에 충전되는 와드(wad)를 포함한다]
	9307	⑥ 검류 · 창과 이와 유사한 무기, 이들의 부분품과 집
14. 술품 · 수집품 · 골동품	9701	① 회화 · 데생 · 파스텔(손으로 직접 그린 것으로 한정하며, 관세율표 제4906호의 도안과 손으로 그렸거나 장식한 가공품은 제외한다), 콜라주(collage)와 이와 유사한 장식판
	9702	② 오리지널 판화 · 인쇄화 · 석판화
	9703	③ 오리지널 조각과 조상(彫像)(어떤 재료라도 가능하다)
	9706	④ 골동품

관련 예규 협정세율이 0% 서화(4911)

사업자가 국내판매목적으로 인쇄된 서화를 해외로부터 수입하는 경우로서 해당 서화의 WTO 협정세율이 0%이어서 관세가 "0%"가 적용되는 경우에도 해당 서화가 「관세법」에 따른 관세율표번호 제4911.91-9000호로 분류(관세의 기본세율이 8%)되는 경우에는 「부가가치세법」 제27조제15호 및 같은 법 시행령 제56조에 따른 부가가치세 면제대상에 해당하지 아니하는 것입니다.(사전-2019-법령해석부가-0541, 2019.10.25.)

3-16 무연탄

무연탄의 수입에 대해서는 부가가치세를 면제한다.(조특법 §106② 1호)

3-17 선박

과세사업에 사용하기 위한 선박을 수입하는 경우에는 부가가치세를 면제한다. 다만, 제3자에게 판매하기 위하여 선박을 수입하는 경우는 제외한다(조특법 §106② 3호)

관련 예규 판매용 선박

선박 건조(판매)사업자가 판매용 선박을 수입하는 경우에는 「조세특례제한법」 제106조제2항 제3호에 따른 '과세사업에 사용하기 위한 선박' 수입에 해당하지 않으므로 선박수입시 부가가치세가 과세되는 것임(부가가치세제과-278, 2013.04.24.)

3-18 보세건설물품

과세사업에 사용하기 위한 관세법에 따른 보세건설물품은 부가가치세를 면제한다.(조특법 §106② 4호) 부가가치세가 면제되는 보세건설물품은 관세법의 규정에 의한 보세건설장에서 보세건설에 사용되는 부가가치세의 과세사업에 공할 시설의 시설재 및 설비재를 말한다.(간세1265-1947, 1980.06.28.)

▶ **관세면제와 부가가치세 면제 비교**

관세법		부가가치세법 제27조	
외교관용 물품 등의 면세	§88	11호	조약 또는 국제관습에 따른 면세
정부용품 등의 면세	§92	5호 15호	국가등에 기증되는 재화 관세가 무세이거나 감면되는 재화
종교용품, 자선용품, 장애인용품 등의 면세	§91	4호 15호	종교단체 등에 기증되는 재화 관세가 무세이거나 감면되는 재화
학술연구용품의 감면세	§90	3호	과학용 등으로 수입하는 재화
여행자 휴대품 및 이사물품 등의 감면세	§96	7호 8호	이사 등으로 수입되는 재화 여행자 휴대품 등의 물품

세율불균형물품의 면세	§89	15호	관세가 무세이거나 감면되는 재화
환경오염방지물품 등에 대한 감면세	§95	–	–
특정물품의 면세 등	§93	1호 10호 15호	미가공식료품 박람회 등 출품용 무상 수입물품 관세가 무세이거나 감면되는 재화
소액물품 등의 면세	§94	6호 9호	거주자가 받는 소액물품 견본과 광고용 물품
재수출감면세	§98	13호	재수출 조건의 일시 수입재화
재수출면세	§97		
재수입면세	§99	12호	수출된 후 다시 수입하는 재화
해외임가공물품 등의 감세	§101		
손상감세	§100	15호	관세가 무세이거나 감면되는 재화
–	–	2호 14호	도서, 신문 및 잡비 담배

4 수입재화의 과세표준

재화의 수입에 대한 부가가치세의 과세표준은 그 재화에 대한 관세의 과세가격과 관세, 개별소비세, 주세, 교육세, 농어촌특별세 및 교통 · 에너지 · 환경세를 합한 금액으로 한다.(부가법 §29②)

4-1 관세의 경감이 없는 경우

관세의 경감이 없는 경우 재화의 수입에 대한 부가가치세액은 다음 산식에 의하여 계산한다.(부기통 §27-51-1)

{(관세의 과세가격)+(징수하는 관세)+(징수하는 개별소비세)+(징수하는 주세)+(징수하는 교육세, 교통 · 에너지 · 환경세, 농어촌특별세)} ×(세율)=(부가가치세액)

4-2 관세의 경감이 있는 경우

관세의 경감이 있는 경우 재화의 수입에 대한 부가가치세액은 다음 산식에 의하여 계산한다.(부기통 §27-51-1)

[(관세의 과세가격)+{관세율표상의 해당 관세율에 의한 관세액(경감전의 관세액)}+(징수하는 개별소비세)+(징수하는 주세)+(징수하는 교육세, 교통 · 에너지 · 환경세, 농어촌특별세)]×(1-관세경감률)×(세율)=(부가가치세액)

보충 설명 수입물품의 교육세과 농어촌특별세 과세표준과 세율

① 교육세

과세표준	세율
개별소비세액	100분의 30 (종량세물품 중 등유등, 중유등, 부탄등, 부산물등은 100분의 15)
〈개별소비세 과세표준(개소법 §8①3호)〉 – 수입신고 때의 수량 – 수입신고 때의 관세의 과세가격+관세	
교통 · 에너지 · 환경세액	100분의 15
〈교통 · 에너지 · 환경세 과세표준(교세법 §6①)〉 – 수입신고 때의 수량 – 관세 징수하는 때의 수량	
주세액	100분의 10 (맥주, 증류주류, 기타주류 중 72% 세율 적용물품)
〈주세 과세표준(주세법 §21)〉 – 수입신고 때의 수량 – 수입신고 때의 관세의 과세가격+관세	

② 농어촌특별세

과세표준	세율
감면을 받는 소득세 · 법인세 · 관세 · 취득세 또는 등록에 대한 등록면허세의 감면세액	100분의 20
개별소비세액	100분의 10

주) 농어촌특별세법 제4조에 따라 관세법상 면세물품은 세율불균형물품(관세법 §89), 환경오염방지물품(관세법 §95), 특정물품(관세법 §93) 일부를 제외하고는 농어촌특별세도 비과세하고 있다.

사례 향수 수입시 과세표준 계산 사례

박통일이 프랑스에서 고급향수를 1,000,000원에 구입하여 세관장에게 수입신고하는 경우 부가가치세액 계산 사례(부가집 29-0-3).

1) 품목분류

품목번호		3303.00-1000	
품명	국문	향수	
	영문	Perfumes and scents	
구분기호		2020년	관세구분
A		8%	기본세율
C		6.5% / 6.5%	WTO협정세율(WTO일반양허관세)
E1		4.6%	아시아 · 태평양 협정세율(일반)

2) 부가가치세 계산

구분	가액	계산근거
① 관세 과세가격	1,000,000원	
② 관세	80,000원	1,000,000원 × 8%
③ 개별소비세	75,600원	(1,000,000원+80,000원) × 7%
④ 교육세	22,680원	75,600원 × 30%
⑤ 농어촌특별세	7,560원	75,600원 × 10%
⑥ 부가세과세표준	1,185,840원	(①+②+③+④+⑤)
⑦ 부가가치세	118,584원	⑥ × 10%

참고 과세표준과 세액조정

- 부가가치세법 제16조에 의한 세금계산서의 부가가치세액은 공급가액의 10%를 기재하는 것이며, 단수조정에 따른 실제청구금액의 결정은 거래당사자간의 약정이나 합의에 따라 결정할 사항인 것입니다.(서삼46015-11365, 2002.08.20.)

- **국고금관리법 제47조**(국고금의 끝수 계산)

① 국고금의 수입 또는 지출에서 10원 미만의 끝수가 있을 때에는 그 끝수는 계산하지 아니하고, 전액이 10원 미만일 때에도 그 전액을 계산하지 아니한다. 다만, 대통령령으로 정하는 경우에는 그러하지 아니하다.

② 국세의 과세표준액을 산정할 때 1원 미만의 끝수가 있으면 이를 계산하지 아니한다.

관세 예규 가산세의 내국세 과세표준에 관한 예규

수입 외국물품에 대한 내국세 부과에 있어 「관세법」 제241조 제4항에 따른 가산세의 세목은 관세이지만 관세율에 따라 부과되는 관세와는 다른 과태료 성격인 점에 비추어 내국세의 과세표준에 포함시킬 수 없다는 기획재정부장관의 유권해석이 있으니 업무에 참고할 것.(관세청예규 제217호, 2020-07-22)

관련 예규 개별소비세 과세대상 여부

물품의 주요기능, 물품의 제작자, 해당물품의 전시이력, 관세율표상 품목분류 등을 종합적으로 고려하여 해당물품이 예술품인 경우에는 개별소비세법 제1조제2항제2호나목2)의 과세대상이 되지 않는 것이며, 특정물품이 이에 해당하는지는 사실 판단할 사항입니다.(기획재정부 환경에너지세제과-452, 2022.09.16.)

4-3 기타 거래 과세표준 계산

(1) 무환수입

환거래가 수반되지 않은 무환 수입물품은 관세의 제1방법(관세법 §30)으로 과세가격을 결정할 수 없어 제2방법 이하(관세법 §31~§36)로 과세가격을 결정하고 그 과세가격에 부

가가치세액을 계산한다. 과세가격은 무환수입 물품금액, 수출국 운송비용, 수입시의 운임과 보험료 등으로 구성된다.

(2) 원료과세

부가가치세법상 재화의 수입은 외국물품을 보세구역에서 국내로 반입하는 것으로, 보세공장으로의 원료 반입은 재화의 수입에 해당하지 않고, 보세공장 제조물품은 보세작업으로 인해 원료에 새로운 가치가 부가되는 것이므로 부가가치세 과세표준은 수입신고 시점의 제품에 대한 관세의 과세가격이 되어야 한다. 따라서 보세공장 원료과세 대상물품의 수입신고 시 부가가치세 과세표준은 보세공장에서 반출시 제품가격을 과세표준으로 한다.(세원심사과, 2013-04-03)

5 수입세금계산서

세관장은 수입되는 재화에 대하여 부가가치세를 징수할 때(부가가치세의 납부가 유예되는 때 포함)에는 수입된 재화에 대한 수입세금계산서를 수입하는 자에게 발급하여야 한다.(부가법 §35 ①) 수입세금계산서는 전자수입세금계산서로 교부한다.(수입세금계산서 교부에 관한 고시 §2③)

5-1 발급의무자

수입세금계산서는 세관장이 발급한다.

5-2 발급대상

부가가치세가 과세되는 재화를 수입하는 경우 수입세금계산서 발급대상이다.

5-3 발급받는 자

수입세금계산서는 재화를 수입하는 자에게 발급하여야 한다. 수입되는 재화에 대하여 세금계산서를 교부받아야 할 '수입자'라 함은 그 수입의 효과가 실질적으로 귀속되는 자를 의미한다.(대법원2009두11546, 2011.04.28.)

(1) 수입세금계산서를 발급받을 사업장

여러 개의 사업장이 있는 사업자가 재화를 수입하는 경우 수입신고필증상 적혀 있는 사업장과 해당 재화를 사용 · 소비할 사업장이 서로 다른 때에는 수입재화를 실지로 사용 · 소비할 사업장명의로 세금계산서를 발급받을 수 있다.(부기통 35-72-1)

Part 02

5-4 교부시기

세금계산서 발급은 세관장이 부가가치세를 징수, 환급, 충당하는 때에는 수입세금계산서를 교부하여야 한다. 다만, 부가가치세법 또는 다른 법령에 따라 부가가치세의 징수를 유예하는 경우에는 실제로 부가가치세를 징수하는 때에 교부한다.(수입세금계산서 교부에 관한 고시 §2) 이 경우 부가가치세법에 따라 부가가치세 납부가 유예되는 때에는 수입세금계산서에 부가가치세 납부유예 표시를 하여 발급한다.(부가령 §72①)

(1) 일괄교부

세관장은 수입자별로 전월의 공급가액을 합계하여 해당 월의 말일을 발행일자로 하여 그 다음달 10일까지 수입세금계산서를 일괄하여 교부할 수 있다. 수입세금계산서의 일괄교부를 받으려는 자는 일괄교부를 받으려는 달의 전월 25일까지 일괄교부신청서를 부가가치세를 납부한 세관장에게 제출하여야 한다.(수입세금계산서 교부에 관한 고시 §5)

(2) 월별납부서단위의 수입세금계산서 교부

세관장은 관세법에 따른 월별납부 승인을 받은 자가 월별납부서단위로 수입세금계산서의 교부를 신청하는 경우에는 월별납부서단위의 수입세금계산서를 교부할 수 있다. 수입세금계산서를 교부받으려는 자는 월별납부 세액을 납부하기 전날까지 월별납부서단위의 수입세금계산서 교부신청서를 월별납부를 승인한 세관장에게 제출하여야 한다. 신청서류는 우편으로 제출할 수 있다.(수입세금계산서 교부에 관한 고시 §6)

(3) 수입세금계산서의 재교부

수입세금계산서의 재교부를 받으려는 자는 재교부신청서를 원래의 수입세금계산서를 교부한 세관장에게 제출하여야 한다.(수입세금계산서 교부에 관한 고시 §4)

5-5 거래형태별 발급방법

(1) 위탁(대행)수입

사업자가 재화의 수입을 위탁(대행)하는 경우에는 **수입위탁자의 명의**로 수입세금계산서를 교부받아야 한다. **수입대행자가 실질적으로 자기의 책임과 계산 하에 재화를 수입**하고 자기명의로 수입세금계산서를 교부받아 위탁자에게 당해 수입재화를 공급하는 경우에는 수탁자 명의의 수입세금계산서도 가능하다.(서면3팀–1122 2007.04.13.) 수입을 위탁받아 수입업체가 대행수입한 물품인 경우에는 그 물품의 수입을 위탁한 자가 관세의 납세의무자이다.(관세법 §19)

▶ 위탁수입 수입신고필증과 세금계산서 발급받는 자

수입신고필증	
⑩ 신고인	*** 합동관세사무소
⑪ 수입자	수탁자 을
⑫ 납세의무자	위탁자 갑

수입세금계산서 발급받는 자
수탁자 책임과 계산인 경우 가능
위탁자 갑(원칙)

관련 예규 수입대행의 면세적용

정부에서 직접 수입하는 군수품에 대하여는 부가가치세법 제12조 제2항 제14호 및 동법시행령 제46조 제1호 규정에 의하여 당해 재화 수입시 부가가치세가 면제되는 것이며, 이 경우 정부와 사업자간에 수입대행계약을 체결하여 사업자가 정부의 군수품을 대행수입하는 경우에도 정부가 군수품을 직접 수입하는 것으로 보는 것이나, 귀 질의의 경우 당해 재화의 군수품 해당 및 대행수입 여부는 관련거래의 실질내용에 따라 사실판단 할 사항임.(서면3팀 –386, 2005.03.21.)

(2) 조달사업에 관한 법률에 따라 물자 공급

조달사업에 관한 법률에 따라 물자가 공급되는 경우에는 세관장이 해당 실수요자에게 직접 세금계산서를 발급하여야 한다. 다만, 물자를 조달할 때에 그 물자의 실수요자를 알 수 없는 경우에는 조달청장에게 세금계산서를 발급하고, 조달청장이 실제로 실수요자에게 그 물자를 인도할 때에는 그 실수요자에게 세금계산서를 발급할 수 있다.(부가령 §69⑥)

Part 02

(3) 리스거래

납세의무가 있는 사업자가 여신전문금융업법 제3조에 따라 등록한 시설대여업자로부터 시설 등을 임차하고, 그 시설 등을 세관장으로부터 직접 인도받는 경우에는 세관장이 그 사업자에게 직접 세금계산서를 발급할 수 있다.(부가령 §69⑧)

⊕ 보충 설명 시설대여 관세납세의무자

「여신전문금융업법」에 따른 시설대여업자가 이 법에 따라 관세가 감면되거나 분할납부되는 물품을 수입할 때에는 관세법 제19조에도 불구하고 대여시설 이용자를 납세의무자로 하여 수입신고를 할 수 있다. 이 경우 **납세의무자는 대여시설 이용자가 된다.**(관세법 §105①)

(4) 세관장이 선 발급한 국내재화 및 용역거래

수입통관절차가 수반되는 국내거래 또는 수입재화와 필수적으로 부수되는 국내용역에 대하여 세관장이 수입세금계산서를 발급하는 경우에는 국내 재화 또는 용역의 공급자는 세금계산서를 발급하지 않는다.

관련 예규 세관장이 선 발급하는 경우

- **국내 재화의 공급**

  외국법인의 국내지점이 국내의 사업자와 계약에 의하여 부가가치세가 과세되는 재화를 국외의 외국법인 본점에서 수입하여 공급하는 경우에 있어서 국내 사업자가 자기 명의로 직접 당해 재화의 수입·통관 등 제반 수입절차를 이행하고 세관장으로부터 동 재화의 수입에 따른 수입세금계산서를 교부받는 경우 **외국법인의 국내지점은 국내사업자에게 동 재화의 공급에 대하여 별도의 세금계산서를 교부할 의무가 없는 것임.**(서삼46015-10230, 2003.02.20.)

■ 사업자가 국내사업장이 있는 외국법인의 본사와 직접 기계장치 (이하 "장비") 구입에 관한 계약을 체결하고 장비 대금과 장비 설치에 필수적으로 부수되는 용역대금을 합한 금액에 대하여 수입신용장을 개설하여 기자재를 수입하는 경우에 있어서 세관장이 장비대금 및 장비설치 용역대금을 합한 금액에 대하여 수입세금계산서를 교부한 때에는 외국법인의 국내사업장에서 해당 장비 설치용역 부분에 대하여 「부가가치세법」 제32조에 따라 세금계산서를 다시 발급하지 아니하는 것입니다.(서면-2022-법규부가-0781 [법규과-244], 2023.01.26.)

■ **국내 용역의 공급**

국내사업장이 있는 외국법인(A)이 국내사업자에게 외국산기자재의 조달과 함께 동 기자재의 설치, 조립, 시운전 등 기술용역을 제공하기로 하고 다시 A는 자국내에서 국내사업장이 있는 다른 법인(B)과동 기자재 및 기술용역 공급에 관한 계약을 체결하여 동 기술용역을 B의 국내사업장에서 제공하는 경우 부가가치세 과세는 다음과 같음.

가) 국내사업자와 A와의 계약에 의하여 기자재의 대가와 기술용역의 대가가 명백히 구분되는 경우에는 동 기술용역에 대하여는 A의 국내사업장에서 부가가치세가 과세되는 것이나, 그 대가가 명백히 구분되지 아니하여 **세관장이 수입시 기자재대가와 기술용역의 대가를 합한 금액으로 수입세금계산서를 교부한 경우에는 그러하지 아니함.**

나) B의 국내사업장에서는 동 기술용역에 대하여 A의 국내사업장을 공급받는자로 하여 세금계산서를 교부하여야 하는 것이며, 이를 교부받은 A의 국내사업장은 자기의 매출세액에서 매입세액으로 공제받을 수 있는 것임.(부가22601-60, 1991.01.14.)

(5) 기타거래

① 통관비용

국제물류주선업자가 국제복합운송계약에 따라 화주로부터 화물을 인수하고 자기책임과 계산으로 타인의 운송수단을 이용하여 화물을 운송하는 과정에서 관세사로부터 제공받은 통관용역에 대하여는 해당 관세사가 국제물류주선업자를 공급받는 자로 하여 세금계산서를 발급하는 것임.(기획재정부부가 -354, 2014.05.20.)

② 장치기간 경과 물품

사업자(이하 "화주")가 외국에서 물품을 매입하여 보세구역으로 반입하였으나 장치기간이 경과하여 세관장이 「관세법」 제210조에 따라 경쟁입찰방식으로 해당 물품을 매각한 후 **화주에게 수입세금계산서를** 발급한 경우로서 세관장이 해당 물품의 부가가치세를 합하여 매각예정가격을 산출, 공고하고 물품의 **낙찰자로부터 부가가치세를 징수한 경우 화주는 낙찰자에게** 「부가가치세법」 제15조에 따른 재화의 공급시기에 낙찰금액의 110분의 100을 공급가액으로 하여 같은 법 제32조에 따라 **세금계산서를 발급**하는 것임.(부가2020-1401, 2020.05.29)

관세 예규 재화의 수입에 대한 부가가치세 부과에 관한 예규

제4조(공매물품에 대한 부가세 징수)

① 「관세법」 제208조에 따라 보세구역에 반입된 외국물품이 장치기간을 경과하여 매각한 때에는 매각물품의 낙찰자로부터 부가세를 징수한다.

② 매각예정가격 산정 및 부가세 징수방법에 대하여 입찰공고 시에 계약금액을 낙찰금액과 부가세액을 합산한 금액으로 한다는 내용을 알려야 한다.

③ 보세구역 반입 후 국내로 반품하는 경우

보세구역에 반입되어 관세 등을 환급받은 물품은 수출용 원재료에 대한 관세 등의 환급에 관한 특례법 제18조제2항에 따라 관세법 등을 적용할 때 외국물품으로 보는 것이므로 해당 물품을 판매 부진 등의 사유로 보세구역 외의 국내로 반품하는 경우 부가가치세법 제16조제5항에 따라 세관장은 해당 물품을 반품받은 수입자에게 수입세금계산서를 발급하는 것임.(법규부가2013-58, 2013.05.27)

6 수정 수입세금계산서

세금계산서 또는 전자세금계산서의 기재사항을 착오로 잘못 적거나, 세금계산서 또는 전자세금계산서를 발급한 후 그 기재사항에 관하여 수정 사유가 발생하면 수정 수입세금계산서 또는 수정한 전자수입세금계산서를 발급할 수 있다. '23년 부가가치세법 개정으로 앞으로는 납세자가 관세포탈죄 등으로 고발되거나 통고처분을 받은 경우 등을 제외하고는 원칙적으로 수정수입세금계산서를 발급할 수 있다.

6-1 발급사유

(1) 수입자의 수정신고 등

세관장이 과세표준 또는 세액을 결정 또는 경정하기 전에 수입하는 자가 수정신고 등을 하는 경우에는 수입하는 자에게 수정수입세금계산서를 발급하여야 한다.(부가법 §35②) 다만, 수정수입세금계산서를 발급한 후 수입하는 자가 발급불가사유에 해당하는 사실을 알게 된 경우에는 이미 발급한 수정수입세금계산서를 그 수정 전으로 되돌리는 내용의 수정수입세금계산서를 발급하여야 한다.(부가법 §35③)

① 수정신고 등의 범위

부가가치세법 시행령 제72조 제2항에서는 수입자 신고의 범위를 다음과 같이 규정하고 있다.

신고 범위	내용
잠정가격 신고	납세의무자는 잠정가격으로 가격신고를 하였을 때에는 2년의 범위안에서 세관장이 지정하는 기간 내에 해당 물품의 확정된 가격을 세관장에게 신고하여야 한다.(관세법 §28②)
보정신청	납세의무자는 신고납부한 세액이 부족하다는 것을 알게 되거나 세액산출의 기초가 되는 과세가격 또는 품목분류 등에 오류가 있는 것을 알게 되었을 때에는 신고납부한 날부터 6개월 이내에 해당 세액을 보정(補正)하여 줄 것을 세관장에게 신청하거나 세관장은 납세의무자에게 해당 보정기간에 보정신청을 하도록 통지할 수 있다.(관세법 §제38조의2①, ②)
수정신고	납세의무자는 신고납부한 세액이 부족한 경우에는 보정기간이 지난 날부터 관세부과의 기간이 끝나기 전까지 수정신고를 할 수 있다.(관세법 §제38조의3①)
경정청구	납세의무자는 신고납부한 세액이 과다한 것을 알게 되었을 때에는 최초로 납세신고를 한 날부터 5년 이내에 신고한 세액의 경정을 세관장에게 청구할 수 있다.(관세법 §제38조의3②)
후발적 경정청구	납세의무자는 최초의 신고 또는 경정에서 과세표준 및 세액의 계산근거가 된 거래 또는 행위 등이 그에 관한 소송에 대한 판결(판결과 같은 효력을 가지는 화해나 그 밖의 행위를 포함한다)에 의하여 다른 것으로 확정되는 등의 사유가 발생하여 납부한 세액이 과다한 것을 알게 되었을 때에는 그 사유가 발생한 것을 안 날부터 2개월 이내에 납부한 세액의 경정을 세관장에게 청구할 수 있다.(관세법 §제38조의3③)
이전가격 경정청구	납세의무자는 관할 지방국세청장 또는 세무서장이 해당 수입물품의 거래가격을 조정하여 과세표준 및 세액을 결정 · 경정 처분하거나 사전승인을 함에 따라 그 거래가격과 이 법에 따라 신고납부 · 경정한 세액의 산정기준이 된 과세가격 간 차이가 발생한 경우에는 그 결정 · 경정 처분 또는 사전승인이 있음을 안 날부터 3개월 또는 최초로 납세신고를 한 날부터 5년 내에 세관장에게 세액의 경정을 청구할 수 있다.(관세법 §제38조의4①)

관세환급 청구 등	세관장은 납세의무자가 관세 · 가산세 또는 체납처분비의 과오납금 또는 환급세액의 환급을 청구할 때에는 지체 없이 이를 관세환급금으로 결정하고 30일 이내에 환급하여야 한다.(관세법 §46)
과다환급 관세징수	세관장은 관세환급금의 환급에 있어서 그 환급액이 과다한 것을 알게 되었을 때에는 해당 관세환급금을 지급받은 자로부터 과다지급된 금액을 징수하여야 한다.(관세법 §47)
계약상이 관세환급	수입신고가 수리된 물품이 계약 내용과 다르고 수입신고 당시의 성질이나 형태가 변경되지 아니한 경우 해당 물품이 수입신고 수리일부터 1년 이내에 보세구역 등에 이를 반입하였다가 다시 수출하는 경우에는 그 관세를 환급한다.(관세법 §106)

⊕ 보충 설명 원산지증빙서류의 수정신고

■ **원산지증빙서류의 수정신고**

수입자는 체약상대국의 물품에 대한 원산지증빙서류를 작성한 자나 해당 물품에 대한 수입신고를 수리한 세관장으로부터 원산지증빙서류의 내용에 오류가 있음을 통보받은 경우로서 그 오류로 인하여 납세신고한 세액 또는 신고납부한 세액에 부족이 있을 때에는 수입자가 원산지증빙서류의 내용에 오류가 있음을 통보받은 날부터 30일 이내로서 관세청장 또는 세관장으로부터 해당 물품에 대하여 서면조사 통지를 받기 전 날까지 세관장에게 세액정정 · 세액보정 신청 또는 수정신고를 하여야 한다.(FTA관세법 §14)

■ **가산세 미징수**

수입자가 원산지증빙서류의 수정신고를 하는 경우로서 원산지 조사의 통지를 받기 전에 수정신고를 하는 경우 등 FTA관세령 제47조 제3항의 감면사유에 해당하는 경우에는 가산세의 전부 또는 일부를 징수하지 아니한다.(FTA관세법 §36②)

(2) 세관장의 결정 또는 경정

세관장이 과세표준 또는 세액을 결정 또는 경정하는 경우에는 수정수입세금계산서를 발급하여야 한다. 다만, 발급 불가사유에 해당하는 경우에는 수정수입세금계산서를 발급하지 않는다.(부가법 §35②2호)

(3) 관세조사에 따른 수정신고

수입하는 자가 세관공무원의 관세조사 등에 따라 과세표준 또는 세액이 결정 또는 경정될 것을 미리 알고 그 결정 · 경정 전에 수정신고하는 경우에도 수정수입세금계산서를 발급하여야 한다. 다만, 발급 불가사유에 해당하는 경우에는 수정수입세금계산서를 발급하지 않는다.(부가법 §35②3호)

① 관세조사 등의 범위(부가령 §72③)

1. 관세 조사 또는 관세 범칙사건에 대한 조사를 통지하는 행위 2. 세관공무원이 과세자료의 수집 또는 민원 등을 처리하기 위하여 현지출장이나 확인업무에 착수하는 행위 3. 그 밖에 제1호 또는 제2호와 유사한 행위

6-2 발급 불가사유

(1) 관세포탈죄 등을 위반하여 고발되거나 통고처분을 받은 경우

관세포탈죄(관세법 §270), 관세포탈미수범(관세법 §271②), 가격조작죄(관세법 §270조의2) 또는 허위신고죄(관세법 §276)를 위반하여 고발되거나 통고처분을 받은 경우에는 수정수입세금계산서를 발급하지 않는다.(부가법 §35②2호) 다만, 수입하는 자가 무죄 취지의 불기소처분이나 무죄 확정판결을 받은 경우에는 당초 세관장이 결정 또는 경정한 내용이나 수입하는 자가 수정신고한 내용으로 수정수입세금계산서를 발급하여야 한다.(부가법 §35④)

(2) 부정한 행위 또는 부당한 방법으로 과소신고한 경우

부정한 행위(관세법 §42②) 또는 부당한 방법(FTA이행법 §36①1호 단서)으로 관세의 과세표준 또는 세액을 과소신고한 경우에는 수정수입세금계산서를 발급하지 않는다.(부가법 §35②2호)

(3) 중대한 잘못이 있는 경우

수입자가 과세표준 또는 세액을 신고하면서 관세조사 등을 통하여 이미 통지받은 오류를 다음 신고 시에도 반복하는 등 중대한 잘못이 있는 경우에는 수정수입세금계산서를 발급하지 않는다.(부가법 §35②2호)

① **중대한 잘못의 범위**(부가령 §72④)

1. 세관장이 과세가격의 결정과 관계되는 자료 및 증명자료를 제출하도록 요구하였으나 수입자가 같은 제출기한(자료제출을 요구받은 날부터 60일 이내)까지 제출하지 않거나 거짓의 자료를 제출하는 경우 2. 관세 심사 또는 조사를 통하여 과세표준 또는 세액의 과소신고에 관한 오류를 통지받은 후에도 부가가치세에 관한 다음 신고 시에도 그 오류를 반복하는 경우 3. 보정신청을 하도록 통지하였으나 정당한 사유 없이 수입자가 보정신청 또는 수정신고를 하지 않은 경우 4. 수입관련거래에 관한 사항을 적은 서류 또는 송품장, 계약서, 각종 비용의 금액 및 산출근거를 나타내는 증빙자료 또는 기타 가격신고의 내용을 입증하는 데에 필요한 자료 등 과세자료의 내용이 객관적 사실과 명백히 다른 경우 등 해당 서류 또는 과세자료에 중대한 하자가 있는 경우(수입자의 착오 또는 경미한 과실로 인한 경우는 제외한다)

6-3 작성방법

수정 수입세금계산서를 발급하는 경우에는 부가가치세를 납부받거나 징수 또는 환급한 날을 작성일로 적고 비고란에 최초 수입세금계산서 발급일 등을 덧붙여 적은 후 추가되는 금액은 검은색 글씨로 쓰고, 차감되는 금액은 붉은색 글씨로 쓰거나 음(陰)의 표시를 하여 발급한다.(부가령 §72⑤)

(1) 공급가액에 추가 또는 차감되는 금액이 발생한 경우

공급가액에 추가 또는 차감되는 금액이 발생한 경우에는 **증감사유가 발생한 날을 작성일자**로 하여 추가되는 금액은 정(+)의 세금계산서를 교부하고, 차감되는 금액은 부(-)의 세금계산서를 교부한다.(수입세금계산서 교부에 관한 고시 §3③)

(2) 필요적 기재사항 등이 착오로 잘못 기재된 경우

필요적 기재사항 등이 착오로 잘못 기재된 경우에는 **당초 작성일자**로 공급가액과 세액 앞에 각각 부(-)표시한 수입세금계산서와 기재사항을 정정한 수정수입세금계산서를 함께 교부한다.(수입세금계산서 교부에 관한 고시 §3③)

(3) 일괄 또는 월별수입세금계산서

세관장은 일괄수입세금계산서 또는 월별납부서단위의 수입세금계산서를 수정하려는 경우에는 개별수입세금계산서를 수정한 후 정정된 일괄수입세금계산서 또는 월별납부서단위의 수입세금계산서를 교부한다.(수입세금계산서 교부에 관한 고시 §3④)

6-4 세관장 발급

세관장은 '수정수입세금계산서 발급사유'에 해당하는 경우에는 수입하는 자에게 수정수입세금계산서를 발급하여야 한다.(부가령 §35②)

(1) 발급 후 불가사유가 발생한 경우

세관장은 결정 · 경정 또는 수정신고에 따라 수정수입세금계산서를 발급한 후 수입하는 자가 '발급 불가사유'에 해당하는 사실을 알게 된 경우에는 이미 발급한 수정수입세금계산서를 그 수정 전으로 되돌리는 내용의 수정수입세금계산서를 발급하여야 한다.(부가령 §35③)

(2) 후발적 사유가 발생한 경우

세관장은 '수정수입세금계산서 발급 불가사유'에 해당하여 수정수입세금계산서를 발급하지 아니하였거나 수정수입세금계산서를 다시 발급한 이후에 수입하는 자가 무죄 취지의 불기소 처분이나 무죄 확정판결을 받은 경우에는 당초 세관장이 결정 또는 경정한 내용이나 수입하는 자가 수정신고한 내용으로 수정수입세금계산서를 발급하여야 한다.(부가령 §35④)

6-5 발급신청

세관장이 수정수입세금계산서를 발급하지 아니하는 경우 국세 부과제척기간 내에 세관장에게 수정수입세금계산서의 발급을 신청할 수 있다.(부가법 §35⑤)

(1) 신청시기

수입하는 자는 국세기본법 제26조의2제1항이나 같은 조 제6항제1호에 따른 기간 내에 세관장에게 발급을 신청해야 한다.(부가법 §35⑤)

관련 법령 국세기본법 제26조의2(국세의 부과제척기간)

① 국세를 부과할 수 있는 기간(이하 "부과제척기간"이라 한다)은 국세를 부과할 수 있는 날부터 5년으로 한다. 다만, 역외거래[「국제조세조정에 관한 법률」 제2조제1항제1호에 따른 국제거래(이하 "국제거래"라 한다) 및 거래 당사자 양쪽이 거주자(내국법인과 외국법인의 국내사업장을 포함한다)인 거래로서 국외에 있는 자산의 매매 · 임대차, 국외에서 제공하는 용역과 관련된 거래를 말한다. 이하 같다]의 경우에는 국세를 부과할 수 있는 날부터 7년으로 한다.

⑥ 제1항부터 제5항까지의 규정에도 불구하고 지방국세청장 또는 세무서장은 다음 각 호의 구분에 따른 기간이 지나기 전까지 경정이나 그 밖에 필요한 처분을 할 수 있다.

1. 제7장에 따른 이의신청, 심사청구, 심판청구, 「감사원법」에 따른 심사청구 또는 「행정소송법」에 따른 소송에 대한 결정이나 판결이 확정된 경우: 결정 또는 판결이 확정된 날부터 1년

(2) 신청서 제출

수정수입세금계산서를 발급받으려는 자는 **수정수입세금계산서 발급신청서**를 해당 부가가치세를 징수한 세관장에게 제출하여야 한다.(부가령 §72⑥) 부가가치세를 징수한 세관장은 원래의 수입세금계산서를 교부한 세관장이다.(수입세금계산서 교부에 관한 고시 §3②)

(3) 발급 통지

수정수입세금계산서 신청을 받은 세관장은 신청을 받은 날부터 2개월 이내에 수정수입세금계산서를 발급하거나 발급할 이유가 없다는 뜻을 신청인에게 통지하여야 한다.(부가령 §72⑦)

7 부가가치세 신고 · 납부

7-1 재화의 수입에 대한 신고 · 납부

납세의무자가 재화의 수입에 대하여 관세법에 따라 관세를 세관장에게 신고하고 납부하는 경우에는 재화의 수입에 대한 부가가치세를 함께 신고하고 납부하여야 한다.(부가법 §50)

7-2 세관장의 징수

재화의 수입에 대한 부가가치세는 세관장이 관세법에 따라 징수한다.(부가법 §58②) 세관장이 부가가치세를 징수할 때(납부받거나 환급할 때를 포함한다)에는 관세법 제11조, 제16조부터 제19조까지, 제38조(신고납부), 제38조의2부터 제38조의4까지, 제39조, 제41조, 제43조, 제46조, 제47조 및 제106조, 제106조의2에 따른다.(부가령 §105)

▶ 관세법 준용규정

관세법	내용
제11조	납세고지서 송달
제16조	과세물건 확정의 시기
제17조	적용법령
제18조	과세환율
제19조	납세의무자
제38조	신고납부
제38조의2	보정
제38조의3	수정 및 경정
제38조의4	수입물품의 과세가격 조정에 따른 경정
제39조	부과고지
~~제41조~~	~~가산금~~ 〈2019. 12. 31. 삭제〉

제43조	관세의 현장 수납
제46조	관세환급금의 환급
제47조	과다환급관세의 징수
제106조	계약 내용과 다른 물품 등에 대한 관세 환급
제106조의2	수입한 상태 그대로 수출되는 자가사용물품 등에 대한 관세 환급

7-3 납부유예

수출 중소 · 중견기업의 자금 부담 완화를 위하여 일정 요건을 갖춘 중소 · 중견기업에 대해서는 재화를 수입할 때 세관장에게 납부하던 부가가치세의 납부를 유예하고, 이후 세무서장에게 납부세액 등을 신고할 때 납부가 유예된 부가가치세를 납부할 수 있다.

(1) 신청 기업

매출액에서 수출액이 차지하는 비율 등 다음의 요건을 모두 충족하는 중소 · 중견사업자가 신청할 수 있다.(부가법 §제50조의2)

① 업종 및 규모요건

직전 사업연도에 조세특례제한법 시행령 제2조에 따른 중소기업 또는 같은 영 제4조제1항에 따른 중견기업에 해당하는 법인(조세특례제한법」 제6조제3항제2호에 따른 제조업을 주된 사업으로 경영하는 기업에 한정한다)이어야 한다.(부가령 §91조의2)

② 수출요건

직전 사업연도에 영세율을 적용받은 재화의 공급가액의 합계액(수출액)이 규모별 수출요건을 충족해야 한다.(부가령 §91조의2)

▶ **규모별 수출요건**

중소기업	직전 사업연도에 공급한 재화 또는 용역의 공급가액의 합계액에서 수출액이 차지하는 비율이 30퍼센트 이상이거나 수출액이 50억원 이상일 것
중견기업	직전 사업연도에 공급한 재화 또는 용역의 공급가액의 합계액에서 수출액이 차지하는 비율이 3퍼센트 이상일 것

③ **성실요건**

확인 요청일 신청인이 성실 요건을 모두 충족해야 한다.(부가령 §91조의2)

▶ 성실 요건

> ㉮ 최근 3년간 계속하여 사업을 경영하였을 것
> ㉯ 최근 2년간 국세(관세를 포함한다)를 체납(납세고지서에 따른 납부기한의 다음 날부터 15일 이내에 체납된 국세를 모두 납부한 경우는 제외한다)한 사실이 없을 것
> ㉰ 최근 2년간 조세범처벌법 또는 관세법 위반으로 처벌받은 사실이 없을 것
> ㉱ 최근 2년간 부가가치세 납부유예가 취소된 사실이 없을 것

(2) 대상 재화

부가가치세 납부유예 대상 재화는 중소 · 중견사업자가 자기의 과세사업에 사용하기 위한 재화를 말한다. 다만, 매출세액에서 공제되지 아니하는 매입세액과 관련된 재화는 제외한다.(부가령 §91조의2②)

(3) 신청 절차

① **세무서 확인서 발급**

중소 · 중견사업자는 직전 사업연도에 대한 법인세법 신고기한(연결 포함) 또는 부가가치세 확정 신고기한의 만료일 중 늦은 날부터 3개월 이내에 관할 세무서장에게 요건의 충족 여부의 확인을 요청할 수 있다.(부가령 §91조의2③) 관할 세무서장은 요청일부터 1개월 이내에 '재화의 수입에 대한 부가가치세 납부유예 요건 확인서'를 해당 중소 · 중견사업자에게 발급하여야 한다.(부가령 §91조의2④)

② **세관장 승인 신청**

부가가치세의 납부를 유예받으려는 중소 · 중견사업자는 확인서를 첨부하여 부가가치세 납부유예 적용 신청서를 관할 세관장에게 제출하여야 한다.(부가령 §91조의2⑤) 관할 세관장은 세무서장이 발급한 '재화의 수입에 대한 부가가치세 납부유예 요건 확인서'와 납부유예요건을 심사한 결과 중소 · 중견사업자가 해당 요건을 모두 충족하는 경우에는 납부유예 중소 · 중견사업자로 승인을 한다. 이 경우 납부유예 중소 · 중견사업자의 승인 유효기간은 1년으로 한다.(부가령 §91조의2⑧)

③ **납부유예 표시 수입세금계산서의 발급**

부가가치세의 납부가 유예되는 경우 세관장은 수입세금계산서의 비고란에 부가가치세 납부유예를 표시하여 발급한다.

▶ **《세관장 심사항목》 재화의 수입에 대한 부가가치세 납부유예제도 운영에 관한 지침**

> ① 최근 2년간 관세(수입물품에 대하여 세관장이 부과 · 징수하는 내국세 등을 포함)를 체납한 사실이 없을 것
> ② 최근 3년간 「관세법」 위반으로 처벌받은 사실이 없을 것
> ③ 최근 2년간 부가가치세 납부유예가 취소된 사실이 없을 것

(4) 부가가치세 정산 납부

납부를 유예받은 중소 · 중견사업자는 납세지 관할 세무서장에게 예정신고 또는 확정신고를 할 때 공제하는 매입세액과 납부가 유예된 세액을 정산하여 납부하여야 한다. 이 경우 납세지 관할 세무서장에게 납부한 세액은 세관장에게 납부한 것으로 본다.(부가령 §91조의2⑨)

(5) 납부유예의 취소

세관장은 부가가치세의 납부가 유예된 중소 · 중견사업자가 국세를 체납하는 등 취소사유가 발생한 경우에는 그 납부의 유예를 취소할 수 있다. 이 경우 세관장은 해당 중소 · 중견사업자에게 그 취소 사실을 통지하여야 한다.(부가법 §제50조의2③)

▶ **납부유예 취소사유**

> ① 해당 중소 · 중견사업자가 국세를 체납한 경우
> ② 해당 중소 · 중견사업자가 조세범처벌법 또는 관세법 위반으로 국세청장 · 지방국세청장 · 세무서장 또는 관세청장 · 세관장으로부터 고발된 경우
> ③ 부가가치세 납부유예요건을 충족하지 아니한 중소 · 중견사업자에게 납부유예를 승인한 사실을 관할 세관장이 알게 된 경우

관련 예규 본 · 지점 통합된 경우 납부유예 승계

2개의 사업장을 가진 법인사업자가 지점명의로 「부가가치세법」 제50조의2에 따라 재화의 수입에 대한 부가가치세 납부유예를 승인받은 후 본점을 지점사업장 소재지로 이전하여 본 · 지점이 통합된 경우 해당 지점이 적용받던 납부유예 승인의 효력은 본점에 승계되는 것입니다.(부가2018-2018, 2018.08.14)

7-4 매입세액공제

사업자가 자기의 사업을 위하여 사용하였거나 사용할 목적으로 수입하는 재화의 수입에 대한 부가가치세의 매입세액은 재화의 수입시기가 속하는 과세기간의 매출세액에서 공제한다.(부가법 §38③)

(1) 공제요건

① 수입세금계산서 수령

부가가치세 납부세액에서 매입세액을 공제받으려면 재화를 수입할 때 세관장으로부터 수입세금계산서를 받아 예정신고 또는 확정신고를 할 때 매입처별세금계산서합계표를 제출해야 공제가능하다. 즉, 수입세금계산서를 수령하는 것이 매입세액공제에 있어서 기본적인 전제이다. 하지만, 발급받은 수입세금계산서에 필요적 기재사항의 전부 또는 일부가 적히지 아니하였거나 사실과 다르게 적힌 경우에는 매입세액을 공제받을 수 없다.(부가법 §39①호)

② 자기의 사업을 위하여

자기의 사업을 위한 수입이기 때문에 수입대행자가 수입세금계산서를 자기명의로 발급받은 경우에는 원칙적으로 해당 매입세액은 수입대행자의 매입세액으로 공제받을 수 없다. 또한 사업외의 개인적 사용 또는 소비를 목적으로 수입하는 경우에도 매입세액을 공제받을 수 없다. 대법원 판례에서는 '자기의 사업을 위하여 사용되었거나 사용될 재화 또는 용역의 공급에 대한 세액'은 동일한 사업장 내에서 그 사업장의 사업상 필요에 의하여 사용되었거나 사용될 재화 등의 공급에 대한 세액을 의미한다고 보고 있다.(대법원2005두14608, 2006.01.26.)

③ 사용하였거나 사용할 목적

자기 과세사업의 부가가치창출에 이미 투입되거나 투입될 예정으로 재고상태인 경우에도 수입하는 시점에 매입세액을 공제받을 수 있다.

(2) 공제시기

재화의 수입에 대한 부가가치세의 매입세액은 **재화의 수입시기가 속하는 과세기간**의 매출세액에서 공제한다.(부가법 §38③) 사업자가 자기의 사업과 관련된 재화의 수입에 따른 수입세금계산서를 수입일이 속하는 **과세기간 경과 후에 발급받은 때**에는 수입세금계산서를 **발급받은 날이 속하는 과세기간**의 매출세액에서 공제받을 수 있다.(부기통 38-0-7)

Part 02

관련 예규 경정 또는 수정 수입세금계산서 공제시기 등

- 외국으로부터 재화를 수입하는 수입업자가 재화를 수입하고 세관장으로부터 수입세금계산서를 교부받은 후 당초 수입한 재화에 대하여 관할세관장이 **경정**하여 추가로 관세 및 부가가치세를 부담하고 **추가 수입세금계산서를 교부받은 경우**, 당해 수입세금계산서의 매입세액은 부가가치세법 제17조 제1항의 규정에 의하여 그 **수입세금계산서를 교부받은 날**이 속하는 과세기간에 자기의 매출세액에서 공제하거나 환급할 세액에 가산하여 환급받을 수 있는 것입니다.(서면인터넷방문상담3팀-2530, 2004.12.13.)

- 조세심판원의 결정에 따라 세관장으로부터 납부일을 작성 연월일로 기재한 수정수입세금계산서를 **작성 연월일이 속하는 과세기간을 경과하여 발급받은 경우** 해당 수정수입세금계산서의 매입세액은 **작성 연월일이 속하는 과세기간의 매출세액에서 공제 가능함**(기획재정부 부가가치세제과-364, 2017.07.20.)

- 외국법인이 국내 갑법인으로부터 제품의 제조·구매계약을 체결하여 제품을 구매하고 해당 제품을 국내 을법인에게 공급함에 있어 외국법인의 국내지점(이하 "국내지점")이 제품매매 거래와 관련된 물류지원 및 재고분석 지원, 품질관리지원, 재무지원 등 행정적 · 실무적 지원용역(이하 "지원용역")을 제공하는 경우, 국내지점은 제품매입과 관련하여 갑법인으로부터 세금계산서를 수취하고 제품매출에 대하여 을법인에게 세금계산서를 발급하는 것이며 갑법인으로부터 수취한 세금계산서상 매입세액은 「부가가치세법」 제38조에 따라 매출세액에서 공제하는 것입니다.(서면-2023-부가-2156 [부가가치세과-1939], 2023.07.19.)

■ 국내 갑법인이 국외 A법인으로부터 재화를 구입하여 국외에서 국내 을법인에 공급하고 국내 을법인이 해당 재화에 대한 수입·통관 등 수입절차를 이행하여 국내 반입하는 경우로서 국내 을법인이 항공화물운송장 등 운송관련서류를 국외 운송사로부터 교부받는 경우 국내 갑법인이 국내 을법인에 공급하는 재화는 부가가치세 과세대상에 해당하지 아니하며, 이 경우 국내 갑법인은 국내 을법인에 「법인세법」 제121조에 따라 계산서를 작성·발급하여야 하는 것입니다.(사전-2023-법규부가-0733, 2024.01.10.)

(3) 거래형태별 매입세액 공제

① 2개 이상 사업장

여러 개의 사업장이 있는 사업자가 재화를 수입하는 경우 수입신고필증상 적혀 있는 사업장과 해당 재화를 사용 · 소비할 사업장이 서로 다른 때에는 수입재화를 실지로 사용 · 소비할 사업장명의로 세금계산서를 발급받을 수 있다.(부가통 35-72-1) 따라서, 2개 이상의 사업장이 있는 사업자가 재화를 수입하면서 당해 재화를 직접 사용 · 소비 · 판매할 사업장의 등록번호가 기재된 수입세금계산서가 아닌 단지 형식상의 수입신고 명의인에 불과한 다른 사업장의 등록번호가 기재된 수입세금계산서를 교부받는 것은 수입세금계산서에 필요적 기재사항이 사실과 다르게 기재된 경우에 해당하여 그 매입세액은 매출세액에서 공제될 수 없다고 할 것이다.(대법원2013두11796, 2013.11.14.)

② 면세재화 수입 시 납부한 매입세액

부가가치세 과세사업을 위하여 사용되었거나 사용될 재화 또는 용역의 공급에 대한 매입세액은 매출세액에서 공제할 수 있는 것이나, 면세사업 등과 관련된 매입세액은 「부가가치세법」 제39조 제1항 제7호에 따라 매출세액에서 공제되지 아니하는 것입니다.(부가가치세과-987, 2017.04.25.)

③ 무환수입

내국법인이 국내사업장이 없는 국외관계사와의 계약에 따라 국외관계사가 그 국내 파트너사에게 제공하는 유지보수서비스를 지원하기로 하고 국외로부터 수리용부품을 무환으로 수입하면서 부담한 부가가치세액은 유지보수서비스의 주체가 무환으로 부품을 수입 통관한 내국법인이 아닌 경우에는 내국법인의 매출세액에서 공제할 수 없는 것이나, 당해 수입된 수리용부품이 내국법인의 사업을 위하여 사용되었거나 사용될 재화에 해당하는 경우에는 그러하지 아니하는 것임. 이 경우 내국법인의 사업을 위하여 사용되었거나 사용될 재화인지 여부는 사실판단할 사항임.(재부가-467, 2010.07.12.)

④ **위탁**(대행)**수입**

사업자가 재화의 수입을 위탁하는 경우에는 수입위탁자의 명의로 수입세금계산서를 교부받아야 하는 것이므로 수입대행자가 수입세금계산서를 자기명의로 교부받은 경우 당해 매입세액은 부가가치세법 제17조 제2항의 규정에 의하여 수입대행자의 매입세액으로 공제받을 수 없으나, 다만, 수입대행자가 실질적으로 자기의 책임과 계산하에 재화를 수입하고 자기명의로 수입세금계산서를 교부받아 위탁자에게 당해 수입재화를 공급하는 경우에는 그러하지 아니하는 것으로 귀 질의가 이에 해당하는지의 여부는 관련사실을 종합하여 판단 할 사항이다.(서면인터넷방문상담3팀-1122, 2007.04.13.)

⑤ **무역사기를 당한 경우 매입세액 공제여부**

무역사기거래가 발생한 경우에는 해당 수입세금계산서는 사실과 다른 세금계산서로 매입세액을 공제받지 못하지만, 수입자가 사실과 다른 수입세금계산서인지 알지 못하고(선의), 이를 입증한다면 매입세액은 공제받을 수 있다.(대법원 2002두2277, 2002. 6. 28.)

관련심사 무역사기를 당한 경우 매입세액 공제여부

첫째, 무역사기를 당한 청구법인은 선의의 거래당사자에 해당하므로 쟁점수입세금계산서의 매입세액은 공제되어야 한다고 주장하고 있어 이에 대하여 살펴보면, 관세청 홈페이지에서 수입화물 진행정보를 세밀히 확인하였다면 봉인번호가 다르다는 사실을 사전에 알 수 있었던 점, 청구법인은 수입계약 시 총 3,600톤의 구리스크랩을 수입하기로 계약하고도 1차 물량 이외의 물량에 대한 수출업자의 재고현황, 물품조달 방법에 대한 의문을 가지지 않은 것으로 보이는 점 등으로 보아 청구법인을 선의의 거래당사자로 보기는 어려운 것으로 판단된다.

둘째, 청구법인은 비록 무역사기로 수입계약 물품인 구리스크랩이 아닌 벽돌이 수입되었으나 동 벽돌은 수입재화에 해당하므로 벽돌가액에 대한 매입세액은 공제되어야 한다고 주장하고 있어 이에 대하여 살펴보면, 청구법인은 벽돌의 가치가 없다고 판단하여 폐기하였으므로, 벽돌은 재산적 가치가 있는 재화로 보기 어렵고, 청구법인이 자기의 사업을 위하여 사용하였거나 사용할 목적으로 공급받은 재화로도 보기 어려우므로 벽돌가액에 대한 매입세액을 공제하는 것은 다당하지 않은 것으로 판단된다.

셋째, 청구법인은 납세자가 의무를 이행하지 아니한 데 대한 정당한 사유가 있는 때에는 해당 가산세를 부과하지 아니하는 것임에도 청구법인에게 가산세를 부과하는 것은 부당하다고 주장하고 있어 이에 대하여 살펴보면, 청구법인은 통관절차를 마치고 반출된 후에 수입계약한 물품과 달리 재산적 가치가 없는 벽돌이 수입되었다는 사실을 발견하여 ㅇㅇ세관에 적절한 조치를 요구하였던 것으로 보이는 점, 국가기관인 세관이 사실관계 확인 등 사후조치를 늦게 함으로써 청구법인은 적시에 수정세금계산서를 받을 수 없었던 점, 무역사기를 당한 청구법인은 당초부터 매입세액을 납부할 필요가 없었던 점 등을 종합하여볼 때, 이 건의 경우 청구법인에게 가산세를 감면할 정당한 사유가 있는 것으로 판단된다.(심사-부가-2016-0086, 2016.09.09.)

⑥ 사업의 양도 시까지 발급받지 못한 수입세금계산서

사업양도자가 수입재화에 대한 수입세금계산서를 사업양도 시까지 발급받지 못하고 사업양도 후 사업양수자가 사업양도자명의로 발급받은 경우에는 해당 수입세금계산서를 발급받은 과세기간에 매입세액으로 공제받을 수 있다.(부기통 38-0-3)

⑦ 폐업이후 발급받은 수입세금계산서

사업자가 수입재화에 대한 매출세액을 신고납부하고 폐업한 후에 당해 수입재화에 대한 수입세금계산서를 교부받은 경우 그 매입세액은 부가가치세법 시행령 제21조 제1항 단서의 규정에 의하여 폐업일이 속하는 과세기간에 대한 매출세액에서 공제할 수 있다.(부가1265.2-1721, 1982.06.29.)

⑧ 수출자가 부담하는 부가가치세 매입세액

수입자가 수입의 주체로서 수입한 재화를 자기의 사업을 위하여 사용하였거나, 사용할 예정이라면 거래당사자간의 약정(DDP조건)에 따라 수출자가 부가가치세를 부담했더라도 매입세액공제는 가능하다. 왜냐하면, 부가가치세를 사실상 누가 부담하며 어떻게 전가할 것인지의 문제는 사적 자치가 허용되는 영역이므로 거래당사자의 약정 또는 거래관행 등에 의하여 결정될 사항이지, 국가와 납세의무자와의 권리 · 의무관계를 규율하는 조세법에 따라 결정되는 사항은 아니기 때문이다.(헌재 2000.3.30. 98헌바7, 판례집 12-1, 315, 323)

관련 예규 수출자가 부담하는 부가가치세 매입세액

- 수입자인 국내사업자가 외국법인과 계약에 의거 원자재를 무환조건으로 수입통관하여 제조가공후 외국법인에게 수출하는 경우에 원자재를 무환으로 수입하면서 부가가치세를 외국법인이 부담하는 경우 동 원자재 수입의 실질적인 주체가 해당 사업자이고 수입한 부품이 해당 사업자의 사업을 위하여 사용되었거나 사용될 경우에는 부가가치세법 제38조제1항제2호에 따라 매출세액에서 공제할 수 있는 것입니다.(부가가치세과-823, 2014.10.06.)

- 국내사업자 "갑"이 외국 수출업체 "을"로부터 재화를 수입하면서 관세는 "을"이 부담하고 부가가치세는 "갑"이 부담하는 경우의 "갑"의 부가가치세는, 동 재화수입의 실질적인 주체가 "갑"이고 수입한 재화가 "갑"의 사업을 위하여 사용되었거나 사용될 경우에는「부가가치세법」 제17조제1항제2호에 따라 매출세액에서 공제할 수 있는 것입니다.(부가가치세과-404, 2013.05.09.)

- 국내사업자가 골프공 추적시스템 장비임대업을 영위하는 외국법인과 계약을 체결하여 외국법인 소유 장비를 소유권불이전 조건으로 무환수입하여 국내 골프연습장 등에 무상설치 및 유지보수용역을 제공하고 외국법인으로부터 매월 수수료를 받는 경우로서 장비수입에 관련된 통관비용 중 관세를 외국법인이 부담하고 국내사업자가 외국법인의 장비임대업에 사용할 목적으로 외국법인을 대신하여 장비를 반입하는 등 당해 장비의 수입주체가 실질적으로 국내사업자가 아닌 경우에는 수입시 교부받은 수입세금계산서의 매입세액은 공제할 수 없는 것입니다.(서면-2019-법령해석부가-2944 [법령해석과-202], 2020.01.21.)

7-5 매입세액 관련 가산세

부가가치세 기본구조는 교부받은 세금계산서 등의 제출을 가산세에 의해 그 이행을 강제하지 아니하고 매입세액을 불공제하는 불이익에 의하여 그 제출을 유도하고 있다. 따라서 예정신고 또는 확정신고시 매입처별세금계산서합계표를 제출하지 않으면 가산세는 부과하지 않지만, 매입세액은 불공제한다. 다만 수정신고, 경정청구, 결정 또는 경정을 통해 매입세금계산서를 제출하는 경우에는 매입세액공제가 허용되지만, 가산세는 부과한다.(부가령 §75제7호)

▶ 참고 : 매입세금계산서 관련 가산세

구분	세금계산서	공제	합계표	관련근거(부가법 §60)		
수취				세금계산서	공제	합계표
지연수취*	0.5%	여	–	⑦1호		–
오류기재**	0.5%	여	–	⑦1호		–
거래사실 확인 (경정 제출)	0.5%	여	–	⑦2호		–
부실기재	–	부	0.5%	–	§39①	⑦3호
과다기재	2%	부	0.5%	③6호		⑦3호
위장수취	2%	부	–	③4호		–
가공수취	3%	부	–	③2호		–
미수취	–	부	–	–		–

* 해당 재화 또는 용역의 공급시기가 속하는 과세기간에 대한 확정신고 기한 다음 날로부터 1년 이내에 세금계산서를 발급받는 것을 말한다.(부가령 §75 제7호)

** 재화 또는 용역의 공급시기 전에 세금계산서를 발급받았더라도 재화 또는 용역의 공급시기가 그 세금계산서의 발급일부터 6개월 이내에 도래하고 해당 거래사실이 확인되어 납세지 관할 세무서장등이 결정 또는 경정하는 경우(부가령 §75 제8호)

관련 예규

「관세법」 제9조제3항에 따른 관세의 월별납부 및 「부가가치세법」 제50조의2에 따른 부가가치세 납부유예 사업자가 재화의 수입에 대한 관세 및 부가가치세를 납부하기 전 「자유무역협정의 이행을 위한 관세법의 특례에 관한 법률」 제9조에 따른 협정관세 사후적용 신청을 하여 관세가 전액 감액된 경우로서 세관장으로부터 재화의 수입신고수리일 이후 관세청 「수입세금계산서 교부에 관한 고시」에 따른 수입세금계산서를 발급받은 경우 해당 수입세금계산서는 「부가가치세법」 제60조제7항제1호에 따른 가산세를 적용하지 아니하는 것임(서면-2020-법령해석부가-1705[법령해석과-3793], 2020.11.20.)

CHAPTER 04

수입대금의 결제

① 신용장대금 지급거래

신용장거래는 매입은행이 선적서류를 송부하면, ① 개설은행은 서류상 하자가 없는 한 즉시 신용장대금 전액을 결제하여야 하는 일람불 신용장(At Sight L/C)거래, ② 일정기간 동안 신용장대금의 지급을 유예할 수 있는 기한부 신용장(Usance L/C)거래로 구분된다.

1-1 일람불(At sight) 신용장 거래

(1) 신용장 이용방식

지급신용장, 매입신용장을 이용하여 일람불 신용장 거래를 할 수 있다.

(2) 회계처리

일람불 신용장 거래는 은행의 지급보증(신용장 발행)을 통하여 물품을 구매하는 거래로 ① 은행의 신용장개설(지급보증), ② 미착상품 인식 ③ 대금 지급으로 구분하여 회계 처리한다.

① 신용장 발행

신용장 발행은 지급보증으로 재무제표 주석에 기재하고, 물품매입시점 이전에 지출한 신용장개설비용은 선급금으로 처리한다.

▶ 회계 처리

– 신용장 개설비용 155,000원을 지급한 경우
(차) 선급금 155,000 (대) 현금 155,000

주석

– 신용장 발행내역(우발상황 및 약정사항)

가. 당기말 현재 금융거래한도와 관련하여 체결한 주요 약정내용은 다음과 같습니다.

(외화단위:USD)

구분	내용	거래은행	한도금액	실행잔액
기타 약정사항	일람불수입신용장	**은행	USD 500,000.00	–

▶ 일반기업회계기준 제2장

2.85 주석은 일반적으로 재무제표이용자가 재무제표를 이해하고 다른 기업의 재무제표와 비교하는 데 도움이 될 수 있도록 다음의 순서로 작성한다.

(3) 재무제표 본문에 표시된 항목에 대한 보충정보(재무제표의 배열 및 각 재무제표 본문에 표시된 순서에 따라 공시한다)

실2.20 문단 2.85(3)에 해당하는 보충정보의 예는 다음과 같다.(문단 2.85(3))

(3) 자기 또는 타인을 위하여 제공하고 있거나 **타인으로부터 제공받고** 있는 담보 및 보증의 내용

보충 설명 금융기관의 지급보증 회계처리

여신기관은 지급보증(우발채무)을 주채무가 확정된 확정지급보증과 주채무가 확정되지 아니한 미확정지급보증으로 구분한다. 신용장개설은 미확정지급보증(신용장개설)으로 표시한다. 신용장 개설 후 인수은행 또는 개설은행이 환어음을 인수한 경우에는 미확정지급보증이 확정지급보증으로 전환된다.

지급보증

미확정지급보증	확정지급보증
예 신용장개설	예 인수

② 미착상품인식

선적지인도조건인 경우 상품이 선적된 시점에, 목적지인도조건이면 목적지에 도착하여 매입자가 인수한 시점에 미착상품으로 회계 처리한다.

▶ 회계 처리

- FOB조건의 수입물품(USD 50,000) 선적 통보, 선적일 기준환율 달러/원 = 1130

(차) 미착상품 56,500,000* (대) 외화외상매입금 56,500,000

* 50,000 × 1130 = 56,500,000

③ 대금 지급

신용장 개설은행에서 신용장 대금을 결제하고 선적서류를 인수하면 주석(신용장 개설)을 삭제한다. 수입통관이 완료되고, 화물이 창고에 입고되는 경우 미착상품은 상품 또는 원재료계정으로 대체 처리한다. 재고자산관련 매입채무의 환율변동에 해당하는 금액은 영업외손익으로 처리한다.(질의회신02-142, 2002.08.23.)

▶ 회계 처리

- 신용장 결제대금 56,000,000원(달러/원 = 1120), 환가료 등 120,000원을 지급한 경우

(차) 외화외상매입금 56,500,000 (대) 현금 56,120,000

기타수수료 120,000 외환차익 500,000*

* 56,500,000 - 56,000,000

주석 신용장 발행내역 '삭제'

1-2 기한부 신용장(Usance L/C) 거래

(1) 신용장 이용방식

연지급신용장, 인수신용장, 매입신용장을 이용하여 기한부 신용장 거래를 할 수 있다.

(2) 신용공여자에 따른 분류

기한부 신용장거래는 수입상에게 대금지급을 유예시켜 주는 주체 즉, 누가 신용을 제공하느냐에 따라 쉬퍼스 유산스(Shipper's Usance), 뱅커스 유산스(Banker's Usance), 내국수입유산스(Domestic Usance)로 구분한다.

저자 주 기한부신용장의 구분

일반적으로 신용장 본문에는 기한부신용장 구분 문구가 없다. 기한부 신용장은 원칙적으로 쉬퍼스 유산스다. 뱅커스유산스는 실무상 매입신용장의 만기가 기한부임에도 불구하고 일람불로 지급된다는 문구(REIMBURSE YOURSELVES ON THE REIMBURSING BANK AT SIGHT BASIS REGARDLESS OF THE DRAFT'S TENOR.)를 별도로 표시한다.

① Shipper's Usance 거래

쉬퍼스 유산스 거래는 수출상이 수입상에게 일정 기간의 신용을 공여하는 것으로서, 수입상이 수출상과의 계약에 의하여 원리금을 신용장 만기일에 지급하는 형태이다. 즉, 수출상이 신용장 통지를 받고 상품을 선적하면 수입상이 선적서류를 인수하여 만기까지 대금지급을 유예하는 거래형태이다. 이 경우에도 수출상은 거래은행에 어음할인을 요청하여 무역대금을 조기에 자금화할 수 있다.

② Banker's Usance 거래

뱅커스 유산스 거래는 해외에 있는 인수은행(해외에 있는 환거래은행)이 개설은행의 지급 편의를 위하여 수입상에게 일정 기간의 신용을 공여하는 형태이다. 해외의 인수은행은 매입은행으로부터 지급청구가 있을 경우 수출환어음을 인수하여 **대금을 일람불로 지급하고 신용장 만기일에 대금을 결제 받음으로써** 수입상에게 일정 기간의 신용을 제공하게 된다. 뱅커스 유산스 신용장 중에 기한부수입어음을 개설은행 해외지점이 인수한다면 내국수입유산스(domestic usance)가 된다. 해외의 인수은행은 인수행위가 있을 경우 개설은행 앞으로 만기일, 인수수수료, 이자(Discount charge) 등이 명시된 인수통지서를 발송하고, 그 결과 신용공여의 대가로 수입상으로부터 인수수수료, 이자 등을 수취한다. 이 과정에서 신용장 개설은행 역시 수입상으로부터 신용장 개설 수수료 및 인수수수료를 수취하고 있다.

▶ 용어 설명

■ **환거래은행**

환거래은행(Corres Bank) 무역거래 등 외국과 거래를 할 경우 당사자 간 대금의 지급, 추심 등을 거래당사자의 국가에 소재하는 은행을 통하여 할 수 있도록 하기 위하여 국내외 은행 간 관련 업무의 취급을 위해 거래 약정을 체결한 은행을 말한다.

③ **내국수입유산스 거래**

내국수입 유산스 거래는 뱅커스 유산스의 일종으로서 '신용장 개설은행'이 수입상에게 일정 기간의 신용을 공여하는 형태의 거래이다. 이 경우 신용장 개설은행과 인수은행이 일치하게 된다. 이와 같은 거래 형태는 무역 신용의 해외의존 일변도를 지양하고 신용공여를 국내은행에 의하도록 함으로써 국내 금융기관의 국제화를 도모하기 위하여 1978. 7. 도입되었다. 신용장 개설은행은 매입은행으로부터 선적서류 및 수출환어음이 도착하면 어음을 인수함과 동시에 매입은행에게 일람불로 대금을 지급하고, 수입상으로부터는 어음의 만기일에 자금을 회수한다. 이는 명백히 수입상에 대한 개설은행의 자금의 대여, 즉 여신행위이기 때문에 개설은행은 수입상으로부터 내국수입 유산스 이자를 징수한다. 이는 뱅커스 유산스 거래에서 해외 인수은행이 수입상으로부터 이자를 징수하는 것과 동일한 논리이다.(서울고등법원 2009. 2. 4. 선고 2008누17013 판결)

Part 02

(3) 회계처리

기한부 신용장 거래는 은행의 지급보증(신용장 발행)을 통하여 물품을 구매하는 거래로 ① 은행의 신용장개설(지급보증), ② 미착상품 인식, ③ 수출환어음 인수, ④ 대금 상환으로 구분하여 회계 처리한다.

① **신용장 발행**

신용장 발행은 지급보증으로 재무제표 주석에 기재하고, 물품매입시점 이전에 지출한 신용장개설비용은 선급금으로 처리한다. 일람불 신용장과 동일하다

② **미착상품 인식**

선적지인도조건인 경우 상품이 선적된 시점에, 목적지인도조건이면 목적지에 도착하여 매입자가 인수한 시점에 미착상품으로 회계 처리한다.

▶ **회계 처리**

– FOB조건의 수입물품(USD 50,000, 달러/원=1130) 선적 통보

(차) 미착상품 56,500,000*　　(대) 외화외상매입금 56,500,000

* 50,000 × 1130 = 56,500,000

③ **수출환어음의 인수**(인수, Acceptance)

수출환어음의 지급인(인수은행)은 발행인인 수출상의 위탁만으로 당연히 어음상의 채무를 부담하는 것은 아니고 '인수'라는 별도의 어음행위가 있어야만 어음상 채무를 부담하게 된다. 수출환어음의 인수란 인수은행이 수입상을 대신하여 매입은행으로 하여금 자행의 신용을 이용하게 하고, 수입상이 대금을 지급하지 못할 경우 지급책임을 지는 일종의 수입상에 대한 여신행위이다.

㉮ **쉬퍼스 유산스 거래**

수출상이 수입상에게 일정 기간의 신용을 공여하는 것으로 일반적인 외상매입거래와 동일하다. 개설은행은 통상 수익자에게 지급일을 통지함으로써 인수사실을 알린다.

▶ **환어음 인수(S-U) 회계처리**

– 환어음 인수

신용장 예정대금 56,000,000원(달러/원=1120), 인수수수료 등 450,000원을 지급한 경우

(차) 미착상품* 56,000,000 (대) 외화외상매입금 56,000,000

기타수수료 450,000 현금 450,000

* 목적지인도조건 등으로 환어음(선적서류)인수시점에 미착상품을 인식한다고 가정

주석 **신용장 발행내역**

(외화단위:USD)

구분	내용	거래은행	한도금액	실행잔액
기타 약정사항	기한부수입신용장	**은행	USD 500,000.00	USD 50,000.00

㊁ 뱅커스 유산스 거래

수출상은 인수 및 할인은행으로부터 일람출급으로 수출대금을 지급받으며, 수입상은 수입상품을 먼저 인도받고 연지급기간 동안 수입대금의 결제를 유예 받다가 어음만기일에 동 수입대금을 결제하는 구조이다. 인수 시 개설은행의 지급보증이 대출로 전환된다. 따라서, 인수 금액만큼 차입금으로 회계처리 한다. 뱅커스 유산스거래를 차입금으로 처리하는 이유는 '수입업자는 수입거래를 하긴 하지만 은행기한부신용장을 통하여 수출국의 수출업자거래은행으로부터 수입대금을 간접적으로 차입(네고은행에서는 대출금으로 처리)한 결과가 되기 때문이다.'(기업회계기준해석 18-23, 1999.06.29.)

Part 02

▶ 환어음 인수(B-U) 회계처리

– 신용장 결제대금 56,000,000원(달러/원=1120), 인수수수료 등 450,000원을 지급한 경우

(차) 미착상품*	56,000,0000	(대) **외화차입금**	56,000,000
기타수수료	450,000	현금	450,000

* 목적지인도조건 등으로 환어음(선적서류)인수시점에 미착상품을 인식한다고 가정

〈주석(**신용장 발행 내역**) 삭제〉

㊂ 내국수입유산스 거래

내국수입유산스는 뱅커스 유산스의 일종으로 신용공여자가 국내의 신용장개설은행(해외지점 포함)이다. 뱅커스 유산스와 회계처리가 동일하다.

▶ 환어음 인수(D-U) 회계처리

– 신용장 결제대금 56,000,000원(달러/원=1120), 환가료 등 450,000원을 지급한 경우

(차) 미착상품*	56,000,0000	(대) **내국수입유산스(차입금)**	56,000,000
기타수수료	450,000	현금	450,000

* 목적지인도조건 등으로 환어음(선적서류)인수시점에 미착상품을 인식한다고 가정

〈주석(**신용장 발행 내역**) 삭제〉

④ **대금 상환**

수입자는 Usance 만기에 수입대금을 상환하기 때문에 외화외상매입금 또는 외화차입금 상환으로 회계처리 한다.

▶ **회계 처리**

– 신용장 결제대금 56,750,000원(달러/원=1135), 상환수수료 등 220,000원을 지급한 경우

(차) 외화차입금(또는 외화외상매입금) 56,000,000 (대) 현금 56,970,000

외환차손 750,000*

기타수수료 220,000

* 56,750,000 – 56,000,000

▶ **기한부 신용장 거래별 회계처리**

구분	쉬퍼스유산스	뱅커스유산스	내국수입유산스
신용장 개설	〈주석 기재〉		
환어음 인수	〈주석 기재〉	차) 미착상품 ××× 대)외화차입금 ×××	
대금 상환	차) 외화외상매입금 ××× 대) 현금 ×××	차) 외화차입금 ××× 대)현금 ×××	

관련 예규 새로운 외화채무로 종전의 외화채무를 직접 차환하는 경우의 상환차손익의 처리

새로운 외화채무로 종전의 외화채무를 상환한 경우에는 해당 채무의 원화기장액을 수정하지 아니한다.(법기통 42-76-3)

보충 설명 신용장과 지급보증서

구분	지급보증서	신용장
이용분야	국내거래	국제거래
보증성격	부종성	독립성
발행형태	신용보증서	상업신용장(Commercial Credit) 보증신용장(Standby Credit) 청구보증서(Demand guarantee)
이용거래	기초거래 불이행에 따른 2차 지급수단	– 기초거래 이행을 위한 1차 지급수단 : 상업신용장 – 기초거래 불이행에 따른 2차 지급수단 : 보증신용장, 청구보증서

주1) 보증신용장 : 신용장은 원래 상품거래에 수반하여 은행이 매수인 등의 대금지급을 보장함으로써 상품거래가 원활하게 되도록 하기 위한 제도이다. 근래에는 신용장의 독립 · 추상적 성질을 이용하여 비상품거래의 담보 목적으로 신용장을 사용하는 경우가 있는데, 이를 통상의 **상업신용장**과 구별하여 **보증신용장**이라 한다.

주2) 청구보증서 : 제3자인 보증인(guarantor)이 원인계약과는 독립적으로 채권자의 일치하는 지급청구(demand)에 대해 지급할 것을 취소불능조건으로 확약하는 서면증서

(4) Usance 이자 처리

뱅커스 유산스 또는 내국수입유산스 거래에서 인수은행이 수출환어음을 인수하고 개설은행에 이를 통지하면 개설은행은 인수일로부터 신용장 만기일까지 수입상에 대한 신용공여의 위험을 부담하게 된다. 따라서 개설은행은 수입상으로부터 이와 같은 위험부담의 대가로 인수일부터 신용장 만기일까지 usance 이자를 징수한다.

① 회계처리

일반기업회계기준에서는 usance 이자를 **이자비용**(차입원가)으로 처리한다.

▶ **일반기업회계기준 제7장**

7.6	재고자산의 매입원가는 매입금액에 매입운임, 하역료 및 보험료 등 취득과정에서 정상적으로 발생한 부대원가를 가산한 금액이다. 매입과 관련된 할인, 에누리 및 기타 유사한 항목은 매입원가에서 차감한다. 성격이 상이한 재고자산을 일괄하여 구입한 경우에는 총매입원가를 각 재고자산의 공정가치 비율에 따라 배분하여 개별 재고자산의 매입원가를 결정한다.
실7.3	**Usance Bill 또는 D/A Bill과 같이 연불조건으로 원자재를 수입하는 경우에** 발생하는 이자는 **차입원가**로 처리한다.(문단 7.6)

② **세무처리**

법인세법에서는 연지급수입에 있어서 취득가액과 구분하여 **지급이자**로 계상한 금액은 취득가액에 포함하지 않도록 하고 있다.(법인칙 §37③) 일반기업회계기준과 동일하게 처리한다.

관련 법령 자산의 취득가액

■ **법인세법 시행령 제72조**(자산의 취득가액 등)

② 법 제41조제1항 및 제2항에 따른 자산의 취득가액은 다음 각 호의 금액으로 한다.

2. 자기가 제조 · 생산 · 건설 기타 이에 준하는 방법에 의하여 취득한 자산 : 원재료비 · 노무비 · 운임 · 하역비 · 보험료 · 수수료 · 공과금(취득세와 등록세를 포함한다) · 설치비 기타 부대비용의 합계액

④ 제2항을 적용할 때 취득가액에는 다음 각 호의 금액을 포함하지 아니하는 것으로 한다.

2. 기획재정부령이 정하는 연지급수입에 있어서 취득가액과 구분하여 지급이자로 계상한 금액

■ **법인세법 시행규칙 제37조**(자산의 취득가액)

③ 영 제72조제4항제2호에서 "기획재정부령이 정하는 연지급수입"이라 함은 다음 각 호의 수입을 말한다.

1. 은행이 신용을 공여하는 기한부 신용장방식 또는 공급자가 신용을 공여하는 수출자신용방식에 의한 수입방법에 의하여 그 선적서류나 물품의 영수일부터 일정기간이 경과한 후에 당해물품의 수입대금 전액을 지급하는 방법에 의한 수입
2. 수출자가 발행한 기한부 환어음을 수입자가 인수하면 선적서류나 물품이 수입자에게 인도되도록 하고 그 선적서류나 물품의 인도일부터 일정기간이 지난 후에 수입자가 해당 물품의 수입대금 전액을 지급하는 방법에 의한 수입
3. 정유회사, 원유 · 액화천연가스 또는 액화석유가스 수입업자가 원유 · 액화천연가스 또는 액화석유가스의 일람불방식 · 수출자신용방식 또는 사후송금방식에 의한 수입대금결제를 위하여 「외국환거래법」에 의한 연지급수입기간이내에 단기외화자금을 차입하는 방법에 의한 수입
4. 그 밖에 제1호 내지 제3호와 유사한 연지급수입

③ **원천징수 제외**

연지급이자를 이자비용으로 회계 처리했더라도, 원천징수 및 지급명세서 제출대상에서는 제외한다.(법인령 §72⑥)

관련 법령 법인세법시행령 제72조

⑥ 제4항 제1호에 따른 현재가치할인차금의 상각액 및 같은 항 제2호에 따른 지급이자에 대하여는 법 제18조의 2 제1항 제2호, 제18조의 3 제1항 제2호, 제28조, 제73조, 제73조의2, 제98조, 제120조 및 제120조의 2를 적용하지 아니한다.

저자 주

제18조의2(내국법인 수입배당금액의 익금불산입), 제18조의3(지주회사 수입배당금액의 익금불산입 특례), 제28조(지급이자의 손금불산입), 제73조(내국법인의 이자소득 등에 대한 원천징수), 제73조의2(내국법인의 채권등의 보유기간 이자상당액에 대한 원천징수), 제98조(외국법인에 대한 원천징수 또는 징수의 특례), 제120조(지급명세서의 제출의무), 제120조의2(외국법인의 국내원천소득 등에 대한 지급명세서 제출의무의 특례)

(5) 재무상태표 차입금 검토

외부감사인은 기업신용정보(신용정보업감독규정 별표6)를 통해 신용장거래의 차입금 및 지급보증내역을 확인하기 때문에, 회계담당자는 재무제표 작성 또는 법인세 신고 전 해당기업의 금융거래확인서를 자료로 하여 재무상태표의 차입금상황, 지급보증상황 등을 검토해야 한다.

사례 신용장 거래 차입금 검토

■ **금융거래확인서 내역**

(단위 : 백만원)

대과목	소과목	잔액	비고
대출채권	내국수입유산스	1,157	
지급보증	신용장개설관계	229	
	인수	2,000	shipper's usance
	화물선취보증	83	

■ **재무제표 검토사항**

구분	검토항목		비고
재무상태표	자산	수입보증금 83백만원	
	부채	외화외상매입금 2,000백만원	shipper's usance
		외화차입금 1,157백만원 처리	내국수입유산스
주석 (우발채무 및 약정사항)	신용장 발행내역 229백만원 기재 인수(지급보증) 2,000백만원 기재		shipper's usance

(6) 기한부신용장별 회계처리 사례

① 쉬퍼스 유산스

■ **신용장 개설비용 155,000원을 지급한 경우**

(차) 선급금 155,000 (대) 현금 155,000

주석 신용장 발행내역(우발상황 및 약정사항) 한도금액/USD 500,000

■ **미착상품 인식**

FOB조건의 수입물품(USD 50,000, 달러/원=1130) 선적 통보

(차) 미착상품 56,500,000* (대) 외화외상매입금 56,500,000

* 50,000 × 1130 = 56,500,000

(차) 미착상품 155,000 (대) 선급금 155,000

■ **환어음 인수**

신용장 예상대금 56,000,000원(달러/원=1120), 인수수수료 등 450,000원을 지급한 경우

(차) 외화외상매입금 500,000 (대) 외환차익 500,000*
기타수수료 450,000 현금 450,000

* 56,500,000 - 56,000,000

주석 신용장발행관계 : 실행잔액 USD 50,000(56,000,000원)

■ **수입통관 후 창고에 입고**

* 해상운임 250,000원, 적하보험료 100,000원
* 관세 4,548,000원, 부가가치세 6,139,800원, 기타통관수수료 405,000원

(차) 상 품 61,958,000* (대) 미착상품 56,655,000**
부가세대급금 6,139,800 현금 11,442,800***

* 56,500,000 + 155,000 + 250,000 + 100,000 + 4,548,000 + 405,000
** 56,500,000 + 155,000
*** 250,000 + 100,000 + 4,548,000 + 6,139,800 + 405,000

■ **만기 대금 결제**

* 결제대금 56,750,000원(달러/원=1135), 상환수수료 등 220,000원(이자비용 100,000원 포함)을 지급한 경우

(차) 외화외상매입금 56,000,000 (대) 현금 56,970,000
외환차손 750,000*
이자비용 100,000
기타수수료 120,000

* 56,750,000 - 56,000,000

주석 신용장발행관계 삭제

② **뱅커스 유산스 거래**

■ **신용장 개설비용 155,000원을 지급한 경우**

(차) 선급금 155,000 (대) 현금 155,000

주석 신용장 발행내역(우발상황 및 약정사항) 한도금액/USD 500,000

■ **미착상품 인식**

FOB조건의 수입물품(USD 50,000, 달러/원=1130) 선적 통보

(차) 미착상품 56,500,000* (대) 외화외상매입금 56,500,000

* 50,0000 × 1130 = 56,500,000

(차) 미착상품 155,000 (대) 선급금 155,000

Part 02

■ **신용장 대금 56,000,000원**(달러/원=1120), **인수수수료 등 450,000원을 지급한 경우**

(차) 외화외상매입금 56,500,0000 (대) 외화차입금 56,000,000

기타수수료 450,000 현금 450,000

외환차익 500,000*

* 56,500,000 - 56,000,000

〈주석(신용장 발행내역) 삭제〉

■ **수입통관 후 창고에 입고**

* 해상운임 250,000원, 적하보험료 100,000원

* 관세 4,548,000원, 부가가치세 6,139,800원, 기타통관수수료 405,000원

(차) 상 품 61,958,000* (대) 미착상품 56,655,000**

부가세대급금 6,139,800 현금 11,442,800***

* 56,500,000 + 155,000 + 250,000 + 100,000 + 4,548,000 + 405,000

** 56,500,000 + 155,000

*** 250,000 + 100,000 + 4,548,000 + 6,139,800 + 405,000

■ **대금 결제**

* 결제대금 56,750,000원(달러/원=1135), 상환수수료 등 220,000원(이자비용 100,000원 포함)을 지급한 경우

(차) 외화차입금 56,000,000 (대) 현금 56,970,000

외환차손 750,000*

이자비용 100,000

기타수수료 120,000

* 56,750,000 - 56,000,000

③ **내국수입유산스**

■ **신용장 개설비용 155,000원을 지급한 경우**

(차) 선급금 155,000 (대) 현금 155,000

주석 신용장 발행내역(우발상황 및 약정사항) 한도금액/USD 500,000

■ **미착상품 인식**

FOB조건의 수입물품(USD 50,000, 달러/원=1130) 선적 통보

(차) 미착상품 56,500,000* (대) 외화외상매입금 56,500,000

* 50,000 × 1130 = 56,500,000

(차) 미착상품 155,000 (대) 선급금 155,000

■ **신용장 대금 56,000,000원**(달러/원=1120), **인수수수료 등 450,000원을 지급한 경우**

(차) 외화외상매입금 56,500,0000 (대) 내국수입유산스(**차입금**) 56,000,000

기타수수료 450,000 현금 450,000

외환차익 500,000*

*56,500,000 - 56,000,000

〈주석(신용장 발행내역) 삭제〉

■ **수입통관 후 창고에 입고**

* 해상운임 250,000원, 적하보험료 100,000원

* 관세 4,548,000원, 부가가치세 6,139,800원, 기타통관수수료 405,000원

(차) 상 품 61,958,000* (대) 미착상품 56,655,000**

부가세대급금 6,139,800 현금 11,442,800***

*56,500,000 + 155,000 + 250,000 + 100,000 + 4,548,000 + 405,000

**56,500,000 + 155,000

***250,000 + 100,000 + 4,548,000 + 6,139,800 + 405,000

■ **대금 결제**

* 결제대금 56,750,000원(달러/원=1135), 상환수수료 등 220,000원(이자비용 100,000원 포함)을 지급한 경우

(차) 외화차입금 56,000,000 (대) 현금 56,970,000

외환차손 750,000*

이자비용 100,000

기타수수료 120,000

* 56,750,000 - 56,000,000

1-3 수입화물선취보증

운송수단의 발전으로 신용장 관련 서류가 개설은행에 도착하기 전에 화물이 수입국에 먼저 도착하는 경우 화물의 신속한 통관을 위해 수입상(개설의뢰인)은 개설은행에 수입화물선취보증(Letter of Guarantee : L/G)을 요청하여 운송인에게 제출하면 운송인은 선하증권 원본이 없더라도 개설은행의 수입화물선취보증으로 수입상에게 화물을 인도할 수 있다.

▶ 수입화물선취보증서 기재문구(예시)

우리의 요청에 따라 화물을 인도함으로써 귀하가 부담하게 될 법적 책임, 손해 또는 비용에 관하여 귀하의 피용인 및 귀하의 대리상에게 면책을 보증하고 손해가 발생하지 않도록 합니다. 다만, 우리 은행은 운송계약과 관련하여 발생하는, 책임, 운임, 체선료, 기타 비용에 관하여는 책임을 지지 않습니다. 선하증권 원본을 취득하는 즉시 귀하에게 제출할 것이며, 이 때 우리의 책임은 끝나게 됩니다.

(1) 회계처리

수입화물선취보증서를 발급받기 위하여 은행에 적립한 금액은 보증금으로 회계처리하고, 보증금의 환율변동에 해당하는 금액은 영업외손익으로 처리한다.

▶ 회계 처리

■ **수입화물선취보증서 발급**

* 수입화물선취보증금 56,500,000원과 발급수수료 등 20,000원을 지급한 경우

* 신용장 예상결제금액 56,500,000원(USD50,000, 달러/원=1130)

(차) 수입보증금	56,500,000	(대) 현 금	56,520,000
기타수수료	20,000		

■ **수입통관 후 창고에 입고**

* 해상운임 250,000원, 적하보험료 100,000원

* 관세 4,548,000원, 부가가치세 6,139,800원, 기타통관수수료 405,000원

(차) 상 품	61,803,000*	(대) 외상매입금	56,500,000**
부가세대급금	6,139,800	현금	11,442,800***

* 56,500,000 + 250,000 + 100,000 + 4,548,000 + 405,000

** 신용장 예상결제금액

*** 250,000 + 100,000 + 4,548,000 + 6,139,800 + 405,000

■ **선하증권 도착 및 정산**

* 신용장 대금 56,750,000원(달러/원=1135), 상환수수료 등 220,000원을 지급한 경우

(차)		(대)	
외상매입금	56,500,000	수입보증금	56,500,000
기타수수료	220,000	현금	470,000
외환차손	250,000*		

* 56,750,000 - 56,500,000

Part 02

질의 회신

운송중인 재고자산은 매매계약상 조건에 따라 소유권이 이전된 시점에서 회사의 재고자산 및 매입채무로 인식하는 것이 타당함. 또한 수입화물선취보증서를 발급받기 위하여 은행에 적립한 금액은 보증금으로 회계처리하는 것이 타당함. 이때 재고자산 관련 매입채무 및 보증금의 환율변동에 해당하는 금액은 영업외손익으로 회계처리함.(질의회신02-142, 2002.08.23.)

2 무신용장대금 지급거래

2-1 송금방식에 의한 수입대금 결제

수입상이 물품대금을 외국환은행을 통해 수출상에게 직접 송금하면서 발생하는 수수료 및 환율변동손익은 영업외손익으로 처리한다.

▶ **회계 처리**

① **미착상품 인식**

FOB조건의 수입물품(USD 50,000, 달러/원=1130) 선적 통보

(차)		(대)	
미착상품	56,500,000*	외화외상매입금	56,500,000

* 50,000 × 1130 = 56,500,000

② **대금지급**

수입물품대금 56,250,000원(달러/원=1125), 기타수수료 130,000원을 지급한 경우

(차) 외화외상매입금	56,500,000	(대) 현금	56,380,000
기타수수료	130,000	외환차익	250,000*

* 56,500,000 - 56,250,000

2-2 추심결제방식에 의한 수입대금 결제

추심결제방식(D/P, D/A)에 의한 수입은 신용장 없이 거래되는 방식으로 주로 본지사간 또는 자회사인 현지법인간 거래에서 볼 수 있다.

(1) D/P 거래

D/P거래는 물품을 구매하고, 신용장 없이 은행을 경유하여 대금을 지급하는 거래로 ① 미착상품 인식 ② 대금 지급으로 일반 수입거래와 동일하게 회계 처리한다. 다만, 대금 지급 시 발생하는 수수료항목이 송금방식과 다를 뿐이다.

(2) D/A 거래

D/A거래는 신용장 없이 은행을 경유하여 환어음 인수 후 만기에 물품대금을 지급하는 거래로 ① 미착상품 인식, ② 수출환어음 인수, ③ 대금 지급으로 구분하여 회계 처리한다.

▶ **회계 처리**

■ **미착상품 인식**

FOB조건의 수입물품(USD 50,000, 달러/원=1130) 선적 통보

(차) 미착상품	56,500,000*	(대) 외화외상매입금	56,500,000

* 50,000 × 1130 = 56,500,000

■ **환어음 인수**

환어음 예상대금 56,000,000원(달러/원=1120), 인수수수료 등 450,000원을 지급한 경우

(차) 외화외상매입금 500,000 (대) 외환차익 500,000*
기타수수료 450,000 현금 450,000

* 56,500,000 – 56,000,000

■ **수입통관 후 창고에 입고**

* 해상운임 250,000원, 적하보험료 100,000원
* 관세 4,548,000원, 부가가치세 6,139,800원, 기타통관수수료 405,000원

(차) 상 품 61,803,000* (대) 미착상품 56,500,000
부가세대급금 6,139,800 현금 11,442,800**

* 56,500,000 + 250,000 + 100,000 + 4,548,000 + 405,000
** 250,000 + 100,000 + 4,548,000 + 6,139,800 + 405,000

■ **대금 결제**

결제대금 56,750,000원(달러/원=1135), 기타수수료 등 220,000원을 지급한 경우

(차) 외화외상매입금 56,000,000 (대) 현금 56,970,000
외환차손 750,000*
기타수수료 220,000

* 56,750,000 – 56,000,000

(3) D/A 관련 이자비용

Usance 이자비용과 동일하게 이자비용 회계처리(일반기준 실7.3)와 이자에 대한 원천징수는 제외한다.(법인칙 §37③, 법인령 §72⑥)

CHAPTER 05

기타 수입거래

보세구역 거래

부가가치세법 제13조에서는 보세구역에서 반입하는 것을 재화의 수입으로 보고 있다. 다만, 수출신고가 수리된 물품으로서 선적(船積)되지 아니한 물품을 보세구역에서 반입하는 경우는 제외한다.

1-1 보세구역의 범위

보세구역이란 관세법에 따른 보세구역과 '자유무역지역의 지정 및 운영에 관한 법률'에 따른 자유무역지역을 말한다.(부가령 §27)

관련 예규 자유무역지역

자유무역지역의 지정 및 운영에 관한 법률에서 '1–2 보세구역에 관련된 재화의 공급'과 달리 규정하고 있는 경우에는 그 법률에 따른다.(부기통9–18–7)

1-2 보세구역에 관련된 재화의 공급

보세구역에 관련된 재화의 공급에 대한 부가가치세법 적용은 다음과 같이 한다.(부기통 9-18-7)

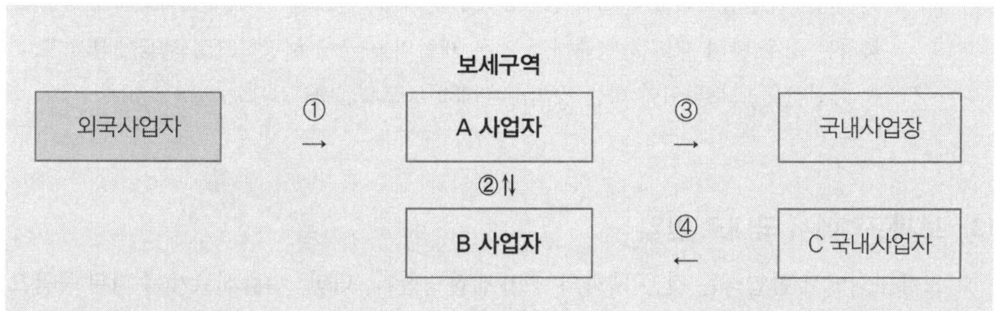

(1) 외국에서 반입

외국에서 보세구역으로 재화를 반입하는 것은 재화의 수입에 해당하지 아니한다.

관련 예규 국외거래

내국법인이 외국적 선박에 선적된 재화(국내에서 수출통관된 재화)를 외국법인으로부터 공급받아 이를 국내에 반입하지 아니하고 다른 내국법인에 공급하는 때에는 국외거래에 해당하여 부가가치세를 과세하지 아니하는 것입니다.(서면인터넷방문상담3팀-1671, 2005.09.30.)

(2) 보세구역 내 거래

동일한 보세구역 내에서 재화를 공급하는 것은 재화의 공급에 해당한다.

관련 예규 보세구역 내 거래

- **장치기간 경과 물품**

사업자(이하 "화주")가 외국에서 물품을 매입하여 보세구역 으로 반입하였으나 장치기간이 경과하여 세관장이 「관세법」 제210조에 따라 경쟁입찰방식으로 해당 물품을 매각한 후 화주에게 수입세금계산서를 발급한 경우로서 세관장이 해당 물품의 부가가치세를 합하여 매각예정가격을 산출, 공고하고 물품의 낙찰자로부터 부가가치세를 징수한 경우 화주는 낙찰자에게 「부가가치세법」 제15조에 따른 재화의 공급시기에 낙찰금액의 110분의 100을 공급가액으로 하여 같은 법 제32조에 따라 세금계산서를 발급하는 것임.(부가2020-1401, 2020.05.29.)

■ **타 보세구역 반출**

외국에서 재화를 수입하여 보세구역에 반입한 사업자가 동 재화를 국내에 반출하지 아니하는 경우에는 부가가치세법 제8조에 규정하는 재화의 수입에 해당하지 아니하나, 동 수입재화를 판매목적으로 세관장의 승인을 받아 다른 보세구역으로 반출하는 경우 당해 재화를 반출하는 것은 재화의 공급에 해당하므로 세금계산서 또는 계산서를 교부하여야 하는 것임.(부가46015-2088, 1997.09.09.)

(3) 보세구역에서 국내로 반입

보세구역에서 반입하는 것은 재화의 수입에 해당한다. 다만, 수출신고가 수리된 물품으로서 선적(船積)되지 아니한 물품을 보세구역에서 반입하는 경우는 제외한다.(부가법 §13)

① 과세표준과 세금계산서

㉮ 순액으로 계산

사업자가 보세구역 내에서 보세구역 외의 국내에 재화를 공급하는 경우(내국신용장에 의하여 재화를 공급하는 경우도 포함)에 공급가액 중 관세가 과세되는 부분에 대하여는 세관장이 부가가치세를 거래징수하고 수입세금계산서를 발급하며 공급가액 중 관세의 과세가격과 관세 · 개별소비세 · 주세 · 교육세 · 교통 · 에너지 · 환경세 및 농어촌특별세의 합계액을 뺀 잔액에 대하여는 재화를 공급하는 사업자가 부가가치세를 거래징수하고 세금계산서를 발급하여야 한다.(부가령 §61②5호)

① 관세가 과세되는 부분은 **세관장이 수입세금계산서** 발급

* 관세의 과세가격+관세+개별소비세 · 주세 · 교통 · 에너지 · 환경세+교육세+농어촌특별세

② 재화를 공급하는 **사업자가 세금계산서** 발급

* 공급가액 – ①

㉯ 총액으로 계산

세관장이 부가가치세를 징수하기 전에 같은 재화에 대한 선하증권이 양도되는 경우에는 선하증권의 양수인으로부터 받은 대가를 공급가액으로 할 수 있다.(부가령 §61②5호)

관련 예규 음수가 발생한 경우

사업자가 보세구역 내에서 보세구역 외의 국내에 재화를 공급하는 경우에 당해 재화가 부가가치세법 제8조에 규정하는 수입재화에 해당되어 세관장이 같은 법 제23조 제3항의 규정에 의하여 부가가치세를 징수한 때에는 공급가액 중 같은 법 제13조 제4항에 규정하는 금액을 제외한 잔액을 과세표준으로 하여 같은 법 제16조 제1항의 규정에 의한 세금계산서를 교부하여야 하며, 재화의 공급가액 중 재화의 수입에 대한 부가가치세 과세표준을 제외한 잔액이 없는 때에는 세금계산서 교부의무가 없다.(서삼 46015-10204, 2003.02.06.)

질의내용 갑이 보세구역 내에서 보세구역 외의 을에게 양도하는 경우, 세관장이 을로부터 부가가치세를 거래징수하고 교부한 수입세금계산서의 과세표준과 갑이 당해 물품의 대가로 받기로 한 원화금액이 적용환율의 차이로 차액(음수도 발생할 수 있음)이 발생하는 경우 그 차액에 대하여 갑의 과세표준으로 보아 을에게 세금계산서(또는 적자세금계산서)를 교부하여야 하는지 여부

(4) 국내에서 보세구역으로 반입

보세구역 외의 장소에서 보세구역으로 재화를 공급하는 것은 재화의 공급에 해당한다.

1-3 선하증권의 양도

선하증권은 해상운송에서 화물의 수령(수취선하증권) 또는 선적(선적선하증권)을 증명하고 해상운송인에게 화물의 인도를 청구할 수 있는 유가증권이다. 운송인은 운송물을 수령한 후 송하인의 청구에 의하여 선하증권을 교부하여야 한다.(상법 §852) 운송물을 받을 수 있는 자에게 선하증권을 양도한 때에는 운송물 위에 행사하는 권리의 취득에 관하여 운송물을 인도한 것과 동일한 효력이 있다.(상법 §861, §133) 보세구역 내 물품에 대하여 선하증권을 양도하고 반출하는 경우에는 동일한 재화에 대하여 재화의 수입과 재화의 공급으로 이중과세가 될 수 있으므로 다음과 같이 부가가치세법을 적용한다.

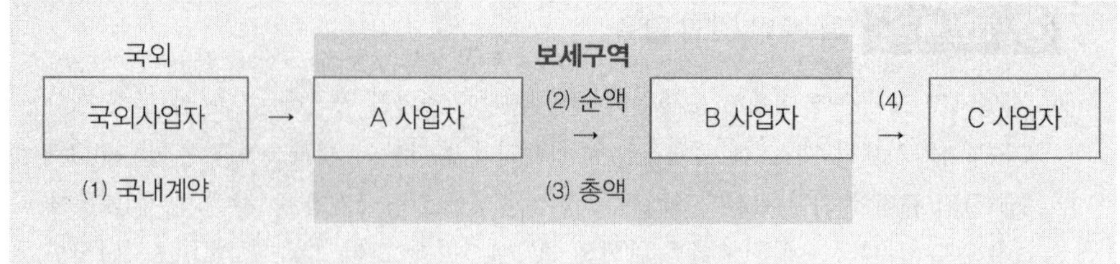

(1) 국외 물품 선하증권 양도

국내사업자 "갑"이 국외사업자 "A"로부터 물품을 매입하면서 교부받은 선하증권을 국내에서 국내사업자 "을"에게 양도하고 "을"은 해당 선하증권을 국외사업자 "B"에게 다시 양도함으로써 실질적으로 물품의 이동이 "A"로부터 "B"에게 직접 인도되는 경우에 "갑"과 "을"의 선하증권 양도거래는 「부가가치세법」 제4조에 따른 **부가가치세 과세대상에 해당하지 않는다.**(법령해석과-1386, 2019.05.31.)

(2) 보세구역 내 선하증권 양도(순액)

국내사업자 갑이 국외사업자 A로부터 물품을 매입하면서 발급받은 선하증권을 **보세구역 내 국내사업자 을에게 양도하는 경우,** 해당 **선하증권 양도에 대해서는 부가가치세가 과세**(10%) 되는 것이며, 세금계산서를 발급해야 한다.(법규부가2012-231, 2012.06.07.)

① 과세표준

사업자가 보세구역 내에 보관된 재화를 다른 사업자에게 공급하고, 그 재화를 공급받은 자가 그 재화를 보세구역으로부터 반입하는 경우에는 그 재화의 공급가액에서 세관장이 부가가치세를 징수하고 발급한 수입세금계산서에 적힌 공급가액을 뺀 금액에 대하여 세금계산서를 발급한다.(부가령 §61②5호)

> ㉮ 관세가 과세되는 부분은 **세관장이 수입세금계산서** 발급
>
> * 관세의 과세가격 + 관세+ 개별소비세 · 주세 · 교통 · 에너지 · 환경세 + 교육세+농어촌특별세
>
> ㉯ 선하증권 양도자가 **세금계산서** 발급
>
> * 공급가액 – ㉮

관련 예규 선하증권 양도

- 수입대행업을 영위하는 사업자(이하 "수입대행업자")가 의류물품을 수입하고자 하는 사업자(이하 "의뢰자")와 '수입대행계약'을 체결하여 단순히 수입대행 용역을 제공하는 경우로서 수입대행업자가 자기 명의로 발급받은 선하증권을 의뢰자에게 배서하고 의뢰자가 자기 명의로 수입통관 후 수입대행업자에게 상품대금 및 대행수수료를 정산·지급하는 경우 수입대행업자의 부가가치세 공급가액은 「부가가치세법」 제29조제3항제1호에 따라 대행수수료가 되는 것임(사전-2019-법령해석부가-0711, 2019.12.16.)
- (선하증권 재양도) 보세구역 내에서 사업자"갑"이 수입물품에 대한 선하증권을 "을"에게 양도(수입물품이 보세구역에 도착하기 전에 양도하는 경우를 포함)하고 "을"이 다시 해당 선하증권을 "병"에게 양도한 후 선하증권의 최종소유자가 보세구역으로부터 그 수입물품을 반입하는 경우, "갑"과 "을"이 공급한 선하증권의 공급가액은 「부가가치세법 시행령」 제61조제1항제5호의 규정에 의한 가액으로 할 수 있는 것임(사전-2016-법령해석부가-0618, 2016.12.28.)
- 사업자가 보세구역 내에 보관된 재화를 다른 사업자에게 공급하고 그 재화를 공급받은 자가 그 재화를 보세구역으로부터 반입하는 경우에는 그 재화의 공급가액에서 세관장이「부가가치세법」 제52조 제2항에 따라 부가가치세를 징수하고 발급한 수입세금계산서에 적힌 공급가액을 뺀 금액을 공급가액으로 하며 잔액이 없는 경우(음의 수 포함)에는 세금계산서 발급의무가 없는 것입니다. 다만, 세관장이 부가가치세를 징수하기 전에 해당 재화에 대한 선하증권이 양도되는 경우에는 양수인으로부터 받은 대가를 공급가액으로 할 수 있는 것입니다.(부가가치세과-0622, 2016.03.28.)
- 국내사업자 '을'이 국내사업자 '갑'에게 국외에서 제품을 공급할 목적으로 국외사업자 '병'으로부터 해당 물품을 공급받기로 하는 해외임가공계약을 체결한 경우로서 '갑'은 '병'을 통하여 생산된 제품을 외국 선적항에서 '을'로부터 인도받음에 있어 '갑'이 국외 운송사가 발행한 서렌더(Surrender) 선하증권을 수령하여 해당 재화에 대한 수입·통관 등 수입절차를 이행하여 국내 반입하는 경우 '을'과 '갑'의 거래는 재화의 이동이 국외에서 이루어진 것으로서 「부가가치세법」 제4조에 따라 부가가치세 과세대상에 해당하지 아니하는 것입니다.(서면-2024-법규부가-0007 [법규과-117], 2024.01.11.)

② **공급시기**

사업자가 수입물품에 대한 선하증권을 양도하고 당해 선하증권을 양수한 자가 수입통관하는 경우에 당해 선하증권 양도와 관련한 공급시기는 당해 수입물품의 **수입신고수리일**이다.(서삼46015-11452, 2003.09.15.)

③ **매입세액 공제**

선하증권을 매입자는 수입재화에 대해 수입세금계산서(재화의 수입)와 세금계산서(재화의 공급)를 모두 수취하게 된다. 이 경우 매입세액은 모두 공제받을 수 있다.

(3) 수입신고 수리전 선하증권 양도(총액)

세관장이 부가가치세를 징수하기 전에 선하증권을 양도되는 경우에는 선하증권의 양수인으로부터 받은 대가를 공급가액으로 **할 수 있다**.(부가령 §61②5호 단서) 따라서, 해당 선하증권양도가 '(2) 보세구역 내 선하증권 양도'와 중복되는 경우 양도자는 (2), (3) 세무처리 중 하나를 선택할 수 있다.

① **과세표준**

㉮ 관세가 과세되는 부분은 **세관장이 수입세금계산서** 발급 * 관세의 과세가격 + 관세+ 개별소비세 · 주세 · 교통 · 에너지 · 환경세 + 교육세+농어촌특별세 ㉯ 선하증권 양도자가 **세금계산서** 발급 * 공급가액

② **공급시기**

선하증권 양도의 공급시기에 관한 명확한 규정은 없지만, 선하증권의 양도는 재화의 공급이므로 부가가치세법 제15조 재화의 공급시기에 따라 **선하증권의 양도일**(기명식 선하증권의 경우 배서일)이 공급시기에 해당할 것으로 보인다.

③ **매입세액 공제**

선하증권을 매입자는 수입재화에 대해 수입세금계산서(재화의 수입)와 세금계산서(재화의 공급)를 모두 수취하게 된다. 이 경우 매입세액은 모두 공제받을 수 있다.

관련 예규 매입세액 공제

- 사업자가 과세되는 선하증권을 매입하면서 교부받은 세금계산서의 공급가액에 동 선하증권 관련 재화의 수입통관 시 세관장으로부터 교부받은 수입세금계산서의 공급가액이 포함되어 기재된 경우 당해 선하증권 매입 시 부담한 부가가치세의 매입세액은 공제 가능함(기획재정부 부가가치세제과-445, 2009.06.29.)

- 국내사업자(이하 '甲'이라 한다)가 국외사업자(이하 '乙'이라 한다)로부터 매수한 물품을 국내사업자(이하 '丙'이라 한다)에게 매도하는 계약을 체결하고, 甲은 乙로부터 丙명의의 기명식 선하증권을 포함한 운송서류를 송부받아 丙에게 교부하고 丙이 해당 물품의 수입통관절차를 진행하는 경우로서, 甲의 丙에 대한 동 선하증권의 교부와 관련하여 세금계산서 발급시 공급가액은 「부가가치세법 시행령」 제61조제2항제5호의 따른 가액으로 하는 것이며 공급시기는 선하증권을 교부하는 날이 되는 것입니다.(서면-2022-부가-4808 [부가가치세과-131], 2023.01.13.)

▸ 선하증권 양도의 비교

구분	보세구역 내 선하증권 양도	수입신고 수리전 선하증권 양도
과세표준	양도가액 - 수입세금계산서 공급가액	양도가액
공급시기	수입신고 수리일	양도일

사례 보세구역 내 선하증권의 양도

- 11.30 갑이 보세구역 내에서 선하증권을 을에게 3억원에 양도
- 12.05 을의 수입신고 수리[세관장이 수입세금계산서(공급가액 2억) 교부]

- **갑은 세금계산서 교부방법으로 ①, ② 선택 가능**

구분	① 보세구역 내 선하증권 양도	② 수입신고 수리전 선하증권 양도
과세표준	1억(=3억 - 2억)	3억
공급시기	12.05	11.30

(4) 수입신고수리 후 선하증권 양도

사업자가 수입신고수리 후 선하증권을 양도하는 경우 해당 재화를 인도하는 것과 동일한 효력이 있어 재화의 공급으로 세금계산서 또는 계산서를 교부해야 한다.(부가1265.2-2717, 1982.10.20.)

(5) 면세재화에 대한 선하증권 양도

선하증권의 양도는 (국내)재화의 공급으로 면세대상 판단도 '재화의 수입'이 아닌 '재화의 공급'의 면세대상으로 판단한다. 따라서 사업자가 커피두(관세율표 0901)를 수입하여 수입통관 전에 국내에 있는 사업자에게 동 재화의 선하증권을 양도하는 경우에는 부가가치세를 면제한다.(부가가치세과-595, 2013.06.28.)

관련 예규 면세재화 과세표준

- 국외의 법인으로부터 부가가치세가 과세되지 않는 재화를 위탁받아 수입 · 판매하는 내국법인이 보세구역 내에서 선하증권을 국내의 다른 사업자에게 양도한 경우 「법인세법」 제121조 제2항에 따라 계산서를 발급하여야 하는 것이나, 세관장이 선하증권을 양수한 사업자에게 발급한 수입계산서 부분에 대하여는 계산서 발급 의무가 없는 것입니다.(서면-2020-법인-3413 [법인세과-4046], 2020.11.06.)
- 부가가치세 과세대상 물품을 수입 · 판매하는 법인이 보세구역 내에서 선하증권을 다른 사업자에게 양도하고 이를 양수한 사업자가 세관장으로부터 수입세금계산서를 발급받는 경우로서 선하증권의 공급가액과 수입세금계산서의 공급가액이 같아 「부가가치세법 시행령」 제61조 제2항 제5호에 따라 세금계산서를 발급하지 않은 경우, 해당 선하증권 양도법인의 계산서 발급 의무가 없는 것임(서면-2019-법령해석법인-0078 [법령해석과-907], 2020.03.25.)
- 내국법인이 수입통관 전 면세물품에 대한 선하증권을 국내의 제3자에게 양도하고 해당 선하증권을 양수한 자가 수입통관하는 경우의 계산서 교부대상 금액은 선하증권 양도가액에서 세관장이 「법인세법」 제121조 제3항에 따라 교부한 계산서 가액을 차감한 금액으로 하거나 선하증권 양도가액으로 할 수 있는 것임(법규과-1363, 2011.10.18., 법인세과-813, 2011.10.26.)
- **국내거래 면세재화**(수입거래는 과세)

  국내사업자 "갑"이 수입물품(「산림자원의 조성 및 관리에 관한 법률 시행령」 제2조제6호에 따른 목재펠릿)을 신청인에게 공급하기로 하는 DDU조건(관세미지급 인도조건) 물품공급계약을 체결하여 DDU조건에 따라 선하증권을 양수한 신청인이 수입통관한 수입물품을 신청인의 사업장까지 운송하면 해당 수입물품에 대한 검수를 거쳐 공급대가가 확정되는 경우, 수입물품인 목재팰릿의 수입에 대하여는 「부가가치세법」 제13조에 따라 부가가치세가 과세되는 것이며, "갑"이 신청인에게 국내에서 공급하는 목재펠릿은 「조세특례제한법」 제106조 제1항 제12호에 따라 검수를 거쳐 대가가 확정되는 때에 **확정된 대가(운송비용 포함)**를 공급가액으로 **기재한 계산서를 발급하여야 하는 것임**(서면법규과-1326, 2014.12.16.)

■ **수입거래 면세재화**(국내거래는 과세)

보세구역 내에 사업장을 둔 "갑"사업자가 보세구역 내에서 재화를 "을"사업자에게 공급하고 "을"사업자는 당해 재화를 보세구역 외의 국내로 수입하는 경우 당해 재화의 공급에 대한 부가가치세 과세표준은 당해 재화의 공급가액에서 부가가치세법시행령 제48조 제8항의 규정에 의하여 세관장이 부가가치세를 징수한 재화의 수입에 대한 과세표준을 차감하여 계산하는 것이나, **당해 재화의 수입시 부가가치세가 면제되는 물품인 경우에는** 부가가치세법시행령 제48조 제8항의 규정이 적용되지 아니하는 것이므로 **재화의 공급가액 전액을 부가가치세 과세표준으로** 하는 것입니다.(서면인터넷방문상담3팀-2601, 2004.12.21.)

■ **면세거래 양도시기**

보사업자가 보세구역 내에서 수입물품에 대한 선하증권을 양도(수입물품이 보세구역에 도착하기 전에 양도하는 경우를 포함)하고 해당 선하증권을 양수한 자가 보세구역으로부터 그 수입물품을 반입하면서 부가가치세가 면제되는 경우 「부가가치세법 시행령」 제61조 제2항 제5호의 규정이 적용되지 아니하는 것이므로 재화의 공급가액 전액을 부가가치세 공급가액으로 하는 것이며, 이 경우 해당 선하증권의 양도와 관련한 공급시기는 해당 선하증권 양도일이 되는 것입니다.(서면-2021-법령해석부가-4525 [법령해석과-4197], 2021.11.30.)

▶ 선하증권 양도와 수입신고 면세 판단

구분	선하증권의 양도	수입신고
면세판단	재화의 공급으로 판단	재화의 수입으로 판단
과세표준 계산	총액 또는 순액	총액
계산서 발행자	양도인	세관장

(6) 명의개서가 없는 선하증권 양도

국내사업자(이하 '甲'이라 한다)가 국외사업자(이하 '乙'이라 한다)로부터 매수한 물품을 국내사업자(이하 '丙'이라 한다)에게 매도하는 계약을 체결하고, 甲은 乙로부터 丙명의의 기명식 선하증권을 포함한 운송서류를 송부받아 丙에게 교부하고 丙이 해당 물품의 수입통관절차를 진행하는 사안에서, 甲의 丙에 대한 동 선하증권의 교부는 「부가가치세법」 제32조제1항에 따른 세금계산서 발급대상이 됩니다. 이는 본건 회신일 이후 결정 · 경정하는 분부터 적용한다.(기획재정부 조세법령운용과-418, 2022.04.26.)

1-4 조달청창고와 런던금속거래소 지정창고의 창고증권 양도

(1) 창고증권

창고증권은 창고업자에게 임치물의 반환을 청구할 수 있는 유가증권이다. 타인을 위하여 창고에 물건을 보관함을 영업으로 하는 창고업자는 임치인의 청구에 의하여 창고증권을 교부하여야 한다.(상법 §156) 임치물을 받을 수 있는 자에게 창고증권을 양도한 때에는 임치물 위에 행사하는 권리의 취득에 관하여 임치물을 인도한 것과 동일한 효력이 있다.(상법 §157, §133)

(2) 창고증권의 양도

계약상 또는 법률상의 원인에 의하여 재화의 실질적인 이동 없이 재화가 인도 또는 양도되는 경우(예 : 창고증권, 선하증권)에는 부가가치세법 제6조 제1항의 규정에 의하여 재화의 공급에 해당되어 세금계산서 또는 계산서를 교부해야 한다.(부가1265.2-2717, 1982.10.20.)

(3) 임치물의 반환이 수반되지 않는 창고증권의 양도

① 창고의 범위

조달청장이 개설한 것으로서 관세법 제174조에 따라 세관장의 특허를 받은 보세창고(부가령 §18②)와 런던금속거래소의 지정창고(부가칙 §15)를 말한다.

⊕ 보충 설명 런던금속거래소

런던금속거래소(LME, London Metal Exchange)는 1877년 설립된 세계 최대의 비철금속 거래소다. 알루미늄(합금2종, 프리미엄 포함), 구리, 아연, 니켈, 납, 주석, 철강(스크랩 및 철근), 몰리브덴, 코발트, 금, 은을 포함한 14개 기초자산을 대상으로 하는 선물, 옵션, 스와프 등의 거래가 가능하다. LME가격은 비철금속의 가격기준으로 활용되고 있다. 전세계 비철금속 거래량의 약 90%를 LME 지정 창고가 점유하고 있고, LME해외 창고는 미국, 유럽 그리고 극동지역 등 43개 지역에 걸쳐 400개가 넘는 LME창고가 운영되고 있다고 한다. 국내에서는 지난 2003년 부산과 광양항에 LME창고가 운영되고 있다.

② 창고증권의 양도 특례

창고증권의 양도는 부가가치세 과세대상이지만, 임치물의 반환이 수반되지 않는 조

달청의 창고와 런던금속거래소 지정창고의 창고증권 양도는 부가가치세를 과세하지 않는다.(부가령 §18②)

관련 예규 임치물의 반환

사업자가 「부가가치세법 시행령」 제14조 제2항 제1호에 규정하는 조달청 창고에 물품을 임치하고 조달청장으로부터 창고증권을 발행받은 후, 당해 창고증권과 임치된 물품에 대해 양도 및 소유권 이전이 없이 당해 창고증권을 반환하고 자기 물품을 국내로 다시 반입하여 가져가는 경우에 대해서는 같은 법 제6조제1항에 따른 재화의 공급에 해당하지 아니하는 것입니다.(부가가치세과-1176, 2012.11.30.)

(4) 임치물의 반환이 수반되는 재화의 공급

조달청 창고 또는 거래소의 지정창고에 보관된 임치물의 반환이 수반되어 재화를 공급하는 경우에는 부가가치세를 과세한다.(부가령 §28⑧)

▶ 임치물 반환이 수반되는 경우

구분	부가가치세 과세대상	공급시기	세금계산서
보세구역에서 국내로 반입	해당 재화를 실물로 넘겨받는 것이 재화의 수입에 해당하는 경우	수입신고 수리일	수입세금 계산서
	국내로부터 조달청 창고 또는 거래소의 지정창고에 임치된 임치물이 국내로 반입되는 경우	반입신고 수리일	세금계산서
임치물 인도	창고증권을 소지한 사업자가 해당 조달청 창고 또는 거래소의 지정창고에서 실물을 넘겨받은 후 보세구역의 다른 사업자에게 해당 재화를 인도하는 경우	재화를 인도하는 때	

관련 예규 수입세금계산서 교부

「부가가치세법 시행령」 제14조 제2항 제2호에 따른 런던금속거래소의 지정창고에 임치한 사업자가 동 창고로부터 받은 창고증권의 양도는 과세거래가 아니고 창고증권을 매입한 다른 사업자가 비철금속 실물을 런던금속거래소 지정창고에서 인취하여 국내에 반입시 「부가가치세법 시행령」 제58조 제14항에 따라 세관장이 그 반입자에게 수입세금계산서를 발급하는 것입니다.(부가가치세과-365, 2013.04.29.)

② 특정거래형태의 수입

2-1 무환수입

외국환 거래가 수반되지 아니하는 물품의 수입을 말한다.(대외무역관리규정 §2 14호) 무환수입은 무상무환(증여, 상속 등)과 유상무환으로 구분할 수 있다. 유상무환은 수탁판매수입, 수탁가공무역을 위한 원자재 반입 등 해당 무역과정에서 필연적으로 수반되는 거래로 무환수입이 아닌 본래의 무역거래 형태로 분류한다. 예를 들면 수탁판매수입을 목적으로 무환수입되는 경우에도 수탁판매수입으로 분류한다.

(1) 회계처리

재고자산을 무상으로 취득(수증)하는 경우 취득시점에 공정가액을 취득가액으로 자산수증이익을 인식으로 한다.(금감원2009-1, 2009.12.31.)

(2) 세무상 취득가액

법인이 해외에서 물품을 무상으로 수입하는 경우에는 이를 각 사업연도의 소득금액계산상 익금으로 한다. 이 경우에 익금에 산입할 금액은 당해 물품의 통관시 관세 과세표준금액이 되는 감정가액으로 하며 관세 및 부대비용은 취득가액에 합산한다.(법기통 15-11-3)

관련 예규 반환이 약정된 무상수입자산의 통관비용

- 반환할 것이 약정된 무상수입자산의 통관비용 등은 그 효익이 미치는 기간에 안분하여 손금에 산입한다.(법기통 19-19-16)

사례 무환수입 회계처리

■ 무환수입

* 관세과세가격 500,000, 관세 40,000원, 부가가치세 54,000원, 기타수수료 8,000원

(차) 상 품 548,0000[*] (대) 자산수증이익 500,000[**]

부가세대급금 54,000 현금 102,000[***]

* 500,000 + 40,000 + 8,000

** 관세과세가격

*** 40,000 + 54,000 + 8,000

(3) 간이수입신고

무환수입 물품도 일반 수입통관절차를 따르되, 미화 250불이하의 면세되는 상용견품 등은 첨부서류 없이 신고서에 수입신고사항을 기재하여 간이수입신고를 한다.(수입통관 사무처리에 관한 고시 §71①)

2-2 수탁판매수입

수탁판매수입이란 물품 등을 무환으로 수입하여 해당 물품이 판매된 범위 안에서 대금을 결제하는 계약에 의한 수입을 말한다.(대외무역관리규정 §2 5호)

(1) 수탁판매수입 절차

순서	절차	주요 내용
①	판매계약 체결	외국법인(위탁자)와 국내수입자(수탁자) 수탁판매계약 체결
②	수입통관	국내수입자 명의로 수입통관 (수탁자는 수입세금계산서를 교부받아 부가세 납부)
③	창고반입	해당 재화는 위탁자 소유이며 수탁자는 재고관리
④	국내 판매	위탁자 명의로 판매 또는 국내 판매 직전 수탁자가 구매하여 수탁자 직접 판매 차) 요구불예금××× 대) 수탁판매수수료(매출)×××

(2) 수입통관

국내 사업자가 수탁가공을 위하여 국외의 위탁자로부터 물품을 무환수입하는 경우 국내 사업자가 세관장으로부터 수취한 수입세금계산서상의 매입세액은 자기의 매출세액에서 공제받을 수 있다.(서면부가2016-3635, 2016.04.27.)

(3) 창고반입

수힙통관된 재화는 위탁자 또는 수탁자의 창고에 반입되어 수탁자가 재고관리를 하게 된다.

(4) 국내판매

① 위탁자 판매

국외의 위탁자 요구에 따라 완성품을 국내의 다른 사업자에게 인도하는 경우 국내 사업자는 계약상 또는 법률상의 거래당사자가 아니므로 세금계산서 발급의무가 없다.(서면부가2016-3635, 2016.04.27.)

② 수탁자 직접 판매

수탁자가 거래당사자로 판매하는 경우 재화의 공급으로 수탁자 명의로 세금계산서 교부가 가능하다.

(5) 수탁자의 수수료수익

수탁판매수입으로 수탁자가 위탁자로부터 수탁판매계약으로 일정한 수수료를 받기로 한 경우에는 수탁자에게 귀속되는 수탁판매 수수료를 수입금액으로 인식한다. 수탁자가 국내사업장이 없는 외국법인에게 판매대행용역을 제공하고 수탁판매수수료를 외국환은행에서 원화 등으로 받는 경우에는 영세율을 적용한다.(부가령 §33② 1호)

관련 예규 수수료 수익

■ **부가가치세 공급가액**

수입대행업을 영위하는 사업자(이하 "수입대행업자")가 의류물품을 수입하고자 하는 사업자(이하 "의뢰자")와 '수입대행계약'을 체결하여 단순히 수입대행 용역을 제공하는 경우로서 수입대행업자가 자기 명의로 발급받은 선하증권을 의뢰자에게 배서하고 의뢰자가 자기 명의로 수입통관 후 수입대행업자에게 상품대금 및 대행수수료를 정산 · 지급하는 경우 수입대행업자의 부가가치세 공급가액은 「부가가치세법」 제29조제3항제1호에 따라 대행수수료가 되는 것임(사전법령해석부가2019-711, 2019.12.16.)

■ **법인세 수입금액**

수입대행자가 통관절차 등 제반업무를 수행하고 자기의 책임과 계산하에 수입하는 경우의 수입금액은 수입위탁자로부터 받는 물품가액이 되는 것이나, 수입위탁자가 자기 책임하에 모든 비용을 부담하여 수입하고 수입대행자는 단순히 대행용역만을 제공하는 경우, 수입대행자의 수입대행자의 수입금액은 대행수수료가 되는 것(법인46012-2842, 1994.10.12)

2-3 임차수입

임차(사용대차를 포함한다) 계약에 의하여 물품을 수입하여 일정기간 후 다시 수출하거나 그 기간의 만료 전 또는 만료 후 해당 물품의 소유권을 이전받는 수입을 말한다.(대외무역관리규정 §2 9호) 건설기계, 선박, 비행기 등 고가의 산업용 설비를 직접 구매하기보다는 임차하는 무역거래로, 임차기간 만료 시 소유권을 이전받는 조건으로 임차 수입하는 선박이나 항공기를 국적취득조건부 임차선박 · 항공기라 한다.

(1) 관세납세의무자

여신전문금융업법에 따른 시설대여업자가 관세법에 따라 관세가 감면되거나 분할납부되는 물품을 수입할 때에는 대여시설 이용자를 납세의무자로 하여 수입신고를 할 수 있다. 이 경우 납세의무자는 대여시설 이용자가 된다.(관세법 §105①)

(2) 수입세금계산서 발급

납세의무가 있는 사업자가 여신전문금융업법 제3조에 따라 등록한 시설대여업자로부터 시설 등을 임차하고, 그 시설 등을 세관장으로부터 직접 인도받는 경우에는 세관장이 그 사업자에게 직접 세금계산서를 발급할 수 있다.(부가령 §69⑧)

관련 예규 세금계산서 발급

국내제조회사가 외국법인과의 공급계약에 의해 당해시설 등을 이를 대여 받을 국내사업자에게 직접 인도하는 경우에는 당해 사업자가 국내제조회사로부터 시설 등을 직접 공급받은 것으로 보아 제조회사로부터 세금계산서를 교부받을 수 있음.(재부가46015-828, 1993.06.01.)

① 수정세금계산서

세관장은 수입세금계산서를 교부한 후 수입물품이 여신전문금융업법에 따른 대여시설물품으로서 수입신고서의 납세의무자와 대여시설이용자가 다른 경우에는 해당 수입세금계산서를 수정하여 교부하여야 한다.(수입세금계산서 교부에 관한 고시 §3)

관세 예규

「관세법」 제105조 제1항에 따라 「여신전문금융업법」의 규정에 의한 시설대여업자가 관세의 감면 또는 분할납부 물품을 수입할 경우, 대여시설이용자를 납세의무자로 하여 수입신고 가능. 따라서 관세의 감면 또는 분할납부 물품 이외의 경우에는 관세법 제19조제1항에 따라 수입한 화주가 납세의무자가 됨. 다만, 세금계산서에 대하여는 관세법에서 특별히 규정하고 있지 않기 때문에 관세법 제4조에 따라 부가가치세법을 따름. 따라서, 「부가가치세법 시행령」 제58조 제8항은 '납세의무자가 시설대여업자로부터 시설 등을 임차하고, 당해 시설을 세관장으로부터 직접 인도받은 경우에는 세관장이 해당 사업자에게 직접 세금계산서를 발급할 수 있다'고 규정하고 있으므로, 「수입세금계산서 교부에 관한 고시」 제3조 제1항에 따라 수입물품이 「여신전문금융업법에 따른 대여시설물품으로서 수입신고서의 납세의무자와 대여시설이용자가 다른 경우, 세관장은 수입세금계산서를 수정교부할 수 있음.
(세원심사과, 2010.9.13.)

▶ 대여시설물품 관련 납세의무자와 수입세금계산서

구분	관세감면 또는 분할납부 물품	이외 물품
관세납세의무자	대여시설이용자	수입한 화주
수입세금계산서	대여시설이용자	대여시설이용자

② **면세선박**

과세사업에 사용하기 위한 선박의 수입에 대하여는 조세특례제한법 제106조 제2항 제3호 규정에 의하여 부가가치세를 면제한다. 따라서, 사업자가 선박법 제1조의 2에서 정의하는 선박을 임대할 목적으로 수입하여 해당 선박을 임대하는 경우 해당 선박의 수입에 대해서는 부가가치세가 면제된다.(부가가치세과-1672, 2010.12.16.)

(3) 취득세

① **납세의무자**

외국인 소유의 취득세 과세대상 물건(차량, 기계장비, 항공기 및 선박만 해당한다)을 직접 사용하거나 국내의 대여시설 이용자에게 대여하기 위하여 임차하여 수입하는 경우에는 **수입하는 자**가 취득한 것으로 본다.(지방법 §7⑥)

② **취득시기**

수입에 따른 취득은 해당 물건을 우리나라에 반입하는 날(**보세구역을 경유하는 것은 수입신고필증 교부일**을 말한다)을 취득일로 본다. 다만, 차량 · 기계장비 · 항공기 및 선박의 실수요자가 따로 있는 경우에는 실수요자가 인도받는 날과 계약상의 잔금지급일 중 빠른 날을 최초의 승계취득일로 보며, 취득자의 편의에 따라 수입물건을 우리나라에 반입하지 아니하거나 보세구역을 경유하지 아니하고 외국에서 직접 사용하는 경우에는 그 수입물건의 등기 또는 등록일을 취득일로 본다.(지방령 §20④)

(4) 재산세

재산세 납세의무자는 재산세 과세기준일(6월1일) 현재 재산을 사실상 소유하고 있는 자로 외국인 소유의 항공기 또는 선박을 임차하여 수입하는 경우에는 수입하는 자가 재산세를 납부할 의무가 있다.(지방법 §107② 7호)

(5) 회계처리

리스자산의 소유에 따른 위험과 보상의 대부분을 이전하는 리스는 금융리스로 분류한다. 리스자산의 소유에 따른 위험과 보상의 대부분을 이전하지 않는 리스는 운용리스로 분류한다.(일반기준 13.5)

(6) 국적취득조건부 나용선(Bare Boat Charter with Hire Purchase)

국적취득조건부 나용선계약이란 용선료에 선박대금을 포함시켜 선체용선계약을 체결하고 용선기간이 경과한 시점에 무상 또는 통상 1 USD 대가로 소유권을 이전하는 계약을 말한다.

① 수입통관

선박(항공기)를 우리나라에 수입하는 자는 최초 입항하는 때 수입신고를 하여야 한다.(관세법 §241②)

관련 법령 수입통관 사무처리에 관한 고시 제103조(선박 · 항공기)

① 이 조에서 사용하는 용어의 정의는 다음과 같다.

1. "국적취득조건부 임차선박 · 항공기"라 함은 임차기간 만료시 소유권을 이전받는 조건으로 임차 수입하는 선박이나 항공기를 말한다.
2. "편의치적(便宜置籍) 선박"이라 함은 소유권을 이전받아 「선박법」 제2조에 따른 한국선박이 된 수입선박 중 우리나라 국적이 아닌 외국 국적을 취득한 선박을 말한다.
3. "경락선박 · 항공기"라 함은 국내법원의 경매를 통해 낙찰받아 수입하려는 외국 선박이나 항공기를 말한다.

② 선박 · 항공기(제1항제1호와 제2호의 선박 · 항공기를 포함한다)를 외국으로부터 수입하려는 자는 해당 선박 · 항공기가 우리나라에 최초 입항한 때 수입신고를 하고 세관장으로부터 신고수리를 받아야 한다. 다만, 국적취득조건부 이외의 임차선박 · 항공기가 법 제2조 제6호와 제7호에 따른 외국무역선(기)에 해당되는 경우(원양어선을 포함한다)는 제외한다.

관련 판례

관세법 제2조 제1항 제1호는 외국으로부터 우리나라에 도착된 물품을 우리나라에 인취(인취)하는 것을 관세의 부과대상이 되는 수입의 한 형태로 규정하고 있고, 여기서 우리나라에 인취(인취)한다고 함은 물품이 사실상 관세법에 의한 구속에서 해제되어 내국물품이 되거나 자유유통 상태에 들어가는 것을 의미한다고 할 것인바, 선박의 경우에는 그것이 우리나라와 다른 나라를 왕래하는 등의 특수성이 있으므로 선박이 우리나라의 영역에 들어온 것만으로는 그 선박이 수입되었다고 볼 것은 아니며, 다만 우리나라에 거주하는 자가 외국에 있던 선박의 사실상 소유권 내지 처분권을 취득하고 나아가 그 선박이 우리나라에 들어와 사용에 제공된 때에는 형식적으로는 그 선박이 우리나라의 국적을 아직 취득하지 아니하였더라도 실질적으로는 관세부과의 대상이 되는 수입에 해당한다고 보는 것이 실질과세의 원칙에 비추어 타당하고, 외국의 선박을 국내 거주자가 취득하면서 편의치적의 방법에 의하여 외국에 서류상으로만 회사를 만들어놓고 그 회사의 소유로 선박을 등록하여 그 외국의 국적을 취득하게 한 다음 이를 국내에 반입하여 사용에 제공하게 한 때에도 위에서 말하는 관세법상의 수입에 해당하게 되는 것이다.(대법원 2000.5.12. 선고, 2000도354 판결)

② 용선사 회계처리

국적취득조건부 나용선계약은 일반기업회계기준 자산인식요건을 모두 충족하므로 용선사가 자기자금으로 직접 취득한 선박과 동일하게 연불매매거래 또는 금융리스거래로 회계처리 한다.

▶ **일반기업회계기준 10.5**

유형자산으로 인식되기 위해서는 다음의 인식조건을 모두 충족하여야 한다. (1) 자산으로부터 발생하는 미래경제적효익이 기업에 유입될 가능성이 매우 높다. (2) 자산의 원가를 신뢰성 있게 측정할 수 있다.

③ 법인세 처리

국외거래에 있어서는 소유권이전 조건부 약정에 의한 자산의 임대는 장기할부판매(연불매매)로 보고 있어, 일반기업회계기준과 동일하게 처리한다.(법인령 §68④)

관련 판례 국적취득조건부 용선계약

연불구매형태로 선박을 선체용선계약 체결하고 용선계약의 형식을 취하고는 있으나 실질적으로는 선박의 매매로서 그 선박의 매매대금을 일정기간 동안 분할하여 지급하되 그 기간 동안 매수인이 선박을 사용할 수 있는 것으로서 선박수입의 특수한 형태이다. 한편, 구법인세법 시행령 제68조 제3항은 자산의 장기할부조건 판매 또는 양도와 관련하여 "장기할부조건이라 함은 자산의 판매 또는 양도(국외거래에 있어서는 소유권이전 조건부 약정에 의한 자산의 임대를 포함한다)로서 판매금액 또는 수입금액을 월부·연부 기타의 지불방법에 따라 2회 이상으로 분할하여 수입하는 것 중 당해 목적물의 인도일의 다음날부터 최종의 할부금의 지급기일까지의 기간이 1년 이상인 것을 말한다"고 규정하고 있으므로, 할부금의 지급방법이 2회 이상으로 분할되어 최종지급기일까지의 기간이 1년 이상인 국적취득조건부 용선계약은 법인세법을 적용하는 경우 장기할부조건부 매매와 동일하게 취급하여야 한다.(대법2006두18270, 2009. 1. 30.)

관련 예규 국적취득조건부 나용선의 반환에 따른 감가상각비의 처리

국적취득조건부로 수입한 선박을 반환하는 경우 이미 손금에 산입된 감가상각비는 반환을 이유로 그 후 각 사업연도의 소득금액 계산상 이를 익금에 산입할 수 없다. 반환당시의 선가 미지급잔액과 선박계정잔액(감가상각누계액을 공제한 잔액)과의 차액은 이를 반환하는 사업연도의 익금 또는 손금으로 한다.(법인집 23-24-4)

2-4 연계무역

물물교환(Barter Trade), 구상무역(Compensation trade), 대응구매(Counter purchase), 제품환매(Buy Back) 등의 형태에 의하여 수출·수입이 연계되어 이루어지는 수입을 말한다.(대외무역관리규정 §2 10호) 수입물품의 대금을 그에 상응하는 수출로 상계하기 때문에 일반 수입절차와 동일하고 대금결제방식(상계)만 다를 뿐이다.

(1) 회계처리

연계무역의 처리는 유형자산 규정(결10.3)을 준용해서 처리하면 될 것이다. 따라서 재고자산 교환을 통해 취득한 자산의 원가는 일반자산의 원가 결정과 동일한 기준을 적용하여 제공한 자산의 공정가치로 평가한다. 다만, 제공한 자산의 공정가치보다 취득한

자산의 공정가치가 보다 객관적이고 신뢰성이 있다고 판단될 경우에는 취득한 자산의 공정가치를 원가로 계상할 수 있다.(결10.3)

질의회신 재산자산 교환

A사가 B사에게 양도하는 재고자산의 순실현가능가액이 장부가액보다 하락하였다면, 재고자산평가손실을 인식하고 교환거래로 제공받은 Barter Credits (또는 Trade Credits)의 취득원가는 재고자산의 순실현가능가액으로 회계처리하는 것이 타당함. 다만, 과거에 현금으로 판매한 사실로 보아 제공받은 Barter Credits를 즉시 현금으로 판매할 수 있는 것이 명백하거나, 교환으로 받게 될 재화나 용역의 시장가격을 객관적으로 확인할 수 있는 경우에는 Barter Credits의 취득원가는 현금판매가능가격 또는 재화나 용역의 시장가격으로 할 수 있음.(질의회신02-176, 2002.11.01.)

(2) 법인세 처리

수입한 물품의 취득가액은 수출하였거나 수출할 물품의 판매금액과 당해수입물품의 수입에 소요된 부대비용의 합계액에 상당하는 금액으로 한다. 수출 또는 수입한 물품과 연계하여 수입 또는 수출하는 물품의 일부가 사업연도를 달리하여 이행되는 경우에 각 사업연도에서 이행된 분에 대한 수입물품의 취득가액 또는 수출물품의 판매가액은 이행된 분의 비율에 따라 각각 이를 안분계산한다.(법인칙 §40②, ③)

2-5 외국인수수입

수입대금은 국내에서 지급되지만 수입 물품은 외국에서 인수하거나 제공받는 수입을 말한다.(대외무역관리규정 §2 12호)

(1) 국외거래

물품의 이동이 국외에서 이루어지는 외국인수수입은 국외거래로 부가가치세 과세거래에 해당하지 않는다. 국내사업자간 국외에서 재화를 공급하는 경우에는 계산서를 교부해야 한다.

관련 예규 국외 거래

국내사업자 "갑"이 국외사업자 D에게 의류를 공급할 목적으로 국내사업자 A로부터 해당 물품을 공급받기로 하고, 국내사업자 A는 다시 국내사업자 B로부터 해당 물품을 공급받기로 계약을 각각 체결한 경우로서 B가 해당 물품을 「대외무역 관리규정」상 외국인수수입에 해당하는 방식으로 국외사업자 C로부터 수입하여 "갑"과 A의 요청에 따라 해당 물품을 국외사업자 C에서 D로 직접 이동시키는 경우 B와 A의 거래, A와 "갑"의 거래는 재화의 이동이 국외에서 이루어진 것이므로 「부가가치세법」 제4조에 따라 부가가치세 과세거래에 해당하지 아니하는 것이며, 이 경우 국내사업자 B는 A에게, A는 "갑"에게 「법인세법」 제121조 및 같은 법 시행령 제164조에 따라 각각 계산서를 작성 · 발급하여야 하는 것입니다.(사전법령해석부가 2015-344, 2015.11.13.)

3 수입물품의 클레임(반품)

수입한 물품의 결함, 수량 부족 등의 하자가 발생하여 수입상이 수출상에게 클레임을 제기한 경우 처리방법은 가격인하, 반품 후 동일제품 교체, 대체품수입이 있다.

3-1 가격인하

수입물품의 하자가 미미하여 수입물품을 원래로 용도로 사용할 수 있는 경우에는 가격인하를 통해 클레임을 해결할 수 있다.

(1) 관세의 과세가격

① 신고수리 전 가격인하

관세는 수입신고 할 때의 물품의 성질과 수량에 의하여 부과(관세법 §16)하므로, 수입신고한 물품이 신고수리되기 전에 변질 또는 손상된 때에는 그 관세를 경감한다.(관세법 §100)

② **신고수리 후 가격인하**

계약상 별도의 가격조정 약관이 없는 경우, 하자 등의 사유로 수입통관 후 수입물품의 가격을 인하하는 것은 계약조건 불이행에 따른 손해배상 성격의 클레임청구로 관세의 과세가격 조정 대상에 해당하지 않을 것이다. 다만, 수입신고수리 전 물품자체의 변질 등 하자가 발생하여 가격을 인하한 경우에는 예외적으로 인하된 금액으로 가격신고를 하면 될 것으로 보인다.

관세 예규 국내 보세구역반입 후 가격인하

수입물품에 대한 과세가격의 결정은 수출국에서 선적전 인하된 가격은 구매자가 실제로 지급하였거나 지급할 가격이고 배제요건에 해당되지 않는다면 우리나라에 수출판매되는 물품에 대하여 구매자가 실제로 지급하였거나 지급할 가격으로 볼 수 있으나 우리나라 보세구역에 반입후 수입신고전에 인하된 가격인 경우 이 가격은 우리나라의 국내가격이고, 수입물품에 대한 관세평가의 목적은 수입물품의 가치(VALUE)가 전제가 되므로 비록 국내 보세구역에서 가격할인이 이루어져 실제 지불금액은 차이가 있다고 하나 관세평가의 목적은 수입물품의 가치인 실제 지불되었거나 실제 지불하여야 할 가격이 되어야 한다.(국심 2000관0026, 2000. 8. 7.)

(2) 부가가치세 처리

수입상이 수입물품의 불량으로 인하여 수출상으로부터 받는 가격인하금액, 배상금 등은 재화나 용역의 공급에 대한 대가가 아니므로 부가가치세의 과세대상에 해당하지 않는다.

3-2 반품 후 동일제품 교체

(1) 반품처리

하자를 이유로 수입물품을 반품(원상태로 유상 수출)으로 처리하는 방법은 ① 당초 수입취소절차로 관세법 제106조에 따른 계약상이 물품으로 관세 및 부가가치세를 환급받거나, ② 새로운 유상 수출(당초 지급한 금액 환수)로 처리할 수 있다.(납세심사과-3139, 2009.6.24.)

① **계약상이물품으로 반품**

계약상이 물품 반품(수출)신고 시 무상수출사유서, 계약상이 물품임을 증명할 수 있는 서류를 첨부하여 환급을 신청하면 세관장은 관세, 부가가치세를 환급하고, 수입자에게 수정한 수입세금계산서를 발급하여야 한다.(부가령 §72②) (-)수정수입세금계산서는 발급일이 속하는 과세기간에 신고하여 매입세액을 조정한다.

관련 예규 의제매입세액공제

사업자가 수입한 원재료에 대하여 의제매입세액을 공제받았으나 수입한 원재료의 하자발생으로 동일한 품목과 수량을 무상으로 수입하고 하자가 발생한 제품을 반품하는 경우, 품질불량 등으로 당초 공급한 재화가 동일한 종류의 다른 재화로 무상으로 교체하여 주는 것은 부가가치세법 제6조 제1항의 규정에 의한 재화의 공급에 해당하지 아니하는 것이므로 부가가치세법 제17조 동법시행령 제62조의 규정에 의한 의제매입세액공제는 영향을 받지 아니하는 것임.(부가46015-4398,1999.10.29.)

② **유상수출로 반품**

계약상이 물품 반품(수출)신고 시 일반 유상 수출로 신고하는 경우 반품 물품은 수출재화에 해당한다.(부가가치세과-1438, 2010.10.28.)

관련 예규 수입물품의 반품

■ **수입물품의 반품**

사업자가 수입물품에 하자가 발생하여 외국으로 반품함에 있어서, 당해 재화가 「관세법」 제106조에 규정하는 위약물품에 해당하는 경우에는 「부가가치세법 시행령」 제71조 제2항에 따라 관할세관장은 부가가치세를 지체없이 환급하여야 하는 것이므로 수출하는 재화에 해당하지 아니하는 것이며, 반품하는 수입재화가 관세법에 규정하는 위약물품에 해당되지 아니하는 경우에는 수출하는 재화에 해당하는 것임.(부가가치세과-1438, 2010.10.28.)

■ **무환수입물품의 반품**

기계장치를 수입하여 판매하는 사업자가 수입 · 판매된 기계장치를 보증수리기간내에 하자가 발생하여 수리목적으로 외국으로 반출하는 경우와 수입된 기계장치의 하자로 반품처리(환불)하기 위하여 외국으로 반출하는 경우에는 「부가가치세법」 제6조에 규정한 재화의 공급에 해당하지 아니하며, 사업자가 국내에서 신제품 전시목적으로 외국사업자 소유의 전시품을 무환수입하여 전시를 하고 전시가 끝난 후 당해 외국사업자에게 반환하기 위하여 외국으로 반출하는 경우에는 「부가가치세법」 제6조에 규정한 재화의 공급에 해당하지 아니합니다.(서면인터넷방문상담3팀-3425,2007.12.27.)

■ **보세공장에 반입 후 반송**

보세공장을 설영하는 사업자가 국외로부터 매입한 원재료를 보세공장에 반입하였으나, 검수과정에서 하자를 발견하여 원형의 변경없이 위약물품으로 당초의 국외공급자에게 반송하는 경우와 동 사업자가 보세공장에서 사용할 소프트웨어를 수입함에 있어, 수입신고를 마쳤으나 국외 공급자의 실수로 이중 선적이 되었던 것으로 확인되어 관세법 제250조의 규정에 따라 수입신고를 취하하고 당초의 국외공급자에게 반송하는 경우에는 부가가치세가 과세되는 재화의 공급에 해당하지 아니한다.(서삼46015-12063,2002.12.02.)

저자 주 수입물품 반품의 성격

일반적인 국내거래의 경우, 매출자는 환입된 재화에 대하여 수정세금계산서를 교부하고 부가가치세 과세표준에서 제외하며 매입자는 수정세금계산서를 교부받아 매입세액을 감소시켜 당초 공제된 세액만큼 부담세액을 다시 증가시키는 방식으로 처리하고 있으나, 국제거래의 경우, 수입물품을 반품하는 경우 그것은 내국물품을 외국으로 반출하는 것이 되므로 매입환출이 아닌 일반 수출로 처리한다.

▶ 반품처리의 비교

구분	계약상이 물품	일반 수출
수출형태	무상수출	유상수출
수입세금계산서	(−)세금계산서 발급	−
부가가치세 신고	발급일의 과세기간	선적일의 과세기간
재수입	무상수입	유상수입

(2) 동일제품 재수입

수리할 목적으로 수출한 후 재수입하는 물품은 수리로 인해 상승한 부가가치 분(왕복운임, 보험료, 가공 · 수리비 등)에 대해서는 관세와 부가가치세를 납부해야 한다.

관세 예규 무상으로 수리한 후 재수입하는 물품의 수리비에 대한 과세여부

■ **관세의 과세가격**

가공 또는 수리할 목적으로 수출한 후 재수입하는 물품의 무상 수리비의 과세여부는 관세법 제101조 제1항 제1호, 동법시행령 제119조 제2호 및 동법시행규칙 제56조 제2항의 규정에 의거 가공 또는 수리할 목적으로 수출한 물품으로서 수출된 물품과 재수입된 물품의 HSK가 동일한 경우에는 가공 · 수리 물품의 수출신고가격에 당해 수입물품에 적용되는 관세율을 곱한 금액만을 재수입물품에 적용되어야할 관세 등의 전체 수입제세에서 경감하므로, **가공 · 수리 등으로 인해 상승한 부가가치 분(왕복운임, 보험료, 가공 · 수리비 등)에 대해서는 과세**를 하게 됨.(관세평가분류47221-116, 2001.02.01.)

■ **과세가격 결정방법**

불량으로 인한 대체품으로 무상 수입된 물품은 수출판매를 위한 물품이 아니므로 제1방법으로 과세가격을 결정할 수 없으며, 제2방법 이하로 결정하여야하며, 제6방법에 의하여 과세가격을 결정할 경우 동 물품이 최초의 수입물품의 대체품임을 감안하여 동종 · 동질 또는 유사물품의 경우 평가된 물품의 수출일과 동시 또는 거의 동시에 수출되어야 한다는 요건을 신축성 있게 해석하여 **최초의 수입거래 가격을 기초로 과세가격을 결정할 수 있음**.(관세평가분류47221-116, 2001.02.01.)

3-3 대체품 수입

반품 없이 동종 또는 유사제품을 수입하는 경우에는 재화의 수입으로서 관련 매입세액공제은 매출세액에서 공제한다.(제도46015-11795, 2001.06.28.)

3-4 회계처리

① 가격인하

수입물품 클레임으로 수출상으로부터 가격인하를 받은 경우 다음과 같이 처리한다.

- **하자발생으로 20,000,000원 클레임 청구권이 발생한 경우**

  (차) 미수금 20,000,000 (대) 재고자산 20,000,000

- **클레임 청구금액을 지급받은 경우**

  (차) 현금 20,000,000 (대) 미수금 20,000,000

② 반품 후 동일제품 재수입

수입물품을 수출하여 수리 등을 거쳐 동일제품으로 재 반입되는 경우에는 단순한 재화이동으로 회계처리를 하지 않는다.

③ 반품 후 대체품 재수입

Ship-Back(원상태 재수출)하는 시점에 반품되는 수입장비에 대하여 **수출업자가 인정하는 금액을 선급금으로** 인식하고, **기존장부가액과의 차액은 반품손익**으로 인식하는 것이 타당함. 이 경우 선급금은 수출업자가 인정하는 외화금액에 반품시점의 적절한 환율을 적용하여 환산한 금액으로 인식하되, 추후 신제품장비의 수량과 단가가 확정되기 전까지는 화폐성 자산으로 보아 회계처리한다.(질의회신04-057, 2004.10.20.)

▶ **회계처리 사례**

- **수입 후 하자발생으로 수출업자는 전액**(20,000,000원) **불량 인정**

  (차) 선급금 20,000,000 (대) 재고자산 20,000,000

  * 장부상 금액과 수출업자 인정금액 차이로 재고반품손익이 발생할 수 있다.

  * 대체품의 수량과 단가가 확정되기 전의 선급금은 화폐성 자산이다.

- **대체품 재수입**

  (차) 재고자산(대체품) 20,000,000 (대) 선급금 20,000,000

질의 회신 공급처의 귀책사유로 폐기한 재고자산에 대한 보상

- (해외에서 매입한 재고자산의 반품 시 적용 환율) 해외에서 매입한 재고자산은 거래일의 환율로 환산함(제1021호 문단 23) 따라서 반품 거래로 제거되는 재고자산은 재고자산의 최초 인식시점의 환율을 적용함 (K-IFRS회계기준원 신속처리질의, 2017.04) 〈질의〉 전기 중 해외에서 매입한 재고자산을 당기 중 반품함. 반품 회계처리 시 재고자산에 적용해야 하는 환율은 무엇인지? (제거되는 매입채무와 동일한 환율을 적용하는지, 아니면 재고자산 매입 시점의 환율을 적용하는지?)

- (저장품(재고자산)의 손상차손 인식 여부) 폐기한 원재료에 대하여 보상받을 권리가 있다면, 회사는 해당 권리와 관련된 자산을 인식하고 내년에 원재료를 인식하는 시점에는 이익을 인식하지 아니함(K-IFRS회계기준원 신속처리질의, 2023.06) 〈질의〉 회사는 대가를 지급하고 해외에서 원재료를 구입하였는데, 공급처의 귀책사유로 변질된 원재료를 수령하고 공급처와 합의하여 전부 폐기 함. 이에 대한 보상으로, 회사가 지급한 대가만큼 내년에 구매하기로 계약하는 물량에 대한 지급액에서 차감하기로 함. 회사는 내년에 원재료를 취득할 때 이익을 인식할 수 있는지?

▶ 수입물품의 클레임 사유별 처리절차 및 회계처리

구분	가격인하	동일제품 교체		대체품 수입
		계약상이물품	유상수출	
처리절차	1. 반품절차: 없음 2. 재수입절차: 없음	1. 반품절차 ▪ 수출형태: 무상수출 ▪ (-) 세금계산서 ▪ 발급일이 속하는 과세기간부가세 조정	1. 반품절차 ▪ 수출형태: 유상수출 ▪ 영세율 ▪ 선적일이 속하는 과세기간부가세 신고	1. 반품절차: 없음
		2. 재수입절차 ▪ 수입형태: 무상수입 ▪ 관세과세가격은 제2~6방법으로 결정	2. 재수입절차 ▪ 수입형태: 유상수입 ▪ 관세과세가격은 제1방법으로 결정	2. 재수입절차 ▪ 수입형태: 유상수입 ▪ 관세과세가격으로 제1방법으로 결정

회계처리	1. 클레임청구* 차) 미수금 x x x 대) 재고자산 x x x 2. 대금회수 차) 현금 x x x 대) 미수금 x x x	회계처리없음 (단순재화이동)	1. 클레임청구 차) 선급금 x x x 대) 재고자산 x x x 2. 대체품재수입 차) 재고자산 x x x 대) 선급금 x x x

* 실무상 클레임청구 시 선급금 대신 연말 외환환산 가능한 미수금으로 회계처리

3-5 개별소비세 환급

개별소비세법 개정으로 개별소비세의 과세대상에서 제외되거나 개별소비세율이 인하된 수입물품과 폐기 · 파손 · 멸실된 수입주류에 대한 환급은 '수입물품에 대한 개별소비세와 주세 등의 환급에 관한 고시'에 따른다.

2025
무역회계와
세무실무

PART 03

재화의 수출

CHAPTER

01
수출통관

02
환급특례법상 관세환급

03
수출매출액

04
부가가치세 거래징수

05
영세율적용대상 국외반출 거래

06
영세율적용대상 국외거래

07
영세율적용대상 국내거래

08
사후관리

CHAPTER 01 수출통관

1 개요

통관이란 관세법에 규정된 절차를 이행해 물품을 수출 · 수입 또는 반송하는 것을 말하고, 수출이란 내국물품을 외국으로 반출하는 것을 말한다.(관세법 §2) 일반적으로 수출통관절차는 수출하고자 하는 물품을 세관에 수출신고한 후 신고수리받아 물품을 30일 이내에 외국무역선(기)에 적재하기까지의 절차를 말한다.

▶ 수출통관 개요

절차	주요 내용	관세법
수출신고	내국물품의 품명 · 규격 · 수량 · 및 가격 등을 관할 세관장에게 신고	§241
수출심사	수출신고 시 세관에서는 법령 위반 여부 및 불법수출 여부 확인	§246
수출수리	수출신고가 적합한 경우 수리하고 신고인에게 신고필증을 발급	§248
선적	수출신고가 수리된 날부터 30일 이내에 운송수단에 적재	§251

② 수출신고

2-1 보세구역 반입

수출신고는 수입신고와 달리 장치장소(보세구역) 제한 없이 보세구역이 아닌 장소에서도 수출신고가 가능하다. 다만, 밀수출 등 불법행위가 발생할 우려가 높거나 감시단속을 위하여 필요하다고 인정하는 물품은 보세구역에 반입한 후 수출신고를 해야 한다.(관세법 §243④)

예시 보세구역 등 반입 후 수출신고 대상물품

종류	품목명	대상
중고자동차	87류 중 '중고차'	컨테이너에 적입하여 수출하는 중고자동차
플라스틱폐기물	HS 3915호 (플라스틱 스크랩)	컨테이너에 적입하여 수출하는 플라스틱 웨이스트스크랩
생활폐기물	HS 3825호 (생활폐기물 등)	컨테이너에 적집하여 수출하는 생활폐기물 등

* 수출통관 사무처리에 관한 고시 [별표11]

2-2 수출신고서 제출

(1) 신고인

수출신고는 화주 또는 관세사, 관세법인, 통관취급법인이 하여야 한다. 다만, 화주에게 해당 수출물품을 제조하여 공급한 자의 명의로 할 수 있다.(관세법 §242)

(2) 신고 기준

수출신고는 해당 물품을 외국으로 반출하려는 선박 또는 항공기의 적재단위(S/R 또는 S/O, B/L 또는 AWB)별로 하여야 한다. 다만, 분할적재, 동시포장의 경우에는 별도 규정을 따른다.(수출 및 반송 사무처리에 관한 고시 §6)

▶ 용어 설명

- **선복요청서**(Shipping Request ; S/R)
  선복요청서란 화주가 선사에 제출하는 물품운송 신청서를 말한다.
- **선적지시서**(Shipping Order ; S/O)
  선적지시서란, 화주의 선적 신청에 따라서 선사가 현품을 확인한 다음 본선의 선장 앞으로 기재된 화물을 선적하도록 지시한 문서를 말한다.
- **본선 수취증**(Mate's Receipt ; M/R)
  화물을 본선에 적재하면 일등 항해사(chief mate)가 선장을 대리하여 화물 수령에 관한 증거로서 발급하는 서류이다.

(3) 신고 세관

수출하려는 자는 해당 물품이 장치된 물품소재지를 관할하는 세관장에게 수출신고를 하여야 한다. 다만, 선상수출신고, 외국무역선 신고 등 특수형태의 수출인 경우에는 별도 규정을 따른다.(수출 및 반송통관 사무처리에 관한 고시 §4)

3 수출심사

수출신고물품에 대한 신고서는 전자통관심사, 화면 또는 서류심사, 물품검사로 구분하여 처리한다.(수출 및 반송통관 사무처리에 관한 고시 §11)

3-1 물품검사

수출신고물품의 검사는 원칙적으로 생략한다. 다만, 수출신고물품을 확인할 필요가 있는 경우에는 검사대상 물품을 선별 할 수 있다. 수출물품의 검사는 신고수리 후 적재지에서 검사하는 것을 원칙으로 한다. 다만, 적재지 검사가 부적절하다고 판단되는 물품이나 반송물품,

계약상이물품, 수입상태 그대로 수출되는 자가사용물품, 재수출물품 및 원상태수출물품, 국제우편 운송 수출물품 등은 신고지 세관에서 물품검사를 실시할 수 있다.(수출 및 반송통관 사무처리에 관한 고시 §18)

3-2 세관장의 확인

수출 할 때 법령에서 정하는 바에 따라 허가 · 승인 · 표시 또는 그 밖의 조건을 갖출 필요가 있는 물품은 세관장이 그 허가 · 승인 · 표시 또는 그 밖의 조건을 갖춘 것임을 확인해야 한다.(관세법 §226) '관세법 제226조의 규정에 의한 세관장확인물품 및 확인방법 지정고시'에 해당하는 물품(별표 1) 및 대외무역관리법 제19조의 규정에 의한 전략물자 해당 물품을 수출하는 경우에는 해당 허가기관의 승인을 받아 수출하여야 한다.

관련 법령 세관장 확인대상 수출물품(별표1)

(1) **대상법령 및 물품의 범위와 구비요건**(고시 별표1)

대상법령 및 물품의 범위	구비요건
(1) 「마약류 관리에 관한 법률」 해당물품	• 식품의약품안전처장의 수출승인(요건확인)서
(2) (삭제)	
(3) 「폐기물의 국가 간 이동 및 그 처리에 관한 법률」 해당물품	• 유역(지방)환경청장의 폐기물 수출허가(신고) 확인서
(4) 「외국환거래법」 해당물품	• 세관장의 지급수단등의 수출신고필증 • 한국은행총재 또는 외국환은행장의 지급 등의 방법(변경)신고서 또는 외국환신고(확인)필증
(5) 「총포 · 도검 · 화약류 등의 안전관리에 관한 법률」 해당물품 (가) 권총 · 소총 · 기관총 · 포, 화약 · 폭약 (나) 그 외의 총 및 그 부분품, 도검, 화공품, 분사기, 전자충격기, 석궁	• 경찰청장의 수출허가증 • 지방경찰청장의 수출허가증
(6) 「야생생물 보호 및 관리에 관한 법률」 해당물품 (가) 야생동물 (나) 멸종위기에 처한 야생동 · 식물(국제적 멸종위기종 포함) (다) 〈 삭 제 〉	• 시장 · 군수 · 구청장의 야생동물 수출허가증 • 유역(지방)환경청장의 멸종위기 야생동 · 식물(국제적 멸종위기종) 수출허가서 • 〈 삭 제 〉

대상법령 및 물품의 범위	구비요건
(7) 「문화재보호법」 해당물품	• 문화재청장의 문화재 국외반출 허가서 또는 비문화재확인서
(8) 「남북교류협력에 관한 법률」 해당물품	• 통일부장관의 반출승인서
(9) 「원자력안전법」 해당물품 (가) 핵물질 (나) 방사성동위원소 및 방사선발생장치	• 원자력안전위원회의 수출요건확인서 • 한국원자력안전재단의 수출요건확인서
(10) 「가축전염병 예방법」 해당물품	• 농림축산검역본부장의 검역증명서
(11) (삭제)	
(12) 「농업생명자원의 보존 · 관리 및 이용에 관한 법률」 해당물품 중 인삼종자	• 농촌진흥청장의 수출승인서
(13) 「방위사업법」 해당물품 중 군용 총포, 도검, 화약류	• 방위사업청장의 수출허가서
(14) 생물다양성 보전 및 이용에 관한 법률」 해당물품 (가) 국외반출승인대상 생물자원	• 유역(지방)환경청장의 생물자원 국외반출 승인서
(15) 「생활주변방사선 안전관리법」 해당물품 (가) 원료물질 · 공정부산물	• 원자력안전위원회의 수출신고 적합 통보서

(2) 물품별 수출요건

① HSK 10단위로 연계되지 아니하는 물품의 수출요건

㉮ 「남북교류협력에 관한 법률」에 의한 남북교역물품 중 컴퓨터 및 「대북전략물자의 반출승인절차에 관한 고시」(통일부) 제2조에 해당하는 전략물자는 통일부장관의 반출승인서

㉯ 문화재 또는 문화재일 가능성이 있는 물품은 문화재보호법에 의한 문화재청장의 문화재국외반출허가서 또는 비문화재확인서

② HSK 10단위로 연계되는 물품의 수출요건

4 수출신고의 수리

세관장은 수출신고가 적합하게 이루어졌을 때에는 이를 지체 없이 수리하고 신고인에게 신고필증을 발급하여야 한다. 다만, **국가관세종합정보망의 전산처리설비(UNIPASS)**를 이용하여 신고를 수리하는 경우에는 관세청장이 정하는 바에 따라 신고인이 직접 전산처리설비를 이용하여 신고필증을 발급받을 수 있다.(관세법 §248)

Part 03

5 수출신고수리물품의 적재

수출신고가 수리된 물품은 수출신고가 수리된 날부터 30일 이내에 운송수단에 적재하여야 한다. 세관장은 기간 내에 적재되지 아니한 물품에 대하여는 수출신고의 수리를 취소할 수 있다.(관세법 §251)

6 반송통관

반송이란 국내에 도착한 외국물품이 수입통관절차를 거치지 아니하고 다시 외국으로 반출되는 것을 말한다.(관세법 §2 3호) 이에 반하여 환적(換積)이란 동일한 세관의 관할구역에서 입국 또는 입항하는 운송수단에서 출국 또는 출항하는 운송수단으로 물품을 옮겨 싣는 것을 말한다.(관세법 §2 14호) 따라서, 반송과 환적은 최종목적지를 기준으로 구별할 수 있다.

▶ 반송신고와 환적신고의 구분

구분	반송신고	환적신고
수하인	(국내)거주자	비거주자
세관절차	반송신고	물품하역신고 → 환적신고

CHAPTER
02 환급특례법상 관세환급

수입 시 납부한 관세는 수출용원재료로 수출하는 경우에는 관세를 환급해준다. 관세 환급은 환급사유에 따라 관세법상 환급과 '수출용원재료에 대한 관세 등 환급에 관한 환급법'(이하 '환급특례법')상 환급으로 구분한다.

▶관세 환급

구분	환급특례법상 환급	관세법상 환급
환급사유	– 수출용원재료를 환급특례법 제4조의 수출을 하는 경우	– 계약내용과 다른 물품의 수출(관세법 §106) – 수입한 상태 그대로 수출되는 자가사용물품의 수출(관세법 §106의2)
환급신청인	수출자(제조자)	수입자
환급대상 세금	관세등(**부가가치세 제외**)	관세 및 부가가치세 등

① 환급개요

1-1 의의

환급특례법상 환급이란 수출용원재료를 수입하는 때에 납부하였거나 납부할 관세등을 관세법 등의 규정에도 불구하고 환급특례법에 따라 수출자나 수출물품의 생산자에게 되돌려주는 것을 말한다.(환급법 §2 5호)

▶ 환급 흐름

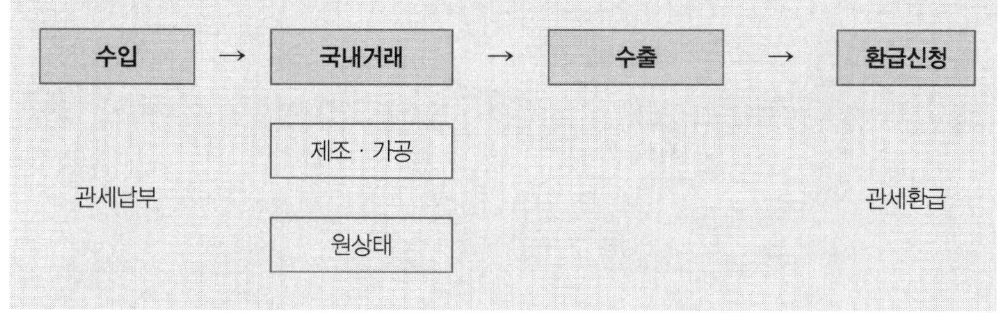

Part 03

1-2 환급대상

환급대상은 관세, 임시수입부가세, 개별소비세, 주세, 교통 · 에너지 · 환경세, 농어촌특별세 및 교육세(이하 '관세등')를 말한다.(환급법 §2 1호) 부가가치세는 환급대상 세액에 해당하지 않는다.

1-3 산출방법

환급대상 관세등을 산출하는 방법은 간이정액환급과 개별환급이 있다.

② 환급요건

환급특례법상 환급을 받기 위해서는 **수출용원재료**로 **수출이행기간**이내에 **환급대상수출**을 하고 수출신고수리일로부터 5년 이내에 **환급을 청구**하면 관세 등을 환급받을 수 있다.

▶ 환급 기본요건

수출용원재료	수입한 원재료가 수출용원재료에 해당	환급특례법 §3
수출이행기간	수출신고를 수리한 날의 말일부터 소급하여 2년 이내에 수입된 해당 물품	환급특례법 §9
환급대상수출	환급받을 수 있는 수출등에 제공	환급특례법 §4
환급청구	수출등에 제공된 날부터 5년 이내에 환급신청	환급특례법 §14

▶ 환급흐름과 기본요건

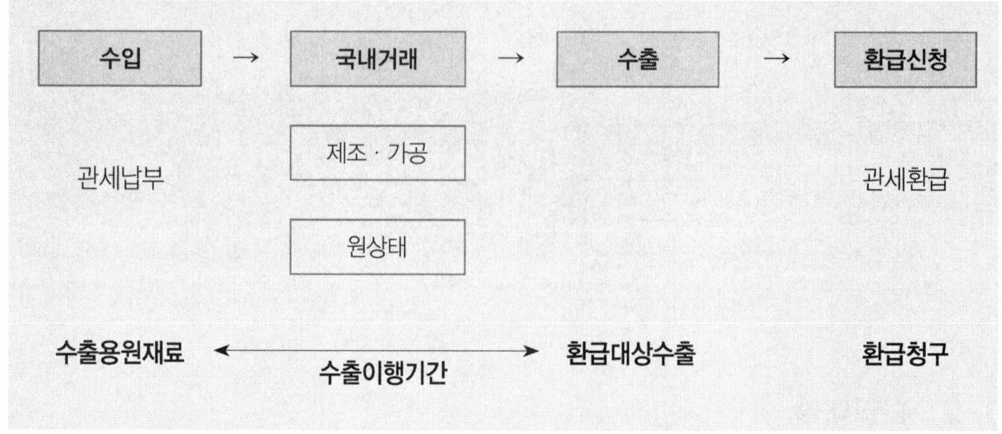

2-1 수출용원재료

관세등을 환급받을 수 있는 수출용원재료는 수출물품을 생산하는 데 소요되는 물품이거나, 원상태수출물품이어야 한다.(환급법 §3)

(1) 수출물품을 생산하는데 소요되는 물품

① 수출물품에 물리적 또는 화학적으로 결합되는 물품

② 수출물품을 생산하는 공정에 투입되어 소모되는 물품 또는 수출물품의 포장용품으로서 소요량을 객관적으로 계산할 수 있는 것이어야 한다. 다만, 수출물품 생산용 기계 · 기구 등의 작동 및 유지를 위한 물품 등 수출물품의 생산에 간접적으로 투입되어 소모되는 물품은 제외한다.(환급법 §3①)

③ 국내에서 생산된 원재료와 수입된 원재료가 동일한 질(質)과 특성을 갖고 있어 상호 대체 사용이 가능하여 수출물품의 생산과정에서 이를 구분하지 아니하고 사용되는 경우에는 수출용원재료가 사용된 것으로 본다.(환급법 §3②)

(2) 원상태수출물품

수입한 상태 그대로 수출하는 경우에는 해당 수출물품(원상태수출물품)이어야 한다.(환급법 §3①)

> **관련 사례**
>
> ■ 수출용 제품을 생산하는 금형을 무상공급 받아 자동차용 램프를 생산 · 수출하다가 그 금형자체를 다시 수출했을 때 환급대상원재료에 제외한다.(관세행정상담사례집)
>
> 저자 주 해당 수출물품에 물리적 또는 화학적으로 결합되지 않았고, 수입한 상태 그대로 수출한 것도 아니므로 환급대상에서 제외한다.

2-2 수출이행기간

세관장은 물품이 수출등에 제공된 경우에는 **수출이행기간 기준일부터** 소급하여 **2년** 이내에 수입된 해당 물품의 수출용원재료에 대한 관세등을 환급한다. 다만, 플랜트수출에 제공되는 물품에 대하여 무역 상대국의 전쟁 · 사변, 천재지변 또는 중대한 정치적 · 경제적 위기로 인하여 불가피하게 수출등이 지연되었다고 관세청장이 인정하는 경우에는 소급하여 3년 이내에 수입된 해당 물품의 수출용원재료에 대한 관세등을 환급한다.(환급법 §9①)

(1) 기준일

관세법상 수출의 경우에는 수출신고를 수리한 날이 속하는 달의 말일, 국내외화판매 · 공사 또는 공급의 경우에는 수출 · 판매 · 공사 또는 공급을 완료한 날의 말일을 수출이행기간 기준일로 본다.(환급령 §9①)

(2) 이행기간

수출이행기간은 기준일로부터 소급하여 2년 이내이다.(환급법 §9①)

① 1년 이내 내국신용장등 거래 이행기간 미산입

수출용원재료가 내국신용장 또는 구매확인서에 의하여 거래되고, 그 거래가 직전의 내국신용장등에 의한 거래(직전의 내국신용장등에 의한 거래가 없는 경우에는 수입을 말한다)가 있은 날부터 1년 이내에 이루어진 경우에는 해당 수출용원재료가 수입된 날부터 내국신용장등에 의한 최후의 거래가 있은 날까지의 기간은 2년 기간에 산입(算入)하지 아니한다. 다만, 수출용원재료가 수입된 상태 그대로 거래된 경우에는 그러하지 아니하다.(환급법 §9②)

② **플랜트 수출물품**

플랜트수출에 제공되는 물품에 대하여 무역 상대국의 전쟁 · 사변, 천재지변 또는 중대한 정치적 · 경제적 위기로 인하여 불가피하게 수출등이 지연되었다고 관세청장이 인정하는 경우에는 수출이행기간 기준일로부터 소급하여 3년 이내에 수입된 해당 물품의 수출용원재료에 대한 관세등을 환급한다.(환급법 §9①)

(3) 수입 기준일

해당 물품의 수출용원재료를 수입한 경우 수입의 기준일은 수입신고수리일, 수입신고수리전 반출승인, 수입신고전 즉시반출신고일, 내국신용장등에 의하여 거래된 경우에는 최후의 거래일을 말한다.(환급령 §9②)

(4) 수입신고필증 단축대상 물품

수입시점별 단가변동 등으로 인해 과다환급이 발생할 우려가 있는 '수입원재료에 대한 환급방법 조정에 관한 고시'의 별표1 품목의 수입신고필증은 수입신고수리일부터 3개월이 경과한 날이 속하는 달의 말일까지 수출신고수리된 수출물품에 대한 환급에 사용하여야 한다.(환급법 §10④)

예시 '수입원재료에 대한 환급방법 조정에 관한 고시' 별표 1 품목

수입신고필증 유효기간 단축대상 물품

연번	품목번호	품 명	비고	기존 연번	'16년 이전 품목(HSK)
1	0303912010	명란		1	0303902010
2	0402101010	탈지(脫脂)분유		2	0402101010
3	0904210000	건조한 고추 (부수지도 잘게 부수지도 않은 것)	별표2	3	0904210000
…	…				
86	9620000000	일각대 · 양각대 · 삼각대와 이와 유사한 물품		28	3926909000

※ 원유는 HSK 8단위(27090010) 기준이며, 그 밖의 품목은 HSK 10단위 기준임. 품명은 임의 기재하였으며, 정확한 품명은 「관세법 시행령」 제98조제1항에 따른 "관세 · 통계통합품목분류표"상 품목번호(HSK)의 품명을 참고할 것

(5) 국내거래 증명서류

세관장은 수출용원재료가 국내에서 거래된 경우 관세등의 환급업무를 효율적으로 수행하기 위하여 제조 · 가공 후 거래된 수출용원재료에 대한 납부세액을 증명하는 '기초원재료납세증명서'를 발급하거나 수입된 상태 그대로 거래된 수출용원재료에 대한 납부세액을 증명하는 '수입세액분할증명서'를 발급할 수 있다.(환급법 §12)

① **수입세액분할증명서**(분증)

분증을 발급할 수 있는 경우는 다음과 같다.(수출용원재료에 대한 관세 등 환급사무처리에 관한 고시 §53)

> ㉮ 수입분증 또는 수입분증의 분증은 해당 수입(매입)원재료의 **수입신고수리일부터 2년 이내**에 수입(매입)한 상태 그대로 수출자 및 수출물품의 생산자 또는 수출물품을 생산하는데 사용할 중간원재료를 생산하는 자에게 양도한 경우
> ㉯ 평세분증은 평세증이 발급된 물품의 전부 또는 일부를 제조 · 가공하지 아니하고 ㉮와 같이 양도한 경우로서 다음 어느 하나에 해당하는 경우
> - 수입원재료만으로 평세증이 발급된 경우에는 수입한 날이 속하는 달의 초일부터 2년 이내에 거래된 경우
> - 국내생산원재료 또는 수입원재료와 국내생산원재료를 일괄하여 평세증이 발급된 경우에는 매입(수입)한 날이 속하는 달의 초일부터 1년이내에 거래된 경우
>
> ㉰ 기납분증 또는 기납분증의 분증은 국내생산원재료를 매입한 날부터 1년 이내에 매입한 상태 그대로 ㉮와 같이 양도한 경우

② **기초원재료납세증명서**(기납증)

기납증을 발급할 수 있는 경우는 다음과 같다.(수출용원재료에 대한 관세 등 환급사무처리에 관한 고시 §46)

> ㉮ 수입원재료를 사용하여 생산한 물품을 해당 수입원재료의 **수입신고 수리일부터 1년 이내**에 수출물품을 생산하는 자에게 양도하거나 수출물품의 중간원재료를 생산하는 자에게 양도하는 경우
> ㉯ 수입원재료와 중간원재료를 사용하여 생산한 물품을 **수입신고수리일(중간원재료의 경우에는 구매일)부터 1년 이내**에 수출물품을 생산하는 자에게 양도하거나 수출물품의 중간원재료를 생산하는 자에게 양도하는 경우

㉰ 수출물품의 중간원재료를 사용하여 생산한 물품을 그 중간원재료의 구매일부터 1년 이내에 수출물품을 생산하는 자에게 양도하거나 수출물품의 중간원재료를 생산하는 자에게 양도하는 경우

㉱ 수입원재료 또는 중간원재료(수입원재료와 중간원재료 포함)를 사용하여 생산한 물품을 수입신고 수리일(**중간원재료의 경우에는 구매일**)로부터 1년 이내에 수출하는 자에게 양도하는 것으로서 수출자가 환급받고자 하는 경우

용어 설명 수출용원재료에 대한 관세 등 환급사무처리에 관한 고시 §2

- **평균세액증명서**
  매월 수입 또는 구매한 수출용원재료의 품목번호별 물량과 1단위당 평균세액을 증명한 서류로서 '평세증'이라 한다

2-3 환급대상수출

수출용원재료에 대한 관세등을 환급받을 수 있는 수출등은 다음 중 하나에 해당해야 한다.

환급대상 수출	내용
유상수출	수출신고 시 수리된 유상수출
무상수출	위탁가공, 위탁판매, 계약상이물품 수출 등
주한미군 판매 또는 공사	외화획득을 위한 주한미군, 외국인 투자자에 대한 판매 등
보세구역 반입	보세창고, 보세공장, 보세판매장, 종합보세구역 등 반입
기타수출	외국무역선(기)에 선(기)용품 공급 및 원양어선 관련 무상반출

(1) 유상수출

관세법에 따라 수출신고가 수리(受理)된 유상수출에 해당해야 한다.

(2) 무상수출

무상으로 수출하는 것에 대하여는 아래의 수출에 해당해야 한다.(환급칙 §2①)

① 외국에서 개최되는 박람회 · 전시회 · 견본시장 · 영화제 등에 출품하기 위하여 무상으로 반출하는 물품의 수출. 다만, 외국에서 외화를 받고 판매된 경우에 한한다.
② 해외에서 투자 · 건설 · 용역 · 산업설비수출 기타 이에 준하는 사업에 종사하고 있는 우리나라의 국민(법인을 포함한다)에게 무상으로 송부하기 위하여 반출하는 기계 · 시설자재 및 근로자용 생활필수품 기타 그 사업과 관련하여 사용하는 물품으로서 주무부장관이 지정한 기관의 장이 확인한 물품의 수출
③ 수출된 물품이 계약조건과 서로 달라서 반품된 물품에 대체하기 위한 물품의 수출
④ 해외구매자와의 수출계약을 위하여 무상으로 송부하는 견본용 물품의 수출
⑤ 외국으로부터 가공임 또는 수리비를 받고 국내에서 가공 또는 수리를 할 목적으로 수입된 원재료로 가공하거나 수리한 물품의 수출 또는 당해 원재료 중 가공하거나 수리하는데 사용되지 아니한 물품의 반환을 위한 수출
⑥ 외국에서 위탁가공할 목적으로 반출하는 물품의 수출
⑦ 위탁판매를 위하여 무상으로 반출하는 물품의 수출(외국에서 외화를 받고 판매된 경우에 한한다)

(3) 주한미군 등에 대한 판매 또는 공사

우리나라 안에서 외화를 획득하는 판매 또는 공사 중 아래에 해당해야 한다.(환급칙 §2②)

① 우리나라 안에 주류하는 미합중국군대(이하 "주한미군"이라 한다)에 대한 물품의 판매
② 주한미군 또는 「관세법」 제88조 제1항 제1호 및 제3호의 규정에 의한 기관이 시행하는 공사
③ 「관세법」 제88조와 「대한민국과 아메리카합중국 간의 상호방위조약 제4조에 의한 시설과 구역 및 대한민국에서의 합중국군대의 지위에 관한 협정」에 의하여 수입하는 승용자동차에 대하여 관세등의 면제를 받을 수 있는 자에 대한 국산승용자동차의 판매. 다만, 주무부장관의 면세추천서를 제출하는 경우에 한한다.
④ 「외국인투자촉진법」 제5조 내지 제8조의 규정에 의하여 외국인 투자 또는 출자의 신고를 한 자에 대한 자본재(우리나라에서 생산된 것에 한한다)의 판매. 다만, 당해 자본재가 수입되는 경우 「조세특례제한법」 제121조의 3의 규정에 의하여 관세가 면제되는 경우에 한한다.

⑤ 국제금융기구로부터 제공되는 차관자금에 의한 국제경쟁입찰에서 낙찰(낙찰받은 자로부터 도급을 받는 경우를 포함한다)된 물품(우리나라에서 생산된 것에 한한다)의 판매. 다만, 당해 물품이 수입되는 경우 「관세법」에 의하여 관세가 감면되는 경우에 한한다.

(4) 보세구역 반입

보세창고, 보세공장, 보세판매장, 종합보세구역 또는 자유무역지역의 입주기업체에 대한 공급이어야 한다. 다만, 보세구역은 수출용원재료로 공급하거나 수출한 물품에 대한 수리 · 보수 또는 해외조립생산을 위하여 부품 등을 반입하는 경우 또는 보세구역에서 판매하기 위하여 반입하는 경우에 한한다.(환급칙 §2③)

(5) 기타 수출

그 밖에 수출은 아래의 수출에 해당해야 한다.(환급칙 §2④)

㉮ 우리나라와 외국간을 왕래하는 선박 또는 항공기에 선박용품 또는 항공기용품으로 사용되는 물품의 공급

㉯「원양산업 발전법」 제6조제1항, 제17조제1항 및 제3항에 따라 해양수산부장관의 허가 · 승인 또는 지정을 받은 자가 그 원양어선에 무상으로 송부하기 위하여 반출하는 물품으로서 해양수산부장관 또는 해양수산부장관이 지정한 기관의 장이 확인한 물품의 수출

2-4 환급청구

관세등을 환급받으려는 자는 물품이 수출등에 제공된 날부터 5년 이내에 관세청장이 지정한 세관에 환급신청을 하여야 한다. 다만, 수출등에 제공된 수출용원재료에 대한 관세등의 세액에 대하여 보정, 수정 또는 경정, 환급금액이나 과다환급금액의 징수 또는 자진신고 · 납부가 있은 때에는 그 사유가 있은 날부터 5년 이내에 환급신청을 할 수 있다.(환급법 §14)

③ 환급관세 산출방법

3-1 간이정액환급

중소기업의 수출지원 및 환급절차 간소화를 위하여 수출용원재료에 대한 관세등의 평균 환급액 또는 평균 납부세액 등을 기초로 수출물품별로 간이정액환급률표(定額還給率表)를 정하여 고시하고, 중소기업이 생산하여 수출한 물품이 간이정액환급률표에 해당하는 경우에는 생산에 소요된 원재료의 납부세액 확인을 생략하고 수출사실만을 확인하여 관세환급금을 산출하는 방식이다.

Part 03

(1) 중소기업

중소기업기본법 제2조에 따른 중소기업자로서 다음의 요건을 모두 갖춘 자를 말한다. (환급칙 §12)

> ㉮ **환급신청일이 속하는 연도의 직전 2년간 매년도 환급실적**(기초원재료납세증명서 발급실적을 포함한다)이 **8억원 이하일 것**
>
> ㉯ **환급신청일이 속하는 연도의 1월 1일부터 환급신청일까지의 환급실적**(해당 환급신청일에 기초원재료납세증명서의 발급을 신청한 금액과 환급을 신청한 금액을 포함한다)이 **8억원 이하일 것**

(2) 수출물품의 생산자

간이정액환급은 해당 수출물품의 생산자만 이용할 수 있다. 수출신고시 '제조자'란에 상호등을 반드시 기재해야 한다. 이 경우 수출자와 수출물품의 생산자가 다른 경우에는 수출물품의 생산자가 직접 관세등의 환급을 신청하는 경우에 한한다.(환급령 §16②)

사례 수출신고필증

① 신고자	갑 관세법인	
② 수출대행자 (통관고유번호) 수출화주 (통관고유번호)	㈜ 신용 ㈜ 신용	수출자구분 A
③ 제조자 (통관고유번호)	㈜ 신용	㉖ 환급신청인 2 (1:수출대행사/수출하주, 2.제조자) 자동간이정액환급 AD

(3) 간이정액환급률표에 게기된 물품

중소기업이 생하는 수출물품이 매년 관세청에서 고시하는 간이정액환급률표에 게기된 물품이어야 한다.

예시 간이정액환급률표(관세청 고시)

HSK	세번명	수출금액(FOB) 1만원당 환급액
0202.20-1000	갈비	10
0202.30-0000	뼈 없는 것	100
.....	.....	....
9620.00-0000	일각대 · 양각대 · 삼각대와 이와 유사한 물품	10

(4) 적용제외 물품

수출용원재료에 대한 관세 등 환급사무처리에 관한 고시 제33조에 따라 다음에 해당하는 물품은 간이정액환급률표를 적용하지 아니한다.

① 수출용원재료를 수입한 상태 그대로 수출등에 제공하거나 내국신용장등에 의하여 공급한 물품

② 간이정액환급 비적용 승인을 받은 자가 제조 · 가공한 수출물품 또는 내국신용장등에 의하여 공급한 물품

③ 해외로부터 가공임을 받고 국내에서 가공할 목적으로 반입된 수입원재료의 가공물품 수출

④ 수출물품이 수출 후 계약조건과 상이(하자)하여 반품된 물품의 대체수출

⑤ 수출물품의 생산자를 알 수 없는 물품(수출신고필증에 제조자 통관고유부호가 "제조미상 9999000"으로 기재된 것)

⑥ 단순히 소프트웨어(운영체제, 전산프로그램 또는 응용프로그램 등)만을 입력(결합)하여 수출(공급)하는 물품

⑦ 제조장별로 환급신청하는 업체로서 동일업체 제조장 간 공급물품, 수출물품 또는 수출물품의 중간원재료를 위탁생산하기 위하여 수탁자에게 무상으로 공급하는 수입원재료 또는 중간원재료의 제조 · 가공 물품으로 기납증을 발급하는 물품

(5) 간이정액환급률표 적용시기

수출용원재료에 대한 관세 등 환급사무처리에 관한 고시 제31조 제2항에 의거 간이정액환급률표는 수출물품 및 내국신용장 등에 의하여 공급한 물품의 **수출신고수리일 또는 양도일에 시행하는 간이정액환급률표를 적용**한다. 정액환급률표의 적용을 신청하거나 정액환급률표의 적용승인을 받은 자가 다시 비적용승인을 신청하는 경우에는 비적용승인 또는 적용승인을 받은 날부터 2년 이내에는 이를 신청할 수 없다.(환급령 §14)

3-2 개별환급

개별환급이란 수출물품의 제조에 사용된 수입원재료를 소요량계산서로 하나 하나 개별적으로 확인하여 관세환급금을 산출하는 방식이다.

(1) 대상기업

간이정액환급을 받지 아니하는 수출기업의 수출물품은 개별환급을 통해 관세등을 환급받아야 한다. 따라서, 대기업 · 중견기업이거나, 환급신청일이 속하는 연도의 직전 2년간 매년 환급실적이 8억원을 초과하는 중소기업, 간이정액환급 비적용승인기업이 수출하는 물품은 개별환급을 적용해야 한다.

(2) 소요량 계산

소요량이란 수출물품을 생산(수출물품을 가공 · 조립 · 수리 · 재생 또는 개조하는 것을 포함한다)하는 데에 드는 원재료의 양으로서 생산과정에서 정상적으로 발생되는 손모량(損耗量)을 포함한 것을 말한다.(환급법 §2 4호)

■ 소요량 = 실량 + 손모량

(3) 부산물 공제

"부산물"이란 수출물품 생산공정 중에 수출물품 외에 발생하는 경제적인 가치를 가진 물품으로서 판매되거나 자가사용되는 물품을 말한다. 부산물이 발생한 원재료에 대한 환급금은 부산물 공제비율을 차감[=부산물 공제 전 환급금 × (1 − 부산물 공제비율)]하여 산출한다.(수출용 원재료에 대한 관세 등 환급사무처리에 관한 고시 §112)

보충 설명 소요량 산정방법(수출용 원재료에 대한 관세 등 환급사무처리에 관한 고시)

산정방법	내용
단위실량	수출물품을 구성하고 있는 실제원재료 단위 실량만으로 소요량을 산정한다.(다만, 원재료가 화학적으로 통합되어 단위실량과 손모량을 구분할 수 없는 경우에는 단위실량 산정방법을 적용할 수 없다.)
단위설계소요량	제조사양서상의 원재료 중 환급을 받으려는 원재료의 종류별 양으로 산정한다.
수출건별등총소요량	수출신고필증, 기초원재료납세증명서 또는 수출계약서상의 수출물품을 생산하는 과정에서 사용한 원재료의 종류별 총량으로 산정한다.
일정기간별 단위소요량	일정기간(1~6개월)동안 제품 생산에 사용된 원재료의 종류별 총량을 일정기간동안에 생산된 제품의 총량으로 나눈 양으로 산정한다.
1회계연도단위소요량	1회계연도 동안 제품 생산에 사용된 원재료의 종류별 총량을 1회계연도 동안에 생산된 제품의 총량으로 나눈 양으로 산정한다.
위탁건별총소요량 산정방법	위탁가공계약서 등에 따라 수출물품을 위탁생산하는 경우 수출물품의 생산을 위탁한 업체에서 수출물품의 생산을 수탁한 업체에 공급한 원재료 중 수탁업체가 해당 위탁생산물품을 생산하는 과정에서 사용한 원재류의 종류별 총량으로 산정한다.

CHAPTER
03 수출매출액

1 수익과 익금

1-1 수익

수익이란 기업실체의 경영활동과 관련된 재화의 판매 또는 용역의 제공 등에 대한 대가로 발생하는 자산의 유입 또는 부채의 감소이다. 예를 들면, 재화 및 용역을 공급한 대가로서 현금이나 매출채권이 증가하게 된다. 또한 기업실체는 차입금을 상환하기 위하여 재화 및 용역을 채권자에게 공급할 수 있으며 그 결과로 부채가 감소된다.(일반기준 재무회계개념체계 117)

1-2 익금

익금이란 자본 또는 출자의 납입 및 이 법에서 규정하는 것은 제외하고 해당 법인의 순자산(純資産)을 증가시키는 거래로 인하여 발생하는 이익 또는 수입[이하 "수익"(收益)이라 한다]의 금액으로 한다.(법인법 §15①) 여기서 수익이란 타인에게 재화 또는 용역을 제공하고 획득한 수입금액과 기타 당해 법인에게 귀속되는 일체의 경제적 이익을 말한다.(법기통 13-0-1)

관련 예규 법인세 각 사업연도 소득계산 원칙

내국법인의 각 사업연도의 소득금액을 산정함에 있어 익금과 손금은 각각 총액에 의하여 계산한다.(법기통 14-0-1)

2 수출매출액의 인식

매출액은 업종별이나 부문별로 구분하여 표시할 수 있으며, 수출액이 중요한 경우에는 이를 구분하여 표시하거나 주석으로 기재한다.(일반기준 2.47)

2-1 회계처리

(1) 인식시점

수출거래도 국내거래와 동일하게 소유에 따른 **위험과 보상의 이전여부**가 인식시점의 중요한 고려사항이 된다. 일반적으로 소유에 따른 위험과 보상이 한쪽 당사자에서 다른 쪽으로 이전되었는지의 결정은 거래의 법적 형식보다는 거래의 경제적 실질에 따라 결정될 문제이다. 판매자가 수익을 인식하기 위해서는 소유에 따른 유의적인 위험과 보상이 구매자에게 이전되어야 한다.(일반기준 실16.1) 따라서, 위험이전과 비용부담을 규정하고 있는 INCOTERMS에 따라 회계처리하면 된다.

▶ 인코텀즈2020과 인식시점

구분	INCOTERMS2020	수출매출 인식
공장 인도조건	FXW	공장 인도시점
운송인 인도조건	FCA, CPT, CIP	운송인 인도시점
선측 인도조건	FAS	본선 선측적치 시점
본선 인도조건	FOB, CFR, CIF	본선 적재시점
목적지 인도조건	DAP, DPU, DDP	선적서류 인도시점

▶ 일반기업회계기준

재화의 판매로 인한 수익은 다음 조건이 모두 충족될 때 인식한다.(일반기준 16.10)

(1) 재화의 소유에 따른 유의적인 위험과 보상이 구매자에게 이전된다.
(2) 판매자는 판매한 재화에 대하여 소유권이 있을 때 통상적으로 행사하는 정도의 관리나 효과적인 통제를 할 수 없다.
(3) 수익금액을 신뢰성 있게 측정할 수 있다.
(4) 경제적 효익의 유입 가능성이 매우 높다.
(5) 거래와 관련하여 발생했거나 발생할 원가를 신뢰성 있게 측정할 수 있다.

(2) 복합거래

수익인식기준은 일반적으로 각 거래별로 적용한다.(일반기준 16.8) 거래의 경제적 실질을 반영하기 위하여 하나의 거래를 2개 이상의 부분으로 구분하거나, 거래 전체를 하나로 보아 적용하기도 한다.

① 2개 이상으로 구분 처리

거래의 경제적 실질을 반영하기 위하여 하나의 거래를 2개 이상의 부분으로 구분하여 각각 다른 수익인식기준을 적용할 필요가 있는 경우가 있다. 예를 들어, 제품판매가격에 제품 판매 후 제공할 용역에 대한 대가가 포함되어 있고 그 대가를 식별할 수 있는 경우에는 그 금액을 분리하여 용역수행기간에 걸쳐 수익으로 인식한다.

② 거래 전체를 1 거래 처리

둘 이상의 거래가 서로 연계되어 있어 그 경제적 효과가 일련의 거래 전체를 통해서만 파악되는 경우에는 그 거래 전체에 대하여 하나의 수익인식기준을 적용한다. 예를 들어, 재화를 판매하고 동시에 그 재화를 나중에 재구매하는 약정을 체결하는 경우는 두 거래의 실질적 효과가 상쇄되므로 판매에 대한 수익인식기준을 적용할 수 없으며 거래 전체를 하나로 보아 그에 적합한 회계처리를 한다.

▶ **일반기업회계기준**

한 거래에서 판매자가 재화와 용역을 함께 제공하는 경우에는 적합한 회계처리를 위해서 먼저 거래의 주목적을 식별하여야 한다. 거래의 주목적을 식별하기 위한 기준은 다음과 같다.(일반기준 16.9)

(1) 용역의 제공여부가 총거래가격에 영향을 미치지 않고 재화판매에 부수적으로 수반된다는 내용이 계약상 명시되어 있다면 이를 재화판매거래로 분류한다. 예를 들면, 품질보증조건으로 재화를 판매하는 거래는 재화판매거래로 분류한다.
(2) 재화의 제공여부가 총거래가격에 영향을 미치지 않고, 용역제공에 부수적으로 수반된다는 내용이 계약상 명시되어 있다면, 이를 용역제공거래로 분류한다. 예를 들면, 부품공급을 포함한 설비유지보수계약이 확정가격으로 체결되는 거래는 용역제공거래로 분류한다.
(3) 재화와 용역이 별개로 취급되어 재화 또는 용역의 제공이 각각 총거래가격에 영향을 미치면, 이를 재화판매거래와 용역제공거래로 구분하여 별도로 회계처리한다.

■ **발주회사가 부품생산에 필요한 원재료를 유상으로 공급하는 경우의 수익인식 방법**
발주회사가 원재료를 일괄 구입하여 부품제조회사에 유상공급하는 경우, 원재료 소유에 따른 위험과 보상이 대부분 부품제조회사로 이전되었다면 동 거래를 "반제품 제조용 원재료 구매대행"으로 간주하여 발주회사는 원재료 매매차익을 구매대행수수료로 보아 영업외수익으로 계상하고, 부품제조 회사는 제3자로부터 매입한 원재료와 동일하게 회계처리한다. 다만, 원재료 소유에 따른 위험과 보상이 대부분 이전되지 않는 유상사급거래는 무상사급(임가공)거래와 동일하게 처리한다.(일반기준 실16.22)

(3) 계정과목

소유에 따른 유의적인 위험과 보상이 이전되는 시점에 수익을 인식하고, 위험과 보상이 이전되기 전에 받은 현금은 선수금으로 처리한다.

구분시점	위험과 보상 이전	
계정과목	선수금	수출매출

▶ 일반기업회계기준

통상적으로 재화의 소유에 따른 위험과 보상은 재화의 인도시점에 판매자로부터 구매자에게로 이전된다. 그러나 구매자에게 자산을 판매하는 것이 반드시 판매자의 소유에 따른 위험의 전부 또는 유의적으로 이전하는 것은 아니다. 소유에 따른 유의적인 위험과 보상이 이전되지 않으면 인도시점에 수익을 인식해서는 안된다. 이 경우에는 소유에 따른 위험과 보상이 구매자에게 충분히 이전되어 수익을 인식할 수 있는 사건이 발생할 때까지 받은 현금을 선수금으로 기록한다. 그리고 수익을 인식할 때까지 관련된 자산을 취득원가 또는 장부금액으로 평가한다.(일반기준 결16.8)

질의 회신 수출매출 인식기준

C사는 기계장비 제조 및 판매를 주업으로 하는 회사로, 설치 후 검수의무가 있는 수출매출은 검수 완료 시점에 수익을 인식해야 함에도 선적시점에 일괄적으로 수익을 인식[2024 주요 심사 · 감리 지적사례(2024.12.27.)]

2-2 법인세 처리

(1) 인식시점

내국법인의 각 사업연도의 익금과 손금의 귀속사업연도는 그 익금과 손금이 확정된 날이 속하는 사업연도로 한다.(법인법 §40) 상품 · 제품 또는 기타의 생산품의 판매는 그 상품 등을 **인도한** 날이 귀속사업연도이다.(법인령 §68) 물품을 수출하는 경우에 인도한 날은 **수출물품을 계약상 인도하여야 할 장소에 보관한** 날이다.(법인칙 §33)

관련 예규 인도하여야 할 장소에 보관한 날

- "수출물품을 계약상 인도하여야 할 장소에 보관한 날"이라 함은 계약상 별단의 명시가 없는 한 선적을 완료한 날을 말한다. 다만, 선적완료일이 분명하지 아니한 경우로서 수출할 물품을「관세법」 제155조 제1항 단서에 따라 보세구역이 아닌 다른 장소에 장치하고 통관절차를 완료하여 수출면장을 발급받은 경우에는 인도하여야 할 장소에 보관한 날에 해당하는 것으로 한다.(법기통 40-68-2)
- 내국법인이 미국 소재 법인으로부터 석유시추선에 장착하는 장비(이하"해당물품")를 공장인도조건(EXW)으로 수주받아 제작완료 후 구매자의 검수를 거쳐 이를 인도하고 물품인수증을 수령한 경우, 해당물품의 판매로 인한 익금과 손금의 귀속사업연도는「법인세법 시행령」제68조제1항제1호와 같은 법 시행규칙 제33조제2호의 규정에 따라 해당물품을 계약상 인도하여야 할 장소에 보관한 날이 속하는 사업연도로 하는 것임(법규법인 2012-1, 2012.1.11.)
- 법인이 수출물품을 도착지 물류창고에서 출고한 후에 소유권이 이전되는 경우에는「법인세법 시행령」 제68조 제1항 제1호 및 같은 법 시행규칙 제33조 제2호의 규정에 의하여 수출물품을 계약상 인도하여야 할 장소에 보관한 날에 손익을 인식(서면인터넷방문상담2팀-925, 2007.5.15.)
- 내국법인이 물품을 수출하는 경우 수출물품을 계약상 인도하여야 할 장소에 보관한 날이 속한 사업연도의 손익으로 인식하는 것으로, 귀 질의의 경우, 질의법인이 자기책임하에 중고자동차를 수입국으로 반출하고 계약이 성립되면 현지 수입업자에게 중고자동차를 인도할 경우 당해 수입업자에게 인도한 날이 속하는 사업연도에 중고자동차 수출에 따른 손익을 인식하는 것임(법인세과-349, 2009.1.28.)

■ 「법인세법 시행령」 제68조 제1항에 의해 내국법인이 상품 등의 판매한 경우 그 상품 등을 인도한 날이 속하는 사업연도의 손익으로 인식하는 것이며, 수출하는 경우에는 「법인세법 시행규칙」 제33조 제2호에 의해 수출물품을 계약상 인도하여야 할 장소에 보관한 날을 인도한 날로 하는 것임. 이 경우 "계약상 인도하여야 할 장소에 보관한 날"이라 함은 「법인세법 기본통칙」 40-68…2에 의해 계약상 별도의 명시가 없는 한 선적을 완료한 날을 말하는 것입니다.(서면인터넷방문상담2팀-622, 2007.4.10.)

■ 「법인세법」 제40조의 규정을 적용함에 있어서 상품 · 제품 등의 판매로 인한 판매손익의 귀속사업연도는 그 상품 · 제품 등을 인도한 날이 속하는 사업연도로 하는 것이나, 계약에 따라 검사를 거쳐 인수 및 인도가 확정되는 물품의 경우에는 당해 검사가 완료된 날이 속하는 사업연도로 한다.(서이46012-11308 , 2003.07.10.)

(2) 복합거래

컴퓨터바이러스 백신프로그램을 판매하는 사업자가 최초 백신 프로그램 판매 시 판매대가를 소프트웨어사용료와 서비스이용료로 명시적으로 구분하지 않았다 하더라도 귀 질의 경우와 같이 서비스이용료와 갱신사용료의 내용이 동일하고 갱신사용료의 가액이 정해짐으로써 소프트웨어 사용료와 서비스 이용료의 구분이 실질적으로 가능한 경우에는 백신프로그램 판매 시 그 대가 중 소프트웨어 사용료 상당액은 제품을 인도한 날, 서비스사용료와 등록갱신비용은 동 서비스의 사용계약기간에 따라 안분 계산하여 손익 귀속시기를 정할 수 있는 것임.(재법인46012-178 , 2002.11.14.)

2-3 부가가치세 처리

재화의 공급인 수출은 공급시기가 속하는 과세기간에 부가가치세를 신고 · 납부하여야 한다. 재화의 이동이 필요한 경우 재화의 공급시기는 재화가 인도되는 때이다.(부가법 §15) 수출재화의 경우 수출방식에 따라 선적일, 공급가액이 확정된 때, 인도되는 때를 재화의 공급시기로 본다.(부가령 §28⑥)

(1) 선적일

내국물품(대한민국 선박에 의하여 채집되거나 잡힌 수산물을 포함한다)을 외국으로 반출하거나 중계무역 방식의 수출, 수입신고 수리 전의 물품으로서 보세구역에 보관하는 물품의 외국으로의 반출은 **수출재화의 선(기)적일**을 재화의 공급시기로 본다.(부가령 §28⑥ 1호)

용어 설명

- **중계무역 방식의 수출** : 수출할 것을 목적으로 물품 등을 수입하여 보세구역 및 보세구역 외 장치의 허가를 받은 장소 또는 자유무역지역 외의 국내에 반입하지 아니하는 방식의 수출을 말한다.

관련 예규 부가가치세 선적일

- (공장인도조건) 사업자가 생산한 재화를 공장인도조건으로 수출하는 경우 당해 재화의 수출은 직수출에 해당하는 것으로 「부가가치세법」 제21조에 따라 영세율을 적용하며 그 공급시기는「같은 법 시행령」 제28조제6항제1호에 따른 수출재화의 선(기)적일이 되는 것입니다.(부가가치세과-828 , 2014.10.06.)
- (소포우편에 의한 수출재화의 공급시기) 사업자가 소포우편에 의하여 재화를 수출하는 경우 해당 재화에 대한 소포수령증의 발급일을 공급시기로 본다.(부가집 15-28-7)
- 바이오의약품 CMO 사업을 영위하는 내국법인이 해외제약사로부터 바이오의약품의 개발 · 제조를 위탁받아 장기간에 걸쳐 바이오의약품을 생산하여 공급할 때, 필수적으로 부수하여 제공되는 CMO서비스의 대가를 각각 수출하는 바이오의약품의 공급가액으로 안분하는 등 합리적인 방법으로 계산한 가액은 부가가치세법 제14조 제1항에 따라 주된 재화인 바이오의약품 공급가액에 포함되며, 이 때 안분한 가액의 공급시기는 부가가치세법 제21조제2항제1호 및 동법 시행령 제28조제6항제1호에 따라 주된 재화인 바이오의약품의 선(기)적일이 되는 것입니다.(서면-2023-부가-4149 [부가가치세과-3228], 2023.12.27.)

관련 사례 중간지급조건부로 수출하는 재화의 공급시기 판단 사례(부가집 16-29-3)

사업자 (주)수락은 발전설비를 30,000,000달러에 중국에 있는 거래처에 중간지급조건부로 아래와 같이 직수출하였다.

- 계약금 $3,000,000(2015. 3. 10.)
- 중도금 $12,000,000(2015. 7. 10.)
- 잔 금 $15,000,000(2015. 10. 10.)
- 선적일 : 2015. 11. 20.

이 경우 수출한 발전설비의 공급시기 판단

☞ 직수출한 경우 공급시기는 잔금지급 여부에 관계없이 선적일인 2015. 11. 20.이다.

(2) 공급가액이 확정되는 때

원양어업 또는 위탁판매수출의 경우에는 수출재화의 공급가액이 확정되는 때를 재화의 공급시기로 본다.(부가령 §28⑥ 2)

① 용어 설명

- 위탁판매수출 : 물품 등을 무환(無換)으로 수출하여 해당 물품이 판매된 범위에서 대금을 결제하는 계약에 의한 수출을 말한다.

관련 예규 원양어획물 현지 판매

우리나라 선박이 공해에서 체포한 수산물을 현지 판매한 경우 원양어획물 현지 판매분의 공급시기는 부가가치세법 제9조 제1항 제3호의 규정에 의하여 한국원양어업협회에 수출실적 보고서가 제출되어 그 확인이 이루어지는 때이다.(조법1265-724, 1982.06.11.)

(3) 재화가 인도되는 때

외국인도수출, 위탁가공무역 방식의 수출, 원료를 대가 없이 국외의 수탁가공 사업자에게 반출하여 가공한 재화를 인도하는 경우에는 외국에서 해당 재화가 인도되는 때 재화의 공급시기로 본다.(부가령 §28⑥ 3호)

① 용어 설명

- 외국인도수출 : 수출대금은 국내에서 영수(領收)하지만 국내에서 통관되지 아니한 수출물품 등을 외국으로 인도하거나 제공하는 수출을 말한다.
- 위탁가공무역 방식의 수출 : 가공임(加工賃)을 지급하는 조건으로 외국에서 가공(제조, 조립, 재성, 개조를 포함한다)할 원료의 전부 또는 일부를 거래 상대방에게 수출하거나 외국에서 조달하여 가공한 후 가공물품 등을 외국으로 인도하는 방식의 수출을 말한다.

▶ 인코텀즈2020과 인식시점 비교

일반기업회계기준의 위험과 보상의 이전과 법인세법 인도기준은 통상적으로 동일해서 차이가 발생하지 않지만, 부가가치세의 공급시기는 선적일이기 때문에 유념해야 한다.

INCOTERMS2020	수익의 인식시기 (회계처리)	손익의 귀속시기 (법인세 처리)	재화의 공급시기 (부가세 처리)
EXW	공장 인도시점		본적 적재시점(선적)
FCA, CPT, CIP	운송인 인도시점		
FAS	본선 선측적치 시점		
FOB, CFR, CIF	본선 적재시점		
DAP, DPU, DDP	선적서류 인도시점		

3 수출매출액 측정

3-1 판매대가

(1) 회계처리

수출매출액은 재화의 판매, 용역의 제공이나 자산의 사용에 대하여 받았거나 또는 받을 대가(판매대가)의 공정가치로 측정한다. **매출에누리와 할인 및 환입은 수익에서 차감한다.** 단, 구매자에게 지급할 대가가 구매자에게서 받은 구별되는 재화나 용역에 대한 지급이라면 수익에서 차감하지 않는다.(일반기준 16.5)

▶ 일반기업회계기준

> 대부분의 경우 판매대가는 현금 또는 현금성자산의 금액이다. 그러나 판매대가가 재화의 판매 또는 용역의 제공 이후 장기간에 걸쳐 유입되는 경우에는 그 공정가치가 미래에 받을 금액의 합계액(이하 "명목금액"이라 한다)보다 작을 수 있다. 예를 들면, 무이자로 신용판매하거나, 판매대가로 표면이자율이 시장이자율보다 낮은 어음을 받는 경우에는 판매대가의 공정가치가 명목금액보다 작아진다. 이때 공정가치는 명목금액의 현재가치로 측정하며, 공정가치와 명목금액과의 차액은 제6장 "금융자산 · 금융부채"에 따라 현금회수기간에 걸쳐 이자수익으로 인식한다. 현재가치의 측정에 사용되는 할인율은 신용도가 비슷한 기업이 발행한 유사한 금융상품(예: 회사채)에 적용되는 일반적인 이자율과 명목금액의 현재가치와 제공되는 재화나 용역의 현금판매금액을 일치시키는 유효이자율 중 보다 명확히 결정될 수 있는 것으로 한다.(일반기준 16.6)

(2) 법인세 처리

각 사업에서 생기는 사업수입금액(기업회계기준에 따른 **매출에누리금액 및 매출할인금액은 제외**한다)은 익금(수익)에 산입한다.(법인령 §11 1호)

① 구상무역의 판매금액

> ㉮ 선수출 후수입의 경우에는 그 수출과 연계하여 **수입할 물품의 외화표시가액**을 수출한 물품의 선박 또는 비행기에의 적재를 완료한 날 현재의 당해거래와 관련된 거래은행의 대고객외국환매입률에 의하여 계산한 금액
>
> ㉯ 선수입 후수출의 경우에는 **수입한 물품의 외화표시가액**을 통관절차가 완료된 날 현재의 당해거래와 관련된 거래은행의 대고객외국환매입률에 의하여 계산한 금액

② 구상무역의 수입물품의 취득가액

구상무역에 의하여 수입한 물품의 취득가액은 수출하였거나 수출할 물품의 판매금액과 당해수입물품의 수입에 소요된 부대비용의 합계액에 상당하는 금액으로 한다.(법인칙 §40)

③ 구상무역의 일부 이행

수출 또는 수입한 물품과 연계하여 수입 또는 수출하는 물품의 일부가 사업연도를 달리하여 이행되는 경우에 각 사업연도에서 이행된 분에 대한 수출물품의 판매가액은 그 이행된 분의 비율에 따라 각각 이를 안분계산한다.(법인칙 §40)

(3) 부가가치세 처리

재화의 공급가액은 판매대금, 요금, 수수료, 그 밖에 어떤 명목이든 상관없이 재화 또는 용역을 공급받는 자로부터 받는 금전적 가치 있는 모든 것을 포함한다.(부가법 §29③) 다만, 재화나 용역을 공급할 때 그 품질이나 수량, 인도조건 또는 공급대가의 결제방법이나 그 밖의 공급조건에 따라 통상의 대가에서 일정액을 직접 깎아 주는 금액(매출에누리), 환입된 재화의 가액(매출환입), 공급에 대한 대가를 약정기일 전에 받았다는 이유로 사업자가 당초의 공급가액에서 할인해 준 금액(매출할인)은 공급가액에 포함하지 않는다.(부가법 §29⑤)

관련 예규 재화의 공급가액의 범위

질의 내용 국외로 반출되는 재화를 DDU결제조건(**관세 불포함 인도조건**)으로 먼저 수출자가 거래상대방의 운임까지 부담한 다음, 거래상대방으로부터 운임 등으로 포함하여 대가(**13,000USD**)를 지급받기로 하는 거래로써 수출신고필증상 신고가격(FOB기준)은 10,000USD인 경우

질의 회신 부가가치세가 과세되는 재화를 공급하고 그 대가를 받는 경우에 부가가치세 과세표준에는 부가가치세법 제13조 제1항 및 동법 시행령 제48조 제1항의 규정에 의하여 거래상대자로부터 받은 대금요금수수료 기타 명목여하에 불구하고 대가관계에 있는 모든 금전적 가치 있는 것을 포함하는 것이며, 따라서 귀 질의의 **수출실적 명세서상 금액 및 부가가치세 과세표준은 수출재화에 대해 지급 받기로 한 전체금액**이 되는 것(서면인터넷방문상담3팀-2080 , 2005.11.21.)

참조 예규 부가가치세법 기본통칙 13-48-2【과세표준에 포함하는 금액】
과세표준에는 거래상대자로부터 받는 대금 · 요금 · 수수료 기타 명목 여하에 불구하고 실질적 대가관계에 있는 모든 금전적 가치 있는 것으로서 다음에 게기하는 것을 포함한다.

3. 대가의 일부로 받는 운송보험료 · 산재보험료 등
4. 대가의 일부로 받는 운송비 · 포장비 · 하역비 등

관련 예규 매출에누리

내국법인이 특수관계 있는 국내 제조업체(갑)에 제조관련 부품 등을 공급함에 있어 당사자 간 상호합의에 따라 내국법인이 해외 특수관계법인에 수출하여 발생한 이익 중 일부를 국내 제조업체(갑)에 공급하는 판매단가에 반영하여 사후적으로 할인하여 주기로 한 경우로서 조세의 부담을 부당하게 감소시킬 만큼 현저하게 낮은 대가를 받은 경우에 해당하지 아니하는 경우 해당 가격할인은 「부가가치세법」 제29조제5항제1호에 따른 에누리에 해당하는 것입니다. 다만, 해당 가격할인이 조세의 부담을 부당하게 감소시킬 만큼 현저하게 낮은 대가를 받은 경우에 해당하는지 여부는 국내 제조업체의 생산계획 및 가격인하 계획 내용 등 사실관계를 종합하여 사실판단할 사항입니다.(서면-2016-법령해석부가-3244 [법령해석과-1265], 2016.04.18.)

3-2 외화수입금액

(1) 회계처리

① 최초인식

매출인식시기의 환율로 매출금액을 인식한다. 일반적으로 선적기준으로 매출을 인식하는 경우에는 선적시기의 기준환율 또는 재정환율을 적용하여 매출을 인식하게 된다.

▶ 일반기업회계기준

기능통화로 외화거래를 최초로 인식하는 경우에 거래일의 외화와 기능통화 사이의 현물환율을 외화금액에 적용하여 기록한다. 다만, 환율이 유의적으로 변동하지 않은 경우에는 일정기간의 평균환율을 사용할 수 있다.(일반기준 23.8)

외화로 대가를 선지급하거나 선수취하여 인식한 비화폐성자산이나 비화폐성부채를 제거하면서 관련 자산, 비용, 수익 또는 이들 항목의 일부를 인식할 때에는, 그 비화폐성자산이나 비화폐성부채를 인식한 날을 거래일로 보고 그 날의 환율을 적용한다.(일반기준 23.8의 2)

② **외환차손익**

수출 후 실제 외화금액이 입금되는 경우에는 당초에 장부에 인식했던 환율과 결제 시점 환율의 차이로 인하여 외환차손익이 발생한다. 외환차손익은 화폐성 · 비화폐성항목을 구분하여 처리한다.

▶ 일반기업회계기준

■ **화폐성항목**
화폐성항목의 결제시점에 발생하는 외환차손익 또는 화폐성항목의 환산에 사용한 환율이 회계기간 중 최초로 인식한 시점이나 전기의 재무제표 환산시점의 환율과 다르기 때문에 발생하는 외화환산손익은 그 외환차이가 발생하는 회계기간의 손익으로 인식한다. 단, 외화표시 매도가능채무증권의 경우 동 금액을 기타포괄손익에 인식한다.(일반기준 23.10)

■ **비화폐성항목**
비화폐성항목에서 발생한 손익을 기타포괄손익으로 인식하는 경우에 그 손익에 포함된 환율변동효과도 기타포괄손익으로 인식한다. 그러나 비화폐성항목에서 발생한 손익을 당기손익으로 인식하는 경우에는 그 손익에 포함된 환율변동효과도 당기손익으로 인식한다.(일반기준 23.11)

용어 설명

■ 화폐성항목의 본질적 특징은 확정되었거나 결정가능할 수 있는 화폐단위의 수량으로 받을 권리나 지급할 의무라는 것이다. 예를 들어, 현금으로 지급하는 연금과 그 밖의 종업원급여, 현금으로 상환하는 충당부채, 부채로 인식하는 현금배당 등이 화폐성항목에 속한다. 한편, 비화폐성항목의 본질적 특징은 확정되었거나 결정가능할 수 있는 화폐단위의 수량으로 받을 권리나 지급할 의무가 없다는 것이다. 예를 들어, 재화와 용역에 대한 선급금(예: 선급임차료), 영업권, 무형자산, 재고자산, 유형자산, 비화폐성 자산의 인도에 의해 상환하는 충당부채 등이 비화폐성항목에 속한다.(일반기준 실23.1)

(2) 법인세 처리

외화자산 · 부채는 다음의 방법에 의하여 환산한 원화금액으로 기장한다.(법기통 42-76-2) 내국법인이 상환받거나 상환하는 외화채권 · 채무의 원화금액과 원화기장액의 차익 또는 차손은 당해 사업연도의 익금 또는 손금에 이를 산입한다.(법인령 §76⑤)

① 외화자산 · 부채의 발생	사업연도 중에 발생된 외화자산 · 부채는 발생일 현재 매매기준율 등에 따라 환산한다. 이 경우 외화자산 · 부채의 발생일이 공휴일인 때에는 그 직전일의 환율에 의한다.
② 외환의 매각 · 매입	사업연도 중에 보유외환을 매각하거나 외환을 매입하는 경우에는 거래은행에서 실제 적용한 환율에 의하여 기장한다.
③ 외화부채 상환	사업연도 중에 보유외환으로 다른 외화자산을 취득하거나 기존의 외화부채를 상환하는 경우에는 보유외환의 장부상 원화금액으로 회계처리한다.

* 새로운 외화채무로 종전의 외화채무를 상환한 경우에는 해당 채무의 원화기장액을 수정하지 아니한다.(법인통 42-76…3)

(3) 부가가치세 처리

매출대금 등의 대가를 외국통화나 그밖의 외국환으로 받은 경우에는 다음 각각의 구분에 따른 금액을 그 대가로 과세표준을 계산한다.(부가령 §59)

① 공급시기가 되기 전에 원화로 환가(換價)한 경우

부가가치세법상의 공급시기가 되기 전에 원화로 환가(換價)한 경우에는 환가한 금액을 과세표준으로 한다.

② 공급시기 후에 외국통화를 받거나 외국환 상태로 보유하는 경우 등

부가가치세법상의 공급시기 이후에 외국통화나 그밖의 외국환 상태로 보유하거나 지급받는 경우에는 부가가치세법상 공급시기의 기준환율 또는 재정환율에 따라 계산한 금액을 부가가치세 신고시기의 과세표준으로 한다.

⊕ 보충 설명 매출인식과 부가가치세 과세표준 신고금액의 관리

- 선적시기에 매출을 인식하는 기업이 선적시기 후에 외국통화를 받거나 외국환 상태로 보유하는 경우 등에는 선적시기를 기준으로 매출을 인식하는 것이므로 매출로 인식하는 금액과 부가가치세 과세표준 신고금액이 동일하게 된다.
- 해당 기업이 선적시기가 되기 전에 원화로 환가(換價)한 경우에는 부가가치세 신고금액은 환가한 금액으로 신고를 하고, 매출은 선적시기를 기준으로 인식한다. 이 경우에는 매출인식금액과 부가가치세 신고금액을 구분관리하고 차액은 외환차익 또는 외환차손으로 인식한다.

CHAPTER 04 부가가치세 거래징수

Part 03

① 공급장소

소비지국 과세원칙의 부가가치세 체계에서 재화와 용역의 거래에 대한 납세의무가 어디에서 발생하는지를 결정하기 위한 개념으로 사용되는 것이 공급장소이다. 부가가치세 납세의무가 발생하는 장소를 의미하는 이 공급장소를 어디로 볼 것인가에 따라 부가가치세 납세의무가 결정된다.(서울고등법원 2004. 6. 10. 선고 2003누9369,2003누9376(병합) 판결)

⊕ 보충 설명 소비지국 과세원칙

재화나 용역이 국내에서 소비되기 위하여 제공되는 경우에는 국내에서 일정한 세율로 과세되고, 국외로 제공되는 경우에는 영세율을 적용하여 소비지에서 부가가치세가 과세되는 제도로, 이는 소비자가 부가가치세를 최종적으로 부담한다는 점에서나 국제무역의 측면에서 국내에서 생산된 상품이나 수입된 상품이 모두 동일한 조세부담을 가지기 때문에 무역의 왜곡이 발생하지 않는다는 점에서 그 정당성이 인정되고 있다.

1-1 재화의 공급장소

(1) 재화의 이동이 필요한 경우

재화의 이동이 필요한 경우에는 재화가 공급되는 장소는 재화의 이동이 시작되는 장소이다.(부가법 §19① 1호)

(2) 재화의 이동이 필요하지 아니한 경우

재화의 이동이 필요하지 아니한 경우에는 재화가 공급되는 장소는 재화가 공급되는 시기에 재화가 있는 장소이다.(부가법 §19① 2호)

관련 예규 국외거래

- 부가가치세의 납세의무는 대한민국의 주권이 미치는 범위내에서 적용하므로 사업자가 대한민국의 주권이 미치지 아니하는 국외에서 재화를 공급하는 경우에는 납세의무가 없다. 이 경우 우리나라 국적의 항공기 또는 선박에서 이루어지는 거래는 국외거래로 보지 아니한다.(부기통 2-0-3)

- 국내사업자(갑)이 국내사업자(을)과의 물품공급계약에 따라 원료를 대가 없이 국내에서 국외의 수탁가공 사업자(병)에게 반출하여 가공한 재화를 국외사업자(정)에게 인도하는 경우 그 원료의 반출은 「부가가치세법 시행령」 제31조제1항제5호에 따라 영세율이 적용되는 것이며, 갑과 을의 거래는 국외거래에 해당하여 부가가치세가 과세되지 아니하고 갑은 을에게 해당 재화의 가액에 대하여 「법인세법」 제121조에 따라 계산서를 발급하여야 하는 것입니다.(서면-2019-법령해석부가-2631 [법령해석과-3455], 2019.12.31.)

- 국외사업자(A)로부터 상품주문을 받은 국내사업자(B)가 국내사업자(C)에게 해당 상품주문을 하고 C는 국외사업자(D)에게 해당 상품주문을 한 경우로서 D가 A의 요청에 따라 해당 상품을 국내소비자(E)에게 이동시키고 그 대가를 A로부터 수령하는 경우
  A와 B 간의 거래와 B와 C 간의 거래는 재화의 이동이 국외에서 이루어진 것이므로 「부가가치세법」 제4조에 따라 부가가치세 과세거래에 해당하지 아니하는 것이며, 이 경우 국내사업자 C는 B에게 「법인세법」 제121조 및 같은 법 시행령 제164조제1항에 따라 계산서를 작성·발급하여야 하는 것입니다.(서면-2018-법령해석부가-2513 [법령해석과-699], 2019.03.25.)

- 국내사업자 "갑"이 국외사업자 D에게 의류를 공급할 목적으로 국내사업자 A로부터 해당 물품을 공급받기로 하고, 국내사업자 A는 다시 국내사업자 B로부터 해당 물품을 공급받기로 계약을 각각 체결한 경우로서 B가 해당 물품을 「대외무역 관리규정」 상 외국인수수입에 해당하는 방식으로 국외사업자 C로부터 수입하여 "갑"과 A의 요청에 따라 해당 물품을 국외사업자 C에서 D로 직접 이동시키는 경우 B와 A의 거래, A와 "갑"의 거래는 재화의 이동이 국외에서 이루어진 것이므로 「부가가치세법」 제4조에 따라 부가가치세 과세거래에 해당하지 아니하는 것이며, 이 경우 국내사업자 B는 A에게, A는 "갑"에게 「법인세법」 제121조 및 같은 법 시행령 제164조에 따라 각각 계산서를 작성·발급하여야 하는 것입니다.(사전-2015-법령해석부가-0344, 2015.11.13.)

- 국내 사업자(이하 "갑"이라 함)가 다른 국내사업자(이하 "을"이라 함)의 수출재화에 대해서 동종 동량의 재화를 국외 소재 업체(이하 "A"라 함)로 하여금 국내 반입없이 직접 인도하게 하고, 추후 "을"로부터 A 가 인도한 재화와 동종 동량의 재화를 반환받는 경우, "갑"이 국외 "A"를 통하여 제공하는 재화의 공급에 대해서는 국외거래로서 부가가치세 과세거래에 해당하지 아니하는 것이고, 이 경우 법인세법 제121조 및 소득세법 제163조에 따른 계산서를 발급하여야 하는 것입니다.(부가가치세과-30 , 2013.01.10.)
- 내국법인(이하 "쟁점법인"이라 한다)이 국내의 다른 내국법인(이하 "갑법인"이라 한다)에게 국외의 A법인이 생산한 재화(이하 "쟁점상품"이라 한다)를 국외에서 인도하여 갑법인 명의로 항공화물운송장을 교부받은 경우로서 갑법인이 쟁점상품의 국내 수입통관 등 제반 수입절차를 이행하여 관할 세관장으로부터 수입세금계산서를 발급받는 경우 쟁점법인과 갑법인의 거래는 국외거래에 해당하여 부가가치세가 과세되지 아니하는 것이나, 쟁점상품 공급에 대하여 쟁점법인은 갑법인에 법인세법 제121조에 따라 계산서를 발급하여야 하는 것입니다.(법규부가2012-310, 2012.09.10.)

1-2 국외거래

국외거래는 재화의 공급장소가 국외로, 재화의 공급이 국외에서 이루어진 경우이다. 국외거래는 부가가치세 신고대상이 아니며, 그와 관련하여 국내에서 부담한 매입세액은 공제받을 수 없다.

(1) 계산서 발급

국외에서 내국법인 또는 국내사업자 간에 재화 또는 용역의 공급이 이루어진 경우 공급하는 자는 법인세법 제121조 또는 소득세법 제163조에 따라 계산서 발급의무가 있다. 이 경우 계산서는 전자적 방법으로 작성한 계산서를 발급하여야 한다.(법인령 §164②) 다만, 부가가치세법에 따라 세금계산서 또는 영수증을 작성 · 발급하였거나 매출 · 매입처별 세금계산서합계표를 제출한 분(分)에 대하여는 계산서등을 작성 · 발급하였거나 매출 · 매입처별 계산서합계표를 제출한 것으로 본다.(법인법 §121⑥)

저자 주 내국법인 또는 국내사업자 간 국외거래 계산서 발급

계산서 작성 및 발급에 대하여 법인세법은 소득세법을 준용(법인령 §164①)하고 있고, 소득세법시행령 제211조 제4항 3호에서 '국내사업장이 없는 비거주자 또는 외국법인과 거래되는 재화 또는 용역'에 대해서만 계산서를 발급하지 아니할 수 있으므로, 내국법인 또는 국내사업자 간에 국외거래가 발생하는 경우에는 계산서를 발급해야 한다.

관련 예규 국외거래 계산서 발급

- 국외에서 내국법인 간에 재화 또는 용역의 공급이 이루어진 경우 공급하는 자는 법인세법 제121조에 따라 계산서 발급의무가 있는 것입니다. 원양어선업을 영위하는 내국법인이 국내사업자로부터 국외에서 재화 등을 공급받는 경우에는 같은 법 시행규칙 제79조 제4호에 따른 "국외에서 재화 또는 용역을 공급받는 경우"에 해당하는 것입니다.(기획재정부 법인세제과-894, 2013.09.12.)

- 국내사업자(甲법인)가 외국사업자(A법인)로부터 공장인도조건으로 국외에서 물품을 구입함과 동시에 국내의 다른 사업자(乙법인)에게 공급하고, 乙법인이 해당 물품을 국내에 반입하는 경우, 甲법인이 乙법인에게 국외에서 인도하는 해당 재화의 공급거래에 대하여 「법인세법」 제121조 제1항에 따라 계산서를 작성 · 교부하여야 하는 것임.(법규과-1066, 2010.6.28.)

- 국내사업자(A)가 국외사업자(Z)에게 공급할 목적으로 국내사업자(B)와의 계약에 의거 물품을 공급받기로 하고 "B"는 당해 물품을 국외사업자(Y)로부터 구매하여 국내에 반입하지 아니하고 "A"가 지정하는 "Z"에게 인도하는 경우로서 "B"가 국외에서 인도하는 재화의 공급거래에 대하여 「소득세법」 제163조 및 같은법 시행령 제211조에 따라 계산서를 작성 · 교부하여야 하는 것임.(서면1팀-528, 2008.04.15.)

- 부가가치세 면세사업을 영위하는 내국법인이 판매활동은 본점에서, 상품의 생산 및 거래처 공급은 지점에서 하는 경우에는 공급자를 지점으로 하는 계산서를 거래처에 교부하는 것이나, 이미 지점에서 본점으로 계산서를 교부한 경우에는 본점에서 거래처에 계산서를 교부하는 것임.(서면-2015-법령해석법인-1553 [법령해석과-3192], 2015.11.30.)

① **발급방법**

법인이 발행하는 계산서의 발급방법은 법인세법 시행령 제164조 제1항, 소득세법 시행령 제212조 제2항의 규정에 의하여 부가가치세법에 의한 세금계산서의 발급시기 등을 준용하는 것으로, 재화의 공급시기에 재화 또는 용역을 공급받는 자에게 발급하여야 한다. 또한, 재화의 공급시기가 되기 전 계산서를 발급할 수 있고, 재화의 공급일이 속하는 달의 다음 달 10일(그 날이 공휴일 또는 토요일인 경우에는 바로 다음 영업일을 말한다)까지 계산서를 발급할 수 있다.(부가법 §34)

② **수정계산서 발급**

수정계산서를 발급하는 경우 수정계산서의 작성일자는 부가가치세법 시행령 제70조를 준용하여 기재한다.(법기통 121-164-3) 다만, 법인이 당초부터 법인세법 제121조의 규정에 의한 계산서를 공급받는 자에게 교부하지 아니한 경우에는 이에 대한 수정계산서를 발행할 수 없다.(법인46012-397 , 2001.02.20.)

(2) 계산서 합계표 제출

법인은 발급하였거나 발급받은 계산서의 매출 · 매입처별합계표를 매년 2월 10일까지 납세지 관할 세무서장에게 제출하여야 한다.(법인법 §121⑤)

① **계산서합계표 미제출대상**

다음 각각의 어느 하나에 해당하는 계산서의 합계표는 제출하지 아니할 수 있다.(법인법 §121⑤)

> ㉮ 세관장으로부터 수입계산서를 발급받은 법인은 그 계산서의 매입처별 합계표
> ㉯ 전자계산서를 발급하거나 발급받고 전자계산서 발급명세를 국세청장에게 전송한 경우에는 매출 · 매입처별 계산서합계표

② **영수증의 발급**

항만공사법에 의한 **항만공사가 공급하는 화물료 징수용역**은 계산서 대신 영수증을 발급할 수 있다. 다만, 용역을 공급받은 사업자가 사업자등록증을 제시하고 계산서의 발급을 요구하는 때에는 계산서를 발급하여야 한다.(법인령 §164⑧)

(3) 계산서 관련 가산세

내국법인의 가산세로 해당 사업연도의 법인세액에 더하여 납부하여야 한다. 가산세는 산출세액이 없는 경우에도 적용한다.(법인법 §75의8)

① 가산세 배제

국가 및 지방자치단체, 비영리법인(수익사업과 관련된 부분은 제외한다)은 계산서 등 관련 가산세 규정을 적용하지 아니한다.(법인령 §120③)

② 계산서 부실기재가산세

발급한 계산서에 필요적 기재사항의 전부 또는 일부를 적지 아니하거나 사실과 다르게 적은 경우에는 공급가액의 100분의 1의 금액을 가산세로 납부하여야 한다. 다만 계산서합계표가산세가 적용되는 분은 제외한다.(법인법 §75의8 ① 2호)

▶ 필요적 기재사항

> ㉮ 공급하는 사업자의 등록번호와 성명 또는 명칭
> ㉯ 공급받는 자의 등록번호와 성명 또는 명칭. 다만, 공급받는 자가 사업자가 아니거나 등록한 사업자가 아닌 경우에는 고유번호 또는 공급받는 자의 주민등록번호로 한다.
> ㉰ 공급가액
> ㉱ 작성연월일
> 다만, 발급한 계산서의 필요적 기재사항 중 일부가 착오로 사실과 다르게 기재되었으나 해당 계산서의 그 밖의 기재사항으로 보아 거래사실이 확인되는 경우에는 사실과 다르게 기재된 계산서로 보지 아니한다.(법인령 §120 ⑬)

③ 계산서합계표 미제출 및 부실기재가산세

매출 · 매입처별 계산서합계표를 **매년 2월 10일**까지 제출하지 아니한 경우 또는 제출하였더라도 그 합계표에 **거래처별 사업자등록번호 및 공급가액**의 전부 또는 일부를 적지 아니하거나 사실과 다르게 적은 경우에는 공급가액의 1천분의 5의 금액을 가산세로 납부하여야 한다. 다만, 아래 ④의 ㉮ · ㉯, ⑤, ⑥이 적용되는 분은 제외한다.(법인법 §75의8 ① 3호)

▶ 거래처별 사업자등록번호 및 공급가액의 적용

> 제출된 매출 · 매입처별계산서합계표의 기재사항이 착오로 사실과 다르게 기재된 경우로서 발급하거나 발급받은 계산서에 의하여 거래사실이 확인되는 경우에는 사실과 다르게 기재된 매출 · 매입처별계산서합계표로 보지 아니한다.(법인령 §120 ⑭)

④ **계산서**(전자계산서) **미발급가산세**

재화 또는 용역을 공급한 자가 계산서(전자계산서)를 발급시기에 발급하지 아니한 경우에는 공급가액의 100분의 2의 금액을 가산세로 납부하여야 한다.(법인법 §75의8 ① 4호 가목)

㉮ 계산서 지연발급

계산서의 발급시기가 지난 후 해당 재화 또는 용역의 공급시기가 속하는 사업연도 말의 **다음 달** 25일**까지** 계산서를 발급한 경우에는 100분의 1의 금액을 가산세로 납부하여야 한다.

㉯ 전자계산서외 발급

전자계산서를 발급하지 아니하였으나 전자계산서 외의 계산서를 발급한 경우에는 100분의 1의 금액을 가산세로 납부하여야 한다.

㉰ 전자계산서 지연전송

전자계산서 발급기한이 지난 후 재화 또는 용역의 공급시기가 속하는 사업연도 말의 다음 달 25일까지 국세청장에게 전자계산서 발급명세를 전송하는 경우에는 공급가액의 1천분의 3의 금액을 가산세로 납부하여야 한다. 다만, ④의 ㉮, ㉯, ⑤, ⑥이 적용되는 분은 제외한다.(법인법 §75의8 ① 5호)

㉱ 전자계산서 미전송

전자계산서 발급기한이 지난 후 재화 또는 용역의 공급시기가 속하는 사업연도 말의 다음 달 25일까지 국세청장에게 전자계산서 발급명세를 전송하지 아니한 경우에는 공급가액의 1천분의 5의 금액을 가산세로 납부하여야 한다. 다만, ④의 ㉮, ㉯, ⑤, ⑥이 적용되는 분은 제외한다.(법인법 §75의8 ① 6호)

▶ **일반매출계산서와 전자매출계산서의 비교**

<table>
<tr><th colspan="2" rowspan="2">구분</th><th rowspan="2">작성일</th><th colspan="2">발급일</th><th rowspan="2">합계표제출</th><th rowspan="2">미발급</th></tr>
<tr><th>일반</th><th>특례</th></tr>
<tr><td rowspan="2">매출
계산서</td><td>일반</td><td rowspan="2">재화를
공급할 때</td><td>다음달 10일</td><td rowspan="2">사업연도말의
다음달 25일</td><td rowspan="2">매년
2월10일</td><td rowspan="2">–</td></tr>
<tr><td>전자</td><td>작성일 다음날</td></tr>
<tr><td rowspan="2">가산세</td><td>일반</td><td rowspan="2">부실기재
가산세(1%)</td><td rowspan="2">–</td><td>지연발급(1%)</td><td>부실기재(0.5%)
미제출(0.5%)</td><td rowspan="2">미발급
(2%)</td></tr>
<tr><td>전자</td><td>지연전송(0.3%)</td><td>미전송(0.5%)</td></tr>
</table>

⑤ 가공거래

재화 또는 용역을 공급하지 아니하고 신용카드 매출전표, 현금영수증 및 계산서를 발급하거나, 재화 또는 용역을 공급받지 아니하고 계산서등을 발급받은 경우에는 공급가액의 100분의 2의 금액을 가산세로 납부하여야 한다.(법인법 §75의8 ① 4호 나·다목)

⑥ 위장거래

재화 또는 용역을 공급하고 실제로 재화 또는 용역을 공급하는 법인이 아닌 법인의 명의로 계산서등을 발급하거나, 재화 또는 용역을 공급받고 실제로 재화 또는 용역을 공급하는 자가 아닌 자의 명의로 계산서등을 발급받은 경우에는 공급가액의 100분의 2의 금액을 가산세로 납부하여야 한다.(법인법 §75의8 ① 4호 라·마목)

▶ 계산서 관련 가산세 요약

구분	계산서		계산서합계표		비고
	부과사유	세율	부과사유	세율	
매출	부실기재 지연발급 미발급	1% 1% 2%	부실기재 미제출	0.5% 0.5%	합계표 우선
	전자계산서 미발급 (종이계산서 발급) 전자계산서 지연전송 전자계산서 미전송	2% (1%) 0.3% 0.5%			
	위장거래 가공거래	2% 2%			영수증 매출전표 포함
매입	부실기재	1%	부실기재 미제출	0.5% 0.5%	합계표 우선
	위장거래 가공거래	2% 2%			영수증 매출전표 포함

관련 예규 계산서 관련 가산세

- (착오로 교부한 계산서에 대한 가산세 적용) ① 법인이 세금계산서 교부대상 재화를 공급하면서 착오로 계산서를 교부함에 따라 「부가가치세법」 제60조 제2항 제2호의 세금계산서 미교부가산세가 적용되는 부분에 대하여는 계산서 등 제출 불성실 가산세(법 제75조의8)를 적용하지 아니한다. ② 제1항의 규정에 해당하는 계산서를 교부받은 법인의 경우 이를 매입처별계산서합계표에 기재하여 제출하지 아니한 때에는 당해 가산세가 적용된다.(법기통 75의8-0-1)

- (계산서합계표 미제출) 재화나 용역의 공급자로부터 계산서를 교부받지 못하여 매입처별계산서합계표를 제출하지 못한 경우에는 계산서 등 제출 불성실 가산세(법 제75조의8제1항제3호)를 적용하지 아니한다.(법기통 75의8-0-2)

- (계산서 미교부가산세 적용배제) 다음 각 호에 해당하는 재화 또는 용역의 공급에 대하여는 법 제121조에 따른 계산서를 교부하지 아니하는 경우에도 계산서 등 제출 불성실 가산세(법 제75조의8)를 부과하지 아니한다.(법기통 75의8-120-1)

  1. 법인의 본지점간 재화의 이동
  2. 사업을 포괄적으로 양도하는 경우
  3. 상품권 등 유가증권을 매매하는 경우(상품권매매업자 포함)

- (착오로 교부한 세금계산서) 의료업을 영위하는 비영리내국법인이 부가가치세가 면제되는 용역을 공급하면서 계산서를 교부하는 대신 부가가치세가 과세되는 것으로 착오하거나 부지로 부가가치세법상 세금계산서를 교부한 경우에는 「법인세법」(2018.12.24., 법률 제16008호로 개정되기 전의 것) 제121조제6항에 따라 계산서를 작성·발급한 것으로 보아 같은 법 제76조제9항에 따른 계산서미발급가산세를 적용하지 않는 것임.(기획재정부 법인세제과-1279 [법인세제과-1279], 2019.09.18.)

- (착오로 교부한 영세율세금계산서) 국외에서 내국법인 간에 재화의 공급이 이루어진 계산서 발급대상 거래에 대하여 공급자가 공급받는자로부터 구매확인서를 교부받고 영세율세금계산서를 발급하였으나, 영세율세금계산서 매출과 관련한 매입세액을 공제받지 않는 등 제세 신고 시 과세표준 및 납부세액을 과소신고한 사실이 없어 조세회피목적이 있다고 보기 어려운 경우 「법인세법」 제76조 제9항 제4호 가목에 의한 계산서미발급가산세는 적용하지 않는 것임.(기획재정부 법인세제과-893 [기획재정부법인세제과-893], 2018.07.23.)

  ※ 계산서 미발급가산세가 적용된다는 기존해석(기준-2018-법령해석법인-0039, 2018.6.18)은 해석정비함

⑦ **지출증빙 미수취가산세**

국내사업자간 국외거래로 수입세금계산서를 발급받는 경우 공급하는 자는 계산서 발급의무가 있으나, 공급받는 자는 계산서를 수취하지 않았더라도 지출증빙 미수취 가산세 적용 대상은 아니다.(법인령 §158②, 법인칙§79)

2 영세율

영세율은 그 적용대상이 되는 단계의 과세거래에 대하여 0%의 세율을 적용하여 매출세액을 없게 할 뿐만 아니라 그 전단계의 과세거래에서 부담한 부가가치세를 모두 공제 또는 환급하여 거래대상 재화의 부가가치세 부담을 완전히 없애는 제도이다. 부가가치세제하에서 영세율의 적용은 국제 간의 재화 또는 용역의 거래에 있어서 생산 · 공급면에서 부가가치세를 과세징수하고 수입국에서 다시 부가가치세를 과세하는 경우의 이중과세를 방지하기 위하여 관세 및 무역에 관한 일반협정(GATT)상의 소비지과세원칙에 의하여 수출의 경우에만 원칙적으로 인정되고, 국내의 공급소비에 대하여는 위 수출에 준할 수 있는 경우로서 그 경우에도 외국환의 관리 및 부가가치세의 징수질서를 해하지 않는 범위 내에서 외화획득의 장려라는 국가정책상의 목적에 부합하는 경우에만 예외적, 제한적으로 인정된다.(대법원 2007. 6. 14. 선고 2005두12718 판결)

2-1 대상거래

부가가치세법에 따른 영세율 대상거래를 재화 또는 용역의 공급으로 구분하면 다음과 같다.

▶ 부가가치세법상 영세율 거래

구분	재화의 공급		용역의 공급
	물품	무체물	
국외반출	직수출 무상수출 보세구역물품 국외반출	전자적형태의 무체물	대행수출 임대수출 외국항행용역
국외거래	중계무역방식수출 위탁판매수출 외국인도수출 위탁가공무역수출 국외원재료 반출		국외 제공용역
국내거래	수탁가공무역 내국신용장, 구매확인서 수탁가공 후 국내공급 외화획득 재화공급		외화획득 용역공급

2-2 적용사업장

사업자가 본사와 제조장 등 2 이상의 사업장이 있는 경우에 자기가 제조한 수출재화에 대한 영세율 적용 사업장은 최종 제품을 완성하여 외국으로 반출하는 제조장으로 한다.(부기통 21-31-3)

2-3 영세율 첨부서류

영세율이 적용되는 경우에는 부가가치세 예정 · 확정신고서에 **영세율 첨부서류**를 제출하여야 한다. 다만, 부득이한 사유로 해당 서류를 첨부할 수 없을 때에는 **국세청장이 정하는 서류**로 대신할 수 있다.(부가령 §101) 예정 · 확정신고를 하는 경우에 영세율 첨부서류를 해당 신고서에 첨부하지 아니한 부분은 신고로 보지 아니한다.(부가령 §90⑧, §91③)

(1) 국세청장이 정하는 서류

부가가치세법 시행령 제101조제1항의 위임에 따라 영세율적용사업자가 제출할 영세율 적용 첨부서류에 관한 사항은 국세청장이 고시한다.(영세율적용사업자가 제출할 영세율적용 첨부서류 지정 고시)

(2) 외화획득명세서

사업자가 법령 또는 훈령에 정하는 서류를 제출할 수 없는 경우에는 영세율규정에 따른 외화획득명세서에 해당 외화획득내역을 입증할 수 있는 증명자료를 첨부하여 제출한다.(부기통 24-101-5)

▶ 영세율 첨부서류 적용순서

순서	영세율 첨부서류
1순위	부가가치세법시행령 제101조의 서류
2순위	국세청장이 정하는 서류
3순위	외화획득명세서에 영세율이 확인되는 증거서류 첨부

2-4 상호주의

(1) 비거주자 또는 외국법인

영세율의 규정을 적용할 때 사업자가 **비거주자 또는 외국법인**이면 그 해당 국가에서 대한민국의 거주자 또는 내국법인에 대하여 동일하게 면세하는 경우에만 영세율을 적용한다. 거주자와 비거주자는 소득세법, 내국법인과 외국법인은 법인세법에 따라 구분한다.(부가법 §25①)

▶ 영세율 적용의 거주자와 외국법인의 범위

① 거주자 : 국내에 주소를 두거나 183일 이상의 거소(居所)를 둔 개인을 말한다.(소득법 § 1의2① 1호)

② 내국법인 : 본점, 주사무소 또는 사업의 실질적 관리장소가 국내에 있는 법인을 말한다.(법인법 §2조 1호)

(2) 상호면세국

상호주의는 해당 외국의 조세로서 우리나라의 부가가치세 또는 이와 유사한 성질의 조세를 면세하는 경우와 그 외국에 우리나라의 부가가치세 또는 이와 유사한 성질의 조세가 없는 경우로 한다.(부가법 §25③)

▶ 상호면세국의 범위

영세율 적용에 대한 상호면세국이란 법 제21조부터 제24조까지의 규정을 적용할 때 사업자가 비거주자 또는 외국법인이면 그 해당 국가에서 대한민국의 거주자 또는 내국법인에 대하여 동일하게 면세하는 해당 국가를 말한다. 상호면세국을 예시하면 다음과 같다.(부기통 25-01-1)

1. 그리스 2. 남아공화국 3. 네덜란드 4. 노르웨이 5. 뉴질랜드 6. 덴마크 7. 레바논 8. 리베리아 9. 말레지아 10. 미국 11. 베네주엘라 12. 벨지움 13. 사우디아라비아 14. 독일 15. 스웨덴 16. 스위스 17. 싱가포르 18. 영국 19. 이란 20. 이태리 21. 인도 22. 인도네시아 23. 일본 24. 대만 25. 칠레 26. 카나다 27. 태국 28. 파나마 29. 파키스탄 30. 핀랜드 31. 호주 32. 홍콩 33. 프랑스

Part 03

관세 예규 상호주의

- 법인세법 제94조의 규정에 의한 외국법인의 국내사업장이 독립적으로 국내에서 구입한 재화를 국외로 수출하고 그 대가를 받는 경우에는 당해 외국에서 대한민국의 거주자 또는 내국법인에게 동일한 면세를 하는 경우에 한하여 부가가치세법 제11조 제1항 제1호의 규정에 의하여 영세율이 적용되는 것입니다.(서면인터넷방문상담3팀-756 , 2005.06.01.)
- 부가가치세법 제11조 제1항의 규정을 적용함에 있어서 사업자가 비거주자 또는 외국법인인 경우에는 그 외국에서 대한민국의 거주자 또는 내국법인에게 우리나라의 부가가치세 또는 이와 유사한 성질의 조세를 면제하는 때와 그 외국에서 우리나라의 부가가치세 또는 이와 유사한 성질의 조세가 없는 때에 한하여 영의 세율을 적용하는 것입니다.(서면인터넷방문상담3팀-117 , 2006.01.18.)

3 세금계산서 발급

3-1 세금계산서

사업자가 재화 또는 용역을 공급(부가가치세가 면제되는 재화 또는 용역의 공급은 제외한다)하는 경우에는 세금계산서를 그 공급을 받는 자에게 발급하여야 한다.(부가법 §32①)

(1) 기재사항

세금계산서 기재사항은 필요적 기재사항과 임의적 기재사항으로 구분한다.

필요적 기재사항(부가법 §32)	임의적 기재사항(부가령 §67)
1. 공급하는 사업자의 등록번호와 성명 또는 명칭	1. 공급하는 자의 주소
2. 공급받는 자의 등록번호	2. 공급받는 자의 상호 · 성명 · 주소
3. 공급가액과 부가가치세액	3. 공급하는 자와 공급받는 자의 업태와 종목
4. 작성 연월일	4. 공급품목
	5. 단가와 수량
	6. 공급 연월일
	7. 거래의 종류
	8. 사업자 단위 과세 사업자의 경우 실제로 재화 또는 용역을 공급하거나 공급받는 종된 사업장의 소재지 및 상호

(2) 전자세금계산서

법인사업자와 직전 연도의 사업장별 재화 및 용역의 공급가액(면세공급가액을 포함)의 합계액이 3억원 이상인 개인사업자는 세금계산서를 발급하려면 전자세금계산서를 발급하여야 한다.(부가법 §32②, 부가령§68)

3-2 세금계산서 발급시기

세금계산서는 사업자가 재화 또는 용역의 공급시기에 재화 또는 용역을 공급받는 자에게 발급하여야 한다.(부가법 §34①)

(1) 월합계세금계산서

다음의 어느 하나에 해당하는 경우에는 재화 또는 용역의 공급일이 속하는 달의 다음 달 10일(그 날이 공휴일 또는 토요일인 경우에는 바로 다음 영업일을 말한다)까지 세금계산서를 발급할 수 있다.(부가법 §34③)

① 거래처별로 1역월(1曆月)의 공급가액을 합하여 해당 달의 말일을 작성 연월일로 하여 세금계산서를 발급하는 경우

② 거래처별로 1역월 이내에서 사업자가 임의로 정한 기간의 공급가액을 합하여 그 기간의 종료일을 작성 연월일로 하여 세금계산서를 발급하는 경우

③ 관계 증명서류 등에 따라 실제거래사실이 확인되는 경우로서 해당 거래일을 작성 연월일로 하여 세금계산서를 발급하는 경우

Part 03

(2) 세금계산서 사전발급

사업자는 재화 또는 용역의 공급시기가 되기 전 세금계산서를 사전 발급할 수 있다.(부가법 §34②)

① 대가를 받고 세금계산서 발급

사업자가 재화 또는 용역의 공급시기가 되기 전에 재화 또는 용역에 대한 **대가의 전부 또는 일부를 받고**, 그 받은 대가에 대하여 세금계산서 또는 영수증을 발급하면 그 세금계산서 등을 발급하는 때를 각각 그 재화 또는 용역의 공급시기로 본다.(부가법 §17①)

② 세금계산서를 발급하고 7일 이내에 대가수령

사업자가 재화 또는 용역의 공급시기가 되기 전에 **세금계산서를 발급**하고 그 세금계산서 발급일부터 **7일 이내에 대가를 받으면** 해당 세금계산서를 발급한 때를 재화 또는 용역의 공급시기로 본다.(부가법 §17②)

③ 세금계산서를 발급하고 7일 경과 후 대가수령

다음의 어느 하나에 해당하는 경우에는 재화 또는 용역을 공급하는 사업자가 그 재화 또는 용역의 공급시기가 되기 전에 **세금계산서를 발급**하고 그 세금계산서 발급일부터 **7일이 지난 후 대가를 받더라도** 해당 세금계산서를 발급한 때를 재화 또는 용역의 공급시기로 본다.(부가법 §17③)

> ㉮ 거래 당사자 간의 계약서 · 약정서 등에 대금 청구시기(세금계산서 발급일을 말한다)와 지급시기를 따로 적고, **대금 청구시기와 지급시기 사이의 기간이 30일 이내인 경우**
>
> ㉯ 재화 또는 용역의 공급시기가 세금계산서 발급일이 속하는 **과세기간 내**(공급받는 자가 조기환급을 받은 경우에는 세금계산서 발급일부터 30일 이내)에 도래하는 경우

3-3 세금계산서 발급의무 면제

세금계산서(전자세금계산서 포함)를 발급하기 어렵거나 세금계산서의 발급이 불필요한 경우 에는 세금계산서를 발급하지 아니할 수 있다.(부가법 §33)

(1) 수출하는 재화

① 외국반출

내국물품(대한민국 선박에 의하여 채집되거나 잡힌 수산물을 포함한다)을 외국으로 반출하는 것은 세금계산서를 발급하지 아니할 수 있다.(부가령 §71①, 부가법§21)

② 중계무역방식 등의 거래

중계무역방식 등의 거래로 국내 사업장에서 계약과 대가 수령 등 거래가 이루어지는 것은 세금계산서를 발급하지 아니할 수 있다.(부가령 §71①, 부가법§21)

⊕ 보충 설명 중계무역방식 등의 범위(부가령 §31①)

㉮ 중계무역 방식의 수출(수출할 것을 목적으로 물품 등을 수입하여 「관세법」 제154조에 따른 보세구역 및 같은 법 제156조에 따라 보세구역 외 장치의 허가를 받은 장소 또는 「자유무역지역의 지정 및 운영에 관한 법률」 제4조에 따른 자유무역지역 외의 국내에 반입하지 아니하는 방식의 수출을 말한다)

㈏ 위탁판매수출[물품 등을 무환(無換)으로 수출하여 해당 물품이 판매된 범위에서 대금을 결제하는 계약에 의한 수출을 말한다]
㈐ 외국인도수출[수출대금은 국내에서 영수(領收)하지만 국내에서 통관되지 아니한 수출물품 등을 외국으로 인도하거나 제공하는 수출을 말한다]
㈑ 위탁가공무역 방식의 수출[가공임(加工賃)을 지급하는 조건으로 외국에서 가공(제조, 조립, 재성, 개조를 포함한다. 이하 같다)할 원료의 전부 또는 일부를 거래 상대방에게 수출하거나 외국에서 조달하여 가공한 후 가공물품 등을 외국으로 인도하는 방식의 수출을 말한다]
㈒ 「관세법」에 따른 수입신고 수리 전의 물품으로서 보세구역에 보관하는 물품의 외국으로의 반출

③ **수출재화의 세금계산서 발급**

수출하는 재화에 해당하지만, 다음의 국내거래는 세금계산서를 발급하여야 한다.

㈎ 원료를 대가 없이 국외의 수탁가공 사업자에게 반출하여 가공한 재화를 양도하는 경우에 그 원료의 반출
㈏ 내국신용장 또는 구매확인서에 의하여 공급하는 재화
㈐ 한국국제협력단, 한국국제보건의료재단 및 대한적십자사에 공급하는 재화

(2) 국내사업장이 없는 비거주자 또는 외국법인에게 공급되는 재화

국내에서 국내사업장이 없는 비거주자 또는 외국법인에 공급되는 재화로서 그 대금을 외국환은행에서 원화 등으로 받는 경우에는 세금계산서를 발급하지 아니할 수 있다.(부가령 §71①, 부가령 §33②1호)

(3) 국내사업장이 있는 비거주자 또는 외국법인에게 직접 공급하는 재화

비거주자 또는 외국법인의 국내사업장이 있는 경우에 국내에서 국외의 비거주자 또는 외국법인과 직접 계약하여 공급하는 재화로 그 대금을 해당 국외 비거주자 또는 외국법인으로부터 외국환은행에서 원화 등으로 받는 경우에도 세금계산서를 발급해야 한다.(부가령 §71①제5호 단서)

(4) 외국을 항행하는 선박 및 항공기 또는 원양어선에 공급하는 재화

외국을 항행하는 선박 및 항공기 또는 원양어선에 공급하는 재화로 공급받는 자가 국내에 사업장이 없는 비거주자 또는 외국법인인 경우에는 세금계산서를 발급하지 아니할 수 있다.(부가령 §71①, 부가령 §33②5호)

(5) 그 밖에 국내사업장이 없는 비거주자 또는 외국법인에 공급하는 재화

그 밖에 국내사업장이 없는 비거주자 또는 외국법인에 공급하는 재화는 세금계산서를 발급하지 아니할 수 있다. 다만, 국내사업장이 없는 비거주자 또는 외국법인이 해당 외국의 개인사업자 또는 법인사업자임을 증명하는 서류를 제시하고 세금계산서 발급을 요구하는 경우, 외국법인연락사무소에 재화를 공급하는 경우는 제외한다.(부가령 §71①9호)

* 외국법인연락사무소 규정은 '23년 7월1일부터 시행

3-4 수정세금계산서 발급

세금계산서 또는 전자세금계산서의 기재사항을 착오로 잘못 적거나 세금계산서 또는 전자세금계산서를 발급한 후 그 기재사항에 관하여 수정할 사유가 발생하면 수정세금계산서 또는 수정전자세금계산서를 발급할 수 있다.(부가법 §32⑦) 이 중 수출거래와 관련해서 살펴보면 다음과 같다.

(1) 공급시기 이후에 발급된 내국신용장 등

재화 또는 용역을 공급한 후 공급시기가 속하는 과세기간 종료 후 25일(과세기간 종료 후 25일이 되는 날이 토요일 및 일요일, 공휴일 및 대체공휴일 또는 근로자의 날에 해당하는 날인 경우에는 바로 다음 영업일을 말한다) 이내에 내국신용장이 개설되었거나 구매확인서가 발급된 경우에는 영세율 수정세금계산서를 발급한다. (부가령 §70① 4호)

▶ **내국신용장과 구매확인서의 정의(부가세집행기준 21-31-7)**

① 내국신용장이란 한국은행총재가 정하는 바에 따라 외국환은행의 장이 발급하여 국내에서 통용되는 신용장으로 수출이행에 필요한 완제품 또는 원자재를 국내에서 조달하기 위하여 수입상으로부터 받은 원신용장을 담보로 원신용장의 개설 통지은행이 국내의 공급자를 수혜자로 하여 개설하는 제2의 신용장을 말한다.

② 구매확인서란 물품 등을 외화획득용 원료, 외화획득용 용역, 외화획득용 전자적 형태의 무체물 또는 물품으로 사용하기 위하여 국내에서 구매하려는 경우 외국환은행의 장이 내국신용장에 준하여 발급하는 증서를 말한다.

관련 예규 내국신용장 개설일자의 변경

사 례

- 2014.6.27. 개설한 내국신용장에 대한 영세율 전자세금계산서를 2014.6.20. 작성일자로 2014.7.14.발급함
- 추후 신용장에 대한 조건이 변경되어 개설일자가 2014.7.7.로 정정되었으며 6월분에 대한 영세율 전자세금계산서를 수정 발급하고 7월로 발급함

회 신 사업자가 내국신용장에 의하여 재화를 공급하고 그 거래시기에 영세율세금계산서를 교부한 후 당해 내국신용장의 개설일자가 변경된 경우 그 변경된 내용에 따라 당해 변경사유 발생 시 「부가가치세법 시행령」 제70조에 따라 당초 교부한 영세율세금계산서를 수정한 세금계산서를 교부할 수 있는 것입니다.(부가가치세과-1027, 2014.12.30.)

① 발급방법

내국신용장 등이 개설된 때에 그 작성일은 처음 세금계산서 작성일을 적고 비고란에 내국신용장 개설일 등을 덧붙여 적어 영세율 적용분은 검은색 글씨로 세금계산서를 작성하여 발급하고, 추가하여 처음에 발급한 세금계산서의 내용대로 세금계산서를 붉은색 글씨로 또는 음(陰)의 표시를 하여 작성하고 발급한다.(부가령 §70①4호)

예시 2020.11.17. 재화 공급 후 2020.12.10 내국신용장 개설된 경우

당초세금계산서			수정세금계산서			
작성연월일	공급가액	세액	작성연월일	공급가액	세액	비고
2020.11.17	10,000,000	1,000,000	2020.11.17.	−10,000,000	−1,000,000	
			2020.11.17.	10,000,000	0	2020.12.10.

② 발급시기

수정세금계산서는 재화 또는 용역을 공급한 후 공급시기가 속하는 과세기간 종료 후 25일(과세기간 종료 후 25일이 되는 날이 공휴일 또는 토요일인 경우에는 바로 다음 영업일을 말한다)이내에 수정세금계산서를 발급한다.

▶ **기간별 수정세금계산서 발급**

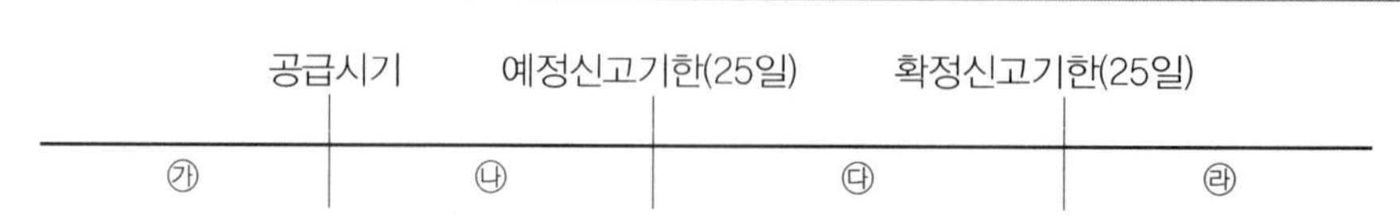

㉮ 선발급세금계산서에 대한 수정세금계산서

공급시기 도래 전 적법하게 선발행세금계산서를 발급하는 경우*에는 일반원칙에 따라 재화의 공급시기가 속하는 과세기간 종료 후 25일 이내에 내국신용장 등이 개설된 경우에는 수정세금계산서를 발급할 수 있다.

* 공급시기 전 '대가를 받고 발급'하거나, '발급 후 7일 이내에 대가를 받거나 7일 이후에 대가를 받더라도 거래 당사자 간의 계약서 · 약정서 등에 대금 청구시기(세금계산서 발급일을 말한다)와 지급시기를 따로 적고, 대금 청구시기와 지급시기 사이의 기간이 30일 이내인 경우 또는 재화 또는 용역의 공급시기가 세금계산서 발급일이 속하는 과세기간 내(공급받는 자가 조기환급을 받은 경우에는 세금계산서 발급일부터 30일 이내)에 도래하는 경우에는 선발행세금계산서 발급 가능(부가법 §17)

㉯-1 재화의 공급일이 속하는 달의 다음달 10일 이내 개설

사업자가 재화를 공급한 후 당해 재화의 공급일이 속하는 달의 다음달 10일 이전에 내국신용장이 개설된 경우로서 관계증빙서류 등에 의하여 실제 거래사실이 확인되는 경우에는 당해 재화의 공급일을 발행일자로 하여 그 공급일이 속하는 달의 다음달 10일까지 영세율세금계산서를 교부할 수 있는 것임.(서면인터넷방문상담3팀-3001, 2006.12.05.)

㉯-2 재화의 공급일이 속하는 달의 신고기한 내에 개설

매월별로 영세율 등 조기환급신고를 하는 사업자가 재화를 공급하면서 당해 재화의 공급시기에 내국신용장이 개설되지 아니하여 과세분(10%)으로 세금계산서를 교부하여 신고한 후 당해 재화의 공급시기가 속하는 예정 신고기간 내에 내국신용장이 개설되어 수정세금계산서를 교부한 경우에는 당해 수정세금계산서를 부가가치세 예정신고에 포함하여 신고하는 것입니다.(부가46015-5048, 1999.12.27.)

㉰ 예정신고기한 경과 후 확정신고기한 내에 발급

매월별로 영세율 등 조기환급신고를 하는 사업자가 **재화를 공급하면서 당해 재화의 공급시기에 내국신용장이 개설되지 아니하여 과세분(10%)으로 세금계산서를 교부하여 신고한 후 예정신고기간 경과 후 과세기간 내에 내국신용장이 개설되어 수정세금계간서를 교부한 경우**에는 당해 수정세금계산서를 부가가치세 **확정신고에 포함하여** 신고하는 것입니다.(부가46015-5048, 1999.12.27.)

㉱ 과세기간의 신고기한 경과 후 개설

공급시기가 속하는 과세기간 종료 후 25일이 경과한 뒤에는 수정세금계산서를 발급할 수 없고, 당초 일반세금계산서로 신고 · 납부하여야 한다.

Part 03

③ 수정신고

당해 확정신고기한 중 내국신용장이 사후 개설되어 영세율 수정 세금계산서를 교부한 경우에 그 수정 세금계산서는 당초의 예정신고분에 대한 수정신고와 함께 제출하거나 **당해 확정신고와 함께 신고할 수 있다.**

관련 예규 수정신고

사업자가 예정신고 기간중 내국신용장을 개설받지 아니한 상태에서 재화를 공급하고 부가가치세를 거래징수한 세금계산서를 교부하였으나 당해확정 신고 기간중 내국신용장이 개설되어 영세율 수정 세금계산서를 교부한 경우에 그 수정 세금계산서는 당초의 예정신고분에 대한 수정신고와 함께 제출하거나 당해 확정신고와 함께 정부에 제출할수 있으며, 다만 예정신고 기간중에 수출재화를 공급하고 당해 예정신고 기한내에 내국신용장이 개설되어 영세율 수정 세금계산서를 교부한 경우에는 당해 예정신고시 영세율이 적용되는 과세표준으로 신고 하여야 하는 것입니다.(부가22601-1489, 1990.11.14.)

④ 가산세

내국신용장 등의 사후개설 관련 가산세는 원칙적으로 부과하지 않는다.

관련 예규 수정세금계산서

사업자가 내국신용장이 개설되기 전에 재화를 공급하면서 부가가치세법 제9조의 규정에 의한 재화의 공급시기에 일반세율(10%)을 적용한 세금계산서를 교부하고 당해 재화의 공급시기가 속하는 과세기간 종료 후 25일 이내(저자주 현행 법령에 맞게 수정)에 내국신용장이 개설됨에 따라 수정세금계산서를 교부(당초 세금계산서는 감액처리하고 영세율 세금계산서를 교부)한 경우에 있어, 부가가치세 확정신고시 당초 재화의 공급시기에 교부한 과세분 세금계산서에 대하여만 매출처별세금계산서합계표를 작성하여 신고 · 납부한 후 수정세금계산서 교부분에 대하여는 국세기본법 제45조의 2의 규정에 의하여 부가가치세 경정 등의 청구를 하는 경우에는 매출처별세금계산서합계표 관련 가산세와 영세율과세표준 신고불성실가산세는 적용되지 않는 것입니다.(서삼46015-10401, 2003.03.08.)

㉮ 내국신용장이 사후 개설되었으나 수정세금계산서를 발급하지 않은 경우

사업자가 「관세법」 제196조에 따른 보세판매장에 재화를 공급하고 10%의 세율이 기재된 세금계산서를 발급한 후 공급시기가 속하는 과세기간 종료 후 25일 이내에 「대외무역법」 제18조에 따른 구매확인서를 발급받은 경우에는 「부가가치세법 시행령」 제70조 제1항 제4호에 따라 0%세율이 기재된 세금계산서로 수정발급할 수 있는 것임. 다만, **사업자가 구매확인서를 발급받았음에도 (영세율)수정세금계산서를 발급하지 아니한 경우로서 당초 발급한 세금계산서에 의해 「부가가치세법」 제48조 또는 제49조에 따른 신고 · 납부를 이행한 경우에는 해당 거래에 대하여 「부가가치세법」 제60조 제2항 및 제6항의 가산세를 적용하지 않는 것**이며, 공급시기가 속하는 과세기간 종료 후 25일이 경과한 뒤에는 「부가가치세법 시행령」 제70조 제1항 제4호에 따른 수정세금계산서를 발급할 수 없는 것임. (기획재정부 부가가치세제과-585, 2017.11.16.)

㉯ 당초 일반 세금계산서를 미발급하고 수정세금계산서를 발급한 경우

과세되는 재화 또는 용역을 공급하는 사업자가 부가가치세법 제16조 제1항의 규정에 의하여 공급을 받는 자에게 당초 거래 시기에 세금계산서를 교부하지 아니한 경우에는 동법 시행령 제59조의 규정에 의한 수정세금계산서를 교부할 수 없는 것이며, 이 경우 **당초에 세금계산서를 미 교부한 거래분에 대하여는** 부가가치세법 제22조 제2항의 규정에 의한 **가산세가 적용**되는 것임.(부가46015-918,1997.04.25.)

▶ 내국신용장 (수정)세금계산서 미교부 관련 가산세

(당초) 세금계산서 미교부	수정세금계산서 미교부
가산세 ○	가산세 ×

㉰ 구매확인서 발급 전에 영세율 세금계산서를 발급한 경우

국세청 (가산세 ×)	사업자가 구매확인서가 발급되기 전에 부가가치세가 과세되는 재화를 공급하고 공급시기에 영세율 세금계산서를 발급한 경우로서 구매확인서는 해당 재화의 공급 시기가 속하는 과세기간 종료 후 25일 이내에 발급된 경우 공급시기에 발급한 영세율 세금계산서에 대하여는 「부가가치세법」 제60조제2항제5호에서 규정하는 가산세를 적용하지 아니하는 것임.(기준법령해석 부가2016-257, 2016.12.06.)
조세심판원 (가산세 ×)	(요지) 구매확인서가 발급되지 않은 상태에서 재화를 공급하고 그 거래시기에 영세율세금계산서를 교부한 것은 일부 절차를 생략한 것에 불과하고, 영세율세금계산서가 수정세금계산서의 역할을 한 것으로 볼 수 있으므로 영세율세금계산서를 사실과 다른 세금계산서로 보아 세금계산서불성실가산세를 부과한 처분은 잘못임(조심2013중2318 , 2013.08.19.)

(2) 면세 등 발급대상이 아닌 거래에 세금계산서 발급

① 발급방법

면세 등 발급대상이 아닌 국외거래 등에 대하여 발급한 경우에는 처음에 발급한 세금계산서의 내용대로 붉은색 글씨로 쓰거나 음(陰)의 표시를 하여 발급한다.(부가령 § 70① 8호)

예시 2020.11.17. 면세재화 공급(세금계산서 발급) 후 2020.12.10 수정세금계산서 발급

당초세금계산서			수정세금계산서			
작성연월일	공급가액	세액	작성연월일	공급가액	세액	비고
2020.11.17	10,000,000	1,000,000	2020.11.17.	−10,000,000	−1,000,000	

② 가산세

면세거래에 대해 착오로 세금계산서 또는 영세율세금계산서를 발급한 경우 세금계산시 관련 가산세 및 신고 · 납부불성실가산세는 부과하지 않는다.(부가가치세과-1585, 2009.11.03.)

<table>
<tr><th rowspan="2">정상</th><th rowspan="2">착오 발급</th><th colspan="2">가산세</th></tr>
<tr><th>세금계산서*</th><th>신고 · 납부</th></tr>
<tr><td rowspan="4">면세거래</td><td rowspan="2">세금계산서 발급</td><td>가산세 ×</td><td>가산세 ×**</td></tr>
<tr><td colspan="2">■ 부가가치세과-1585, 2009.11.03.</td></tr>
<tr><td rowspan="2">영세율세금계산서 발급</td><td>지연/미발급가산세 ×</td><td>가산세 ×**</td></tr>
<tr><td colspan="2">■ 부가가치세과-698, 2014.08.12.</td></tr>
</table>

* 처음부터 세금계산서 발급 및 매출세금계산서합계표 제출의무가 없으므로 가산세 없음

** 면세거래를 세금계산서 발급한 경우 과다 신고 · 납부가 발생하여 신고 · 납부가산세 없음

매출	매입
■ 사업자가 재화의 이동이 국외에서 이루어져 부가가치세 과세거래에 해당하지 아니하는 거래에 대하여 거래상대방에게 10%의 세율을 적용한 세금계산서를 교부하여 사업자와 거래상대방이 부가가치세 신고 시 매출(매입)처별 세금계산서합계표를 제출한 경우에는 「부가가치세법」 제22조 제4항 및 제5항의 가산세가 적용되지 아니하는 것임 (부가가치세과-1585 , 2009.11.03.)	■ 사업자가 부가가치세가 면제되는 재화를 공급받고 매입세금계산서를 발급받아 매입처별세금계산서합계표에 제출한 후 공급자로부터 이를 수정한 세금계산서를 발급받아 제출하는 경우 「부가가치세법」 제60조제7항의 매입처별 세금계산서합계표 가산세 부과대상에 해당하지 않는 것입니다. (부가가치세과-875 , 2013.09.26.)
■ 부가가치세 과세대상거래에 해당하지 아니함에도 착오로 세금계산서를 교부한 경우 「부가가치세법」 제60조제3항 제1호에 따른 가산세(저자주 세금계산서 관련 가산세)를 적용하지 아니하는 것 (부가가치세과-698 , 2014.08.12.)	■ 부가가치세가 면제되는 재화를 공급받고 매입세금계산서(영세율)를 교부받아서 매입처별세금계산서합계표에 제출하면 매입처별세금계산서합계표 불성실가산세를 부과할 수 없음 (재정경제부 소비세제과-139, 2005.09.05.)

(3) 세율을 잘못 적용하여 발급

① 발급방법

세율을 잘못 적용하여 발급한 경우(**과세표준 또는 세액을 경정할 것을 미리 알고 있는 경우**는 제외)에는 처음에 발급한 세금계산서의 내용대로 세금계산서를 붉은색 글씨로 쓰거나 음(陰)의 표시를 하여 발급하고, 수정하여 발급하는 세금계산서는 검은색 글씨로 작성하여 발급한다.(부가령 §70① 9호)

예시 1 일반세율이 적용되는 거래에 영세율세금계산서를 발급한 경우

당초세금계산서			수정세금계산서			
작성연월일	공급가액	세액	작성연월일	공급가액	세액	비고
2020.11.17	10,000,000	0	2020.11.17.	−10,000,000	0	
			2020.11.17.	10,000,000	1,000,000	

예시 2 영세율 거래에 일반세금계산서 발급한 경우

당초세금계산서			수정세금계산서			
작성연월일	공급가액	세액	작성연월일	공급가액	세액	비고
2020.11.17	10,000,000	1,000,000	2020.11.17.	−10,000,000	−1,000,000	
			2020.11.17.	10,000,000	0	

▶ **과세표준 또는 세액을 경정할 것을 미리 알고 있는 경우(부가령 §70① 5호)**

가. 세무조사의 통지를 받은 경우
나. 세무공무원이 과세자료의 수집 또는 민원 등을 처리하기 위하여 현지출장이나 확인업무에 착수한 경우
다. 세무서장으로부터 과세자료 해명안내 통지를 받은 경우
라. 그 밖에 가목부터 다목까지의 규정에 따른 사항과 유사한 경우

② 가산세

사업자가 일반세율이 적용되는 거래분에 대하여 영세율 세금계산서로 착오 발급하여 부가가치세 수정신고 하는 경우에는 신고불성실 · 납부불성실가산세를 적용한다.(서면-2015-부가-1539 [부가가치세과-1553], 2015.09.22.)

▶ 매출세금계산서 착오 관련 가산세

정상	착오 발급	가산세	
		세금계산서	신고 · 납부
과세거래	영세율세금계산서 발급	부실기재가산세 ○	가산세 ○
		■ 부가가치세과-1553, 2015.09.22.	
	계산서 발급	지연/미발급가산세 ○	가산세 ○
		■ 부가가치세과-723 , 2010.06.10.	

▶ 영세율세금계산서 착오 관련 가산세

정상	착오 발급	가산세	
		세금계산서	영세율과세표준 신고불성실 (영세율서류 미제출)
영세율	세금계산서 발급	가산세 ×	가산세 ○
		■ 부가집 60-0-19	
	계산서 발급	지연/미발급가산세 ○	가산세 ○
		■ 사전-2019-법령해석부가-0350, 2019.08.07.	

관련 예규

- 사업자가 부가가치세가 과세되는 재화를 공급하면서 공급시기에 계산서를 교부한 후 공급시기 이후 당해 공급시기가 속하는 과세기간 내에 세금계산서를 교부한 경우, 당해 재화의 공급자에게는 「부가가치세법」 제22조제3항제1호(저자주 세금계산서 지연/미발급 가산세) 및 「국세기본법」 제47조의 3 내지 제47조의 5의 규정에 의한 가산세(저자주 신고 · 납부 불성실가산세)가 각각 적용되는 것이며, 공급받는자는 당해 세금계산서의 매입세액을 매출세액에서 공제할 수 있는 것이나, 부가가치세법 제22조 제5항(저자주 매입처별세금계산서 불성실 가산세)의 규정에 의한 가산세가 적용되는 것입니다.(부가가치세과-723 , 2010.06.10.)

■ 영세율이 적용되는 재화 또는 용역의 공급에 대하여 부가가치세액(세율 10%)을 별도로 적은 세금계산서를 발급하고 이에 따라 과세표준과 납부세액을 신고 · 납부하는 등 조세탈루 사실이 없는 경우 해당 세금계산서는 사실과 다른 세금계산서로 보지 아니하므로 공급자는 세금계산서 발급불성실가산세를 적용하지 아니하고, 공급받은 자는 해당 세금계산서의 매입세액을 매출세액에서 공제한다.(부가집 60-0-19)

■ 사업자가 부가가치세 영세율이 적용되는 재화를 공급하고 계산서를 발급하였다가 해당 재화의 공급시기가 속하는 과세기간에 대한 확정신고 기한까지 당초 계산서를 취소하고 영세율세금계산서를 발급하는 경우 「부가가치세법」 제60조제2항제1호에 따른 가산세(저자주 세금계산서 관련 가산세)가 적용되는 것임.(사전-2019-법령해석부가-0350, 2019.08.07.)

Part 03

3-5 세금계산서 관련 가산세

세법에서 규정한 의무를 위반한 경우에는 가산세를 부과한다. 가산세는 해당 의무가 규정된 세법의 해당 국세의 세목(稅目)으로 한다. 다만, 해당 국세를 감면하는 경우에는 가산세는 그 감면대상에 포함시키지 아니하는 것으로 한다.(국기법 §47)

▶ **참고: 매출세금계산서 관련 가산세**

구분		세금계산서	전송	합계표	관련근거(부가법 §60)		
발급					세금계산서	전송	합계표
	지연발급*	1%	0.3%	0.3%	②1호	②3호	⑥3호
	부실기재	1%	–	0.5%	②5호	–	⑥2호
	과다기재	2%	–	–	③5호	–	–
	위장거래	2%	–	–	③3호	–	–
	가공거래	3%	–	–	③1호	–	–
미발급(전송/제출)		2%	0.5%	0.5%	②2호	②3호	⑥1호
(전자세금계산서외 발급)		1%	–	–	②2호가목	–	–

* 세금계산서의 발급시기가 지난 후 해당 재화 또는 용역의 공급시기가 속하는 **과세기간에 대한 확정신고 기한**까지 세금계산서를 발급하는 것을 말한다.(부가법 §60②1호) 가산세 한도는 중소기업 5천만원(중소기업이 아닌 기업은 1억원)을 한도로 한다. 다만, 해당 의무를 고의적으로 위반한 경우에는 그러하지 아니하다.(국기법 §49①)

4 면세포기

사업자는 부가가치세가 면제되는 재화 또는 용역의 공급으로서 영세율을 적용받기 위해 면세의 포기를 신고하여 부가가치세의 면제를 받지 아니할 수 있다.(부가법 §28①)

4-1 포기대상

면세포기 대상은 부가가치세법 제21조(재화의 수출), 제22조(용역의 국외공급), 제23조(외국항행 용역의 공급), 제24조(외화 획득 재화 또는 용역의 공급 등)의 규정에 따라 영세율의 적용 대상이 되는 것은 면세포기 대상에 해당한다.(부가법 §28① 1호)

4-2 포기신고

부가가치세가 면제되는 재화 또는 용역의 공급이 영세율 적용대상(부가가치세법 제28조 제1항 제1호)에 해당하는 경우에 대하여 부가가치세의 면제를 받지 아니하려는 사업자는 '면세포기신고서'를 관할 세무서장에게 제출(국세정보통신망에 의한 제출을 포함한다)하여야 한다. 이 경우 지체 없이 부가가치세 사업자등록을 하여야 한다.(부가령 §57)

4-3 포기효과

면세의 포기를 신고한 사업자는 신고한 날부터 3년간 부가가치세를 면제받지 못한다.(부가법 §28②) 면세의 포기를 신고한 사업자가 신고한 날부터 3년의 기간이 지난 뒤 부가가치세를 면제받으려면 '면세적용신고서'를 제출하여야 하며, 면세적용신고서를 제출하지 아니하면 계속하여 면세를 포기한 것으로 본다.(부가법 §28③)

(1) 의제매입세액 불공제

사업자가 부가가치세를 면제받아 공급받거나 수입한 농산물 · 축산물 · 수산물 또는 임산물을 원재료로 하여 제조 · 가공한 재화 또는 창출한 용역의 공급에 대하여 부가가치세가 과세되는 경우에는 면세농산물등을 공급받거나 수입할 때 매입세액이 있는 것으로 보아 면세농산물등의 가액에 '2/102 ~ 8/108율'을 곱하여 계산한 금액을 매입세액으로 공제할 수 있다. 하지만, 면세를 포기하고 영세율을 적용받는 경우는 제외한다.(부가법 §42①)

관련 예규 면세포기

- (면세포기의 범위) 면세되는 2 이상의 사업 또는 종목을 영위하는 사업자는 면세포기 대상이 되는 재화 또는 용역의 공급 중에서 면세포기하고자 하는 재화 또는 용역의 공급만을 구분하여 면세포기할 수 있다.(부기통 28-57-1)
- (면세포기한 사업자가 국내에 공급하는 재화 또는 용역) 영세율 적용의 대상이 되는 것만을 면세포기한 사업자가 면세되는 재화 또는 용역을 국내에 공급하는 때에는 면세포기의 효력이 없다.(부기통 28-57-2)
- (영세율과 조세특례제한법상 면세가 중복되는 경우) 법 제21조부터 제24조까지의 규정에 따라 영세율이 적용되는 재화 또는 용역의 공급이 「조세특례제한법」 제106조에 따라 면세되는 경우 해당 재화 또는 용역의 공급에 대하여 영 제57조에 따라 면세포기신고를 하는 때에는 영의 세율을 적용한다.(부기통 28-57-5)

CHAPTER 05

영세율적용대상 국외반출 거래

▶ 영세율 적용대상

<table>
<tr><th rowspan="2">구분</th><th colspan="2">재화의 공급</th><th rowspan="2">용역의 공급</th></tr>
<tr><th>물품</th><th>무체물</th></tr>
<tr><td>국외반출</td><td>① 직수출
② 무상수출
③ 보세구역물품 국외반출</td><td>전자적형태의 무체물</td><td>④ 대행수출
⑤ 임대수출
외국항행용역</td></tr>
<tr><td>국외거래</td><td>중계무역방식수출
위탁판매수출
외국인도수출
위탁가공무역수출
국외원재료 반출</td><td></td><td>국외 제공용역</td></tr>
<tr><td>국내거래</td><td>내국신용장, 구매확인서
수탁가공 후 국내공급
외화획득 재화공급</td><td></td><td>외화획득 용역공급</td></tr>
</table>

① 직수출

1-1 직수출

직수출은 자기 명의로 내국물품(대한민국 선박에 의하여 채집되거나 잡힌 수산물을 포함한다)을 외국으로 반출하는 것을 말한다.(부가법 §21② 1호)

▶ 참고 : 관세법상 (직)수출

■ **'수출'이란 내국물품을 외국으로 반출하는 것을 말한다.**(관세법 §2 2호)

■ **'내국물품'이란 다음 어느 하나에 해당하는 물품을 말한다.**(관세법 §2 5호)
- 우리나라에 있는 물품으로서 외국물품이 아닌 것
- 우리나라의 선박 등이 공해에서 채집하거나 포획한 수산물 등
- 관세법 제244조제1항에 따른 입항전수입신고가 수리된 물품
- 관세법 제252조에 따른 수입신고수리전 반출승인을 받아 반출된 물품
- 관세법 제253조제1항에 따른 수입신고전 즉시반출신고를 하고 반출된 물품

(1) 내국물품의 외국반출

내국물품에는 대한민국 선박에 의하여 채집되거나 잡힌 수산물을 포함한다. 관세법 제2조와 달리 '공해에서'라는 문구가 없으나 부가가치세법 제13조 재화의 수입범위를 규정함에 있어서 '외국 선박에 의하여 공해(公海)에서 채집되거나 잡힌 수산물'을 재화의 수입으로 보고 있기 때문에 관세법과 동일하게 '우리나라 선박에 의해 (공해에서) 채집되거나 잡힌 수산물'로 해석할 수 있다.

▶ 선박에 따른 내국물품의 구분

구분	(우리나라) 영해	공해	(타국) 영해
우리나라 선박	내국물품	내국물품	외국물품
외국 선박	내국물품	외국물품	외국물품

① 영해의 범위

대한민국의 영해는 기선(基線)으로부터 측정하여 그 바깥쪽 12해리의 선까지에 이르는 수역(水域)으로 한다. 다만, 대통령령으로 정하는 바에 따라 일정수역의 경우에는 12해리 이내에서 영해의 범위를 따로 정할 수 있다.(영해 및 접속수역법 §1)

② 공해의 범위

관세법 제2조 제4항에서 우리 나라의 선박 등에 의하여 공해에서 채포된 수산물 등은 내국물품에 해당하도록 규정되어 있는바, 여기서 공해란 적어도 외국의 내수와 영해를 제외한 수면을 의미하는 것임이 분명하고, 조업을 함에 있어서 당해 외국에 경제적 대가를 지불하지 아니하였다고 하여 외국의 내수 또는 영해까지도 이 조항의 공해로 볼 수는 없다.(대법원 1996. 10. 25. 선고 96도1210 판결)

③ 외국으로 반출

외국으로 반출은 우리나라에서 외국으로 재화를 이동하는 것으로 반출이 대가성 수반여부를 불문하므로 물품에 대한 외환결제가 이루어지지 않고 외국으로 반출하는 '무상수출'도 직수출에 포함한다.(부가집 21-31-1①)

저자 주 직수출과 재화의 공급

부가가치세법상 과세대상거래는 '재화의 공급', '용역의 공급', '재화의 수입'이다. 직수출은 내국물품(재화)의 반출(공급)로 재화의 공급에 해당한다.

(2) 공급시기

수출재화의 공급시기는 수출재화의 선(기)적일이다.(부가령 §28⑥ 1호)

① 인코텀즈2020과 인식시점 비교

일반기업회계기준의 수익인식 시기(위험과 보상의 이전)와 법인세법 손익의 귀속시기(인도기준)는 대부분 동일하여 차이가 발생하지 않지만, 부가가치세의 공급시기는 선적일이기 때문에 유념해야 한다.

INCOTERMS2020	수익의 인식시기 (회계처리)	손익의 귀속시기 (법인세 처리)	재화의 공급시기 (부가세 처리)
EXW	공장 인도시점		본적 적재시점(선적)
FCA, CPT, CIP	운송인 인도시점		
FAS	본선 선측적치 시점		
FOB, CFR, CIF	본선 적재시점		
DAP, DPU, DDP	선적서류 인도시점		

관련 예규 수출재화의 부수용역

바이오의약품 CMO(Contract Manufacturing Organization) 사업을 영위하는 내국법인이 해외제약사로부터 바이오의약품의 제조를 위탁받아 생산한 후 해외제약사에 판매하기로 하는 CMO계약을 체결하여 해외제약사에 공급하는 해당 의약품은 「부가가치세법」 제21조 제1항에 따라 영의 세율이 적용되는 것이며, 내국법인이 해당 의약품을 수탁생산하기 위해 해외제약사에 공정기술 이전, 분석기술 이전, 특수설비설치,

Cleaning Validation, Regulatory Filing, PCO(Product Change Over)Change, Request Project Management 서비스(이하 "CMO서비스")를 제공하고 이에 대한 대가를 해당 의약품 공급과 별도로 구분하여 외국환은행에서 원화로 받거나 기획재정부령으로 정하는 방법으로 받는 경우 해당 CMO서비스는 해당 의약품 공급에 필수적으로 부수되어 공급되는 용역으로서 「부가가치세법」 제14조 제1항에 따라 주된 재화인 바이오의약품 공급에 포함되는 것입니다. 이 경우 해당 CMO서비스의 공급시기는 같은 법 제21조 제2항 제1호 및 같은 법 시행령 제28조 제6항 제1호에 따라 주된 재화의 선(기)적일이 되는 것입니다.(서면-2017-법령해석부가-3599 [법령해석과-1679], 2018.06.19.)

Part 03

② **선(기)적일**

선(기)적일은 운송물의 선박(항공기)에의 적재일을 의미하므로, 화물이 수취 또는 본선 적재되었음을 증명하는 운송서류로 확인할 수 있다.

▶ **수출절차와 관련 서류**

수출 절차	수출신고(수리)	선적
관련 서류	수출신고필증	운송서류 또는 수출이행내역조회 (관세청 UNIPASS)

▶ **운송서류별 선적일자(신용장통일규칙)**

운송서류	선적일자
선적선하증권(shipped B/L)	선적선하증권의 발행일
수취선하증권(received B/L)	본선적재부기(on board notation) SHIPPED ON BOARD 10 AUG 2020
해상운송장(sea waybill)	본선적재부기(on board notation)
용선계약부 선하증권(charter-party B/L)	본선적재부기(on board notation)
복합운송서류(multimodal transport document)	본선적재부기(on board notation)
항공운송장(air waybill)	항공운송서류의 발행일자(비행일자)
우편영수증	스탬프날짜 또는 서명된 날짜
특송배달영수증	집하(pick up) 또는 수취(receipt)일자

(3) 공급가액

직수출의 공급가액은 대금, 요금, 수수료, 그 밖에 어떤 명목이든 상관없이 재화 또는 용역을 공급받는 자로부터 받는 금전적 가치 있는 모든 것을 포함한다. 다만, 그 대가를 외국통화나 그 밖의 외국환으로 받은 경우에는 환산한 가액을 공급가액으로 한다.(부가법 §29③)

① 외국통화나 그 밖의 외국환으로 받은 경우

직수출의 대가를 외국통화나 그 밖의 외국환으로 받은 경우에는 다음의 구분에 따른 금액을 그 대가로 한다.(부가령 §59)

㉮ 공급시기(선적일)가 되기 전에 원화로 환가(換價)한 경우

공급시기(선적전)가 되기 전에 원화로 환가(換價)한 경우에는 환가한 금액을 공급가액으로 한다.

㉯ 공급시기(선적일)이후에 외국통화나 그 밖의 외국환 상태로 보유하거나 지급받는 경우

공급시기 이후에 외국통화나 그 밖의 외국환 상태로 보유하거나 지급받는 경우에는 공급시기(선적일)의 기준환율 또는 재정환율에 따라 계산한 금액을 공급가액으로 한다.

관련 예규 공급가액

- 내국물품을 수출하는 사업자가 당해 물품의 공급시기 도래 전에 수출대금을 외국통화 기타 외국환으로 미리 받아 원화로 환가하지 아니하고 외화차입금의 상환 또는 외화물품대금의 결제에 사용한 경우, 부가가치세과세표준은 「부가가치세법 시행령」 제51조에 따라 상환 또는 결제한 때의 「외국환거래법」에 따른 기준환율 또는 재정환율에 의하여 계산한 금액으로 하는 것임.(부가가치세과-1122, 2009.08.11.)
- 내국물품을 외국으로 직접 반출(수출)하는 사업자가 국외의 외국법인과 수출계약에 의하여 재화를 수출한 후에 계약내용 변경사유가 발생하여 거래당사자간에 합의에 의하여 당초 계약내용이 변경됨으로써 당초 거래금액에 증가 또는 감소되는 금액이 발생한 경우에는 그 변경사유가 발생한 날이 속하는 예정신고 또는 확정신고시에 신고할 과세표준에서 계약변경으로 인하여 증가 또는 감소되는 금액을 가감하여 신고하여야 하는 것임.(서삼46015-11619, 2003.10.15.)

■ 부가가치세법시행령 제51조 제2호의 규정을 적용함에 있어서 그 공급시기가 토요일인 경우에는 외국환거래법에 의한 외국환중개회사가 토요일에 고시한 기준환율 또는 재정환율에 의하여 계산한 금액을 과세표준으로 하며, 그 시기가 공휴일인 경우에는 그 전날의 기준환율 또는 재정환율에 의하여 계산한 금액을 과세표준으로 한다.(서삼46015-11986, 2002.11.19.)

■ 의류를 제조하여 수출하는 사업자가 당해 재화를 공급하기 전에 공급받는 사업자와 사전약정에 의하여 재화의 공급가액을 환율상승 또는 하락과 관계없이 고정된 환율을 적용한 원화가액으로 확정하고, 당해 재화공급 후 수출대금 수령은 수출 후에 원화수출가액에 맞도록 수출대금을 외화로 수수한 경우 당초 원화로 확정된 금액이 공급가액이 되는 것입니다.(부가46015-962, 2000.04.29.)

■ 사업자가 재화를 수출한 후 외국구매자와의 약정에 의거 수출가액에 환차보상액을 당해 외국구매자로부터 별도로 지급받는 경우 동 환차보상액은 과세표준에 포함하는 것이며, 이 경우 동 금액에 대하여도 영의 세율을 적용하는 것입니다.(부가22601-844, 1988.05.21.)

(4) 세금계산서 발급

직수출로 내국물품(대한민국 선박에 의하여 채집되거나 잡힌 수산물을 포함한다)을 외국으로 반출하는 것은 세금계산서를 발급하지 아니할 수 있다.(부가령 §71①, 부가법§21)

(5) 영세율 첨부서류

직수출로 영세율이 적용되는 경우에는 부가가치세 예정신고서에 다음 표의 구분에 따른 서류를 첨부하여 제출하여야 한다. 다만, 부득이한 사유로 해당 서류를 첨부할 수 없을 때에는 국세청장이 정하는 서류로 대신할 수 있다.(부가령 §101①)

▶ 영세율 첨부서류 적용순서

순서	영세율첨부서류
1순위	**수출실적명세서**(전자계산조직을 이용하여 처리된 테이프 또는 디스켓을 포함한다). 다만, 소포우편을 이용하여 수출한 경우에는 해당 국장이 발행하는 소포수령증으로 한다.(부가령 §101①)
2순위	–
3순위	외화획득명세서에 영세율이 확인되는 증거서류 첨부

1-2 국외반출 수탁가공무역

"수탁가공무역"이란 가득액을 영수(領收)하기 위하여 원자재의 전부 또는 일부를 거래 상대방의 위탁에 의하여 수입하여 이를 가공 한 후 위탁자 또는 그가 지정하는 자에게 가공물품등을 수출하는 수출입을 말한다. 다만, 위탁자가 지정하는 자가 국내에 있음으로써 보세공장 및 자유무역지역에서 가공한 물품등을 외국으로 수출할 수 없는 경우 「관세법」에 따른 수탁자의 수출 · 반출과 위탁자가 지정한 자의 수입 · 반입 · 사용은 이를 「대외무역법」에 따른 수출 · 수입으로 본다.(대외무역관리규정 §2) 따라서, 수탁가공무역은 **'국외반출수탁가공무역'**과 **'국내인도 수탁가공무역'**으로 구분할 수 있다. '국내인도 수탁가공무역'은 영세율적용대상 국내거래에 해당한다.

대외무역관리규정 제2조	부가가치세법 취급
■ (국외반출수탁가공무역) 가득액을 영수(領收)하기 위하여 원자재의 전부 또는 일부를 거래 상대방의 위탁에 의하여 수입하여 이를 가공 한 후 위탁자 또는 그가 지정하는 자에게 가공물품등을 국외로 반출	영세율 적용대상 국외반출
■ (국내인도 수탁가공무역) 보세공장 및 자유무역지역에서 가공한 물품 등을 위탁자가 지정한 국내사업자에게 인도	영세율 적용대상 국내거래

(1) 영세율

사업자가 국내사업장이 없는 외국법인과 계약을 체결하고 이에 따라 원자재를 무환으로 인도받고 일부는 국내에서 구입하여 이를 제조 가공한 후 당해 외국법인이 지정하는 자에게 제조 가공제품을 인도하고 그 대가를 당해 외국법인으로 부터 외국환은행을 통하여 원화로 받는 수탁가공무역방식에 의한 수출은 **영세율이 적용되는 것이다.**(서면인터넷방문상담3팀-2135 , 2005.11.25.)

관련 예규 무환수탁가공무역의 영세율

- 보세공장의 설영특허를 받아 무환수탁가공무역을 하는 사업자가 수탁보세가공한 물품을 국외로 반출하는 경우에는 수출하는 재화로서 영의 세율을 적용한다.(부기통 21-31-6)
- 자동차 분해업을 영위하는 사업자가 외국법인과의 계약에 따라 자유무역지역에서 외국법인의 완성차를 무상으로 반입하고 이를 분해하여 부분품 형태로 포장 및 컨테이너에 적입한 후 반출하는 경우 대외무역법에 따른 무환수탁가공무역 방식에 의한 수출로서 부가가치세법 제11조제1항제1호에 따른 수출하는 재화에 해당하여 영세율이 적용되는 것입니다.(사전답변 법규부가2012-455, 2012.11.30.)

(2) 공급가액 및 영세율 첨부서류

당해 수탁가공무역 거래의 과세표준은 총 거래가액이며, 영세율 첨부서류는 계약서 사본 등 재화의 수출을 입증할 수 있는 관계증빙서류와 외국환은행이 발행하는 외화입금증명서이다.(서면인터넷방문상담3팀-2135, 2005.11.25.)

(3) 세금계산서 교부의무

사업자가 국내사업장이 없는 외국법인과 계약을 체결하고 이에 따라 원자재를 무환으로 인도받고 일부는 국내에서 구입하여 이를 제조 가공한 후 당해 외국법인이 지정하는 자에게 제조 가공제품을 인도하고 그 대가를 당해 외국법인으로 부터 외국환은행을 통하여 원화로 받는 수탁가공무역방식에 의한 수출은 세금계산서 교부의무가 면제되는 것이다.(서면인터넷방문상담3팀-2135, 2005.11.25.)

(4) 매입세액 공제

국내사업자가 외국회사(위탁자)로부터 계약에 의해 인도받은 원재료를 사용하여 가공한 재화를 수출(무환수탁가공수출)하고 가공비만을 대금결재하는 경우에 당해 원재료 수입시 세관장으로부터 발급받은 수입세금계산서의 매입세액은 자기 책임과 계산하의 수입인 경우 자기의 매출세액에서 공제받을 수 있는 것이나, 수입주체가 실질적으로 외국법인인 경우에는 사업자가 수취한 수입세금계산서의 매입세액은 공제할 수 없다.(부가가치세과-27, 2014.01.13.)

관련 예규

수입자인 국내사업자가 외국법인과 계약에 의거 원자재를 무환조건으로 수입통관하여 제조가공후 외국법인에게 수출하는 경우에 원자재를 무환으로 수입하면서 부가가치세를 외국법인이 부담하는 경우 동 원자재 수입의 실질적인 주체가 해당 사업자이고 수입한 부품이 해당 사업자의 사업을 위하여 사용되었거나 사용될 경우에는 부가가치세법 제38조제1항제2호에 따라 매출세액에서 공제할 수 있는 것입니다.(부가가치세과-823, 2014.10.06.)

1-3 휴대품(핸드캐리) 수출

(1) 간이수출신고

사업자가 자기의 사업과 관련하여 취득한 재화를 관세법 제241조의 규정에 의하여 휴대품 반출에 따른 간이수출신고를 한 후 국외로 반출하고 그 대가를 외국환은행에서 원화로 지급받는 경우에는 부가가치세법 제11조 제1항의 규정에 의하여 영세율을 적용하는 것이며, 이 경우 세관장이 발행하는 **간이수출신고수리필증이 영세율첨부서류**가 되는 것입니다.(제도46015-12562, 2001.08.06.)

(2) 핸드캐리

사업자가 외국의 바이어 요청으로 과세재화를 간이수출신고없이 직접 휴대반출(HAND CARRY)하여 외국현지에서 당해 바이어에게 납품하고(속칭 보따리장사) 외국환 및 신분증, 사업자등록증, 인수증을 수령한 후 귀국하여 은행에 외국환을 매각한 경우에는 간이수출신고가 없더라도 외국으로 과세재화를 반출한 사실이 다른 관련증빙에 의해 확인되는 경우 영세율 적용 수출재화로 본다.(재정경제부부가가치세제과-177, 2007.03.20.)

1-4 우편 수출 등

(1) 우편수출

사업자가 국내 인터넷쇼핑몰을 통하여 비거주자로부터 과세재화를 주문받아 소포우편 또는 인편으로 수출하는 경우 영세율이 적용된다.(부가집 21-31-6②)

(2) 특송수출

재화를 해외로 수출시 EMS국제우편을 이용 할 경우 부가가치세 신고시 영세율첨부서류로 해당 우체국장이 발행한 소포수령증을 첨부하고 있으나 우체국장이 발행하는 소포수령증의 수취가 불가한 국제특송업체를 이용하여 재화를 수출할 경우에는 부가가치세 신고시 영세율첨부서류를 제출하여야 하는 것입니다. 다만, 법령 또는 훈령에 정하는 서류를 제출할 수 없는 경우에는 외화획득명세서에 당해 외화획득내역을 입증할 수 있는 증빙서류를 첨부하여 제출하는 것입니다.(서면인터넷방문상담3팀-1933, 2005.11.02.)

(3) 인터넷 쇼핑몰

「전자상거래 등에서의 소비자보호에 관한법률」에 따라 통신판매업자로 등록한 인터넷 쇼핑몰 운영사업자(이하 "당사"라 한다)가 인터넷 쇼핑몰을 통하여 해외 고객으로부터 주문받은 상품을 위탁판매계약 및 상품거래표준계약(판매분 매입)을 체결한 거래처로부터 상품거래표준계약에 따라 구입하여 수출가격의 결정권과 반품재화에 대한 위험을 부담하는 당사의 계산과 책임으로 수출(해외 배송)하는 경우 해당 재화의 국외 반출에 대하여는 「부가가치세법」 제21조 제2항 제1호에 따라 **영의 세율이 적용**되는 것임. 이 때 당사가 거래처로부터 공급받는 수출용 재화의 공급시기는 같은 법 제15조제1항제1호에 따라 거래처가 해당 재화를 당사의 물류창고에 인도하는 때가 되는 것임.(사전-2015-법령해석부가-0284, 2015.08.31.)

Part 03

1-5 북한으로 반출하는 물품

북한으로 반출되는 물품등(해당 선박 또는 항공기에서 판매되는 물품은 제외한다)은 수출품목으로 보아 「지방세법」·「부가가치세법」·「개별소비세법」·「주세법」 및 「교통 · 에너지 · 환경세법」을 준용한다. 다만, 물품등 중 용역 및 전자적 형태의 무체물은 「지방세법」 및 「부가가치세법」 만 준용한다.(남북교류협력에 관한 법률 §42③)

2 무상수출

사업자가 재화를 국외로 무상으로 반출하는 경우에는 영의 세율을 적용한다. 다만, 자기사업을 위하여 대가를 받지 아니하고 국외의 사업자에게 견본품을 반출하는 경우에는 재화의 공급으로 보지 아니한다.(부기통 21-31-4)

2-1 무상수출의 범위

부가가치세의 과세거래인 수출은 재화의 공급과 동일하게 최종적으로 공급받는 자의 소비가 전제되어야 하고, 공급의제(사업상 증여) 등 예외를 제외하고는 본래적으로 대가를 받고 행하는 이전이어야 한다.

(1) 사업상 증여로 영세율 적용

사업자가 자기생산 · 취득재화를 자기의 고객이나 불특정 다수에게 증여하는 경우(증여하는 재화의 대가가 주된 거래인 재화의 공급에 대한 대가에 포함되는 경우는 제외한다)는 재화의 공급으로 본다.(부가법 §10⑥) 따라서, 무상수출하는 경우에는 영세율을 적용한다.

(2) 재화의 공급으로 보지 않는 거래

① 견본품

사업자가 사업을 위하여 증여하는 것으로서 사업을 위하여 대가를 받지 아니하고 다른 사업자에게 인도하거나 양도하는 견본품은 재화의 공급으로 보지 아니한다.(부가법 §10⑤, 부가령 §20)

관련 예규 견본품

- 부가가치세 과세사업자가 자금 조달 목적으로 킥스타터(Kickstarter)라는 크라우드 펀딩 사이트를 이용하여 제품을 등재한 후 해외로부터 후원금을 모집하고 후원금에 따라 등재된 제품을 외국으로 반출하는 경우에는 「부가가치세법」 제21조에 따라 영의 세율을 적용하는 것입니다. 다만, 자기의 사업을 위하여 대가를 받지 아니하고 국외의 사업자에게 견본품을 무상으로 반출하는 경우에는 같은 법 시행령 제20조의 규정에 따라 재화의 공급으로 보지 아니하는 것이며, 이 경우 해당 견본품 생산 및 취득과 관련하여 부담한 매입세액은 자기의 매출세액에서 공제되는 것입니다.(서면-2015-법령해석부가-1700 [법령해석과-328], 2016.02.03.)

- 사업자가 자기의 사업을 위하여 대가를 받지 아니하고 국외의 사업자에게 견본품을 반출하였으나 추후 당해 견본품의 대가를 받기로 한 경우에 그 대가를 받기로 확정된 때를 공급시기로 보아 동 공급시기가 속하는 예정 또는 확정신고시 부가가치세법 시행령 제64조 제3항 제1호에 규정하는 서류를 첨부하여 신고하는 때에는 영세율이 적용된다.(부가22601-1427, 1990.10.31.)

② **광고선전물**

사업자가 자기의 사업과 관련하여 생산하거나 취득한 재화를 자기사업의 광고선전 목적으로 불특정 다수인에게 광고선전용 재화로서 무상으로 배포하는 경우(직매장·대리점을 통하여 배포하는 경우를 포함한다)에는 재화의 공급으로 보지 아니한다.(부기통 10-0-4)

③ **최종적인 소비가 아닌 경우**

공급받는 자의 최종적인 소비가 아닌 위탁가공무역을 위한 원자재 반출, 하자로 인한 반출 등 무상공급은 재화의 공급에 해당하지 않는다.

관련 예규 최종적인 소비가 아닌 경우(부가집 21-31-5)

재화의 외국 반출에 따른 외환결제가 이루어지지 않는 무상수출도 재화의 수출에 해당되어 영세율이 적용되나, 다음의 사례는 재화의 공급에 해당되지 아니한다.

1. 국외사업자에게 견본품을 반출하는 경우
2. 위탁가공무역방식으로 원자재 등을 무환으로 외국에 반출하는 경우(단, 원료를 대가없이 국외의 수탁가공 사업자에게 반출하여 가공한 재화를 양도하는 경우에 그 원료의 반출에 대하여 영세율이 적용되는 경우 제외)
3. 당초 반출한 재화의 하자로 인하여 반품된 재화를 수리하여 재수출하거나 동일제품으로 교환하여 재수출하는 경우
4. 수입업자가 수입 또는 판매된 재화의 하자로 인하여 수리할 목적으로 외국에 반출하는 경우
5. 외국사업자 소유의 전시물을 무환으로 수입하여 전시한 후 반환하기 위하여 외국에 반출하는 경우
6. 수입업자가 재화의 수입과 관련된 반환조건의 수입재화 용기를 반환하기 위하여 외국에 반출하는 경우

2-2 영세율 적용

부가가치세 과세대상에 해당하는 무상수출(물품에 대한 외환결제가 이루어지지 않고 외국으로 반출)은 영세율을 적용한다.(부가집 21-31-1①)

2-3 공급시기

무상수출의 공급시기는 수출재화의 선(기)적일이다.(부가령 §28⑥ 1호)

관련 예규 공급시기

위탁가공을 위해 원자재를 국내반입조건부로 무환반출하는 경우는 재화의 공급에 해당 안 되나, 국내에 반입 안되고 국외에서 제3국으로 수출하는 경우는 당초 무환반출은 재화의 공급으로서 당초 원자재 선적일이 공급시기가 되며, 무신고의 경우 영세율 가산세가 적용됨(심사부가98-930, 1999.02.26.)

2-4 공급가액

과세대상 재화를 국내반입조건으로 국외로 무환 반출된 것은 영의 세율을 적용하는 것이다. 이 경우의 과세표준은 부가가치세법 및 법인세법에 의한 시가이다.(서면인터넷방문상담3팀-373, 2005.03.17.)

2-5 세금계산서 발급

무상수출도 직수출로 내국물품을 외국으로 반출하는 것으로 세금계산서를 발급하지 아니할 수 있다.(부가령 §71①, 부가법§21)

2-6 영세율 첨부서류

무상수출로 영세율이 적용되는 경우에는 부가가치세 예정신고서에 다음 표의 구분에 따른 서류를 첨부하여 제출하여야 한다. 다만, 부득이한 사유로 해당 서류를 첨부할 수 없을 때에는 국세청장이 정하는 서류로 대신할 수 있다.(부가령 §101①)

▶ 영세율 첨부서류 적용순서

순서	영세율첨부서류
1순위	**수출실적명세서**(전자계산조직을 이용하여 처리된 테이프 또는 디스켓을 포함한다). 다만, 소포우편을 이용하여 수출한 경우에는 해당 국장이 발행하는 소포수령증으로 한다.(부가령 §101①)
2순위	–
3순위	외화획득명세서에 영세율이 확인되는 증거서류 첨부

Part 03

2-7 부가가치세 신고

무상수출이 '사업상 증여'로 부가세 과세대상에 해당하면, 부가가치세 신고 시 '영세율(기타)' 항목으로 기재하되, 법인세법상 손금항목이므로 '수입금액 제외'항목에도 같이 기재한다.

관련 예규 법인세법상 공급시기

해외시장 개척을 위하여 해외에 견본품을 무상으로 송부하는 경우에는 그 견본품에 상당하는 가액은 이를 송부일이 속하는 사업연도의 소득금액 계산상 손금에 산입할 수 있다.(법기통 19–19…21)

▶ 과세대상 무상공급과 영세율 적용

구분	재화의 공급		법인세
	국내	수출	
무상공급	사업상 증여로 부가세 과세	영세율 적용	손금
견본품	과세대상 아님	영세율 적용불가	손금
광고선전물	과세대상 아님	영세율 적용불가	손금
최종소비가 아닌 무상공급	과세대상 아님	영세율 적용불가	단순 이동

3 보세구역물품의 국외반출

관세법에 따른 수입신고 수리 전의 물품으로서 보세구역에 보관하는 물품의 외국으로의 반출하는 경우로 국내 사업장에서 계약과 대가 수령 등 거래가 이루어지는 경우에는 2019.2.12. 시행 이후 재화 공급분부터 영세율을 적용한다.(부가령 §31① 6호, 부칙§2)

- **관세법에 따른 수입신고 수리 전의 물품**
  관세법에 따른 수입신고 수리전의 물품이란, 외국으로부터 우리나라에 도착한 물품[외국의 선박 등이 공해(公海, 외국의 영해가 아닌 경제수역을 포함)에서 채집하거나 포획한 수산물 등을 포함]으로서 수입신고가 수리(受理)되기 전의 것으로 외국물품을 의미한다.(관세법 §2 4호 가목)
- **보세구역에 보관하는 물품의 외국으로 반출**
  보세구역이란 '관세법'에 따른 보세구역, '자유무역지역의 지정 및 운영에 관한 법률'에 따른 자유무역지역을 말한다.(부가령 §27)

3-1 공급시기

보세구역물품의 국외반출의 공급시기는 수출재화의 선(기)적일이다.(부가령 §28⑥ 1호)

3-2 공급가액

직수출의 공급가액은 대금, 요금, 수수료, 그 밖에 어떤 명목이든 상관없이 재화 또는 용역을 공급받는 자로부터 받는 금전적 가치 있는 모든 것을 포함한다. 다만, 그 대가를 외국통화나 그 밖의 외국환으로 받은 경우에는 환산한 가액을 공급가액으로 한다.(부가법 §29③)

(1) 외국통화나 그 밖의 외국환으로 받은 경우

직수출의 대가를 외국통화나 그 밖의 외국환으로 받은 경우에는 다음의 구분에 따른 금액을 그 대가로 한다.(부가령 §59)

① **공급시기(선적일)가 되기 전에 원화로 환가(換價)한 경우**

공급시기(선적전)가 되기 전에 원화로 환가(換價)한 경우에는 환가한 금액을 공급가액으로 한다.

② **공급시기(선적일)이후에 외국통화나 그 밖의 외국환 상태로 보유하거나 지급받는 경우**

공급시기 이후에 외국통화나 그 밖의 외국환 상태로 보유하거나 지급받는 경우에는 공급시기(선적일)의 기준환율 또는 재정환율에 따라 계산한 금액을 공급가액으로 한다.

3-3 세금계산서 발급

보세구역물품의 국외반출은 세금계산서를 발급하지 아니할 수 있다.(부가령 §71①, 부가법§21)

3-4 영세율 첨부서류

보세구역물품의 국외반출이 영세율 적용되는 경우에는 부가가치세 예정신고서에 다음 표의 구분에 따른 서류를 첨부하여 제출하여야 한다. 다만, 부득이한 사유로 해당 서류를 첨부할 수 없을 때에는 국세청장이 정하는 서류로 대신할 수 있다.(부가령 §101①)

▶ **영세율 첨부서류 적용순서**

순서	영세율첨부서류
1순위	수출계약서 사본 또는 외국환은행이 발행하는 외화입금증명서. 이 경우 외국인도수출(제31조제1항 제3호)사업자가 위탁가공무역(제31조제1항 제4호)사업자로부터 매입하는 경우는 매입계약서를 추가로 첨부한다.(부가령 §101①)
2순위	–
3순위	외화획득명세서에 영세율이 확인되는 증거서류 첨부

④ 대행수출

대행수출이란 수출 할 물품을 자신의 명의로 수출할 수 없는 경우에 다른 수출업자의 명의를 빌어 수출하는 것을 말한다. 대행수출의 경우에 수출대행자(수출업자)는 수출대행 수수료를 수입금액으로 계상하고 세금계산서(10%)를 교부하여야 한다. 수출대행의뢰자(수출품생산업자)는 수출물품의 대가로 받은 외환증서나 원화금액을 수입금액으로 계상하고 부가가치세의 영세율을 적용한다.

▶ 수출품생산업자와 수출업자 비교

구분	공급가액	세율	세금계산서 발급
수출품생산업자	수출대가 합계액	영세율	면제
수출업자(대행)	대행수수료	10%	교부

4-1 대행수출의 범위

(1) 수출품생산업자와 수출업자

① 수출품생산업자

수출품생산업자란 실제로 수출품을 생산하여 자기계산하에 외국으로 반출하는 자를 말한다.(부기통 21-31-1)

② 수출업자

수출업자란 대외무역법에 따라 수출입업자로 신고되어 있는 자를 말한다.(부기통 21-31-1)

(2) 수출알선용역(오퍼상)

국내에서 국내사업장이 없는 비거주자 또는 외국법인에게 수출알선용역을 제공하고 그 대가를 외국환은행에서 원화로 받는 경우에는 영의 세율을 적용한다.(부가령 §33②) 외국으로부터 수출신용장을 받아 수출업자에게 양도하고 받는 대가는 영의 세율을 적용하지 아니한다.(부기통 24-33-1)

4-2 영세율의 범위

(1) 수출품생산업자의 영세율 적용

수출품생산업자가 수출업자와 수출대행계약을 체결하여 수출업자의 명의로 수출하는 경우에 수출품생산업자가 외국으로 반출하는 재화는 영의 세율을 적용한다. 수출품 생산업자가 실제로 수출을 하였는지는 거래의 실질내용에 따라 판단한다.(부기통 21-31-2)

사례 수출대행계약의 형태

① 수출품 생산업자가 직접 수출신용장을 받아 수출업자에게 양도하고 수출대행계약을 체결한 경우
② 수출업자가 수출신용장을 받고 수출품 생산업자와 수출대행계약을 체결한 경우
③ 수출품 생산업자가 완제품 내국신용장을 개설받는 경우

(2) 수출업자의 대행수수료

대행수출계약을 체결하여 타인의 계산으로 수출을 대행하고 수수료를 받는 경우에는 당해 수수료를 부가가치세 과세표준(10%)으로 하는 것이다.(서면인터넷방문상담3팀-525, 2005.04.22.)

4-3 공급시기

대행수출을 하는 경우 수출재화의 공급시기는 **선적일**이 되며, 내국신용장에 의하여 수출품을 수출업자에게 공급하는 경우 공급시기는 **재화의 인도시기**이나 내국신용장에 의해 재화를 공급하는 자의 책임하에 수출품을 선적시키는 경우에는 **선적일**이 공급시기가 된다.(부가 1265-2780, 1983.12.29)

4-4 공급가액

사업자가 재화를 구입하여 자기책임과 계산하에 수출하고 그 대가를 받는 경우에는 그 대가의 합계액을 부가가치세 과세표준으로 하는 것이나, 대행수출계약을 체결하여 타인의 계산으로 수출을 대행하고 수수료를 받는 경우에는 당해 수수료를 부가가치세 과세표준으로 하는 것이다.(서면인터넷방문상담3팀-525, 2005.04.22.)

4-5 세금계산서 발급

수출품생산업자가 수출업자와 수출대행계약을 체결하여 재화를 수출하는 때(수출대행계약과 함께 수출용 완제품 내국신용장을 개설받은 경우를 포함한다)에는 세금계산서의 발급의무가 면제된다. 다만, 수출업자는 수출대행용역의 대가에 대하여 세금계산서를 발급하여야 한다.(부가집 33-71-2)

4-6 영세율 첨부서류

수출품생산업자의 수출품이 영세율 적용되는 경우에는 부가가치세 예정신고서에 다음 표의 구분에 따른 서류를 첨부하여 제출하여야 한다. 다만, 부득이한 사유로 해당 서류를 첨부할 수 없을 때에는 국세청장이 정하는 서류로 대신할 수 있다.(부가령 §101①)

▶ 영세율 첨부서류 적용순서

순서	영세율첨부서류
1순위	**수출실적명세서**(전자계산조직을 이용하여 처리된 테이프 또는 디스켓을 포함한다). 다만, 소포우편을 이용하여 수출한 경우에는 해당 국장이 발행하는 소포수령증으로 한다.(부가령 §101①)
2순위	무역업자와 대행계약에 의거 대행수출을 한 경우에는 수출대행계약서 사본과 수출실적명세서
3순위	외화획득명세서에 영세율이 확인되는 증거서류 첨부

관련 예규 대행수출하는 경우의 영세율 첨부서류

사업자가 대행수출하는 경우에는 영세율첨부서류로서 수출실적명세서(전자계산조직을 이용하여 처리된 테이프 또는 디스켓을 포함한다)를 제출하여야 한다.(부기통 21-101-1)

4-7 회계처리 등

(1) 수출대행의 경우 수입금액 계산

제조업 등을 영위하는 법인이 자기가 생산 또는 매입한 물품을 대외무역법의 규정에 의한 무역업자를 통하여 대행수출한 경우 각자의 수입금액은 다음과 같이 계산한다.(법기통 15-11-6)

제조업자(수출품생산업자)	당해 수출금액
무역업자(수출업자)	제조업자 등으로부터 받는 대행수수료

(2) 수출신고필증으로 확인하는 대행수출

수출신고필증의 [② 수출자구분] 부호에 따라 '대행수출'을 파악할 수 있다.

▶ 수출신고필증의 '수출자구분' 부호

부호	구분	
A	수출대행자와 수출자가 동일한 경우	
B	수출대행자와 수출자가 다른 경우	수출대행자가 수출대행만을 하는 경우
C		수출대행자가 완제품공급을 받아 수출한 경우
D		수출화주와 제조자가 본·지사 관계인 경우

⊕ 보충 설명 전문무역상사 개요(무역법 §8의2)

1. **개요**

   수출에 어려움을 겪는 중소·중견기업의 수출 지원을 위해 09년부터 전문무역상사* 제도 도입(무역협회 운영)

   * 종합무역상사제도 폐지 후 무역협회에서 민간지정 형태로 운영('09.10월)하다가, 대외무역법 및 동법 시행령 개정을 통해 법제화('14.7월)

2. **지정요건**

   ①전 년도·최근 3년 평균 수출 1백만불 이상이면서 他 중소·중견 수출비중이 20% 이상인 기업 ②주무부처 장관의 추천을 받은 기업 또는 ③ 대형 무역상사, 유통기업, 전자상거래, 해외조달, 재외동포기업

3. **업무내용**

   전문무역상사는 국내 제조기업 제품의 계약 대행, 구매후 대행, 해외 마케팅 및 바이어 발굴 등을 통해 수출 대행 또는 지원

5 임대수출

임대수출이란 임대(사용대차를 포함) 계약에 의하여 물품등을 수출하여 일정기간 후 다시 수입하거나 그 기간의 만료 전 또는 만료 후 해당 물품등의 소유권을 이전하는 수출을 말한다. (대외무역관리규정 §2)

용어 설명

- (임대차) 임대차는 당사자 일방이 상대방에게 목적물을 사용, 수익하게 할 것을 약정하고 상대방이 이에 대하여 차임을 지급할 것을 약정함으로써 그 효력이 생긴다.(민법 §618)
- (사용대차) 사용대차는 당사자 일방이 상대방에게 무상으로 사용, 수익하게 하기 위하여 목적물을 인도할 것을 약정하고 상대방은 이를 사용, 수익한 후 그 물건을 반환할 것을 약정함으로써 그 효력이 생긴다.(민법 §609)

5-1 영세율의 범위

(1) 국외반출

사업자가 건설장비 등을 임대할 목적으로 국외로 반출하는 경우 소유권의 이전 없이 반출하는 해당 건설장비 등은 재화의 공급에 해당하지 않는다.

(2) 국외반출 후 임대용역

국내기업 A가 다른 국내기업 B로부터 건설장비를 임차하여 국외기업에 건설장비 임대용역을 제공하는 경우 A사의 **국외기업에 대한 장비임대용역은**「부가가치세법」제11조 제1항 제2호에 의해 **영세율을 적용**한다.(부가가치세과-814 , 2012.07.27.)

(3) 임대장비 소유권 이전

임대기간 만료 전 · 후에 건설장비 등의 소유권이 외국에서 이전되는 경우에는 해당 재화가 인도되는 때를 공급시기로 하여 영세율이 적용된다.(부가집 21-31-2)

(4) 임대장비 재수입

사업자가 재화를 사용소비할 권한을 이전함이 없이 외국으로 반출하였다가 그 재화를 다시 수입하여 재화의 공급에 해당하지 아니하는 경우로서 해당 재화의 재수입에 대하여 「관세법」 제99조에 따라 관세가 면제되는 경우 그 재수입 재화는 부가가치세 면제대상에 해당한다. 다만, 해당 재수입 재화에 대하여 「관세법」 제101조에 따라 관세가 경감되는 경우에는 그 경감되는 부분만 부가가치세를 면제한다.(부가가치세과-325, 2012.03.27.)

▶ 임대수출의 영세율

구분	국외반출	반출 후 임대	소유권 이전	재수입
영세율 적용	× 재화의 공급이 아님	○ 국외제공용역	○ (외국인도수출)	– (관세, 부가세 면제)

CHAPTER 06

영세율적용대상 국외거래

▶ 영세율 적용대상

구분	재화의 공급		용역의 공급
	물품	무체물	
국외반출	직수출 무상수출 보세구역물품 국외반출	전자적형태의 무체물	대행수출 임대수출 외국항행용역
국외거래	① **중계무역방식수출** ② **위탁판매수출** ③ **외국인도수출** ④ **위탁가공무역수출** ⑤ **국외원재료 반출**		국외 제공용역
국내거래	내국신용장, 구매확인서 수탁가공 후 국내공급 외화획득 재화공급		외화획득 용역공급

1 중계무역방식수출

1-1 중계무역의 범위

대외무역관리규정과 부가가치세법시행령에서는 중계무역를 동일하게 정의하고 있다.

대외무역관리규정 제2조	부가가치세법시행령 제31조
수출할 것을 목적으로 물품 등을 수입하여 「관세법」 제154조에 따른 보세구역 및 같은 법 제156조에 따라 보세구역외 장치의 허가를 받은 장소 또는 「자유무역지역의 지정 등에 관한 법률」 제4조에 따른 자유무역지역 이외의 **국내에 반입하지 아니하고 수출하는 수출입**을 말한다.	수출할 것을 목적으로 물품 등을 수입하여 「관세법」 제154조에 따른 보세구역 및 같은 법 제156조에 따라 보세구역외 장치의 허가를 받은 장소 또는 「자유무역지역의 지정 및 운영에 관한 법률」 제4조에 따른 자유무역지역 외의 **국내에 반입하지 아니하는 방식의 수출**을 말한다.

▶ 용어의 정의 : 중개무역

중개무역은 통상 중개업자가 수출업자와 수입자를 알선해 주고 그 대가로 중개수수료만 취하는 거래를 말한다.

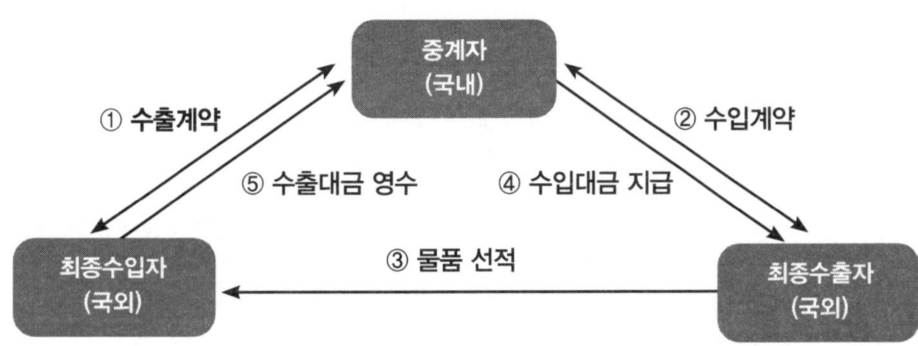

1-2 영세율의 범위

중계무역 방식의 거래로 국내 사업장에서 계약과 대가 수령 등 거래가 이루어지는 수출은 영세율을 적용한다.(부가법 §21②)

(1) 신용장 양도방식의 중계무역

국내사업자를 수익자로 하여 국외구매자로부터 개설된 신용장(Master L/C)을 국내사업자가 수취한 후 동 신용장을 국내 지정은행에서 제3국의 국외사업자에게 양도하여 제3국의 국외사업자가 수출재화를 국외구매자에게 직접 인도하는 경우로서 국내사업자가 계산과 책임하에 수출계약에 따른 거래가 이루어지고 국내사업자가 원신용장의 금액보다 낮은 금액으로 원신용장의 조건을 변경하여 양도함으로써 원신용장 금액과 양도통지서 금액과의 차액을 가득액으로 획득하는 경우 국내사업자의 신용장 국외양도에 의한 거래는 중계무역방식으로 영세율이 적용된다.(서삼46015-10012, 2004.1.5.)

관련 예규 신용장 양도

수출품 생산업자가 외국수입상으로부터 원신용장을 개설 받아 동 신용장을 수출업자에게 양도하고 수출업자가 개설한 완제품 내국신용장에 의하여 수출재화를 생산 · 수출함에 있어 계약상 수출제비용 및 수출 후 하자의 책임이 원 신용장을 개설 받은 수출품 생산업자에 귀속되어 수출품 생산업자가 자기책임 하에 수출하는 경우는 대행 수출에 해당하는 것으로 이 경우 수출업자는 수출품 생산업자로부터 받는 대행수수료에 대하여 수입금액으로 계상하고 세금계산서를 교부하여야 하는 것이다.(부가22601-1868, 1987.09.08.)

1-3 공급시기

중계무역방식수출의 공급시기는 수출재화의 선(기)적일이다.(부가령 §28⑥ 1호)

1-4 공급가액

중계무역방식수출의 공급가액은 수출대금 전액이다.(부가집 29-61-1)

1-5 세금계산서 발급

중계무역방식수출의 국외반출은 세금계산서를 발급하지 아니할 수 있다.(부가령 §71①, 부가법 §21)

1-6 영세율 첨부서류

중계무역방식수출이 영세율 적용되는 경우에는 부가가치세 예정신고서에 다음 표의 구분에 따른 서류를 첨부하여 제출하여야 한다. 다만, 부득이한 사유로 해당 서류를 첨부할 수 없을 때에는 국세청장이 정하는 서류로 대신할 수 있다.(부가령 §101①)

▶ 영세율 첨부서류 적용순서

순서	영세율첨부서류
1순위	수출계약서 사본 또는 외국환은행이 발행하는 외화입금증명서(부가령 §101①)
2순위	–
3순위	외화획득명세서에 영세율이 확인되는 증거서류 첨부

Part 03

② 위탁판매수출

2-1 위탁판매수출의 범위

위탁판매수출에 대해서는 대외무역관리규정과 부가가치세법시행령에서도 동일하게 정의하고 있다.

대외무역관리규정 제2조	부가가치세법시행령 제31조
물품등을 무환으로 수출하여 해당 물품이 판매된 범위안에서 대금을 결제하는 계약에 의한 수출을 말한다.	물품 등을 무환(無換)으로 수출하여 해당 물품이 판매된 범위에서 대금을 결제하는 계약에 의한 수출을 말한다.

2-2 영세율의 범위

위탁판매수출로 국내 사업장에서 계약과 대가 수령 등 거래가 이루어지는 수출은 영세율을 적용한다.(부가법 §21②)

2-3 공급시기

위탁판매수출은 수출재화의 공급가액이 확정되는 때를 공급시기로 한다.(부가령 §28⑥ 2호)

관련 예규 위탁판매수출의 공급시기

사업자가 무상투자한 외국의 현지인과 합작으로 외국에 재화의 보관 · 관리시설만을 갖춘 보관창고를 설치하고 자기가 생산하거나 취득한 재화를 국내항구에서 선적하여 당해 외국의 보관창고로 반출한 후 당해 국가의 수입상에게 판매하는 경우에는 그 대금을 판매되는 시점에 수입상으로부터 받는 경우에도 당해 수출재화에 대하여는 부가가치세법시행령 제21조 제1항 제10호의 규정에 의하여 선적일을 공급시기로 하는 것입니다. 다만, 국내사업장에서 계약과 대가수령 등 거래가 이루어지는 것으로서 당해 수출방식이 대외무역법에 의한 위탁판매수출에 해당하는 경우에는 수출재화의 공급가액이 확정되는 때를 공급시기로 하는 것입니다.(서면인터넷방문상담3팀-2167, 2004.10.25.)

2-4 공급가액

위탁판매수출의 공급가액도 일반 수출과 동일하게 수출대금전액이다. 즉, 대금, 요금, 수수료, 그 밖에 어떤 명목이든 상관없이 재화 또는 용역을 공급받는 자로부터 받는 금전적 가치 있는 모든 것을 포함한다. 다만, 그 대가를 외국통화나 그 밖의 외국환으로 받은 경우에는 환산한 가액을 공급가액으로 한다.(부가법 §29③) 일반적으로 위탁판매수출의 입금액은 위탁판매수수료를 제외한 순액이 입금되는데 이 경우 위탁판매수수료가 포함된 금액을 공급가액으로 한다.

2-5 세금계산서 발급

위탁판매수출은 세금계산서를 발급하지 아니할 수 있다.(부가령 §71①, 부가법§21)

2-6 영세율 첨부서류

위탁판매수출이 영세율 적용되는 경우에는 부가가치세 예정신고서에 다음 표의 구분에 따른 서류를 첨부하여 제출하여야 한다. 다만, 부득이한 사유로 해당 서류를 첨부할 수 없을 때에는 국세청장이 정하는 서류로 대신할 수 있다.(부가령 §101①)

▶ 영세율 첨부서류 적용순서

순서	영세율첨부서류
1순위	수출계약서 사본 또는 외국환은행이 발행하는 외화입금증명서(부가령 §101①)
2순위	–
3순위	외화획득명세서에 영세율이 확인되는 증거서류 첨부

2-7 보세창고인도조건 수출

보세창고인도조건수출(BWT : Bonded Warehouse Transaction)은 수출업자가 수입지의 보세창고로 반출하여 보관한 후, 수입업자의 요청시 현지에서 판매하는 형태의 수출을 말한다.

(1) 공급시기

사업자가 자기가 생산하거나 취득한 재화를 외국의 보세창고에 반출하여 보관하다가 수입자에게 판매하는 경우(「대외무역법」에 의한 위탁판매수출 제외), 당해 수출재화의 공급시기는 「부가가치세법 시행령」 제21조 제1항 제10호의 규정에 따라 **선(기)적일**로 하는 것이다.(부가가치세과–4952, 2008.12.23.)

(2) 공급가액

내국물품을 외국으로 직접 반출(수출)하는 사업자가 국외의 외국법인과 수출계약에 의하여 재화를 수출한 후에 계약내용 변경사유가 발생하여 거래당사자간에 합의에 의하여 당초 계약내용이 변경됨으로써 당초 거래금액에 증가 또는 감소되는 금액이 발생한 경우에는 그 변경사유가 발생한 날이 속하는 예정신고 또는 확정신고시에 신고할 과세표준에서 계약변경으로 인하여 증가 또는 감소되는 금액을 가감하여 신고하여야 하는 것이다.(서삼46015-11619, 2003.10.15.)

(3) 수입금액 처리

수출업자가 자기책임하에 수입국의 보세창고까지 수출상품을 반출하고 현지에서 수입자를 물색하여 계약이 성립되면 상품을 인도하는 방식의 수출을 하는 경우에는 당해 수출물품을 수입업자에게 인도한 날이 속하는 사업연도에 손익을 계상하는 것이다.(법인46012-2085, 1998.07.25.)

(4) 판매수수료에 대한 원천징수

내국법인이 국내사업장이 없는 인도의 알선업자로부터 자사 제품을 인도에 수출할 수 있도록 수출알선용역을 제공받음에 있어, 당해 인도의 알선업자가 수출을 성사시키는 역할을 전적으로 인도에서 수행하는 경우에는 내국법인이 그 알선업자에게 지급하는 수수료는 국내원천소득에 해당되지 않는다.(국제세원관리담당관실-550, 2009.11.06.)

▶ 보세창고인도조건 수출과 위탁판매수출 비교

구분	보세창고인도조건 수출	위탁판매수출
수입자	미정	수탁자
공급시기	선적일	공급가액이 확정되는 때
공급가액	수출대금	수출대금(위탁판매수수료 포함)
세금계산서	거래상대방이 국외사업자로 세금계산서는 발급하지 않음	

* 보세창고인도조건 수출은 수입자가 정해지지 않은 상태에서 수출

③ 외국인도수출

3-1 외국인도수출의 범위

외국인도수출에 대해서는 대외무역관리규정과 부가가치세법시행령에서도 동일하게 정의하고 있다.

대외무역관리규정 제2조	부가가치세법시행령 제31조
수출대금은 국내에서 영수하지만 국내에서 통관되지 아니한 수출 물품등을 외국으로 인도하거나 제공하는 수출을 말한다.	수출대금은 국내에서 영수(領收)하지만 국내에서 통관되지 아니한 수출물품 등을 외국으로 인도하거나 제공하는 수출을 말한다.

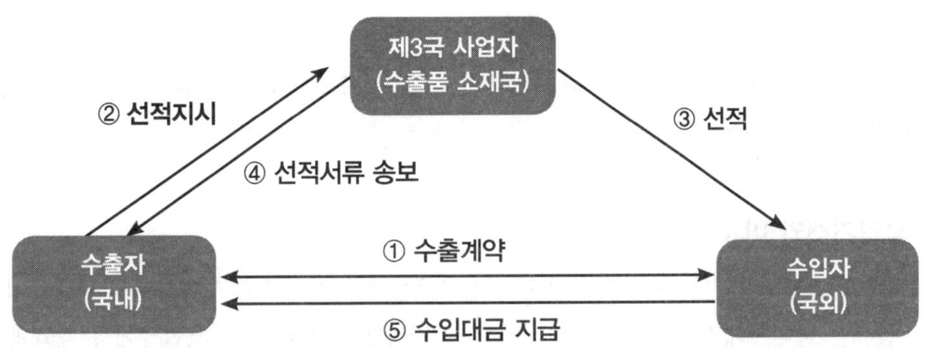

(1) 외국인도수출과 중계무역의 비교

중계무역은 원칙적으로 수출을 목적으로 물품을 수입하여 물품을 국내에 반입하지 않고 수입국에서 외국으로 직접 운송 또는 판매하는 방식이기 때문에 외국인도수출과 비슷하지만, 외국인도수출은 해당 물품의 수입계약이 없는 2자간의 거래라는 점에서 중계무역과는 다른 수출방식이다.

▶ 중계무역과 외국인도수출 비교

구분	외국인도수출	중계무역
정의 (대외무역관리규정)	수출대금은 국내에서 영수하지만 국내에서 통관되지 아니한 수출 물품등을 외국으로 인도하거나 제공하는 수출	수출할 것을 목적으로 물품 등을 수입하여 보세구역 및 보세구역외 장치의 허가를 받은 장소 또는 자유무역지역 이외의 국내에 반입하지 아니하고 수출하는 수출
계약형태	수출계약	수입계약 + 수출계약
거래유형	수출자 → 수출 (2자 거래)	수입 → 수출자 → 수출 (3자 거래)

3-2 영세율의 범위

외국인도수출로 국내 사업장에서 계약과 대가 수령 등 거래가 이루어지는 수출은 영세율을 적용한다.(부가법 §21②)

(1) 국외거래와 비교

재화의 이동이 개시하는 장소가 국외인 경우에는 국외거래로 부가가치세 과세대상이 아니지만, 국외거래가 부가가치세법 제21조 외국인도수출로 국내 사업장에서 계약과 대가 수령 등 거래가 이루어지는 경우에는 부가가치세 과세대상으로 영세율을 적용한다.

▶ 국외거래과 외국인도수출의 비교

공급장소 (재화의 이동이 개시되는 장소)	국내	국외	
		외국인도수출	국외거래
공급자/공급받는자	국내/국내사업자	국내/국외사업자	국내/국내사업자
부가가치세 과세여부	과세(10%)	과세(0%)	과세제외
세금계산서 발급여부	여	부	부(계산서 발급)

사례 4자간 무역거래(부가집 21-31-1)

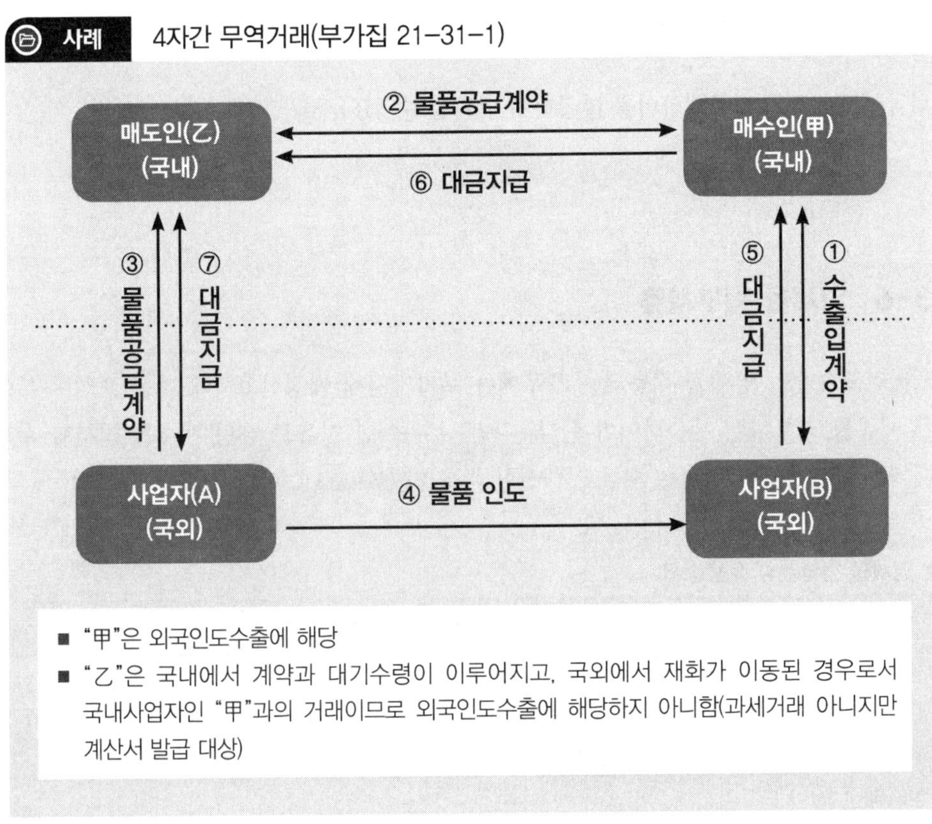

- "甲"은 외국인도수출에 해당
- "乙"은 국내에서 계약과 대기수령이 이루어지고, 국외에서 재화가 이동된 경우로서 국내사업자인 "甲"과의 거래이므로 외국인도수출에 해당하지 아니함(과세거래 아니지만 계산서 발급 대상)

3-3 공급시기

외국인도수출은 외국에서 해당 재화가 인도되는 때를 공급시기로 한다.(부가령 §28⑥ 3호)

3-4 공급가액

외국인도수출의 공급가액도 일반 수출과 동일하게 수출대금전액이다. 즉, 대금, 요금, 수수료, 그 밖에 어떤 명목이든 상관없이 재화 또는 용역을 공급받는 자로부터 받는 금전적 가치 있는 모든 것을 포함한다. 다만, 그 대가를 외국통화나 그 밖의 외국환으로 받은 경우에는 환산한 가액을 공급가액으로 한다.(부가법 §29③)

3-5 세금계산서 발급

외국인도수출은 세금계산서를 발급하지 아니할 수 있다.(부가령 §71①, 부가법§21)

3-6 영세율 첨부서류

외국인도수출이 영세율 적용되는 경우에는 부가가치세 예정신고서에 다음 표의 구분에 따른 서류를 첨부하여 제출하여야 한다. 다만, 부득이한 사유로 해당 서류를 첨부할 수 없을 때에는 국세청장이 정하는 서류로 대신할 수 있다.(부가령 §101①)

▶ 영세율 첨부서류 적용순서

순서	영세율첨부서류
1순위	수출계약서 사본 또는 외국환은행이 발행하는 외화입금증명서. 이 경우 외국인도수출(제31조제1항 제3호)사업자가 위탁가공무역(제31조제1항 제4호)사업자로부터 매입하는 경우는 매입계약서를 추가로 첨부한다.(부가령 §101①)
2순위	–
3순위	외화획득명세서에 영세율이 확인되는 증거서류 첨부

관련 예규 외국인도수출

- 국외사업자(A)로부터 상품주문을 받은 국내사업자(B)가 국내사업자(C)에게 해당 상품주문을 하고 C는 국외사업자(D)에게 해당 상품주문을 한 경우로서 D가 A의 요청에 따라 해당 상품을 국내소비자(E)에게 이동시키고 그 대가를 A로부터 수령하는 경우 A와 B 간의 거래와 B와 C 간의 거래는 재화의 이동이 국외에서 이루어진 것이므로 「부가가치세법」 제4조에 따라 부가가치세 과세거래에 해당하지 아니하는 것이며, 이 경우 국내사업자 C는 B에게 「법인세법」 제121조 및 같은 법 시행령 제164조제1항에 따라 계산서를 작성 · 발급하여야 하는 것입니다.(서면-2018-법령해석부가-2513 [법령해석과-699], 2019.03.25.)
- 국내건설업자가 건설자재 공급업자와 주문계약을 체결하여 건설자재를 공급받고 당해 건설자재를 공급업자 명의로 반출하게 하여 지정된 해외건설현장에 인도하게 하는 경우로서, 국내건설업자가 국내에서 건설자재 공급업자로부터 공급받은 건설자재에 대하여는 영세율이 적용되지 아니하는 것임.(서면3팀-31, 2005.1.6.)

- 외국항행사업자로부터 선박내의 일부 시설을 임차한 사업자가 세관장으로부터 승선허가를 받아 외국을 항행하는 선박내에서 승객 및 종업원에게 재화를 공급하는 경우 부가가치세법 제11조 제1항 제1호의 규정에 의하여 영의 세율이 적용되고 당해 재화의 판매시기를 공급시기로 하는 것이나, 동 사업자가 음식용역을 당해 선박의 승객 및 종업원에게 제공하는 경우에는 영의 세율이 적용되지 아니하는 것입니다.(서삼46015-11618, 2003.10.15.)
- 국내의 사업자가 외국업체(A)로부터 주문을 받아 주문물품의 생산을 국외에 있는 외국업체(B)에게 의뢰하여 생산하게 한 후, 완성된 물품을 국내에 수입하지 아니하고 외국업체(B)가 외국업체(A)에게 직접 인도하게 하고 수출대금은 국내의 사업자가 외국업체(A)로부터 영수하는 경우에는 부가가치세법시행령 제24조 제1항 제2호 다목에서 규정하는 "대외무역법에 의한 외국인도수출"에 해당하는 것입니다.(서삼46015-11314, 2002.08.12.)

④ 위탁가공무역수출

4-1 위탁가공무역수출의 범위

위탁가공무역수출에 대해서는 대외무역관리규정과 부가가치세법시행령에서도 동일하게 정의하고 있다.

대외무역관리규정 제2조	부가가치세법시행령 제31조
가공임을 지급하는 조건으로 외국에서 가공(제조, 조립, 재생, 개조를 포함한다. 이하 같다)할 원료의 전부 또는 일부를 거래 상대방에게 수출하거나 외국에서 조달하여 이를 가공한 후 가공물품등을 수입하거나 외국으로 인도하는 수출입을 말한다.	가공임(加工賃)을 지급하는 조건으로 외국에서 가공(제조, 조립, 재성, 개조를 포함한다. 이하 같다)할 원료의 전부 또는 일부를 거래 상대방에게 수출하거나 외국에서 조달하여 가공한 후 가공물품 등을 외국으로 인도하는 방식의 수출을 말한다

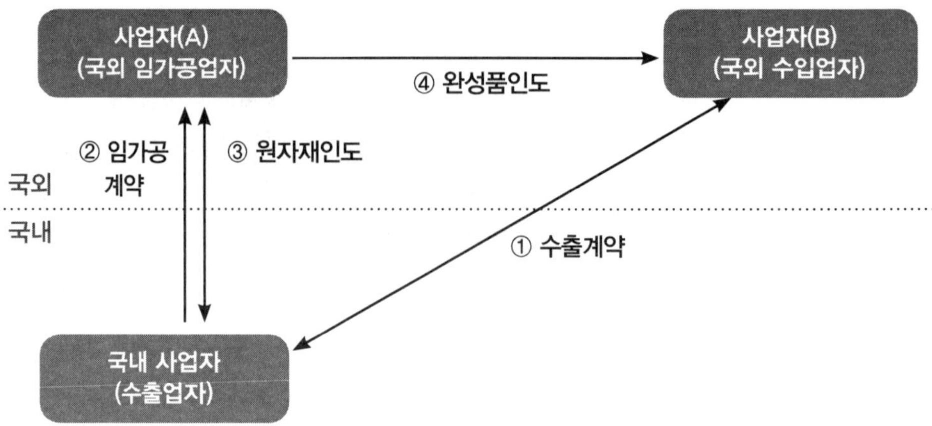

(1) 조세특례제한법상 업종

조세특례제한법 시행규칙 제4조의 2에서는 '제조업'을 자기가 제품을 직접 제조하지 아니하고 제조업체(사업장이 국내 또는 「개성공업지구 지원에 관한 법률」 제2조제1호에 따른 개성공업지구에 소재하는 업체에 한정한다)에 의뢰하여 제조하는 사업으로서 정의하고 있어, 해외에 제조업체 사업장이 있는 위탁가공무역수출자는 조세특례제한법상 '도매업'에 해당한다.

(2) 원자재 무환 반출

사업자가 위탁가공을 위하여 원자재를 국외의 수탁가공 사업자에게 대가 없이 반출하는 경우에는 재화의 공급으로 보지 아니한다. 다만, 원료를 대가 없이 국외의 수탁가공 사업자에게 반출하여 가공한 재화를 양도하는 경우에 그 원료의 반출(제31조제1항제5호)로 영세율을 적용되는 경우에는 제외한다.(부가령 §18② 3호)

▶ **관련 회계기준 : 유상사급(원자재 유환 반출)**

> 수익인식기준은 일반적으로 각 거래별로 적용한다. 그러나 거래의 경제적 실질을 반영하기 위하여 하나의 거래를 2개 이상의 부분으로 구분하여 각각 다른 수익인식기준을 적용할 필요가 있는 경우가 있다. 예를 들어, 재화를 판매하고 동시에 그 재화를 나중에 재구매하는 약정을 체결하는 경우는 두 거래의 실질적 효과가 상쇄되므로 판매에 대한 수익인식기준을 적용할 수 없으며 거래 전체를 하나로 보아 그에 적합한 회계처리를 한다.(일반기준 16.8)

4-2 영세율의 범위

위탁가공무역수출 국내 사업장에서 계약과 대가 수령 등 거래가 이루어지는 수출은 영세율을 적용한다.(부가법 §21②)

관련 예규 위탁가공무역

사업자(B)가 국내에서 수출업체인 내국법인(A)과 임가공계약을 체결하고 국내에 사업장이 없는 외국법인(C)으로 하여금 국외에서 내국법인(A)이 현지구매하거나 내국법인(A) 명의로 국외 반출한 주요자재를 직접 인도받아 임가공하게 한 후 내국법인(A)로부터 임가공용역의 대가를 받는 경우 당해 대가에 대하여는 부가가치세가 과세되지 아니하는 것임.(서면3팀-1325, 2008.6.26.)

* (저자주 국외거래용역으로 부가가치세가 과세되지 않는다는 의미)

4-3 공급시기

위탁가공무역수출은 외국에서 해당 재화가 인도되는 때를 공급시기로 한다.(부가령 §28⑥ 3호)

4-4 공급가액

위탁가공무역 방식으로 수출하는 경우에는 완성된 제품의 인도가액을 공급가액으로 한다.(부가령 §61② 8호)

4-5 세금계산서 발급

위탁가공무역수출은 세금계산서를 발급하지 아니할 수 있다.(부가령 §71①, 부가법§21)

4-6 영세율 첨부서류

위탁가공무역수출이 영세율 적용되는 경우에는 부가가치세 예정신고서에 다음 표의 구분에 따른 서류를 첨부하여 제출하여야 한다. 다만, 부득이한 사유로 해당 서류를 첨부할 수 없을 때에는 국세청장이 정하는 서류로 대신할 수 있다.(부가령 §101①)

▶ 영세율 첨부서류 적용순서

순서	영세율첨부서류
1순위	수출계약서 사본 또는 외국환은행이 발행하는 외화입금증명서(부가령 §101①)
2순위	–
3순위	외화획득명세서에 영세율이 확인되는 증거서류 첨부

5 국외원재료 반출

5-1 국외원재료 반출의 범위

대외무역법상 수출이란 국내사업자와 해외사업자간 매매, 교환 등을 원인으로 국내에서 외국으로 물품이 이동하는 것을 말하므로, 국외에서 국내 사업자간 물품매매는 대외무역법상 외국인도수출 또는 위탁가공무역에 해당하지 않는다. 하지만, 관련 원자재 매입세액을 공제하기 위해 영세율거래로 부가가치세법을 개정(2012.2.2.)하였다.

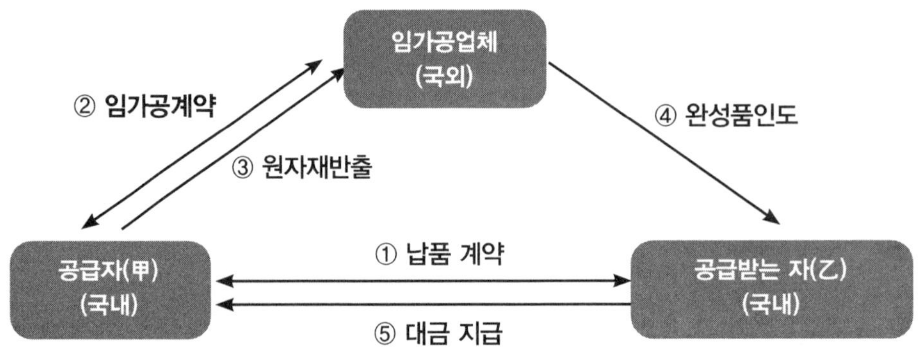

5-2 영세율의 범위

원료를 대가 없이 국외의 수탁가공 사업자에게 반출하여 가공한 재화를 양도하는 경우에 그 원료의 반출하는 것으로서 국내 사업장에서 계약과 대가 수령 등 거래가 이루어지면 영세율을 적용한다.(부가령 §31① 5호)

▶ 위탁가공무역과 국외원재료 반출거래 비교

구분	계약상대방	제품공급가액
		원자재(무환반출)
위탁가공무역수출	국내사업자 ⇒ 해외사업자 (최종물품의 인도: 국외 ⇒ 국외)	영세율
		세금계산서 발급 ×
국외원재료반출	국내사업자 ⇒ 국내사업자 (최종물품의 인도: 국외 ⇒ 국내)	영세율
		세금계산서 발급

5-3 공급시기

국외원재료 반출은 외국에서 해당 재화가 인도되는 때를 공급시기로 한다.(부가령 §28⑥ 3호)

5-4 공급가액

국외원재료 반출을 영세율을 적용하는 원재료 반출가액을 공급가액으로 한다.(부가령 §31 ① 5호)

5-5 세금계산서 발급

국외원재료 반출은 국내사업자간 거래이므로 세금계산서를 발급해야 한다.(부가령 §71①)

5-6 영세율 첨부서류

국외원재료 반출이 영세율 적용되는 경우에는 부가가치세 예정신고서에 다음 표의 구분에 따른 서류를 첨부하여 제출하여야 한다. 다만, 부득이한 사유로 해당 서류를 첨부할 수 없을 때에는 국세청장이 정하는 서류로 대신할 수 있다.(부가령 §101①)

▶ 영세율 첨부서류 적용순서

순서	영세율첨부서류
1순위	수출계약서 사본 또는 외국환은행이 발행하는 외화입금증명서(부가령 §101①)
2순위	–
3순위	외화획득명세서에 영세율이 확인되는 증거서류 첨부

관련 예규 국외원재료 반출

- 국내사업자간 물품공급계약에 따라 국내사업자(갑)가 해외 임가공업체에 원자재를 무환반출하여 가공한 재화를 국내사업자(을)에게 인도하고 을 명의로 수입통관하는 경우, 갑은 을에게 원자재 반출분에 대하여 영세율 세금계산서를 발급하며 완성된 제품이 국외에서 국내로 반입하는 경우 계산서를 발급하는 것입니다. 또한 갑은 국내업체로부터 매입한 해당 원자재에 대하여 매입세금계산서를 수취하는 것입니다.(서면-2015-부가-1300 [부가가치세과-1149], 2015.07.29.)

- 국내사업자(이하 "A법인")가 국외임가공업자(이하 "B법인")에 원재료를 무환반출하여 임가공용역을 공급받는 과정에서 발생한 부산물을 A법인과 국외 부산물 처리업자(이하 "C법인")가 체결한 '재활용 스크랩 매수 계약'에 따라 C법인에 공급하고 판매대금을 C법인으로부터 국내에서 지급받는 경우 해당 부산물의 공급은 「부가가치세법」 제21조 및 같은 법 시행령 제31조에 따른 수출에 해당하므로 부가가치세 과세대상으로서 같은 법 제48조 및 제49조에 따라 부가가가치세를 신고 · 납부해야하는 것이며, 해당 거래의 공급시기는 같은 법 시행령 제28조제6항에 따라 외국에서 재화가 인도되는 때가 되는 것입니다.(사전-2023-법규부가-0313 [법규과-1618], 2023.06.21.)

보세구역 물품의 외국으로의 반출

6-1 외국물품

외국으로부터 우리나라에 도착한 물품으로서 수입신고가 수리(受理)되기 전의 물품은 관세법상 외국물품이다.(관세법 §2)

Part 03

6-2 영세율의 범위

관세법상 외국물품이더라도 부가가치세법상 국내 재화의 공급에 해당하여 「관세법」에 따른 수입신고 수리 전의 물품으로서 보세구역에 보관하는 물품의 외국으로의 반출은 영세율을 적용한다.(부가령 §31①6호)

CHAPTER 07

영세율적용대상 국내거래

▶ 영세율 적용대상

구분	재화의 공급		용역의 공급
	물품	무체물	
국외반출	직수출 무상수출 보세구역물품 국외반출	전자적형태의 무체물	대행수출 임대수출 외국항행용역
국외거래	중계무역방식수출 위탁판매수출 외국인도수출 위탁가공무역수출 국외원재료 반출		국외 제공용역
국내거래	**①내국신용장, 구매확인서** **②수탁가공 후 국내공급** **③외화획득 재화공급**		외화획득 용역공급

① 내국신용장, 구매확인서 거래

사업자가 부가가치세법 시행규칙에서 정하는 내국신용장 또는 구매확인서에 의하여 공급하는 재화(금지금은 제외한다)에 대해서는 영세율을 적용한다.(부가령 §31②)

1-1 내국신용장과 구매확인서의 범위

(1) 내국신용장

국내수출업자가 수출물품의 생산 및 원재료 · 완제품 구매를 위해 수출실적 또는 수출신용장(Master L/C)을 근거로 국내 외국환은행이 국내공급업자를 수익자로 하여 개설하는 신용장을 말한다. 즉 국내거래에서만 사용되는 일람불신용장이라고 보면 된다.(한국은행 금융중개지원대출관련 무역금융지원 프로그램 운용세칙 §12)

무역금융지원프로그램	부가가치세법시행규칙 제21조
국내수출업자가 수출물품의 생산 및 원재료 · 완제품 구매를 위해 수출실적 또는 수출신용장(Master L/C)을 근거로 국내 외국환은행이 국내공급업자를 수익자로 하여 개설하는 신용장	사업자가 국내에서 수출용 원자재, 수출용 완제품 또는 수출재화임가공용역을 공급받으려는 경우에 해당 사업자의 신청에 따라 외국환은행의 장이 **재화나 용역의 공급시기가 속하는 과세기간이 끝난 후 25일**(그 날이 공휴일 또는 토요일인 경우에는 바로 다음 영업일을 말한다) **이내에 개설하는** 신용장

관련 규정 한국은행 금융중개지원대출관련 무역금융지원 프로그램 운용절차

제17조(개설대상)

① 내국신용장 개설이전에 이미 물품공급이 완료된 부분에 대하여는 해당 물품대금결제를 의한 내국신용장을 개설할 수 없다.

* (저자주) 물품공급이 완료된 부분은 영세율을 위한 내국신용장을 개설할 수 있지만, 해당 물품대금결제를 위한 내국신용장을 개설할 수 없다는 의미로 해석할 수 있다.

② 국내업자간의 매매계약에 따라 국외에서 어획물을 수집하여 직접 수출하는 경우라도 동 거래의 특수성에 비추어 내국신용장을 개설할 수 있다.

③ 수출입업자가 원자재 및 완제품을 임가공계약에 따라 위탁생산하고자 하는 경우 해당 수탁가공업자에 대한 가공임을 지급하기 위하여 내국신용장(이하 "원자재임가공 내국신용장" 및 "완제품임가공 내국신용장"이라 한다)을 개설할 수 있다.

④ 제8조제2항의 선수금영수조건 수출신용장 등의 경우 동 수출신용장 등을 근거로 해당 원자재 및 완제품 조달을 위하여 내국신용장을 개설할 수 있다. 다만, 원자재자금 및 완제품구매자금의 융자금액은 동 선수금을 제외한 금액 범위로 한다.

(2) 구매확인서

국내에서 외화획득용 원료 · 기재를 구매하려는 자 또는 구매한 자는 외국환은행의 장 또는 전자무역기반사업자에게 구매확인서의 발급을 신청할 수 있다. 구매확인서는 내국신용장과 달리 은행의 지급보증은 없다.(대외무역관리규정 §37)

대외무역관리규정 제2조	부가가치세법시행규칙 제21조
외화획득용 원료 · 기재를 **구매하려는 경우** 또는 **구매한 경우** 외국환은행의 장 또는 「전자무역 촉진에 관한 법률」 제6조에 따라 산업통상자원부장관이 지정한 전자무역기반사업자가 내국신용장에 준하여 발급하는 증서(**구매한 경우에는 구매확인서 신청인이 세금계산서를 발급받아** 「부가가치세법 시행규칙」 제9조의2에서 정한 **기한 내*에 신청하여 발급받은 증서에 한한다**)를 말한다.	「대외무역법 시행령」 제31조 및 제91조제11항에 따라 외국환은행의 장이나 전자무역기반사업자가 제1호의 내국신용장에 준하여 **재화나 용역의 공급시기가 속하는 과세기간이 끝난 후 25일**(그 날이 공휴일 또는 토요일인 경우에는 바로 다음 영업일을 말한다) 이내에 발급하는 확인서

* 종전 부가가치세법 시행규칙으로 현행 '부가가치세법시행규칙 제21조'

▶ 내국신용장과 구매확인서 비교

구분	내국신용장	구매확인서
관련근거	한국은행 운용세칙	대외무역관리규정
은행지급보증	여	부
발급기관	외국환은행 (전자문서교환방식)	외국환은행 전자무역기반사업자
발급범위	융자범위내	제한없음
영세율 적용여부	여	여

1-2 영세율의 범위

사업자가 국내에서 수출용 원자재, 수출용 완제품 또는 수출재화임가공용역을 재화나 용역의 공급시기가 속하는 과세기간이 끝난 후 25일(그 날이 공휴일 또는 토요일인 경우에는 바로 다음 영업일을 말한다) 이내에 개설하는 내국신용장 또는 구매확인서에 따라 공급하는 경우에는 영세율을 적용한다.(부가법 §21②)

(1) 적용 대상

수출용 원자재, 수출용 완제품 또는 수출재화임가공용역은 영세율 적용대상에 해당하지만, 금지금은 제외한다.(부가령 §31②) '금지금'이라 함은 금괴(덩어리)·골드바 등 원재료 상태로서 순도가 1000분의 995 이상인 금을 말한다.(조특령 §106의3)

관련 예규 내국신용장 등에 따른 재화 등의 영세율 적용 범위(부가집21-31-8)

용도	▪ 내국신용장 또는 구매확인서에 의하여 정당하게 공급된 경우에는 해당 새화를 수출용도에 사용하였는지의 여부에 관계없이 영세율이 적용된다.
재화 미반출	▪ 외국으로 반출되지 아니하는 재화의 공급과 관련하여 개설된 내국신용장(주한미국군 군납계약서 등)에 의한 재화 또는 용역의 공급은 영세율이 적용되지 아니한다. ▪ 사업자가 수출품 제조용 수입원자재의 사후관리를 관장하는 은행의 장으로부터 전용승인을 받아 다른 수출품 생산업자에게 공급하는 경우에는 영세율을 적용하지 아니한다. 다만, 내국신용장 또는 구매확인서에 의하여 전용하는 경우에는 영세율이 적용된다.
유효 기간	▪ 사업자가 내국신용장의 유효기간 경과 후에 재화를 공급한 것으로서 해당 신용장의 효력이 소멸되지 아니하여 그 대가를 외국환은행에서 원화로 받는 때에는 영세율이 적용된다. ▪ 과세기간을 달리하여 공급시기 이전에 발급받은 구매확인서 또는 내국신용장에 의하여 해당 과세기간 중에 재화를 공급하는 경우 영세율이 적용된다.
기타 거래	▪ 수탁자가 자기 명의로 내국신용장을 개설받아 위탁자의 재화를 공급하는 경우에는 위탁자가 영세율을 적용받으며, 이 때 영세율 붙임서류는 수탁자 명의의 내국신용장 사본이다. ▪ 사업자가 주요 자재의 전부 또는 일부를 부담하고 일부 자재는 거래상대방으로부터 인도받아 제조·생산한 재화를 거래상대방이 수출하는 경우로서 해당 사업자 간의 거래는 재화의 공급에 해당하므로 내국신용장 또는 구매확인서에 의하여 공급하는 경우(금지금은 제외한다)에는 영세율이 적용된다.

1-3 공급시기

내국신용장 또는 구매확인서에 의하여 공급하는 재화의 공급시기는 재화를 인도하는 때이다.(부기통 15-28-6) 따라서, 공급시기는 국내 재화의 공급과 동일하게 적용한다.(부가령 §28)

1-4 공급가액

내국신용장 또는 구매확인서의 공급가액은 대금, 요금, 수수료, 그 밖에 어떤 명목이든 상관없이 재화 또는 용역을 공급받는 자로부터 받는 금전적 가치 있는 모든 것을 포함한다. 다만, 그 대가를 외국통화나 그 밖의 외국환으로 받은 경우에는 환산한 가액을 공급가액으로 한다.(부가법 §29③)

(1) 외국통화나 그 밖의 외국환으로 받은 경우

직수출의 대가를 외국통화나 그 밖의 외국환으로 받은 경우에는 다음의 구분에 따른 금액을 그 대가로 한다.(부가령 §59)

① 공급시기가 되기 전에 원화로 환가(換價)한 경우

공급시기가 되기 전에 원화로 환가(換價)한 경우에는 환가한 금액을 공급가액으로 한다.

② 공급시기 이후에 외국통화나 그 밖의 외국환 상태로 보유하거나 지급받는 경우

공급시기 이후에 외국통화나 그 밖의 외국환 상태로 보유하거나 지급받는 경우에는 공급시기의 기준환율 또는 재정환율에 따라 계산한 금액을 공급가액으로 한다.

1-5 세금계산서 교부

사업자가 재화를 공급한 후 당해 재화의 공급일이 속하는 달의 다음달 10일 이전에 내국신용장 또는 구매확인서가 이 개설된 경우에는 그 공급일이 속하는 달의 다음달 10일까지 영세율세금계산서를 교부할 수 있고, 그 이후에는 수정세금계산서를 교부해야 한다. 수정세금계산서는 재화 또는 용역을 공급한 후 공급시기가 속하는 과세기간 종료 후 25일(과세기간 종료 후 25일이 되는 날이 공휴일 또는 토요일인 경우에는 바로 다음 영업일을 말한다)이내에 수정세금계산서를 발급한다.

▶ **기간별 수정세금계산서 발급**

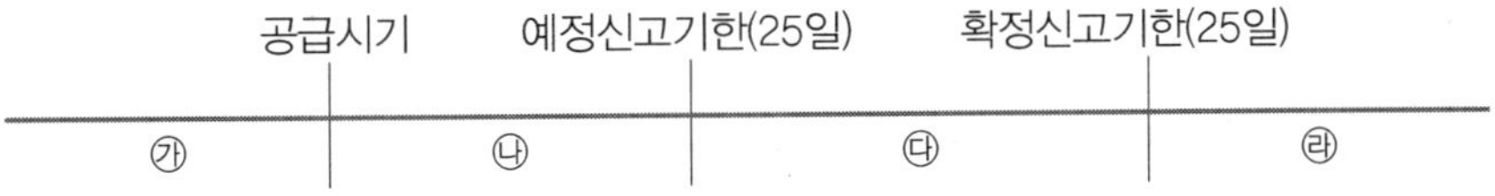

	공급시기	예정신고기한(25일)	확정신고기한(25일)
㉮	㉯	㉰	㉱

㉮ 선발급세금계산서에 대한 수정세금계산서

공급시기 도래 전 적법하게 선발행세금계산서를 발급하는 경우*에는 일반원칙에 따라 재화의 공급시기가 속하는 과세기간 종료 후 25일 이내에 내국신용장 등이 개설된 경우에는 수정세금계산서를 발급할 수 있다.

* 공급시기 전 '대가를 받고 발급'하거나, '발급 후 7일 이내에 대가를 받거나 7일 이후에 대가를 받더라도 거래 당사자 간의 계약서 · 약정서 등에 대금 청구시기(세금계산서 발급일을 말한다)와 지급시기를 따로 적고, 대금 청구시기와 지급시기 사이의 기간이 30일 이내인 경우 또는 재화 또는 용역의 공급시기가 세금계산서 발급일이 속하는 과세기간 내(공급받는 자가 조기환급을 받은 경우에는 세금계산서 발급일부터 30일 이내)에 도래하는 경우에는 선발행세금계산서 발급 가능(부가법 §17)

㉯-1 재화의 공급일이 속하는 달의 다음달 10일 이내 개설

사업자가 재화를 공급한 후 당해 재화의 공급일이 속하는 달의 다음달 10일 이전에 내국신용장이 개설된 경우로서 관계증빙서류 등에 의하여 실제 거래사실이 확인되는 경우에는 당해 재화의 공급일을 발행일자로 하여 그 공급일이 속하는 달의 다음달 10일까지 영세율세금계산서를 교부할 수 있는 것임.(서면인터넷방문상담3팀-3001, 2006.12.05.)

㉯-2 재화의 공급일이 속하는 달의 신고기한 내에 개설

매월별로 영세율 등 조기환급신고를 하는 사업자가 재화를 공급하면서 당해 재화의 공급시기에 내국신용장이 개설되지 아니하여 과세분(10%)으로 세금계산서를 교부하여 신고한 후 당해 재화의 공급시기가 속하는 예정 신고기간 내에 내국신용장이 개설되어 수정세금계산서를 교부한 경우에는 당해 수정세금계산서를 부가가치세 예정신고에 포함하여 신고하는 것입니다.(부가46015-5048, 1999.12.27.)

㉰ 예정신고기한 경과 후 확정신고기한 내에 발급

매월별로 영세율 등 조기환급신고를 하는 사업자가 재화를 공급하면서 당해 재화의 공급시기에 내국신용장이 개설되지 아니하여 과세분(10%)으로 세금계산서를 교부하여 신고한 후 예정신고기간 경과 후 과세기간 내에 내국신용장이 개설되어 수정세금계간서를 교부한 경우에는 당해 수정세금계산서를 부가가치세 확정신고에 포함하여 신고하는 것입니다.(부가46015-5048, 1999.12.27.)

㉱ 과세기간의 신고기한 경과 후 개설

공급시기가 속하는 과세기간 종료 후 25일이 경과한 뒤에는 수정세금계산서를 발급할 수 없고, 당초 일반세금계산서로 신고 · 납부하여야 한다.

Part 03

1-6 영세율 첨부서류

내국신용장 및 구매확인서에 의한 거래가 영세율 적용되는 경우에는 부가가치세 예정신고서에 다음 표의 구분에 따른 서류를 첨부하여 제출하여야 한다. 다만, 부득이한 사유로 해당 서류를 첨부할 수 없을 때에는 국세청장이 정하는 서류로 대신할 수 있다.(부가령 §101①)

▶ 영세율 첨부서류 적용순서

순서	영세율첨부서류
1순위	내국신용장 또는 구매확인서가 전자무역기반시설을 통해 발급된 경우에는 내국신용장 · 구매확인서 전자발급명세서, 이외의 경우에는 내국신용장 사본(부가령 §101①)
2순위	–
3순위	외화획득명세서에 영세율이 확인되는 증거서류 첨부

② 수탁가공 후 국내공급

2-1 수탁가공 후 국내공급의 범위

수탁가공무역 중 위탁자가 지정하는 자가 국내에 있음으로써 보세공장 및 자유무역지역에서 가공한 물품등을 외국으로 수출할 수 없는 경우 「관세법」에 따른 수탁자의 수출 · 반출과 위탁자가 지정한 자의 수입 · 반입 · 사용은 이를 대외무역법에 따른 수출로 본다.(대외무역관리규정 §2) 부가가치세법에서는 영세율 적용대상 국내거래로 취급한다.(부가령 §31②5호)

대외무역관리규정 제2조	부가가치세법 취급
■ (국내인도 수탁가공무역) 보세공장 및 자유무역지역에서 가공한 물품 등을 위탁자가 지정한 국내사업자에게 인도	영세율 적용대상 국내거래
■ (국외반출수탁가공무역) 가득액을 영수(領收)하기 위하여 원자재의 전부 또는 일부를 거래 상대방의 위탁에 의하여 수입하여 이를 가공 한 후 위탁자 또는 그가 지정하는 자에게 가공물품등을 국외로 반출	영세율 적용대상 국외반출

2-2 영세율의 범위

사업자가 다음의 요건을 모두 충족하여 수탁가공 후 국내공급하는 재화에 대해서는 영세율을 적용한다.

국외의 비거주자 또는 외국법인과 직접 계약에 따라 공급할 것
대금을 외국환은행에서 원화로 받을 것
비거주자등이 지정하는 국내의 다른 사업자에게 인도할 것
국내의 다른 사업자가 비거주자등과 계약에 따라 인도받은 재화를 그대로 반출하거나 제조 · 가공한 후 반출할 것

(1) 비거주자 또는 외국법인

비거주자란 소득세법 제1조의2제1항제2호에 따른 비거주자를, 외국법인이란 법인세법 제2조제3호에 따른 외국법인을 말한다.(부가법 §2)

관련 예규 수탁가공없이 국내공급

사업자가 외국법인과 직접 계약에 따라 공급하는 재화(이하 '해당 재화')를 공장인도조건(Ex-Works)으로 외국법인에게 인도하고 그 외국법인은 해당 재화에 추가 가공없이 보세구역내 다른 사업자에게 인도하며 보세구역내 해당 사업자가 외국법인과 계약에 따라 해당 재화를 그대로 반출하거나 제조 · 가공한 후 반출하는 것으로서 대금을 외국환은행에서 원화로 받는 경우, 부가가치세법 제21조제2항제3호 및 같은 법 시행령 제31조제2항제5호에 따라 영세율이 적용되는 수출에 해당하는 것(법규과-1141, 2013.10.19.)

2-3 공급시기

수탁가공 후 국내에서 공급하는 재화의 공급시기는 재화를 인도하는 때이다.(부가법 §15①) 따라서, 공급시기는 국내 재화의 공급과 동일하게 적용한다.(부가령 §28)

2-4 공급가액

수탁가공 후 국내공급은 국내거래이기 때문에 공급가액은 대금, 요금, 수수료, 그 밖에 어떤 명목이든 상관없이 재화 또는 용역을 공급받는 자로부터 받는 금전적 가치 있는 모든 것을 포함한다.

2-5 세금계산서 교부

수탁가공 후 국내공급은 국외의 비거주자 또는 외국법인과 직접 계약에 따라 공급하므로 세금계산서를 발급하지 아니할 수 있다.(부가령 §71①, 부가법§21)

2-6 영세율 첨부서류

수탁가공후 국내공급거래가 영세율 적용되는 경우에는 부가가치세 예정신고서에 다음 표의 구분에 따른 서류를 첨부하여 제출하여야 한다. 다만, 부득이한 사유로 해당 서류를 첨부할 수 없을 때에는 국세청장이 정하는 서류로 대신할 수 있다.(부가령 §101①)

▶ 영세율 첨부서류 적용순서

순서	영세율첨부서류
1순위	수탁가공후 국내공급사실을입증할 수 있는 관계 증명서류와 외국환은행이 발행하는 외화입금증명서(부가령 §101①)
2순위	–
3순위	외화획득명세서에 영세율이 확인되는 증거서류 첨부

2-7 매입세액 공제

국내사업자가 외국회사(위탁자)로부터 계약에 의해 인도받은 원재료를 사용하여 가공한 재화를 수출(무환수탁가공수출)하고 가공비만을 대금결재하는 경우에 당해 원재료 수입시 세관장으로부터 발급받은 수입세금계산서의 매입세액은 자기 책임과 계산하의 수입인 경우 자기의 매출세액에서 공제받을 수 있는 것이나, 수입주체가 실질적으로 외국법인인 경우에는 사업자가 수취한 수입세금계산서의 매입세액은 공제할 수 없다.(부가가치세과-27, 2014.01.13.)

관련 예규 수탁가공없이 국내공급

수입자인 국내사업자가 외국법인과 계약에 의거 원자재를 무환조건으로 수입통관하여 제조가공후 외국법인에게 수출하는 경우에 원자재를 무환으로 수입하면서 부가가치세를 외국법인이 부담하는 경우 동 원자재 수입의 실질적인 주체가 해당 사업자이고 수입한 부품이 해당 사업자의 사업을 위하여 사용되었거나 사용될 경우에는 부가가치세법 제38조제1항제2호에 따라 매출세액에서 공제할 수 있는 것입니다.(부가가치세과-823, 2014.10.06.)

3 외화획득 재화공급

3-1 국내에서 국내사업장이 없는 비거주자 또는 외국법인에게 재화공급

외화를 획득하기 위한 재화의 공급으로서 다음의 요건에 해당하는 경우에는 영세율을 적용한다.(부가법 §24① 3호)

국내에서 국내사업장이 없는 비거주자* 또는 외국법인에게 공급
대금을 외국환은행에서 원화로 받거나 기획재정부령으로 정하는 방법으로 받는 것
비거주자 또는 외국법인이 지정하는 국내사업자에게 인도
해당 사업자의 과세사업에 사용되는 재화

* 국내에 거소를 둔 개인, 외교공관등의 소속 직원, 우리나라에 상주하는 국제연합군 또는 미합중국군대의 군인 또는 군무원은 제외

(1) 대가의 지급방법

외화획득 재화공급으로 영세율을 적용받기 위해서는 **대금을 외국환은행에서 원화로** 받거나, 다음의 어느 하나에 해당하는 방법으로 대가를 지급받아야 한다.(부가칙 §22)

국외의 비거주자 또는 외국법인으로부터 **외화를 직접 송금받아 외국환은행에** 매각하는 방법
국내사업장이 없는 비거주자 또는 외국법인에 재화 또는 용역을 공급하고 그 대가를 해당 비거주자 또는 외국법인에 지급할 금액에서 **빼는** 방법
국내사업장이 없는 비거주자 또는 외국법인에 재화 또는 용역을 공급하고 그 대가를 국외에서 발급된 신용카드로 결제하는 방법
국내사업장이 없는 비거주자 또는 외국법인에 재화 또는 용역을 공급하고 그 대가로서 국외 금융기관이 발행한 개인수표를 받아 외국환은행에 매각하는 방법
국내사업장이 없는 비거주자 또는 외국법인에 재화 또는 용역을 공급하고 그 대가로서 **외화를 외국환은행을 통하여 직접 송금받아 외화예금 계좌에 예치하는 방법**(외국환은행이 발급한 외화입금증명서에 따라 외화 입금사실이 확인되는 경우에 한정한다)

관련 예규 대금지급방법

구분	내용
인정	▪ 대가를 외국환은행을 통해 외화구좌로 받아 외화상태로 예치하였다가 외화채무 상환 등에 사용하는 경우(부가집 24-33-1) ▪ 비거주자 등의 국내사무소의 계좌로 송금된 외화를 외국환은행을 통하여 원화로 받는 경우(서면인터넷방문상담3팀-194, 2004.02.09.) ▪ '비거주자자유원계정'을 통해 원화로 지급받는 경우(부가가치세과-876 , 2013.09.26.) * (저자주) 대금을 외국환은행에서 원화로 지급받는 것으로 보기 때문 ▪ 국내사업장이 없는 외국법인의 비거주자 외화계정으로부터 당해 법인 통장계좌(외환계좌)에 외화로 입금되고 외국환은행에 매각하는 경우 (부가가치세과-928, 2014.11.24.)
불인정	▪ 외국환은행에 동 외국법인이 개설한 '비거주자원화계정'으로부터 원화로 받은 경우(기획재정부 부가가치세제과-372, 2010.06.08.) ▪ 직접 원화로 입금받거나 페이팔 계정을 통하여 원화로 입금받는 경우 (서면-2016-법령해석부가-3979 [법령해석과-2206], 2016.07.07.) ▪ 해당 외국회사의 국내사업장에 해당하는 한국지점으로 송금된 외화를 외국환은행을 통하여 원화로 받는 경우(서면-2016-법령해석부가-4813 [법령해석과-4062], 2016.12.14.) ▪ 해외(Transferwise) 및 국내 핀테크 기업(페이케이트)의 외화송금서비스를 통하여 원화로 지급받는 경우(사전법령부가-326, 2020.04.03.)

(2) 비거주자 또는 외국법인이 지정하는 국내사업자에게 양도

비거주자 또는 외국법인이 지정하는 국내사업자에게 인도되는 재화로서 해당 사업자의 과세사업에 사용되는 재화이어야 한다.(부가령 §33)

관련 예규 재화의 이동 없이 소유권만 이전되는 경우

- 사업자가 국내에서 국내사업장이 없는 외국법인의 요청에 따라 금형을 제작하여 당해 외국법인의 소유로 하면서, 그 금형을 당해 사업자의 사업장에서 과세사업(수출)에 사용하고, 대금은 외국환은행을 통하여 원화로 지급받는 경우에는 부가가치세법 시행령 제26조제1항제1호에 따라 영세율이 적용되는 것이며, 이 경우 금형의 공급시기는 금형을 이용 가능한 때입니다.(부가가치세과-564 , 2012.05.18.)

- 국내사업자가 비거주자 등으로부터 대금을 지불하고 상품을 구매하는 경우에는「부가가치세법 시행령」제33조 제2항 제1호 가목에 따라 비거주자 등이 지정하는 국내사업자에게 재화를 인도하는 것에 해당하지 않으므로 영세율 적용 대상이 아닙니다.(부가가치세과-729 , 2014.08.28.)

〈사실관계〉
- 질의자는 회사 소유의 재고를 일본(A)사에 판매하고, A는 동 재고를 미국(B)사에 판매하고, 최종적으로 질의자가 B로부터 재구매함
- 동 재고의 소유권은 궁극적으로 회사에서 A,B를 통해 회사에 재 이전되니, 동 제고의 물리적인 이동은 발생하지 않음
- 대금회수는 A로부터 외국환은행을 통하여 이루어지게 되며 질의자의 상품 재구매에 대한 대가는 B에게 실제로 지급함
- 이러한 거래의 발생원인은 A가 관련 사업을 B에 양도하면서 A 및 질의자의 관련 재고를 일단 B에 양도하여야 하는 영업양수도 계약에 따른 것임

(3) 공급시기

외화획득을 목적으로 국내에서 공급하는 재화의 공급시기는 재화를 인도하는 때이다.(부가법 §15①) 따라서, 공급시기는 국내 재화의 공급과 동일하게 적용한다.(부가령 §28)

관련 예규 공급시기

사업자가 국내에서 국내사업장이 없는 외국법인의 요청에 따라 금형을 제작하여 당해 외국법인의 소유로 하면서, 그 금형을 당해 사업자의 사업장에서 과세사업(수출)에 사용하고, 대금은 외국환은행을 통하여 원화로 지급받는 경우에는 부가가치세법 시행령 제26조제1항제1호에 따라 영세율이 적용되는 것이며, 이 경우 금형의 공급시기는 금형을 이용 가능한 때입니다.(부가가치세과-564 , 2012.05.18.)

(4) 세금계산서 발급

외화획득을 목적으로 국내에서 공급하는 경우 국외의 비거주자 또는 외국법인에게 공급하므로 세금계산서를 발급하지 아니할 수 있다.(부가령 §71①, 부가법§21)

관련 예규 세금계산서

사업자가 외국법인과 직접 OEM계약에 의해 생산한 제품을 해당 외국법인이 지정하는 국내사업자에게 인도하고 해당 국내사업자가 과세사업에 사용하는 경우로서 그 대금을 외국환은행에서 원화로 받는 경우「부가가치세법 시행령」 제33조에 따라 영세율이 적용되는 것이며 세금계산서 발급의무는 없는 것입니다. 또한 사업자가 상기 국내사업자로부터 해당 제품을 구입하여 국내의 다른 사업자에게 공급시 세금계산서를 발급하는 것이며, 수출하는 경우에는「부가가치세법」 제21조에 따라 영의 세율을 적용하며 같은 법 시행령 제101조에 따른 첨부서류를 제출하는 것입니다.
(서면-2016-부가-2660 [부가가치세과-1009], 2016.05.12.)

(5) 영세율 첨부서류

외화획득 목적의 국내공급거래가 영세율 적용되는 경우에는 부가가치세 예정신고서에 다음 표의 구분에 따른 서류를 첨부하여 제출하여야 한다. 다만, 부득이한 사유로 해당 서류를 첨부할 수 없을 때에는 국세청장이 정하는 서류로 대신할 수 있다.(부가령 §101①)

▶ 영세율 첨부서류 적용순서

순서	영세율첨부서류
1순위	외국환은행이 발급하는 외화입금증명서(부가령 §101①)
2순위	-
3순위	외화획득명세서에 영세율이 확인되는 증거서류 첨부

관련 예규 외화획득 국내공급

- 사업자가 사업상 취득한 특허권 등 권리를 국내사업장이 없는 외국법인에게 양도하고 동 권리를 외국법인으로부터 다시 대여 받아 당해 사업자의 과세사업에 사용하는 경우로서 동 권리 양도시 그 대금을 외국환은행에서 원화로 받는 경우에는 영의 세율이 적용되는 것입니다.(서면인터넷방문상담3팀-1355 , 2004.07.12.)

- 사업자가 국내사업장이 있는 외국법인과 직접계약에 의하여 국내에서 「부가가치세법 시행령」 제26조1항제1호가목에 따른 재화를 공급하고 그 대금을 해당 국외의 외국법인으로부터 외국환은행을 통하여 원화로 받는 경우에는 같은 법 제11조제1항제4호 및 같은 법 시행령 제26조제1항제1호의 2에 따라 영의 세율을 적용하는 것이나, 사업자가 국내사업장이 있는 외국법인과의 직접계약에 의하여 같은 법 시행령 제26조제1항제1호가목에 따른 재화를 공급하더라도 동 재화가 그 외국법인의 국내사업장에 공급된 경우에는 영의 세율을 적용하지 아니하는 것임.(부가가치세과-1317 , 2010.10.05.)

(6) 수탁가공 후 국내공급과 비교

국내사업장이 없는 비거주자 또는 외국법인에 대한 재화공급과 수탁가공 후 국내공급과 비교하면, 비거주자의 제한, 외국환은행의 원화 이외의 방법 인정, 과세사업에 사용 재화에서 영세율 적용요건 차이가 있다.

수탁가공후 국내공급	국내사업장이 없는 국외사업자
국외의 비거주자 또는 외국법인과 직접 계약에 따라 공급할 것	**국내사업장이 없는 비거주자** 또는 외국법인에게 공급
대금을 외국환은행에서 원화로 받을 것	대금을 외국환은행에서 원화로 받거나 **기획재정부령으로 정하는 방법**으로 받는 것
비거주자등이 지정하는 국내의 다른 사업자에게 인도할 것	비거주자 또는 외국법인이 지정하는 국내사업자에게 인도
국내의 다른 사업자가 비거주자등과 계약에 따라 인도받은 재화를 그대로 반출하거나 제조·가공한 후 반출할 것	해당 사업자의 **과세사업에 사용**되는 재화

3-2 국내사업장이 있는 비거주자 또는 외국법인에게 공급

비거주자 또는 외국법인의 국내사업장이 있는 경우에 국내에서 국외의 비거주자 또는 외국법인과 직접 계약하여 공급하는 재화는 영세율을 적용한다. 다만, 그 대금을 해당 국외 비거주자 또는 외국법인으로부터 외국환은행에서 원화로 받거나 기획재정부령으로 정하는 방법으로 받는 경우로 한정한다.(부가령 §33② 2호)

국내사업장이 있는 비거주자 또는 외국법인과 직접 계약하여 공급
대금을 외국환은행에서 원화로 받거나 기획재정부령으로 정하는 방법으로 받는 것

(1) 대가의 지급방법

외화획득 재화공급으로 영세율을 적용받기 위해서는 대금을 외국환은행에서 원화로 받거나, 다음의 어느 하나에 해당하는 방법으로 대가를 지급받아야 한다.(부가칙 §22)

국외의 비거주자 또는 외국법인으로부터 외화를 직접 송금받아 외국환은행에 매각하는 방법
국내사업장이 있는 비거주자 또는 외국법인에 재화 또는 용역을 공급하고 그 대가를 해당 비거주자 또는 외국법인에 지급할 금액에서 빼는 방법
국내사업장이 있는 비거주자 또는 외국법인에 재화 또는 용역을 공급하고 그 대가를 국외에서 발급된 신용카드로 결제하는 방법
국내사업장이 있는 비거주자 또는 외국법인에 재화 또는 용역을 공급하고 그 대가로서 국외 금융기관이 발행한 개인수표를 받아 외국환은행에 매각하는 방법
국내사업장이 있는 비거주자 또는 외국법인에 재화 또는 용역을 공급하고 그 대가로서 외화를 외국환은행을 통하여 직접 송금받아 외화예금 계좌에 예치하는 방법(외국환은행이 발급한 외화입금증명서에 따라 외화 입금사실이 확인되는 경우에 한정한다)

관련 예규 대금지급방법

인정	■ 대가를 외국환은행을 통해 외화구좌로 받아 외화상태로 예치하였다가 외화 채무 상환 등에 사용하는 경우(부가집 24-33-1) ■ 비거주자 등의 국내사무소의 계좌로 송금된 외화를 외국환은행을 통하여 원화로 받는 경우(서면인터넷방문상담3팀-194, 2004.02.09.) ■ '비거주자자유원계정'을 통해 원화로 지급받는 경우(부가가치세과-876, 2013.09.26.) * (저자주) 대금을 외국환은행에서 원화로 지급받는 것으로 보기 때문 ■ 국내사업장이 없는 외국법인의 비거주자 외화계정으로부터 당해 법인 통장 계좌(외환계좌)에 외화로 입금되고 외국환은행에 매각하는 경우(부가가치세과-928, 2014.11.24.)
불인정	■ 외국환은행에 동 외국법인이 개설한 '비거주자원화계정'으로부터 원화로 받은 경우(기획재정부 부가가치세제과-372, 2010.06.08.) ■ 직접 원화로 입금받거나 페이팔 계정을 통하여 원화로 입금받는 경우 (서면-2016-법령해석부가-3979 [법령해석과-2206], 2016.07.07.) ■ 해당 외국회사의 국내사업장에 해당하는 한국지점으로 송금된 외화를 외국환은행을 통하여 원화로 받는 경우(서면-2016-법령해석부가-4813 [법령해석과-4062], 2016.12.14.) ■ 해외(Transferwise) 및 국내 핀테크 기업(페이케이트)의 외화송금서비스를 통하여 원화로 지급받는 경우(사전법령부가-326, 2020.04.03.)

관련 예규 국내사업장이 있는 비거주자 또는 외국법인에게 재화 또는 용역 공급

1. 사업자가 국내사업장이 있는 외국법인에게 국내사업장과 관련 없이 국외의 외국법인과 직접 계약에 의하여 재화 또는 용역을 공급하고 그 대가를 당해 국외의 외국법인으로부터 외국환은행을 통하여 원화로 받는 경우에는 부가가치세법 제11조 제1항 제4호 및 동법 시행령 제26조 제1항 제1의 제2호의 규정에 의하여 부가가치세 영세율이 적용되는 것이므로 재화 또는 용역을 공급한사업자는 외국법인의 국내사업장으로 세금계산서를 교부하지 아니하는 것이며,

2. 사업자가 국외의 외국법인과 직접 계약에 의하여 용역을 공급하더라도 동 용역이 실질적으로 법인세법 제56조에 규정하는 외국법인의 국내사업장에게 제공되는 경우에는 그 외국법인의 국내사업장 명의로 부가가치세를 거래 징수하는 세금계산서를 교부하여야 하는 것임.

3. 귀 질의의 경우 사업자가 제공하는 용역이 실질적으로 법인세법 제56조에 규정하는 외국법인의 국내사업장에 제공되는 것인지의 여부는 구체적인 사실을 종합하여 판단할 사항인 것임.(부가22601-1710, 1988.09.2.)

3-3 외국항행 선박 등에 공급하는 재화

외국을 항행하는 선박 및 항공기 또는 원양어선에 공급하는 재화는 영세율을 적용한다. 다만, 사업자가 부가가치세를 별도로 적은 세금계산서를 발급한 경우는 제외한다.(부가령 §33 ② 5호)

(1) 외국을 항행하는 선박

외국을 항행하는 선박이란 외국의 선박과 「해운업법」에 따라 사업면허를 얻은 외국항행사업자가 운항하는 선박으로서 외국을 항행하는 우리나라의 선박을 말한다. 원양어선이란 「원양산업 발전법」에 따라 원양어선으로 허가를 얻어 주로 해외수역에서 조업을 하는 선박을 말한다.(부가집 24-33-3)

(2) 영세율첨부서류

외국항행 선박 등에 제공하는 재화가 영세율이 적용되는 경우에는 부가가치세 예정신고서에 다음 표의 구분에 따른 서류를 첨부하여 제출하여야 한다. 다만, 부득이한 사유로 해당 서류를 첨부할 수 없을 때에는 국세청장이 정하는 서류로 대신할 수 있다.(부가령 §101①)

▶ 영세율 첨부서류 적용순서

<table>
<tr><th>순서</th><th colspan="2">영세율첨부서류</th></tr>
<tr><td>1순위</td><td colspan="2">관할 세관장이 발급하는 선(기)적완료증명서 또는 용역공급기록표, 유류공급명세서(부가령 §101①)</td></tr>
<tr><td rowspan="4">2순위</td><td>외항 선박등에 제공한 항공기에 공급하는 하역용역</td><td>재화 · 용역일람표와 수출입물품 적재 · 하선(기)작업확인 신청 및 증명원 또는 대금청구서</td></tr>
<tr><td>외국항행 선박 또는 항공기에 공급하는 하역용역 이외의 용역</td><td>재화 · 용역일람표와 승선(탑승)수리신고서 또는 선장이 발행하는 확인서나 대금청구서</td></tr>
<tr><td>원양어선에 공급하는 재화 · 용역</td><td>재화 · 용역일람표와 승선수리신고서 또는 선장이 발행하는 확인서나 대금청구서</td></tr>
<tr><td>외국항행 선박 · 항공기 또는 원양어선에 공급한 용역에 대한 지정서류를 제출할 수 없는 경우</td><td>재화 · 용역일람표와 용역계약서 사본 또는 대금청구서</td></tr>
<tr><td>3순위</td><td colspan="2">외화획득명세서에 영세율이 확인되는 증거서류 첨부</td></tr>
</table>

관련 예규 외항선박 등에게 공급하는 재화

- 외항선박 등에 제공하는 재화 또는 용역에 대해 영세율을 적용받는 경우의 「부가가치세법시행령」 제33조제2항제5호에 따른 외국을 항행하는 선박이란 외국의 선박과 「해운법」의 규정에 의하여 사업면허를 얻은 외국항행사업자가 운항하는 선박으로서 외국을 항행하는 우리나라의 선박이고, 원양어선이란 「원양산업발전법」에 따라 원양어선으로 허가를 얻어 주로 해외수역에서 조업을 하는 선박을 말하는 것이므로, 이에 해당하지 않는 선박에 제공하는 재화 또는 용역에 대하여는 부가가치세 영세율이 적용되지 아니하는 것입니다.(부가가치세과-811, 2013.09.09.)
- 외국항행사업자가 선박용품 등을 다른 외항선박 · 원양어선에 공급하는 경우에는 영세율이 적용되지만, 국내의 다른 사업자에게 공급하는 경우에는 영세율이 적용되지 아니한다.(부가집 24-33-4 ①)
- 정유회사의 해상판매대리점(이하 "사업자")이 정유사로부터 선박연료유(이하 "석유류")를 구매하여 외항선박에 석유류를 공급하기로 한 해상유판매업체(이하 "A사")와 석유류 납품계약에 따라 직접 외항선박에 석유류를 공급하면서 '선(기)적완료증명서' 또는 '선(기)용품 적재허가서'를 제출하는 경우 「부가가치세법 시행령」 제33조제2항제5호에 따라 영세율이 적용되는 것이나, '환급대상수출물품 반입(적재) 확인서'를 제출하는 경우 영세율 첨부서류에 해당하는지는 사실판단할 사항입니다. 다만, 사업자가 해당 계약에 따라 A사에 해당 석유류를 공급하는 경우에는 영세율이 적용되지 아니하는 것이나, 「대외무역법」 제18조에 따른 구매확인서에 의해 A사에 석유류를 공급하는 경우 「부가가치세법 시행령」 제31조제2항제1호에 따라 영세율이 적용되는 것입니다.(서면-2021-법령해석부가-5273 [법령해석과-3984], 2021.11.16.)

▶ 영세율적용대상 국내 재화거래 비교

구분	수탁가공 후 국내공급	외화획득 재화공급	
		국내사업장 없는 경우	국내사업장 있는 경우
인적 요건	국외의 비거주자 또는 외국법인과 직접 계약에 따라 공급할 것	국내에서 국내사업장이 없는 비거주자 또는 외국법인에게 공급	국내사업장이 있는 비거주자 또는 외국법인과 직접 계약하여 공급
대금 요건	대금을 외국환은행에서 원화로 받을 것	대금을 외국환은행에서 원화로 받거나 기획재정부령으로 정하는 방법으로 받는 것	대금을 외국환은행에서 원화로 받거나 기획재정부령으로 정하는 방법으로 받는 것
인도 요건	비거주자등이 지정하는 국내의 다른 사업자에게 인도할 것	비거주자 또는 외국법인이 지정하는 국내사업자에게 인도	–
기타 요건	국내의 다른 사업자가 비거주자등과 계약에 따라 인도받은 재화를 그대로 반출하거나 제조 · 가공한 후 반출할 것	해당 사업자의 과세사업에 사용되는 재화	–

CHAPTER 08

사후관리

관세환급

환급특례법상 관세환급이란 수출용원재료를 수입하는 때에 납부하였거나 납부할 관세 등을 환급특례법에 따라 수출자나 수출물품의 생산자에게 되돌려 주는 것을 말한다.(환급법 §2 5호) 관세환급은 수출자가 수출 후 세관에서는 받는 **직접환급**과 수출용원재료를 수입한 자가 수출품생산업자 또는 수출업자에게 공급하고 받는 **간접환급**으로 구분할 수 있다.

▶ 직접환급과 간접환급

구분	직접환급	간접환급
환급주체	세관장	거래상대방
영세율	×	○

1-1 직접환급

(1) 회계처리

직접환급은 관세납부액을 원재료 매입원가로 회계처리 하였다가, 수출 후 매출원가에 차감항목으로 처리한다.

▶ 회계처리

■ 관세납부(원재료 매입)

* 원재료 10,000,000, 관세 800,000, 부가가치세 1,080,000

(차) 원 재 료	10,800,000	(대) 현금 11,880,000
부가세대급금	1,080,000	

■ 관세환급금 결정통지

* 수출이행분 80% 관세환급 통지

(차) 미수관세환급금 640,000 (대) 매출원가(원재료) 640,000

* 관세 800,000 × 80% = 640,000

(2) 법인세처리

법인세법상 관세환급금의 손익 귀속시기는 수출과 동시에 환급받을 관세 등이 확정되는 경우(「수출용 원재료에 대한 관세 등 환급에 관한 환급법」 제13조에 따른 정액환급률표에 의한 환급액을 포함한다)에는 해당 수출을 완료한 날, 수출과 동시에 환급받을 관세 등이 확정되지 아니하는 경우에는 환급금의 결정통지일 또는 환급일 중 빠른 날이 속하는 사업연도로 한다.(법기통 40-71-6)

구분	손익귀속시기
수출과 동시에 환급받을 관세 등이 확정되는 경우	수출을 완료한 날
수출과 동시에 환급받을 관세 등이 확정되지 아니하는 경우	환급금의 결정통지일 또는 환급일 중 빠른 날

(3) 부가가치세 처리

수출업자 또는 내국신용장에 의하여 완제품을 수출업자에게 공급한 자가 **세관장으로부터 직접 받는 관세환급금**과 **수출품생산업자가 수출대행업자로부터 받는 관세환급금**에 대하여는 **과세하지 아니한다.**(부가집 21-31-8 ④)

1-2 간접환급

(1) 회계처리

수출용원재료를 수입한 자가 재화와 분할증명서, 기납증 등을 수출품생산업자 또는 수출업자에게 공급하고 간접적으로 받는 관세환급금은 매출원가 차감 또는 매출액으로 처리할 수 있다.

저자 주 간접환급에 대한 회계처리

실무상 관세 간접환급금은 공급대가 일부로 매출액으로 처리하는 경우가 많다. 하지만, 직접환급과 간접환급은 관세제도상의 차이일 뿐, 관세납부와 환급의 경제적 실질이 다르다고 보기는 어렵기 때문에 기업 간 재무제표의 비교가능성을 위해 직접환급과 동일하게 매출원가에 차감항목으로 처리하는 것이 타당하다는 의견도 있다.

(2) 부가가치세 처리

① 영세율 적용

내국신용장에 의하여 재화를 수출업자 또는 수출품생산업자에게 공급하고 해당 수출업자 또는 수출품생산업자로부터 그 대가의 일부로 받는 관세환급금에 대하여는 영세율이 적용된다.(부가집 21-31-8 ④)

관련 예규 내국신용장에 포함하지 아니한 공급가액

내국신용장에 의하여 재화를 공급하고 그 대가의 일부(관세환급금 등)를 내국신용장에 포함하지 아니하고 별도로 받는 경우 해당 금액이 대가의 일부로 확인되는 때에는 영의 세율을 적용한다.(부기통 21-31-8)

② 공급시기

관세환급금을 수출업자가 환급받아 내국신용장에 의하여 납품한 자에게 지급하는 경우의 세금계산서 교부시기는 원칙적으로 재화의 공급시기에 교부하여야 하는 것이나, 그 금액 중 일부가 확정되지 아니한 경우에는 세관으로부터 관세환급금이 통지되었을 때 교부할 수 있다.(부가22601-2136, 1986.10.28.)

③ 세금계산서 교부

내국신용장에 의하여 재화를 공급하고 그 대가의 일부로서 받는 관세 환급금에 대한 세금계산서는 원칙적으로 재화의 공급시기에 교부하여야 하는 것이나, 당해 재화의 공급시기에 관세 환급금이 확정되지 아니한 경우에는 당해 관세 환급금이 추후 확정되는 때에 수정세금계산서를 교부하여야 하는 것이며, 다만 당해 거래처에 대하여 월 합계 세금계산서를 교부하는 경우에는 당해 관세 환급금도 동 관세 환급금이 추후 확정되는 날이 속하는 달의 월 합계 세금계산서의 공급가액에 포함하여 월 합계로 교부하여야 한다.(부가22601-2259, 1987.10.30.)

④ **영세율첨부서류**

내국신용장 및 구매확인서에 포함된 관세환급금 또는 내국신용장 등에 포함되지 않은 관세환급금 등을 영세율 적용하는 경우에는 부가가치세 예정신고서에 다음 표의 구분에 따른 서류를 첨부하여 제출하여야 한다. 다만, 부득이한 사유로 해당 서류를 첨부할 수 없을 때에는 국세청장이 정하는 서류로 대신할 수 있다.(부가령 §101①)

▶ 영세율 첨부서류 적용순서

순서	영세율첨부서류
1순위	내국신용장 또는 구매확인서가 전자무역기반시설을 통해 발급된 경우에는 내국신용장 · 구매확인서 전자발급명세서, 이외의 경우에는 내국신용장 사본(부가령 §101①)
2순위	관세환급금 등에 대한 첨부서류는 영세율규정에 의한 관세환급금 등 명세서
3순위	외화획득명세서에 영세율이 확인되는 증거서류 첨부

② 클레임

수출재화에 대하여 수입자가 클레임을 제기한 경우에는 처리방법은 ①재화환입(계약해제) ②가격조정 ③교환이 있다.

2-1 재화환입(계약해제)

수출자가 '본질적 계약위반'(계약물품과 상이한 물품을 인도하는 등)을 한 경우에는 계약해제로 수출한 재화가 환입되는 경우가 있다.

▶ 회계처리

■ 상품 10,000,000(매출원가 9,000,000)원 수출	
(차) 매출채권 10,000,000	(대) 매　　출 10,000,000
(차) 매출원가　9,000,000	(대) 재고자산　9,000,000
■ 계약취소로 반입(수입통관)	
(차) 매　　출　10,000,000	(대) 매출채권 10,000,000
(차) 재고자산　9,000,000	(대) 매출원가　9,000,000

(1) 법인세 처리

수출한 제품이 클레임으로 반품되는 경우 매출을 취소하고 매출채권을 감액하는 회계처리를 하는 것으로 판매상품 등의 흠으로 회수한 상품 등은 당해 재고자산을 사업연도종료일 현재 처분 가능한 시가로 평가할 수 있다.(서면2팀-885, 2006.05.18.)

(2) 부가가치세 처리

사업자가 재화를 수출한 후 하자로 인하여 당해 수출한 재화를 반입하면서 세관장으로부터 수입세금계산서를 교부받은 경우에는 **반입일이 속하는 예정신고 또는 확정신고시 부가가치세 과세표준에서 반입재화의 공급가액을 차감하여 과세표준을 계산하며**, 당해 수입세금계산서상의 매입세액은 반입일이 속하는 예정신고 또는 확정신고시 매입세액으로 공제할 수 있다.(서면인터넷방문상담3팀-586, 2005.05.02.)

사례 수출 및 반품 시 부가가치세 신고

수출 10,000,000, 반입 시 세관장 수입세금계산서(공급가액 8,000,000/세액 800,000)

▶ 부가가치세 신고

구분	매출		매입	
	공급가액	세액	공급가액	세액
수출	10,000,000	0		
반입(수입)	–	–	8,000,000	800,000

2-2 가격조정

수출재화의 일부분에 하자가 발생하여 수출재화를 반입하지 않고 그대로 사용하고 수출대금을 조정하여 클레임을 해결할 수 있다.

▶ **회계처리**

■ 상품 10,000,000(매출원가 9,000,000)원 수출

(차) 매출채권 10,000,000	(대) 매　출 10,000,000
(차) 매출원가 9,000,000	(대) 재고자산 9,000,000

■ 클레임으로 2,000,000원 가격 조정

(차) 기타영업외비용(클레임) 2,000,000	(대) 매출채권 2,000,000

(1) 법인세 처리

자동차를 수출하는 내국법인이 해외수입자의 클레임 제기로 지급한 클레임비용은 지출이 확정된 날이 속하는 사업연도의 소득금액 계산 시 손금으로 산입하는 것이며, 부품제조업체로부터 클레임비용 중 일부를 보전받기로 한 경우에는 보전금을 지급받을 권리가 확정되는 날이 속하는 사업연도의 소득금액 계산 시 익금으로 산입한다.(서면-2017-법인-3023 [법인세과-740], 2018.03.29.)

① 국내원천 기타소득

국내에서 지급하는 위약금이나 배상금으로서 재산권에 관한 계약의 위약 또는 해약으로 인하여 지급받는 손해배상으로서 그 명목여하에 불구하고 본래의 계약내용이 되는 지급자체에 대한 손해를 넘어 배상받는 금전 또는 기타 물품의 가액은 '국내원천기타소득'에 해당한다.

관련 예규 클레임 손해배상금

독일법인이 무역거래에서 발생한 클레임에 대한 배상으로서 본래의 계약내용이 되는 지급 자체에 대한 손해를 넘어 배상받는 금전 또는 기타 물품의 가액은 국내원천 기타소득에 해당하는 것이나 조세협약에 의하여 우리나라에서 과세되지 아니하는 것임.(서면인터넷방문상담2팀-736, 2007.04.25.)

(2) 부가가치세 처리

사업자가 부가가치세가 과세되는 재화를 수출하고 일부 수출한 재화의 하자로 인하여 물품은 반품되지 아니하고 하자에 대하여 현금으로 변상한 경우 당해 변상금은 부가가치세 과세표준에서 공제하지 않는다.(부가46015-2537, 1996.11.28.)

2-3 교환

수출재화의 하자를 보완하여 동일제품 또는 유사제품으로 교체하거나 대체품을 재수출하여 클레임을 해결할 수 있다.

▶ 회계처리

구분		회계처리	
① 반입 후 동일제품 교체		회계처리 없음	
② 반입 후 유사제품 교체	반입	차) 매　출(A)　xxxx	대) 매출　채권　xxxx
	유사제품 교체	대) 매출　채권　xxxx	차) 매　출(A')　xxxx
③ 반입 없이 동일제품 재수출		차) 제품수선비　xxxx	대) 재고　자산　xxxx (타계정대체)

(1) 반입 후 동일제품 교체

사업자가 재화를 수출한 후 하자로 인하여 당해 수출한 재화를 반입하면서 세관장으로부터 수입계산서를 교부받고 반입된 재화를 수리하여 재수출하거나 동일제품으로 교환하여 재수출하는 경우 당해 재화의 반입일이 속하는 예정신고 또는 확정신고기간에 대한 예정 또는 확정신고시 부가가치세 과세표준에서 반입재화의 공급가액을 차감하지 아니하고 반입시 교부받은 수입세금계산서의 매입세액은 매출세액에서 공제하는 것이며, **당해 수리된 재화 등의 재수출시에는 부가가치세가 과세되지 아니하는 것임**(부가46015-2284, 1999.08.03.)

(2) 반입 후 동종(유사)제품 교체

사업자가 수입자로부터 물품을 반입받고 동일제품이 아닌 동종(유사)제품을 교환하여 주는 경우 동종(유사)제품에 대하여는 부가가치세 과세대상(영세율)이며, 반입받는 물품에 대하여는 수입세금계산서를 교부받은 경우에는 매입세액을 공제할 수 있다.

(3) 반입 없이 동일제품 재수출

사업자 A가 사업자 B로부터 제품을 공급받아 수출한 후 제품의 불량으로 인하여 당초 공급한 제품의 반품 없이 B로부터 동종의 제품 및 불량제품의 수리용 자재를 무상으로 공급받아 국외로 무상으로 반출하는 경우에는 **수출하는 재화에 해당되어 영세율이 적용**되는 것이며, 이 경우 B가 A에게 동종의 제품을 무상으로 공급하는 것은 재화의 공급에 해당하나, 불량제품의 수리용 자재를 무상으로 공급하는 것은 재화의 공급으로 보지 아니한다.(부가46015-3533, 2000.10.20.)

▶ **수출물품의 클레임 사유별 처리절차 및 회계처리**

구분	가격조정	동일제품 교체	대체품 수출
처리절차	1. 반입절차: 없음	1. 반입절차 ■ 수입형태: 재수출면세 (∵ 재반입은 소비목적 x) ■ 세금계산서 교부받은 경우 매입세액공제가능	1. 반입절차 ■ 수입형태: 재수입면세 ■ 세금계산서 교부받은 경우 매입세액공제가능
	2. 재수출절차: 없음	2. 재수출절차 ■ 수출형태: 무상수출 * (동종제품) 부가세과세대상 x * (유사제품) 부가세과세대상 o [부가46015-3533,2000.10.20.]	2. 재수출절차 ■ 수출형태: 무상수출 * 부가세과세대상 x
회계처리	■ 손해배상금 차)손해배상 x x x 대)매출채권 x x x ■ 국내원천소득(기타소득) * 일반적으로거주지국과세, 미국, 태국등원천지국과세(조세조약확인필요	■ 동일제품교체: 회계처리 없음(단순재화이동) ■ 유사제품교체 〈반입〉 차) 매출(a제품) x x x 대) 매출채권 x x x 〈교체〉 차) 매출채권 x x x 대) 매출(a'제품) x x x or 차) 수선비 x x x 대) 재고자산(a'제품) x x x	■ 대체품수출 차) 수선비 x x x 대) 재고자산 x x x

* 최초 수출물품에 대해 관세환급을 받은경우에는 반입시 환급액을 납부해야하고, 최종대체품 수출시 관세 환급신청 가능

③ 수출대금 회수

3-1 수출환어음의 '매입'(Negotiation)

(1) 매입의 개념

수출환어음이란 수출상이 수입상과의 물품 매매계약에 의하여 물품을 선적한 뒤 수입상으로부터 대금을 지급받기 전에 물품대금을 조기 자금화하기 위하여 선적서류를 첨부하여 자신의 거래은행에게 향후 수입상 또는 수입상에게 지급보증을 선 은행이 물품대금을 지급할 것을 내용으로 하여 발행한 어음을 의미한다. 수출상이 선적서류를 첨부한 수출환어음을 발행하여 자신의 거래은행에게 제출할 경우 당해 거래은행은 수출환어음을 '매입(negotiation)'할 수 있다. 수출환어음의 매입이란 수출상의 거래은행(매입은행)이 수출환어음을 받고 수출상에게 물품대금을 미리 지급한 뒤 수출환어음에 명시된 지급인으로부터 물품대금을 추심하는 행위로서, 일종의 수출상에 대한 여신행위이다. 수출환어음을 매입한 은행은 일반적으로 자유로운 처분권한이 있다.

저자 주

수출거래에 있어서는 신용공여자(usance 이자 부담자)에 따른 분류(쉬퍼스 유산스거래, 뱅커스 유산스 거래)는 큰 의미는 없어, 신용장매입으로 통합하여 설명한다.

(2) 회계처리

수출환어음 매입은 매출채권(금융자산) 양도(제거)로 계약조건에 따라 매각거래와 차입거래로 처리하고 있다.

① 일반기업회계기준

일반기업회계기준에서는 수출환어음 매입은 대부분 매각거래로 처리한다. 왜냐하면 종전부터 일반기업회계기준 질의회신(GKQA 03-036,2003-02-14)에서 "금융기관이 그 매출채권을 처분할 자유로운 권리를 갖고 있지 않다면 차입거래로 회계처리(저자 주 금융기관이 매출채권에 대해 자유로운 처분할 권리를 가지고 있다면 매각거래라는 의미이다.)"하라고 답변했기 때문이다. 매각거래로 회계 처리한 매출채권 중 결산일 현재 만기가 도래하지 않은 채권액은 주석에 '우발부채'로 기재한다.

▶ 일반기업회계기준 제6장

6.5	금융자산(제2절 '유가증권'의 적용대상 금융자산은 제외)의 양도(자산 일부의 양도를 포함한다)의 경우에, 다음 요건을 모두 충족하는 경우에는 양도자가 금융자산에 대한 통제권을 이전한 것으로 보아 매각거래로, 이외의 경우에는 금융자산을 담보로 한 차입거래로 본다. (1) 양도인은 금융자산 양도후 당해 양도자산에 대한 권리를 행사할 수 없어야 한다. 즉, 양도인이 파산 또는 법정관리 등에 들어갈 지라도 양도인 및 양도인의 채권자는 양도한 금융자산에 대한 권리를 행사할 수 없어야 한다. (2) 양수인은 양수한 금융자산을 처분(양도 및 담보제공 등)할 자유로운 권리를 갖고 있어야 한다. (3) 양도인은 금융자산 양도후에 효율적인 통제권을 행사할 수 없어야 한다.
6.18의2	금융자산을 양도하거나 금융자산을 담보로 차입한 경우에는 양도(**또는 담보제공**)내역, 양도(**또는 담보제공**)조건 등 그 내역을 주석으로 기재하여야 한다.
6.A1의2	금융상품에 내재된 위험(예: 신용위험 등)에 따라 양도인이 부담할 수 있는 위험(예: 환매위험)은 양도거래에 수반된 것이고 일종의 '하자담보책임'으로 채무의 변제에 관하여 보증을 한 것과 다르지 않다. 따라서 이와같은 담보책임은 매각거래 여부에 영향을 미치지 아니하며, 이를 공정가치로 평가할 수 있는 경우에는 부채로 계상해야 한다.

② 한국채택국제회계기준

일반기업회계기준에서는 매출채권에 대한 '통제권 이전'에 초점을 맞추어 매각거래와 차입거래로 구분했다. 하지만, 한국채택국제회계기준[K-IFRS 1109]에서는 매출채권의 소유에 따른 '위험과 보상의 이전' 등을 규정하고 있다. 따라서 상환청구권이 있는 매출채권양도는 매도자(수출상)가 위험을 보유하고 있기 때문에 차입거래로 처리한다.

▶ **한국채택국제회계기준 제1109호 금융상품**

3.2.15 양도자가 양도자산의 소유에 따른 위험과 보상의 대부분을 보유하고 있기 때문에 양도자산을 제거하지 않는다면, 그 양도자산 전체를 계속 인식하며 수취한 대가는 금융부채로 인식한다. 양도자는 후속기간에 양도자산에서 생기는 모든 수익과 금융부채에서 생기는 모든 비용을 인식한다.

B3.2.12 다음은 문단 3.2.15의 원칙을 적용하는 예이다. 양도자가 양도자산의 채무불이행에 따른 손실을 보증하여 양도자산의 소유에 따른 위험과 보상의 대부분을 보유하기 때문에 해당 양도자산을 제거하지 못하면, 양도자산 전체를 계속 인식하고 수취한 대가를 부채로 인식한다.

Part 03

(3) 법인세 처리

법인세법에서는 해당 거래가 매각거래 또는 차입거래에 해당하는지 여부는 기업회계기준에 의해서 판단한다.(법인령 §71④)

관련 법령 법인세법

■ **법인세법 제40조**(손익의 귀속사업연도)

① 내국법인의 각 사업연도의 익금과 손금의 귀속사업연도는 그 익금과 손금이 확정된 날이 속하는 사업연도로 한다.

② 제1항에 따른 익금과 손금의 귀속사업연도의 범위 등에 관하여 필요한 사항은 대통령령으로 정한다.

■ **법인세법 시행령제71조**(임대료 등 기타 손익의 귀속사업연도)

④ 법 제40조제1항 및 제2항을 적용할 때 「자산유동화에 관한 법률」 제13조에 따른 방법에 의하여 보유자산을 양도하는 경우 및 매출채권 또는 받을어음을 배서양도하는 경우에는 기업회계기준에 의한 손익인식방법에 따라 관련 손익의 귀속사업연도를 정한다.

■ **법인세법 기본통칙 19-19…44**(받을어음 할인료의 손금 처리방법)

법인이 금융기관에 받을어음을 할인한 경우 그 거래가 기업회계기준에 의한 매각거래에 해당하는 경우에는 그 할인액을 매각일이 속하는 사업연도의 소득금액 계산시 손금에 산입한다.

(4) 부가가치세법

재화를 수출하고 받는 신용장금액은 영세율을 적용한다.(부가법 §21)

관련 예규 수출신용장 금액

- (수출신용장의 금액과 실제수출금액이 서로 다른 경우) 사업자가 재화를 수출하고 수출금액과 신용장상의 금액과의 차액을 별도로 지급받는 경우 그 금액에 대하여도 영의 세율을 적용한다.(부가가치세법 기본통칙 21-31-7)

- (실제수출가액보다 높게 수출신용장을 개설 받은 경우) 사업자가 외국으로 재화를 수출함에 있어 거래상대방(수입자)과 실제거래가액(수출가액)을 확정하고 국제간 거래의 특수한 요인으로 인하여 당초 약정한 실제수출가액보다 높게 수출신용장을 개설받아 재화를 수출한 후 실제수출가액과 수출신용장상 수출가액의 차액에 상당하는 재화를 별도로 대가를 받지 아니하고 추가로 수출(반출)한 경우에는 부가가치세법 제13조 제1항 제1호의 규정에 의하여 당초 수출신용장상의 금액을 수출하는 재화의 부가가치세 과세표준으로 한다.(부가46015-1386,1999.05.15.)

3-2 신용장 양도

(1) 의의

신용장의 양도란 신용장상 수익자의 권리 전부 또는 일부를 수익자가 지시하는 제3자에게 이전시키는 것을 말한다. 이 경우 양도하는 수익자를 원수익자 또는 제1수익자라고 하고, 양도받는 제3자를 제2수익자라 한다.

(2) 양도의 조건

신용장의 양도는 양도가능하다는 의미의 'transferable'이란 문구가 기재되어 있는 신용장만 가능하다. 신용장 양도는 지정은행 또는 개설은행만 신용장을 양도할 수 있다.

(3) 조건변경

신용장의 양도는 확인(confirmation)을 포함하여 원신용장에 표시된 조건대로 양도되어야 하나, 원신용장 금액과 단가의 감액, 유효기일 · 서류제시기일 · 선적기일 단축, 부보비율 증가, 개설의뢰인 성명대체 등 예외적으로 신용장 조건변경이 가능하다. 양도신용장 조건변경은 중계무역거래, 대행수수료 수취거래에서 사용된다.

(4) 회계처리

신용장 양도거래로 제1수익자(수출상)가 인식할 수 있는 수익금액은 ①대행수수료, ②수출금액(원신용장금액), ③신용장 양도금액 중 하나일 것이다. 일반기업회계기준에서는 명확하게 규정하고 있지 않지만, 관련 질의회신 등을 참고하면 다음과 같이 처리할 수 있다.

▶ **신용장 양도 사례별 제1수익자 수익금액**

신용장 양도 사례	수익금액
단순히 수출을 대행하고 그 대가로 수수료(양도차액)를 받는 경우	대행수수료
원신용장(Master L/C) 거래의 당사자로서 주된 책임을 부담하는 경우	수출금액
원신용장의 권리를 포기하고 양도하는 경우	양도금액

▶ **일반기업회계기준 제16장 적용사례(재화의 판매)**

사례10. 기업이 재화의 소유에 따른 위험과 보상을 가지지 않고 타인의 대리인 역할을 수행하여 재화를 판매하는 경우에는 판매금액 총액을 수익으로 계상할 수 없으며 판매수수료만을 수익으로 인식해야 한다. 다음과 같은 예가 이에 해당한다.

(2) 수출업무를 대행하는 종합상사는 판매를 위탁하는 회사를 대신하여 재화를 수출하는 것이므로 판매수수료만을 수익으로 계상해야 한다.

질의 회신

질의 1 무역업을 주된 사업으로 하는 종합상사 A가 해외 J회사로부터 부품공급계약을 수주하여 국내 제조업체에 J가 요구하는 설계대로 제조를 위탁하고 이를 공급받아 수출하고자 할 때 A의 매출액은 J에 대한 공급가 총액이 되어야 하는지 아니면 J에 대한 공급가액에서 국내 제조업체로부터의 매입가액을 제외한 순액이 되어야 하는지?

회신 A는 거래의 당사자로서 주된 책임을 부담한다고 볼 수 없고 재고자산에 대한 전반적인 위험을 부담한다고 보기 어려우므로 매출 인식은 J에 대한 공급가액에서 국내 제조업체로부터의 매입가액을 제외한 순액으로 계상하는 것이 타당함.
(금감원2003-068, 2003.12.31.)

질의 2 회사는 미국의 Buyer로부터 제품 주문을 받아 이를 해외의 생산회사(자회사)에 별도의 주문을 하여 생산 판매하고 있음. 반품된 재고자산과 도착지 인도조건으로 Buyer에게 운송중인 재고자산에 대한 위험은 회사가 지고, 자회사에 대한 매입가격은 Buyer에 대한 판매가격 결정 후 일정률의 margin율을 고려하여 결정되며 적용되는 margin율은 회사의 정책에 따라 변동가능성이 있음. 이 경우, 회사는 상기의 거래흐름에 대한 수익을 총액으로 인식하여야 하는지, 아니면 순액으로 인식하여야 하는지?

회신 총액으로 회계처리하는 것이 타당합니다.(GKQA02-212, 2002.12.18.)

(5) 법인세 처리

법인세 수입금액은 일반기업회계기준과 동일하게 판단하여 처리하면 될 것이다. 해당 거래가 부가가치세 과세대상이면 영세율을 적용받을 수 있다.

관련 예규 신용장 양도 시 법인의 수입금액

해외구매자(Buyer)로부터 개설된 신용장(Maste LC)을 타법인에게 실질적으로 양도하는 경우의 양도법인의 수입금액은 당해신용장을 양도하고 양수인으로부터 지급받는 금액이 되는 것이나, 수출위탁자로서 실질적으로 자기책임하에 수출이 이루어지는 경우에는 수출금액이 당해 법인의 수입금액이 된다.(법인22601-2082, 1991.11.04.)

(6) 부가가치세 처리

① 신용장 양도를 통한 재화공급

신용장 국외양도를 통해 국외에서 재화를 공급하거나, 신용장 양도를 통해 국내에서 재화를 공급하는 경우에도 영세율을 적용한다. 이는 국내에서 수출업자에게 공급하는 재화는 내국신용장 또는 구매확인서가 개설되어야만 영세율이 적용된다.(부가법 §21) **내국신용장 개설 없이, 원신용장을 양도하여 재화를 공급한 경우 내국신용장 거래와 신용장의 종류만 차이가 있을 뿐 동일한 거래이므로 영세율을 적용한다.**

관련 예규 신용장 양도

■ (신용장 국외양도) 국내사업자를 수익자로 하여 국외구매자로부터 개설된 신용장(Master L/C)을 국내사업자가 수취한 후 동 신용장을 국내 지정은행에서 제3국의 국외사업자에게 양도하여 제3국의 국외사업자가 수출재화를 국외구매자에게 직접 인도하는 경우로서 국내사업자가 계산과 책임하에 수출계약에 따른 거래가 이루어지고 국내사업자가 원신용장의 금액보다 낮은 금액으로 원신용장의 조건을 변경하여 양도함으로써 원신용장 금액과 양도통지서 금액과의 차액을 가득액으로 획득하는 경우 국내사업자의 신용장 국외양도에 의한 거래는 부가가치세법 제11조 제1항 제1호 및 동법시행령 제24조 제1항 제2호 가목의 규정에 의하여 영세율이 적용되는 것임.(서삼46015-10012, 2004.1.5.)

■ (신용장 국내양도) 사업자 "을"이 수입자 "병"에게 재화를 수출함에 있어 국내사업자 "갑"에게 당해 재화의 생산을 의뢰하고, "갑"이 "병"에게 동 재화를 인도하여 주면서 "을"은 "병"으로부터 받은 원신용장의 조건을 변경한 신용장을 "갑"에게 양도하여 대금을 결제하는 경우, "갑"이 "을"에게 공급한 재화는 「부가가치세법」 제11조 제1항 제1호의 규정에 의하여 영세율이 적용되는 것임(재정경제부부가가치세제과-479,2007.06.21.)

② **대행수수료**

수출품 생산업자가 외국수입상으로부터 원신용장을 개설 받아 동 신용장을 수출업자에게 양도하고 수출업자가 개설한 완제품 내국신용장에 의하여 수출재화를 생산 · 수출함에 있어 계약상 수출제비용 및 수출 후 하자의 책임이 원 신용장을 개설받은 수출품 생산업자에 귀속되어 수출품 생산업자가 자기책임 하에 수출하는 경우는 대행 수출에 해당하는 것으로 이 경우 수출업자는 수출품 생산업자로부터 받는 대행수수료에 대하여 수입금액으로 계상하고 세금계산서를 교부하여야 한다.(부가22601-1868,1987.09.08.)

4 부가가치세 신고

4-1 조기환급신고

(1) 일반환급

납세지 관할 세무서장은 각 과세기간별로 그 **과세기간에 대한 환급세액**을 확정신고한 사업자에게 그 **확정신고기한**이 지난 후 30일 이내에 환급하여야 한다.(부가법 §59)

(2) 조기환급 사유

영세율을 적용받는 경우에는 부가가치세 환급세액을 각 예정신고기간별로 그 예정신고 기한이 지난 후 15일 이내에 예정신고한 사업자에게 조기 환급하여야 한다.(부가령 §107) 조기환급을 받을 수 있는 사업자는 해당 영세율 등 조기환급신고기간 · 예정신고기간 또는 과세기간중에 각 신고기간 단위별로 영세율의 적용대상이 되는 과세표준이 있는 경우에 한한다.(부기통 59-107-1)

⊕ 보충 설명 영세율 이외 조기환급 사유(부가령 §107)

- 사업 설비(감가상각자산)를 신설 · 취득 · 확장 또는 증축하는 경우
- 조기환급기간, 예정신고기간 또는 과세기간의 종료일 현재 조세특례제한법 시행령 제34조제7항에 따른 재무구조개선계획승인권자가 승인한 같은 조 제6항 제1호, 제2호 또는 제4호에 따른 계획을 이행 중인 경우

관련 예규 리스시설에 대한 조기환급

납세의무 있는 사업자가 사업설비를 신설 · 취득 · 확장 등의 목적으로 해당 시설 등을「여신전문금융업법」 제3조에 따라 등록한 시설대여업자로부터 임차하고 영 제69조 제8항에 따라 공급자 또는 세관장으로부터 세금계산서를 발급받은 경우에는 법 제59조 제2항에 따라 조기환급을 받을 수 있다. 이 경우 사업설비란「소득세법 시행령」 제62조 및「법인세법 시행령」제24조에 규정하는 감가상각자산을 말한다.(부기통 59-107-4)

(3) 조기환급세액 계산

조기환급세액은 영의 세율이 적용되는 공급분에 관련된 매입세액 · 시설투자에 관련된 매입세액 또는 국내공급분에 대한 매입세액을 구분하지 아니하고 **사업장별**로 해당 매출세액에서 매입세액을 공제하여 계산한다.(부기통 59–107–2)

(4) 조기환급신고

사업자가 예정신고기간 중 또는 과세기간 최종 3개월 중 **매월** 또는 **매 2월**에 조기환급기간이 **끝난 날부터** 25일 이내에 조기환급기간에 대한 과세표준과 환급세액을 관할 세무서장에게 신고하는 경우에는 조기환급기간에 대한 환급세액을 각 조기환급기간별로 해당 조기환급신고기한이 지난 후 15일 이내에 사업자에게 환급하여야 한다.(부가령 §107④)

① 제출서류

조기환급을 신고할 때에는 영세율 등 조기환급신고서에 해당 과세표준에 대한 영세율첨부서류와 매출 · 매입처별 세금계산서합계표를 첨부하여 제출하여야 한다.(부가령 §107 ⑤) 조기환급신고시 매출 · 매입처별 세금계산서합계표를 제출한 경우에는 예정신고 또는 확정신고 시 매출 · 매입처별 세금계산서합계표를 제출한 것으로 본다.(부가령 §107 ⑥)

② 사업장이 2 이상인 경우 조기환급신고

사업자가 어느 한 사업장에서 조기환급사유가 발생하는 경우 해당 사업장의 거래분만을 조기환급신고할 수 있다. 다만, 주사업장 총괄 납부 사업자의 경우에는 그러하지 아니하다.(부기통 59–107–3)

관련 예규 세금계산서합계표

- 총괄납부사업자의 경우 부가가치세법시행령 제73조 제3항의 규정에 의한 영세율등 조기환급기간의 조기환급세액은 각 사업장 납부세액과 환급세액을 차감하여 계산한다.(간세1235–1023, 1979.03.31.)
- 주사업장 총괄납부 승인을 받은 사업자가 주사업장 관할세무서에 종사업장 납부(환급)세액을 총괄하여 납부함에 있어서 영세율 등 조기환급신고서와 폐업에 따른 부가가치세 확정신고서를 해당 종사업장 관할세무서장에게 제출하고 주사업장 관할세무서장에게는 『사업장별 부가가치세 과세표준 및 납부(환급)세액 신고명세서』를 제출한 경우 당해 신고에 따른 환급과 납부는 주사업장 관할세무서에서 총괄하는 것입니다.(제도46015–11227, 2001.05.23.)

4-2 부가가치세 신고 및 납부

(1) 예정신고

사업자는 각 과세기간 중 예정신고기간이 끝난 후 25일 이내에 각 예정신고기간에 대한 과세표준과 납부세액 또는 환급세액을 납세지 관할 세무서장에게 신고하여야 한다. 다만, 신규로 사업을 시작하거나 시작하려는 자에 대한 최초의 예정신고기간은 사업 개시일(사업 개시일 이전에 사업자등록을 신청한 경우에는 그 신청일을 말한다)부터 그 날이 속하는 예정신고기간의 종료일까지로 한다.(부가법 §48 ①)

① 월별조기환급신고자

예정신고서를 작성함에 있어 해당 예정신고기간의 과세표준과 납부세액 또는 환급세액에서 영세율 등 조기환급신고시 이미 신고한 내용을 제외한다.(부가집 48-90-1 ③)

② 영세율매출명세서와 영세율첨부서류

부가가치세 예정신고서를 제출할 때에는 영세율을 적용하여 재화를 공급한 경우에는 **영세율매출명세서**와 **영세율첨부서류**를 함께 제출하여야 한다.(부가령 §90③) **영세율 첨부서류를 해당 신고서에 첨부하지 아니한 부분은 신고로 보지 아니한다.**(부가령 §90⑧)

③ 예정신고납부

사업자는 예정신고를 할 때 그 예정신고기간의 납부세액을 부가가치세 **예정신고서**와 함께 각 납세지 관할 세무서장에게 **납부**하거나 납부서를 작성하여 한국은행(그 대리점을 포함한다) 또는 체신관서에 **납부**하여야 한다.(부가법 §48 ②)

④ 일반환급신고자

예정신고기한에 일반 환급세액이 발생한 경우에는 확정신고시 납부세액에서 **'예정신고 미환급세액'**으로 차감한다.(부가법 §59) 따라서, 예정신고기간에는 일반환급은 발생하지 않는다.

보충 설명 부가가치세 예정신고의 성립과 확정

- 부가가치세는 신고납세방식의 조세로서 납세의무자가 그 과세표준과 세액을 신고하는 때에 세액이 확정되는 것인바, 부가가치세법 제18조 제1항에 의한 **부가가치세의 예정신고와 그에 따른 납부는 당해 과세기간의 종료 후 확정 신고할 때에 정산함을 전제로 예납하는 것에 불과하고**(의정부지방법원 2009. 5. 12. 선고 2008구합4089 판결), 국세기본법 제21조 제2항 4호, 같은 법 제22조에 따라 **부가가치세 납세의무는 당해 과세기간이 종료하는 때에 성립하고 그에 대한 과세표준과 세액을 신고하는 때에 확정된다.**
- 예정신고 누락분도 확정신고대상이 되므로 확정신고에 대한 수정신고 또는 경정 등의 청구기한 내에 수정신고 또는 경정 등의 청구를 할 수 있음(서삼46019-10436, 2001.10.11)

(2) 확정신고

사업자는 각 과세기간에 대한 과세표준과 납부세액 또는 환급세액을 그 과세기간이 끝난 후 25일(폐업하는 경우 폐업일이 속한 달의 다음 달 25일) 이내에 납세지 관할 세무서장에게 신고하여야 한다.(부가법 §49 ①)

① 예정신고자 및 월별조기환급신고자

예정신고를 한 사업자 또는 조기에 환급을 받기 위하여 신고한 사업자는 이미 신고한 과세표준과 납부한 납부세액 또는 환급받은 환급세액은 신고하지 아니한다.(부가법 §49 ① 단서)

② 영세율매출명세서와 영세율첨부서류

부가가치세 확정신고서를 제출할 때에는 영세율을 적용하여 재화를 공급한 경우에는 **영세율매출명세서**와 **영세율첨부서류**를 함께 제출하여야 한다.(부가령 §91②) **영세율 첨부서류를 해당 신고서에 첨부하지 아니한 부분은 신고로 보지 아니한다.**(부가령 §91③)

③ 확정신고납부

사업자는 확정신고를 할 때 조기 환급을 받을 환급세액 중 환급되지 아니한 세액 등을 확정신고 시의 납부세액에서 빼고 부가가치세 확정신고서와 함께 각 납세지 관할 세무서장에게 납부하거나 납부서를 작성하여 한국은행등에 납부하여야 한다.(부가법 §49②)

④ **일반환급신고자**

납세지 관할 세무서장은 각 과세기간별로 그 과세기간에 대한 환급세액을 확정신고한 사업자에게 그 확정신고기한이 지난 후 30일 이내에 환급하여야 한다.(부가법 § 59)

▶ **계속사업자 예정신고와 확정신고 · 납부기한**

구분	제1기 과세기간		제2기 과세기간	
	예정신고	확정신고	예정신고	확정신고
	1.1 ~ 3.31	4.1 ~ 6.30	7.1 ~ 9.30	10.1 ~ 12.31
신고납부기한	4.25	7.25	10.25	1.25

5 영세율 관련 가산세

세법에서 규정한 의무를 위반한 경우에는 가산세를 부과한다. 가산세는 해당 의무가 규정된 세법의 해당 국세의 세목(稅目)으로 한다. 다만, 해당 국세를 감면하는 경우에는 가산세는 그 감면대상에 포함시키지 아니하는 것으로 한다.(국기법 §47)

5-1 조기환급 관련 가산세

(1) 조기환급신고 누락분 정기신고 제출

① **세금계산서합계표**

월별 조기환급 시 매출세금계산서합계표 또는 매입처별세금계산서합계표를 누락했었으나, 예정 또는 확정신고 때 제출하는 경우에는 가산세를 적용하지 않는다.

관련 예규 세금계산서합계표

■ (매출처별세금계산서합계표) 사업자가 부가가치세법시행령 제73조 제3항의 규정에 의하여 영세율 등 조기환급신고기간에 대한 환급세액을 신고함에 있어서 당해 조기환급기간에 재화 또는 용역을 공급하고 교부한 세금계산서에 대하여 매출처별세금계산서합계표를 제출하지 아니하였으나, 같은법 제18조 및 제19조의 규정에 의하여 당해 세금계산서에 대한 매출처별세금계산서합계표를 제출한 경우에는 부가가치세법 제22조 제3항의 규정에 의한 가산세를 적용할 수 없는 것이다.(서삼46015-11363, 2002.08.20.)

■ (매입처별세금계산서합계표) 사업자가 「부가가치세법 시행령」 제73조 제3항의 규정에 의하여 4월분 과세표준과 환급세액에 대하여 영세율 등 조기환급신고서를 제출한 후 당해 영세율 등 조기환급신고시 누락한 4월분 매입세금계산서는 확정신고시 제출하는 것이며, 당해 매입세금계산서를 5월분 과세표준과 환급세액에 대하여 영세율 등 조기환급신고서를 제출하면서 포함하여 제출한 경우 「부가가치세법」 제22조 제5항 및 「국세기본법」 제47조의 4에서 규정하는 가산세는 적용하지 아니하는 것임.(서면인터넷방문상담3팀-1904, 2007.07.05.)

② 영세율과세표준 신고불성실가산세

사업자가 영세율 등 조기환급기간에 대한 환급세액을 신고함에 있어 신고하여야 할 과세표준 중 일부분을 누락하여 신고한 경우에도 영세율 과세표준 신고불성실가산세는 적용하지 아니한다.(부가1265.1-1200, 1984.06.18.)

③ 납부지연가산세

영세율 등 조기환급신고의 내용에 오류 또는 탈루가 있어 경정하는 경우 초과환급가산세는 적용되지 아니하는 것이나, 납부지연가산세는 적용되는 것이다.(징세과-186, 2014.02.12, 기획경제부 조세정책과-170, 2008.02.15.)

▶ **납부지연가산세**

납세의무자가 법정납부기한까지 국세의 납부(예정신고납부를 포함)를 하지 아니하거나 납부하여야 할 세액보다 적게 납부(과소납부)하거나 환급받아야 할 세액보다 많이 환급(초과환급)받은 경우에는 다음의 금액을 합한 금액을 가산세로 한다.(국기법 §47의4)

㉮ 납부하지 아니한 세액 또는 과소납부분 세액(이자 상당 가산액 포함) × 법정납부기한의 다음 날부터 납부일까지의 기간(**납부고지일부터 납부고지서에 따른 납부기한까지의 기간은 제외**한다) × 0.022%

㉯ 초과환급받은 세액(이자상당가산액 포함) × 환급받은 날의 다음 날부터 납부일까지의 기간(**납부고지일부터 납부고지서에 따른 납부기한까지의 기간은 제외**한다) × 0.022%

㉰ 법정납부기한까지 납부하여야 할 세액(이자 상당 가산액 포함) 중 납부고지서에 따른 납부기한까지 납부하지 아니한 세액 또는 과소납부분 세액 × 100분의 3(국세를 납부고지서에 따른 납부기한까지 완납하지 아니한 경우에 한정한다)

(2) 예정 · 확정신고 전 조기환급 경정

① 세금계산서불성실가산세

예정 또는 확정신고기한 전에 경정하는 경우에는 세금계산서 불성실가산세를 부과한다.(기획재정부부가-404(2008.10.15)

관련 예규 세금계산서불성실가산세

「부가가치세법 시행령」 제73조 제3항에 따른 영세율 등 조기환급신고에 대하여 같은법 시행령 제68조 제2항 제5호의 규정에 따라 부가가치세의 과세표준과 환급세액을 조사에 의하여 같은법 제18조 또는 제19조에 의한 신고기한 전에 경정하는 경우, 「부가가치세법」 제22조 제3항 제3의 2호의 규정에 의한 세금계산서 불성실가산세를 부과하는 것임.(기획재정부부가-404(2008.10.15)

② 납부지연가산세

영세율 등 조기환급신고의 내용에 오류 또는 탈루가 있어 경정하는 경우 초과환급가산세는 적용되지 아니하는 것이나, 납부지연가산세는 적용되는 것입니다.(징세과-186 , 2014.02.12, 기획경제부 조세정책과-170, 2008.02.15.)

(3) 예정 · 확정신고 후 조기환급경정

월별조기환급신고한 사업자의 영세율 등 조기환급신고서에 첨부된 매입처별세금계산서합계표의 기재사항이 사실과 다르게 기재된 경우에는 해당 예정신고 또는 확정신고 기한이 지난 후에 매입처별세금계산서합계표불성실가산세, 초과환급신고불성실가산세를 부과할 수 있다.(부가집 60-0-11)

▶ 조기환급 관련 가산세 요약

<table>
<tr><th colspan="2">구분</th><th>조기환급</th><th>경정(전)</th><th>정기신고</th><th>경정(후)</th></tr>
<tr><td colspan="2">영세율신고</td><td>×</td><td>×</td><td colspan="2">영세율과세표준 신고불성실가산세</td></tr>
<tr><td rowspan="2">매출</td><td>세금계산서</td><td colspan="4">세금계산서 불성실가산세</td></tr>
<tr><td>합계표</td><td>×</td><td>×</td><td colspan="2">합계표가산세</td></tr>
<tr><td rowspan="2">매입</td><td>세금계산서</td><td colspan="4">세금계산서 불성실가산세</td></tr>
<tr><td>합계표</td><td>×</td><td>×</td><td colspan="2">합계표가산세</td></tr>
<tr><td colspan="2">신고</td><td>×</td><td>×</td><td colspan="2">신고불성실</td></tr>
<tr><td colspan="2">환급</td><td colspan="4">납부지연가산세</td></tr>
</table>

5-2 영세율과세표준 신고불성실가산세

(1) 영세율과세표준 무신고가산세

부가가치세법에 따른 사업자가 같은 법 예정신고, 확정신고, 간이과세자의 신고를 하지 아니한 경우로서 부가가치세법 또는 조세특례제한법에 따른 영세율이 적용되는 과세표준이 있는 경우에는 **영세율과세표준의 1천분의 5**에 상당하는 금액을 더한 금액을 가산세로 부과한다.(국기법 §47의2②2호)

(2) 영세율과세표준 과소신고가산세

부가가치세법에 따른 사업자가 예정신고, 확정신고, 예정부과와 납부, 간이과세자의 신고를 한 경우로서 영세율과세표준을 **과소신고**하거나 **신고하지 아니한 경우**에는 과소신고되거나 무신고된 **영세율과세표준의 1천분의 5**에 상당하는 금액을 더한 금액을 가산세로 부과한다.(국기법 §47의3②2호)

① **영세율첨부서류 미제출**

예정 · 확정신고를 하는 경우에 영세율 첨부서류를 해당 신고서에 첨부하지 아니한 부분은 신고로 보지 아니한다.(부가령 §90⑧, §91③) 다만, 수출실적명세서, 내국신용장 · 구매확인서 전자발급명세서와 영세율첨부서류제출명세서의 기재사항이 착오로 기재되었으나 관련 증명자료 등에 의하여 그 사실이 확인되는 경우에는 가산세를 적용하지 아니한다.(국기령 §27의2②)

관련 예규 영세율과세표준 과소신고가산세

- (과다 기재한 영세율과세표준에 대한 가산세) 영세율이 적용되는 사업자가 영세율 붙임서류를 정상적으로 제출하였으나 그 신고한 과세표준이 신고하여야 할 과세표준보다 과다하게 신고한 경우에는 영세율과세표준신고불성실가산세를 적용하지 아니한다.(부가집 60-0-13)
- (영세율 붙임서류 미제출에 따른 가산세) 영세율 붙임서류 없이 영세율 과세표준을 신고한 경우 해당 과세표준이 영세율 적용대상임이 확인되는 때에는 영세율을 적용하나, 영세율과세표준신고불성실가산세를 적용한다.(부가집 60-0-16)

관련 예규 영세율첨부서류만 제출(예규 상충)

- 사업자가 부가가치세 신고 시 영세율이 적용되는 과세표준에 대하여 첨부서류만을 제출하고 과세표준신고서에 기재하지 아니한 경우에는 「부가가치세법」 제22조 제7항의 규정에 따라 영세율과세표준불성실가산세가 적용되는 것임.(부가가치세과-475 , 2009.04.07.)
- 「부가가치세법 시행령」 제64조 및 제65조에 따른 부가가치세 예정신고서 또는 부가가치세 확정신고서를 작성할 때 영세율이 적용되는 과세표준을 과세표준란에 기재하지 않았으나 「부가가치세법 시행령」 제64조 제9항 및 제65조 제4항에 따른 서류를 첨부하여 제출한 경우에는 법 제22조 제7항을 적용하지 아니하는 것임.(부가가치세제과-444, 2009.06.26.)

6 수출매출채권 대손상각

수출상이 외상매출로 수출하는 경우, 수입상의 파산·행방불명 등으로 사유로 인하여 수출매출채권의 전부 또는 일부가 대손 되어 회수할 수 없는 경우에는 해당 채권의 금액(대손금)은 사업연도의 소득금액을 계산할 때 손금에 산입한다.(법인법§19조의2 ①)

관련 판례 대손상각

법인세법상 대손금이란 법인의 채권 가운데 회수할 수 없게 된 채권으로서 청구권이 법적으로 소멸하였거나, 법적으로 소멸하지 아니하였더라도 채무자의 자산상황, 지급능력 등에 비추어 회수불가능하게 된 것을 의미(대법원 2004. 9. 23. 선고 2003두6870)

6-1 회계처리

일반기업회계기준에서는 수출매출채권이 발생한 경우 대손상각비로 계상한다. 이 경우 상거래에서 발생한 매출채권에 대한 대손상각비는 **판매비와 관리비**로 처리하고, 기타 채권에 대한 대손상각비는 **영업외비용**으로 처리한다.(일반기준 6.17의2)

▶ **일반기업회계기준**

6.17의2 회수가 불확실한 금융자산(제2절 '유가증권' 적용대상 금융자산은 제외)은 합리적이고 객관적인 기준에 따라 산출한 대손추산액을 대손충당금으로 설정한다.

(1) 대손추산액에서 대손충당금잔액을 차감한 금액을 대손상각비로 계상한다. 이 경우 상거래에서 발생한 매출채권에 대한 대손상각비는 판매비와 관리비로 처리하고, 기타 채권에 대한 대손상각비는 영업외비용으로 처리한다.

(2) 회수가 불가능한 채권은 대손충당금과 상계하고 대손충당금이 부족한 경우에는 그 부족액을 대손상각비로 처리한다.

6-2 법인세 처리

(1) 대손금 대상채권

법인세법 규정에 비추어보면 대손처리가 인정되는 채권은 원칙적으로 상거래에 발생한 매출채권 뿐만 아니라 기타 채권을 대상으로 한다. 다만, 채무보증으로 인하여 발생한 구상채권, 특수관계인의 가지급등은 대손금 대상채권에서 제외한다.(법인법§19조의2 ②)

(2) 대손금 제외채권

① 구상채권

채무보증으로 인하여 발생한 구상채권(求償債權)은 원칙적으로 대손금 제외채권에 해당한다. 다만, 독점규제 및 공정거래에 관한 법률 제10조의2 각 호의 어느 하나에 해당하는 채무보증 등은 대손금 대상채권에 해당한다.

보충설명 대손금 대상채권에 해당하는 구상채권(법인령§19조의2 ⑥)

1. 독점규제 및 공정거래에 관한 법률 제10조의2제1항 각 호의 어느 하나에 해당하는 채무보증
   - 조세특례제한법에 따른 합리화기준에 따라 인수되는 회사의 채무와 관련된 채무보증
   - 기업의 국제경쟁력 강화를 위하여 필요한 경우 등 대통령령으로 정하는 경우에 대한 채무보증
2. 금융회사 등이 행한 채무보증
3. 법률에 따라 신용보증사업을 영위하는 법인이 행한 채무보증
4. 대 · 중소기업 상생협력 촉진에 관한 법률에 따른 위탁기업이 수탁기업협의회의 구성원인 수탁기업에 대하여 행한 채무보증
5. 건설업 및 전기 통신업을 영위하는 내국법인이 건설사업과 직접 관련하여 특수관계인에 해당하지 아니하는 자에 대한 채무보증(다만, 법소정의 사회기반시설에 대한 민간투자법의 사업시행자에 대한 채무보증은 특수관계인에 대한 채무보증을 포함)

관련 판례 대손금

법인세법상 대손금의 형태가 그에 대응한 청구권이 법적으로는 소멸되지 않고 채무자의 자산상황, 지급능력 등에 비추어 자산성의 유무에 대하여 회수불능이라는 회계적 인식을 한 경우에 불과하다면, 이는 채권 자체는 그대로 존재하고 있으므로, 법인이 회수불능이 명백하게 되어 대손이 발생하였다고 회계상의 처리를 하였을 때에 한하여 이것이 세무회계상 법인세법령에 따른 대손의 범위에 속하는지 여부를 가려 그 대손이 확정된 사업연도의 손금으로 산입할 수 있는 것이고, 보증채무를 이행한 보증인은 주채무자나 다른 연대보증인들에 대하여 그 변제금액에 상당한 구상채권을 취득하게 되므로, 그 보증채무의 이행으로 곧바로 그 변제금액에 상당한 보증인의 자산을 감소시키는 손비가 발생하였다고 볼 수는 없으며, 다만, 그 보증채무의 이행 당시 주채무자 및 다른 연대보증인들이 이미 도산하여 그들에게는 집행할 재산이 없는 등 자력이 전혀 없어 보증인이 주채무자나 다른 연대보증인들에 대하여 그 변제금원에 대한 구상권을 행사할 수 없는 상태에 있었다면 보증인의 구상채권은 회수할 수 없는 채권으로서 보증인에게 귀속된 손비의 금액으로 보아 손금에 산입할 수 있는 것이다.(대법원 2002. 9. 24. 선고 2001두489 판결)

Part 03

② **가지급금**

명칭여하에 불구하고 특수관계인에게 해당 법인의 업무와 관련 없이 지급한 가지급금은 대손금 제외채권에 해당한다. 이 경우 특수관계인에 대한 판단은 대여시점을 기준으로 한다.(법인법§19조의2 ②)

③ **대손세액공제를 받은 부가가치세매출세액미수금**

회수할 수 없는 부가가치세 매출세액미수금 중 부가가치세법」 제45조에 따라 대손세액공제를 받은 금액은 대손금 제외채권에 해당한다.(법인령§19 8호)

저자 주 대손상각과 대손세액공제

부가가치세 일반 과세거래의 매출세액미수금이 회수불능된 경우 해당 매출세액미수금에 대해 부가가치세법상 대손세액공제(부가법§45) 또는 법인세법상 대손상각을 할 수 있다. 하지만, 대손상각을 하는 경우 법인세 한계세율만큼만 감소하므로 매출세액미수금 전액을 공제받을 수 있는 부가가치세법상 대손세액공제를 먼저 적용하는 것이 납세자에게 유리하다.

(3) 대손인정사유

법인세법 대손인정사유는 청구권이 법적으로 소멸한 경우, 청구권이 법적으로는 소멸되지 않고 채무자의 자산상황, 지급능력 등에 비추어 자산성의 유무에 대하여 회수불능이라는 회계적 인식을 한 경우로 구분할 수 있다.

① **청구권이 법적으로 소멸한 경우**(법인령§19조의2)

- 상법에 따른 소멸시효가 완성된 외상매출금 및 미수금
- 어음법에 따른 소멸시효가 완성된 어음
- 수표법에 따른 소멸시효가 완성된 수표
- 민법에 따른 소멸시효가 완성된 대여금 및 선급금
- 채무자 회생 및 파산에 관한 법률에 따른 회생계획인가의 결정 또는 법원의 면책결정에 따라 회수불능으로 확정된 채권
- 서민의 금융생활 지원에 관한 법률에 따른 채무조정을 받아 같은 법 제75조의 신용회복지원협약에 따라 면책으로 확정된 채권

② **청구권이 법적으로는 소멸되지 않고 채무자의 자산상황, 지급능력 등에 비추어 자산성의 유무에 대하여 회수불능이라는 회계적 인식을 한 경우**(법인령§19조의2)

- 민사집행법 제102조에 따라 채무자의 재산에 대한 경매가 취소된 압류채권
- 물품의 수출 또는 외국에서의 용역제공으로 발생한 채권으로서 기획재정부령으로 정하는 사유에 해당하여 무역에 관한 법령에 따라 무역보험법 제37조에 따른 한국무역보험공사로부터 회수불능으로 확인된 채권

1. 채무자의 파산 · 행방불명 또는 이에 준하는 불가항력으로 채권회수가 불가능함을 현지의 거래은행 · 상공회의소 · 공공기관 또는 해외채권추심기관(한국무역보험공사와 대외채권 추심 업무 수행에 관한 협약을 체결한 외국의 기관을 말한다.)이 확인하는 경우
2. 거래당사자 간에 분쟁이 발생하여 중재기관 · 법원 또는 보험기관 등이 채권금액을 감면하기로 결정하거나 채권금액을 그 소요경비로 하기로 확정한 경우(채권금액의 일부를 감액하거나 일부를 소요경비로 하는 경우에는 그 감액되거나 소요경비로 하는 부분으로 한정한다)
3. 채무자의 인수거절 · 지급거절에 따라 채권금액의 회수가 불가능하거나 불가피하게 거래당사자 간의 합의에 따라 채권금액을 감면하기로 한

경우로서 이를 현지의 거래은행 · 검사기관 · 공증기관 또는 공공기관이 확인하는 경우(채권금액의 일부를 감액한 경우에는 그 감액된 부분으로 한정한다)

- 채무자의 파산, 강제집행, 형의 집행, 사업의 폐지, 사망, 실종 또는 행방불명으로 회수할 수 없는 채권
- 부도발생일부터 6개월 이상 지난 수표 또는 어음상의 채권 및 외상매출금[중소기업의 외상매출금으로서 부도발생일 이전의 것에 한정한다]. 다만, 해당 법인이 채무자의 재산에 대하여 저당권을 설정하고 있는 경우는 제외한다.
- 중소기업의 외상매출금 및 미수금(이하 "외상매출금등"이라 한다)으로서 회수기일이 2년 이상 지난 외상매출금등. 다만, 특수관계인과의 거래로 인하여 발생한 외상매출금등은 제외한다.
- 재판상 화해 등 확정판결과 같은 효력을 가지는 것으로서 기획재정부령으로 정하는 것에 따라 회수불능으로 확정된 채권
- 회수기일이 6개월 이상 지난 채권 중 채권가액이 30만원 이하(채무자별 채권가액의 합계액을 기준으로 한다)인 채권
- 법인세법시행령 제61조 제2항 각 호 외의 부분 단서에 따른 금융회사 등의 채권(같은 항 제13호에 따른 여신전문금융회사인 신기술사업금융업자의 경우에는 신기술사업자에 대한 것에 한정한다) 중 다음 각 목의 채권
  가. 금융감독원장이 기획재정부장관과 협의하여 정한 대손처리기준에 따라 금융회사 등이 금융감독원장으로부터 대손금으로 승인받은 것
  나. 금융감독원장이 가목의 기준에 해당한다고 인정하여 대손처리를 요구한 채권으로 금융회사 등이 대손금으로 계상한 것
- 벤처투자 촉진에 관한 법률 제2조제10호에 따른 중소기업창업투자회사의 창업자에 대한 채권으로서 중소벤처기업부장관이 기획재정부장관과 협의하여 정한 기준에 해당한다고 인정한 것

(4) 손금산입 시기

청구권이 법적으로 소멸한 경우(경매가 취소된 압류채권 포함)에는 **해당 사유가 발생한 날**, 청구권이 법적으로는 소멸되지 않고 채무자의 자산상황, 지급능력 등에 비추어 자산성의 유무에 대하여 회수불능이라는 회계적 인식을 한 경우(경매가 취소된 압류채권 제외)에는 해당 사유가 발생하여 **손비로 계상한 날**을 대손금으로 손금산입한다.(법인령§19조의2 ③)

관련예규 약정에 의한 채권포기액의 대손처리

■ (약정에 의한 채권포기액의 대손처리) 약정에 의하여 채권의 전부 또는 일부를 포기하는 경우에도 이를 대손금으로 보지 아니하며 기부금 또는 접대비로 본다. 다만, 특수관계자 외의 자와의 거래에서 발생한 채권으로서 채무자의 부도발생 등으로 장래에 회수가 불확실한 어음·수표상의 채권 등을 조기에 회수하기 위하여 당해 채권의 일부를 불가피하게 포기한 경우 동 채권의 일부를 포기하거나 면제한 행위에 객관적으로 정당한 사유가 있는 때에는 동 채권포기액을 손금에 산입한다.(법기통 19의2-5)

■ (소멸시효가 완성된 채권의 대손금 처리) 소멸시효가 완성되어 회수할 수 없는 채권액은 그 소멸시효가 완성된 날이 속하는 사업연도의 손금으로 산입하는 것이나, 정당한 사유없이 채권회수를 위한 제반 법적조치 등을 취하지 아니함에 따라 채권의 소멸시효가 완성된 경우에는 그 소멸시효 완성일이 속하는 사업연도에 접대비 또는 기부금으로 본다.(법인집 19의2-9)

보충설명 한국무역보험공사 해외채권 회수불능 확인업무 안내

1. **대상채권** : 수출 또는 외국에서의 용역제공으로 발생한 채권으로 법인세법 시행규칙 10조의4(회수불능 사유 및 회수불능 확정채권의 범위)에 해당하는 회수불능 채권

   〈회수불능 사유 및 회수불능 확정채권의 범위〉

   1) 채무자의 파산·행방불명 또는 이에 준하는 불가항력으로 채권회수가 불가능함을 현지의 거래은행·상공회의소 또는 공공기관이 확인하는 경우
   2) 거래당사자 간에 분쟁이 발생하여 중재기관·법원 또는 보험기관 등이 채권금액을 감면하기로 결정하거나 그 소요경비로 하기로 확정된 경우
   3) 채무자의 인수거절·지급거절에 따라 채권금액의 회수가 불가능하거나 거래당사자 간의 합의에 따라 채권금액을 불가피하게 감면하기로 한 경우로서 현지의 거래은행·검사기관·공증기관 또는 공공기관이 확인하는 경우

2. **심사방법 및 확인내용** : 채권자가 회수불능을 확인할 수 있는 증빙서류를 제출하고 공사는 수출이행 여부, 채권의 만기도과 여부, 확인서 발급기관의 실재여부 및 증빙서류의 형식적 요건 충족 여부 등을 심사하여 「해외채권 회수불능 확인서」를 발급

3. **신청방법** : 사이버영업점(http://cyber.ksure.or.kr)

4. **필요서류**

- 해외채권 회수불능 확인 신청서(첨부 참조)
- 회수불능 상세 사유서
- 채권원인 서류
- 법인세법 시행규칙 10조의4에 따른 회수불능 확인 증빙 서류 등

5. **적용시기**

2021.2.17. 이후 한국무역보험공사로부터 회수불능이 확인되는 경우부터 적용

2025
무역회계와
세무실무

PART 04

기타의 수출입

CHAPTER

01
전자적형태의 무체물의 수출입

02
용역의 수출입

CHAPTER 01

전자적형태의 무체물의 수출입

1 전자적형태의 무체물

1-1 전자적형태의 무체물의 정의

전자적형태의 무체물이란 소프트웨어, 영상물, 음향 · 음성물, 전자서적, 데이터베이스를 말한다.(대외령 §4) 2000년 12월29일 대외무역법 개정을 통하여 온라인 국제거래를 무역의 정의에 포함함으로써 전자적 형태의 무체물에 대한 온라인 수출입도 수출입실적으로 인정받게 되었다.

(1) 소프트웨어

소프트웨어란 컴퓨터, 통신, 자동화 등의 장비와 그 주변장치에 대하여 명령 · 제어 · 입력 · 처리 · 저장 · 출력 · 상호작용이 가능하게 하는 지시 · 명령(음성이나 영상정보 등을 포함한다)의 집합과 이를 작성하기 위하여 사용된 기술서(記述書)나 그 밖의 관련 자료를 말한다.(소프트웨어진흥법 §2 1호)

(2) 영상물, 음향 · 음성물, 전자서적, 데이터베이스

영상물, 음향 · 음성물, 전자서적, 데이터베이스이란 부호 · 문자 · 음성 · 음향 · 이미지 · 영상 등을 디지털방식으로 제작하거나 처리한 자료 또는 정보 등을 말한다. 영상물에는 영화, 게임, 애니메이션, 만화, 캐릭터를 포함한다.(무역규정 §4)

1-2 전자적형태의 무체물의 수출입

전자적형태의 무체물 수출입은 거주자가 비거주자에게 **정보통신망을 통한 전송**과 컴퓨터 등 정보처리능력을 가진 장치에 **저장한 상태로 반출 · 반입한 후 인도 · 인수방법**으로 전자적 형태의 무체물(無體物)을 인도하는 것을 말한다.

전자적형태의 무체물의 수입

2-1 관세부과

관세법 제14조의 규정에 따라 '수입물품'에 관세를 부과하기 때문에 소프트웨어 등 전자적 형태의 무체물은 관세법상 과세대상이 아니다. 다만, 재산적가치가 있는 소프트웨어 등을 마그네틱테이프, 마그네틱디스크 등 전달에 사용되는 매개체인 물품에 수록하여 수입하는 경우에는 수입물품의 가치에 가산하여 관세를 과세하고 있다.

▶전자적형태의 무체물 관세부과

구분	정보통신망을 통한 전송	매개체를 통한 수입
관세부과	X (관세 과세대상이 아님)	매개체 물품 가격에 포함하여 **관세 부과**

(1) 컴퓨터소프트웨어에 대하여 지급되는 권리사용료

컴퓨터소프트웨어에 대하여 지급되는 권리사용료는 컴퓨터소프트웨어가 수록된 마그네틱테이프 · 마그네틱디스크 · 시디롬 및 이와 유사한 물품(관세율표 번호 제8523호에 속하는 것)의 관세 과세가격에 가산하지 않는다.(관세령 §19④)

관세 예규 소프트웨어와 같은 무형재화에 대한 과세

관세의 평가대상은 물품이므로 소프트웨어 자체는 관세의 평가대상이 아닙니다. 그러나, 일반적으로 소프트웨어는 전달에 사용되는 매개체(예 테이프, CD)를 통하여 수입되므로 이를 어떻게 평가하는가가 문제가 됩니다.

우리나라는 관세평가의 대상이 되는 매개체(예 테이프, CD)의 가격과 소프트웨어의 가격 모두를 과세대상으로 산정하고 있으나(소프트웨어의 과세가격 = 매체가격 + 소프트웨어 가격 + 권리사용료), 수입되는 컴퓨터 소프트웨어에 대하여 지급되는 권리사용료는 그 컴퓨터 소프트웨어가 수록된 매체가 마그네틱테이프, 마그네틱디스크, CD-ROM 및 이와 유사한 물품(관세율표 중 세번 HS8523호에 속하는 것에 한함)인 경우 수입물품과 관련성이 없다고 보아 "비과세"합니다.
단, 컴퓨터 소프트웨어의 내용이 음향(sound), 영상(cinematic), 비디오기록(video recordings) 등을 포함하지 않는 '자료나 지침'(Data or Instructions)이어야만 한다는 조건이 있습니다.

■ **예1)** 컴퓨터 소프트웨어 자체가 CD-ROM에 담겨있지 않고 컴퓨터 본체에 수록되어 관세율표 HS8471호로 수입 신고된 경우 및 컴퓨터 소프트웨어가 수록된 매체가 관세율표 중 HS8523호 이외의 호(HS8541 반도체, HS8542 집적회로 등)에 분류되는 물품인 경우는 컴퓨터 소프트웨어에 대하여 지급되는 권리사용료를 전달매체의 과세가격에 포함시켜야 합니다.

※ 참고사항 : 소프트웨어가 수록된 CD(관세율표 중 세번 HS8523호에 속하는 것에 한함)의 과세가격 결정과 관련하여 중요한 사항은 소프트웨어에 대한 대가 지급이 소프트웨어 거래가격의 일부인지 로얄티(권리사용료)인지 여부에 대한 판단입니다.

■ **예2)** 게임 CD에는 '자료나 지침'(Data or Instructions)이 아닌 음향(sound), 영상(cinematic)이 수록되어 있으므로 관세법 시행령 제19조 제4항에 규정하고 있는 '컴퓨터 소프트웨어에 대하여 지급되는 권리사용료를 비과세하는 경우'에 해당하지 않으므로, 동 권리사용료는 수입되는 게임 CD와 관련성이 있고, 동 게임 CD의 수입거래조건으로 지불되는 것으로 보아 "과세"되는 것입니다.

※ 참고사항 : 소프트웨어가 수록된 CD(관세율표 중 세번 HS8523호에 속하는 것에 한함)의 과세가격 결정과 관련하여 중요한 사항은 소프트웨어에 대한 대가 지급이 소프트웨어 거래가격의 일부인지 로얄티(권리사용료)인지 여부에 대한 판단입니다.

■ **예3)** 기계 운영 소프트웨어에 대한 권리사용료 과세 여부란?

컴퓨터 소프트웨어란 "컴퓨터, 통신, 자동화 등의 장비와 그 주변장치에 대하여 명령, 제어, 입력, 처리, 저장, 출력, 상호 작용이 가능하도록 하게 하는 지시, 명령의 집합과 이를 작성하기 위하여 사용된 기술서 기타 관련 자료"를 말하며(소프트웨어산업진흥법 제2조), 산업의 발달에 따라 고성능의 기계에는 프로그램이 가능하거나 이미 제작된 소프트웨어에 의하여 기계가 작동하도록 설계되어 있는데, 예를 들면 휴대폰, 의료장비, 로봇형 공작기계에 사용되는 소프트웨어가 그것인데, 이러한 소프트웨어는 「기계 운영 소프트웨어」로서 '컴퓨터 소프트웨어'의 범주에는 포함되지 않는 것입니다.

기계 운영 소프트웨어에 대하여 지급되는 권리사용료가 과세되는지 여부를 살펴보면,

① 동 소프트웨어가 '기계' 등에 직접 수록되어 있는 경우 → 권리사용료를 기계 등의 과세가격에 가산하여야 합니다.

② 동 소프트웨어가 반도체(HS 8541호), 집적회로(HS 8542호), 하드디스크 및 롬(HS 8471호) 등에 수록되어 있는 경우 → 권리사용료를 전달매체의 과세가격에 가산하여야 합니다.

③ 동 소프트웨어가 CD, 디스켓, 자기테이프 등 HS 8523호에 해당하는 전달매체에 수록되어 있는 경우 → 권리사용료를 전달매체의 과세가격에 가산하여야 합니다.

■ **예4)** 인터넷으로 다운로드되는 소프트웨어는 무형물이므로 관세부과의 대상이 아니며 또한 세관에 수입신고를 하지 않아도 됩니다. 또한 수입되는 물품이 없는 용역비용 지불, 대금은 해외로 지불하고 물품은 국내에서 받는 경우 등도 과세대상이 아닙니다.

■ 소프트웨어의 과세가격은 전달매체의 내용이나 종류에 따라 다음과 같이 결정됩니다.

1. 수입하는 매체에 음성 또는 영상을 제외한 현상 재생용인 컴퓨터 S/W를 수록하여 수입(HS8523호의 무세 해당물품)하는 경우 : **관세는 무세, 부가세는 S/W 권리사용료를 제외한 매체가격에 10%**
2. 수입하는 매체에 음성 또는 영상 재생용인 컴퓨터 S/W를 수록하여 수입(HS8523호 중 무세품목이 아닌 것)하는 경우 : **매체가격에 관세 8%(WTO 양허 0%), 부가세 10%를 과세**
3. 수입하는 매체가 관세율표 중 HS8523호 이외의 호(HS8541 반도체, HS8542 집적회로 등)에 분류되는 것이고, 여기에 S/W를 수록하여 수입하는 경우 : 매체가격에 S/W 권리사용료를 합산한 금액에 관세, 부가세 등을 과세

〈관세청 홈페이지(https://www.customs.go.kr/call/ad/crmcc/selectFaqView.do)〉

2-2 국내원천소득

국내사업장이 없는 외국법인으로부터 소프트웨어를 도입(수입)하는 경우에는 소프트웨어 도입대가에 대해서 국내원천소득으로 조세조약이 있는 경우에는 제한세율로, 조세조약이 없는 경우에는 법인세법 제98조 원천징수세율(사용료소득 20%)로 원천징수한다.(법인법 §93 8호)

▶ 국내원천 사용료소득의 범위

■ **사용료소득** 다음의 어느 하나에 해당하는 권리 · 자산 또는 정보를 국내에서 사용하거나 그 대가를 국내에서 지급하는 경우 그 대가 및 그 권리등을 양도함으로써 발생하는 소득

학술 또는 예술상의 저작물(영화필름을 포함한다)의 저작권, 특허권, 상표권, 디자인, 모형, 도면, 비밀스러운 공식 또는 공정(工程), 라디오 · 텔레비전방송용 필름 및 테이프, 그 밖에 이와 유사한 자산이나 권리
산업상 · 상업상 · 과학상의 지식 · 경험에 관한 정보 또는 노하우
사용지(使用地)를 기준으로 국내원천소득 해당 여부를 규정하는 조세조약에서 사용료의 정의에 포함되는 그 밖에 이와 유사한 재산 또는 권리* * 특허권, 실용신안권, 상표권, 디자인권 등 그 행사에 등록이 필요한 권리가 국내에서 등록되지 아니하였으나 그에 포함된 제조방법 · 기술 · 정보 등이 국내에서의 제조 · 생산과 관련되는 등 국내에서 사실상 실시되거나 사용되는 것

(1) 소프트웨어 정의

소프트웨어라 함은 특정의 결과를 얻기 위하여 컴퓨터 등 정보처리능력을 가진 기계장치 내에 직접 또는 간접적으로 사용되는 일련의 지시 또는 명령(이하 "프로그램"이라 한다) 및 동 프로그램과 관련되어 사용되는 설명서, 기술서 및 기타 보고서 등을 말한다.(법기통93-132-8 ①)

(2) 소득 구분

소프트웨어의 국내도입자가 외국법인에게 지급하는 대가는 당해 거래의 성격에 따라 다음 각 호와 같이 구분한다.(법기통93-132-8 ②) 외국으로부터 소프트웨어를 도입하는 경우 동 도입 댓가로서 비거주자 또는 외국법인이 지급받는 사용료 소득에 대하여는 관세의 부과여부에 관계없이 소득세 또는 법인세를 과세한다.(재국조22601-1022, 1989.09.27.)

① 학술 등 이와 유사한 자산이나 권리의 사용료소득

소프트웨어 저작권자로부터 당해 소프트웨어의 **저작권을 양수하고 지급하는 대가** 및 소프트웨어의 **복제권**, 배포권, 개작권 등의 사용 또는 사용할 권리의 대가는 법 제93조 제8호 가목에 규정하는 사용료에 해당한다.

② 지식 · 경험에 관한 정보 또는 노하우의 사용료소득

저작권 양수, 복제권 등 이외의 방식으로 도입되는 것으로, 다음에서 열거하는 경우

에 지급되는 소프트웨어의 대가는 법 제93조 제8호 나목에 규정하는 사용료에 해당한다.

해당 소프트웨어의 비공개 원시코드(source code)가 제공되는 경우
원시코드가 제공되지 않는 경우에는 국내도입자의 개별적인 주문에 의해 제작 · 개작된 소프트웨어가 제공된 경우
소프트웨어의 지급대가가 당해 소프트웨어의 사용형태 또는 재생산량의 규모 등 소프트웨어의 사용과 관련된 일정기준에 기초하여 결정되는 경우

③ **소프트웨어의 인적용역소득 또는 사업소득**

소프트웨어의 국내도입자가 외국의 소프트웨어 개발업자에게 도입자의 비용과 책임으로 자기가 원하는 소프트웨어를 개발하여 제작해 줄 것을 의뢰하고 도입한 것으로서 자기가 그 도입한 소프트웨어에 대한 포괄적인 권리(저작권을 포함한다)를 원시적으로 취득하고 지급하는 대가는 제2항 제2호의 사용료소득에 해당되지 아니하고 인적용역소득 또는 사업소득에 해당한다.(국조집 93-132-7)

(3) 원천징수 대상

원천징수대상이 되는 소프트웨어의 대가의 범위는 다음에 의한다.(법기통93-132-8 ③)

구분	원천징수대상
하드웨어와 함께 도입되는 소프트웨어로서 당해 소프트웨어의 가격이 하드웨어의 가격과 분리 가능한 경우	소프트웨어 대가 부분만 원천징수
소프트웨어를 담고 있는 매체나 용기의 가격비중이 전체 도입대가에 비하여 미미한 경우	그 매체나 용기의 가액을 포함한 전체 도입대가에 대하여 원천징수

관련 예규 사용료소득 등

- 내국법인이 국내사업장이 없는 프랑스법인으로부터 소프트웨어의 도입함에 있어 해당 소프트웨어의 비공개 원시코드를 제공받지 않고, 해당 소프트웨어가 내국법인의 주문에 의해 별도의 제작이나 개작이 이루어진 것이 아닌 정형화된 제품으로 불특정 다수인에게 판매가 가능하고, 소프트웨어의 도입대가가 해당 소프트웨어의 사용과 관련된 일정기준에 기초하여 결정되지 않고 고정액 지급인 경우, 내국법인이 프랑스법인에게 지급하는 소프트웨어의 도입대가는 「한-프랑스 조세조약」 제12조 및 「법인세법」 제93조 제8호에 따른 국내원천 사용료소득에 해당하지 않습니다.

다만 내국법인이 소프트웨어 저작권의 사용, 기술이전 및 특정 노하우나 정보를 도입할 목적으로 해당 소프트웨어를 수입함에 따라 프랑스법인에 지급하는 대가는 「한-프랑스 조세조약」 제12조 및 「법인세법」 제93조 제8호에 따른 사용료소득에 해당합니다.(국제세원관리담당관실-276 , 2012.06.05.)

- 내국법인이 국내사업장이 없는 네덜란드법인으로부터 소프트웨어를 도입함에 있어, 당해 소프트웨어가 불특정 다수의 업체에서 범용할 수 있도록 상용화된 소프트웨어로서 비공개 원시코드가 제공되지 않고 그 도입과 관련하여 특별한 교육이나 훈련이 필요하지 아니하며 이를 별도의 주문에 의하여 특별한 개작 없이 구입한 것이라면 단순히 상품을 수입한 것에 해당하여 그 도입대가는 「법인세법」 제93조 제8호 및 한-네덜란드 조세조약 제12조의 사용료소득에 해당하지 아니합니다.(국제세원관리담당관실-500 , 2011.10.20.)
- 범용화된 소프트웨어인지 판단할 때에는 '개별 사용자에게 맞춤화되어 있지 않아 동일한 소프트웨어를 여러 사용자가 사용할 수 있는지' 여부가 중요한 기준이 되어야 하는바 이 사건 소프트웨어는 각 고객사에 맞춤화하는 과정 없이도 이용할 수 있었던 것으로 보이므로 이 사건 지급금을 이 사건 소프트웨어의 구입대가가 아닌 관련된 노하우등에 대한 대가라고 단정하기는 어려움(대법원-2022-두-36155, 2022.06.16.) → 사용료소득이 아닌 사업소득에 해당한다.[저자 주]
- 「법인세법」 제94조의 국내사업장이 있는 외국법인이 국내 사업자에게 소프트웨어를 공급할 때, 해당 용역이 국내사업장을 통해 제공되었는지 여부는 외국법인이 제공한 해당 용역의 중요하고도 본질적인 부분이 국내사업장을 통해 이루어졌는지를 근거로 판단하는 것이며, 이는 계약내용 · 계약체결 경위 · 실제 용역 제공 방식 등을 종합적으로 감안하여 사실판단할 사항입니다.(기획재정부 부가가치세제과-242, 2023.03.30.)

2-3 소프트웨어의 자산계정 분류

(1) 회계처리

컴퓨터소프트웨어를 일반기업회계기준에서는 **무형자산**으로 분류하고 있다.(일반기준 11.40) 다만, 고가의 수치제어 공작기계가 그 기계를 제어하는 소프트웨어가 없으면 가동이 불가능한 경우에는 그 소프트웨어를 공작기계의 일부로 보아 기계와 소프트웨어 모두를 유형자산으로 분류한다. 그러나 관련 유형자산의 일부로 볼 수 없는 소프트웨어는 무형자산으로 분류한다.(일반기준 실11.3)

(2) 법인세처리

법인이 지출한 소프트웨어 자체개발비용의 개발비 해당여부는 **'개발비'**(법인세법시행령 제24조 제1항 제2호 바목)의 규정에 의하는 것이며, 정보의 수집 · 가공 · 저장 · 검색 · 송신 · 수신 및 그 활용과 관련되는 기기 · 소프트웨어 및 데이터베이스(이하 "정보시스템" 이라 함)의 수정 등 운영중인 정보시스템을 변환하는 데 지출하는 비용은 당해 자산에 대한 수익적지출로 보아 각 사업연도 소득금액 계산상 **'손금'**에 산입하는 것이나, 새로운 소프트웨어 · 설비 · 기기 등을 구입하거나 사용중인 소프트웨어를 버전(vesion up)하는 데 소요되는 금액은 **'자산(기구 및 비품)'**으로 계상하여 감가상각한다.(서이46012-11017, 2003.05.21, 법인46012-2126, 1999.06.05.)

▶ **사용료 소득 제한세율 원천징수 비교**

구분	지방소득세 포함	지방소득세 제외
회계처리	차) 지급수수료 ××× 대) 현금 ××× 법인세예수금 ××× 지방소득세예수금 ×××	
과세표준	▪ 지급금액/(1−제한세율)	
법인세	▪ 과세표준 × 제한세율/1.1	▪ 과세표준 × 제한세율
지방소득세	▪ (과세표준 × 제한세율/1.1)× 10%	▪ (과세표준 × 제한세율) × 10%
계산 사례	▪ 제한세율: 10%(지방소득세 포함) ▪ 과세표준: 1,000/(1−0.1) = 1,111 ▪ 법인세: 1,111 × 0.1/1.1 = 101 ▪ 지방소득세: 101 × 10% = 10	▪ 제한세율: 15%(지방소득세 제외) ▪ 과세표준: 1,000/(1−0.165) = 1,197 ▪ 법인세: 1,197 × 15% = 179 ▪ 지방소득세: 179 × 10% = 17

③ 전자적형태의 무체물 수출

3-1 회계처리

일반기업회계기준에서는 컴퓨터소프트웨어의 수출은 무형자산의 사용대가로 로열티수익으로 관련된 계약의 경제적 실질을 반영하여 **발생기준에 따라 인식한다.**(일반기준 16.16)

(1) 로열티 수익

① **수익**(판매)**의 범위**

라이선스 제공자가 라이선스 제공 이후에 수행할 추가적인 의무가 없으며 사용자에게 라이선스를 자유롭게 사용하도록 허용하는 해지불능계약에 따라 일정한 사용료나 환급불능 보증금을 받는 대가로 권리를 양도하는 것은 실질적인 판매이다. 예를 들어 라이선스 제공자가 소프트웨어 인도 후 후속 의무가 없는 경우의 소프트웨어 사용에 대한 라이선스 계약이 이에 해당된다.(일반기준 제16장 적용사례 21)

② **수익인식시기**

라이선스 제공자가 배급업자를 통제할 수 없고 흥행수익으로부터 추가적인 수익을 수취할 것으로 기대하지 않는 시장에서 영화를 상영할 권리를 부여하는 경우를 들 수 있다. 이러한 경우에는 판매시점에 수익을 인식한다. 어떤 경우에는 라이선스 수수료나 로열티수익의 수취 여부가 미래의 특정사건의 발생 여부에 따라 달라진다. 이러한 경우 수수료나 로열티수익을 받을 가능성이 매우 높을 때에만 수익으로 인식하는데 보통 특정사건이 실제로 발생하는 시점이다.(일반기준 제16장 적용사례 21)

③ **수익인식금액**(정액기준)

로열티수익은 소프트웨어, 음악저작권, 녹화권, 영화필름을 사용하는 대가로 지급되는데, 보통 계약의 실질에 따라 수익으로 인식한다. 실무적으로는 정액기준으로 인식할 수 있다. 예를 들어, 라이선스 사용자가 특정기간 동안 특정기술을 사용할 권리를 갖는 경우에는 약정기간 동안 정액기준으로 수익을 인식한다.(일반기준 제16장 적용사례 21)

질의 회신 온라인게임 개발업체의 이니셜피 수익인식에 대한 회계처리

이니셜피가 라이선스 사용에 대한 대가가 아닌 경우로서 1) 수익가득과정이 완료되었거나 실질적으로 거의 완료되었고, 2) 수익금액을 신뢰성있게 측정할 수 있으며, 3) 경제적 효익의 유입 가능성이 매우 높은 경우에 수익으로 인식. 다만 이니셜피가 라이선스 사용에 대한 대가라면 수익가득과정 즉 라이선스 계약기간의 경과에 따라 수익으로 인식하는 것이 타당함.(금감원2007-14, 2007.12.31.)

(2) 소프트웨어(백신프로그램)를 판매하는 경우

컴퓨터바이러스에 대한 백신프로그램을 개발하여 외부에 판매할 때 동 백신프로그램의 구입자가 새롭게 발생하는 컴퓨터바이러스를 치료할 수 있는 백신프로그램을 일정기간(대부분 1년)동안 매주 제공받을 수 있는 경우 백신프로그램의 매매금액에는 제품대가와 업그레이드에 따른 추가 용역대가가 포함되어 있는 것으로 보아 수익을 인식한다.(일반실16.20)

(3) 소프트웨어 판매 후 지원 및 제품개선 용역

소프트웨어 판매의 경우 판매 후 지원 및 제품개선 용역에 대한 식별가능한 금액이 포함되어 있는 경우에는, 그 금액을 이연하여 용역수행기간에 걸쳐 수익으로 인식한다. 이연되는 금액은 약정에 따라 제공될 용역의 예상원가에 이러한 용역에 대한 합리적인 이윤을 가산한 금액이다.(일반기준 제16장 적용사례 12)

(4) 주문형 소프트웨어의 개발 수수료

주문개발하는 소프트웨어의 대가로 수취하는 수수료는 진행률에 따라 수익을 인식한다. 이 때 진행률은 소프트웨어의 개발과 소프트웨어 인도 후 제공하는 지원용역을 모두 포함하여 결정한다.(일반기준 제16장 적용사례 20)

3-2 법인세 처리

법인이 소프트웨어의 사용에 관한 권리를 다른 법인에게 일정기간 제공하고 그 사용기간에 대한 대가를 선 지급 받는 경우 선 지급 받은 사용료에 대한 익금의 귀속시기는 당해 사용기간 동안 안분하여 적용하는 것이나, 소프트웨어의 사용기간 만료 후 그 소유권을 사용법인이 갖기로 하는 등 사실상 당해 소프트웨어의 인도시점에 판매한 것으로 인정되는 경우에는 법인세손익귀속시기를 적용한다.(법인46012-320, 2001.02.08.)

관련 예규 소프트웨어 판매대가

- 소프트웨어를 판매하는 사업자가 최초 소프트웨어를 판매시 판매대가를 소프트웨어 사용료와 유지보수 용역대가로 명시적으로 구분하지 않았다 하더라도, 귀 질의 경우와 같이 소프트웨어 사용료와 유지보수용역대가의 구분이 실질적으로 가능한 경우에는 소프트웨어 판매시 그 대가 중 소프트웨어 사용료 상당액은 제품을 인도한 날, 유지보수 용역대가는 동 용역의 제공기간에 따라 안분 계산하여 손익귀속시기를 정할 수 있는 것입니다.(서면인터넷방문상담2팀-540, 2004.03.23.)
- 컴퓨터바이러스 백신프로그램을 판매하는 사업자가 최초 백신프로그램 판매시 판매대가를 소프트웨어 사용료와 서비스 이용료로 명시적으로 구분하지 않았다 하더라도 귀 질의 경우와 같이 서비스이용료와 갱신사용료의 내용이 동일하고 갱신사용료의 가액이 정해짐으로써 소프트웨어 사용료와 서비스 이용료의 구분이 실질적으로 가능한 경우에는 백신프로그램 판매시 그 대가중 소프트웨어 사용료 상당액은 제품을 인도한날, 서비스사용료와 등록갱신비용은 동 서비스의 사용계약기간에 따라 안분계산하여 손익귀속시기를 정할 수 있는 것임(재법인 46012-178, 2002.11.13.)

3-3 부가가치세 처리

소프트웨어, 영상물 등 전자적형태의 무체물을 전송하거나 정보처리장치에 저장하여 외국으로 반출하는 것은 부가가치세법상 내국물품의 외국반출로 수출에 해당한다.(부가집 21-31-1)

(1) 영세율 적용

사업자가 소프트웨어산업진흥법 제2조 제1호의 규정에 의한 소프트웨어를 비거주자에게 전자통신망을 통한 전송방법으로 국외로 공급하는 경우에는 수출하는 재화에 해당하여 부가가치세 영세율을 적용한다.(서삼46015-10208, 2003.02.06., 부가46015-752, 2002.10.16.)

(2) 공급시기

소프트웨어는 수출하는 재화에 해당하지만, 유체물의 물품이 아니기 때문에 부가가치세법 제15조 규정에 의거 '선적일'이 아닌 소프트웨어가 '이용가능하게 되는 때'를 공급시기로 하여야 할 것이다.

Part 04

(3) 공급가액

영세율이 적용되는 경우에는 소프트웨어 대가금액 전체를 공급가액으로 보아야 할 것이다.

(4) 세금계산서 발급

전자적형태의 무체물 수출의 거래상대방이 국외의 비거주자 또는 외국법인이므로 세금계산서를 발급하지 아니할 수 있다.(부가령 §71①, 부가법§21)

(5) 영세율첨부서류

영세율을 적용하여 신고할 경우에는 외화획득명세서에 영세율이 확인되는 증빙서류를 첨부하여 제출하면 될 것으로 보인다.

관련 예규

- **애플리케이션 판매**(기획재정부 부가가치세제과-388, 2010.06.10.)

  (과세대상) 국내 사업자가 개발한 스마트폰용 응용프로그램(애플리케이션)을 인터넷 상의 오픈마켓에 등재하고 오픈마켓 운영자의 중개 하에 국내 · 외 소비자가 이를 유상으로 다운로드받아 사용하는 경우, 동 거래는 용역의 공급으로서 「부가가치세법」 제1조 제1항에 따른 과세대상

  영세율 국외 소비자가 다운로드받는 분은 국외에서 제공하는 용역으로서 같은 법 제11조 제1항 제2호에 따라 영세율이 적용

공급시기 동 거래의 대가를 외국통화 기타 외국환으로 지급받는 경우 국내 개발자와 오픈마켓 운영자 간 정산일 등 역무의 제공이 완료되고 그 공급가액이 확정되는 때를 공급시기로 하여「부가가치세법 시행령」제51조에 따라 과세표준을 산정하는 것임

과세표준 동 거래와 관련하여 소비세 등의 명목으로 외국에서 납부한 금액은 과세표준에 포함되지 아니하고, 공급가액과 세액이 별도 표시되어 있지 아니하는 경우 거래금액의 110분의 100에 해당하는 금액을 과세표준으로 보되, 영세율이 적용되는 경우에는 전체 거래금액을 영세율 과세표준으로 보는 것임

영세율 첨부서류 영세율을 적용하여 신고할 경우 국세청장이 정하는 바에 따라 외화획득명세서 및 영세율이 확인되는 증빙서류 등을 제출하여야 하는 것임

- 수출한 소프트웨어를 반품 받고 최신버전으로 교환하여 주는 경우 반품제품에 대하여는 반품되는 시점에 영세율 과세표준을 차감하는 것이며, 교환하여 주는 제품에 대하여는 영세율 과세표준을 계상한다.(서면인터넷방문상담3팀-1686, 2005.10.05.)
- 국내사업자가 자기의 인터넷 홈페이지를 통해 해외고객에게 서비스형 소프트웨어(SaaS)를 공급하는 경우, 「부가가치세법」 제22조에 따른 용역의 국외공급에 해당하지 아니합니다.(사전-2024-법규부가-0084 [법규과-1367], 2024.05.30.)

▶ 대외무역법의 전자적형태의 무체물의 범위와 세무처리

대외무역법	관세	부가가치세법	법인세법(국내원천소득)
■ 소프트웨어 ■ 영상물, 음향, 음성물, 전자서적, 데이터베이스	매개체를 통한 수입시 관세 부과	■ (제품) 재화	■ 재화의 수입 (국외 또는 사업소득)
		■ (제작 · 개발) 용역	■ (사용대가) 사용료 소득 ■ (원시적 취득) 인적용역 소득 또는 사업소득

보충 설명 소프트웨어 수입과 수출 비교

<table>
<tr><th>구분</th><th colspan="2">소프트웨어 수입</th><th>소프트웨어 수출</th></tr>
<tr><td>관세</td><td colspan="2">■ 매개체를 통해 수입하는 경우 물품가격에 관세부과</td><td>-</td></tr>
<tr><td>부가세</td><td>■ 제품
⇒ 재화의수입</td><td>■ 제작및개발
⇒ 용역의수입</td><td>■ 영세율(재화의공급)
* 내국물품의 외국반출로 직수출
■ 공급시기
* 소프트웨어 이용 가능한때
■ 세금계산서
* 거래상대방이 국외비거주자인 경우 발급하지 않음
■ 영세율첨부서류
* 외화획득명세서등</td></tr>
<tr><td>법인세</td><td>■ 국내원천소득
⇒ 사업소득</td><td>■ 국내원천소득
* 원시취득
⇒ 인적용역소득또는사업소득
* 이용(사용)대가
⇒ 사용료소득</td><td>■ 손익귀속시기
* 사용기간 안분계산 또는 인도시점</td></tr>
<tr><td>회계처리</td><td colspan="2">■ 차) 무형자산xxx 대) 보통예금xxx
* 계정과목은 무형자산, 유형자산(기계일부), 비품등 사용</td><td>■ 차) 요구불예금 xxx
대) 용역매출 xxx
* 약정기간동안 정액기준으로 수익인식</td></tr>
</table>

Part 04

CHAPTER 02

용역의 수출입

1 용역의 범위

대외무역법에서는 기존에 물품 및 전자적형태의 무체물의 수출입으로 한정하던 무역의 범위를 2003년 용역을 무역의 범위에 포함시켰다. '23년 개정을 통해 대외무역법상 무역거래로 인정되는 용역의 범위를 부가가치세법시행령 제3조 용역의 범위와 일치시켰다.

▶ **대외무역법 용역의 범위와 세무처리**

대외무역법	부가가치세법	법인세법(국내원천소득)
건설업 등 「부가가치세법시행령」 제3조에 따른 용역(출판업과 영상 · 오디오 기록물 제작 및 배급업을 포함)	용역의 공급	사업소득, 인적용역소득, 기타소득
운수업		사업소득(국제운수소득)
임대업		임대소득, 사용료소득, 사업소득
특허권 등 양도	재화의 공급	사용료 소득
전용실시권의 설정	용역의 공급	
통상실시권의 허락	용역의 공급	

주) 우리나라가 체결한 조세조약은 체약국에 따라 소득의 범위가 다르다. 따라서 실무에서 국내원천 소득을 구분할 때에는 외국법인 소재 거주지국과 체결된 조세조약을 살펴보아야 한다.

2 용역의 수입

용역은 유형물이 아니기 때문에 용역의 수입은 재화와 같은 절차에 의하여 수입할 수 없다. 그러나 비거주자 또는 외국법인으로부터 국내에서 용역을 공급받고 대가를 지급하는 것은 실질에 있어 용역을 수입하는 것과 같은 결과가 된다.

2-1 국내원천소득 원천징수

비거주자 또는 외국법인이 국내에서 용역을 제공하는 경우에는 법인세법 93조에 따라 국내원천 부동산소득, 국내원천 선박등임대소득, 국내원천 사업소득, 국내원천 인적용역소득, 국내원천 사용료소득, 국내원천 기타소득에 해당되어 국내원천소득으로 원천징수한다.(법인법 §93)

(1) 비거주자의 국내원천소득

비거주자의 국내원천소득에 대하여 부과하는 소득세는 해당 국내원천소득을 종합하여 과세하는 경우와 분류하여 과세하는 경우 및 그 국내원천소득을 분리하여 과세하는 경우가 있다.(소득법 §121①)

① 국내사업장이 있는 경우

국내사업장이 있는 비거주자 또는 국내원천 부동산소득이 있는 비거주자는 거주자의 경우와 동일하게 퇴직소득·부동산등 양도소득은 소득별로 분류과세하고 그 이외의 모든 국내원천소득은 종합하여 과세한다.(소득법 §121②) 그러나 국내사업장과 실질적으로 관련되지 아니하거나 그 국내사업장에 귀속되지 아니하는 소득으로서 원천징수된 소득에 대하여는 합산신고하지 않는다.(소득법 §121④, 소득법§156①) 국내사업장이 있음에도 불구하고 사업자등록을 하지 않은 경우에는 소득세법 제119조제6호에 따른 인적용역소득 등 일정요건에 해당하는 국내원천소득을 지급하는 자는 원천징수를 하여야 한다.(소득법 §156⑦)

② 국내사업장이 없는 경우

국내사업장이 없거나 부동산소득이 없는 비거주자에 대해서는 국내원천소득별로 분리(퇴직소득, 토지·건물등의 양도소득 제외)하여 과세한다.(소득법 §121③) 원칙적으로 근로소득, 퇴직소득, 연금소득, 양도소득의 경우에는 거주자에 대한 과세방법과 동일하며(다만, 양도소득을 지급하는 법인에게는 별도로 예납적 원천징수 의무가 있음), 그 외의 소득의 경우에는 국내원천소득금액을 지급하는 자가 소득을 지급하는 때에 그 국내원천소득에 대한 세액을 원천징수하여 납부함으로써 납세의무가 종결된다.

▶ 비거주자의 국내원천소득에 대한 과세방법

<table>
<tr><th>국내원천소득
(소득법 §119)</th><th>분리과세원천징수(세율)</th><th>국내사업장이 있는
비거주자</th><th>국내사업장이 없는
비거주자</th></tr>
<tr><td>이자소득</td><td>■ 20%
■ 14%(채권이자)</td><td rowspan="12">종합과세
(종합소득세
신고 · 납부, 다만
특정소득은
국내사업장 미등록시
원천징수)</td><td rowspan="9">분리과세
(완납적 원천징수)</td></tr>
<tr><td>배당소득</td><td>20%</td></tr>
<tr><td>선박 등 임대소득</td><td>2%</td></tr>
<tr><td>사업소득</td><td>2%</td></tr>
<tr><td>사용료소득</td><td>20%</td></tr>
<tr><td>유가증권양도소득</td><td>■ Min(양도가액의 10%, 양도차익의 20%)</td></tr>
<tr><td>기타소득</td><td>■ 20%
■ 15%(국외특허권의 침해보상 대가인 경우)</td></tr>
<tr><td>근로소득</td><td rowspan="2">거주자와 동일</td></tr>
<tr><td>연금소득</td></tr>
<tr><td>인적용역소득</td><td>■ 20%
■ 3%(국외에서 제공하는 인적 용역소득이 조세조약에 따라 국내에서 발생한 것으로 간주되는 소득)</td><td>분리과세
(종합소득 확정신고 가능)</td></tr>
<tr><td>부동산소득</td><td>–</td><td>종합소득세
신고 · 납부</td></tr>
<tr><td>부동산 등 양도소득</td><td>■ Min(양도가액의 10%, 양도차익의 20%)</td><td>거주자와 동일
(분류과세)</td><td>거주자와 동일
(다만 법인 양수자는 예납적 원천징수)</td></tr>
<tr><td>퇴직소득</td><td>거주자와 동일</td><td colspan="2">분류과세(거주자와 동일)</td></tr>
</table>

(2) 외국법인의 국내원천소득

① 과세표준금액

국내사업장이 없는 외국법인에게 국내원천소득을 지급하는 경우에 계약조건이 "국내 세법에 의한 제세를 공제한 금액을 지급하도록" 약정되어 있는 때의 과세표준금액은 다음과 같이 계산한다.(법기통 98-0-2)

■ 지급하기로 약정한 금액 ÷ (1-원천징수세율) = 과세표준

② 과세방법

㉮ 국내사업장이 있는 경우

국내사업장을 가지고 있거나 국내원천 부동산소득이 있는 외국법인은 그 국내원천소득금액을 모두 합산하여 신고·납부하여야 한다. 그러나 국내사업장과 실질적으로 관련되지 아니하거나 그 국내사업장에 귀속되지 아니하는 소득의 금액(국내사업장이 없는 외국법인에 지급하는 금액을 포함)으로서 원천징수된 소득에 대하여는 합산신고하지 않는다.(법인법 §91, §97, §98①)

㉯ 국내사업장이 없는 경우

국내사업장이 없는 외국법인의 국내원천소득과 외국법인의 국내사업장에 귀속되지 아니하는 소득(부동산소득은 제외)은 각 소득의 종류별로 과세한다.(법인법§91②). 양도소득이 있는 외국법인은 그 양도차익에 대하여 신고·납부하여야 하나 양도소득을 제외한 이자, 배당, 사용료 등에 대하여는 그 소득을 지급하는 자가 원천징수·납부를 함으로써 납세의무가 종료된다.(법인법 §97①, §98)

▶ 외국법인의 국내원천소득에 대한 과세방법

<table>
<tr><th rowspan="3">국내원천소득
(법인법 §93)</th><th rowspan="2">국내사업장이 없는
외국법인</th><th colspan="2">국내사업장이 있는 외국법인</th></tr>
<tr><th>국내사업장에 귀속되지 않는 소득</th><th rowspan="2">국내사업장에
귀속되는 소득</th></tr>
<tr><th colspan="2">분리과세원천징수(세율)</th></tr>
<tr><td>이자소득</td><td colspan="2">20% (채권이자 : 14%)</td><td rowspan="10">법인세
신고 · 납부
(특정소득은
예납적 원천징수)</td></tr>
<tr><td>배당소득</td><td colspan="2">20%</td></tr>
<tr><td>부동산소득</td><td colspan="2">신고 · 납부</td></tr>
<tr><td>선박 등 임대소득</td><td colspan="2">2%</td></tr>
<tr><td>사업소득</td><td colspan="2">2%</td></tr>
<tr><td>인적용역소득</td><td colspan="2">▪ 20%
▪ 3%(국외에서 제공하는 인적용역소득이 조세조약에 따라 국내에서 발생한 것으로 간주되는 소득)</td></tr>
<tr><td>부동산 등
양도소득</td><td colspan="2">▪ 법인 양수자 : 예납적 원천징수
Min(양도가액의 10%, 양도차익의 20%)
▪ 외국법인 양도자 : 법인세 신고 · 납부</td></tr>
<tr><td>사용료소득</td><td colspan="2">20%</td></tr>
<tr><td>유가증권양도소득</td><td colspan="2">▪ Min(양도가액의 10%, 양도차익의 20%)</td></tr>
<tr><td>기타소득</td><td colspan="2">20%(국외특허권의 침해보상대가인 경우 15%)</td></tr>
</table>

(3) 국내원천소득 구분

비거주자 등의 국내원천소득을 과세하는 경우 소득세법, 법인세법 등 국내세법의 규정이 적용되는 것이나 우리나라와 조세조약이 체결된 국가의 거주자에 대한 과세는 조세조약이 국내세법에 우선하여 적용되고 구체적인 과세방법과 절차는 소득세법, 법인세법에서 결정한다. 사용료소득 또는 인적용역소득 등 국내원천소득 구분에 따라 원천지국 판단기준이나 세율 등이 달라지므로 실무에서 국내원천소득 구분이 매우 중요하다.

① 사업소득 (국제조세 집행기준 93-0-9)

국내원천 사업소득은 ⓐ 외국법인이 영위하는 사업에서 발생하는 소득(조세조약에 따라 국내원천사업으로 과세할 수 있는 소득 포함)으로서 「소득세법」 제19조에 따른 사업 중 국내에서 영위하는 사업에서 발생한 소득으로 영 제132조 제2항 각 호에서 정하는 것으로 한다. 다만, 인적용역소득(「법인세법」 제93조제6호)은 제외한다. ⓑ 국외에서 발생하는 소득으로서 국내사업장에 귀속되는 소득은 모두 국내원천사업소득에 해당한다.

② **인적용역소득**(국제조세 집행기준 93-0-10)

ⓐ 국내에서 아래의 인적용역을 제공함으로 인하여 발생하는 소득[인적 용역을 제공받는 자가 인적 용역의 제공과 관련하여 항공회사 · 숙박업자 또는 음식업자에게 실제로 지급 (인적용역을 제공하는 자를 통해 지급하는 경우를 포함)한 사실이 확인되는 항공료 · 숙박비 또는 식사대 제외]
– 영화 · 연극의 배우, 음악가 기타 공중연예인이 제공하는 용역 – 직업운동가가 제공하는 용역 – 변호사 · 공인회계사 · 건축사 · 측량사 · 변리사 기타 자유직업자가 제공하는 용역 – 과학기술 · 경영관리 기타 분야에 관한 전문적 지식 또는 특별한 기능을 가진 자가 당해 지식 또는 기능을 활용하여 제공하는 용역
ⓑ 인적용역소득의 국내원천 판단기준
인적용역소득은 용역을 수행하는 장소에 원천이 있는 것으로 외국법인이 국외에서 인적용역을 제공하고 지급받는 대가는 국내원천소득에 해당하지 않는다. 다만 조세조약에 따라 국내에서 발생하는 것으로 간주되는 인적용역을 제공하고 지급받는 대가는 국내원천소득에 해당한다.

Part 04

③ **사용료소득의 범위**(국제조세 집행기준 93-0-12)

아래의 권리 · 자산 또는 정보를 ⓐ 국내에서 사용하거나 그 대가를 국내에서 지급하는 경우 당해 대가 ⓑ 그 권리 등의 양도로 인하여 발생하는 소득
– 학술 또는 예술상의 저작물(영화필름 포함)의 저작권 – 특허권 · 상표권 · 디자인 · 모형 · 도면 · 비밀공식 또는 공정 – 라디오 · 텔레비전방송용 필름 및 테이프 기타 이와 유사한 자산이나 권리 – 기타 위와 유사한 자산이나 권리 – 산업상 · 상업상 또는 과학상의 지식 경험에 관한 정보 또는 노하우 – 사용지 기준 조세조약에서 사용료의 정의에 포함되는 그 밖에 이와 유사한 권리(특허권 등이 국내에서 등록되지 아니하였으나 그에 포함된 제조방법 · 기술 · 정보 등이 국내에서의 제조 · 생산과 관련되는 등 국내에서 사실상 실사되거나 사용되는 것을 말함)

⊕ **보충 설명** 인적용역소득과 사용료소득의 구분 필요성

차이점	인적용역소득	사용료소득
원천징수세율	20%	20%(제한세율 적용)
원천지국	용역수행장소	사용장소 또는 지급장소
조세조약	일정요건 충족시 원천지국 과세	대부분 면제규정 없음

④ **선박 등 임대소득**(국제조세 집행기준 93-0-7)

ⓐ 거주자 · 내국법인 · 외국법인 또는 비거주자의 국내사업장에 아래의 항목을 임대함으로 인하여 발생하는 소득
– 선박 · 항공기 – 국내에 등록된 자동차나 건설기계 – 산업상 · 상업상 · 과학상의 기계 · 설비 · 장치 – 운반구 · 공구 · 기구 및 비품
ⓑ 선박 · 항공기 등 임대소득 국내원천 판단기준
외국법인이 선박, 항공기 또는 국내에 등록된 자동차나 중기를 거주자(해외사업장 포함), 내국법인(해외지점 등 포함), 외국법인의 국내사업장 또는 비거주자의 국내사업장에 임대하여 발생하는 소득은 그 자산의 운용장소가 국내인지 국외인지의 장소적 제한없이 국내원천소득에 해당한다.

⑤ **기타소득**(국제조세 집행기준 93-0-17)

법 제93조제1호부터 제9호까지 외의 소득으로서 아래에 해당하는 소득
가. 국내에 있는 부동산 및 기타의 자산이나 국내에서 영위하는 사업과 관련하여 받은 보험금 · 보상금 또는 손해배상금 나. 국내에서 지급하는 위약금 또는 배상금(재산권에 관한 계약의 위약 또는 해약으로 인해 지급받는 손해배상으로서 그 명목여하에 불구하고 본래의 계약내용이 되는 지급자체에 대한 손해를 넘어 배상받는 금전 또는 기타 물품의 가액) 다. 국내에 있는 자산의 수증으로 인하여 생기는 소득 라. 국내에서 지급하는 상금 · 현상금 · 포상금 기타 이에 준하는 소득 마. 국내에서 발견된 매장물로 인한 소득 바. 국내법에 의한 면허 · 허가 기타 이와 유사한 처분에 의하여 설정된 권리와 부동산 외의 국내자산을 양도함으로써 생기는 소득 사. 국내에서 발행된 복권경품권 그밖의 추첨권에 의하여 받는 당첨금품과 승마투표권 · 승자투표권 · 소싸움경기투표권 · 체육진흥투표권의 구매자가 받는 환급금 아. 기타소득으로 소득처분된 금액 자. 내국법인의 주식 또는 출자지분을 보유하고 있는 외국법인이 자본거래(영 §88①8호 또는 8호의2)로 인하여 특수관계(영 §132⑬)에 있는 다른 주주등으로부터 이익을 분여받아 발생한 소득 차. 사용지 기준 조세조약 상대국의 법인이 소유한 특허권등으로서 국내에서 등록되지 아니하고 국외에서 등록된 특허권등을 침해하여 발생하는 손해에 대하여 국내에서 지급하는 손해배상금 등. 이 경우 해당 특허권등에 포함된 제조방법 · 기술 · 정보 등이 국내에서의 제조 · 생산과 관련되는 등 국내에서 사실상 실시되거나 사용되는 것과 관련되어 지급하는 소득으로 한정함 (2020.1.1. 이후 지급하는 소득분부터 적용) 카. 상기 외에 국내에서 하는 사업이나 국내에서 제공하는 인적 용역 또는 국내에 있는 자산과 관련하여 제공받은 경제적 이익으로 인한 소득(국가 또는 특별한 법률에 따라 설립된 금융회사등이 발행한 외화표시채권의 상환에 따라 받은 금액이 그 외화표시채권의 발행가액을 초과하는 경우에는 그 차액을 포함하지 아니함) 또는 이와 유사한 소득으로서 대통령령*으로 정하는 소득 * 현재 대통령령은 규정되어 있지 않음

관련 예규 국내원천소득 구분 등

- 컨테이너 임대업을 영위하는 국내사업장이 없는 프랑스법인이 내국법인에 컨테이너를 임대하고 받는 대가는 「한 · 프랑스 조세조약」 제12조에 따른 사용료소득에 해당하는 것이며, 「국제조세조정에 관한 법률」(2013.1.1. 법률 제11606호로 개정된 것) 제29조 및 관련 부칙 제6조에 따라 2013.1.1.이후 지급되는 컨테이너 임대소득에 대하여 「한 · 프랑스 조세조약」 제12조에 따른 세율(10%,지방소득세 포함)이 적용되는 것임(서면법규과-1030 , 2013.09.23.)

- 내국법인이 일본법인에게 지급하여야 할 특허권 사용료는 「법인세법」 제93조 제9호 및 「한 · 일조세조약」 제12조의 규정에 의한 사용료소득에 해당 하므로 당해 소득을 지급하는 때에 사용료총액의 10%(주민세 포함)를 법인세 등으로 원천징수하여야 하며, 일본법인이 지급받아야 할 사용료소득을 출자전환하여 주식으로 교부받는 경우에도 그 소득구분에 있어 달리 취급되지 아니합니다. 이때 당해 소득이 일본법인의 국내사업장과 실질적으로 관련되어 있어 동 국내사업장에 귀속되는 경우 이는 사업소득으로서 신고 · 납부되어야 하는 것이므로 원천징수하지 않는 것이나, 귀 질의의 경우 당해 지급 대가가 국내사업장에 귀속되거나 관련되는지 여부는 실질내용에 따라 판단하여야 합니다.(서면인터넷방문상담2팀-1550 , 2005.09.27.)

- 국내사업장이 없이 의류 제조업을 주로 영위하는 미국 법인이 국내의 납품업체에게 제품 품질검사기관으로 다른 업체를 지정해 주고 그에 대한 대가로서 지급받는 알선수수료 「법인세법」 제93조 제10호에 따른 기타소득에 해당함.(국제조세 집행기준 93-132-10 미국법인에게 지급하는 알선수수료의 소득구분)

- 국내사업장이 없는 인도법인이 화학제품 제조기술 관련 지적재산권 및 기술적 노하우(Know-how) 등의 모든 권리를 내국법인에 "양도"하고 지급받는 대가는 「한-인도 조세조약」 제14조 제4항에 따라 국내에서 과세되지 않습니다. 여기서 "양도"는 인도 법률에 따른 "양도"를 의미합니다.(서면-2016-국제세원-4018 [국제세원관리담당관실-908], 2016.07.11.)

- 법인세법 제93조 제8호 가목의 자산이나 권리 및 나목의 정보 등을 국내에서 사용할 권리에 대한 대가 및 그 대가를 국내에서 지급하는 경우의 당해 대가는 이들의 사용을 허여하는 실시권 계약에 의하여 지급하는 착수금, 선불금과 이들을 제공하거나 전수하는데 소요되는 모든 형태의 지급금이 포함되며(법인세법 기본통칙 93-132…6), 소프트웨어의 복제권, 배포권, 개작권 등의 사용 또는 사용할 권리의 대가는 법 제93조 제8호 가목에 규정하는 사용료에 해당함(법인세법 기본통칙 93-132…8) 귀 세법해석 사전답변 신청의 사실관계와 같이, 게임 퍼블리셔인 내국법인과 국내

고정사업장이 없는 게임 개발사인 스웨덴 법인(이하"A법인")이 「게임 개발 및 퍼블리싱계약」을 통해, A법인은 게임을 개발하고 해당 게임에 포함되거나 개발된 지적재산권(특허권, 저작권, 창작물 등)을 소유하며, 내국법인은 게임에 대한 사용, 복사, 판매, 배포, 수정, 마케팅 등 게임과 관련된 모든 자산을 사용하여 활동을 수행할 수 있는 독점적이고 취소 · 양도 불가능한 권리를 부여받은 경우로서, 내국법인이 게임 출시 후에 A법인에게 지급할 지적재산권에 대한 사용료를 게임 순수익의 일정 비율로 지급하기로 하였을 때, 내국법인이 A법인에게 게임 개발 중에 개발 단계별로 지급한 "Minimum Guarantee"(이하"MG")가 해당 사용료에서 상계되는 경우 해당 MG는 사용료에 해당하는 것(사전-2024-법규국조-0012, 2024.9.30.)

(4) 국내원천소득 과세방법

비거주자 등의 국내원천소득을 과세하는 경우 소득세법, 법인세법 등 국내세법의 규정이 적용되는 것이나 우리나라와 조세조약이 체결된 국가의 거주자에 대한 과세는 조세조약이 국내세법에 우선하여 적용된다.

▶ 국내원천소득에 대한 과세체계

(5) 종합과세

국내사업장을 가진 외국법인의 각 사업연도의 소득에 대한 법인세의 과세표준은 국내원천소득의 총합계액에서 다음 각 호에 따른 금액을 차례로 공제한 금액으로 종합과세한다.(법인법 §91) 국내사업장이란 외국법인이 국내에 사업의 전부 또는 일부를 수행하는 고정된 장소를 말한다. 조세조약에서는 고정사업장(Permanent Establishment)이라는 용어를 사용한다.

① 국내사업장

국내사업장에는 다음에 해당하는 장소를 포함하는 것으로 한다.(법인법 §91)

1. 지점, 사무소 또는 영업소
2. 상점, 그 밖의 고정된 판매장소
3. 작업장, 공장 또는 창고
4. 6개월을 초과하여 존속하는 건축 장소, 건설 · 조립 · 설치공사의 현장 또는 이와 관련되는 감독 활동을 수행하는 장소
5. 고용인을 통하여 용역을 제공하는 경우로서 다음 각 목의 어느 하나에 해당되는 장소
   가. 용역의 제공이 계속되는 12개월 중 총 6개월을 초과하는 기간 동안 용역이 수행되는 장소
   나. 용역의 제공이 계속되는 12개월 중 총 6개월을 초과하지 아니하는 경우로서 유사한 종류의 용역이 2년 이상 계속적 · 반복적으로 수행되는 장소
6. 광산 · 채석장 또는 해저천연자원이나 그 밖의 천연자원의 탐사 및 채취 장소[국제법에 따라 우리나라가 영해 밖에서 주권을 행사하는 지역으로서 우리나라의 연안에 인접한 해저지역의 해상(海床)과 하층토(下層土)에 있는 것을 포함한다]

② 간주고정사업장

외국법인이 고정된 장소를 가지고 있지 아니한 경우에도 다음에 해당하는 자 또는 이에 준하는 자로서 대리인 등을 두고 사업을 경영하는 경우에는 그 자의 사업장 소재지(사업장이 없는 경우에는 주소지로 하고, 주소지가 없는 경우에는 거소지로 한다)에 국내사업장을 둔 것으로 본다.(법인법 §91)

1. 국내에서 그 외국법인을 위하여 다음 각 목의 어느 하나에 해당하는 계약(이하 이 항에서 "외국법인 명의 계약등"이라 한다)을 체결할 권한을 가지고 그 권한을 반복적으로 행사하는 자
   가. 외국법인 명의의 계약
   나. 외국법인이 소유하는 자산의 소유권 이전 또는 소유권이나 사용권을 갖는 자산의 사용권 허락을 위한 계약
   다. 외국법인의 용역제공을 위한 계약
2. 국내에서 그 외국법인을 위하여 외국법인 명의 계약등을 체결할 권한을 가지고 있지 아니하더라도 계약을 체결하는 과정에서 중요한 역할(외국법인이 계약의 중요사항을 변경하지 아니하고 계약을 체결하는 경우로 한정한다)을 반복적으로 수행하는 자

③ 예비적 또는 보조적인 성격을 가진 활동

특정 활동 장소가 외국법인의 사업 수행상 예비적 또는 보조적인 성격을 가진 활동을 하기 위하여 사용되는 경우에는 국내사업장에 포함되지 아니한다.

1. 외국법인이 자산의 단순한 구입만을 위하여 사용하는 일정한 장소
2. 외국법인이 판매를 목적으로 하지 아니하는 자산의 저장이나 보관만을 위하여 사용하는 일정한 장소
3. 외국법인이 광고, 선전, 정보의 수집 및 제공, 시장조사, 그 밖에 이와 유사한 활동만을 위하여 사용하는 일정한 장소
4. 외국법인이 자기의 자산을 타인으로 하여금 가공하게 할 목적으로만 사용하는 일정한 장소

관련 예규 고정사업장

■ 외국법인(이하 "A법인")이 국내 보세구역 내에 원유저장시설을 소유한 내국법인(이하 "갑법인")과 원유저장시설 임차계약을 체결하여 해당 원유저장시설에 A법인 자신 소유의 원유를 저장하였다가, 그 저장된 원유를 A법인의 국내 손자회사(이하 "B법인")로부터 커뮤니케이션 지원용역 등을 제공 받으면서 그 저장된 원유를 갑법인을 통해 국내 고객사에 인도하는 경우로서, A법인의 원유 판매와 관련된 계약체결, 대금결제 등 중요한 사업활동은 국외에서 이루어지고 원유저장시설은 원유의 인도만을 목적으로 한 재고 보유를 위해 사용되며, B법인이 A법인의 이름으로 계약을 체결할 권한을 갖거나 또는 반복적으로 이러한 권한을 행사하는 경우에 해당하지 아니하고 A법인을 대신하여 원유를 주기적으로 인도하는 권한을 보유하지 않는 경우 해당 원유저장시설은 「부가가치세법」 제6조 제2항 및 같은 법 시행령 제8조 제6항의 규정에 따른 「부가가치세법」상 사업장에 해당하지 않는 것입니다.(사전-2022-법규부가-1131, 2023.01.13.)

보충 설명 고정사업장 관련 부가가치세 쟁점

고정사업장은 법인세법에서 소득구분, 과세권을 분배하는 기능을 하고 부가가치세법에서는 '공급 장소'의 대표적 표지로서 과세방법(사업장 납부 또는 대리납부)을 결정하는 기능을 한다. 부가가치세법 제6조에 따라 법인세법상 국내사업장이 있는 경우 부가가치세법상 사업장으로도 취급되기 때문에 외국법인의 고정사업장에 소득과세(비용공제)를 결정 · 경정하는 경우 추가적으로 매출 전체에 대한 부가가치세 부과로 막대한 과세위험에 노출된다. 과세관청은 전자상거래 등 용역의 장소를 판단함에 있어 법인세법 상 고정사업장이 중요하고 본질적인 활동을 수행한다면 '용역의 공급'의 관련성도 당연히 인정되므로 용역을 공급하는 사업자는 용역을 제공하고 받은 대가 전부에 대하여 부가가치세를 납부의무를 진다고 보고 있기 때문이다.

(6) 원천징수

외국법인에 대하여 국내원천소득으로서 국내사업장과 실질적으로 관련되지 아니하거나 그 국내사업장에 귀속되지 아니하는 소득의 금액(국내사업장이 없는 외국법인에 지급하는 금액을 포함한다)을 지급하는 자는 그 지급을 할 때에 법인세로서 원천징수하여 그 원천징수한 날이 속하는 달의 다음 달 10일까지 납세지 관할 세무서등에 납부하여야 한다.(법인법 §98)

① 조세조약

조세조약은 체약국 사이의 과세권이 문제될 때 이를 조정함으로써 이중과세와 조세회피를 방지함을 목적으로 체결되는 것이므로, 원칙적으로 조세조약은 독자적인 과세권을 창설하는 것이 아니라 체약국의 국내 세법에 의하여 이미 창설된 과세권을 배분하거나 제약하는 기능을 한다.

② 조세조약 적용 순서

조세조약을 적용할 때에는 ⓐ일방체약국의 국내세법을 먼저 적용하여 국내 과세권의 발생 여부를 판정한 다음, ⓑ국내 과세권이 인정되는 경우 조세조약을 적용하여 조세조약이 국내세법과 달리 정하는 사항에 대하여서는 그러한 제약규정을 참작하여 과세권의 소재 및 비과세 여부를 판정하나, ⓒ 과세의 방법과 절차에 대해서는 국내세법이 정하는 바에 따라야 한다.

보충 설명 국내원천소득 구분

조세조약상의 소득구분과 국내법상의 소득구분이 다른 경우, 조세조약상 소득구분이 우선하여 적용한다는 구 국제조세조정법 제28조가 삭제된 개정이유가 조세조약상 소득 구분이 국내법상 소득구분을 결정하는 것으로 오해할 여지가 있어 해석상 논란을 해소하기 위함이고 조세조약의 우위는 원천지국 과세여부 및 제한세율 적용 판단에 한하여 우선 적용되는 것이지 국내세법상 소득구분을 결정하는 것은 아니라는 취지로 이해된다.(2015두2710, 2018. 2. 28.)

2-2 부가가치세 대리납부

국외사업자로부터 국내에서 용역 또는 **권리**를 공급받는 자가 **면세사업**에 사용하고 그 대가를 지급하는 때에 그 대가를 받은 자로부터 부가가치세를 징수하여야 한다.(부가법 §52) 부가가치세는 용역을 공급하는 자가 공급받는 자로부터 거래징수하여 납부하는 것이 기본구조이다. 그런데 용역을 공급하는 자가 국내 사업장이 없는 비거주자 또는 외국법인인 경우 우리의 과세권이 미치지 못하기 때문에 부가가치세법은 용역을 공급받는 자가 비거주자 또는 외국법인을 대리하여 부가가치세를 징수하여 납부하도록 하고 있다. 이를 대리납부라고 한다. 다만, 해당 용역 또는 권리가 과세사업에 사용되는 경우에는 매입세액공제를 받기 때문에 대리납부후 매입세액 공제로 세수에는 도움이 안 되면서 기업의 자금부담만 발생하므로 면세사업에 사용한 경우에만 적용가능하다.

▶ 대리납부 요건

구 분	대리납부 요건
공급자(국외사업자)	비거주자 또는 외국법인
공급받는 자	공급받는 자의 면세사업에 사용
용역 또는 권리	용역 또는 권리가 부가가치세 과세대상
공급장소	국내에서 공급
징수시기	대가를 지급하는 때

(1) 공급자(국외사업자) 요건

① 국내사업장이 없는 비거주자 또는 외국법인

「소득세법」 제120조 또는 「법인세법」 제94조에 따른 국내사업장이 없는 비거주자 또는 외국법인은 부가가치세 대리납부 공급자에 해당한다.(부가법 §52 ①)

② 국내사업장과 관련 없이 용역 공급하는 비거주자 또는 외국법인

국내사업장이 있는 비거주자 또는 외국법인이 국내사업장과 관련 없이 용역 등을 공급하는 경우에는 부가가치세 대리납부 공급자에 해당한다. 국내사업장과 관련 없이 용역 등을 공급한 경우란 국내원천소득으로서 국내사업장과 실질적으로 관련되지 아니하거나 그 국내사업장에 귀속되지 아니한 경우를 말한다.(부가법 §52 ①)

(2) 공급받는자의 면세사업 요건

대리납부는 공급받는 자가 해당 용역 등을 과세사업에 제공하는 경우는 제외하고, 부가가치세법 제39조에 따라 매입세액이 공제되지 아니하는 용역 등을 공급받는 경우는 대리납부요건에 포함한다.(부가법 §52 ①)

관련 법령 공제하지 아니하는 매입세액(부가법 §39)

1. 제54조제1항 및 제3항에 따라 매입처별 세금계산서합계표를 제출하지 아니한 경우의 매입세액 또는 제출한 매입처별 세금계산서합계표의 기재사항 중 거래처별 등록번호 또는 공급가액의 전부 또는 일부가 적히지 아니하였거나 사실과 다르게 적힌 경우 그 기재사항이 적히지 아니한 부분 또는 사실과 다르게 적힌 부분의 매입세액. 다만, 대통령령으로 정하는 경우의 매입세액은 제외한다.
2. 세금계산서 또는 수입세금계산서를 발급받지 아니한 경우 또는 발급받은 세금계산서 또는 수입세금계산서에 제32조제1항제1호부터 제4호까지의 규정에 따른 기재사항(이하 "필요적 기재사항"이라 한다)의 전부 또는 일부가 적히지 아니하였거나 사실과 다르게 적힌 경우의 매입세액(공급가액이 사실과 다르게 적힌 경우에는 실제 공급가액과 사실과 다르게 적힌 금액의 차액에 해당하는 세액을 말한다). 다만, 대통령령으로 정하는 경우의 매입세액은 제외한다.
3. 삭제
4. 사업과 직접 관련이 없는 지출로서 대통령령으로 정하는 것에 대한 매입세액
5. 「개별소비세법」 제1조제2항제3호에 따른 자동차(운수업, 자동차판매업 등 대통령령으로 정하는 업종에 직접 영업으로 사용되는 것은 제외한다)의 구입과 임차 및 유지에 관한 매입세액
6. 접대비 및 이와 유사한 비용으로서 대통령령으로 정하는 비용의 지출에 관련된 매입세액
7. 면세사업등에 관련된 매입세액(면세사업등을 위한 투자에 관련된 매입세액을 포함한다)과 대통령령으로 정하는 토지에 관련된 매입세액
8. 제8조에 따른 사업자등록을 신청하기 전의 매입세액. 다만, 공급시기가 속하는 과세기간이 끝난 후 20일 이내에 등록을 신청한 경우 등록신청일부터 공급시기가 속하는 과세기간 기산일(제5조제1항에 따른 과세기간의 기산일을 말한다)까지 역산한 기간 내의 것은 제외한다.

(3) 용역 또는 권리 요건

해당 용역 또는 권리가 부가가치세 과세대상이어야 한다. 따라서, 국외사업자로부터 용역을 무상공급 받는 경우에는 대리납부대상이 아니다.(부가법 §52 ①)

① 용역의 범위

용역은 재화 외에 재산 가치가 있는 다음의 사업에 해당하는 모든 역무(役務)와 그 밖의 행위로 한다.(부가령 §3) 재화나 용역을 공급하는 사업의 구분은 부가가치세법

시행령에 특별한 규정이 있는 경우를 제외하고는 통계청장이 고시하는 해당 과세기간 개시일 현재의 한국표준산업분류에 따른다. 다만, 다음의 용역사업과 유사한 사업은 한국표준산업분류에도 불구하고 같은 사업에 포함되는 것으로 본다.(부가령 §4)

1. 건설업*
2. 숙박 및 음식점업
3. 운수 및 창고업
4. 정보통신업(출판업과 영상 · 오디오 기록물 제작 및 배급업은 제외한다)
5. 금융 및 보험업
6. 부동산업*(다만, 전 · 답 · 과수원 · 목장용지 · 임야 또는 염전 임대업, 「공익사업을 위한 토지 등의 취득 및 보상에 관한 법률」 제4조에 따른 공익사업과 관련해 지역권 · 지상권(지하 또는 공중에 설정된 권리를 포함한다)을 설정하거나 대여하는 사업은 제외한다)
7. 전문, 과학 및 기술 서비스업과 사업시설 관리, 사업 지원 및 임대서비스업
8. 공공행정, 국방 및 사회보장 행정
9. 교육 서비스업
10. 보건업 및 사회복지 서비스업
11. 예술, 스포츠 및 여가관련 서비스업
12. 협회 및 단체, 수리 및 기타 개인서비스업과 제조업 중 산업용 기계 및 장비 수리업
13. 가구내 고용활동 및 달리 분류되지 않은 자가소비 생산활동
14. 국제 및 외국기관의 사업

* 건설업과 부동산업 중 부동산 매매(주거용 또는 비거주용 건축물 및 그 밖의 건축물을 자영건설하여 분양 · 판매하는 경우를 포함한다) 또는 그 중개를 사업목적으로 나타내어 부동산을 판매하는 사업, 사업상 목적으로 1과세기간 중에 1회 이상 부동산을 취득하고 2회 이상 판매하는 사업은 재화(財貨)를 공급하는 사업으로 본다.(부가칙 §2②)

② 권리의 범위

부가가치세법상 권리란 재화의 일종으로 광업권, 특허권, 저작권 등 물건 외에 재산적 가치가 있는 모든 것으로 한다.(부가령 §2②)

관련 예규 대리납부 대상 용역 등(부가집 52-95-4)

① 비거주자 또는 외국법인의 재화 · 시설물 또는 권리를 우리나라에서 사용하고 그 대가를 지급하는 자는 공급받은 해당 용역을 과세사업에 사용하는 경우를 제외하고는 대리납부를 하여야 하나, 부가가치세가 면제되는 용역을 제공받은 경우에는 대리납부의무가 없다.

② 재화 · 시설물 또는 권리란 부동산, 부동산상의 권리, 광업권, 조광권, 채석권, 선박, 항공기, 자동차, 건설기계, 기계, 설비, 장치, 운반구, 공구, 학술 또는 예술상의 저작물(영화필름을 포함)의 저작권, 특허권, 상표권, 의장, 모형, 도면, 비밀의 공식 또는 공정, 라디오 · 텔레비전 · 방송용 필름 및 테이프, 산업상 · 상업상 또는 과학상의 지식 · 경험 또는 숙련에 관한 정보, 우리나라 법에 따른 면허 · 허가 또는 이와 유사한 처분에 의하여 설정된 권리, 기타 이와 유사한 재화 · 시설물 또는 권리를 말한다.

③ 국내사업장이 없는 비거주자 또는 외국법인으로부터 골프장 조성을 위한 용역을 공급받는 경우로서 해당 용역의 매입이 토지의 조성 등을 위한 자본적 지출에 해당하는 경우에 용역을 공급받는 자는 대리납부의무가 있다.

(4) 공급장소

용역 동의 공급되는 장소가 국내이어야 한다. 국내에 반입하는 것으로서 관세와 함께 부가가치세를 신고 · 납부하여야 하는 재화의 수입에 해당하지 아니하는 경우를 포함한다.(부가법 §52 ①) 국외사업자로부터 권리를 공급받는 경우에는 제19조제1항에도 불구하고 공급받는 자의 국내에 있는 사업장의 소재지 또는 주소지를 해당 권리가 공급되는 장소로 본다.(부가법 §53②)

관련 예규 대리납부 공급장소

국내에 사업장이 없는 외국법인으로부터 당해 외국법인이 국외에서 수행한 용역의 결과물을 공급받아 동 결과물을 국내에서 사용하는 자(공급받은 당해 용역을 과세사업에 공하는 경우를 제외한다)는 그 대가를 지급하는 때에 부가가치세법 제34조의 규정에 의하여 부가가치세를 징수하고 부가가치세법 제18조 제2항 및 제19조 제2항의 규정을 준용하여 사업장 또는 주소지 관할세무서장에게 납부하여야 하는 것입니다.(서면인터넷방문상담3팀-255, 2008.02.01.)

(5) 징수시기

부가가치세 대리납부 요건을 충족하는 경우에는 그 대가를 지급하는 때에 그 대가를 받은 자로부터 부가가치세를 징수하여야 한다.(부가법 §52 ①)

관련 예규 대리납부할 세액의 징수시기(부가집 52-95-2)

① 대리납부 할 부가가치세액은 제공받는 용역 등의 공급시기에 관계없이 그 대가를 지급하는 때에 징수한다.

② 대리납부대상 용역 등을 공급받기 전에 그 대가의 일부를 수회에 걸쳐 지급하는 경우에는 그 지급을 하는 때마다 대리납부세액을 징수한다.

Part 04

(6) 대리납부세액 계산

용역 또는 권리의 공급가액의 10%을 부가가치세 대리납부세액으로 징수한다. 대리납부의 대상이 되는 용역의 대가는 다음과 같이 계산한다.(부가집 52-95-5)

① 용역의 대가

- 거래당사자간에 부가가치세액의 징수 및 부담에 대하여 별도의 계약이 있는 경우에는 해당 계약에 의한다.
- 부가가치세액의 징수 및 부담에 대하여 별도의 계약이 없이 용역대가의 전액을 지급하는 때에는 해당 용역대가에 부가가치세가 제외되어 있는 것으로 하여 계산한다.
- 부가가치세액의 징수 및 부담에 대하여 별도의 계약이 없이 용역대가에서 부가가치세액을 공제하여 지급하는 때에는 해당 용역대가에 부가가치세가 포함되어 있는 것으로 하여 계산한다.

② 용역의 대가를 외화로 지급하는 경우(부가령 §95③)

- 원화를 외화로 매입하여 지급하는 경우에는 지급일 현재의 **대고객외국환매도율**에 의하여 계산한 금액
- 보유 중인 외화로 지급하는 경우에는 지급일 현재의 **기준환율** 또는 **재정환율**에 의하여 계산한 금액

③ **과세 · 면세 공통사용**

비거주자 또는 외국법인으로부터 공급받은 용역등이 과세사업과 면세사업등에 공통으로 사용되어 그 실지귀속을 구분할 수 없는 경우 그 면세사업등에 사용된 용역등의 안분계산한 금액으로 한다. 다만, 과세기간 중 과세사업과 면세사업등의 공급가액이 없거나 그 어느 한 사업에 공급가액이 없으면 그 과세기간에 대한 안분 계산은 총매입가액, 총예정공급가액 또는 총예정사용면적 등(부가가치세법시행령 제81조제4항과 제82조)을 준용한다.(부가령 §95②)

▶ **대리납부 안분계산**

$$\text{과세표준} = \text{해당 용역 등의 총공급가액} \times \frac{\text{대가의 지급일이 속하는 과세기간의 면세공급가액}}{\text{대가의 지급일이 속하는 과세기간의 총공급가액}}$$

(7) 대리납부신고서 제출

부가가치세를 징수한 자는 부가가치세 대리납부신고서를 제출하고, 부가가치세 예정신고와 확정신고를 준용하여 부가가치세를 납부하여야 한다.(부가령 §52②) 사업의 양도(이에 해당하는지 여부가 분명하지 아니한 경우를 포함한다)에 따라 그 사업을 양수받는 자는 그 대가를 지급하는 때에 그 대가를 받은 자로부터 부가가치세를 징수하여 그 대가를 지급하는 날이 속하는 달의 다음 달 25일까지 사업장 관할 세무서장에게 납부할 수 있다.(부가령 §52④)

관련 예규 대리납부세액의 납부와 과다납부에 따른 환급(부가집 52-95-8)

① 징수한 대리납부세액은 부가가치세 대리납부신고서와 함께 사업장 또는 주소지 관할세무서장에게 납부하거나 「국세징수법」에 따른 납부서에 부가가치세대리납부신고서를 첨부하여 한국은행 또는 체신관서에 납부한다.

② 부가가치세 대리납부시 과다하게 납부한 대리납부세액에 대하여 사업자가 「국세기본법」에 따른 환급청구나 경정청구를 한 경우 관할세무서장은 이를 확인하여 과다납부한 세액을 환급하여야 한다.

(8) 대리납부 불이행 가산세

용역 등을 공급받는 자가 부가가치세를 징수하여 납부할 의무를 지는 자가 징수하여야 할 세액을 법정납부기한까지 납부하지 아니하거나 과소납부한 경우에는 가산세를 부과한다.(국기법 §47의5①)

① 가산세 금액

다음의 금액을 합한 금액을 가산세로 한다.

▪ 납부하지 아니한 세액 또는 과소납부분 세액의 100분의 3(3%)에 상당하는 금액
▪ 납부하지 아니한 세액 또는 과소납부분 세액 × 법정납부기한의 다음 날부터 납부일까지의 기간(납부고지일부터 납부고지서에 따른 납부기한까지의 기간은 제외한다) × 10만분의 22의 율(0.022%)
↳ 체납된 국세의 납부고지서별 · 세목별 세액이 150만원 미만인 경우에는 가산세 제외
주1) 가산세 한도 : 납부하지 아니한 세액 또는 과소납부분 세액의 100분의 50(제1호의 금액과 제2호 중 법정납부기한의 다음 날부터 납부고지일까지의 기간에 해당하는 금액을 합한 금액은 100분의 10)에 상당하는 금액 주2) 납부기한 계산 : 납부고지서에 따른 납부기한의 다음 날부터 납부일까지의 기간(「국세징수법」 제13조에 따라 지정납부기한과 독촉장에서 정하는 기한을 연장한 경우에는 그 연장기간은 제외한다)이 5년을 초과하는 경우에는 그 기간은 5년으로 한다.(국기법 §47의5④)

관련 예규 비거주자의 국내체재 경비 등에 대한 대리납부(부가집 52-95-6)

① 국내에 사업장이 없는 외국법인과 기술도입계약을 체결하여 그 법인 소속의 기술자로부터 계약에 정하는 기술용역을 공급받고 기술자의 체재경비를 지급하는 경우 해당 체재경비가 용역의 대가에 포함되는 때에는 그 대가를 지급하는 때에 부가가치세를 징수하여 대리납부하여야 한다.

② 비거주자 또는 외국법인이 우리나라에서 공급하는 외국항행용역(선원부용선계약에 의한 외국항행용역을 포함한다)은 대리납부대상이 되지 아니하나, 선박 및 항공기를 나용선(기)계약에 의하여 사용하고 용선(기)료를 지급하는 때에는 대리납부를 하여야 한다.

③ 해외에 본점을 두고 있는 국내지점이 국외 소재 본 · 지점으로부터 용역을 제공받고 그 대가를 지급하는 경우에는 대리납부대상에 해당하지 아니한다.

사례 대리납부세액의 계산

2021년 4월 1일 인도의 외국법인으로부터 '기술용역을 제공받고 사용료(fees for technical services)' 1억을 송금하였다. 「한 · 인도 조세협약」(대한민국정부와 인도공화국정부는 소득에 대한 조세의 이중과세회피와 탈세방지를 위한 협약)에 의한 사용료 제한세율은 10%이고, 주민세율은 10%이다. 국내원천소득에 대한 법인세 및 주민세는 인도의 외국법인이 부담하기로 했다. 이 경우 납부할 대리납부세액은?

▶ **대리납부세액 계산**

- 부가가치세 공급가액 : 112,359,550원[=100,000,000 ÷ (1 - 0.1 - 0.1 × 0.1)]
- 대리납부세액 : 11,235,955원[=112,359,550원 × 10%]

* 비거주자가 부담하여야 할 국내원천소득에 대한 법인세 및 주민세 상당액은 용역의 과세표준에 포함한다.(부가 22601-1862, 1987.9.8.)

▶ **일자별 회계처리**

1) 2021. 04.01. 사용료 지급 시

(차) 사용료 112,359,550	(대) 현금 100,000,000
	법인세예수금 12,359,550*

* 12,359,550 = (112,359,550 × 10%) + (112,359,550 × 10%) × 10%

2) 2021. 07.25. 대리납부세액 납부 시

(차) 대리납부세액(비용) 11,235,955 (대) 현 금 11,235,955

* 용역대가를 실지 지급하는 때가 속하는 예정신고기간 또는 확정신고기간에 대한 신고납부 기한내에 납부해야 한다.(간세 1235-333, 1978.2.1.)

▶ **기술용역 관련 회사부담금액**

: 111,235,955원(= 100,000,000 + 11,235,955)

관련 예규 대리납부

- 국내에 사업장이 없는 외국법인으로부터 당해 외국법인이 국외에서 수행한 용역의 결과물을 공급받아 동결과물을 국내에서 사용하는 자(공급받은 당해 용역을 과세사업에 공하는 경우를 제외한다)는 그 대가를 지급하는 때에 부가가치세법 제34조의 규정에 의하여 부가가치세를 징수하고 부가가치세법 제18조 제2항 및 제19조 제2항의 규정을 준용하여 사업장 또는 주소지 관할세무서장에게 납부하여야 하는 것입니다.(서면3팀-255, 2008.2.1.)

- 면세사업을 영위하는 내국법인이 국내사업장이 없는 외국의 모법인으로부터 지급보증 용역을 공급받고 그 대가를 지급하는 경우 「부가가치세법」제52조에 따라 해당 내국법인은 그 대가를 지급하는 때에 외국의 모법인으로부터 부가가치세를 징수하여야 하는 것입니다.(기획재정부 부가가치세제과-294, 2015.4.7.)

- 1. 필리핀 법률에 의해 필리핀 교육시설에 해당하는 국내사업장이 없는 외국법인이 「평생교육법」제33조 및 같은 법 시행령 제48조에 따른 원격평생교육시설에 해당하는 내국법인에게 전화 또는 화상으로 원어민 강사의 영어 강의용역을 공급하는 경우로서 해당 내국법인이 외국법인으로부터 공급받은 동 강의용역을 국내에서 자기의 면세사업에 사용하고, 동 강의용역의 대가를 외국법인에게 지급하는 경우 「부가가치세법」 제52조에 따른 대리납부 규정이 적용되는 것입니다.
  2. 국내사업장이 없는 외국법인이 외국어 교육사업을 영위하는 내국법인의 수강생들이 작성한 과제물에 대하여 수행한 채점용역의 결과물을 온라인망을 통해 해당 내국법인에게 공급하는 경우로서 해당 내국법인이 공급받은 동 채점용역의 결과물을 국내에서 자기의 면세사업에 사용하고 그 대가를 외국법인에게 지급하는 경우 「부가가치세법」 제52조에 따른 대리납부 규정이 적용되는 것입니다.(기획재정부 부가가치세제과-313 , 2015.04.14.)

- 「전자금융거래법」에 따른 전자지급결제대행업을 영위하는 국내사업자가 국내사업장이 없는 해외 게임업체(이하 "국외사업자")와 계약을 체결하여 국외사업자가 오픈마켓을 통해 게임 용역을 국내에 공급하는 거래에 있어 전자지급결제대행용역을 제공하는 경우 국내사업자는 국외사업자의 게임 용역 국내 공급 거래에 대하여 「부가가치세법」 제52조에 따라 대리납부 할 수 없으며, 같은 법 제53조제1항에 따른 위탁매매인등 또는 제53조의2제2항에 따른 제3자에 해당하지 아니하는 것임(서면-2020-법령해석부가-5070 [법령해석과-4295] , 2020.12.29.)

Part 04

2-3 국외사업자 용역 및 전자적 용역 등 공급 특례

국내에 사업장을 두지 않은 외국사업자에 대해서는 부가가치세 사업자등록 및 거래징수 의무가 면제된다. 따라서 국내사업장이 없는 국외사업자는 국내에서 재화공급 시 관세와 부가가치세만 고려하면 되고, 용역이나 무형재산을 공급하는 경우에는 수입자가 부가가치세 대리납부(Reverse Charge)만 이행하면 되었다. 하지만, 디지털경제가 도래하여 디지털 용역의 B2C 공급이 급격히 증대되고 국내공급자는 부가가치세를 부과징수하나 해외공급자는 부가가치세를 부과징수하지 않게 되어 세수일실 및 조세 중립성 상실 문제가 발생하였고, 이러한 문제를 해결하기 위해, 국외사업자의 용역 및 전자적 용역 등 공급에 특례규정을 신설하여 운영하고 있다.

(1) 국외사업자의 용역 또는 권리공급에 관한 특례

① 부가가치세 납세의무 특례: 위탁매매인 등

일반적으로 위탁매매 또는 대리인에 의한 매매를 할 때에는 위탁자 또는 본인이 직접 재화를 공급하거나 공급받은 것으로 본다.(부가법 §10②) 하지만, ㉮대리납부규정의 국외사업자가 ㉯위탁매매인 등을 통하여 국내에서 용역 또는 권리를 공급하는 경우에는 해당 위탁매매인등이 해당 용역 등을 공급한 것으로 본다.(부가법 §53)

㉮ 국외사업자의 범위

- **국내사업장이 없는 비거주자 또는 외국법인**
  「소득세법」 제120조 또는 법인세법」 제94조에 따른 국내사업장이 없는 비거주자 또는 외국법인은 부가가치세 대리납부 공급자에 해당한다.(부가법 §52 ①)
- **국내사업장이 있는 비거주자 또는 외국법인**
  국내사업장이 있는 비거주자 또는 외국법인이 국내사업장과 관련 없이 용역 등을 공급하는 경우에는 부가가치세 대리납부 공급자에 해당한다. 국내사업장과 관련 없이 용역 등을 공급한 경우란 국내원천소득으로서 국내사업장과 실질적으로 관련되지 아니하거나 그 국내사업장에 귀속되지 아니한 경우를 말한다.(부가법 §52 ①)

㉯ 위탁매매인 등의 범위

위탁매매인, 준위탁매매인, 대리인, 중개인(구매자로부터 거래대금을 수취하여 판매자에게 지급하는 경우에 한정)을 포함한다.

② 공급장소 특례: 국내사업장 소재지

일반적으로 재화의 공급장소는 재화의 이동이 시작되는 장소, 용역의 공급장소는 역무가 제공되거나 시설물, 권리 등 재화가 사용되는 장소이다.(부가법 §19) 부가가치세법상 권리는 재화의 일종(부가령 §2②)으로 부가가치세 납세의무 특례를 적용하더라도 공급장소 규정 때문에 과세할 수 없는 문제가 발생한다. 이에 따라 국외사업자로부터 권리를 공급받는 경우에는 제19조제1항(재화의 공급장소)에도 불구하고 공급받는 자의 국내에 있는 사업장의 소재지 또는 주소지를 해당 권리가 공급되는 장소로 본다.(부가법 §53②)

③ 세금계산서 발급 특례: 상호 및 주소 기재

위탁판매 또는 대리인에 의한 판매의 경우 수탁자 또는 대리인이 재화를 인도할 때에는 수탁자 또는 대리인이 위탁자 또는 본인의 명의로 세금계산서를 발급하며, 그 용역 등을 공급하는 자의 상호 및 주소를 덧붙여 적어야 한다.(부가령 §69⑰)

Part 04

관련 예규 국외사업자 용역 또는 권리공급 특례

- 비거주자 또는 외국법인이 어플리케이션 등 「부가가치세법」 제53조 제1항에 따른 용역을 「전자상거래 등에서의 소비자보호에 관한 법률」 제2조에 따른 통신판매업자인 통신판매중개자(이하 '앱스토어 운영사업자'라 한다)가 운영하는 오픈마켓을 통해 국내 구매고객에게 공급하고, 앱스토어 운영사업자가 그 구매대금을 송금받아 수수료를 차감한 금액을 비거주자 또는 외국법인에게 송금하는 경우 「부가가치세법」 제53조에 따라 앱스토어 운영사업자가 해당 용역을 공급한 것으로 보는 것임(기획재정부 부가가치세제과-207, 2016.04.05.)

〈사실관계〉 해외개발자(A) → 앱스토어 운용자(B) → 소비자

* B는 통신판매중개자로서 A와 판매서비스 이용계약을 체결
* 해외개발자의 앱을 B의 앱스토어에 게재하여 이용자들이 앱을 구매
* 앱 판매대금을 수령한 후 수수료(30%) 공제 후 나머지 A에게 송금

(2) 전자적 용역을 공급하는 국외사업자의 사업자등록 및 납부 등에 관한 특례

① 부가가치세 사업자등록 특례: 간편사업자 등록

국외사업자가 정보통신망을 통하여 전자적 용역을 국내에서 직접 또는 제3자를 통해 국내소비자에게 제공하는 경우에는 사업의 개시일부터 20일 이내에 간편사업자 등록을 하여야 한다.(부가법 §53의2①) 등록기한까지 간편사업자 등록을 하지 아니한 경우에는 사업 개시일부터 등록한 날의 직전일까지의 공급가액 합계액의 1%를 가산세로 부과한다.(부가법 §60①)

㉮ 국외사업자의 범위

부가가치세법상 '대리납부규정의 국외사업자'로 한정한다.(부가법 §53조의2, §52)

- **국내사업장이 없는 비거주자 또는 외국법인**
  「소득세법」 제120조 또는 「법인세법」 제94조에 따른 국내사업장이 없는 비거주자 또는 외국법인은 부가가치세 대리납부 공급자에 해당한다.(부가법 §52 ①)

- **국내사업장이 있는 비거주자 또는 외국법인**
  국내사업장이 있는 비거주자 또는 외국법인이 국내사업장과 관련 없이 용역 등을 공급하는 경우에는 부가가치세 대리납부 공급자에 해당한다. 국내사업장과 관련 없이 용역 등을 공급한 경우란 국내원천소득으로서 국내사업상과 실질적으로 관련되지 아니하거나 그 국내사업장에 귀속되지 아니한 경우를 말한다.(부가법 §52 ①)

㉯ 국외사업자의 직접 또는 제3자를 통해 공급

국외사업자가 국내에서 정보통신망을 통해 직접 공급하거나, 제3자의 국외사업자를 통해 공급하여야 한다.(부가법 §53조의2②)

▶ 제3자의 국외사업자의 범위

- 정보통신망 등을 이용하여 전자적 용역의 거래가 가능하도록 오픈마켓이나 그와 유사한 것을 운영하고 관련 서비스를 제공하는 자
- 전자적 용역의 거래에서 중개에 관한 행위 등을 하는 자로서 구매자로부터 거래대금을 수취하여 판매자에게 지급하는 자

㉰ 전자적 용역을 국내에서 공급

국외사업자 등이 이동통신단말장치 또는 컴퓨터 등으로 공급하는 용역으로서 전

자적 용역을 국내에 제공하여야 한다.(부가법 §53조의2①)

▶ **전자적 용역의 범위**

<table>
<tr><td>1. 게임 · 음성 · 동영상 파일 또는 소프트웨어 등 대통령령으로 정하는 용역

이동통신단말장치 또는 컴퓨터 등에 저장되어 구동되거나, 저장되지 아니하고 실시간으로 사용할 수 있는 것으로서 다음의 어느 하나에 해당하는 것을 말한다.
가. 게임 · 음성 · 동영상 파일, 전자 문서 또는 소프트웨어와 같은 저작물 등으로서 광(光) 또는 전자적 방식으로 처리하여 부호 · 문자 · 음성 · 음향 및 영상 등의 형태로 제작 또는 가공된 것
나. '가'에 따른 전자적 용역을 개선시키는 것</td></tr>
<tr><td>2. 광고를 게재하는 용역</td></tr>
<tr><td>3. 클라우드컴퓨팅 발전 및 이용자 보호에 관한 법률 제2조제3호에 따른 클라우드컴퓨팅서비스</td></tr>
<tr><td>4. 재화 또는 용역을 중개하는 용역으로서 대통령령으로 정하는 용역

다음 각 호의 어느 하나에 해당하는 것을 말한다. 다만, 재화 또는 용역의 공급에 대한 대가에 중개 용역의 대가가 포함되어 법 제3조에 따른 납세의무자가 부가가치세를 신고하고 납부하는 경우는 제외한다.
가. 국내에서 물품 또는 장소 등을 대여하거나 사용 · 소비할 수 있도록 중개하는 것
나. 국내에서 재화 또는 용역을 공급하거나 공급받을 수 있도록 중개하는 것</td></tr>
</table>

㉣ 국내사업자가 아닌 소비자에게 제공

국내에서 소비자에게 전자적용역을 제공해야 한다. 따라서, 사업자등록을 한 자의 과세사업 또는 면세사업에 대하여 용역을 공급하는 경우에는 제외한다.(부가법 §53조의2①)

㉤ 영수증 발급

간편사업자등록을 한 사업자가 국내에 공급하는 전자적 용역은 세금계산서발급을 면제하고 영수증을 발급한다.(부가령 §73①13호)

② **부가가치세 신고 · 납부 특례: 입력방식 및 외국환은행 계좌 납부**

부가가치세를 신고하려는 간편사업자등록자는 국세정보통신망에 접속하여 사업자 이름 및 간편사업자등록번호, 신고기간 동안 국내에 공급한 전자적 용역의 총 공급가액, 공제받을 매입세액 및 납부할 세액을 입력하는 방식으로 부가가치세 예정신고 및 확정신고를 하여야 한다.(부가령 §96의2 ⑤) 납부는 국세청장이 정하는 바에 따라 외국환은행의 계좌에 납입하는 방식으로 한다.(부가령 §96의2 ⑥)

㉮ **과세표준 계산**

간편사업자등록자가 국내에 공급한 전자적 용역의 대가를 외국통화나 그 밖의 외국환으로 받은 경우에는 **과세기간 종료일**(예정신고 및 납부에 대해서는 예정신고기간 종료일을 말한다)**의 기준환율을 적용하여 환가한 금액을 과세표준**으로 할 수 있다. 이 경우 국세청장은 정보통신망을 이용하여 통지하거나 국세정보통신망에 고시하는 방법 등으로 사업자(납세관리인이 있는 경우 납세관리인을 포함한다)에게 기준환율을 알려야 한다.(부가령 §96의2⑦)

㉯ **매입세액**

간편사업자등록을 한 자는 해당 전자적 용역의 공급과 관련하여 제38조 및 제39조에 따라 공제되는 매입세액 외에는 매출세액 또는 납부세액에서 공제하지 아니한다.(부가법 §53의2 ⑤)

관련 예규 국외사업자 용역 또는 권리공급 특례

■ 정보통신망 등을 이용하여 전자적 용역의 거래가 가능하도록 오픈마켓이나 그와 유사한 것을 운영하면서 관련 서비스를 제공하는 자(이하 "국외오픈마켓")를 통하여 국외 앱개발자가 국내에 전자적 용역을 공급하는 경우에는 국외오픈마켓이 해당 전자적 용역을 국내에서 공급하는 것으로 보아 「부가가치세법」 제53조의2 제2항에 따라 간편사업자 등록 후 부가가치세 신고 · 납부를 하여야 하는 것입니다.(서면-2020-법령해석부가-4374 [법령해석과-171], 2021.01.18.)

〈사실관계〉

- 질의법인은 국외개발자의 애플리케이션(이하 "앱")을 판매하는 앱스토어 운영 법인으로 독일에 앱스토어 서버를 두고 있으며, 「법인세법」상 국내사업장을 두고 있지 아니하는 외국법인에 해당하고 앱스토어를 통해 판매되는 앱 판매금액의 일정비율을 수수료 대가로 받고 있음

- 질의법인은 국외개발자가 개발한 앱을 앱스토어를 통해 판매하면서 앱을 구매하는 고객을 법인 또는 개인사업자로 한정하여 기업간거래(B2B)로만 운영할 예정임 또한 질의법인은 국내 고객으로부터의 구매대금 수령, 수수료 및 국외 앱 개발자의 앱 판매대금 지급과 관련하여 대금수납대행사와 계약을 맺고 대금수령 및 지급대행 서비스를 제공받고 있음

▶ 국외사업자 용역의 공급 비교

구분	대리납부	위탁을 통한 공급	전자적 용역 제공
용역공급자	국외사업자	국외사업자	국외사업자
공급대상	용역 또는 권리	용역 또는 권리	전자적 용역
공급받는자	면세사업자 (또는 면세사업에 사용자)	사업자 및 소비자	개인 소비자[주2)]
납세의무자	면세사업자 또는 면세사업	위탁매매인 등[주1)]	국외사업자
기타의무	납부의무	세금계산서 발급	간편사업자등록 및 입력방식 신고 · 납부

[주1)] 앱스토어 등 위탁매매인이 제공하는 용역 영세율 적용여부

- 앱스토어 운영업은 한국표준산업분류표상 정보통신업으로 국내사업장이 없는 외국법인에게 용역을 제공하고 대금을 외국환은행에서 원화로 받거나 기획재정부령으로 정하는 방법으로 받는 경우에는 영세율을 적용할 수 있다.

- (국외제공용역) 국내 사업자가 개발한 스마트폰용 응용프로그램(애플리케이션)을 인터넷상의 오픈마켓에 등재하고 오픈마켓 운영자의 중개 하에 국내 · 외 소비자가 이를 유상으로 다운로드받아 사용하는 경우, 동 거래는 용역의 공급으로서 「부가가치세법」 제1조 제1항에 따른 과세대상이고, 국외 소비자가 다운로드받는 분은 국외에서 제공하는 용역으로서 같은 법 제11조 제1항 제2호에 따라 영세율이 적용되며, 영세율을 적용하여 신고할 경우 국세청장이 정하는 바에 따라 외화획득명세서 및 영세율이 확인되는 증빙서류 등을 제출하여야 하는 것임 동 거래와 관련하여 소비세 등의 명목으로 외국에서 납부한 금액은 과세표준에 포함되지 아니하고, 공급가액과 세액이 별도 표시되어 있지 아니하는 경우 거래금액의 110분의 100에 해당하는 금액을 과세표준으로 보되, 영세율이 적용되는 경우에는 전체 거래금액을 영세율 과세표준으로 보는 것임 동 거래

의 대가를 외국통화 기타 외국환으로 지급받는 경우 국내 개발자와 오픈마켓 운영자 간 정산일 등 역무의 제공이 완료되고 그 공급가액이 확정되는 때를 공급시기로 하여 「부가가치세법 시행령」 제51조에 따라 과세표준을 산정하는 것임(기획재정부 부가가치세제과-388 , 2010.06.10.)

[주2] 국외사업자가 전자적 용역을 사업자에게 제공한 경우

■ 「부가가치세법」제53조의2제1항에 따른 전자적용역이라 함은 「정보통신망 이용촉진 및 정보보호 등에 관한 법률」제2조제1항제1호에 따른 정보통신망을 이용하여 공급받는 것으로서 이동통신단말장치 또는 컴퓨터 등에 저장되어 구동되거나, 저장되지 아니하고 실시간으로 사용할 수 있는 "게임 · 음성 · 동영상 파일, 전자 문서 또는 소프트웨어와 같은 저작물 등으로서 광(光) 또는 전자적 방식으로 처리하여 부호 · 문자 · 음성 · 음향 및 영상 등의 형태로 제작 또는 가공된 것과 전자적용역을 개선시키는 것"을 말하는 것입니다. 면세사업자가 국내사업장이 없는 외국법인으로부터 「부가가치세법」에 따른 전자적용역을 면세사업과 관련하여 공급받는 경우에는 「부가가치세법」제52조(대리납부)의 규정이 적용되는 것입니다.(사전-2015-법령해석부가-0458, 2016.5.13.)

3 용역의 수출

3-1 회계처리

(1) 용역의 범위

일반기업회계기준에서는 용역의 범위(제공)을 일반적으로 계약에 의하여 합의된 과업을 수행하는 것으로 정의하고 있다.(일반기준 16. 용어정의)

(2) 진행기준

용역의 제공으로 인한 수익은 용역제공거래의 성과를 신뢰성 있게 추정할 수 있을 때 진행기준에 따라 인식한다. 다음 조건이 모두 충족되는 경우에는 용역제공거래의 성과를 신뢰성 있게 추정할 수 있다고 본다.(일반기준 16.11)

거래 전체의 수익금액을 신뢰성 있게 측정할 수 있다.
경제적 효익의 유입 가능성이 매우 높다.
진행률을 신뢰성 있게 측정할 수 있다.
이미 발생한 원가 및 거래의 완료를 위하여 투입하여야 할 원가를 신뢰성 있게 측정할 수 있다.

① 기술용역이나 운송용역, 의료 · 법률 · 회계용역 등의 용역제공

기술용역이나 운송용역, 의료 · 법률 · 회계용역 등의 용역제공거래에서는 재화판매거래와는 달리 소유에 따른 위험과 보상의 이전여부를 고려할 필요가 없다. 용역제공거래에서는 용역의 생산과 동시에 고객에게 제공되며, 그 대금과 기타 거래조건은 사전에 약정된다. 따라서 용역제공거래에서의 수익인식은 일반적으로 **진행기준**에 따라 이루어진다.(일반기준 결16.10)

② 해운업을 영위하는 기업의 용역 제공

해운업을 영위하는 기업은 용역을 제공하므로 **진행기준**에 따라 수익을 인식해야 하지만, 용역제공거래의 성과를 **신뢰성 있게 추정할 수 없는 경우**에는 문단 16.13(**발생한 비용의 범위 내에서 회수가능한 금액**)에 의해 수익을 인식해야 한다.(일반기준 결16.16)

③ **설치수수료**

설치수수료는 재화가 판매되는 시점에 수익을 인식하는 재화의 판매에 부수되는 설치의 경우를 제외하고는 설치의 진행률에 따라 수익으로 인식한다.(일반기준 적용사례11)

④ **광고수수료**

광고매체수수료는 광고 또는 상업방송이 대중에게 전달될 때 인식하고, 광고제작수수료는 광고 제작의 진행률에 따라 인식한다.(일반기준 적용사례13)

3-2 법인세 처리

법인세법에서는 용역의 범위를 규정하고 있지는 않지만, '용역 제공 및 임대료 등에 대한 손익귀속사업연도'로 법인세법시행령 제69조와 제71조에 그 내용을 규정하고 있다. 기본적으로 일반기업회계기준의 수익인식과 일치한다고 보면 될 것이다.

(1) 진행기준

건설 · 제조 기타 용역(도급공사 및 예약매출을 포함)의 제공으로 인한 익금과 손금은 그 목적물의 건설 등의 착수일이 속하는 사업연도부터 그 목적물의 인도일(용역제공의 경우에는 그 제공을 완료한 날)이 속하는 사업연도까지 그 목적물의 건설 등을 완료한 정도(작업진행률)를 기준으로 하여 계산한 수익과 비용을 각각 해당 사업연도의 익금과 손금에 산입한다. 작업진행률에 의한 익금 또는 손금이 공사계약의 해약으로 인하여 확정된 금액과 차액이 발생된 경우에는 그 차액을 해약일이 속하는 사업연도의 익금 또는 손금에 산입한다.(법인령 §69)

(2) 인도기준

다음의 어느 하나에 해당하는 경우에는 그 목적물의 인도일이 속하는 사업연도의 익금과 손금에 산입할 수 있다.(법인령 §69)

중소기업인 법인이 수행하는 계약기간이 1년 미만인 건설 등의 경우
기업회계기준에 따라 그 목적물의 인도일이 속하는 사업연도의 수익과 비용으로 계상한 경우

법인이 비치 · 기장한 장부가 없거나 비치 · 기장한 장부의 내용이 충분하지 아니하여 당해사업연도 종료일까지 실제로 소요된 총공사비누적액 또는 작업시간등을 확인할 수 없어 작업진행률을 계산할 수 없다고 인정되는 경우(법인칙 §34④)
유동화전문회사법 등(제51조의2제1항)에 해당하거나 프로젝트금융투자회사(조특법 제104조의31제1항에 따른 법인)으로서 한국채택국제회계기준을 적용하는 법인이 수행하는 예약매출의 경우

⊕ 관련 예규 용역 수입

- (질의1) 중국법인이 판매한 특정 제품의 매출액 중 사전약정된 비율에 해당하는 금액을 귀 법인이 보유한 특허권에 대한 로열티로 지급받기로 한 경우로서, 로열티를 받을 권리가 "로열티 산정기준이 되는 매출액 발생기간(2022.1.1.~2022.11.27.)의 종료일"에 확정되는 경우에는 그 확정일이 속하는 사업연도에 로열티를 익금으로 인식하는 것이며, 로열티를 받을 권리가 확정되었는지 여부는 구체적인 계약관계 및 권리의 성질과 내용을 종합적으로 고려하여 결정할 사항입니다.
- (질의2) 특허권에 대한 내용연수는 해당 특허권의 잔존 존속기간(3년)이 아니라 「법인세법 시행규칙」 별표3에 따른 내용연수(7년)가 되는 것입니다.(사전-2022-법규법인-1204 [법규과-679], 2023.03.16.)

(3) 외국납부세액 공제

법인세법에서는 국외원천소득에 대한 외국납부세액을 직접외국납부세액, 간주외국납부세액, 간접외국납부세액으로 구분하고 있다.(법인법 §57)

▶ **외국납부세액 공제대상**

구 분	내 용	비 고
직접외국납부세액	국외원천소득에 대하여 직접 납부하였거나 납부할 외국법인세액	
간주외국납부세액	국외원천소득에 대하여 법인세를 감면받은 세액상당액은 그 조세조약으로 정하는 범위에서 외국법인세액	조세조약에 근거규정 필요
간접외국납부세액	외국자회사의 소득에 대하여 부과된 외국법인세액 중 그 수입배당금액에 대응하는 외국법인세액	

⊕ 보충 설명 국제거래와 외국납부세액 공제

외국과의 거래로 물품, 용역, 자본 및 이와 수반되는 결제거래를 국제거래라고 하는데, 국제거래는 자금의 흐름으로 분류하면 경상거래와 자본거래로 구분할 수 있다.

구 분	경상거래	자본거래
외국납부세액	직접외국납부세액 간주외국납부세액	간접외국납부세액

(4) 직접외국납부세액 공제

내국법인의 각 사업연도의 소득에 대한 과세표준에 국외원천소득이 포함되어 있는 경우로서 그 국외원천소득에 대하여 외국법인세액을 납부하였거나 납부할 것이 있는 경우에는 외국법인세액을 해당 사업연도의 산출세액에서 공제할 수 있다.(법인법 §57 ①)

① 외국법인세액의 범위

직접외국납부세액 공제의 외국법인세액이란, 외국정부(지방자치단체를 포함)에 납부하였거나 납부할 세액(가산세는 제외한다)을 말한다.

▶ 외국법인세액의 범위

1. 초과이윤세 및 기타 법인의 소득 등을 과세표준으로 하여 과세된 세액
2. 법인의 소득 등을 과세표준으로 하여 과세된 세의 부가세액
3. 법인의 소득 등을 과세표준으로 하여 과세된 세와 동일한 세목에 해당하는 것으로서 소득외의 수익금액 기타 이에 준하는 것을 과세표준으로 하여 과세된 세액

② 외국법인세액의 공제 등

외국법인세액은 공제한도금액 내에서 외국법인세액을 해당 사업연도의 산출세액에서 공제할 수 있다.

(가) 공제한도

$$\text{외국납부세액공제한도액} = \text{산출세액} \times \frac{\text{국외원천소득}}{\text{법인세과세표준}}$$

ⓐ 산출세액

당해 사업연도의 국내·국외원천소득을 합산하여 계산한 과세표준금액에 법인세법 세율을 적용하여 산출한 해당 사업연도의 법인세액(토지 등 양도소득에 대한 법인세액은 제외)

ⓑ 국외원천소득

국외에서 발생한 소득으로서 내국법인의 각 사업연도 소득의 과세표준 계산에 관한 규정을 준용하여 산출한 금액으로 한다. 이 경우 국외원천소득은 해당 사업연도의 과세표준을 계산할 때 손금에 산입된 금액(국외원천소득이 발생한 국가에서 과세할 때 손금에 산입된 금액은 제외한다)으로서 국외원천소득에 대응하는 직접비용과 배분비용을 뺀 금액으로 한다.(법인령§94②).

국외원천소득 = 국외에서 발생한 소득 - 직접비용 - 배분비용

▶ 직접비용과 배분비용의 범위

구 분	주 요 내 용
■ 직접비용	해당 국외원천소득에 직접적으로 관련되어 대응되는 비용. 이 경우 해당 국외원천소득과 그 밖의 소득에 공통적으로 관련된 비용은 제외
■ 배분비용	해당 국외원천소득과 그 밖의 소득에 공통적으로 관련된 비용 중 아래 방법에 따라 계산한 국외원천소득 관련 비용 - 국외원천소득과 그 밖의 소득의 업종이 동일한 경우의 공통손금은 국외원천소득과 그 밖의 소득별로 수입금액 또는 매출액에 비례하여 안분계산 - 국외원천소득과 그 밖의 소득의 업종이 다른 경우의 공통손금은 국외원천소득과 그 밖의 소득별로 개별 손금액에 비례하여 안분계산

(나) 국외사업장이 2이상의 국가에 있는 경우 외국법인세액 공제한도

국외사업장이 2이상의 국가에 있는 경우에는 국가별로 구분하여 공제한도를 계산하여야 한다. (법령§94⑦)

③ 이월공제

외국정부에 납부하였거나 납부할 외국법인세액이 공제한도를 초과하는 경우 그 초과하는 금액은 해당 사업연도의 다음 사업연도 개시일부터 10년 이내에 끝나는 각 사업연도로 이월하여 그 이월된 사업연도의 공제한도 범위에서 공제 받을 수 있다. 다만, 외국정부에 납부하였거나 납부할 외국법인세액을 이월공제기간 내에 공제받

지 못한 경우 그 공제받지 못한 외국법인세액은 이월공제기간의 종료일 다음 날이 속하는 사업연도의 소득금액을 계산할 때 손금에 산입할 수 있고 외국납부세액 공제한도금액을 초과하는 외국법인세액 중 국외원천소득 대응 비용과 관련된 외국법인세액에 대해서는 이월공제를 하지 않는다.(법인법§57②)

(5) 간주외국납부세액 공제

국외원천소득이 있는 내국법인이 조세조약의 상대국에서 해당 국외원천소득에 대하여 법인세를 감면받은 세액 상당액은 그 조세조약으로 정하는 범위에서 외국납부세액공제의 대상이 되는 외국법인세액에 해당한다.(법인법§57③)

① **공제대상법인** : 조세조약 체결국에서 발생되는 국외원천소득에 대하여 조약상대국으로부터 법인세를 감면 받은 법인

② **세액공제대상 금액** : 해당 국외원천소득에 대하여 감면받은 세액 상당액

▶ **간주외국납부세액공제를 규정한 조약체결국('22.12.31)**

그리스, 말레이시아, 멕시코, 방글라데시, 베트남(2014.12.31.까지), 불가리아, 브라질, 사우디아라비아(2013.12.31.까지), 스리랑카, 슬로바키아, 싱가포르, 아일랜드, 요르단(2015.12.31.까지), 이스라엘, 이집트, 인도네시아, 중국(2014.12.31.까지), 체코, 카타르(2019.12.31.까지), 쿠웨이트, 터키, 튀니지, 파키스탄, 파푸아뉴기니, 포르투갈, 피지, 필리핀, 태국(2012.12.31.까지) 등

(6) 법인지방소득세

① 내국법인

내국법인의 각 사업연도의 소득에 대한 법인지방소득세의 과세표준은 법인세의 과세표준과 동일한 금액으로 한다. 내국법인의 각 사업연도의 소득에 대한 법인세 과세표준에 국외원천소득이 포함되어 있는 경우로서 '외국 납부 세액공제'를 하는 경우에는 외국법인세액을 차감한 금액을 법인지방소득세 과세표준으로 한다. 이 경우 해당 사업연도의 과세표준에 손금에 산입한 외국법인세액이 있는 경우에는 그 금액을 가산한 이후에 외국법인세액을 차감한다. 차감하는 외국법인세액이 해당 사업연도의 과세표준금액을 초과하는 경우에 그 초과하는 금액은 해당 사업연도의 다음 사업연도 개시일부터 15년 이내에 끝나는 각 사업연도로 이월하여 그 이월된 사업연도의 법인지방소득세 과세표준을 계산할 때 차감할 수 있다.(지방법 §103의19)

② 개인사업자

거주자의 종합소득금액에 국외원천소득이 합산되어 있는 경우에 그 국외원천소득에 대하여 외국에서 외국소득세액을 납부하였거나 납부할 것이 있어 종합소득 산출세액에서 공제한 경우 그 공제액의 100분의 10에 상당하는 금액을 종합소득분 개인지방소득 산출세액에서 공제받을 수 있다. 외국정부에 납부하였거나 납부할 외국소득세액의 100분의 10에 상당하는 금액이 공제한도의 100분의 10을 초과하는 경우 그 초과하는 금액은 해당 과세기간의 다음 과세기간부터 5년 이내에 끝나는 과세기간으로 이월하여 그 이월된 과세기간의 공제한도 범위에서 공제받을 수 있다. (지방세특례제한법 §97)

⊕ 관련 예규 외국납부세액 공제

- (국외원천소득의 범위) 법 제57조 제1항의 규정에서 "국외원천소득"이라 함은 우리나라 세법에 의하여 계산한 국외원천소득을 말한다.(법기통 57-0-1)
- (외국납부세액의 범위) 법 제57조에 규정하는 외국납부세액은 내국법인의 각 사업연도의 과세표준금액에 포함된 국외원천소득에 대하여 납부하였거나 납부할 것으로 확정된 금액을 말한다.(법기통 57-94-2)
- (외국법인이 부담하기로 약정한 외국납부세액) 외국 법률에 의하여 원천징수 납부하는 세액을 외국법인이 부담하는 조건으로 계약을 체결하고 자금을 대여하는 경우, 동 대여금에 대한 이자를 영수함에 있어 외국법인이 납부한 외국납부세액이 영 제94조 제1항에 해당하는 조세인 경우에는 법 제57조의 규정에 의하여 외국납부세액으로 공제할 수 있다. 이 경우 동 외국법인이 부담한 외국납부세액은 이자수입으로 익금에 산입하여야 한다.(법기통 57-94-3)
- (외국법인세액의 범위) 내국법인이 미국법인 발행주식(해당 내국법인이 100% 지분 보유)을 다른 미국법인(해당 내국법인의 지분을 100% 보유한 모법인이 지분을 100% 보유하는 또 다른 법인)에게 양도하고 지급받은 소득이 미국 세법상 배당소득으로 취급되어 미국 법인세가 원천징수된 경우, 내국법인이 지급받은 해당 소득은 미국세법에 따라 배당소득으로 취급되는 범위에서 한·미 조세조약 제12조의 배당소득에 해당하며, 해당 원천징수 세액은 「법인세법」 제57조제1항의 '외국법인세액'에 해당함(기획재정부 국제조세제도과-520, 2024.9.27.)

■ (외국납부세액 공제 시기 및 환율 적용 방법) 국외원천소득에 대한 외국납부세액이 과세표준 신고기한까지 확정된 경우에는 당해 세액을 「법인세법」 제57조 제1항의 규정에 따라 당해 국외원천소득이 법인세 과세표준금액에 포함되어 있는 사업연도의 법인세액에서 공제하는 것이나, 외국납부세액이 과세기간의 상이 등으로 당해 법인의 과세표준 신고기한 경과 후 납부세액이 확정됨에 따라 당해 국외원천소득이 과세표준에 산입된 사업연도에 공제하지 아니한 외국납부세액은 법인세법 시행령 제94조 제4항 내지 제5항의 규정을 준용하여 처리할 수 있는 것입니다. 또한, 외국납부세액의 원화 환산은 「법인세법 시행규칙」 제48조에 따라 외국세액을 납부한 때의 「외국환거래법」에 의한 기준환율 또는 재정환율에 의하며, 당해 사업연도 중에 확정된 외국납부세액이 납기 미도래 또는 분납으로 인하여 미납된 경우 동 미납세액에 대한 원화환산은 그 과세기간 종료일 현재의 「외국환거래법」에 의한 기준환율 또는 재정환율에 의하는 것입니다.(서면-2024-국제세원-2126 [국제세원담당관-165], 2025.03.05.)

■ (국외원천소득에 대한 외국납부세액공제 가능 여부) 내국법인에게 국외원천소득이 있으며 그 국외원천소득에 대하여 적법하게 외국정부에 납부한 법인세는 「법인세법」 제57조의 규정에 따라 외국납부세액공제 등을 적용받을 수 있는 것이므로, 내국법인인 은행의 런던 지점이 체코 법인에게 자금을 대여하고 이자를 지급 받으면서 「한-체코 조세조약」상의 제한세율에 의한 원천징수로 체코정부에 법인세를 납부한 경우, 내국법인인 은행은 「법인세법」 제57조의 규정에 따라 외국납부세액공제 등을 적용받을 수 있는 것입니다. 다만, 해당 법인세가 「한-체코 조세조약」 및 체코 세법에 따라 적정하게 납부되었는지 여부는 원천징수내용, 체코 세법 등을 종합적으로 고려하여 사실 판단할 사항입니다.(서면-2024-국제세원-2771 [국제세원담당관-166], 2025.03.05.)

⊕ 관련 사례 외국납부세액 회계처리와 법인지방소득세

㈜신보의 국외원천소득 300백만 원과 국내원천소득 172백만 원인 경우 외국납부세액 회계처리와 법인지방소득세 계산

(단위: 백만원)

구분	소득금액	납부세액
A국(해외)	100	18(직접)
B국(해외)	100	12(간주)
C국(해외)	100	10(외국법인 부담)
국내원천소득	172	20
각 사업연도 소득금액	500	
(이월결손금)	–	
과세표준	500	
산출세액	75	– 2억 이하 9% – 2억 초과 ~ 200억 이하 19%
(외국납부세액 세액공제)	(35)	
(기 납부세액)	(20)	
납부할 세액	20	

① 회계처리

㉮ A국 차) 현금 82 대) 용역매출 100
외국법인세비용 18

㉯ B국 차) 현금 100 대) 용역매출 100

㉰ C국 차) 현금 100 대) 용역매출 100

㉱ 국내소득 차) 선급법인세 20 대) 현금 20

② 세무조정 (+)28 (=33 - 5)

㉮ C국 외국법인(지급인)이 부담한 원천징수세액

– 익금산입 이 자 수 익 10(기타사외유출)

– 손금산입 미 지 급 금 5(△유보)

– 손금불산입 법인세비용 5(유보)

* 지급인이 부담한 원천징수세액에 대한 추가원천징수세액

㉯ 법인세비용

– 손금불산입 법인세비용 18(기타사외유출)

③ 각 사업연도 소득금액(국외+국내): 500[= 300 + 172 + 28(세무조정)]

④ 산출세액: 75(= 18 + 300 × 19%)

⑤ 외국납부세액공제: 35(= Min[외국납부세액, 한도액])

㉮ 외국납부세액: 35(= 18 + 12 + 5)

㉯ 한도액: 46.5(= 75 × 310/500)

⑥ 법인지방소득세

- 지방세 과세표준: 465[=500(법인세 과세표준) - 35(외국납부세액)]
- 지방세산출세액: 6.8[2억이하 0.9%, 2억 초과 ~ 200억 이하 1.9%]

3-3 부가가치세 처리[1]

(1) 용역의 공급

용역의 공급은 계약상 또는 법률상의 모든 원인에 따른 것으로서 역무를 제공하거나, 시설물, 권리 등 재화를 사용하게 하는 것을 말한다.(부가법 §11)

① 용역의 범위

용역은 재화 외에 재산 가치가 있는 다음의 사업에 해당하는 모든 역무(役務)와 그 밖의 행위로 한다.(부가령 §3) 재화나 용역을 공급하는 사업의 구분은 부가가치세법시행령에 특별한 규정이 있는 경우를 제외하고는 통계청장이 고시하는 해당 과세기간 개시일 현재의 한국표준산업분류에 따른다. 다만, 다음의 용역사업과 유사한 사업은 한국표준산업분류에도 불구하고 같은 사업에 포함되는 것으로 본다.(부가령 §4)

1. 건설업*
2. 숙박 및 음식점업
3. 운수 및 창고업
4. 정보통신업(출판업과 영상 · 오디오 기록물 제작 및 배급업은 제외한다)
5. 금융 및 보험업
6. 부동산업*(다만, 전 · 답 · 과수원 · 목장용지 · 임야 또는 염전 임대업, 「공익사업을 위한 토지 등의 취득 및 보상에 관한 법률」 제4조에 따른 공익사업과 관련해 지역권 · 지상권(지하 또는 공중에 설정된 권리를 포함한다)을 설정하거나 대여하는 사업은 제외한다)
7. 전문, 과학 및 기술 서비스업과 사업시설 관리, 사업 지원 및 임대서비스업
8. 공공행정, 국방 및 사회보장 행정
9. 교육 서비스업

1. 재화의 공급과 중복되는 영세율, 세금계산서발급 등 자세한 내용은 '재화의 수출' 참조

10. 보건업 및 사회복지 서비스업
11. 예술, 스포츠 및 여가관련 서비스업
12. 협회 및 단체, 수리 및 기타 개인서비스업과 제조업 중 산업용 기계 및 장비 수리업
13. 가구내 고용활동 및 달리 분류되지 않은 자가소비 생산활동
14. 국제 및 외국기관의 사업

* 건설업과 부동산업 중 부동산 매매(주거용 또는 비거주용 건축물 및 그 밖의 건축물을 자영건설하여 분양 · 판매하는 경우를 포함한다) 또는 그 중개를 사업목적으로 나타내어 부동산을 판매하는 사업, 사업상 목적으로 1과세기간 중에 1회 이상 부동산을 취득하고 2회 이상 판매하는 사업은 재화(財貨)를 공급하는 사업으로 본다.(부가칙 §2②)

(2) 용역의 공급장소

소비지국 과세원칙의 부가가치세 체계에서 재화와 용역의 거래에 대한 납세의무가 어디에서 발생하는지를 결정하기 위한 개념으로 사용되는 것이 공급장소이다. 부가가치세 납세의무가 발생하는 장소를 의미하는 이 공급장소를 어디로 볼 것인가에 따라 부가가치세 납세의무가 결정된다.(서울고등법원 2004. 6. 10. 선고 2003누9369,2003누9376(병합) 판결)

용역이 공급되는 장소는 다음의 어느 하나에 해당하는 곳으로 한다.(부가법 §20)

역무가 제공되거나 시설물, 권리 등 재화가 사용되는 장소
국내 및 국외에 걸쳐 용역이 제공되는 국제운송의 경우 사업자가 비거주자 또는 외국법인이면 여객이 탑승하거나 화물이 적재되는 장소
국외사업자 전자적 용역(제53조의 2 제1항)의 경우 용역을 공급받는 자의 사업장 소재지, 주소지 또는 거소지

⊕ 관련 예규 용역의 공급장소

- [질의내용] 크리에이터가 운영하는 채널에서 크리에이터 후원 기능으로 얻은 수익금의 일부를 외국법인으로부터 지급받는 경우 영세율 적용 여부 (제1안)국내사업장이 없는 외국법인에게 용역을 공급하고 그에 따른 대가를 받는 것으로 부가가치세 영세율 적용 대상임, (제2안)국내 거주자인 시청자에게 용역을 공급하고 받은 대가에 대해서는 부가가치세 영세율 적용 대상이 아님 → 귀 질의와 관련하여 제1안이 타당합니다.(기획재정부 부가가치세제과-303, 2024.05.08.)

- 국내 사업장을 가진 외국법인의 국내 영업소 또는 국내 자회사가 국내에서 외국 본사 및 외국 관계회사에 사업 관련 지원용역을 제공하고 대가를 지급받는 경우 당해 용역은 「부가가치세법」 제11조제1항에 따른 과세대상 용역에 해당하는 것이나, 본건 외국 본사 등으로부터 지급받는 금액이 지원용역에 대한 대가인지 국내 사업장 운영 지원금인지는 여러가지 사실관계를 종합적으로 감안하여 사실판단할 사항입니다.(서면-2023-부가-1716 [부가가치세과-2274], 2023.08.30.)

- 건설업을 영위하는 사업자가 조세조약이 체결되지 아니한 국외에서 건설업을 영위하기 위하여 현지 법률에 따라 지점을 설립하고 국내 법인등기부상 지점으로 등기하지 아니한 경우로서 국외건설용역을 제공하기 위한 인적자원과 물적시설을 모두 갖추고 자기 책임과 계산하에 국외에서 독립적으로 사업을 영위하는 때에는 별도사업장인 국외지점이 국외에서 공급한 용역이므로 「부가가치세법」제4조에 따라 과세대상에 해당하지 아니하는 것입니다.(서면-2022-법규부가-0736 [법규과-660], 2022.02.23.)

- (모바일 앱이 국외사업자인 구글의 오픈마켓 '플레이스토어'를 통해 공급되므로 용역의 공급장소를 국외로 보아 영세율을 적용한 경우) 국내사업자가 모바일 앱을 개발하여 국내·외 사용자가 유상으로 다운로드받아 사용하게 하는 경우 용역의 공급으로서 「부가가치세법」 제4조 부가가치세 과세대상에 해당하는 것이며, 국외소비자가 다운로드 받는 분은 영세율이 적용되는 것임(사전-2016-법령해석부가-0062(2016.3.22.)

- (외국소재 서버 웹사이트에 등재·공급되므로 용역의 공급장소를 국외로 보아 영세율을 적용한 경우) 국내 사업자가 개발한 스마트폰용 응용프로그램(애플리케이션)을 인터넷 상의 오픈마켓에 등재하고 오픈마켓 운영자의 중개 하에 국내 · 외 소비자가 이를 유상으로 다운로드받아 사용하는 경우, 동 거래는 용역의 공급으로서 「부가가치세법」 제1조 제1항에 따른 과세대상이고, 국외 소비자가 다운로드받는 분은 국외에서 제공하는 용역으로서 같은 법 제11조 제1항 제2호에 따라 영세율이 적용되며, 영세율을 적용하여 신고할 경우 국세청장이 정하는 바에 따라 외화획득명세서 및 영세율이 확인되는 증빙서류 등을 제출하여야 하는 것임. 동 거래와 관련하여 소비세 등의 명목으로 외국에서 납부한 금액은 과세표준에 포함되지 아니하고, 공급가액과 세액이 별도 표시되어 있지 아니하는 경우 거래금액의 110분의 100에 해당하는 금액을 과세표준으로 보되, 영세율이 적용되는 경우에는 전체 거래금액을 영세율 과세표준으로 보는 것임 동 거래의 대가를 외국통화 기타 외국환으로 지급받는 경우 국내 개발자와 오픈마켓 운영자 간 정산일 등 역무의 제공이 완료되고 그 공급가액이 확정되는 때를 공급시기로 하여「부가가치세법 시행령」제51조에 따라 과세표준을 산정하는 것임(기획재정부 부가가치세제과-388(2010. 6. 10.)
[부가가치세과-268(2012.3.14.), 부가가치세과-171(2013.2.19.)]

(3) 국외거래

국외거래는 용역의 공급장소가 국외로, 용역의 공급이 국외에서 이루어진 경우이다. 국외거래는 부가가치세 신고대상이 아니며, 그와 관련하여 국내에서 부담한 매입세액은 공제받을 수 없다.

① 국외제공용역과 구분

국외제공용역은 용역을 제공하는 사업장이 국내에 있는 경우로 국내사업장이 국외에서 용역을 공급하는 경우로 용역의 수출로 영세율을 적용한다.

사례 국외거래와 국외제공용역의 비교

거래구분	국외거래	국외제공용역	외화획득용역
공급자/ 공급받는자	국내 **국외사업장** ⇒ 외국법인	국내 **국내사업장** ⇒ 외국법인	국내 **국내사업장** ⇒ **외국법인**
용역수행지	국외		국내
부가가치세	–	영세율	영세율(일부 용역)
거래증빙	계산서(국내사업자간 거래인 경우)	–	세금계산서
사례	내국법인 외국지점 해외부동산임대용역	내국법인 해외건설용역	국내사업장이 없는 외국법인에게 용역제공

② 계산서 발급

국외에서 내국법인 또는 국내사업자 간에 용역의 공급이 이루어진 경우 공급하는 자는 법인세법 제121조 또는 소득세법 제163조에 따라 계산서 발급의무가 있다. 이 경우 계산서는 전자적 방법으로 작성한 계산서를 발급하여야 한다.(법인령 §164②) 다만, 부가가치세법에 따라 세금계산서 또는 영수증을 작성 · 발급하였거나 매출 · 매입처별 세금계산서합계표를 제출한 분(分)에 대하여는 계산서등을 작성 · 발급하였거나 매출 · 매입처별 계산서합계표를 제출한 것으로 본다.(법인법 §121⑥)

(4) 영세율 적용

영세율은 그 적용대상이 되는 단계의 과세거래에 대하여 0%의 세율을 적용하여 매출세액을 없게 할 뿐만 아니라 그 선단계의 과세거래에서 부담한 부가가치세를 모두 공제 또는 환급하여 거래대상 재화의 부가가치세 부담을 완전히 없애는 제도이다. 부가가치세제하에서 영세율의 적용은 국제 간의 재화 또는 용역의 거래에 있어서 생산·공급면에서 부가가치세를 과세징수하고 수입국에서 다시 부가가치세를 과세하는 경우의 이중과세를 방지하기 위하여 관세 및 무역에 관한 일반협정(GATT)상의 소비지과세원칙에 의하여 수출의 경우에만 원칙적으로 인정되고, 국내의 공급소비에 대하여는 위 수출에 준할 수 있는 경우로서 그 경우에도 외국환의 관리 및 부가가치세의 징수질서를 해하지 않는 범위 내에서 외화획득의 장려라는 국가정책상의 목적에 부합하는 경우에만 예외적, 제한적으로 인정된다.(대법원 2007. 6. 14. 선고 2005두12718 판결)

① **상호주의**

영세율의 규정을 적용할 때 사업자가 비거주자 또는 외국법인이면 그 해당 국가에서 대한민국의 거주자 또는 내국법인에 대하여 동일하게 면세하는 경우에만 영세율을 적용한다.(부가법 §25①)

② **영세율 첨부서류**

영세율이 적용되는 경우에는 부가가치세 예정 · 확정신고서에 **영세율 첨부서류**를 제출하여야 한다. 다만, 부득이한 사유로 해당 서류를 첨부할 수 없을 때에는 **국세청장이 정하는 서류**로 대신할 수 있다.(부가령 §101) 예정 · 확정신고를 하는 경우에 영세율 첨부서류를 해당 신고서에 첨부하지 아니한 부분은 신고로 보지 아니한다.(부가령 §90⑧, §91③) 부가가치세법 시행령 제101조제1항의 위임에 따라 영세율적용사업자가 제출할 영세율적용 첨부서류에 관한 사항은 국세청장이 고시한다.(영세율적용사업자가 제출할 영세율적용 첨부서류 지정 고시) 사업자가 법령 또는 훈령에 정하는 서류를 제출할 수 없는 경우에는 영세율규정에 따른 **외화획득명세서**에 해당 외화획득내역을 입증할 수 있는 증명자료를 첨부하여 제출한다.(부기통 24-101-5)

관련 예규 용역 영세율 상호주의

- (아랍에미리트(UAE)가 부가세법 시행령에 따른 동일하게 면세하는 국가에 해당하는지 여부) 부가가치세법 제25조에서 동일하게 면세하는 경우는 해당 외국의 조세로서 우리나라의 부가가치세 또는 이와 유사한 성질의 조세가 없는 경우를 말하며 해당 국가에서 대한민국의 거주자 또는 내국법인에 대하여 동일하게 면세하는 경우에는 그 해당 국가는 동일하게 면세하는 국가에 해당하는 것이며 기존 유사 해석사례를 보내드리니 참고하시기 바랍니다. 다만, 광고용역이 전문서비스업에 해당하는지 여부는 통계청장이 고시하는 한국표준산업분류에 의하는 것이며, 해당 국가가 상호면세국 요건을 충족하는지 여부는 비거주자 등으로부터 해당 국가에서 상호면세한다는 입증서류 등을 제출받아 종합적으로 판단하여야 하는 것입니다.(서면-2024-부가-3304 [부가가치세과-1113], 2024.05.13.)
- 사업자가 국내에서 국내사업장이 없는 외국법인에게 전문서비스 용역을 제공하고 외국법인으로부터 외국환은행을 통하여 원화를 송금받는 경우 해당 용역이 한국표준산업분류상 전문서비스업에 해당하고 해당 국가에서 우리나라의 거주자 또는 내국법인에 대하여 동일하게 면세하는 경우에는 영세율이 적용되는 것임.(법규부가-0299, 2023.05.17.)

(5) 세금계산서 발급 및 면제

사업자가 용역을 공급(부가가치세가 면제되는 용역의 공급은 제외한다)하는 경우에는 세금계산서를 그 공급을 받는 자에게 발급하여야 한다.(부가법 §32①) 세금계산서(전자세금계산서 포함)를 발급하기 어렵거나 세금계산서의 발급이 불필요한 경우 에는 세금계산서를 발급하지 아니할 수 있다.(부가법 §33)

① 국외제공용역

국외에서 공급하는 용역에 대하여는 세금계산서를 발급하지 아니할 수 있다.(부가령 §71①, 부가법§22)

② 외국항행용역

선박에 의한 외국항행용역으로 공급받는 자가 국내에 사업장이 없는 비거주자 또는 외국법인인 경우와 외국항행용역으로서 **항공기의 외국항행용역** 및 항공사업법에 따른 **상업서류 송달용역**에는 세금계산서를 발급하지 아니할 수 있다.(부가령 §71①, 부가법§23)

③ 국내사업장이 없는 비거주자 또는 외국법인에게 공급되는 용역

국내에서 국내사업장이 없는 비거주자 또는 외국법인에 공급되는 사업에 해당하는 용역으로서 그 대금을 외국환은행에서 원화 등으로 받는 경우에는 세금계산서를 발급하지 아니할 수 있다.(부가령 §71①, 부가령 §33②1호)

④ 국내사업장이 있는 비거주자 또는 외국법인에게 직접 공급하는 용역

비거주자 또는 외국법인의 국내사업장이 있는 경우에 국내에서 국외의 비거주자 또는 외국법인과 직접 계약하여 공급하는 사업에 해당하는 용역으로 그 대금을 해당 국외 비거주자 또는 외국법인으로부터 외국환은행에서 원화 등으로 받는 경우에도 세금계산서를 발급해야 한다.(부가령 §71①제5호 단서)

⑤ 외국을 항행하는 선박 및 항공기 또는 원양어선에 공급하는 용역

외국을 항행하는 선박 및 항공기 또는 원양어선에 공급하는 용역으로 공급받는 자가 국내에 사업장이 없는 비거주자 또는 외국법인인 경우에는 세금계산서를 발급하지 아니할 수 있다.(부가령 §71①, 부가령 §33②5호)

⑥ 그 밖에 국내사업장이 없는 비거주자 또는 외국법인에 공급하는 용역

그 밖에 국내사업장이 없는 비거주자 또는 외국법인에 공급하는 용역은 세금계산서를 발급하지 아니할 수 있다. 다만, 그 비거주자 또는 외국법인이 해당 외국의 개인사업자 또는 법인사업자임을 증명하는 서류를 제시하고 세금계산서 발급을 요구하는 경우, 외국법인연락사무소에 재화 또는 용역을 공급하는 경우는 제외한다.(부가령§71①9호)

* 외국법인연락사무소 규정은 '23년 7월1일부터 시행

영세율 적용대상 용역

▶ 영세율 적용대상

구분	재화의 공급		용역의 공급
	물품	무체물	
국외반출	직수출 무상수출 보세구역물품 국외반출	전자적형태의 무체물	대행수출 임대수출 ① 외국항행용역
국외거래	중계무역방식수출 위탁판매수출 외국인도수출 위탁가공무역수출 국외원재료 반출		② 국외 제공용역
국내거래	내국신용장, 구매확인서 수탁가공 후 국내공급 외화획득 재화공급		③ 외화획득 용역공급

Part 04

▶ 외화획득 재화 및 용역공급 비교

국내에서 거래되는 외화획득 재화 및 용역의 공급을 영세율 적용대상에 포함시키고 있는 것은 외화획득의 장려라는 정책목적을 위하여 소비자과세의 원칙에 대한 예외를 인정한 것

– 비거주자 중 국내에 거소를 둔 개인, 법 제24조제1항제1호에 따른 외교공관등의 소속 직원, 우리나라에 상주하는 국제연합군 또는 미합중국군대의 군인 또는 군무원은 제외하여 외화획득 재화 및 용역공급에 적용한다.

외화 획득 재화공급	외화 획득 용역공급
1. 국내에서 국내사업장이 없는 비거주자 또는 외국법인에 공급되는 재화* 로서 그 대금을 외국환은행에서 원화로 받거나 기획재정부령으로 정하는 방법으로 받는 것. 1–1 비거주자 또는 외국법인의 국내사업장이 있는 경우에 국내에서 국외의 비거주자 또는 외국법인과 직접 계약하여 공급하는 재화*로 그 대금을 해당 국외 비거주자 또는 외국법인으로부터 외국한은행에서 원화로 받거나 기획재정부령으로 정하는 방법으로 받는 경우로 한정한다.	1. 국내에서 국내사업장이 없는 비거주자 또는 외국법인에 공급되는 용역* 로서 그 대금을 외국환은행에서 원화로 받거나 기획재정부령으로 정하는 방법으로 받는 것. 1–1 비거주자 또는 외국법인의 국내사업장이 있는 경우에 국내에서 국외의 비거주자 또는 외국법인과 직접 계약하여 공급하는 용역*으로 그 대금을 해당 국외 비거주자 또는 외국법인으로부터 외국환은행에서 원화로 받거나 기획재정부령으로 정하는 방법으로 받는 경우로 한정한다.

외화 획득 재화공급	외화 획득 용역공급
* (재화의 범위) 비거주자 또는 외국법인이 지정하는 국내사업자에게 인도되는 재화로서 해당 사업자의 과세사업에 사용되는 재화	* (용역의 범위) – 전문, 과학 및 기술 서비스업[수의업(獸醫業), 제조업 회사본부 및 기타 산업 회사본부는 제외한다] – 사업지원 및 임대서비스업 중 무형재산권 임대업 – 통신업 – 컨테이너수리업, 보세구역 내의 보관 및 창고업, 「해운법」에 따른 해운대리점업, 해운중개업 및 선박관리업 – 정보통신업 중 뉴스 제공업, 영상·오디오 기록물 제작 및 배급업(영화관 운영업과 비디오물 감상실 운영업은 제외한다), 소프트웨어 개발업, 컴퓨터 프로그래밍, 시스템 통합관리업, 자료처리, 호스팅, 포털 및 기타 인터넷 정보매개서비스업, 기타 정보 서비스업 – 상품 중개업 – 사업시설관리 및 사업지원 서비스업(조경 관리 및 유지 서비스업, 여행사 및 기타 여행보조 서비스업은 제외한다) –「자본시장과 금융투자업에 관한 법률」 제6조 제1항제4호에 따른 투자자문업 – 교육 서비스업(교육지원 서비스업으로 한정한다) – 보건업(임상시험용역을 공급하는 경우로 한정한다) –「관세법」에 따른 보세운송업자가 제공하는 보세운송용역 * (영세율 상호주의) – ①전문, 과학 및 기술 서비스업 중 전문서비스업과 ②사업시설관리 및 사업지원 서비스업 및 ③투자자문업에 해당하는 용역
2. 외국을 항행하는 선박 및 항공기 또는 원양어선에 공급하는 재화(다만, 사업자가 법 제32조에 따라 부가가치세를 별도로 적은 세금계산서를 발급한 경우는 제외한다.)	2. 외국을 항행하는 선박 및 항공기 또는 원양어선에 공급하는 용역(다만, 사업자가 법 제32조에 따라 부가가치세를 별도로 적은 세금계산서를 발급한 경우는 제외한다.)
	3. 수출업자와 직접 도급계약에 의하여 수출재화를 임가공하는 수출재화임가공용역(수출재화염색임가공을 포함). 다만, 사업자가 법 제32조에 따라 부가가치세를 별도로 적은 세금계산서를 발급한 경우는 제외한다. 3-1 내국신용장 또는 구매확인서에 의하여 공급하는 수출재화임가공용역

4-1 외국항행용역

선박 또는 항공기에 의한 외국항행용역의 공급에 대하여는 영세율을 적용한다.(부가법 §23)

(1) 외국항행용역의 범위

외국항행용역은 선박 또는 항공기에 의하여 여객이나 화물을 국내에서 국외로, 국외에서 국내로 또는 국외에서 국외로 수송하는 것을 말한다. 외국항행사업자가 자기의 사업에 **부수하여 공급하는 재화 또는 용역**도 포함한다.(부가법 §23②) 운송주선업자가 국제복합운송계약에 의하여 화주(貨主)로부터 화물을 인수하고 자기 책임과 계산으로 타인의 선박 또는 항공기 등의 운송수단을 이용하여 화물을 운송하고 화주로부터 운임을 받는 **국제운송용역**, 항공사업법에 따른 상업서류 **송달용역도 외국항행용역에 포함한**다.(부가령 §32②)

Part 04

▶ 부수하여 공급하는 재화 또는 용역의 범위

1. 다른 외국항행사업자가 운용하는 선박 또는 항공기의 탑승권을 판매하거나 화물운송계약을 체결하는 것
2. 외국을 항행하는 선박 또는 항공기 내에서 승객에게 공급하는 것
3. 자기의 승객만이 전용(專用)하는 버스를 탑승하게 하는 것
4. 자기의 승객만이 전용하는 호텔에 투숙하게 하는 것

관련 예규 외국항행용역으로 영세율 적용(부기통 23-32…1)

- 사업자가 외국항행선박으로 면허를 받은 선박을 선원부 용선계약에 의하여 타인에게 임대하여 자기책임하에 자기의 선원이 그 선박을 국제간에 운항하도록 하고 용선자로부터 용선료를 받는 경우의 선원부 선박임대용역
- 사업자가 선원부 용선계약에 의하여 임차한 선박으로 자기계산하에 여객이나 화물을 국제간에 수송해 주고 여객 또는 화주로부터 운임을 받는 경우의 운송용역
- 운송주선업을 영위하는 사업자가 국제복합운송계약에 의하여 화주로부터 화물을 인수하고 타인의 운송수단을 이용하여 화주에 대하여는 자기책임과 계산 하에 외국으로 화물을 수송해 주고 화주로부터 운임을 받는 경우의 국제간이용운송용역

(2) 영세율 적용

국내사업장이 있는 외국법인이 제공하는 외국항행용역에 대한 영의 세율은 해당 외국법인이 상호면세국의 사업자에 해당하는지 여부에 따라 적용한다.(부기통 23-32-2)

상호면세국	우리나라에서 여객이나 화물이 탑승 또는 적재되는 것만 영세율 적용
상호면세국이 아닌 경우	우리나라에서 여객이나 화물이 탑승 또는 적재되는 것만 과세(일반세율)

(3) 세금계산서교부

공급받는 자가 국내에 사업장이 없는 비거주자 또는 외국법인인 경우와 외국항행용역으로서 항공기의 외국항행용역 및 「항공사업법」에 따른 상업서류 송달용역은 세금계산서 발급을 면제한다.(부가령 §71①4호)

▶ 세금계산서 교부

공급받는 자		선박용역	항공기, 상업서류 송달
거주자 또는 내국법인		세금계산서 발급	세금계산서 발급면제
비거주자 또는 외국법인	국내사업장 있음	세금계산서 발급	세금계산서 발급면제
비거주자 또는 외국법인	국내사업장 없음	세금계산서 발급면제	세금계산서 발급면제

(4) 영세율 첨부서류

외국항행용역이 영세율이 적용되는 경우에는 부가가치세 예정신고서에 다음 표의 구분에 따른 서류를 첨부하여 제출하여야 한다. 다만, 부득이한 사유로 해당 서류를 첨부할 수 없을 때에는 국세청장이 정하는 서류로 대신할 수 있다.(부가령 §101①)

▶ 영세율 첨부서류 적용순서

순서	영세율첨부서류
1순위	외국환은행이 발행하는 외화입금증명서. 항공기의 외국항행용역의 경우에는 공급가액확정명세서(부가령 §101①)

2순위	선박에 의하여 화물 또는 여객운송을 제공하고 그 대가를 원화로 받거나, 해외 에서 받은 수입금액	선박에 의한 운송용역공급가액일람표
	항공기에 의하여 화물 또는 여객운송을 제공하고 그 대가를 원화로 받거나, 해외에서 받은 수입금액	공급가액확정명세서
	다른 외항사업자가 운용하는 선박 또는 항공기의 승선(탑승)권을 판매하거나 화물운송계약을 체결하여 주고 받는 대가	공급자와 공급받는 자간의 송장집계표 또는 대금청구서
3순위	외화획득명세서에 영세율이 확인되는 증거서류 첨부	

(5) 북한에 제공하는 북한항행용역

북한에 제공되는 용역 및 선박 · 항공기의 북한항행용역은 이를 각각 국외제공용역 또는 외국항행용역으로 보아 「지방세법」 및 「부가가치세법」을 준용한다. 다만, 해당 선박 또는 항공기에서 운행요금 외에 별도로 대가를 받고 제공되는 용역에 대하여는 그러하지 아니하다.(남북교류협력에 관한 법률 §42④)

관련 예규 운송주선업자가 제공하는 해외운송대행용역의 영세율 적용 여부

- 운송주선업자(이하 "사업자")가 해외 인터넷쇼핑몰에서 물품을 구입한 국내소비자로부터 물품의 운송을 의뢰받아 자기 책임과 계산으로 운송용역 중 일부 또는 전부를 다른 국외 운송주선업자들에게 재위탁하여 해외에서 국내로 물품을 운송하고 국내 소비자로부터 대가(대행수수료, 운송료, 관세 등)를 받는 경우 「부가가치세법」 제23조 및 같은 법 시행령 제32조제2항제1호에 따라 외국항행용역으로서 영세율이 적용되는 것입니다.
  이 경우 사업자가 「물류정책기본법」에 따라 국토교통부장관에게 국제물류주선업자로 등록하지 아니한 경우에도 같은 법 시행령 제32조제2항제1호가 적용되는 것입니다.(사전-2022-법규부가-0114, 2022.02.21.)
- 국내 법인이 국내를 경유하지 않고 선박 또는 항공기에 의하여 국외에서 국외로 화물을 수송하는 용역을 공급하는 경우 부가가치세법 제23조제2항 및 같은 법 제22조에 따라 영세율을 적용할 수 있는 것입니다.(서면-2023-부가-3746 [부가가치세과-2415], 2023.09.20.)

4-2 국외제공용역

국외에서 공급하는 용역에 대하여는 영세율을 적용한다.(부가법 §22) 용역의 제공장소가 국외이면 원칙적으로 부가가치세 과세대상이 될 수 없지만, 거주자 또는 내국법인이 제공한다면 용역의 수출로 부가가치세 과세대상으로 영세율을 적용한다. 대표적인 사례가 건설용역이다.

(1) 용역의 범위

국외에 있는 부동산의 임대용역, 외국의 광고매체에 광고게재를 의뢰하고 지급하는 광고료는 해당 부동산 또는 광고매체가 사용되는 장소가 국외이므로 부가가치세가 과세되지 아니한다.(부기통 20-0-1)

관련 예규 국외제공용역

- 북한지역에서 근무하는 국내 건설업체 직원에게 제공하는 음식용역(부가집 20-0-2)
- 국내사업자가 국내에서 수출업체인 내국법인과 임가공용역을 제공하여 주기로 하는 계약을 체결하고 국내사업장이 없는 국외에서 외국법인으로 하여금 임가공하게 한 후 내국법인으로부터 임가공용역의 대가를 받는 경우 국내사업자가 내국법인에게 제공한 임가공용역은 부가가치세가 과세되지 아니한다.(부기집 20-0-2)
- 국내에 사업장을 두고 제조업을 영위하는 사업자가 국외에 소재하는 사업자에게 당해 제조업에 관련된 기술적 지식 등의 노하우를 국외에서 제공하고 일정기간 단위로 용역의 공급대가를 정산하여 받기로 한 경우, 당해 용역의 제공은「부가가치세법」 제11조 제1항 제2호에 의하여 영의 세율을 적용하는 것이며, 같은 법 제9조 제2항 및 같은 법 시행령 제22조 제2호의 규정에 의하여 그 대가의 각 부분을 받기로 한 때를 용역의 공급시기로 보는 것임(부가가치세과-136, 2010.02.02.)
- 용선중개업을 영위하는 사업자가 외국선박업자와 국내 화주 간에 용선중개용역을 제공하고 그 대가를 외국선박업주로부터 외화를 받는 경우로서 대표자 또는 소속 임직원 등이 출장 또는 국외에 거주하면서 선주 및 선박의 물색, 선박의 검선, 거래조건 등의 협의, 선박의 인도와 반선 등 용선중개용역의 본질적 활동을 국외에서 수행한 경우 해당 용선중개용역은 「부가가치세법」 제22조에 따라 영의 세율이 적용되는 것입니다. 다만, 해당 중개용역의 본질적 활동이 실제 국외에서 이루어진 것인지는 해당 사업의 특성 및 해당 사업자의 용역 수행상황 등을 종합하여 사실판단할 사항입니다.(부가가치세과-444, 2014.05.15.)

■ 국내사업자가 해외에서만 사용할 수 있는 휴대용 와이파이 단말기를 국내에서 고객들에게 임대하는 경우 해당 단말기의 임대용역은 「부가가치세법」 제11조 및 같은 법 제30조에 따라 부가가치세가 과세되는 것임(서면-2018-법령해석부가-0211 [법령해석과-893], 2018.04.05.)

■ 사업자가 국내사업자와 계약에 의하여 자기 책임과 비용부담하에 국내 및 현지 조달 등의 방법으로 해외에서 회의진행을 위한 용역을 제공하고 실제 발생한 비용(항공료 등 포함)에 수수료 등을 가산하여 국내사업자로부터 대가를 받기로 한 경우 「부가가치세법」 제13조제1항 및 같은 법 시행령 제48조제1항에 따라 계산한 부가가치세 과세표준에 대하여는 「부가가치세법」 제11조제1항제2호에 따라 영의 세율이 적용되는 것입니다.(부가가치세과-84, 2013.1.30.)

■ 사업자(이하 "갑법인")가 국내의 다른 사업자(이하 "을법인")와 영업 · 마케팅 및 판매 협력 계약을 체결하면서 을법인으로부터 국외에서 을법인의 제품을 영업 · 마케팅(이하 "쟁점용역")할 수 있는 독점적 권리를 허여받아 국외에 소재하는 갑법인의 자회사에 쟁점용역을 위탁하여 갑법인의 책임과 계산으로 수행하고 을법인으로부터 그 대가를 지급받는 경우로서 쟁점용역의 중요하고도 본질적인 부분이 국외에서 이루어지는 경우 「부가가치세법」 제22조에 따라 영세율이 적용되는 것이나 쟁점용역의 중요하고도 본질적인 부분이 국내에서 이루어지는 경우에는 영세율이 적용되지 아니하는 것입니다. 다만, 쟁점용역이 어느 경우에 해당하는지는 당사자간 계약내용, 쟁점용역 수행 현황 및 목적 등을 종합적으로 고려하여 그 실질내용에 따라 사실판단할 사항입니다.(사전-2023법규부가0093, 2023.12.05.)

(2) 공급시기

용역이 공급되는 시기는 **역무의 제공이 완료되는 때, 시설물 · 권리 등 재화가 사용되는 때**로 한다. 다만, 할부 또는 조건부로 용역을 공급하는 경우, 공급 시기는 대가의 각 부분을 받기로 한 때를 공급시기로 본다.(부가법 §16)

▶ **용역거래 형태별 공급시기(부가령 §29)**

구분	공급시기
■ 장기할부조건부 또는 그 밖의 조건부로 용역 공급 장기할부조건부로 용역을 공급하는 경우는 용역을 공급하고 그 대가를 월부, 연부 또는 그 밖의 할부의 방법에 따라 받는 것 중 다음 각 호의 요건을 모두 갖춘 것으로 한다.(부가칙 §19) 1. 2회 이상으로 분할하여 대가를 받는 것 2. 해당 용역의 제공이 완료되는 날의 다음 날부터 최종 할부금 지급기일까지의 기간이 1년 이상인 것	대가의 각 부분을 받기로 한때
■ 완성도기준지급조건부로 용역 공급	대가의 각 부분을 받기로 한때 (역무의 제공이 완료되는 날 이후 받기로 한 대가의 부분에 대해서는 역무의 제공이 완료되는 날)
■ 중간지급조건부로 용역을 공급하는 경우 중간지급조건부로 용역을 공급하는 경우란 다음 각 호의 어느 하나에 해당하는 경우를 말한다. 1. 계약금을 받기로 한 날의 다음 날부터 용역의 제공을 완료하는 날까지의 기간이 6개월 이상인 경우로서 그 기간 이내에 계약금 외의 대가를 분할하여 받는 경우 2. 국고금 관리법 제26조에 따라 경비를 미리 지급받는 경우 3. 지방재정법 제73조에 따라 선금급을 지급받는 경우	대가의 각 부분을 받기로 한때 (역무의 제공이 완료되는 날 이후 받기로 한 대가의 부분에 대해서는 역무의 제공이 완료되는 날)
■ 공급단위를 구획할 수 없는 용역을 계속적으로 공급	대가의 각 부분을 받기로 한때
■ 역무의 제공이 완료되는 때 또는 대가를 받기로 한 때를 공급시기로 볼 수 없는 경우	역무의 제공이 완료되고 그 공급가액이 확정되는 때
■ 용역을 둘 이상의 과세기간에 걸쳐 계속적으로 제공하고 그 대가를 선불로 받는 경우	예정신고기간 또는 과세기간의 종료일

관련 예규 용역의 공급시기

국외에서 직접 계약을 맺은 국내사업자(갑)로부터 국내사업자 '을', '병', '정'에게 순차적으로 하도급을 주고 최종 하도급자 '정'은 국외에서 프로그래밍 용역을 제공하고 그 대가를 '병'으로부터 받는 경우에 영의 세율을 적용하는 것이며 해당 **용역의 공급시기는 역무의 제공이 완료된 때입니다.**(서면-2015-부가-1392 [부가가치세과-1358], 2015.08.31.)

(3) 공급가액

국외제공 용역의 공급가액은 대금, 요금, 수수료, 그 밖에 어떤 명목이든 상관없이 재화 또는 용역을 공급받는 자로부터 받는 금전적 가치 있는 모든 것을 포함한다. 다만, 그 대가를 외국통화나 그 밖의 외국환으로 받은 경우에는 환산한 가액을 공급가액으로 한다.(부가법 §29③)

Part 04

▶ 외국통화나 그 밖의 외국환으로 받은 경우 공급가액

국외제공용역의 대가를 외국통화나 그 밖의 외국환으로 받은 경우에는 다음의 구분에 따른 금액을 그 대가로 한다.(부가령 §59)

① 공급시기가 되기 전에 원화로 환가(換價)한 경우
공급시기가 되기 전에 원화로 환가(換價)한 경우에는 환가한 금액을 공급가액으로 한다.

② 공급시기이후에 외국통화나 그 밖의 외국환 상태로 보유하거나 지급받는 경우
공급시기 이후에 외국통화나 그 밖의 외국환 상태로 보유하거나 지급받는 경우에는 공급시기의 기준환율 또는 재정환율에 따라 계산한 금액을 공급가액으로 한다.

관련 예규 국외제공용역의 공급가액

국내 사업자가 개발한 스마트폰용 응용프로그램(애플리케이션)을 인터넷 상의 오픈마켓에 등재하고 오픈마켓 운영자의 중개 하에 국내 · 외 소비자가 이를 유상으로 다운로드받아 사용하는 경우, 동 거래는 용역의 공급으로서 「부가가치세법」 제1조 제1항에 따른 과세대상이고, 국외 소비자가 다운로드받는 분은 국외에서 제공하는 용역으로서 같은 법 제11조 제1항 제2호에 따라 영세율이 적용되며, 영세율을 적용하여 신고할 경우 국세청장이 정하는 바에 따라 외화획득명세서 및 영세율이 확인되는 증빙서류 등을 제출하여야 하는 것임. 동 거래와 관련하여 소비세 등의 명목으로 외국에서 납부한 금액은 과세표준에 포함되지 아니하고, 공급가액과 세액이 별도 표시되어 있지 아니하는 경우 거래금액의 110분의 100에 해당하는 금액을 과세표준으로 보되, 영세율이 적용되는 경우에는 전체 거래금액을 영세율 과세표준으로 보는 것임.
동 거래의 대가를 외국통화 기타 외국환으로 지급받는 경우 국내 개발자와 오픈마켓 운영자 간 정산일 등 역무의 제공이 완료되고 그 공급가액이 확정되는 때를 공급시기로 하여 「부가가치세법 시행령」 제51조에 따라 과세표준을 산정하는 것임(재부가-388, 2010.06.10.)

(4) 세금계산서 교부

국외제공 용역에 대하여는 세금계산서를 발급하지 아니할 수 있다.(부가령 §71①, 부가법§22)

(5) 영세율첨부서류

국외제공용역 영세율이 적용되는 경우에는 부가가치세 예정신고서에 다음 표의 구분에 따른 서류를 첨부하여 제출하여야 한다. 다만, 부득이한 사유로 해당 서류를 첨부할 수 없을 때에는 국세청장이 정하는 서류로 대신할 수 있다.(부가령 §101①)

▶ 영세율 첨부서류 적용순서

순서	영세율첨부서류
1순위	외화입금증명서 또는 국외에서 제공하는 용역에 관한 계약서(하도급의 경우에는 하도급계약서)사본(부가령 §101①)
2순위	장기해외건설공사인 경우에는 해당 건설용역에 대한 최초의 과세표준신고 시에 공사도급계약서사본을 제출하고 그 이후의 신고에 있어서는 해당 신고기간의 용역제공실적을 영세율규정에 따른 외화획득명세서에 의하여 제출
3순위	외화획득명세서에 영세율이 확인되는 증거서류 첨부

관련 예규 국외제공용역 영세율 첨부서류

국외에서 직접 계약을 맺은 국내사업자(갑)로부터 국내사업자 '을', '병', '정'에게 순차적으로 하도급을 주고 최종 하도급자 '정'은 국외에서 프로그래밍 용역을 제공하고 그 대가를 '병'으로부터 받는 경우에 영의 세율을 적용하는 것이며 해당 용역의 공급시기는 역무의 제공이 완료된 때입니다. 또한 영세율 첨부서류로 외화입금증명서 또는 국외에서 제공하는 용역에 관한 계약서(하도급의 경우에는 하도급계약서)사본을 제출하는 것입니다.(서면-2015-부가-1392 [부가가치세과-1358], 2015.08.31.)

(6) 외화획득용역과 구분

국외제공용역에 해당하는 경우에는 영세율을 적용하지만, 외화획득용역의 경우에는 법소정의 용역사업에만 영세율을 적용하므로 두 용역의 구별은 실무상 중요하다.

Part 04

사례 국외제공용역과 외화획득용역의 비교

거래구분	국외거래	국외제공용역	외화획득용역
공급자/ 공급받는자	국내 **국외사업장** ⇒ 외국법인	국내 **국내사업장** ⇒ 외국법인	국내 **국내사업장** ⇒ 외국법인
용역수행지	국외		국내
부가가치세	–	영세율	영세율(일부 용역)
거래증빙	계산서(국내사업자간 거래인 경우)	–	세금계산서
사례	내국법인 외국지점 해외부동산임대용역	내국법인 해외건설용역	국내사업장이 없는 외국법인에게 용역제공

관련 예규 국외제공용역

사업자가 국외의 건설공사를 도급받은 국내 건설업자로부터 당해 건설공사의 설계용역을 의뢰받아 국외에서 설계용역을 공급하는 경우에 당해 설계용역은 「부가가치세법」 제11조 제1항 제2호에 따라 국외에서 제공하는 용역에 해당하여 영세율이 적용되는 것이나, 귀 질의의 설계용역을 국내에서 국내 건설업자에게 직접 공급하는 경우 당해 설계용역 제공분에 대하여는 영세율이 적용되지 아니하는 것입니다.(부가가치세과-469, 2013.05.28.)

4-3 국내에서 국내사업장이 없는 비거주자 또는 외국법인에게 용역공급

외화를 획득하기 위한 용역의 공급으로서 다음의 요건에 해당하는 경우에는 영세율을 적용한다.(부가법 §24① 3호)

법소정의 용역사업
국내에서 국내사업장이 없는 비거주자* 또는 외국법인에게 공급
대금을 외국환은행에서 원화로 받거나 기획재정부령으로 정하는 방법으로 받는 것

* 국내에 거소를 둔 개인, 외교공관등의 소속 직원, 우리나라에 상주하는 국제연합군 또는 미합중국군대의 군인 또는 군무원은 제외

(1) 법소정의 용역사업

①전문, 과학 및 기술 서비스업(전문서비스업은 영세율 상호주의) ②사업지원 및 임대서비스업 중 무형재산권 임대업, ③통신업, ④컨테이너수리업, 보세구역 내의 보관 및 창고업, 해운법에 따른 해운대리점업, 해운중개업 및 선박관리업, ⑤정보통신업 중 뉴스 제공업, 영상、오디오 기록물 제작 및 배급업(영화관 운영업과 비디오물 감상실 운영업은 제외한다), 소프트웨어 개발업, 컴퓨터 프로그래밍, 시스템 통합관리업, 자료처리, 호스팅, 포털 및 기타 인터넷 정보매개서비스업, 기타 정보 서비스업, ⑥상품 중개업, ⑦사업시설관리 및 사업시원 서비스업(영세율 상호주의), ⑧투자자문업(영세율 상호주의), ⑨교육 지원 서비스업, ⑩임상시험용역을 공급하는 보건업, ⑪관세법에 따른 보세운송업자가 제공하는 보세운송용역을 영위하는 경우에는 영세율을 적용한다.(부가령 §33② 1호) 용역사업에 해당하는지는 한국표준산업분류표(통계법 제22조에 따라 통계청장이 고시)에 의해 판단한다.

관련 예규 국내사업장이 없는 외국법인에 제공하는 용역

- 「전자금융거래법」 제28조제2항제4호 및 「전자금융감독규정」 제50조제2항에 따라 국외 사이버몰에서의 상거래에 수반한 전자지급결제대행업을 영위할 목적으로 국내에서 전자금융업을 등록한 사업자가 국외 사이버몰 운영업체인 외국법인과 전자지불 대행서비스 이용계약을 체결하고 전자지급결제대행용역을 제공하는 경우로서 해당 용역이 한국표준산업분류상 금융지원 서비스업에 해당하는 경우 「부가가치세법」 제24조제1항제3호 및 같은 법 시행령 제33조제2항제1호에 따른 영세율이 적용되지 아니하는 것입니다.(사전-2021-법령해석부가-1414, 2021.11.29.)

■ 귀 서면질의 신청의 사실관계와 같이 「농어업경영체 육성 및 지원에 관한 법률」에 따른 농업회사법인이 작물을 위탁하여 재배하는 경우에 위 농업회사법인이 영위하는 업종이 「조세특례제한법 시행령」 제65조제3항의 '식량작물 재배업 외의 작물 재배업'에 해당하는지 여부는 「통계법」제22조에 따라 통계청장이 고시하는 한국표준산업분류에 따르는 것이며, 해당 고시의 산업분류 적용원칙에 따르면 자기가 직접 실질적인 생산활동은 하지 않고, 다른 계약업자에 의뢰하여 재화 또는 서비스를 자기계정으로 생산하게 하고, 이를 자기명의로, 자기 책임 아래 판매하는 단위는 이들 재화나 서비스 자체를 직접 생산하는 단위와 동일한 산업으로 분류하는 것이므로 이를 참고하여 판단하시기 바랍니다.(서면-2021-법령해석소득-4597 [법령해석과-4698], 2021.12.28.)

■ 사업자가 국내사업장이 없는 외국법인과 체결한 영상물 사용권 계약에 따라 외국법인에 국내에서 영상물을 사용하여 수익을 창출할 수 있는 권리를 부여(이하 "쟁점용역①")하고, 그 대가를 외국법인으로부터 외화로 지급받는 경우 및 사업자가 국내사업장이 없는 외국법인과 체결한 영상물 배급권 계약에 따라 외국법인에 국외에서 영상물을 배급하여 수익을 창출할 수 있는 권리를 부여(이하 "쟁점용역②")하고, 그 대가를 외국법인으로부터 외화로 지급받는 경우

1. 쟁점용역①은 「부가가치세법」 제24조제1항제3호 및 같은 법 시행령 제33조제2항제1호에 따라, 쟁점용역②는 「부가가치세법」 제22조에 따라 영세율을 적용하는 것입니다.
2. 쟁점용역①과 쟁점용역②의 공급시기는 「부가가치세법」 제16조제2항 및 같은 법 시행령 제29조제1항제4호에 따라 대가의 각 부분을 받기로 한 때이고, 각 공급가액은 「부가가치세법」 제29조제3항제1호 및 같은 법 시행령 제59조에 따라 환산한 금액으로 하는 것입니다.(사전-2023-법규부가-0025, 2023.11.10.)

- 저자주: 쟁점용역① = 국내에서 국내사업장이 없는 외국법인에게 용역제공, 쟁점용역② = 국외제공용역-

① 전문, 과학 및 기술 서비스업

수의업(獸醫業), 제조업 회사본부 및 기타 산업 회사본부는 제외하며, 전문서비스업에 해당하는 용역의 경우에는 해당 국가에서 우리나라의 거주자 또는 내국법인에 대하여 동일하게 면세하는 경우에 한정한다.(부가령 §33② 1호)

▶ 한국표준산업분류표(제11차)

전문, 과학 및 기술 서비스업(70~73)	연구개발업	자연과학 및 공학 연구개발업	자연과학 연구개발업	물리, 화학 및 생물학 연구개발업 농림수산학 및 수의학 연구개발업 의학 및 약학 연구개발업 기타 자연과학 연구개발업
			공학 연구개발업	전기 · 전자공학 연구개발업 기타 공학 연구개발업
			자연과학 및 공학 융합 연구개발업	자연과학 및 공학 융합 연구개발업
		인문 및 사회과학 연구개발업	인문 및 사회과학 연구개발업	경제 및 경영학 연구개발업 기타 인문 및 사회과학 연구개발업
	전문 서비스업	법무관련 서비스업	법무관련 서비스업	변호사업 변리사업 법무사업 기타 법무관련 서비스업
		회계 및 세무관련 서비스업	회계 및 세무관련 서비스업	공인회계사업 세무사업 기타 회계 관련 서비스업
		광고업	광고 대행업	광고 대행업
			기타 광고업	옥외광고업 광고 매체 판매업 광고물 문안, 도안, 설계 등 작성업 그 외 기타 광고 관련 서비스업
		시장 조사 및 여론 조사업	시장 조사 및 여론 조사업	시장 조사 및 여론 조사업
		회사 본부 및 경영 컨설팅 서비스업	~~회사 본부~~	~~제조업 회사 본부~~ ~~기타 산업 회사본부~~
			경영 컨설팅 및 공공 관계 서비스업	경영 컨설팅업 공공관계 서비스업
		기타 전문 서비스업	기타 전문 서비스업	기타 전문 서비스업

전문, 과학 및 기술 서비스업(70~73)	건축 기술, 엔지니어링 및 기타 과학기술 서비스업	건축 기술, 엔지니어링 및 관련 기술 서비스업	건축 및 조경 설계 서비스업	건축 설계 및 관련 서비스업 도시 계획 및 조경 설계 서비스업
			엔지니어링 서비스업	건물 및 토목 엔지니어링 서비스업 환경 관련 엔지니어링 서비스업 기타 엔지니어링 서비스업
		기타 과학기술 서비스업	기술 시험, 검사 및 분석업	물질 성분 검사 및 분석업 기타 기술 시험, 검사 및 분석업
			측량, 지질 조사 및 지도 제작업	측량업 제도업 지질 조사 · 탐사 및 지도 제작업
	기타 전문, 과학 및 기술 서비스업	~~수의업~~	~~수의업~~	~~수의업~~
		전문 디자인업	전문 디자인업	인테리어 디자인업 제품 디자인업 시각 디자인업 패션, 섬유류 및 기타 전문 디자인업
		사진 촬영 및 처리업	사진 촬영 및 처리업	인물 사진 및 행사용 영상 촬영업 상업용 사진 촬영업
				사진 처리업
		그 외 기타 전문, 과학 및 기술 서비스업	그 외 기타 전문, 과학 및 기술 서비스업	매니저업 번역 및 통역 서비스업 사업 및 무형 재산권 중개업 물품 감정, 계량 및 견본 추출업 고고유산 조사연구 서비스업 그 외 기타 분류 안된 전문, 과학 및 기술 서비스업

관련 예규 광고용역에 대한 영세율

- 사업자가 국내외 오픈마켓 등을 통해 무상으로 제공하고 있는 게임프로그램의 화면 내에 광고를 게재하게 하고 국내에 사업장이 없는 외국 광고대행사로부터 광고수익을 받는 경우로서 국외에서 광고용역을 제공하는 경우에는 그 대가의 수령방법 또는 계약체결 장소에 불구하고 「부가가치세법」 제22조에 따라 영의 세율을 적용하는 것입니다.
  다만, 사업자가 해당 광고용역을 국내에서 제공하는 경우에는 해당 광고용역이 한국표준산업분류 상 '전문, 과학 및 기술서비스업'에 해당하고, 그 대금을 외국환은행에서 원화로 받거나 같은 법 시행규칙 제22조에서 정하는 방법으로 받는 경우에는「부가가치세법」제24조 제1항 제3호에 따라 영의 세율이 적용되는 것이며, 이 경우 2016.7.1.이후 공급하는 분부터는 해당 국가에서 우리나라의 거주자 또는 내국법인에 대하여 동일하게 면세하는 경우(우리나라의 부가가치세 또는 이와 유사한 성질의 조세가 없거나 면세하는 경우)에 한하여 영의 세율이 적용되는 것입니다.(사전-2016-법령해석부가-0174, 2016.5.16.)

- 국외 소재 외국법인(이하 "甲"이라 한다)이 다른 외국법인(이하 "乙"이라 한다)에게 전력장비 공급 및 동 전력장비 설치감독 · 시운전 감리용역(이하 "본건용역"이라 한다)을 제공하는 계약을 체결하고, 甲의 국내지점(이하 "丙"이라 한다)이 국내 보세구역에서 본건용역을 제공한 경우 丙의 본건용역 제공은「부가가치세법」제11조제1항에 따른 용역의 공급에 해당합니다. ㅁ 그리고 동 계약의 대금을 乙로부터 甲이 지급 받은 후, 본건용역을 수행한 丙이 甲으로부터 운영경비 형태로 외화를 송금받더라도 이는「부가가치세법」제24조제1항제3호, 같은 법 시행령 제33조제2항제1호 및 같은 법 시행규칙 제22조제1호에서 규정한 국외의 비거주자 또는 외국법인으로부터 외화를 직접 송금받은 경우에 해당하지 않아 영세율이 적용되지 않는 것입니다.(기획재정부 조세법령운용과-419, 2022.04.26.)

② 사업지원 및 임대서비스업 중 무형재산권 임대업

무형재산권 임대업(76400)은 한국표준산업분류표상 특허권, 상표권, 광물 탐사권 등의 무형 재산권을 보유하여 제3자에게 사용할 수 있는 권한을 부여하고 사용료를 받는 산업활동을 말한다.

예시 무형재산권 임대업(한국표준산업분류표)

특허권 임대, 상표권 임대, 브랜드 사용권 임대, 기술 사용권 임대, 광물 탐사권 임대

관련 예규 무형재산권 임대업

- 사업자가 국내사업장이 없는 외국법인과 저작권 중개에 관한 계약을 체결하고 그 계약에 따라 국내에서의 저작권 사용에 대하여 중개하고 외국법인에게 지급할 사용대가를 국내저작권 사용업체로부터 단순히 징수대행하여 국내사업장이 없는 외국법인에게 송금하는 경우에는 국내저작권 사용업체에게 세금계산서를 교부할 수 없는 것입니다. 그러나 그 외국법인으로부터 저작권 사용에 관한 권리를 부여받아 자기책임하에 국내업체에게 사용하게 하고 그 대가를 받는 경우에는 명목여하에 불구하고 대가관계에 있는 모든 금전적 가치있는 것을 포함하여 부가가치세 법 제16조 제1항의 규정에 의한 세금계산서를 교부하여야 하는 것입니다. 귀 질의의 경우가 당해 외국법인의 저작권 사용과 관련하여 중개를 한 것인지 또는 자기책임하에 사용하게 한 것인지 여부는 계약내용과 그 실질내용에 따라 사실판단할 사항입니다. (서삼46015-10048 , 2002.01.14.)
- 출판업을 영위하는 국내사업자가 국내사업장이 없는 비거주자인 저작권자(이하 "해외저작권자") 및 해외저작권자의 단순한 대리인에 불과한 고용 대리인, 외국법인, 해외 출판사(이하 "외국대리인")와 출판계약을 체결하고 해외저작권자 및 외국대리인에 저작권 사용료를 지급하는 경우 질의법인은 해외저작권자로부터 부가가치세가 면제되는 용역을 공급받은 경우에 해당하여 「부가가치세법」제52조에 따른 대리납부의무가 없는 것입니다. 다만, 해외저작권자로부터 저작권을 양수하거나 저작권 사용에 관한 권리를 포괄적으로 위임받은 외국대리인과 출판계약을 체결하고 외국대리인에게 저작권 사용료를 지급하는 경우 해당 저작권 사용료는 대리납부의무가 있는 것입니다.(서면-2018-법령해석부가-3688 [법령해석과-3291] , 2018.12.18.)

Part 04

③ 통신업

통신업은 한국표준산업분류표상 전기통신업으로 유선, 무선 및 기타 전자식 방식에 의하여 모든 종류의 음성, 데이터, 문자, 음향, 영상 및 기타 정보를 송·수신하거나 전달하는 산업활동을 말한다.

▶ **한국표준산업분류표(제11차)**

<table>
<tr><td rowspan="5">정보통신업
(58~63)</td><td rowspan="5">우편 및
통신업</td><td>공영 우편업</td><td>공영 우편업</td><td>공영 우편업</td></tr>
<tr><td rowspan="4">전기 통신업</td><td>유선 통신업</td><td>유선 통신업</td></tr>
<tr><td>무선 및 위성
통신업</td><td>무선 및 위성 통신업</td></tr>
<tr><td rowspan="2">기타 전기 통신업</td><td>통신 재판매업</td></tr>
<tr><td>그 외 기타 전기 통신업</td></tr>
</table>

관련 예규 통신업

부가통신사업자가 국내사업장이 없는 외국법인(이하 "외국법인")과 계약을 체결하여 외국법인의 전자결제서비스를 국내 가맹점에서 이용할 수 있도록 결제승인서비스 등을 제공하고 외국법인으로부터 에이전트 수수료를 받는 경우 부가통신사업자가 제공하는 용역이 전기통신업에 해당하고 그 대가를 외국환은행을 통하여 원화로 받거나 외국환은행을 통하여 외화로 송금받아 외화예금계좌로 예치하는 경우에는 해당 수수료에 대하여 「부가가치세법」 제24조 제1항 제3호 및 같은 법 시행령 제33조제2항제1호에 따라 부가가치세 영세율이 적용되는 것임(서면-2018-법령해석부가-2993 [법령해석과-3066], 2018.11.26.)

④ **컨테이너수리업, 보세구역 내의 보관 및 창고업, 해운법에 따른 해운대리점업, 해운중개업 및 선박관리업**

㉮ 컨테이너수리업

컨테이너수리업은 한국표준산업분류표상 '기타 일반기계 및 장비수리업(34019)'으로 기타 일반 기계 및 장비를 전문적으로 수리 · 유지하는 산업활동을 말한다.

▶ **한국표준산업분류표(제11차)**

<table>
<tr><td rowspan="2">제조업</td><td rowspan="2">산업용 기계
및 장비
수리업</td><td rowspan="2">산업용 기계 및
장비 수리업</td><td rowspan="2">일반
기계류
수리업</td><td>건설 · 광업용 기계 및 장비 수리업</td></tr>
<tr><td>기타 일반 기계 및 장비 수리업</td></tr>
</table>

㉯ 보세구역 내 보관 및 창고업

창고업은 한국표준산업분류표상 보관 및 창고업(5210)으로 수수료 또는 계약에 의하여 가구, 자동차, 목재, 가스 및 석유, 화학 물질, 섬유, 곡물, 냉동 물품, 식품 및 농산물 등 각종 물품의 보관설비를 운영하는 산업활동을 말한다. 부가가치세 영세율을 적용받기 위해서는 보세구역 내 창고업이어야 한다.

▶ **한국표준산업분류표(제11차)**

운수 및 창고업 (49~52)	창고 및 운송관련 서비스업(52)	보관 및 창고업 (521)	보관 및 창고업 (5210)	일반 창고업
				냉장 및 냉동 창고업
				농산물 창고업
				위험 물품 보관업
				기타 보관 및 창고업

관련 예규 창고업

사업자가 국내에서 국내사업장이 없는 외국법인 등("A사")에게 보세구역내의 LNG 저장탱크(쟁점시설)를 임대하고 임대료는 물량의 흐름과 관계없이 임대기간 동안 매년 정액임대료와 탱크사업 수익의 일정률을 받고 "A사"가 독점적으로 사용하거나 비수요기에 재 임대하여 수익을 창출하는 등 실질적인 권한이 "A사"에 있는 경우, 사업자는 쟁점시설을 임대한 것으로 창고업에 해당되지 않으며 「부가가치세법 시행령」 제26조제1항제1호마목에 따른 영세율 적용대상에 해당되지 아니하는 것입니다.(부가가치세과-971, 2012.09.24.)

㉰ 해운대리점업, 해운중개업 및 선박관리업(해운법 §2)

해운대리점업	해상여객운송사업이나 해상화물운송사업을 경영하는 자(외국인 운송사업자를 포함한다)를 위하여 통상(通常) 그 사업에 속하는 거래를 대리(代理)하는 사업을 말한다.
해운중개업	해상화물운송의 중개, 선박의 대여 · 용대선 또는 매매를 중개하는 사업을 말한다.
선박관리업	「선박관리산업발전법」 제2조 제1호에 규정된 국내외의 해상운송인, 선박대여업을 경영하는 자, 관공선 운항자, 조선소, 해상구조물 운영자, 그 밖의 「선원법」 상의 선박소유자로부터 기술적 · 상업적 선박관리, 해상구조물관리 또는 선박시운전 등의 업무의 전부 또는 일부를 수탁(국외의 선박관리사업자로부터 그 업무의 전부 또는 일부를 수탁하여 행하는 사업을 포함한다)하여 관리활동을 영위하는 업(業)을 말한다.

⑤ **정보통신업 중 뉴스 제공업, 영상 · 오디오 기록물 제작 및 배급업**(영화관 운영업과 비디오물 감상실 운영업은 제외한다), **소프트웨어 개발업, 컴퓨터 프로그래밍, 시스템 통합관리업, 자료처리, 호스팅, 포털 및 기타 인터넷 정보매개서비스업, 기타 정보 서비스업**

▶ 한국표준산업분류표(제11차)

<table>
<tr><td rowspan="10">정보
통신업
(58~63)</td><td rowspan="5">출판업</td><td rowspan="3">서적, 잡지 및
기타 인쇄물
출판업</td><td>서적 출판업</td><td>교과서 및 학습 서적 출판업
만화 출판업
일반 서적 출판업</td></tr>
<tr><td>신문, 잡지 및
정기 간행물
출판업</td><td>신문 발행업
잡지 및 정기 간행물 발행업
정기 광고 간행물 발행업</td></tr>
<tr><td>기타 인쇄물
출판업</td><td>기타 인쇄물 출판업</td></tr>
<tr><td rowspan="2">소프트웨어
개발 및
공급업</td><td>게임 소프트웨어
개발 및 공급업</td><td>유선 온라인 게임 소프트웨어 개발 및 공급업
모바일 게임 소프트웨어 개발 및 공급업
기타 게임 소프트웨어 개발 및 공급업</td></tr>
<tr><td>시스템 · 응용
소프트웨어 개발
및 공급업</td><td>시스템 소프트웨어 개발 및 공급업
응용 소프트웨어 개발 및 공급업</td></tr>
<tr><td rowspan="5">영상 ·
오디오
기록물
제작 및
배급업</td><td rowspan="4">영화,
비디오물,
방송
프로그램
제작 및
배급업</td><td>영화, 비디오물
및 방송
프로그램 제작업</td><td>일반 영화 및 비디오물 제작업
애니메이션 영화 및 비디오물 제작업
광고 영화 및 비디오물 제작업
방송 프로그램 제작업</td></tr>
<tr><td>영화, 비디오물
및 방송
프로그램 제작
관련 서비스업</td><td>영화, 비디오물 및 방송 프로그램 제작 관련 서비스업</td></tr>
<tr><td>영화, 비디오물
및 방송
프로그램 배급업</td><td>영화, 비디오물 및 방송 프로그램 배급업</td></tr>
<tr><td>~~영화 및
비디오물 상영업~~</td><td>~~영화관 운영업
비디오물 감상실 운영업~~</td></tr>
<tr><td>오디오물
출판 및 원판
녹음업</td><td>오디오물 출판
및 원판 녹음업</td><td>음악 및 기타 오디오물 출판업
녹음시설 운영업</td></tr>
</table>

정보 통신업 (58~63)	방송 및 영상 · 오디오물 제공 서비스업	라디오 방송업	라디오 방송업	라디오 방송업
		텔레비전 방송업	지상파 방송업	지상파 방송업
			유선, 위성 및 기타 방송업	프로그램 공급업 유선 방송업 위성 및 기타 방송업
		영상 · 오디오물 제공 서비스업	영상물 제공서비스업	영상물 제공서비스업
			오디오물 제공서비스업	오디오물 제공서비스업
	우편 및 통신업	공영 우편업	공영 우편업	공영 우편업
		전기 통신업	유선 통신업	유선 통신업
			무선 및 위성 통신업	무선 및 위성 통신업
			기타 전기 통신업	통신 재판매업 그 외 기타 전기 통신업
	컴퓨터 프로그래밍, 시스템 통합 및 관리업	컴퓨터 프로그래밍, 시스템 통합 및 관리업	컴퓨터 프로그래밍 서비스업	컴퓨터 프로그래밍 서비스업
			컴퓨터 시스템 통합 자문, 구축 및 관리업	컴퓨터 시스템 통합 자문 및 구축 서비스업 컴퓨터시설 관리업
			기타 정보 기술 및 컴퓨터 운영 관련 서비스업	기타 정보 기술 및 컴퓨터 운영 관련 서비스업
	정보 서비스업	자료 처리, 호스팅, 포털 및 기타 인터넷 정보 매개 서비스업	자료 처리, 호스팅 및 관련 서비스업	자료 처리업
				호스팅 및 관련 서비스업
			포털 및 기타 인터넷 정보 매개 서비스업	포털 및 기타 인터넷 정보 매개 서비스업
		기타 정보 서비스업	뉴스 제공업	뉴스 제공업
			그 외 기타 정보 서비스업	데이터베이스 및 온라인 정보 제공업 가상자산 매매 및 중개업 그 외 기타 정보 서비스업

관련 예규 소프트웨어 개발 및 공급업 등

- 사업자가 국내에서 국내사업장이 없는 외국법인에게 가상화폐거래관련 블록체인기반 투자시스템을 개발하여 공급하고 그 대가로 가상화폐를 받는 경우로서 해당 시스템개발 및 공급이 "컴퓨터 프로그래밍, 시스템 통합 및 관리업"에 해당하는 경우에는 용역의 공급으로서 「부가가치세법 시행령」 제33조 제2항 제1호에 따른 대금지급요건을 충족하지 아니하여 같은 법 제24조 제1항 제3호에 따른 영세율 대상에 해당하지 아니하는 것이나, 해당 시스템개발 및 공급이 "소프트웨어 개발 및 공급업"에 해당하는 경우에는 재화의 수출로서 같은 법 제21조에 따른 영세율 대상에 해당하는 것입니다.
  다만, 해당 시스템개발 및 공급이 "컴퓨터 프로그래밍, 시스템 통합 및 관리업(J620)"에 해당하는지 아니면 "소프트웨어 개발 및 공급업(J582)"에 해당하는지 여부는 통계청장이 고시한 한국표준산업분류에 의하는 것입니다.(사전-2019-법령해석부가-0037, 2019.4.2.)

- 사업자가 외국법인에게 「부가가치세법 시행령」 제33조제2항제1호바목 또는 제2호에 따른 용역을 공급하고 그 대금을 외국법인으로부터 직접 원화로 입금받는 경우에는 「부가가치세법」 제24조제1항제3호 및 같은 법 시행령 제33조제2항제1호 또는 제2호에 의한 영세율 적용대상에 해당하지 아니하는 것입니다. 다만, 외국법인이 국내 외국환은행에 개설한 비거주자자유원계정에서 사업자에게 원화로 지급하는 경우 영세율을 적용할 수 있는 것이나 귀 질의가 이에 해당하는지 여부는 사실판단할 사항입니다.(사전-2022-법규부가-0624, 2022.07.07.)

⑥ 상품 중개업

상품중개업(4610)은 한국표준산업분류표상 수수료 또는 계약에 의하여 타인의 명의로 타인의 상품을 거래하거나 시장 상황, 거래 당사자 신용 상태 파악, 전문 지식 제공 등으로 상품 거래를 지원하고 중개 수수료를 받는 대리 판매점, 상품 중개인, 무역 대리 또는 중개인 및 경매인, 기타 대리 도매인의 활동도 포함한다. 이들은 통상 구매자와 판매자를 연결시켜 주어 그들의 사업을 영위하거나 상업적 거래를 대리한다. 소매 중개 및 대리활동은 해당 상품 소매업으로 분류한다.

▶ **한국표준산업분류표(제11차)**

도매 및 소매업 (45~47)	도매 및 상품 중개업	상품 중개업	상품 중개업	산업용 농 · 축산물, 섬유 원료 및 동물 중개업
				음 · 식료품 및 담배 중개업
				섬유, 의복, 신발 및 가죽제품 중개업
				목재 및 건축자재 중개업
				연료, 광물, 1차 금속, 비료 및 화학제품 중개업
				기계 및 장비 중개업
				그 외 기타 특정 상품 중개업
				상품 종합 중개업

관련 예규 상품중개업

- 사업자가 국내에서 외국에 소재하는 사업자에게 계약상 또는 법률상의 원인에 따라 역무를 제공하고 수수료 등을 지급받는 경우, 당해 수수료에 대해서는 부가가치세법 제7조에 따라 용역의 공급으로 보는 것이며, 당해 수수료가 부가가치세법 시행령 제26조제1항제1호 각 목에 해당되어 그 대금을 외국환은행에서 원화로 받거나 같은 법 시행규칙 제9조의 3에 따라 받는 경우 영세율을 적용하는 것입니다. 이 경우 귀 질의의 수수료가 상품종합중개업에 해당하는지 여부 등에 대해서는 계약내용과 통계청장이 고시하는 당해 과세기간 개시일 현재의 한국표준산업분류에 따르는 것입니다.(부가가치세과-1131, 2012.11.16.)

■ 사업자가 국내사업장이 없는 외국법인과의 위탁판매대행계약에 따라 자사 인터넷홈페이지를 통하여 해당 외국법인의 제품을 국내소비자에게 판매(반품물건 재판매 포함)하고 받은 대가 중 일정 수수료를 차감한 잔액을 외국법인에게 송금하는 경우로서 사업자가 단순히 외국법인의 국내 상품판매대행용역을 제공하고 그 대가로 수수료를 받는 경우에는 해당 수수료 상당액이 부가가치세 과세표준이 되는 것이며, 해당 용역이 한국표준산업분류상 상품중개업에 해당하는 경우에는 「부가가치세법」 제24조 제1항 제3호 및 같은 법 제33조제2항제1호에 따라 영의 세율이 적용되는 것입니다.(사전-2017-법령해석부가-0173, 2017.5.16.)

⑦ 사업시설관리 및 사업지원 서비스업

조경 관리 및 유지 서비스업, 여행사 및 기타 여행보조 서비스업은 제외하며, 사업시설관리 및 사업지원 서비스업에 해당하는 용역의 경우에는 해당 국가에서 우리나라의 거주자 또는 내국법인에 대하여 동일하게 면세하는 경우에 한정한다. 다만, 「관광진흥법 시행령」에 따른 종합여행업자가 외국인 관광객에게 공급하고 그 대가를 외국환은행에서 원화로 받거나, 외화 현금으로 받은 것 중 관광알선수수료명세표와 외화매입증명서에 의하여 외국인 관광객과의 거래임이 확인되는 관광알선용역은 영세율을 적용한다.(부가령 §33②7호)

▶ 한국표준산업분류표(제11차)

사업시설 관리, 사업 지원 및 임대 서비스업 (74~76)	사업시설 관리 및 조경 서비스업	사업시설 유지 · 관리 서비스업	사업시설 유지 · 관리 서비스업	사업시설 유지 · 관리 서비스업
		건물 · 산업설비 청소 및 방제 서비스업	건물 및 산업설비 청소업	건축물 일반 청소업
				산업설비, 운송장비 및 공공장소 청소업
			소독, 구충 및 방제 서비스업	소독, 구충 및 방제 서비스업
		~~조경관리 및 유지 서비스업~~	~~조경관리 및 유지 서비스업~~	~~조경관리 및 유지 서비스업~~
	사업 지원 서비스업	고용 알선 및 인력 공급업	고용 알선업	고용 알선업
			인력 공급업	임시 및 일용 인력 공급업
				상용 인력 공급 및 인사관리 서비스업
		~~여행사 및 기타 여행 보조 서비스업~~	~~여행사업~~	~~여행사업~~
			~~기타 여행 보조 및 예약 서비스업~~	~~기타 여행 보조 및 예약 서비스업~~
		경비, 경호 및 탐정업	경비 및 경호 서비스업	경비 및 경호 서비스업
			보안 시스템 서비스업	보안 시스템 서비스업
			탐정 및 조사 서비스업	탐정 및 조사 서비스업
		기타 사업 지원 서비스업	사무 지원 서비스업	문서 작성 및 복사업
				기타 사무 지원 서비스업
			그 외 기타 사업 지원 서비스업	콜센터 및 텔레마케팅 서비스업
				전시, 컨벤션 및 행사 대행업
				신용 조사 및 추심 대행업
				포장 및 충전업
				온라인 활용 마케팅 및 관련 사업지원 서비스업
				그 외 기타 분류 안된 사업 지원 서비스업

관련 예규 사업시설관리 및 사업지원서비스업

- 가. 한국표준산업분류의 전시 및 행사대행업(75992)는 각종 전시회 및 행사를 기획 · 조직하는 사업활동을 말하며, 전시장 행사와 관련된 조사,기획,설계,구성, 제작, 시공감리 등에 관한 전반적인 책임을 맡아 이러한 시설의 내장, 외장, 전시장치, 기계설비(음향, 영상 등) 등을 종합적으로 구성 · 연출하는 사업체도 포함되는 것으로 정하고 있으며, 이에 해당하는지 여부는 사실에 따라 판단할 사항입니다.
  나. 여행업을 영위하는 사업자가 국내에서 여행객에게 용역을 제공하고 그 대가를 받는 경우에는 부가가치세법 제11조의 규정에 의하여 부가가치세가 과세되는 것이며, 사업자가 국내에서 국내사업장이 없는 비거주자 또는 외국법인에게 부가가치세법 시행령 제33조 제2항 제1호 각목에 해당하는 용역을 공급하고 그 대금을 외국환은행에서 원화로 받거나 기획재정부령으로 정하는 방법으로 받는 경우 부가가치세법 제24조 제1항 제3호의 규정에 의하여 영세율이 적용되는 것입니다.
  다. 사업자가 자기의 사업을 위하여 사용하였거나 사용할 목적으로 공급받은 재화 또는 용역에 대한 부가가치세액매출세액에서 공제하는 매입세액에 해당하나, 사업과 직접 관련이 없는 지출 등 부가가치세법 제39조 규정에 의한 경우는 공제받는 매입세액에 해당하지 않습니다.(부가가치세과-357, 2014.04.18.)

- 국내에서 여행업을 영위하는 사업자가 국내에 사업장이 없는 외국 선사와 MOU(업무협약)를 체결하여 해당 사업자가 국내외에서 크루즈 여행을 원하는 고객에게 크루즈 여행상품을 판매하는 용역(이하 "쟁점용역")을 제공하고 그 대가로 수수료를 받기로 한 경우로서 쟁점용역의 제공이 국외에서 이루어지는 경우에는 「부가가치세법」 제22조에 따라 영의 세율을 적용하는 것이나, 쟁점용역의 제공이 국내에서 이루어지는 경우에는 영의 세율을 적용할 수 없는 것입니다.한편, 해당 사업자가 쟁점용역의 공급시기가 되기 전에 해당 용역에 대한 대가의 전부 또는 일부를 받는 경우 쟁점용역의 공급시기는 같은 법 제16조에 따라 역무의 제공이 완료되는 때가 되는 것입니다.(사전-2018-법령해석부가-0631, 2018.11.27.)

- 국내증권회사가 국내에서 국내사업장이 없는 홍콩소재 외국법인에게 중국법인을 위한 사채발행업무에 대한 지원용역을 제공하고 그 대가를 외국환은행을 통하여 원화로 받는 경우 해당 용역이 「부가가치세법 시행령」 제33조 제2항 제1호에 열거된 전문서비스업 또는 사업지원 서비스업에 해당하고 해당 국가에서 우리나라의 거주자 또는 내국법인에 대하여 동일하게 면세하는 경우에는 같은 법 제24조제1항 제3호에 따라 영세율이 적용되는 것입니다. 다만, 해당 용역이 전문서비스업 또는 사업지원 서비스업에 해당하는지 여부는 통계청장이 고시하는 한국표준산업분류에 의하는 것입니다.(서면-2018-법령해석부가-2325 [법령해석과-186], 2019.01.28.)

■ 국내사업자가 국내사업장이 없는 외국법인과의 가공계약에 따라 외국법인으로부터 공급받은 의류반제품에 주요자재를 부담하지 아니하고 단순 가공만 한 후 외국법인이 지정하는 국내 다른 사업자에게 완성된 제품을 인도하고 그 대금을 외국법인으로부터 외국환은행에서 원화로 받는 경우로서 해당 국가에서 우리나라의 거주자 또는 내국법인에 대하여 동일하게 면세하는 경우 「부가가치세법 시행령」 제33조 제2항 제1호에 따라 영세율이 적용되는 것임(사전-2020-법령해석부가-0327, 2020.04.16.)

저자 주 경비율(국세청 고시)의 업종분류 내용을 고려하여 해석한 사례

[그 외 기타 사업지원 서비스업(기타임가공)] 타인의 의뢰에 의하여 타인이 공급한 재화에 주요자재를 해당 사업자가 전혀 부담하지 않고(일부자재를 부담하는 것은 무방) 단순히 가공만 하여주고 그에 대한 대가를 받는 경우

■ 일반여행업을 영위하는 국내사업자(이하 "사업자")가 국외 호텔예약서비스 오픈마켓과 체결한 계약에 따라 오픈마켓에 국내호텔을 등재(알선)하고 국외 고객이 해당 호텔 예약 시 오픈마켓으로부터 수수료를 받는 경우 또는 사업자가 국외 관계회사와 체결한 판매위탁계약에 따라 해당 관계회사의 국외호텔 오픈마켓 알선 업무를 대행하고 관계회사로부터 수탁수수료를 받는 경우로서 사업자가 제공하는 각각의 용역이 한국표준산업분류상 기타 여행보조 서비스업에 해당하는 경우 「부가가치세법 시행령」 제33조 제2항에 따라 영세율이 적용되지 아니하는 것이나, 국외 관계회사에 제공하는 대행용역이 관계회사에 대한 재무회계 감사 및 관리, 마케팅, 해외영업, 시스템교육 등 사업지원서비스업에 해당하고 그 대가를 외국환은행에서 원화로 받거나 같은 법 시행규칙 제22조에 따른 방법으로 받는 경우 대행용역의 공급은 영세율이 적용되는 것이며, 귀 질의가 어느 경우에 해당하는지는 한국표준산업분류 및 실제 거래내용 등에 따라 사실판단할 사항임(서면-2021-법령해석부가-3012 [법령해석과-4161], 2021.11.29.)

■ 사업자가 국내에서 국내사업장이 없는 말레이시아 소재 외국법인에 외국법인의 국내 고객을 위한 반도체장비 및 부품 판매지원서비스용역을 제공하고 그 대가를 외국법인으로부터 받는 경우 해당 용역이 「부가가치세법 시행령」 제33조 제2항제1호에 열거된 사업지원 서비스업에 해당하고, 말레이시아에서 우리나라의 거주자 또는 내국법인에 대하여 동일하게 면세하는 경우에는 「부가가치세법」 제24조 제1항 제3호에 따라 영세율이 적용되는 것입니다.(사전-2022-법규부가-0099, 2022.03.28.)

■ 사업자가 국내에서 국내사업장이 없는 **소재 외국법인에 외국법인의 국내 고객을 위한 반도체 제조장비의 업그레이드 용역을 제공하고 그 대가를 외국법인으로부터 외국환은행을 통하여 원화로 받는 경우, 해당 용역이 「부가가치세법 시행령」제33조제2항제1호아목에 열거된 사업지원 서비스업에 해당하고 **에서 우리나라의 거주자 또는 내국법인에 대하여 동일하게 면세하는 경우에는 「부가가치세법」 제24조제1항제3호에 따라 영세율이 적용되는 것입니다.(서면-2023-법규부가-1649 [법규과-1640], 2023.06.22.)

⑧ 자본시장과 금융투자업에 관한 법률 제6조제1항제4호에 따른 투자자문업

투자자문업 용역의 경우에는 **해당 국가에서 우리나라의 거주자 또는 내국법인에 대하여 동일하게 면세하는 경우에 한정한다.** 한국표준산업분류표상 투자자문업(66192)은 '투자 자문업 및 투자 일임업'으로 수수료에 의하여 고객에게 투자 자문업 및 투자 일임업을 제공하는 산업활동을 말한다. 투자 자문업이 투자 분야의 결정 등 투자활동을 하지 않는 반면, 투자 일임업은 투자 판단의 전부 또는 일부를 일임 받아 투자자별로 구분하여 금융 투자 상품을 취득 · 처분, 그 밖의 방법으로 운용한다.

관련 법령 자본시장과 금융투자업에 관한 법률

제6조(금융투자업) ① 이 법에서 "금융투자업"이란 이익을 얻을 목적으로 계속적이거나 반복적인 방법으로 행하는 행위로서 다음 각 호의 어느 하나에 해당하는 업(業)을 말한다.

1. 투자매매업
2. 투자중개업
3. 집합투자업
4. **투자자문업**
5. 투자일임업
6. 신탁업

⑨ 교육 지원 서비스업

한국표준분류표상 '교육지원서비스업'(8570)은 교육관련 자문 및 평가업(교육에 관련된 상담 및 평가 업무를 수행하는 산업활동)와 기타 교육지원 서비스업(기타 교육 과정이나 시스템을 지원하는 교육 지원 서비스를 제공하는 산업활동)을 말한다.

관련 예규 교육지원서비스업

- 사업자가 국내에서 국내사업장이 없는 비거주자 또는 외국법인에게 교육서비스업(교육지원 서비스업만 해당한다)을 제공하고 외국환은행을 통하여 그 대금을 받는 경우 부가가치세법 시행령 제26조 제1항 제1호에 따라 영세율이 적용되는 것이나, 귀 질의의 경우가 여기에 해당하는지 여부는 비거주자 또는 외국법인과의 계약내용 등의 사실관계를 종합하여 판단할 사항임(부가가치세과-905, 2012.09.04.)
- 귀 서면질의의 경우, 사업자가 해외 선주사의 시추선 선박에 제품을 공급하고 이와는 별도로 해외 선주사 직원을 대상으로 국내조선소에서 완공되어 해외로 이동하는 시추선에서 교육용역을 제공하는 경우 해당 용역이 국외에서 이루어지는 경우에는 「부가가치세법」제22조에 따라 영의 세율이 적용되는 것입니다. 다만, 해당 용역이 국외에서 이루어진 것인지 여부는 당사자 간 계약내용, 교육용역의 수행상황 등을 고려하여 그 실질내용에 따라 사실 판단할 사항입니다.(서면-2015-법령해석부가-1336 [법령해석과-70], 2016.01.08.)

  * [참고] 제품 교육은 트레이닝센터 부서에서 선주사외 직접 계약하거나 다른 나라의 트레이닝 센터를 통하여 계약 후 당사의 트레이닝 센터 교육장에서 진행하고 있으며 세법상 교육지원서비스업에 해당하지않아 질의 신청

⑩ 임상시험용역을 공급하는 보건업

임상시험이란 의약품 등의 안전성과 유효성을 증명하기 위하여 사람을 대상으로 해당 약물의 약동(藥動) · 약력(藥力) · 약리 · 임상적 효과를 확인하고 이상반응을 조사하는 시험(생물학적 동등성시험을 포함한다)을 말한다.(약사법 §2) 보건업 중 임상시험용역을 공급하는 경우에는 영세율을 적용한다.

▶ 한국표준산업분류표(제11차)

<table>
<tr><td rowspan="15">보건업 및 사회복지 서비스업 (86~87)</td><td rowspan="15">보건업</td><td rowspan="5">병원</td><td rowspan="5">병원</td><td>종합병원</td></tr>
<tr><td>일반병원</td></tr>
<tr><td>치과병원</td></tr>
<tr><td>한방병원</td></tr>
<tr><td>요양병원</td></tr>
<tr><td rowspan="4">의원</td><td rowspan="4">의원</td><td>일반의원</td></tr>
<tr><td>치과의원</td></tr>
<tr><td>한의원</td></tr>
<tr><td>방사선 진단 및 병리 검사 의원</td></tr>
<tr><td>공중 보건 의료업</td><td>공중 보건 의료업</td><td>공중 보건 의료업</td></tr>
<tr><td rowspan="3">기타 보건업</td><td rowspan="3">기타 보건업</td><td>앰뷸런스 서비스업</td></tr>
<tr><td>유사 의료업</td></tr>
<tr><td>그 외 기타 보건업</td></tr>
</table>

⑪ 관세법에 따른 보세운송업자가 제공하는 보세운송용역

국내에서 국내사업장이 없는 비거주자 또한 외국법인에게 공급되는 용역으로서 그 대금을 외국환은행에서 원화로 받는 경우에는 부가가치세법시행령 제26조 제1항 제1호의 규정에 의하여 부가가치세 영세율이 적용되며, 이 경우 영세율 첨부서류로는 외화입금증명서 또는 수출신고필증 등을 첨부하여야 하는 것이나, 당해 비거주자 등으로부터 원화로 직접받거나 국내대리점 등 제3자로부터 원화로 지급받는 경우에는 당해 영세율 규정이 적용되지 않는다.(제도46013-10050, 2001.03.16.)

관련 예규 보세운송용역

부가가치세법 제16조에서 규정하는 세금계산서는 계약상 또는 법률상의 모든 원인에 의하여 재화 또는 용역을 공급하는 자가 공급받는 자에게 교부하는 것이므로 귀 질의와 같이 갑(보세공장)으로부터 재화를 공급받은 국내소재 을법인이 다른 보세구역에 소재한 병(보세공장)에게 재화를 공급하면서 보세운송에 의해 보세공장간 재화가 직접 이동한 경우에도 구매승인서에 의한 영세율 세금계산서는 갑(보세공장)은 을법인을 공급받는자로, 을법인은 병(보세공장)을 공급받는자로 하여 교부하는 것입니다.(부가가치세과-605, 2010.05.11.)

(2) 대가의 지급방법

외화획득 재화공급으로 영세율을 적용받기 위해서는 대금을 **외국환은행에서 원화**로 받거나, 다음의 어느 하나에 해당하는 방법으로 대가를 지급받아야 한다.(부가칙 §22)

국외의 비거주자 또는 외국법인으로부터 외화를 직접 송금받아 외국환은행에 매각하는 방법
국내사업장이 없는 비거주자 또는 외국법인에 재화 또는 용역을 공급하고 그 대가를 해당 비거주자 또는 외국법인에 지급할 금액에서 빼는 방법
국내사업장이 없는 비거주자 또는 외국법인에 재화 또는 용역을 공급하고 그 대가를 국외에서 발급된 신용카드로 결제하는 방법
국내사업장이 없는 비거주자 또는 외국법인에 재화 또는 용역을 공급하고 그 대가로서 국외 금융기관이 발행한 개인수표를 받아 외국환은행에 매각하는 방법
국내사업장이 없는 비거주자 또는 외국법인에 재화 또는 용역을 공급하고 그 대가로서 외화를 외국환은행을 통하여 직접 송금받아 외화예금 계좌에 예치하는 방법(외국환은행이 발급한 외화입금증명서에 따라 외화 입금사실이 확인되는 경우에 한정한다)

관련 예규 대금지급방법

인정	■ 대가를 외국환은행을 통해 외화구좌로 받아 외화상태로 예치하였다가 외화 채무 상환 등에 사용하는 경우(부가집 24-33-1) ■ 비거주자 등의 국내사무소의 계좌로 송금된 외화를 외국환은행을 통하여 원화로 받는 경우(서면인터넷방문상담3팀-194, 2004.02.09.) ■ '비거주자자유원계정'을 통해 원화로 지급받는 경우(부가가치세과-876, 2013.09.26.) * (저자주) 대금을 외국환은행에서 원화로 지급받는 것으로 보기 때문 ■ 국내사업장이 없는 외국법인의 비거주자 외화계정으로부터 당해 법인 통장 계좌(외환계좌)에 외화로 입금되고 외국환은행에 매각하는 경우(부가가치세과-928, 2014.11.24.)
불인정	■ 외국환은행에 동 외국법인이 개설한 '비거주자원화계정'으로부터 원화로 받은 경우(기획재정부 부가가치세제과-372, 2010.06.08.) ■ 직접 원화로 입금받거나 페이팔 계정을 통하여 원화로 입금받는 경우(서면-2016-법령해석부가-3979 [법령해석과-2206], 2016.07.07.) ■ 해당 외국회사의 국내사업장에 해당하는 한국지점으로 송금된 외화를 외국환은행을 통하여 원화로 받는 경우(서면-2016-법령해석부가-4813 [법령해석과-4062], 2016.12.14.) ■ 해외(Transferwise) 및 국내 핀테크 기업(페이케이트)의 외화송금서비스를 통하여 원화로 지급받는 경우(사전법령부가-326, 2020.04.03.) ■ 외국법인의 국내지사로부터 원화로 지급받은 경우(기획재정부 부가가치세제과-360, 2023.06.07.)

(3) 공급시기

외화획득을 목적으로 국내에서 공급하는 용역의 공급시기는 **역무의 제공이 완료되는 때, 시설물·권리 등 재화가 사용되는 때**로 한다. 다만, 할부 또는 조건부로 용역을 공급하는 경우 공급시기는 대가의 각 부분을 받기로 한 때를 공급시기로 본다.(부가법 §16)

▶ **용역거래 형태별 공급시기(부가령 §29)**

구분	공급시기
■ 장기할부조건부 또는 그 밖의 조건부로 용역 공급 장기할부조건부로 용역을 공급하는 경우는 용역을 공급하고 그 대가를 월부, 연부 또는 그 밖의 할부의 방법에 따라 받는 것 중 다음 각 호의 요건을 모두 갖춘 것으로 한다.(부가칙 §19) 1. 2회 이상으로 분할하여 대가를 받는 것 2. 해당 용역의 제공이 완료되는 날의 다음 날부터 최종 할부금 지급기일까지의 기간이 1년 이상인 것	대가의 각 부분을 받기로 한때
■ 완성도기준지급조건부로 용역 공급	대가의 각 부분을 받기로 한때 (역무의 제공이 완료되는 날 이후 받기로 한 대가의 부분에 대해서는 역무의 제공이 완료되는 날)
■ 중간지급조건부로 용역을 공급하는 경우 중간지급조건부로 용역을 공급하는 경우란 다음 각 호의 어느 하나에 해당하는 경우를 말한다. 1. 계약금을 받기로 한 날의 다음 날부터 용역의 제공을 완료하는 날까지의 기간이 6개월 이상인 경우로서 그 기간 이내에 계약금 외의 대가를 분할하여 받는 경우 2. 국고금 관리법 제26조에 따라 경비를 미리 지급받는 경우 3. 지방재정법 제73조에 따라 선금급을 지급받는 경우	대가의 각 부분을 받기로 한때 (역무의 제공이 완료되는 날 이후 받기로 한 대가의 부분에 대해서는 역무의 제공이 완료되는 날)
■ 공급단위를 구획할 수 없는 용역을 계속적으로 공급	대가의 각 부분을 받기로 한때
■ 역무의 제공이 완료되는 때 또는 대가를 받기로 한 때를 공급시기로 볼 수 없는 경우	역무의 제공이 완료되고 그 공급가액이 확정되는 때
■ 용역을 둘 이상의 과세기간에 걸쳐 계속적으로 제공하고 그 대가를 선불로 받는 경우	예정신고기간 또는 과세기간의 종료일

(4) 공급가액

외화획득 용역의 공급가액은 대금, 요금, 수수료, 그 밖에 어떤 명목이든 상관없이 재화 또는 용역을 공급받는 자로부터 받는 금전적 가치 있는 모든 것을 포함한다. 다만, 그 대가를 외국통화나 그 밖의 외국환으로 받은 경우에는 환산한 가액을 공급가액으로 한다.(부가법 §29③)

▶ 외국통화나 그 밖의 외국환으로 받은 경우 공급가액

용역의 대가를 외국통화나 그 밖의 외국환으로 받은 경우에는 다음의 구분에 따른 금액을 그 대가로 한다.(부가령 §59)

① 공급시기가 되기 전에 원화로 환가(換價)한 경우
공급시기가 되기 전에 원화로 환가(換價)한 경우에는 환가한 금액을 공급가액으로 한다.

② 공급시기이후에 외국통화나 그 밖의 외국환 상태로 보유하거나 지급받는 경우
공급시기 이후에 외국통화나 그 밖의 외국환 상태로 보유하거나 지급받는 경우에는 공급시기의 기준환율 또는 재정환율에 따라 계산한 금액을 공급가액으로 한다.

(5) 세금계산서 발급

외화획득을 목적으로 국내에서 공급하는 경우 국외의 비거주자 또는 외국법인에게 공급하므로 세금계산서를 발급하지 아니할 수 있다.(부가령 §71①, 부가법§21)

(6) 영세율 첨부서류

용역 영세율이 적용되는 경우에는 부가가치세 예정신고서에 다음 표의 구분에 따른 서류를 첨부하여 제출하여야 한다. 다만, 부득이한 사유로 해당 서류를 첨부할 수 없을 때에는 국세청장이 정하는 서류로 대신할 수 있다.(부가령 §101①)

▶ 영세율 첨부서류 적용순서

순서	영세율첨부서류
1순위	외화입금증명서 또는 상호주의를 적용하는 경우에는 해당 국가의 현행 법령 등 해당 국가에서 우리나라의 거주자 또는 내국법인에 대하여 동일하게 면세한다는 사실을 입증할 수 있는 관계 증명서류(부가령 §101①) 정보통신망을 통해 ⑤정보통신업 중 뉴스 제공업, 영상 · 오디오 기록물 제작 및 배급에 해당하는 용역을 제공하였음을 증명하는 서류
2순위	용역공급계약서 사본 또는 대금청구서
3순위	외화획득명세서에 영세율이 확인되는 증거서류 첨부

4-4 국내사업장이 있는 비거주자 또는 외국법인에게 용역공급

비거주자 또는 외국법인의 국내사업장이 있는 경우에 국내에서 국외의 비거주자 또는 외국법인과 직접 계약하여 공급하는 법 소정의 용역사업은 영세율을 적용한다. 다만, 그 대금을 해당 국외 비거주자 또는 외국법인으로부터 외국환은행에서 원화로 받거나 기획재정부령으로 정하는 방법으로 받는 경우로 한정한다.(부가령 §33② 2호)

법 소정의 용역사업
국내사업장이 있는 비거주자 또는 외국법인과 직접 계약하여 공급
대금을 외국환은행에서 원화로 받거나 기획재정부령으로 정하는 방법으로 받는 것

Part 04

(1) 법소정의 용역사업

①전문, 과학 및 기술 서비스업(전문서비스업은 영세율 상호주의) ②사업지원 및 임대서비스업 중 무형재산권 임대업, ③통신업, ④컨테이너수리업, 보세구역 내의 보관 및 창고업, 해운법에 따른 해운대리점업, 해운중개업 및 선박관리업, ⑤정보통신업 중 뉴스 제공업, 영상·오디오 기록물 제작 및 배급업(영화관 운영업과 비디오물 감상실 운영업은 제외한다), 소프트웨어 개발업, 컴퓨터 프로그래밍, 시스템 통합관리업, 자료처리, 호스팅, 포털 및 기타 인터넷 정보매개서비스업, 기타 정보 서비스업, ⑥상품 중개업, ⑦사업시설관리 및 사업지원 서비스업(영세율 상호주의), ⑧투자자문업(영세율 상호주의), ⑨교육 지원 서비스업, ⑩임상시험용역을 공급하는 보건업, ⑪관세법에 따른 보세운송업자가 제공하는 보세운송용역을 영위하는 경우에는 영세율을 적용한다.(부가령 §33② 1호)

(2) 대가의 지급방법

외화획득 용역공급으로 영세율을 적용받기 위해서는 대금을 **외국환은행에서 원화**로 받거나, 다음의 어느 하나에 해당하는 방법으로 대가를 지급받아야 한다.(부가칙 §22)

국외의 비거주자 또는 외국법인으로부터 외화를 직접 송금받아 외국환은행에 매각하는 방법
국내사업장이 있는 비거주자 또는 외국법인에 재화 또는 용역을 공급하고 그 대가를 해당 비거주자 또는 외국법인에 지급할 금액에서 빼는 방법

국내사업장이 있는 비거주자 또는 외국법인에 재화 또는 용역을 공급하고 그 대가를 국외에서 발급된 신용카드로 결제하는 방법
국내사업장이 있는 비거주자 또는 외국법인에 재화 또는 용역을 공급하고 그 대가로서 국외 금융기관이 발행한 개인수표를 받아 외국환은행에 매각하는 방법
국내사업장이 있는 비거주자 또는 외국법인에 재화 또는 용역을 공급하고 그 대가로서 외화를 외국환은행을 통하여 직접 송금받아 외화예금 계좌에 예치하는 방법(외국환은행이 발급한 외화입금증명서에 따라 외화 입금사실이 확인되는 경우에 한정한다)

관련 예규 대금지급방법

인정	▪ 대가를 외국환은행을 통해 외화구좌로 받아 외화상태로 예치하였다가 외화채무 상환 등에 사용하는 경우(부가집 24-33-1) ▪ 비거주자 등의 국내사무소의 계좌로 송금된 외화를 외국환은행을 통하여 원화로 받는 경우(서면인터넷방문상담3팀-194, 2004.02.09.) ▪ '비거주자자유원계정'을 통해 원화로 지급받는 경우(부가가치세과-876 , 2013.09.26.) * (저자주) 대금을 외국환은행에서 원화로 지급받는 것으로 보기 때문 ▪ 국내사업장이 없는 외국법인의 비거주자 외화계정으로부터 당해 법인 통장계좌(외환계좌)에 외화로 입금되고 외국환은행에 매각하는 경우(부가가치세과-928, 2014.11.24.)
불인정	▪ 외국환은행에 동 외국법인이 개설한 '비거주자원화계정'으로부터 원화로 받은 경우(기획재정부 부가가치세제과-372 , 2010.06.08.) ▪ 직접 원화로 입금받거나 페이팔 계정을 통하여 원화로 입금받는 경우(서면-2016-법령해석부가-3979 [법령해석과-2206], 2016.07.07.) ▪ 해당 외국회사의 국내사업장에 해당하는 한국지점으로 송금된 외화를 외국환은행을 통하여 원화로 받는 경우(서면-2016-법령해석부가-4813 [법령해석과-4062], 2016.12.14.) ▪ 해외(Transferwise) 및 국내 핀테크 기업(페이케이트)의 외화송금서비스를 통하여 원화로 지급받는 경우(사전법령부가-326, 2020.04.03.) ▪ 외국법인의 국내지사로부터 원화로 지급받은 경우(기획재정부 부가가치세제과-360, 2023.06.07.)

(3) 공급시기

외화획득을 목적으로 국내에서 공급하는 용역의 공급시기는 **역무의 제공이 완료되는 때, 시설물 · 권리 등 재화가 사용되는 때**로 한다. 다만, 할부 또는 조건부로 용역을 공급하는 경우 공급시기는 대가의 각 부분을 받기로 한 때를 공급시기로 본다.(부가법 §16)

▶ **용역거래 형태별 공급시기(부가령 §29)**

구분	공급시기
■ 장기할부조건부 또는 그 밖의 조건부로 용역 공급 장기할부조건부로 용역을 공급하는 경우는 용역을 공급하고 그 대가를 월부, 연부 또는 그 밖의 할부의 방법에 따라 받는 것 중 다음 각 호의 요건을 모두 갖춘 것으로 한다.(부가칙 §19) 1. 2회 이상으로 분할하여 대가를 받는 것 2. 해당 용역의 제공이 완료되는 날의 다음 날부터 최종 할부금 지급기일까지의 기간이 1년 이상인 것	대가의 각 부분을 받기로 한때
■ 완성도기준지급조건부로 용역 공급	대가의 각 부분을 받기로 한때 (역무의 제공이 완료되는 날 이후 받기로 한 대가의 부분에 대해서는 역무의 제공이 완료되는 날)
■ 중간지급조건부로 용역을 공급하는 경우 중간지급조건부로 용역을 공급하는 경우란 다음 각 호의 어느 하나에 해당하는 경우를 말한다. 1. 계약금을 받기로 한 날의 다음 날부터 용역의 제공을 완료하는 날까지의 기간이 6개월 이상인 경우로서 그 기간 이내에 계약금 외의 대가를 분할하여 받는 경우 2. 국고금 관리법 제26조에 따라 경비를 미리 지급받는 경우 3. 지방재정법 제73조에 따라 선급금을 지급받는 경우	대가의 각 부분을 받기로 한때 (역무의 제공이 완료되는 날 이후 받기로 한 대가의 부분에 대해서는 역무의 제공이 완료되는 날)
■ 공급단위를 구획할 수 없는 용역을 계속적으로 공급	대가의 각 부분을 받기로 한때
■ 역무의 제공이 완료되는 때 또는 대가를 받기로 한 때를 공급시기로 볼 수 없는 경우	역무의 제공이 완료되고 그 공급가액이 확정되는 때
■ 용역을 둘 이상의 과세기간에 걸쳐 계속적으로 제공하고 그 대가를 선불로 받는 경우	예정신고기간 또는 과세기간의 종료일

(4) 공급가액

외화획득 용역의 공급가액은 대금, 요금, 수수료, 그 밖에 어떤 명목이든 상관없이 재화 또는 용역을 공급받는 자로부터 받는 금전적 가치 있는 모든 것을 포함한다. 다만, 그 대가를 외국통화나 그 밖의 외국환으로 받은 경우에는 환산한 가액을 공급가액으로 한다.(부가법 §29③)

▶ **외국통화나 그 밖의 외국환으로 받은 경우 공급가액**

용역의 대가를 외국통화나 그 밖의 외국환으로 받은 경우에는 다음의 구분에 따른 금액을 그 대가로 한다.(부가령 §59) ① 공급시기가 되기 전에 원화로 환가(換價)한 경우 공급시기가 되기 전에 원화로 환가(換價)한 경우에는 환가한 금액을 공급가액으로 한다. ② 공급시기이후에 외국통화나 그 밖의 외국환 상태로 보유하거나 지급받는 경우 공급시기 이후에 외국통화나 그 밖의 외국환 상태로 보유하거나 지급받는 경우에는 공급시기의 기준환율 또는 재정환율에 따라 계산한 금액을 공급가액으로 한다.

(5) 세금계산서 발급

외화획득을 목적으로 국내에서 공급하는 경우 국외의 비거주자 또는 외국법인에게 공급하므로 세금계산서를 발급하지 아니할 수 있다.(부가령 §71①, 부가법§21)

(6) 영세율 첨부서류

국외제공용역 영세율이 적용되는 경우에는 부가가치세 예정신고서에 다음 표의 구분에 따른 서류를 첨부하여 제출하여야 한다. 다만, 부득이한 사유로 해당 서류를 첨부할 수 없을 때에는 국세청장이 정하는 서류로 대신할 수 있다.(부가령 §101①)

▶ **영세율 첨부서류 적용순서**

순서	영세율첨부서류
1순위	외화입금증명서 또는 상호주의를 적용하는 경우에는 해당 국가의 현행 법령 등 해당 국가에서 우리나라의 거주자 또는 내국법인에 대하여 동일하게 면세한다는 사실을 입증할 수 있는 관계 증명서류(부가령 §101①) 정보통신망을 통해 ⑤정보통신업 중 뉴스 제공업, 영상 · 오디오 기록물 제작 및 배급에 해당하는 용역을 제공하였음을 증명하는 서류
2순위	용역공급계약서 사본 또는 대금청구서
3순위	외화획득명세서에 영세율이 확인되는 증거서류 첨부

(7) 국내사업장이 없는 외화획득 용역공급과 비교

국내사업장이 없는 외화획득 용역공급의 영세율요건을 비교하면 다음과 같다.

구분	국내사업장이 없는 경우	국내사업장이 있는 경우
용역 요건	법 소정의 용역사업	법 소정의 용역사업
인적 요건	국내에서 국내사업장이 없는 비거주자 또는 외국법인에게 공급	국내사업장이 있는 비거주자 또는 외국법인과 **직접 계약**하여 공급
대금 요건	대금을 외국환은행에서 원화로 받거나 기획재정부령으로 정하는 방법으로 받는 것	대금을 외국환은행에서 원화로 받거나 기획재정부령으로 정하는 방법으로 받는 것

Part 04

관련 예규 국내사업장이 있는 비거주자 또는 외국법인에게 재화 또는 용역 공급

1. 사업자가 국내사업장이 있는 외국법인에게 국내사업장과 관련 없이 국외의 외국법인과 직접 계약에 의하여 재화 또는 용역을 공급하고 그 대가를 당해 국외의 외국법인으로부터 외국환은행을 통하여 원화로 받는 경우에는 부가가치세법 제11조 제1항 제4호 및 동법 시행령 제26조 제1항 제1의 제2호의 규정에 의하여 부가가치세 영세율이 적용되는 것이므로 재화 또는 용역을 공급한사업자는 외국법인의 국내사업장으로 세금계산서를 교부하지 아니하는 것이며,
2. 사업자가 국외의 외국법인과 직접 계약에 의하여 용역을 공급하더라도 동 용역이 실질적으로 법인세법 제56조에 규정하는 외국법인의 국내사업장에게 제공되는 경우에는 그 외국법인의 국내사업장 명의로 부가가치세를 거래 징수하는 세금계산서를 교부하여야 하는 것임.
3. 귀 질의의 경우 사업자가 제공하는 용역이 실질적으로 법인세법 제56조에 규정하는 외국법인의 국내사업장에 제공되는 것인지의 여부는 구체적인 사실을 종합하여 판단할 사항인 것임.(부가22601-1710 , 1988.09.2.)

4-5 수출임가공용역

수출업자와 직접 도급계약에 의하여 수출재화를 임가공하는 수출재화임가공용역(수출재화염색임가공을 포함)은 영세율을 적용한다. 다만, 사업자가 부가가치세를 별도로 적은 세금계산서(일반세금계산서)를 발급하는 경우에는 영세율을 배제한다.(부가령 §33②3호)

수출업자와 직접 도급계약
수출재화임가공용역(수출재화염색임가공을 포함)
영세율 선택

(1) 수출업자와 직접도급 계약

수출업자란 대외무역법에 따라 수출입업자로 신고되어 있는 자 뿐만 아니라 대행수출하는 경우 실제로 수출품을 생산하여 자기계산하에 외국으로 반출하는 수출품생산업자도 해당한다.(부가집 24-33-2)

(2) 임가공용역의 범위

사업자가 주요 자재의 전부 또는 일부를 부담하고 일부 자재는 상대방으로부터 인도받아 공작을 가하여 생산한 재화를 거래상대방이 수출하는 경우에 해당 사업자간의 거래는 재화의 공급에 해당하므로 내국신용장 또는 「대외무역법」에서 정하는 구매확인서에 의하여 공급하는 경우(금지금은 제외한다)에만 영세율을 적용한다.(부기통 21-31-11) 수출업자와 직접 도급계약에 의하여 수출재화의 부분품, 반제품 및 포장재를 임가공하는 용역은 직접 도급계약을 체결한 사업자 자신이 임가공하였는지의 여부에 불구하고 수출재화 임가공용역으로 본다. 다만, 수출재화를 생산하는 제조 · 가공활동에 해당하지 않는 가설구조물(발판) 설치·해체 용역, 설계용역, 운반(신호수), 시운전 용역 등 별도 용역에 해당하는 경우는 수출재화 임가공용역으로 보지 아니한다.(부기통 24-33-4)

관련 예규 수출재화 임가공용역의 범위(집행기준 24-33-2)

① 수출업자(대행수출하는 수출품생산업자 포함)와 직접 도급계약에 의하여 수출재화의 부분품, 반제품 및 포장재를 임가공하는 용역은 직접 도급계약을 체결한 사업자 자신이 임가공하였는지 여부에 관계없이 수출재화 임가공용역으로 본다.

② 무역금융규정에 따라 수출신용장 없이 내국신용장을 개설할 수 있는 비축한도를 인정받은 수출업자와 직접 임가공도급계약을 체결하고 수출용 재화를 임가공하는 때에는 영세율이 적용된다.

③ 내국신용장 또는 구매확인서에 의하여 수출재화를 수출업자에게 공급하는 사업자와 임가공계약을 체결하고 수출재화를 임가공하는 때에는 영세율이 적용되지 아니한다.

Part 04

(3) 공급시기

수출재화임가공용역은 국내거래이기 때문에 공급시기는 **역무의 제공이 완료되는 때, 시설물 · 권리 등 재화가 사용되는 때**로 한다. 다만, 할부 또는 조건부로 용역을 공급하는 경우 공급시기는 대가의 각 부분을 받기로 한 때를 공급시기로 본다.(부가법 §16)

▶ **용역거래 형태별 공급시기(부가령 §29)**

구분	공급시기
■ 장기할부조건부 또는 그 밖의 조건부로 용역 공급 장기할부조건부로 용역을 공급하는 경우는 용역을 공급하고 그 대가를 월부, 연부 또는 그 밖의 할부의 방법에 따라 받는 것 중 다음 각 호의 요건을 모두 갖춘 것으로 한다.(부가칙 §19) 1. 2회 이상으로 분할하여 대가를 받는 것 2. 해당 용역의 제공이 완료되는 날의 다음 날부터 최종 할부금 지급기일까지의 기간이 1년 이상인 것	대가의 각 부분을 받기로 한때
■ 완성도기준지급조건부로 용역 공급	대가의 각 부분을 받기로 한때 (역무의 제공이 완료되는 날 이후 받기로 한 대가의 부분에 대해서는 역무의 제공이 완료되는 날)

구분	공급시기
■ 중간지급조건부로 용역을 공급하는 경우 중간지급조건부로 용역을 공급하는 경우란 다음 각 호의 어느 하나에 해당하는 경우를 말한다. 1. 계약금을 받기로 한 날의 다음 날부터 용역의 제공을 완료하는 날까지의 기간이 6개월 이상인 경우로서 그 기간 이내에 계약금 외의 대가를 분할하여 받는 경우 2. 국고금 관리법 제26조에 따라 경비를 미리 지급받는 경우 3. 지방재정법 제73조에 따라 선금급을 지급받는 경우	대가의 각 부분을 받기로 한때 (역무의 제공이 완료되는 날 이후 받기로 한 대가의 부분에 대해서는 역무의 제공이 완료되는 날)
■ 공급단위를 구획할 수 없는 용역을 계속적으로 공급	대가의 각 부분을 받기로 한때
■ 역무의 제공이 완료되는 때 또는 대가를 받기로 한 때를 공급시기로 볼 수 없는 경우	역무의 제공이 완료되고 그 공급가액이 확정되는 때
■ 용역을 둘 이상의 과세기간에 걸쳐 계속적으로 제공하고 그 대가를 선불로 받는 경우	예정신고기간 또는 과세기간의 종료일

(4) 공급가액

수출재화임가공용역의 공급가액은 대금, 요금, 수수료, 그 밖에 어떤 명목이든 상관없이 재화 또는 용역을 공급받는 자로부터 받는 금전적 가치 있는 모든 것을 포함한다. 다만, 그 대가를 외국통화나 그 밖의 외국환으로 받은 경우에는 환산한 가액을 공급가액으로 한다.(부가법 §29③)

▶ 외국통화나 그 밖의 외국환으로 받은 경우 공급가액

용역의 대가를 외국통화나 그 밖의 외국환으로 받은 경우에는 다음의 구분에 따른 금액을 그 대가로 한다.(부가령 §59)

① 공급시기가 되기 전에 원화로 환가(換價)한 경우
공급시기가 되기 전에 원화로 환가(換價)한 경우에는 환가한 금액을 공급가액으로 한다.

② 공급시기이후에 외국통화나 그 밖의 외국환 상태로 보유하거나 지급받는 경우
공급시기 이후에 외국통화나 그 밖의 외국환 상태로 보유하거나 지급받는 경우에는 공급시기의 기준환율 또는 재정환율에 따라 계산한 금액을 공급가액으로 한다.

(5) 세금계산서 발급

수출재화임가공용역은 국내거래이기 때문에 영세율세금계산서를 발급한다. 다만 사업자가 일반세금계산서를 발급할 수 있다.(부가령 §33②3호)

(6) 영세율 첨부서류

수출임가공용역이 영세율 적용되는 경우에는 부가가치세 예정신고서에 다음 표의 구분에 따른 서류를 첨부하여 제출하여야 한다. 다만, 부득이한 사유로 해당 서류를 첨부할 수 없을 때에는 국세청장이 정하는 서류로 대신할 수 있다.(부가령 §101①)

▶ 영세율 첨부서류 적용순서

순서	영세율첨부서류
1순위	■ 임가공계약서 사본(수출재화임가공용역임을 해당 수출업자와 같은 장소에서 제공하는 경우는 제외한다.) ■ 해당 수출업자가 교부한 납품사실을 증명할 수 있는 서류(수출업자와 직접 도급계약을 한 부분으로 한정한다) 또는 수출대금명세서(부가령 §101①)
2순위	–
3순위	외화획득명세서에 영세율이 확인되는 증거서류 첨부

Part 04

4-6 내국신용장 또는 구매확인서에 의하여 공급하는 수출재화임가공용역

사업자가 국내에서 **수출재화임가공용역**을 용역의 공급시기가 속하는 과세기간이 끝난 후 25일(그 날이 공휴일 또는 토요일인 경우에는 바로 다음 영업일을 말한다) 이내에 개설하는 내국신용장 또는 구매확인서에 따라 공급하는 경우에는 영세율을 적용한다.(부가칙 §21②)

(1) 적용 대상

내국신용장 또는 구매확인서에 의한 수출재화임가공용역이 영세율 적용대상에 해당한다.(부가령 §31②)

(2) 공급시기

내국신용장 또는 구매확인서에 의하여 공급하는 용역은 국내거래이기 때문에 공급시기는 **역무의 제공이 완료되는 때, 시설물 · 권리 등 재화가 사용되는 때**로 한다. 다만, 할부 또는 조건부로 용역을 공급하는 경우 공급시기는 대가의 각 부분을 받기로 한 때를 공급시기로 본다.(부가법 §16)

▶ **용역거래 형태별 공급시기(부가령 §29)**

구분	공급시기
▪ 장기할부조건부 또는 그 밖의 조건부로 용역 공급 장기할부조건부로 용역을 공급하는 경우는 용역을 공급하고 그 대가를 월부, 연부 또는 그 밖의 할부의 방법에 따라 받는 것 중 다음 각 호의 요건을 모두 갖춘 것으로 한다.(부가칙 §19) 1. 2회 이상으로 분할하여 대가를 받는 것 2. 해당 용역의 제공이 완료되는 날의 다음 날부터 최종 할부금 지급기일까지의 기간이 1년 이상인 것	대가의 각 부분을 받기로 한때
▪ 완성도기준지급조건부로 용역 공급	대가의 각 부분을 받기로 한때 (역무의 제공이 완료되는 날 이후 받기로 한 대가의 부분에 대해서는 역무의 제공이 완료되는 날)
▪ 중간지급조건부로 용역을 공급하는 경우 중간지급조건부로 용역을 공급하는 경우란 다음 각 호의 어느 하나에 해당하는 경우를 말한다. 1. 계약금을 받기로 한 날의 다음 날부터 용역의 제공을 완료하는 날까지의 기간이 6개월 이상인 경우로서 그 기간 이내에 계약금 외의 대가를 분할하여 받는 경우 2. 국고금 관리법 제26조에 따라 경비를 미리 지급받는 경우 3. 지방재정법 제73조에 따라 선금급을 지급받는 경우	대가의 각 부분을 받기로 한때 (역무의 제공이 완료되는 날 이후 받기로 한 대가의 부분에 대해서는 역무의 제공이 완료되는 날)
▪ 공급단위를 구획할 수 없는 용역을 계속적으로 공급	대가의 각 부분을 받기로 한때
▪ 역무의 제공이 완료되는 때 또는 대가를 받기로 한 때를 공급시기로 볼 수 없는 경우	역무의 제공이 완료되고 그 공급가액이 확정되는 때
▪ 용역을 둘 이상의 과세기간에 걸쳐 계속적으로 제공하고 그 대가를 선불로 받는 경우	예정신고기간 또는 과세기간의 종료일

(3) 공급가액

내국신용장 또는 구매확인서의 공급가액은 대금, 요금, 수수료, 그 밖에 어떤 명목이든 상관없이 재화 또는 용역을 공급받는 자로부터 받는 금전적 가치 있는 모든 것을 포함한다. 다만, 그 대가를 외국통화나 그 밖의 외국환으로 받은 경우에는 환산한 가액을 공급가액으로 한다.(부가법 §29③)

▶ **외국통화나 그 밖의 외국환으로 받은 경우**

용역의 대가를 외국통화나 그 밖의 외국환으로 받은 경우에는 다음의 구분에 따른 금액을 그 대가로 한다.(부가령 §59) ① 공급시기(선적일)가 되기 전에 원화로 환가(換價)한 경우 공급시기(선적전)가 되기 전에 원화로 환가(換價)한 경우에는 환가한 금액을 공급가액으로 한다. ② 공급시기(선적일)이후에 외국통화나 그 밖의 외국환 상태로 보유하거나 지급받는 경우 공급시기 이후에 외국통화나 그 밖의 외국환 상태로 보유하거나 지급받는 경우에는 공급시기(선적일)의 기준환율 또는 재정환율에 따라 계산한 금액을 공급가액으로 한다.

(4) 세금계산서 교부

사업자가 수출재화임가공용역을 공급한 후 당해 용역의 공급일이 속하는 달의 다음달 10일 이전에 내국신용장 또는 구매확인서가 개설된 경우에는 그 공급일이 속하는 달의 다음달 10일까지 영세율세금계산서를 교부할 수 있고, 그 이후에는 수정세금계산서를 교부해야 한다. 수정세금계산서는 재화 또는 용역을 공급한 후 공급시기가 속하는 과세기간 종료 후 25일(과세기간 종료 후 25일이 되는 날이 공휴일 또는 토요일인 경우에는 바로 다음 영업일을 말한다)이내에 수정세금계산서를 발급한다.

▶ **기간별 (수정)세금계산서 발급**

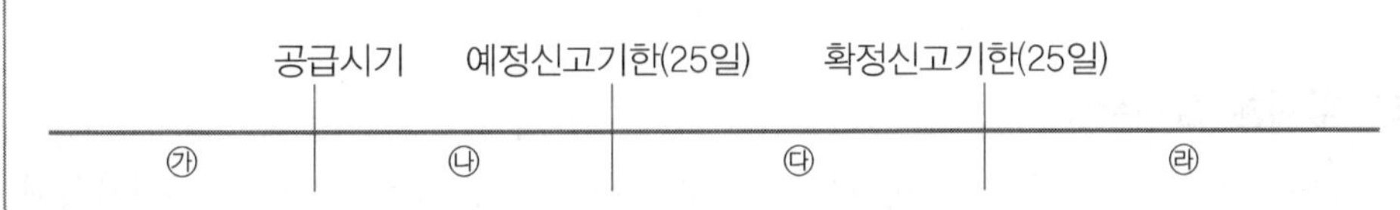

㉮ 선발급세금계산서에 대한 수정세금계산서

공급시기 도래 전 적법하게 선발행세금계산서를 발급하는 경우*에는 일반원칙에 따라 재화의 공급시기가 속하는 과세기간 종료 후 25일 이내에 내국신용장 등이 개설된 경우에는 수정세금계산서를 발급할 수 있다.

* 공급시기 전 '대가를 받고 발급'하거나, '발급 후 7일 이내에 대가를 받거나 7일 이후에 대가를 받더라도 거래 당사자 간의 계약서·약정서 등에 대금 청구시기(세금계산서 발급일을 말한다)와 지급시기를 따로 적고, 대금 청구시기와 지급시기 사이의 기간이 30일 이내인 경우 또는 재화 또는 용역의 공급시기가 세금계산서 발급일이 속하는 과세기간 내(공급받는 자가 조기환급을 받은 경우에는 세금계산서 발급일부터 30일 이내)에 도래하는 경우에는 선발행세금계산서 발급 가능(부가법 §17)

㉯-1 재화의 공급일이 속하는 달의 다음달 10일 이내 개설

사업자가 재화를 공급한 후 당해 재화의 공급일이 속하는 달의 다음달 10일 이전에 내국신용장이 개설된 경우로서 관계증빙서류 등에 의하여 실제 거래사실이 확인되는 경우에는 당해 재화의 공급일을 발행일자로 하여 그 공급일이 속하는 달의 다음달 10일까지 영세율세금계산서를 교부할 수 있는 것임.(서면인터넷방문상담3팀-3001, 2006.12.05.)

㉯-2 재화의 공급일이 속하는 달의 신고기한 내에 개설

매월별로 영세율 등 조기환급신고를 하는 사업자가 재화를 공급하면서 당해 재화의 공급시기에 내국신용장이 개설되지 아니하여 과세분(10%)으로 세금계산서를 교부하여 신고한 후 당해 재화의 공급시기가 속하는 예정 신고기간 내에 내국신용장이 개설되어 수정세금계산서를 교부한 경우에는 당해 수정세금계산서를 부가가치세 예정신고에 포함하여 신고하는 것입니다.(부가46015-5048, 1999.12.27.)

㉰ 예정신고기한 경과 후 확정신고기한 내에 발급

매월별로 영세율 등 조기환급신고를 하는 사업자가 재화를 공급하면서 당해 재화의 공급시기에 내국신용장이 개설되지 아니하여 과세분(10%)으로 세금계산서를 교부하여 신고한 후 당해 재화의 공급시기가 속하는 예정 신고기간 내에 내국신용장이 개설되어 수정세금계산서를 교부한 경우에는 당해 수정세금계산서를 부가가치세 확정신고에 포함하여 신고하는 것입니다.(부가46015-5048, 1999.12.27.)

㉱ 과세기간의 신고기한 경과 후 개설

공급시기가 속하는 과세기간 종료 후 25일이 경과한 뒤에는 수정세금계산서를 발급할 수 없고, 당초 일반세금계산서로 신고 · 납부하여야 한다.

(5) 영세율 첨부서류

내국신용장 및 구매확인서에 의한 거래가 영세율 적용되는 경우에는 부가가치세 예정신고서에 다음 표의 구분에 따른 서류를 첨부하여 제출하여야 한다. 다만, 부득이한 사유로 해당 서류를 첨부할 수 없을 때에는 국세청장이 정하는 서류로 대신할 수 있다.(부가령 §101①)

▶ 영세율 첨부서류 적용순서

순서	영세율첨부서류
1순위	내국신용장 또는 구매확인서가 전자무역기반시설을 통해 발급된 경우에는 내국신용장 · 구매확인서 전자발급명세서, 이외의 경우에는 내국신용장 사본(부가령 §101①)
2순위	–
3순위	외화획득명세서에 영세율이 확인되는 증거서류 첨부

4-7 외국을 항행하는 선박 및 항공기 또는 원양어선에 공급하는 용역

외국을 항행하는 선박 및 항공기 또는 원양어선에 공급하는 용역은 영세율을 적용한다. 다만, 사업자가 법 제32조에 따라 부가가치세를 별도로 적은 세금계산서를 발급한 경우는 제외한다.(부가령 §33② 5호)

(1) 외국을 항행하는 선박

외국을 항행하는 선박이란 외국의 선박과 「해운업법」에 따라 사업면허를 얻은 외국항행사업자가 운항하는 선박으로서 외국을 항행하는 우리나라의 선박을 말한다. 원양어선이란 「원양산업 발전법」에 따라 원양어선으로 허가를 얻어 주로 해외수역에서 조업을 하는 선박을 말한다.(부가집 24-33-3)

(2) 영세율첨부서류

외국항행 선박 등에 제공하는 용역이 영세율이 적용되는 경우에는 부가가치세 예정신고서에 다음 표의 구분에 따른 서류를 첨부하여 제출하여야 한다. 다만, 부득이한 사유로 해당 서류를 첨부할 수 없을 때에는 국세청장이 정하는 서류로 대신할 수 있다.(부가령 §101①)

▶ 영세율 첨부서류 적용순서

순서	영세율첨부서류	
1순위	관할 세관장이 발급하는 선(기)적완료증명서 또는 용역공급기록표, 유류공급명세서(부가령 §101①)	
2순위	외항 선박등에 제공한 항공기에 공급하는 하역용역	재화 · 용역일람표와 수출입물품 적재 · 하선(기) 작업확인 신청 및 증명원 또는 대금청구서
	외국항행 선박 또는 항공기에 공급하는 하역용역 이외의 용역	재화 · 용역일람표와 승선(탑승)수리신고서 또는 선장이 발행하는 확인서나 대금청구서
	원양어선에 공급하는 재화·용역	재화 · 용역일람표와 승선수리신고서 또는 선장이 발행하는 확인서나 대금청구서
	외국항행 선박 · 항공기 또는 원양어선에 공급한 용역에 대한 지정서류를 제출할 수 없는 경우	재화 · 용역일람표와 용역계약서 사본 또는 대금청구서
3순위	외화획득명세서에 영세율이 확인되는 증거서류 첨부	

관련 예규 외항선박 등에게 공급하는 용역

외항선박 등에 제공하는 재화 또는 용역에 대해 영세율을 적용받는 경우의 「부가가치세법시행령」 제33조 제2항 제5호에 따른 외국을 항행하는 선박이란 외국의 선박과 「해운법」의 규정에 의하여 사업면허를 얻은 외국항행사업자가 운항하는 선박으로서 외국을 항행하는 우리나라의 선박이고, 원양어선이란 「원양산업발전법」에 따라 원양어선으로 허가를 얻어 주로 해외수역에서 조업을 하는 선박을 말하는 것이므로, 이에 해당하지 않는 선박에 제공하는 재화 또는 용역에 대하여는 부가가치세 영세율이 적용되지 아니하는 것입니다.(부가가치세과-811, 2013.09.09.)

PART 05*

외화자산부채평가 및 파생상품거래

CHAPTER

01
외화자산부채 인식

02
외환자산부채 평가

03
파생상품에 대한 회계처리와 세무조정

*손상익, 외화자산부채평가 및 파생상품거래, 월간조세 2020.07 p42 ~ 55 인용

CHAPTER 01

외화자산부채 인식

수입과정에서 외화로 지급하거나, 수출을 하면서 수출대금을 외화로 받는 경우 외화자산부채를 취득한다. '외화'(foreign currency)은 달러 등 외국화폐를 의미하고, '외환'(foreign exchage)은 외화뿐만 아니라 외화수표, 외화채권등을 모두 포함하는 개념이다.

회계처리

1-1 수입시 외화회계처리

수입하는 경우에는 신용장개설 방식이나 다른 방식을 이용하더라도 수입계약시기부터 해당 물품의 수입이 완료되는 시기까지 여러 차례의 수입 관련 자금을 지급하게 된다. 통상적으로 선적되기 전까지는 선급금계정으로 관리하고, 선적된 이후에는 미착품계정으로 관리한다.

1-2 수출시 외화회계처리

일반기업회계기준의 내용과 같이 외화거래를 최초로 인식하는 경우에 거래일의 외화와 기능통화 사이의 현물환율을 적용하여 회계처리한다. 그런데 부가가치세 신고 과세표준 금액과 매출인식금액에서 일부차이가 발생할 수 있다. 기업회계에서는 매출인식시기의 환율로 매출금액을 인식한다. 일반적으로 선적기준으로 매출을 인식하는 경우에는 선적시기의 기준환율 또는 재정환율을 적용하여 매출을 인식하게 된다.

▶ 일반기업회계기준

> 기능통화로 외화거래를 최초로 인식하는 경우에 거래일의 외화와 기능통화 사이의 현물환율을 외화금액에 적용하여 기록한다. 다만, 환율이 유의적으로 변동하지 않은 경우에는 일정기간의 평균환율을 사용할 수 있다.(일반기준 23.8)

② 법인세 처리

외화자산 · 부채는 다음의 방법에 의하여 환산한 원화금액으로 기장한다.

Part 05

2-1 사업연도 중에 발생된 외화자산 · 부채

사업연도 중에 발생된 외화자산 · 부채는 발생일 현재 매매기준율 등에 따라 환산한다. 이 경우 외화자산 · 부채의 발생일이 공휴일인 때에는 그 직전일의 환율에 의한다.(법기통 42-76-2)

2-2 사업연도 중에 보유외환 매각 또는 외환 매입

사업연도 중에 보유외환을 매각하거나 외환을 매입하는 경우에는 거래은행에서 실제 적용한 환율에 의하여 기장한다.(법기통 42-76-2)

2-3 사업연도 중에 보유외환으로 다른 외화자산 취득 또는 기존의 외화부채 상환

사업연도 중에 보유외환으로 다른 외화자산을 취득하거나 기존의 외화부채를 상환하는 경우에는 보유외환의 장부상 원화금액으로 회계처리한다. 새로운 외화채무로 종전의 외화채무를 상환한 경우에는 해당 채무의 원화기장액을 수정하지 아니한다.(법기통 42-76-3)

③ 부가가치세 처리

3-1 공급대가를 외국통화로 받는 경우의 부가가치세법상 과세표준

매출대금 등의 대가를 외국통화나 그밖의 외국환으로 받은 경우에는 다음 각각의 구분에 따른 금액을 그 대가로 과세표준을 계산한다.(부가령 §59)

(1) 공급시기가 되기 전에 원화로 환가(換價)한 경우

부가가치세법상의 공급시기가 되기 전에 원화로 환가(換價)한 경우 : 환가한 금액을 과세표준으로 한다.

(2) 공급시기 후에 외국통화를 받거나 외국환 상태로 보유하는 경우 등

부가가치세법상의 공급시기 이후에 외국통화나 그밖의 외국환 상태로 보유하거나 지급받는 경우 : 부가가치세법상 공급시기의 「외국환거래법」에 따른 기준환율 또는 재정환율에 따라 계산한 금액을 부가가치세 신고시기의 과세표준으로 한다.

3-2 매출인식과 부가가치세 과세표준 신고금액의 관리

(1) 선적일에 대금을 수령한 경우

선적시기에 매출을 인식하는 기업이 선적시기 후에 외국통화를 받거나 외국환 상태로 보유하는 경우 등에는 선적시기를 기준으로 매출을 인식하는 것이므로 매출로 인식하는 금액과 부가가치세 과세표준 신고금액이 동일하게 된다.

(2) 선적전에 계약금 등을 수령한 경우

해당 기업이 선적시기가 되기 전에 원화로 환가(換價)한 경우에는 부가가치세 신고금액은 환가한 금액으로 신고를 하고, 매출은 선적시기를 기준으로 인식한다. 이 경우에는 매출인식금액과 부가가치세 신고금액을 구분관리하고 차액은 외환차익 또는 외환차손으로 인식한다.

CHAPTER 02

외환자산부채 평가

① 외환차손익

수출 수입 후 실제 외화예금을 인출하거나 외화부채를 지급하는 시기에는 당초에 장부에 인식했던 환율과 결제시점 환율의 차이로 인하여 외환차손익이 발생한다.

Part 05

1-1 회계처리

(1) 화폐성 항목에서 발생한 손익

화폐성항목의 결제시점에 발생하는 외환차손익 또는 화폐성항목의 환산에 사용한 환율이 회계기간 중 최초로 인식한 시점이나 전기의 재무제표 환산시점의 환율과 다르기 때문에 발생하는 외화환산손익은 그 외환차이가 발생하는 회계기간의 손익으로 인식한다.(일반기준 문단23.10) 단, 외화표시 매도가능채무증권의 경우 동 금액을 기타포괄손익에 인식한다.

(2) 비화폐성 항목에서 발생한 손익

비화폐성항목에서 발생한 손익을 기타포괄손익으로 인식하는 경우에 그 손익에 포함된 환율변동효과도 기타포괄손익으로 인식한다. 그러나 비화폐성항목에서 발생한 손익을 당기손익으로 인식하는 경우에는 그 손익에 포함된 환율변동효과도 당기손익으로 인식한다.(일반기준 23.11)

1-2 법인세 처리

내국법인이 상환받거나 상환하는 외화채권 · 채무의 원화금액과 원화기장액의 차익 또는 차손은 당해 사업연도의 익금 또는 손금에 이를 산입한다[법인령76⑤].

② 외화환산손익

기업의 결산시기에 화폐성 항목의 외화자산이나 외화부채를 보유하고 있으면 환율변동의 효과를 반영하기 위하여 외화자산부채의 평가를 하는데, 기업회계기준에서는 이를 외화환산이라고 한다.

2-1 회계처리

매 보고기간말의 외화환산방법은 다음과 같다.(일반기준 23.9)

① 화폐성 외화항목은 마감환율로 환산한다.
② 역사적원가로 측정하는 비화폐성 외화항목은 거래일의 환율로 환산한다.
③ 공정가치로 측정하는 비화폐성 외화항목은 공정가치가 결정된 날의 환율로 환산한다.

보충 설명 화폐성항목과 비화폐성항목

화폐성항목의 본질적 특징은 확정되었거나 결정가능할 수 있는 화폐단위의 수량으로 받을 권리나 지급할 의무라는 것이다. 예를 들어, 현금으로 지급하는 연금과 그 밖의 종업원급여, 현금으로 상환하는 충당부채, 부채로 인식하는 현금배당 등이 화폐성항목에 속한다. 한편, 비화폐성항목의 본질적 특징은 확정되었거나 결정가능할 수 있는 화폐단위의 수량으로 받을 권리나 지급할 의무가 없다는 것이다. 예를 들어, 재화와 용역에 대한 선급금(예: 선급임차료), 영업권, 무형자산, 재고자산, 유형자산, 비화폐성 자산의 인도에 의해 상환하는 충당부채 등이 비화폐성항목에 속한다.(일반기준 실23.1)

2-2 법인세 처리

일반 법인의 경우 화폐성 외화자산 · 부채와 화폐성 외화자산 · 부채의 환위험을 회피하기 위한 통화선도 및 통화스왑 등에 대한 평가를 선택하는 경우 인정한다.(법인령 §73)

(1) 평가대상

> ① 기업회계기준에 따른 화폐성 외화자산과 부채("화폐성외화자산 · 부채")
> ② 일반금융회사 등 외의 법인이 화폐성외화자산 · 부채의 환위험을 회피하기 위하여 보유하는 통화선도, 통화스왑 및 환변동보험("통화선도 등")

(2) 평가방법

일반 법인이 보유하는 화폐성외화자산 · 부채와 화폐성외화자산 · 부채의 환위험을 회피하기 위하여 보유하는 통화선도, 통화스왑 및 환변동보험("환위험회피용 통화선도 등")은 다음 중 어느 하나에 해당하는 방법 중 관할 세무서장에게 신고한 방법에 따라 평가하여야 한다. 다만, 최초로 ②의 방법을 신고하여 적용하기 이전 사업연도의 경우에는 ①의 방법을 적용하여야 한다.(법인령 §76②)

① 취득일 또는 발생일 현재의 매매기준율 등으로 평가하는 방법

화폐성외화자산 · 부채와 환위험회피용통화선도 · 통화스왑 및 환변동보험의 계약 내용 중 외화자산 및 부채를 취득일 또는 발생일(통화선도 · 통화스왑 및 환변동보험의 경우에는 계약체결일을 말한다) 현재의 매매기준율 등으로 평가하는 방법

② 사업연도 종료일 현재의 매매기준율 등으로 평가하는 방법

화폐성외화자산 · 부채와 환위험회피용통화선도 · 통화스왑 및 환변동보험의 계약 내용 중 외화자산 및 부채를 사업연도 종료일 현재의 매매기준율 등으로 평가하는 방법

(3) 평가손익의 처리와 평가방법 신고서 등의 제출

① 평가손익의 처리

상기 내용에 따라 평가한 화폐성외화자산 · 부채, 통화선도 · 통화스왑 및 환위험회피용통화선도 · 통화스왑을 평가함에 따라 발생하는 평가한 원화금액과 원화기장액의 차익 또는 차손은 해당 사업연도의 익금 또는 손금에 이를 산입한다. 이 경우 통

화선도 · 통화스왑 및 환위험회피용통화선도 · 통화스왑 및 환변동보험의 계약 당시 원화기장액은 계약의 내용 중 외화자산 및 부채의 가액에 계약체결일의 매매기준율 등을 곱한 금액을 말한다.(법인령 §76④)

② 평가방법 신고서 등의 제출

사업연도 종료일 현재의 매매기준율 등의 평가하는 방법을 적용하려는 법인은 최초로 해당 평가방법을 적용하려는 사업연도의 법인세 과세표준 신고와 함께 기획재정부령으로 정하는 화폐성외화자산등평가방법신고서를 관할 세무서장에게 제출하여야 한다.(법인령 §76⑥)

③ 신고한 평가방법의 계속 적용

법인이 선택하여 신고한 평가방법은 그 후의 사업연도에도 계속하여 적용하여야 한다. 다만, 금융회사 등의 아닌 일반 법인의 경우, 신고한 평가방법을 적용한 사업연도를 포함하여 5개 사업연도가 지난 후에는 다른 방법으로 신고를 하여 변경된 평가방법을 적용할 수 있다.(법인령 §76③)

사례 외화환산손익과 세무조정

바이오넷(주)[금융회사 등이 아닌 일반법인임]는 2020년 12월 31일 다음과 같이 「화폐성외화자산 및 화폐성외화부채」를 보유하고 있다. 자료에 따라서 세무조정을 하시오.

회사는 사업연도종료일 현재의 매매기준율 등의 평가하는 방법을 적용하며, 2017년 귀속 「법인세 과세표준 신고」와 함께 기획재정부령으로 정하는 「화폐성외화자산등평가방법신고서」를 세무서에 제출하였다.

구분	외화금액	장부 기말잔액 (결산재무제표)	평가금액 (기준환율평가)	발생시 환율
외화예금	US$ 150,000	173,670,000	173,670,000	1,120.20원/US$
외화단기차입금	US$ 100,000	115,780,000	115,780,000	1,106.20원/US$
외화장기차입금	US$ 50,000	62,510,000	57,890,000	1,250.20원/US$

2020년 12월 31일 현재 외국환거래법에 의한 기준환율이 @1,157.80원/1US$인 것으로 가정하며, 회사는 외화예금과 외화단기차입금에 대하여 기준환율을 적용하여 외화환산손익을 인식하였다.

[주] 외화예금, 외화단기차입금 모두 2020년 중에 발생하였으며, 연말 결산시기에 외화환산을 하였다.

[주] 외화장기차입금은 2020년 4월 1일에 발생하였으며, 2020년 결산시 외화환산을 누락하여 외화환산손익을 장부에 반영하지 않았다.

■ **기업회계상 외화환산손익의 내용**

① 외화예금 : 173,670,000 - 150,000 × 1,120.20= 5,640,000원 [외화환산이익계상]

② 외화단기차입금 : 115,780,000 - 100,000 × 1,106.20= 5,160,000원 [외화환산손실계상]

③ 외화장기차입금 : 62,510,000 - 50,000 × 1,250.20= 0 [외화환산누락]

■ **세무조정 금액**: (세법상 평가금액) - (재무제표상의 금액)

① 외화예금 : 150,000 × 1,157.80 - 173,670,000=0원

② 외화단기차입금 : 100,000 × 1,157.80 - 115,780,000=0원

③ 외화장기차입금 : 50,000 × 1,157.80 - 62,510,000=△4,620,000원

회사에서 사업연도 종료일 현재의 매매기준율로 평가하는 것으로 신고를 하였으므로, 신고한 방법으로 외화환산(평가)를 하지 못한 외화장기차입금에 대해서는 세무조정이 발생한다.

• 외화환산이익 4,620,000원 [익금산입(유보)]

■ **실무 유의사항**

– 회사가 사업연도 종료일 현재의 매매기준율로 평가하는 것으로 신고를 했으므로, 사업연도 종료일의 기준환율로 외화평가를 했으면 외화환산이익 발생하였을 것임.

– 「외화자산 등 평가손익조정명세서(을)(별지 40호)」 서식에서의 평가금액이란 법인세법상으로 인정되는 세법상의 평가금액을 의미한다.

Part 05

CHAPTER 03

파생상품에 대한 회계처리와 세무조정

1 파생상품

1-1 파생상품의 의의

파생(派生)의 사전적 정의는 '사물이나 현상이 본체로부터 갈려 나와 생기는 것'을 말한다. 이처럼 파생상품은 옥수수, 쌀, 주식 등과 같은 현물에서 유래된 것으로서, 파생상품을 가리키는 derivatives도 원래 '유래하다, 파생하다'라는 단어에서 출발하였다.

파생상품은 옥수수, 쌀 등 「기초자산의 가격변화에 따라 변하게 되는 일종의 금융상품」을 말하며, 흔히들 선물(先物)을 파생상품과 같은 개념으로 받아들이고 있는데, KOSPI200선물, 국채선물과 같은 선물상품은 파생상품의 한 종류에 해당한다.

1-2 파생상품의 종류

(1) 선도거래와 선물거래

선도거래는 선물거래와 마찬가지로 미래 특정시점에 계약상의 특정상품(기초자산)을 약정된 가격에 인도 · 인수하기로 약정한 계약이라는 점에서는 같으나 조직화된 거래소가 아닌 장외시장에서 당사자간의 합의로 계약이 체결된다는 점이 다르다.

① 선도거래는 거래당사들만 합의한다면 어떠한 상품에 대해서도 성립할 수 있으며, 원칙적으로 거래 당사자 간에만 그 효력을 갖는다.

② 선물거래는 수량 · 규격 · 품질 등이 표준화되어 있는 특정 대상에 대하여 다수의 수요자와 공급자가 존재하는 조직화된 시장에서 정해진 방법으로 거래되는 것을 말하며, 반대거래를 통하여 제3자에게 양도될 수 있다.

보충 설명 선도거래와 선물거래

예를 들어 2020년 10월 1일에 2021년 2월 20일 결제기준으로 US$ 1,000,000을 @1,220.50원/ 1US$에 매입하기로 약정을 한다면, 이것은 선도거래에 해당하는 것이다. 반면에 현재 국내 주가지수선물시장에서 매매 대상으로 사용하고 있는 KOSPI 200지수의 선물거래는 파생상품 중 선물거래에 해당한다. KOSPI 200지수는 증권거래소가 지난 1990년 1월 3일을 기준시점으로 당시 지수를 100으로 삼아 산출하고 있다. 선물거래 대상은 삼성전자, SK텔레콤 등 200개 우량종목 주가를 기준으로 산출한 KOSPI 200이며 결제시점에 따라 3개월 단위로 3월물, 6월물, 9월물, 12월물 등의 종류가 있다.

▶ **선물거래와 선도거래의 비교**

구분	선 물 거 래	선 도 거 래
거래조건	거래방법 및 계약단위, 만기일 등 거래조건이 표준화됨	매매 당사자 간의 합의에 따라 결정되어 조건이 다양해짐
거래장소	거래소라는 물리적 장소에서 공개적으로 거래가 이루어짐	일정한 장소가 없이 당사자들 간에 직접적으로 만나서 이루어짐
중도청산	시장 상황에 따라 자유롭게 반대거래를 통해 청산이 가능함	상대방이 응하지 않으면 중도에 청산이 쉽지 않음
신용위험	청산소가 계약이행을 보증하여 신용위험이 없음	당사자 간의 약속으로 계약불이행의 위험이 존재함
일일정산	가격변동에 따라 거래일별로 청산소가 수행함	계약 종료일에 단 한번 정산됨
인 수 도	대부분의 거래가 만기일 이전에 반대거래로 종료됨	대부분의 거래가 종료시 실물인수도가 이루어짐

(2) 옵션

'옵션'은 계약당사자 간에 정하는 바에 일정한 기간내에 미리 정해진 가격으로 외화나 유가증권, 상품 등을 사거나 팔 수 있는 권리에 대한 계약을 말한다. 살 수 있는 권리를 나타내는 증권을 콜옵션(call option)이라고 하고, 팔 수 있는 권리를 나타내는 증권을 풋옵션(put option)이라고 한다. 주식매수선택권은 콜옵션에 속한다.

(3) 스왑(swap)

'스왑'은 특정 기간 동안에 발생하는 일정한 현금흐름을 다른 현금흐름과 교환하는 연속된 선도거래를 말한다. 스왑의 대표적인 유형에는 통화스왑과 이자율 스왑이 있다.

사례 통화스왑

① 회사(甲): 한국에 소재하고 있지만, 미국시장에서 판매활동이 이루어지며, 판매대금을 US$로 회수한다.

② 회사(A): 미국에 소재하고 있지만, 한국시장에서 판매활동이 이루어지며, 판매대금을 원화로 회수한다.

이 경우, 회사(甲)과 회사(A)는 환율변동에 대한 위험부담을 안고 있다. 위험부담을 서로가 줄이기 위하여, 일정한 환율에 의하여 회사(甲)은 미국에서 회수되는 US$를 정기적으로 회사(A)에게 이전하기로 하고, 회사(A)는 한국에서 회수되는 원화를 정기적으로 회사(甲)이전하기로 하고 약정한다면 당해 계약은 통화스왑계약의 유형이 된다. 두 회사는 정기적으로 스왑 원금의 차액에 대하여 정산한다.

2 파생상품의 회계처리

2-1 파생상품의 정의

파생상품은 다음의 요건을 모두 충족하는 금융상품 또는 이와 유사한 계약을 말한다.(일반기준 6.38)

① 기초변수 및 계약단위의 수량(또는 지급규정)이 있어야 한다. 다만, 기초변수가 물리적 변수(예: 온도, 강우량 등)인 경우로서 해당 금융상품 등이 거래소에서 거래되지 않는 경우는 제외되며 비금융변수인 경우에는 계약의 당사자에게 특정되지 아니하여야 한다.

② 최초 계약시 순투자금액을 필요로 하지 않거나 시장가격변동에 유사한 영향을 받는 다른 유형의 거래보다 적은 순투자금액을 필요로 해야 한다.

③ 차액결제가 가능해야 한다.

2-2 회계처리

파생상품은 해당 계약에 따라 발생된 권리와 의무를 자산 · 부채로 인식하며 공정가치로 평가한다. 파생상품에 대한 일반적인 회계처리는 다음과 같다.

(1) 매매목적 파생상품 평가손익

위험회피수단으로 지정되지 않고 「매매목적 등으로 보유하고 있는 파생상품의 평가손익은 당기손익으로 인식」한다.

(2) 위험회피수단으로 지정된 파생상품의 평가손익

위험회피수단으로 지정된 파생상품의 평가손익은 위험회피유형별로 일반기업회계기준에서 정하는 바에 따라 처리한다.

Part 05

2-3 위험회피회계

(1) 위험회피의 유형구분

위험회피는 공정가치위험회피, 현금흐름위험회피 및 해외사업장순투자의 위험회피로 구분할 수 있다.

> ① 「공정가치위험회피」는 특정위험으로 인한 자산, 부채 및 확정계약의 공정가치변동 위험을 상계하기 위하여 파생상품 등을 이용하는 것이다.
>
> ② 「현금흐름위험회피」는 특정위험으로 인한 자산, 부채 및 예상거래의 미래현금흐름 변동위험을 상계하기 위하여 파생상품 등을 이용하는 것이다.
>
> ③ 「해외사업장순투자의 위험회피」는 해외사업장의 순자산에 대한 회사의 지분 해당 금액에 대하여 위험을 회피하고자 파생상품 등을 이용하는 것이다.

(2) 공정가치위험회피 회계

공정가치위험회피회계는 특정위험으로 인한 위험회피대상항목의 공정가치 변동이 위험회피수단인 파생상품 등의 공정가치 변동과 상계되도록, 특정위험으로 인한 위험회피대상항목의 평가손익을 위험회피수단의 평가손익(파생상품이 아닌 금융상품을 위험회피수단으로 지정한 경우에는 외화환산손익)과 「동일한 회계기간에 대칭적으로 인식」하도록 하는 것을 말한다.

① 공정가치위험회피의 회계처리

공정가치위험회피가 회계기간에 위험회피회계의 적용요건을 충족하는 경우에는, 다음과 같이 회계처리한다.(일반기준 6.68)

> ① 위험회피수단의 평가손익을 해당 회계연도에 당기손익으로 처리한다.
>
> ② 특정위험으로 인한 위험회피대상항목의 평가손익은 전액을 해당 회계연도에 당기손익으로 처리한다.

(3) 현금흐름위험회피 회계

현금흐름위험회피회계는 특정위험으로 인한 예상거래의 미래현금흐름 변동위험을 감소시키기 위하여 지정된 파생상품의 평가손익(위험회피수단이 파생상품이 아닌 금융상품인 경우에는 외화위험으로 인한 외환차이 변동분을 의미함) 중 「위험회피에 효과적이지 못한 부분은 당기손익으로 인식」하고 「위험회피에 효과적인 부분은 기타포괄손익누계액으로 인식」한 후 예상거래의 종류에 따라 향후 예상거래가 당기손익에 영향을 미치는 회계연도에 당기손익으로 인식하거나, 예상거래발생시 관련 자산 · 부채의 장부금액에서 가감하는 것을 말한다.

(4) 해외사업장순투자의 위험회피 회계

해외사업장순투자의 위험회피(순투자의 일부로 회계처리하는 화폐성항목의 위험회피 포함)는 다음과 같이 현금흐름위험회피와 유사하게 회계처리한다.

> ① 위험회피수단의 손익 중 위험회피에 효과적인 부분은 기타포괄손익으로 인식한다.
>
> ② 위험회피수단의 손익 중 비효과적인 부분은 당기손익으로 인식한다. 위험회피수단의 손익 중 위험회피에 효과적이어서 기타포괄손익으로 인식한 부분은 향후 해외사업장의 처분시점에 재분류조정으로 자본에서 당기손익으로 재분류한다.

2-4 법인세 처리

법인세법에서는 일반법인은 「환위험 회피목적」 통화선도거래 · 통화스왑계약의 평가손익을 법인세법상 인정한다.

(1) 파생상품 거래손익에 대한 손익 귀속사업연도

법인세법상 손익귀속사업연도의 규정을 적용함에 있어서, 계약의 목적물을 인도하지 아니하고 목적물의 가액변동에 따른 차액을 금전으로 정산하는 파생상품의 거래로 인한 손익은 그 거래에서 정하는 대금결제일이 속하는 사업연도의 익금과 손금으로 한다.(법인령 §71⑥)

(2) 일반법인의 세무조정

일반법인의 경우 환위험 회피목적 통화선도거래 · 통화스왑계약에 대한 평가를 인정하지만, 해당 법인이 「사업연도 종료일 현재의 매매기준율 등으로 평가하는 방법」으로 신고를 하여야 하고, 해당 법인의 통화선도거래 · 통화스왑계약의 평가관련 회계처리에 적용된 환율도 「해당 사업연도 종료일 현재의 매매기준율」로 되어 있어야 세무조정이 발생하지 아니하며, 「선도환율」 등으로 통화선도거래 · 통화스왑계약에 대한 평가 관련 회계처리를 하였다면 세무조정사항이 발생할 수 있다.

사례 수입기업의 통화선도 매입거래

■ 12월 결산법인이고 일반법인인 A주식회사는 원화의 평가절하를 예상하고 다음과 같은 통화선도거래계약을 체결하였다. 일반법인인 A주식회사는 화폐성외화자산 · 부채와 환위험회피용 통화선도 · 통화스왑 등에 대하여 사업연도 종료일 현재의 매매기준율 등으로 평가하는 방법으로 신고를 하는 것으로 가정한다.

• 통화선도거래계약체결일 : 2020.10.1.
• 계약기간 : 5개월(2020.10.1.~2021.2.28.)
• 계약조건 : US$100를 약정통화선도환율 @₩1,200/US$1로 매입하기로 함.
  – 환율에 대한 자료는 다음과 같음.

일 자	현물환율(₩/$)	통화선도환율(₩/$)
2020.10.01.	1,180	1,200(만기 5개월)
2020.12.31.	1,190	1,210(만기 3개월)
2020.02.28.	1,180	

2020.12.31. 적절한 할인율은 6%이며 현재가치계산시 불연속연복리를 가정함.

■ **회계처리**(단위: 원)

〈2020.10.1.〉

계약체결일에 통화선도거래의 공정가액은 "0"이므로 별도의 회계처리 없음.

※ US$ 미 수 액 US$100×1,200= 120,000
₩ 미지급액 120,000

〈2020.12.31.〉

(차) 통 화 선 도(F/P) 990[주1] (대) 통화선도평가이익(I/S) 990

[주1] : US$ 미수액변동액 US$100×(1,210－1,200)=1,000(A)

통화선도평가이익 $1,000/(1+0.06)^{60/365}=990$

[세무조정] : 익금불산입 990원 (△유보)

〈2021.2.28.〉

(차) 외화예금(US$) 115,000[주2] (대) 보통예금 120,000
통화선도거래손실(I/S) 5,990 통화선도(F/P) 990

[주2] : US$100×1,150= 115,000
[세무조정] : 익금산입 990원 (유보)

해설 통화선도거래계약이 완료되는 시기에는 해당 거래와 관련된 유보사항을 정리하여야 한다.

사례 수출기업의 통화선도 매도거래

▪ 12월 결산법인이고 제조업을 영위하는 B주식회사(금융회사 등이 아닌 일반법인)는 2020.11.1. US$100 상품을 수출하고 대금은 5개월 후에 받기로 하였다. B회사는 US$수출대금의 ₩에 대한 환율변동 위험을 회피하기 위하여 다음과 같은 통화선도거래계약을 체결하였다.

B주식회사는 화폐성외화자산 · 부채와 환위험회피용 통화선도 · 통화스왑 등에 대하여 사업연도 종료일 현재의 매매기준율 등으로 평가하는 방법으로 신고를 하는 것으로 가정한다.

• 통화선도거래계약체결일 : 2020.11.1.
• 계약기간 : 5개월(2020.11.1.~2021.3.31.)
• 계약조건 : US$100를 @₩1,150/US$1(Forward rate)로 매도하기로 함.
  – 환율에 대한 자료는 다음과 같음.

일 자	현물환율(₩/$)	통화선도환율(₩/$)
2020.11.01	1,100	1,150(만기 5개월)
2020.12.31.	1,080	1,120(만기 3개월)
2021.03.31.	1,180	

2020.12.31. 적절한 할인율은 6%이며 현재가치계산시 불연속연복리를 가정함.

Part 05

■ **회계처리**(단위: 원)

〈2020.11.1.〉

(일반상거래)

(차) 외화외상매출금 110,000 [주3] (대) 매 출 110,000

[주3]: US$100× 1,100(현물환율)=110,000

(통화선도거래)

계약체결일에 통화선도거래의 공정가액은 "0"이므로 별도의 회계처리없음.

※ US$ 미지급액 US$100×1,150= 115,000

₩ 미 수 액 115,000

〈2020.12.31.〉

(일반상거래)

(차) 외 화 환 산 손 실 2,000 [주4] (대) 외화외상매출금 2,000

[주4]: US$100×(1,080－1,100)=1,000

(통화선도거래)

(차) 통 화 선 도(F/P) 2,957 [주5] (대) 통화선도평가이익 2,957

[주5]: US$ 미지급액변동액 US$100×(1,120－1,150)=3,000

통화선도평가이익 $3,000 / (1+0.06)^{90/365} = 2,957$

[외화환산손실 세무조정]: 외화환산손실 세무조정 없음

해설 2011.1.1.이후 개시하는 사업연도분부터 일반법인의 경우에도 사업연도 종료일의 매매기준율로 화폐성 외화자산 · 부채를 평가하기로 신고한 경우에는 외화환산손익에 대하여 세무조정을 하지 아니한다.

〈2021.3.31.〉

(일반상거래)

(차) 외화예금(US$) 118,000 (대) 외화외상매출금 108,000

(대) 외 환 차 익 10,000 [주6]

[주6]: US$100×(1,180－1,080)= 10,000

(통화선도거래)

(차) 보 통 예 금 115,000 (대) 외 화 예 금(US$) 118,000 [주7]
통화선도거래손실 5,597 통 화 선 도(F/P) 2,957

[주7]: US$100×1,180=118,000
[세무조정]: 손금불산입 957원 (유보)

해설1 통화선도거래계약이 완료되는 시기에는 해당 거래와 관련된 유보사항을 정리하여야 한다.

해설2 당초의 회계처리가 법인세법에서 인정하는 것으로 판단하고 세무조정을 하지 않았다면, 유보를 정리하는 세무조정도 하지 아니한다.

■ **파생상품평가 세무조정**

상기 통화선도평가이익에 대하여 세무조정이 필요하다는 견해와 세무조정이 필요하지 않다는 견해가 있다. 세무조정이 필요하다는 견해에 따라서 세무조정을 하면 다음과 같다.

〈2020.12.31.〉

익금불산입 957원 (△유보)

① 법인세법상 통화관련 파생상품평가이익 = US$100×(1,100 −1,080) = 2,000

② 세무조정금액: 2,957 − 2,000 = 957 [익금불산입(유보)]

해설1 법인세법 시행령 제76조에 따라서, 금융회사 등이 아닌 일반법인도 환위험회피목적 통화선도거래 · 통화스왑계약에 대하여 외화평가를 하는 것을 인정하지만, 기업회계상의 평가금액이 법인세법에서 규정하는 외국환거래법상의 기준환율 또는 재정환율로 평가한 금액과 다를 때에는 차액에 대하여 세무조정을 한다.

해설2 상기 파생상품평가 관련 세무조정에 대하여 해당 법인이 사업연도종료일 현재의 매매기준율로 평가하는 것으로 신고를 하였고, 해당 법인이 그에 따라 평가를 하였으므로 세무조정이 필요하지 않다는 견해가 있다. 사실상 환위험회피목적 통화선도거래에서 통화선도평가손익은 선도환율을 적용하여 평가하여야 한다는 점을 고려한 견해로 판단된다.

❶ 외화예금

실무상 외화 입금 및 출금 시에 해당 시점의 환율로 외화예금을 가산하고 차감하기 때문에 출금시점에 외환차손익을 처리하지 않으면 분기 또는 기말에 장부에 표시되는 원화외상매출금 잔액에 불일치가 발생한다.

(1) 불일치금액 처리방법

▶ 외화예금(사례)

일자	외화			환율	원화	
	입금	출금	적요		금액	잔액
2021-01-01	100			1,190	119,000	119,000
2021-03-15		10	선급금	1,180	(11,800)	107,200
2021-04-30		40	매입지급	1,185	(47,400)	59,800
2021-06-20	20		선수금	1,180	23,600	83,400
2021-07-30	50		매출입금	1,190	59,500	142,900
2021-12-31	–	–	기말	1,200	–	142,900
합계	170	50	120		–	142,900

* '21.12.31일 외화금액(120 × 1,200 = 144,000원)과 원화금액(142,900) 불일치 발생

① 일괄 조정법

기말에 외화기말금액(144,000)과 원화기말금액의 차이(142,900)를 외화환산손익으로 처리할 수 있다. 하지만, 외환차손익이 외화환산손익으로 포함된 재무제표가 작성된다.

(차) 외화예금 1,100　　　　(대) 외화환산이익 1,100

* 1,100 = 144,000 - 142,900

* 〈세무조정〉 익금불산입 외화환산이익 1,100(유보)

대부분의 중소기업은 화폐성 외화자산 · 부채의 평가손익에 대해 법인세신고서를 제출하지 아니하므로 환산손익에 대해 세무조정을 한다.

② 선입선출법

선입선출법에 따라 외화예금의 원화기말잔액을 외환차손익으로 수정하고, 외화잔액과의 차익을 환산손익으로 처리하는 방법이다.

관련 예규

내국법인이 수차례에 걸쳐 입금한 외화예금의 일부를 원화로 인출하는 경우 외화예금의 원화기장액 산정방법은 선입선출법을 적용하는 것이나 이동평균법을 준용한 평가방법을 계속적으로 적용하여 온 경우에는 그 평가방법을 적용할 수 있음

(법인세과-0865 , 2009.07.29.)

▶ **외화환차손**

(차) 외환차손 300 (대) 외화예금 300

* 선입선출금액(142,600) – 외화원화잔액(142,900)

** 선입선출금액 142,600(120) = 59,500(50) + 23,600(20) + 59,500(50/100 × 119,000)

* 〈세무조정〉 없음

▶ **외화환산손익**

(차) 외화예금 1,400 (대) 외화환산이익 1,400

* 외화예금(144,000) – 선입선출조정금액(142,600)

* 〈세무조정〉 익금불산입 외화환산이익 1,400(유보)

대부분의 중소기업은 화폐성 외화자산 · 부채의 평가손익에 대해 법인세신고서를 제출하지 아니하므로 환산손익에 대해 세무조정을 한다.

③ 분기(월말)조정법

월말 또는 분기별로 외화잔액과 원화잔액에 대해 외환차손익으로 인식하고 기말에 외화환산손익을 인식하는 방법이다.

▶ **외화환차손 2021.03.31. 환율은 1,183**

(차) 외환차손 730 (대) 외화예금 730

* 분기말 금액 106,470(90 × 1,183) – 원화금액(107,200)

▶ **외화환차손 2021.06.30. 환율은 1,185**

(차) 외화예금 280 (대) 외환차익 280

* 분기말 금액 82,950(70 × 1,185) – 원화금액 82,670(= 83,400 – 730)

▶ **외화환차손 2021.09.30. 환율은 1,195**

(차) 외화예금 950 (대) 외화차익 950

* 외화금액 143,400(120 × 1,195) – 원화금액 142,450(= 142,900 – 730 + 280)

▶ **외화환산손익**

(차) 외화예금 600 (대) 외화환산이익 600

* 외화예금(144,000) – 3/4분기 금액(143,400)

* 〈세무조정〉 익금불산입 외화환산이익 600(유보)

대부분의 중소기업은 화폐성 외화자산 · 부채의 평가손익에 대해 법인세신고서를 제출하지 아니하므로 환산손익에 대해 세무조정을 한다.

▶ **외화예금 불일치금액 처리방법 비교**

구분	일괄 조정법	선입선출법	분기조정법
외환차손익		(300)	500
외화환산손익	1,100	1,400	600
합계	1,100	1,100	1,100

* 분기조정법 외화차손익 500 = (730) + 280 + 950

❷ 외화선급금 및 외화선수금 인식

기업이 관련 자산, 비용, 수익을 인식하기 전에 외화로 대가를 선지급하거나 선수취할 때 일반적으로 비화폐성자산이나 비화폐성부채를 인식한다.[일반기준 문단 2]

(1) 외화선급금

(사례) 기업 C는 2022년 5월 1일에 재고자산 구입계약(USD 600)을 체결하였다. 계약에 따르면 기업 C는 2022년 6월 15일에 USD200을, 2022년 11월 30일(인도일)에 USD400을 지급하여야 한다. 기업 C는 2022년 6월 15일에 외화와 기능통화 사이의 현물환율(1,000)을 적용하여 USD200을 기능통화로 환산하고 비화폐성자산을 인식한다.[실무적용지침 IE11 수정]

(차) 외화선급금 200,000 (대) 외화예금 200,000

* 200,000 = 200 × 1,000

(2) 외화선수금

(사례) 기업 B는 2022년 6월 1일에 재화를 2022년 9월 1일에 인도하기로 하는 계약을 고객과 체결하였다. 총 고정 계약가격은 USD1,000이고, 이 중 USD400은 지급기일인 2022년 8월 1일에 수취하였으며 나머지는 2022년 9월 30일에 지급될 것이다. 기업 B는 2022년 8월 1일에 외화와 기능통화 사이의 현물환율(1,000)을 적용하여 USD400을 기능통화로 환산하고 비화폐성계약부채를 인식한다.[실무적용지침 IE5]

(차) 외화예금 400,000 (대) 외화선수금(계약부채) 400,000

* 400,000 = 400 × 1,000

Part 05

❸ 외화선급금 및 외화선수금 대체

(1) 외화선급금 대체

(사례) 기업 C는 2022년 11월 30일 인도일에 비화폐성자산을 제거하고 USD400을 재고자산으로 인식한다. 기업 C는 선지급 대가 USD200의 거래일을 2022년 6월 15일(비화폐성자산의 최초 인식일)로 결정한다. 잔금 USD400은 인도일 환율(1,100)로 처리한다.

▶ **해석서 회계처리**

(차) 재고자산 640,000 (대) 외화선급금 200,000
외화외상매입금 440,000

* 440,000 = 400 × 1,100

▶ **종전 회계처리**

(차) 재고자산 660,000 (대) 외화선급금 200,000
외화외상매입금 440,000
외환차익 20,000

* 440,000 = 400 × 1,100
** 20,000 = 200 × (1,100−1,000)

(2) 외화선수금 대체

(사례) 기업 B는 2022년 9월 1일에 다음과 같이 회계처리한다.

① 계약부채 USD400을 제거하고 2022년 8월 1일의 환율을 적용하여 수익을 인식한다.
② 수익 USD600과 이에 상응하는 채권을 2022년 9월 1일의 환율(1,100)을 적용하여 인식한다.

▶ 해석서 회계처리

(차) 외화선수금 400,000 (대) 매출 1,060,000
외화외상매출채권 660,000
* 660,000 = 600 × 1,100

▶ 종전 회계처리

(차) 외화선수금 400,000 (대) 매출 1,100,000
외화외상매출채권 660,000
외환차손 40,000
* 660,000 = 600 × 1,100
** 40,000 = 400 × (1,100−1,000)

▶ 외화선급금 및 외화선수금 외화차손익을 인식하지 않는 이유[BC22]

(1) 기업이 대가를 선수취하거나 선지급한 만큼은 그 거래에 대해 일반적으로 더 이상 외환위험에 노출되지 않는다는 점이 반영된다. 기업은 외화로 선수취한 후에 외화 대가를 보유하여 외환위험에 노출될 것인지를 결정할 수 있다. 기업이 외화로 선지급한 후에는 그 금액에 대해 더 이상 외환위험에 노출되지 않는다.

(2) (비화폐성부채의 인식에 반영된) 이행 의무와 (수익이 발생하게 하는) 후속적인 그 의무 이행은 상호의존적이고 동일한 거래의 일부이다.

(3) (비화폐성자산의 인식에 반영된) 자산, 재화나 용역을 받을 권리와 그 자산, 재화나 용역의 수취는 본질적으로 상호의존적이다.

(4) 비화폐성자산과 비화폐성부채의 회계처리와 일치한다. 그러한 항목의 환산금액을 후속적으로 다시 환산하지 않기 때문이다.

(3) 부가가치세 업무처리

외화선수금을 받는 경우 종전 회계처리에서는 부가가치세 차이(외환차손익)를 조정해주는 업무처리가 발생하였으나, 해석서 회계처리를 하는 경우에는 부가가치세법과 일치하므로 조정처리가 필요 없다.

▶ 부가가치세 업무처리

구분		금액	조정
부가가치세 영세율 과세표준금액		1,060,000	–
회계처리	종전 회계처리(매출)	1,100,000	외환차익 40,000
	해석서 회계처리(매출)	1,060,000	–

▶ 외화선수금 부가가치세 처리방법

부가가치세법시행령 제59조(외화의 환산)에서는 대가를 외국통화나 그 밖의 외국환으로 받은 경우에는 공급시기가 되기 전에 원화로 환가한 경우(외화선수금)에는 환가한 금액을 그 대가(과세표준)으로 한다.

❹ 신용장 회계처리

실무에서는 한 건만 있는 상황이 아닌 매월 말 여러 건의 거래를 시점별 그룹으로 분류하여 회계처리 한다. L/C Open(신용장 개설), 선적서류 인수일, 통관일, 대금 결제일로 내국수입유산스 거래 시점을 분류한다. 내국수입유산스를 외화외상매입금(쉬퍼스유산스)으로 회계처리하면 '단기차입금 및 이자비용' 누락하는 문제가 발생한다.

거래	회계처리		
	일람불	내국수입유산스	
개설일	▪ 개설수수료 차) 선급금 110,000 대) 현금 110,000 ▪ 〈주석〉 신용장개설(USD) 114,000,000		
인수일	▪ 차) 미착상품 110,000 대) 선급금 110,000 ▪ 차) 미착상품 114,000,000 대) 현금 114,000,000	▪ 인수수수료 차) 미착상품 700,000 대) 현금 590,000 선급금 110,000 ▪ B/U 할인료 차) 이자비용 2,500,000 대) 현금 2,500,000 ▪ 차입금계상 차) 미착상품 114,000,000 대) 단기차입금 114,000,000	→ 대) 외화외상매입금 114,000,000
통관일	▪ 통관비용 차) 미착상품 2,500,000 부가세대급금 210,000 대) 현금 2,710,000 ▪ 창고입고 차) 상품 116,610,000 대) 미착상품 110,000 미착상품 114,000,000 미착상품 2,500,000	▪ 통관비용 차) 미착상품 2,500,000 부가세대급금 210,000 대) 현금 2,710,000 ▪ 창고입고 차) 상품 117,200,000 대) 미착상품 700,000 미착상품 114,000,000 미착상품 2,500,000	〈수입세금계산서〉 – 매입세액: 210,000
결제일		▪ 차입금상환 차) 단기차입금 114,000,000 외환차손 1,700,000 대) 현금 115,700,000 ▪ 결제수수료 차) 기타수수료 380,000 대) 현금 380,000	→ 외화외상매입금 상환

❺ 일반 수출입 회계처리

일반수출입거래는 물품선적일, 선적서류 인수일(또는 통관일), 대금결제일로 분류하여 회계처리 한다. 위탁판매수출은 공급가액이 확정되는 때, 위탁가공무역방식의 수출 등은 재화가 인도될 때 회계처리 한다.(부가세 신고일 = 회계처리일)

거래	회계처리			
	수출거래	부가세	수입거래	부가세
선적일	■ 차) 외화외상매출채권 70,000,000 대) 수출매출 70,000,000	영세율 신고	■ 차) 미착상품 70,000,000 대) 외화외상매입채무 70,000,000	–
인수일 (통관일)	–	–	■ 차) 미착상품 1,500,000 부가세대급금 210,000 통관비용 150,000 대) 현금 1,860,000 ■ 차) 상품 71,500,000 대) 미착상품 70,000,000 미착상품 1,500,000	수입세금계산서 (매입세액)
결제일	■ 차) 현금 70,000,000 대) 외화외상매출채권 70,000,000 ■ 차) 매출원가 60,000,000 대) 원재료 60,000,000	–	■ 차) 외화외상매입채무 70,000,000 대) 현금 70,000,000	–

❻ 위 · 수탁판매 수출입 회계처리

물품등을 무환으로 수출입하여 해당 물품이 판매(공급가액 확정)될 때 회계처리 한다.(부가세 신고일 = 회계처리일)

거래	회계처리			
	위탁판매 수출거래	부가세	수탁판매 수입거래	부가세
선적일	■ 차) 적송품 60,000,000 대) 원재료 60,000,000		–	
확정일	■ 차) 외화외상매출채권 70,000,000 대) 수출매출 70,000,000	영세율 신고	■ 차) 외화외상매출채권 1,000,000 대) 수탁판매수수료 1,000,000	영세율 신고
결제일	■ 차) 현금 69,000,000 지급수수료 1,000,000 대) 외화외상매출채권 70,000,000 ■ 차) 매출원가 60,000,000 대) 적송품 60,000,000		■ 차) 현금 1,000,000 대) 외화외상매출채권 1,000,000	

❼ 위탁가공무역 수출 회계처리

위탁가공무역 수출은 원재료 제공 시 유상으로 제공하는지, 무상으로 제공하는지에 따라 유환 반출과 무환 반출로 구분한다. 이는 국내거래에서 원재료를 발주회사가 직접 구매하여 협력업체에게 유 · 무상으로 제공하는 유 · 무상사급거래와 동일하다. 유환반출 거래구조상 원재료는 해외 수탁업체에서 가공하여 다시 국내로 수입되거나 외국인도(수출)되기 때문에 원재료에 대한 통제권을 여전히 수출기업이 가지고 있으며 단지 보관 장소만 바뀐 것으로 본다. 따라서 유환 반출에 따른 매출은 수익으로 인식할 수 없다.[일반기준 16.8] 기중에 부가세 기준으로 매출을 기록한 경우에는 기말에 해당 매출을 취소하는 분개를 추가해야 한다.(부가세 과세표준 ≠ 회계 매출)

<table>
<tr><th rowspan="2">거래</th><th colspan="4">회계처리</th></tr>
<tr><th>무환 반출</th><th>부가세</th><th>유환 반출</th><th>부가세</th></tr>
<tr><td>구입</td><td>■ 차) 원재료 60,000,000
대) 현금 60,000,000</td><td>–</td><td>■ 차) 원재료 60,000,000
대) 현금 60,000,000</td><td>–</td></tr>
<tr><td>반출</td><td>■ 차) 적송품 60,000,000
대) 원재료 60,000,000</td><td>–</td><td>■ 차) 외화외상매출채권 62,000,000
대) 수출매출 62,000,000
■ 차) 매출원가 60,000,000
대) 원재료 60,000,000</td><td>영세율 신고</td></tr>
<tr><td>임가공비</td><td>■ 차) 임가공비 5,000,000
대) 현금 5,000,000</td><td>–</td><td>■ 차) 반제품 67,000,000
대) 외화외상매입채무 67,000,000</td><td>임가공후 납품 (유환원재료 포함 임가공)</td></tr>
<tr><td>인도일</td><td>■ 차) 외화외상매출채권 70,000,000
대) 수출매출 70,000,000
■ 차) 위탁임가공품 65,000,000
대) 적송품 60,000,000
임가공비 5,000,000</td><td>영세율 신고</td><td>■ 차) 외화외상매출채권 70,000,000
대) 수출매출 70,000,000
■ 차) 매출원가 67,000,000
대) 반제품 67,000,000</td><td>영세율 신고</td></tr>
<tr><td>대금회수</td><td>■ 차) 현금 70,000,000
대) 외화외상매출채권 70,000,000
■ 차) 매출원가 65,000,000
대) 위탁임가공품 65,000,000</td><td>–</td><td>■ 차) 현금 70,000,000
대) 외화외상매출채권 70,000,000
■ 차) 외화외상매입채무 67,000,000
대) 현금 67,000,000</td><td>–</td></tr>
<tr><td>기말결산</td><td>–</td><td>–</td><td>■ (취소분개)
차) 수출매출 62,000,000
대) 외화외상매출채권 62,000,000
■ (취소분개)
차) 원재료 60,000,000
대) 매출원가 60,000,000</td><td>–</td></tr>
</table>

2025

무역회계와

세무실무

부록

1
대한상사중재원 물품매매계약서

2
수입신고서 작성요령

3
수출신고서 작성요령

1. 대한상사중재원 물품매매계약서(영문)

SALES CONTRACT

[ ], as Seller, hereby confirms having sold to [ ] as Buyer, the following goods by this sales contract made on the above date and on the terms and conditions hereinafter set forth.

	ITEM NO.	COMMODITY & SPECIFICATION	QUANTITY	UNIT PRICE	AMOUNT
◎					
◎					
◎					
◎					
◎					
TOTAL AMOUNT					

☐ Time of Shipment : [DATE MONTH YEAR]

☐ Port of Shipment : [ ]

☐ Port of Destination : [ ]

☐ Payment

◎	AT SIGHT L/C	By an irrevocable letter of credit payable at sight
◎	USANCE	By an irrevocable, confirmed and unconditional letter of credit
◎	DP	By documents against payment
◎	DA	By bill(s) of exchange drawn on Buyer due **[60]** days from B/L date
◎	DD	By a D/D(Demand Draft) within **[10]** days after the date of B/L
◎	TT	By a T/T(Telegraph Transfer) within **[10]** days after the date of B/L
◎	MT	By a M/T(Mail Transfer) within **[10]** days after the date of B/L

☐ Insurance : Seller to cover the [CIF] price plus [ ]% against Al Risking War and SRCC Risks
☐ Packing : [Export standard packing]
☐ Marking : [ ]
☐ Special Terms & Conditions :

☐ This Contract is subject to the general and conditions set forth on back hereof :

	Seller	Buyer
By	[ ]	[ ]
Address	[ ]	[ ]
Title	[ ]	[ ]
Name	[ ]	[ ]

GENERAL TERMS AND CONDITIONS

delay in actual transport

Article 1. Quantity : Quantity set forth in this Contract is subject to a variation of [ ]percent more or less at Seller's option.

Article 2. Shipment : Date of bill of lading shall be accepted as a conclusive date of shipment. [ ] days grace in shipping shall be allowed. Partial shipment and/or transshipment shall be permitted unless otherwise stated in this Contract. Seller shall not be responsible for any delay in shipment due to Buyer's failure to provide timely a letter of credit in conformity with this Contract, nor shall Seller be responsible for any damages incurred by Buyer due to either delay in arrival of the ship and/or airplane designated by Buyer beyond the prearranged date of shipment.

Article 3. Packing and Marking : Packing and Marking shall be performed at Seller's option. In case special instructions are necessary, Buyer should provide Seller with such instructions in a timely manner. all the additional cost thereby incurred shall be borne by Buyer. Shipping Mark shall be made as shown in the oblong of the front page of this Contract.

Article 4. Insurance : In case of CIF or CIP basis, [ ] % of the invoice amount shall be insured In the case of the Goods sold on CIF or CIP terms, Seller shall obtain insurance on the Goods at [ ] % of the Invoiced Amount, unless otherwise agreed; any additional insurance required by Buyer to be at his own expense; unless otherwise stated, insurance to be covered for marine insurance only FPA or ICC (C) Clause. Seller may, if he deems it necessary, insure against additional risks at Buyer's expense.

Article 5. Increased costs : If Seller's costs of performance are increased after the date of this Contract by reason of increased freight rates, taxes or other governmental charges or insurance rates, or if any variation in rates of exchange increases Seller's costs or reduces Seller's return, Buyer agrees to compensate Seller for such increased cost or loss of income. Further, if at any time Buyer requests shipment later than agreed and Seller agrees thereto, Seller may, upon completion of manufacture, store the Goods and charge all expenses thereby incurred to Buyer, plus reasonable storage charges when Seller stores the Goods in its own facilities.

Article 6. Payment

| ◎ | AT SIGHT L/C | An irrevocable letter of credit, without recourse, available against Seller's sight drafts shall be established through a prime bank satisfactory to Seller within [15] days after the date of this Contract and be kept valid at least [15] days after the date of last shipment. The amount of such letter of credit shall be sufficient to cover the Contract amount and additional charges and/or expenses to be borne by Buyer.

| ◎ | USANCE | For the payment of the Contract Price specified hereof the Buyer shall provide the Seller with the irrevocable, confirmed and unconditional letter of credit (hereinafter called "L/C") in the amount of USD [ ] at [ ] months usance basis(after the date of draft issued by the Seller or bill of lading) in favor of the Seller to be opened within [ ] days from the signing date of the Contract under the agreed terms and conditions by the Seller and Buyer.

| ◎ | DP | After shipment, the Seller shall deliver a sight bill(s) of exchange drawn on the Buyer together with the required documents to the Buyer through a bank. The Buyer shall effect the payment immediately upon the first presentation of the bill(s) of exchange and the required documents, i.e. D/P.

| ◎ | DA | After shipment, the Seller shall deliver bill(s) of exchange drawn on the Buyer, payable [ ] days after [ ], together with the required documents to the Buyer through a bank for acceptance. The Buyer shall accept the bill(s) of exchange immediately upon the first presentation of the bill of exchange and the required documents and shall effect the payment on the maturity date of the bill(s) of exchange.

| ◎ | DD | The Buyer shall pay the invoice value of the goods by means of D/D(Demand Draft) within [ ] days after the receipt of the required documents; within [ ] days after the date of the Bill of Lading.

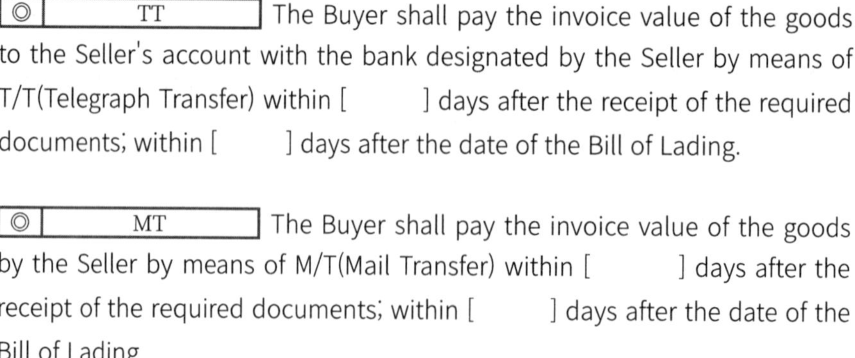

◎ TT The Buyer shall pay the invoice value of the goods to the Seller's account with the bank designated by the Seller by means of T/T(Telegraph Transfer) within [ ] days after the receipt of the required documents; within [ ] days after the date of the Bill of Lading.

◎ MT The Buyer shall pay the invoice value of the goods by the Seller by means of M/T(Mail Transfer) within [ ] days after the receipt of the required documents; within [ ] days after the date of the Bill of Lading

Article 7. Inspection : The inspection of the Goods shall be done according to the export regulation of the Republic of Korea and/or by the manufacturer(s) which shall be considered as final. Should any specific inspector be designated by Buyer, all additional charges incurred thereby shall be at Buyer's account and shall be added to the invoice amount, for which the letter of credit shall be amended accordingly.

Article 8. Warranty : The Goods shall conform to the specification set forth in this Contract and free from defects in material and workmanship for [ ] months from the date of shipment. The extent of Seller's liability under this warranty shall be limited to the repair or replacement as herein provided of any defective Goods or parts thereof. Provided, however, this warranty does not extend to any of the said Goods which have been : (a) subjected to misuse, neglect, accident or abuse, (b) improperly repaired, installed, transported, altered or modified in any way by any other party than Seller or (c) used in violation of instructions furnished by Seller. Except for the express limited warranties set forth in this article, seller makes no other warranty to buyer, express or implied, and herby expressly disclaims any warranty of merchantability or fitness for a particular purpose. In no event shall Seller be liable to Buyer under this Contract or otherwise for any lost profits or for indirect, incidental or consequential damages for any reason.

Article 9. Claims : Any claim by Buyer of whatever nature arising under this Contract shall be made by facsimile, cable, or e-mail within [ ] days after arrival of the Goods at the destination specified in the bills of lading. Full particulars of such claim shall be made in writing, and forwarded by registered mail to Seller within [ ] days after such fax, cabling, or e-mailing. Buyer must submit with particulars the inspection report sworn by a reputable surveyor acceptable to the Seller when the quality or quantity of the Goods delivered is in dispute. Failure to make such claim within such period shall constitute acceptance of shipment and agreement of Buyer that such shipment fully complies with applicable terms and conditions.

Article 10. Remedy : Buyer shall, without limitation, be in default of this Contract, if Buyer shall become insolvent, bankrupt or fail to make any payment to Seller including the establishment of the letter of credit within the due period. In the event of Buyer's default, Seller may without prior notice thereof to Buyer exercise any of the following remedies among others :

(a) terminate this Contract;

(b) terminate this Contract as to the portion of the Goods in default only and resell them and recover from Buyer the difference between the price set forth in this Contract and the price obtained upon resale, plus any incidental loss or expense; or

(c) terminate the Contract as to any unshipped balance and recover from Buyer as liquidated damages, a sum of five (5) percent of the price of the unshipped balance. Further, it is agreed that the rights and remedies herein reserved to Seller shall be cumulative and in addition to any other or further rights and remedies available at law.

Article 11. Force Majeure : Neither party shall be liable for its failure to perform its obligations hereunder if such failure is the direct result of circumstances beyond that party's reasonable control, including but not limited to, prohibition of exportation, suspension of issuance of export license or other government restriction, act of God, war, blockade, revolution, insurrection, mobilization, strike, lockout or any labor dispute, civil commotion, riot, plague or other epidemic, fire, typhoon, flood.

Article 12. Patents, Trade Marks, Designs, etc. :

(a) Buyer acknowledges and agrees that:

(i) any and all Seller's intellectual property rights are the sole and exclusive property of Seller or its licensors;

(ii) Buyer shall not acquire any ownership interest in any of Seller's intellectual property rights under this Agreement;

(iii) any goodwill derived from the use by Buyer of Seller's intellectual property rights inures to the benefit of Seller or its licensors, as the case may be;

(iv) if Buyer acquires any intellectual property rights, rights in or relating to any Goods (including any rights in any trademarks, derivative works or patent improvements relating thereto) by operation of law, or otherwise, such rights are deemed and are hereby irrevocably assigned to Seller or its licensors, as the case may be, without further action by either of the parties; and

(v) Buyer shall use Seller's intellectual property rights solely for purposes of using the Goods under this Agreement and only in accordance with this Agreement and the instructions of Seller.

(b) Buyer shall not:

(i) take any action that interferes with any of Seller's rights in or to Seller's intellectual property rights, including Seller's ownership or exercise thereof;

(ii) challenge any right, title or interest of Seller in or to Seller's intellectual property rights;

(iii) make any claim or take any action adverse to Seller's ownership of Seller's intellectual property rights;

(iv) register or apply for registrations, anywhere in the world, for Seller's trademarks or any other trademark that is similar to Seller's trademarks or that incorporates Seller's trademarks;

(v) use any mark, anywhere that is confusingly similar to Seller's trademarks;
(vi) engage in any action that tends to disparage, dilute the value of, or reflect negatively on the Goods or any Seller's trademarks;
(vii) misappropriate any of Seller's trademarks for use as a domain name without prior written consent from Seller; or
(viii) alter, obscure or remove any Seller's trademarks, or trademark or copyright notices or any other proprietary rights notices placed on the Goods, marketing materials or other materials that Seller may provide.)

Article 13. Governing Law : All matters arising out of or relating to this Contract are governed by and construed in accordance with the laws of Republic of Korea .

Article 14. Arbitration : Any dispute arising out of or in connection with this contract shall be finally settled by arbitration in Seoul in accordance with the Arbitration Rules of the Korean Commercial Arbitration Board.

Article 15. Language : This Agreement may be executed in English and in other languages (including Korean). In the event of any difference or inconsistency among different versions of this Agreement, the English version shall prevail over in all respect.

Article 16. Trade Terms : All trade terms provided in the Contract shall be interpreted in accordance with the latest INCOTERMS 2010 of International Chamber of Commerce.

2. 수입신고서 작성요령(수입통관 사무처리에 관한 고시)

수 입 신 고 필 증

(갑 지)

※ 처리기간 : 3일

①신고번호	②신고일	③세관.과	⑥입항일	⑦전자인보이스 제출번호
④B/L(AWB)번호	⑤화물관리번호		⑧반입일	⑨징수형태

⑩신 고 인 ⑪수 입 자 ⑫납세의무자 (주소) (상호) (전화번호) (이메일주소) (성명) ⑬운송주선인 ⑭무역거래처	⑮통관계획	⑲원산지증명서 유무	㉑총중량
	⑯신고구분	⑳가격신고서 유무	㉒총포장갯수
	⑰거래구분	㉓국내도착항	㉔운송형태
	⑱종류	㉕적출국	
		㉖선기명	
	㉗MASTER B/L 번호		㉘운수기관부호
㉙검사(반입)장소			

● 품명 · 규격 (란번호/총란수 :)

㉚품 명 ㉛거래품명		㉜상 표		
㉝모델 · 규격	㉞성분	㉟수량	㊱단가(XXX)	㊲금액(XXX)

㊳세번 부호		㊵순중량		㊸C/S 검사		㊺사후확인기관
㊴과세가격(CIF)		㊶수 량		㊹검사변경		
		㊷환급물량		㊻원산지	XX-X-X-XX	㊼특수세액
㊽수입요건확인 (발급서류명)						

㊾세종	㊿세율(구분)	51감면율	52세액	53감면분납부호	감면액	* 내국세종부호

54결제금액(인도조건-통화종류-금액-결제방법)		56환 율	

55총과세가격		57운임		59가산금액		64납부서번호	
		58보험료		60공제금액		65총부가가치세과표	

61세 종	62세 액	※신고인기재란	66세관기재란
관 세			
특 소 세			
교 통 세			
주 세			
교 육 세			
농 특 세			
부 가 세			
신고지연가산세		- 전화번호	
미신고가산세		- 이메일주소	
63총세액합계		67담당자 / 68접수일시	69수리일자

발 행 번 호 : 세관 · 과 : 신고번호 : Page :

* 본 신고필증은 발행 후 세관심사 등에 따라 정정 · 수정될 수 있으므로 정확한 내용은 발행번호 등을 이용하여 관세청 인터넷통관 포탈(http://unipass.customs.go.kr)에서 확인하시기 바랍니다.

* 본 수입신고필증은 세관에서 형식적 요건만을 심사한 것이므로 신고내용이 사실과 다른 때에는 신고인 또는 수입화주가 책임을 져야 합니다.

수 입 신 고 필 증

(을 지)

※ 처리기간 : 3일

①신고번호	②신고일	③세관.과	⑥입항일	⑦전자인보이스 제출번호
④B/L(AWB)번호	⑤화물관리번호		⑧반입일	⑨징수형태

● 품명 · 규격 (란번호/총란수 :)

㉚품 명 ㉛거래품명		㉜상 표		
㉝모델 · 규격	㉞성분	㉟수량	㊱단가(XXX)	㊲금액(XXX)
(NO.01)				
(NO.02)				
(NO.03)				

㊳세번 부호		㊵순중량		㊸C/S 검사		㊺사후확인기관
㊴과세가격 (CIF)		㊶수 량		㊹검사변경		
		㊷환급물량		㊻원산지		㊼특수세액
㊽수 입 요 건확인 (발급서류명)						

㊾세종	㊿세율(구분)	51감면율	52세액	53감면분납부호	감면액	* 내국세종부호

● 품명 · 규격 (란번호/총란수 :)

㉚품 명 ㉛거래품명		㉜상 표		
㉝모델 · 규격	㉞성분	㉟수량	㊱단가(XXX)	㊲금액(XXX)
(NO.01)				
(NO.02)				

㊳세 번부호		㊵순중량		㊸C/S 검사		㊺사후확인기관
㊴과세가격 (CIF)		㊶수 량		㊹검사변경		
		㊷환급물량		㊻원산지		㊼특수세액
㊽수입요건확인 (발급서류명)						

㊾세종	㊿세율(구분)	51감면율	52세액	53감면분납부호	감면액	* 내국세종부호

발 행 번 호 : 세관 · 과 : 신고번호 : Page :

* 본 신고필증은 발행 후 세관심사 등에 따라 정정 · 수정될 수 있으므로 정확한 내용은 발행번호 등을 이용하여 관세청 인터넷통관포탈(http://unipass.customs.go.kr)에서 확인하시기 바랍니다

* 본 수입신고필증은 세관에서 형식적 요건만을 심사한 것이므로 신고내용이 사실과 다른 때에는 신고인 또는 수입화주가 책임을 져야 합니다.

2-1 일반사항

가. 수입신고서 용도별 구분

- 수입신고서(보 관 용) : 세관/신고인 보관용 수입신고서
- 수입신고필증 : 신고필증 발급용

나. 수입신고서의 형식

- 전산기에 의하여 출력되는 데이터의 길이에 따라 신고항목의 상하 출력 위치가 가변적인 FREE FORM 형태의 서식을 사용
- 수입신고서의 좌우 출력위치는 고정적임

다. 외국으로부터 보세공장 또는 자유무역지역으로 반입(수입)되어 사용하는 경우의 사용신고는 수입신고서를 사용한다.

라. 신고수리전 반출신청을 하여 승인될 경우에는 확정되지 않은 사항이라도 B/L, 송품장 등을 확인하여 수입신고서에 보완 기재한 후 신고수리 전 반출승인시점에서 전산 입력토록 한다.

마. 〈삭 제〉

바. 통계부호의 추가, 삭제, 변경사항이 시달되었을 때에는 이를 전직원 및 관세사에게 숙지시키고 관계자료를 보완하여 활용함으로써 오류가 발생치 않도록 유의한다.

사. 자동차, 전자제품, 기계류, 섬유류등 주요품목에 부수하여 수입되는 품목으로서 금액이 적고 종류가 다양하며, 관세 징수와 무역통계 작성에 지장이 없는 것으로 품목별로 각각 별도의 란을 구분하여 작성하는 것이 비능률적이라고 판단되는 경우에는 여러가지 부수되는 품목 중에서 무역 통계상 별의미가 없는 품목의 세번 및 수량, 중량, 포장 등으로 일괄하여 한란에 기재할 수 있다.

아. 결재금액에 운임, 보험료가 포함된 경우에는 수입자(화주)가 운임, 보험료를 구분하여 신고하되(CIF, DDP 등 운임 · 보험료가 포함된 결제조건인 경우는 제외) 관세사 등 신고인은 그 적정성을 심사하여야 한다.('10.08.02 일부개정)

자. 간이 수입신고 대상물품은 수입신고서 기재항목 중 다음 항목은 기재하지 아니할 수 있다.

- 「⑩수입자」 기재항목
- 「⑪납세의무자」 기재항목 중 「통관고유부호」 항목
- 「⑫운송주선인」 기재항목
- 「⑭통관계획」 기재항목
- 「원산지증명서유무」 기재항목
- 「가격신고서유무」 기재항목
- 「환급물량」 기재항목
- 「C/S검사」 기재항목
- 「검사방법변경」 기재항목
- 「사후확인기관」 기재항목
- 「관세사기재란」 기재항목

차. 〈삭제〉

카. B/L단위로 신고서를 작성하되 동일 B/L에 신고납부물품과 부과고지물품이 혼합되어 있을 경우 B/L을 분할하여 신고납부와 부과고지를 분리하여 작성한다.

타. 신고번호는 어떠한 경우에도 중복되지 않게 작성한다.

파. 수입신고서 출력시 출력내용이 첫 페이지를 초과할 경우 다음 페이지에 이어서 계속하여 출력하되, 신고서의 ①~⑧항목은 매 페이지별로 동일한 위치에 반복하여 출력한다.

하. 〈삭제〉

거. 동일 품목번호에 분류되는 물품이라도 개별소비세 과세대상 물품과 비대상 물품은 각각 란을 달리하여 신고하여야 한다.

2-2 품명 · 규격 기재에 관한 사항

가. 용어의 정의

- "품명 · 규격"이라 함은 품명, 거래품명, 상표명, 모델 · 규격, 성분 등 수입신고서상의 5개 항목을 총칭하여 말한다.
- "품명"이라 함은 당해 물품을 나타내는 관세율표상의 품명을 말한다. 다만 관세율표상에 당해 물품을 나타내는 품명이 없는 경우에는 이를 나타낼 수 있는 일반적인 상품명을 말한다.
- "거래품명"이라 함은 실제 상거래시 송품장에 기재되는 품명을 말한다.
- "상표명"이라 함은 상품을 생산, 가공 또는 판매하는 것을 업으로 영위하는 자가 자기의 업무에 관련된 상품을 타인의 상품과 식별되도록 하기 위하여 사용하는 기호 · 문자 · 도형 또는 이들을 결합한 것과 기호 · 문자 · 도형에 색채를 결합한 것을 지칭하는 이름을 말한다.
- "모델"이라 함은 생산방식 · 방법 · 타입 · 양식 등으로서 관세법 별표 관세율표(이하 "관세율표"라 한다)상의 품목분류 · 관세법 제226조에 따른 세관장확인 물품 · 관세환급 · 관세감면 · 과세가격 등의 심사에 영향을 미치는 사항을 말한다.
- "규격"이라 함은 재질 · 가공상태 · 용도 · 조립여부 · 사이즈 · 정격전압 · 처리능력 · 생산년도 등으로서 관세율표상의 품목분류 · 관세법 제226조에 따른 세관장확인물품 · 관세환급 · 관세감면 · 과세가격 등의 심사에 영향을 미치는 사항을 말한다.
- "성분"이라 함은 당해 물품 구성성분의 종류 및 그 함량을 나타내는 것으로 관세율표상의 품목분류 · 관세법 제226조에 따른 세관장확인물품 · 관세환급 · 관세감면 · 과세가격 등의 심사에 영향을 미치는 사항을 말한다.

나. 품명 · 규격의 표기 원칙

- 품명 · 규격의 표기는 다음 사항을 구체적으로 빠짐없이 기재하여야 한다.
  - 품목분류(HSK10단위)에 필요한 사항
  - 세율(관세, 내국세)확인을 위하여 필요한 사항
  - 관세법 제226조에 따른 세관장확인에 필요한 사항
  - 관세감면, 분할납부 대상 확인에 필요한 사항
- 품명 · 규격은 영어와 아라비아 숫자로 표기하여야 하며, 영어가 아닌 경우에는 영어로 번역하여 기재하여야 한다.
- 품명 · 규격의 표기는 수입신고서상의 양식순서에 따라 표기한다.

- 관세법 제82조(합의에 의한 세율적용) 적용대상으로서 일괄하여 신고하는 경우 세율이 가장 높은 물품을 대표로 기재하고 그 외 물품의 품명 · 규격은 모델 · 규격 및 성분 항목에 모두 기재한다.
- 다수의 품목을 신고하는 경우로서 품목번호 · 품명 · 상표 · 원산지가 다르면 각각 란을 달리하여 신고하여야 한다. 다만, 동일한 품목번호로 분류되는 부분품, 부속품, 시약 및 개별 금액이 각각 20불이하인 소량(5개 이내)의 물품 등은 대표되는 품명을 기재하고 그외 물품의 품명 · 규격은 모델 · 규격 및 성분항목에 차례대로 기재한다.
- 관세청장이 정하는 품명 · 용도 표준화 코드에 따라 기재하여야 한다.

다. 신고인의 권한과 책임

- 신고인은 수입요건확인서류, 송품장 등에 기재한 품명 · 규격이 이 요령에서 정하는 표기원칙과 다르게 작성된 때에는 이 요령에서 정하는 바에 따라 수정하여 수입신고서에 표기하여야 한다.
- 관세사 등은 통관을 의뢰하는 수입업자에게 수입요건 확인서류, 송품장 등을 작성하는 때에는 이 요령에서 정하는 바에 따라 품명 · 규격을 작성하도록 전문지식을 제공하여야 한다.
- 신고인은 총포, 도검류 등 안보위해물품 및 기타 불법화물일 가능성이 높은 물품을 신고서 1란부터 순서대로 기재하고, 신고인기재란(기재사항2)에 판단의견을 기재하여야 한다.

2-3 작성방법 약어 설명

구 분	약 어	설 명
TYPE	A	– 영문자를 정해진 자리수로 작성
	A..	– 영문자를 정해진 자리수 이내로 작성
	N	– 숫자(계산가능)를 정해진 자리수로 작성
	N..	– 숫자(계산가능)를 정해진 자리수 이내로 작성
	AN	– 영문 또는 숫자를 정해진 자리수로 작성
	AN..	– 영문 또는 숫자를 정해진 자리수 이내로 작성
SIZE	999	– 입력 또는 출력 자리수
조건	M	– 필수 기재항목
	C	– 선택 기재항목
	X	– 기재 불필요 항목
서류/ 전자문서	서류	– 서류작성 또는 신고서 출력시 적용
	전자문서	– 신고자료 전자문서 전송 항목
	공통	– 서류 및 전자문서 공통 사용 항목

2-4 작성 방법

항 목	TYPE	SIZE	조건		서류/전자문서	작성요령	작 성 예
			일반	간이			
① 신고번호 - 신고인부호 - 연도 - 일련번호 - 구분	 AN AN AN AN..	 5 2 6 1	 M M M C	 M M M X	공통	• 신고인부호, 연도, 일련번호, 구분을 기재 - 수입신고인 부호기재(통계부호표 참조) - 신고년도 기재 - 신고인이 관리하는 연도별 일련번호로서 중복될 수 없음(일련번호(6)+신고서식부호(1)) • 단, 통관포탈신고시는 인터넷신고와 중복방지를 위해 일련번호(5)+'P(포탈)'부여 • 신고서식부호 : 수입신고(M), 보세공장사용신고(B), 보세판매장반입검사신청(S), FTZ사용소비신청(F) - 일부 통관보류할 경우 통관보류된 분에 대하여는 세관에서 부여한 부호를 기재 * 수입신고전 물품반출신고후 수입신고하는 경우에는 반출신고서의 신고번호를 기재	전자문서 :4341115101246M 서류 :43411-15-101246M
② 신고일	AN	8	M	M	공통	• 신고일자를 기재	전자문서 :20010201 서류:2001/02/01
③ 세관-과 - 세관부호 - 과부호	 AN AN	 3 2	 M M	 M M	공통	• 통관지 세관 및 과부호를 기재 - 통계부호표 참조 - 통계부호표 참조 * 수입신고전 물품반출신고후 수입신고하는 경우에는 반출신고세관의 세관 및 과부호를 기재	전자문서:13010 서류:130-10
④ B/L(AWB)번호						• House단위의 B/L(AWB)번호 및 분할수입신고 여부	
- B/L(AWB)번호	AN..	20	C	C	공통	- Master B/L(AWB)에 종속되어 있는 House B/L(AWB)이 있는 경우에는 House B/L(AWB)번호를 기재(적하목록상의 House단위 B/L(AWB)번호와 일치하여야 함) - 국내로 반입되는 물품이 B/L번호가 없는 경우 공란으로 함	DBSC96100123AB01
- 분할수입신고 여부	AN..	5	M	M	전자	- B/L을 분할하여 수입신고할 경우 'true', B/L분할이 아닌 경우에는 'false'을 기재	true
	AN	4	C	C	서류	- B/L분할 수입신고인 경우 ( )에 "분할"출력	(분할)

항 목	TYPE	SIZE	조건		서류/전자문서	작성요령	작성 예
			일반	간이			
⑤ 화물관리번호 - MRN - MSN - HSN	 AN.. AN.. AN..	 11 4 4	 M C C	 C C C	 공통	• 적하목록상의 화물관리번호 기재 - 적하목록 관리번호(Manifest Reference No) - Master B/L(AWB) Sequence No. 4자리 기재 - House B/L(AWB) Squence No. 4자리 기재 * 휴대품은 휴대품유치서상의 화물관리번호를 기재하며, 화물관리번호가 없는 경우 "NO"로 기재	전자문서 :01KE0766SS200100003 서류 :01KE0766SS2-0010-0003
⑥ 입항일	AN	8	M	M	공통	• 입항일자를 기재 * 출항전 · 입항전 신고시 입항일자는 입항예정일을 전송	전자문서:20010629 서류:2001/06/29
⑦ 전자인보이스 제출번호	AN	27	C	C	전자	• 전자인보이스 제출번호 기재	관세상사1971015+07-12345678
⑧ 반입일	AN	8	C	C	공통	• 장치장소 반입일자를 기재	전자문서:20010629 서류:2001/06/29
⑨ 징수형태	AN	2	M	M	공통	• 통계부호표상의 징수형태부호를 기재 * 접수통보 이후에는 징수형태 부호 변경 제한(징수형태부호 첫째자리 변경 불가 등) * 수입신고전 물품반출신고한 물품을 수입신고기한을 경과하여 수입신고하는 경우 에는 부과고지 징수형태 부호 기재	13 11□21,00□12,13□33
⑩ 신고인	AN..	50	M	M	공통	• 신고인상호와 대표자 성명을 기재 - 관세사인 경우 신고인상호와 관세사 성명 기재 - 자가통관업체인 경우 신고인 상호와 대표자 성명 기재 - 기타 개인의 경우 성명만 기재	유한관세사법인 홍길동 갑을상사(주) 관세사 홍길서 이도령
⑪ 수입자 - 수입자상호 - 수입자부호 - 수입자구분	 AN.. AN.. AN	 28 15 1	 M C M	 C C C	 공통 공통 공통	• 수입자 관련사항 기재 - 수입자상호 또는 성명 기재 * 전자상거래물품인 경우 생략 불가 - 통관고유부호 기재(개인은 기재생략) * 남북교역물품은 통관고유번호 생략 불가 • 수입자 구분부호를 기재 - 수입자와 납세의무자가 동일한 경우 : A - 수입자와 납세의무자가 상이한 경우 : B * 전자상거래물품은 수입자구분부호 생략 불가하며, 수입식품 등 인터넷 구매대행업의 경우 구매대행업자를 수입자로 신고	- 관세상사(주) - 12345678 - 통관고유부호가 「12345678」인 때 수입자와 납세의무자가 동일→12345678 A 상이→12345678 B

항 목	TYPE	SIZE	조건		서류/전자문서	작성요령	작 성 예
			일반	간이			
⑫ 납세의무자						• 납세의무자 관련사항 기재	
– 소재지 부호	AN	5	C	C	전자	– 납세의무자의 주소지 우편번호 5자리 기재	– 30210
– 주소	AN..	40	M	M	공통	– 납세의무자의 주소를 기재	– 서울특별시 강남구 봉은사로 29길 6
– 상호	AN..	28	M	M	공통	– 납세의무자의 상호를 기재	– 모나리자(주)
– 전화번호	AN..	40	M	M	공통	– 연락 가능한 전화번호를 기재	– 042–1234–5678
– 이메일 주소	AN..	100	M	M	공통	– 이메일 주소 기개	
– 성명	AN..	12	M	M	공통	– 납세의무자의 성명을 기재	– 홍나리
– 통관고유부호	AN	15	C	X	공통	– 관세청장이 지정한 통관고유부호를 기재(개인인 경우 기재 생략)	– 모나리자1771025
– 사업자등록 번호	AN..	13	M	M	공통	– 납세의무자의 사업자등록번호 기재 • 국세청장이 지정한 사업자등록번호 기재 • 사업자등록번호가 없는 개인의 경우는 개인통관고유부호 또는 주민등록번호를 기재하며, 외국인인 경우는 개인통관고유부호 또는 외국인등록번호(외국인등록번호가 없을 경우 여권번호) 기재하고, 해외소재 법인일 경우에는 해외거래처부호를 등록한 후 기재(일시수입물품에 한함) * 외국인의 여권번호 기재시 앞자리에 "F"를 기재한 후, ISO국가코드 2자리와 여권번호를 이어서 기재(13자 이내)	– 전자문서 : 1122966062 P811111234569 6510071645915 FUS1234567890 – 서류: 112–29–66062 P811111234569 651007–1645915 FUS1234567890
– 사업장번호	AN	4	C	X	공통	– 사업자단위 과세적용 사업자의 경우 국세청에서 부여하는 해당 사업장 일련번호 <작성례> 본사 : 0000, 지사 : 0001 ~ (지사는 해당번호 기입)	
⑬ 운송주선인					공통	• 운송주선인(포워더) 관련사항 기재	– 세관무역(주)
– 상호	AN..	28	M	X		– 운송주선인 상호 기재	– ABCD
– 부호	AN..	4	M	X		– 세관에 등록된 화물운송 주선업자 부호 기재 * 가격신고(운임)와 직접 관련있는 운송주선인 기재 원칙 – 적하목록 B/L TYPE이 "S"인 경우에는 상호를 "NO"로 기재 – 운송주선인이 없는 경우 부호는 "XXXX"로 기재	

항 목	TYPE	SIZE	조건		서류/전자문서	작성요령	작성 예
			일반	간이			
⑭ 무역거래처 - 상호 - 국가 - 부호	 AN.. AN AN..	 60 2 13	 M M M	 C C C	공통	• 무역거래처 관련사항 기재 - 무역거래처(거래당사자가 발행한 송품장상의 매도자(Seller))상호 기재 - 무역거래처 국가부호(ISO코드) 기재(통계부호 참조) - 관세청장이 부여한 해외거래처부호 기재 * 수입승인면제물품은 송품장상의 무역 거래처명을 기재하고, 맨끝 2자리는 국가부호(ISO코드) 2자리 기재 * 전자상거래의 경우 판매업체와 대행업체(구매 · 배송 등)의 인터넷 주소를 병행하여 기재 예 www. amazon. com (www. malltail. com)	- OMR ENGR - JP - CNTOSHIN12347 * 약어사용의 예 • Corporation : CORP • nternational : INTL • Trading : TRAD • Limited : LTD • Company : CO • Enterprise : ENTE • Engineer : ENGR
⊙ 해외공급자 - 상호 - 국가 - 부호	 AN.. AN AN..	 60 2 13	 M M M	 C C C	공통	• 해외공급자 관련사항 기재 - 계약물품을 실제 공급하는 B/L상의 Shipper - 해외공급자 국가부호(ISO코드) 기재(통계부호 참조) - 관세청장이 부여한 해외거래처 부호 기재 * 수입승인면제물품은 B/L상의 Shipper를 기재하고, 맨끝 2자리는 국가부호(ISO코드) 2자리 기재	- OMR ENGR - JP - CNTOSHIN12347 * 약어사용의 예 • Corporation : CORP • International : INTL • Trading : TRAD • Limited : LTD • Company : CO • Enterprise : ENTE • Engineer : ENGR
⑮ 통관계획 - 부호 - 설명	 AN AN..	 1 16	 X C	 X X	 공통 서류	• 통관계획 부호를 기재 - 통계부호표 참조 - 코드 설명(신고서 출력시) * 특급탁송화물, 간이수입통관대상은 기재 생략 * 수입신고전 물품반출신고후 수입신고하는 경우 'G(물품반출후 수입신고)'로 기재	 D 장치후 신고
⑯ 신고구분 - 부호 - 설명	 AN AN..	 1 14	 M M	 M M	 공통 서류	• 신고구분 부호를 기재 - 통계부호표 참조 - 코드 설명(신고서 출력시) ※ 유의사항 ① 일반수입신고서의 수입신고시에는 모두 'A'로 신고 ② 수입통관시스템에서 일반서류대상으로 지정된 경우에는 'B'로 자동처리됨 ③ 일반 간이신고물품은 'C' 또는 'D'를 입력하고 간이신고특송물품은 'E'를 입력	 A 일반P/L신고

항 목	TYPE	SIZE	조건		서류/전자문서	작성요령	작 성 예
			일반	간이			
⑰ 거래구분 - 부호 - 설명	 AN AN..	 3 16	 M M	 M M	 공통 서류	• 거래구분 부호를 기재 - 통계부호표 참조 - 코드설명(신고서 출력시)	 11 일반수입
⑱ 종류 - 부호 - 설명	 AN.. AN..	 2 75	 M M	 M M	 공통 서류	• 수입종류 부호를 기재 - 통계부호표 참조 - 코드설명(신고서 출력시)	 11 일반수입(외화획득용)
⑲ 원산지증명서 유무	AN	1	M	X	공통	• 관세법 제232조 및 대외무역관리규정 제91조에 의거 세관장이 원산지를 확인해야 할 물품으로서, 원산증명서 구비여부를 기재 - 원산지증명서를 구비한 경우 : Y * 특혜관세(E,D,R,G,Y) 및 북한산물품중 비과세(U)를 적용하는 경우 발행번호, 발행국가, 발행기관, 발행일자 및 Tax ID No(FTA 적용물품에 한함) 기재 - 원산지증명서 제출면제 대상인 경우 : X - 세관장 확인대상이 아니거나 원산지증명서를 구비하지 못한 경우 : N - 원산지증명서 분할여부, 전체수량, 사용수량, 전체중량, 사용중량	Y ㅇ발행번호: ESP12345 ㅇ발행국가 : CN ㅇ발행기관 - 중국 : 출입국검사검역소 - 북한 : 민경련 ㅇ발행일자 : 20050820 ㅇTax ID : 1234567879
⑳ 가격신고서 유무	AN	1	M	X	공통	• 가격신고서 제출(전자문서전송) 여부를 기재 - 가격신고서 제출대상인 경우 : Y - 가격신고서 제출대상이 아닌 경우 : N	Y
㉑ 총중량 - 중량 - 단위	 N.. AN..	 16 3	 M M	 M M	 공통 공통	• 신고물품의 총중량 - 신고물품의 총중량(포장용기포함, 단 반복사용 운반용기는 제외)을 기재 - 단위는 KG으로 기재	 95.2, 95.23, 95.234 KG
㉒ 총포장갯수 - 갯수 - 종류	 N.. AN	 10 2	 M M	 M M	 공통 공통	• 신고물품의 총포장개수 - 신고물품의 외포장 개수를 기재 - 신고물품의 포장종류 부호(UN/전자문서FACT 기준 138종)를 기재(통계부호표 참조)	 2 CT

항 목	TYPE	SIZE	조건		서류/전자문서	작성요령	작 성 예
			일반	간이			
㉓ 국내도착항 - 부호 - 항구(공항)명	 AN.. AN..	 5 12	 C C	 C C	 공통 서류	• 우리나라의 도착항(공항 및 항구) 부호 - 통계부호표 참조 - 공항 및 항구명(신고서 출력시)	 KRPUS
㉔ 운송형태 - 운송수단 - 운송용기	 AN AN..	 2 3	 M M	 M M	 공통 공통	• 운송수단 및 운송용기 부호 - 운송수단 부호 기재(통계부호표 참조) - 운송용기 부호 기재(통계부호표 참조)	 40 ETC
⊙컨테이너번호 - 컨테이너번호	 AN..	 11	 M	 M	 공통	• 컨테이너 소유주의 고유번호 - 수입화물이 컨테이너화물인 경우 11자리이내의 당해 컨테이너번호를 반드시 기재 - 컨테이너번호가 여러 개인 경우 각 번호를 모두 입력 - 컨테이너 하나에 여러 개의 B/L이 있을 경우 B/L별로 컨테이너 번호 기재	CYUL2199854
㉕ 적출국 - 부호 - 국명	 AN AN..	 2 7	 M M	 M M	 공통 서류	• 수입신고물품의 적출국 부호 - 적출국 부호 기재(통계부호표 참조) - 해당 국가명 약어(신고서 출력시) * 보세공장 및 수출자유지역은 KR(R.KOREA)로 기재	 PR (PORTUGL)
㉖ 선(기)명 - 선(기)명 - 국적	 AN.. AN	 35 2	 C C	 C C	 공통 공통	• 수입물품을 적재한 선(기)명 및 국적 - 선박 또는 항공기명을 영문으로 기재 - 선박 또는 항공기 국적의 국가부호 기재	 KE1098 KR
㉗ Master B/L번호	AN..	20	C	C	공통	• 선사 또는 항공사가 발행한 Master B/L(AWB)번호 기재 - 입항전 신고물품으로서 화물관리번호를 확인할 수 없는 해상화물의 경우 필수 기재	HJSC98100123AB01
㉘ 운수기관부호	AN..	4	C	C	공통	• 세관에 신고된 운항 선사 또는 항공사 부호를 기재 - 입항전신고물품으로서 화물관리번호를 확인할 수 없는 해상화물의 경우 필수 기재	HJSC

항 목	TYPE	SIZE	조건		서류/전자문서	작성요령	작성예
			일반	간이			
㉙ 검사(반입)장소						• 수입물품을 검사 또는 반입할 장소	
- 보세구역부호	AN..	18	M	M	공통	- 검사 또는 반입장소의 보세구역부호와 화물의 장치위치를 18자리 이내로 기재 * 타소장치장인 경우 장치위치는 '년도(2)+일련번호(6)'기재 * 수입신고전 물품반출신고후 수입신고하는 경우 물품반출신고시의 화물반입 보세구역부호 기재	- 13011013-가 1-A-123456 - 13001000275
- 보세구역명칭	AN..	30	C	C	서류	- 보세구역 명칭(신고서 출력시)	
⊙란번호/총란수							
- 란번호	AN	3	M	M	공통	- 품목별 란번호를 기재	
- 총란수	AN	3	M	M	공통	- 당해 신고건의 총란수(신고서 출력시)	
㉚ 품명	AN..	50	M	M	공통	• 당해물품을 나타내는 관세율표상의 품명을 영문으로 기재 - 관세율표상 품목번호 10단위에 당해 품명이 특게되어 있는 경우 이를 기재 - 10단위에 특게되어 있는 품명이 없는 경우에는 9단위부터 4단위까지 순차적으로 특게된 품명을 찾아 기재 예 OPTICAL DISK DRIVE (8471.70-2039)… 9단위 CINEMATOGRAPHIC FILM (3702.90-1010)… 8단위 LOBSTER(바다가재, 1605.30-1000)… 6단위 ANTI-KNOCK PREPARATION (3811.19-0000) …5단위 PAPER LABELS(지제라벨, 4821.10-0000) …4단위 • 품목번호중 최종 4단위에도 관세율표상에 품명이 특게되지 않은 경우 일반적인 품명을 기재 • 관세율표상에 특게된 품명이 당해물품의 성질을 정확하게 표현하지 못하는 경우 일반적인 품명 기재 • 품명은 명사, 명사의 조합, 형용사+명사의 조합으로 된 것만 사용가능하며 4단어 이내로 기재 - 4단어를 초과할 경우 단순한 수식어는 빼고 4단어이내로 기재 • 부분품 및 부속품의 경우에는 「~PART」 또는 「PART FOR ~」로 일괄 기재하고 구체적인 품명은 모델 · 규격란에 기재	- TACKS (7317.00-2000 특게) - RABBIT MEAT (토끼고기) (0208.10-0000) - 7108.13-1010 의 경우 관세율표상 WIRE 이나 GOLD WIRE(금선)로 표기

항 목	TYPE	SIZE	조건		서류 /전자 문서	작성요령	작 성 예
			일반	간이			
㉚ 품명	AN..	50	M	M	공통	• 시약의 경우에는 관세율표상 품명을 기재하고 구체적인 품명 · 규격은 모델 · 규격 및 성분 항목에 기재 • 표준품명이 제정된 물품은 표준품명을 영문으로 기재 • 품명 또는 용도 표준화 코드에 따라 기재	– 품명 : TOY PART 1. CAP0000, ZZZ 2. BUTTON, XXX
㉛ 거래품명	AN..	50	M	M	공통	• 거래품명이라 함은 실제 상거래시 송품장 등 무역서류에 기재되는 품명으로서 학명을 병기하여 기재할 수 있음 • 영어이외의 외국어는 단순히 발음을 영자로 표기 – 품명: ELETRONIC GAMES(9504.90–2000) – 거래품명 : TAMAGOCHI • 학명은 CITES대상품목, 한약재, 조정관세 적용여부 등의 확인이 필요한 경우에 한하여 기재 – 품명: BELLFLOWER ROOT(도라지, 1211.90–9090) – 거래품명: PLATYCODI RADIX(도라지의 학명)	– VIETNAM ROBUSTA COFFEE BEAN
㉜ 상표						• 상표코드	
– 상표코드	AN	4	M	M	전자	– 관세청에 등록된 경우는 대표 상표코드를 기재, 미등록의 경우는 "ZZZZ"로 기재하고 상표가 없는 경우는 "XXXX"로 기재	– 0000
– 상표명	AN..	30	M	M	공통	• 상표명 – 상표가 있는 경우에는 실제 사용하는 상표명(한글 또는 영문)을 기재하고 상표가 없는 경우에는 "NO"로 기재 "BRAND"라는 단어는 기재할 수 없음 – 상표가 둘 이상인 경우 란을 달리하여 기재하고, 도형상표는 관세청 홈페이지에서 조회하여 해당 상표명(도형)을 기재 – 상표는 지식재산권 확인, 원산지 확인, 가격심사 등에 필수적인 기재요소로서 상표가 있는 물품을 "없음"으로 기재하는 것은 불가함	– NIKE
⊙표준품명코드	AN..	50	C	C	전자	• 표준화 품명이 있는 경우에는 실제 사용하는 표준품명 기재	– 0208100000–01–101

항 목	TYPE	SIZE	조건		서류/전자문서	작성요령	작 성 예
			일반	간이			
⊙ 합의세율신청 및 서류첨부여부	AN	1	M	M	전자	• 합의세율 신청 및 해당품목의 모델 · 규격의 일부만 입력하고 세부내역은 서류로 별첨(attach)할 것인지 여부 – 일부입력 : 'Y' – 전부입력 : 'N' – 합의세율 신청 + 일부입력 : 'A' – 합의세율 신청 + 전부입력 : 'B' • 신고서 출력시 – 'Y'인 경우 '모델 · 규격'란에 "상세내역 별첨" 표시 – 'A'인 경우 '모델 · 규격'란에 "합의세율(상세내역 별첨)" 표시 – 'B'인 경우 '모델 · 규격'란에 "합의세율" 표시	
㉝ 모델 · 규격 – 규격번호 – 모델 · 규격						• 해당 품목의 세부 모델 및 규격 – 모델 · 규격별 일련번호 – 세관 심사에 필요한 모델 및 규격을 기재 * 하나의 모델에 규격이 여러개인 경우에는 각 규격별로 규격앞에 모델명을 기재 • 모델명 기재방법 – 모델은 생산방식, 생산방법, 타입 등을 나타내는 부호로써 관세율표상의 품목분류, 법제226조의 규정에 의한 세관장확인대상물품, 관세환급, 관세감면, 과세가격 등의 심사에 영향을 미치는 사항을 기재하여야 한다. – 모델이 있는 경우에는 규격 앞에 "MODEL:"라는 단어를 기재한 후 영문 대문자로 모델명을 기재 • 규격 기재방법 – 규격은 재질, 가공상태, 용도, 조립여부, 사이즈, 정격전압, 처리능력, 생산년도 등으로써 관세율표상의 품목분류, 법제226조의 규정에 의한 세관장확인대상물품, 관세환급, 관세감면, 과세가격등의 심사에 영향을 미치는 사항을 기재하여야 한다.	

항 목	TYPE	SIZE	조건		서류/전자문서	작성요령	작성 예
			일반	간이			
㉝ 모델 · 규격 - 규격번호 - 모델 · 규격						- 규격은 주로 관세율표상에 OF, FOR, WITH등의 단어로 표현되므로, 규격 기재시 가능하면 관세율표상 용어를 그대로 사용할 것 - 물품에 따라 세관심사에 필요한 규격사항을 기재 * 냉동홍어의 경우 냉동여부만 기재 품명: SKATE(홍어, HS 0303.79-9093) 규격: FROZEN * 엔진의 경우는 품목분류 등을 확인하여야 하므로 여러가지 요소를 기재 품명: ENGINE 규격: GASOLIN ENGIN 2,500CC, FOR SEDAN, 1998YEAR • 미술품 모델 · 규격 기재방법 다음 순서대로 기재 - Title(작품명) - Artist(작가) - Year(제작년도) - Dimension(크기)	
㉝ 모델 · 규격						• 용도의 기재방법 - 법 제226조의 규정에 의한 세관장확인대상 물품에 해당하는 세번의 물품은 식용, 공업용, 사료용, 비료용, 의약용, 동물의약용, 연구 · 실험용, 기타 등의 용도를 영문자로 표기한다. 다만, '기타'라고 표기한 경우 (　　)안에 구분 가능한 용도를 영문 또는 한글로 기입한다. · 표기방법 USE : EDIBLE 〈용도 기재사례〉 - 식용 : EDIBLE - 공업용 : INDUSTRIAL - 화장품용 : COSMETICS - 사료용 : FEEDING - 미끼용 : BAIT - 비료용 : FERTILIZER - 의약용 : MEDICINAL - 동물의약용 : ANIMAL MEDICINAL - 연구 · 실험용 : RESEARCH - 기타 : ETC(용도)	

항 목	TYPE	SIZE	조건		서류/전자문서	작성요령	작성 예
			일반	간이			
㉝ 모델 · 규격						• 자동차 모델 · 규격 기재방법 – 기재형식 : [모델명], [차대번호], [주요특성]의 순서로 기재 – 모델명 : BMW520i, BENZ320S등으로 기재 – 차대번호 : 17단위, 모델명 다음에 콤마(,)로 구분하여 기재 – 주요특성 : 배기량, 제작년도, 주행거리, 차체형상, 변속기형식, 엔진번호 등을 차대번호 다음에 각 주요특성마다 콤마(,)로 구분하여 기재 – 2대 이상인 경우 줄을 바꾸어 기재 – 란을 초과(100대이상)하는 경우 새로운 란에 기재하거나 수입 B/L분할신고방법으로 신고가능 * 주요특성 예시 – 배기량 : 1997cc – 제작년도 : 2001년식 – 주행거리 : 35,758 mile – 차체형상 : 4D 세단 (Four Door Sedan) – 변속기형식 : 수동, 자동, 반자동, 무단변속기 등 – 엔진번호 : 1G 6831372 – 기타 수입신고서 기재 필요사항 * 기재예시 BENZ320S,WBDGA33EOTA312272,1997cc, 2001yr,mile 35758,4D,Auto,1G 6831372 • 규격의 유형별 기재사례 〈타입 기재사례〉 – 수평형, 수직형: VERTICAL, HORIZONTAL – 작동방식: PORTABLE, PNEUMATIC, HYDRAULIC – 제어방식: CNC, PLC, ATC 〈상태 기재사례〉 – 물품의 외형적인 형상 PASTE, LIQUID, PELLET, POWDER, GAS, CRYSTALLINE POWDER – 가공상태 • CRUDE, RAW, LIVE, FRESH • ROASTED, CALCINED • FROZEN, DRIED, DEHYDRATED • CONCENTRATED • COLD ROLLED, HOT ROLLED	USE : EDIBLE USE : INDUSTRIAL BENZ320S, WBDG A33EOTA3122721 997cc,2001yr,mile 35758,4D,Auto,1G 6831372

항 목	TYPE	SIZE	조건		서류/전자문서	작성요령	작 성 예
			일반	간이			
㉝ 모델 · 규격						〈조립여부 기재사례〉 - KNOCKDOWN, UNASSEMBLED - UNFINISHED 〈사이즈 기재사례〉 - Scarf: W 500mm X L 500mm - Sheet: T 20mm X W 300mm X L 1,500 - Tile : T 2mm X W 200mm X L 200m - Distributer : T 1,400mm X D 746mm X H 2,025mm - Tube: T 20mm X ID 200mm X OD 250mm 〈처리능력 기재사례〉 - A4 15 sheet/M - 150 KVA 〈정격전압 기재사례〉 - 200V, 100KV 〈생산년도,등급 기재사례〉 - 몇년도 산 : Year1995, Year1996 - 연 령 : 17year old - Grade : A grade • 모델 · 규격 기재 오류 사례 - 품명: COFFEE(커피, HS 0901.11-0000) 거래품명: COLOMBIAN GREEN COFFEE 모델 · 규격: 미기재 오류사항 : 볶은 것인지 여부 및 카페인 제거여부 미표기로 품목분류 불가능 - 품명: SUITCASE(슈트케이스, HS 4202.11-1040) 거래품명: SUITCASE 모델 · 규격: BLACK 오류사항: 재질 미표기로 품목분류 불가능 • 품명 또는 용도 표준화 코드에 따라 기재	
⊙부품코드	AN..	20	C	C	전자	• 수입화주가 모델 · 규격을 고유하게 관리하는 부호(환급시 활용 : 환급신청서의 원재료식별번호) 기재	
⊙특정거래수입물품 등록번호	AN	15	C	C	전자	• 특정거래 수입물품 등록번호 기재	

항 목	TYPE	SIZE	조건		서류/전자문서	작성요령	작성 예
			일반	간이			
㉞ 성분	AN..	70	C	C	공통	• 세관심사에 필요한 성분 및 함량 기재 • 성분 기재방법 – 성분은 당해물질의 성분 및 함량으로써 관세율표상의 품목분류, 법제226조의 규정에 의한 세관장 확인물품, 관세환급, 관세감면, 과세가격등의 심사에 영향을 미치는 성분 및 함량을 기재한다. – 농산물 혼합물 및 실 · 직물의 경우는 성분 및 함량을 모두 기재하여야 한다. • 성분 기재사례 – 청바지는 주된 성분의 함량만을 기재하나 청바지용 직물은 성분의 종류 및 함량, 중량 등을 기재 하여야 함 품명: COTTON WOVEN FABRIC (HS 5208. 11-0000) 성분: COTTON 100%, 40G/㎡ 품명: BLUE JEAN(청바지, HS 6203. 42-1000) 성분: COTTON 100%, – 농산물 혼합물 기재사례 품명: Seasoning(양념, HS 2103.90-9030) 거래품명: tateki 성분: RED PEPPER POWDER MAXED WITH SALT1 8%, WATER 42%, GARLIC POWDER 7%, ONIONPOWDER 5% • 성분 기재오류 사례 – 품명: CANE SUGAR (사탕수수당, 1701.11-2000) 성분: RAW SUGAR POLARIZATION BETWEEN 98 AND 98.99 DEGREES 오류: 당도표기 모호(당도 98.5를 기준으로 세번이 달라지나 당도가 양 세번에 걸쳐 있어 세번분류 불가능) – 품명: LACTOSE(유당, 1702.19-1000) 성분: REFINED 전자문서BLE FINE POWDER 오류: 유당의 함유량 미표기로 세번분류 불가(99%를 기준으로 세번이 달라짐) –품명: COCOA PREPARATION (1806.20-9010) 성분: 15%(18M/T) USD4,554.– 오류: 함량표기 불분명(밀크분 함량50%를 기준으로 세번이 달라짐)	

항 목	TYPE	SIZE	조건		서류/전자문서	작성요령	작 성 예
			일반	간이			
㉟ 수량 - 수량 - 단위	 N.. AN..	 14 3	 C C	 C C	 공통 공통	• 해당 품목의 모델 · 규격별 수량 - 모델 · 규격별 수량을 소수점이하 4자리까지 기재(소수점이하 5자리에서 반올림) - 실제 수량단위를 기재 - 담배는 그램, 전자담배는 밀리리터 단위에 해당하는 숫자 기재. 다만, 궐련담배(HS2402.20-)는 수량을 U(갑/20개피)로 단위를 환산하여 기재	45.6785 PCS g ml U(갑/20개피)
㊱ 단가	N..	18	C	C	공통	• 해당 품목의 모델 · 규격별 단가를 결제통화 단위로 기재 - 정수 12자리, 소수점 이하 6자리까지 기재(소수점 이하 7자리에서 반올림) - 소수점 이하 숫자중 "0000"부분은 서류(신고서) 출력시 제외 - ','와 '.'을 포함하여 출력할 전체 자리수가 16자리를 초과할 경우 앞에서부터 16자리만 출력	30.402575 - 123,456.750000의 경우 123,456.750000 (×) 123,456.75 (○) - 12,345,678,901.234560의 경우 45,678,901.23456(×) 12,345,678,901.2(○)
㊲ 금액	N..	16	C	C	공통	• 해당 품목의 모델 · 규격별 금액을 기재 - 정수 12자리, 소수점 이하 4자리까지 기재(소수점 이하 5자리에서 반올림) - 소수점 이하 숫자중 "0000"부분은 서류(신고서) 출력시 제외 - ','와 '.'을 포함하여 출력할 전체 자리수가 16자리를 초과할 경우 앞에서부터 16자리만 출력	30.4627 - 123,456.7500의 경우 123,456.7500 (×) 123,456.75 (○) - 2,345,678,901.2340의 경우 2,345,678,901.234 (×) 12,345,678,901.23 (○)
⊙단가/금액 통화종류	AN	3	M	M	서류	• V결제금액란의 통화종류 부호를 단가 및 금액항목 우측(　)안에 출력 - D단가(XXX), E금액(XXX)	- D단가(USD) E금액(USD)
㊳ 세번부호	AN..	10	M	M	공통	• 관세율표에 기재된 H.S.K. 10단위 품목번호를 기재 - 간이세번은 간이세율표에 기재된 세번을 기재(3단위)	전자문서 : 6106202000 서류 : 6106.20-2000

항 목	TYPE	SIZE	조건		서류/전자문서	작성요령	작 성 예
			일반	간이			
㊴ 과세가격 – 미화 – 원화	 N.. N..	 14 18	 C C	 C C	 공통 공통	• 해당 품목의 과세가격 – 과세가격을 미화로 기재(CIF기준 USD)(소수점이하 절상) – 과세가격을 원화로 기재(소숫점 이하 절사)	– $8,150.01 = $8,151 – ₩1,235.99 = ₩ 1,235
㊵ 순중량	N..	16	C	C	공통	• 물품의 포장용기를 제외한 순중량 – 관세율표에 게기된 당해 물품의 중량단위로 환산하여 기재 – 중량단위가 KG(I.C 등)인 경우에는 용기를 포함한 중량을 기재	99999.9, 99999.99, 99999.999
– 단위	AN..	3	C	C	공통	• 단위는 KG으로 기재	KG
㊶ 수량	N..	10	C	C	공통	• 관세율표에 게기된 수량단위로 환산 기재 – 관세율표상에 중량단위만 있고 수량단위 부호가 특게되어 있지 않은 것은 기재하지 않음(중량만 기재) – 소수점 이하는 반올림하여 기재	30
– 단위	AN..	3	C	C	공통	• 관세율표에 게기된 수량단위를 기재 (U 외 10개) CR : carat(카랏트) M : metres(미터) M2 : square metres(제곱미터) M3 : cubic metres(세제곱미터) L : litres(리터) DZ : dozens(타) MW : mega watt(메가와트) U : pieces/items(개,본,매,두,필,대,량,기,척,착) 2U : pairs(쌍, 켤레, 족) TU : thousands units(천본, 천매) * 수량단위가 U로 되어 있는 물품으로서 송품장등에 수량이 나타나 있지 않거나 packs으로 되어 있어 개개의 수량을 파악하기 불가능한 물품의 경우는 packs(U)단위로 기재 • 담배는 그램, 전자담배는 밀리리터 단위에 해당하는 숫자 기재. 다만, 궐련담배(HS2402.20–)는 수량을 U(갑/20개피)로 단위를 환산하여 기재	DZ g ml U(갑/20개피)

항 목	TYPE	SIZE	조건		서류/전자문서	작성요령	작 성 예
			일반	간이			
㊷ 환급물량 – 단위	N.. AN	14 3	C C	X X	공통 공통	• HS별 표준수량과 관계없이 소요량 계산시 실제 사용하는 단위로 환급 사용 물량을 기재 (예 : ㊵항목 10DZ → ㊶항목 120PCS) – 소수점이하 3자리까지 기재 (소수점이하 4자리에서 반올림) – 환급물량이 없는 경우에는 '0.000'으로 기재 – 단위는 소요량 계산시 실제 사용하는 단위로 기재 • 담배는 그램, 전자담배는 밀리리터 단위에 해당하는 숫자 기재. 다만, 궐련담배(HS2402.20-)는 수량을 U(갑/20개피)로 단위를 환산하여 기재 • 환급물량을 입력하지 않고 수입신고하는 경우에는 전산시스템에서 오류 통보 ※ 환급물량 입력대상 : 수입관리 부호(형태별 분류) – 11,12,13,14,15,21,22,29,51,52,55,59, 80,83,84,87,88,89,92,93,94	120PCS g ml U(갑/20개피)
㊸ C/S 검사 – 검사구분부호 – 설명	 AN AN..	 1 12	 C C	 X X	 서류 서류	• C/S결과 검사구분 부호 – 세관에서 접수통보한 C/S검사구분 부호를 기재 (출력시) – 검사구분 부호설명(출력시)	 Z 비적용대상
㊹ 검사변경 – 부호 – 설명	 AN AN..	 1 12	 C C	 X X	 서류 서류	• C/S검사방법 변경 부호 – 세관에 의해 C/S검사방법이 변경되었을 때 변경된 검사방법 변경부호(출력시) – 변경부호 설명(출력시)	 X 검사 → 생략
㊺ 사후확인기관 – 기관 1 – 기관 2 – 기관 3	 AN AN AN	 3 3 3	 C C C	 X X X	공통	• 수입물품이 사후확인대상인 경우 당해 수입요건확인기관의 부호를 3개까지 기재 – 통계부호표 참조	123
㊻ 원산지 – 국가부호 – 결정기준 – 표시유무 – 표시방법 – 표시면제사유	 AN AN AN AN AN	 2 1 1 1 2	 M M M C M	 M	공통	• 원산지 결정 및 표시 관련사항 기재 – 상품의 원산국(생산, 제조국) 국가부호 기재 – 원산지결정기준부호 기재(통계부호표 참조) – 원산지 표시유무 기재(통계부호표 참조) – 원산지 표시방법 기재(통계부호표 참조) – 원산지표시 면제사유 기재(통계부호표 참조) * 원산지 표시방법 원산지 표시유무가 'Y', 'B', 'G'인 경우 원산지 표시방법을 기재 * 원산지표시 면제사유 원산지 표시유무가 'E'인 경우 원산지표시 면제사유를 기재	 US A Y B 01

항 목	TYPE	SIZE	조건		서류/전자문서	작성요령	작 성 예
			일반	간이			
㊼ 특수세액	N..	14	C	C	공통	• 특수세액 계산근거 – 주정인 경우 알콜도수를 기재 – 비디오 테이프 등 분당으로 계산되는 종량세인 경우 란별 총분수 기재 – 내국세4종 물품(귀금속, 모피, 양탄자, 고급가구 등)인 경우 기준가격 초과분 개수 또는 조 기재	000000.00
㊽ 수입요건확인						• 타법령에 의한 수입요건확인 관련사항(법 제226조)	
– 구분	AN	1	C	X	전자	– '1': 승인서 등, '2': 검사/검역증	
– 요건승인번호	AN..	20	C	X	공통	– 타법령에 의하여 수입요건에 대하여 허가 · 승인 등을 받은 요건확인서의 허가 · 승인 번호	전자문서: 4123009700000010 서류: 4-123-00-97-00000010
– 발급서류명	AN..	50	C	X	공통	– 통관단일창구를 통해 요건신청과 동시 또는 요건승인전에 신고할 경우 요건신청서 신청번호 – 수입요건확인서류명 • 신고서 출력시 20자리까지 ( )로 표시	(수입식물검사합격증명)
– 발급일자	AN	8	C	X	전자	– 수입요건확인서류 발급일자 – 통관단일창구를 통해 요건신청과 동시 또는 요건승인전에 신고할 경우 "0000년00월00일"입력	20010805
– 법령부호	AN	2	C	X	전자	– 수입요건확인 관련 법령부호(통계부호표 참조) – 요건확인서류의 개수는 최대 8개이내	12
⊙품목식별부호	AN..	22	C	X	전자	• 요건확인기관에 요건승인 신청시 부여되는 규격별 고유한 일련번호로서 수입신고서 모델 · 규격단위로 기재	-012455632
㊾ 세종	AN..	2	M	M	서류	• 관세와 각종 내국세의 종류를 순차적으로 기재 – 관세인 경우 "관" – 개소세인 경우 "개" – 교통세인 경우 "통" – 주세인 경우 "주" – 교육세인 경우 "육" – 농특세인 경우 "농" – 부가세인 경우 "부"	

항 목	TYPE	SIZE	조건		서류/전자문서	작성요령	작 성 예
			일반	간이			
⑤⓪ 세율 - 관세율 (단위당 세액) - 관세구분 - 관세액기준 - 내국세율 - 내국세 구분 - 세율구분	 N.. N.. AN.. AN N.. AN.. AN..	 6 10 6 1 6 2 6	 C C M M C C C	 C C M M C C C	 공통 공통 전자 전자 공통 전자 서류	• 세종에 해당하는 세율구분과 세율을 기재 - 관세의 세율을 기재 - 종량세인 경우 세율 대신 단위당 세액 기재 - 관세율 구분부호 기재(통계부호표 참조) - '1' : 종가세, '2' : 종량세 - 내국세의 세율을 기재 - 내국세 구분 부호 (통계부호표 참조) - 관세율란에는 당해 품목에 대한 관세율 구분부호 및 구분명을 ( )에 기재 - 내국세율란에는 내국세구분부호를 ( )에 기재	- 0000.00 - (W1 협가) - (2A)
⑤① 감면율	N..	8	C	C	공통	• 해당 세목의 감면율을 기재	99.99
⑤② 세액	N..	18	C	C	공통	• 각 품목별 해당 세액을 기재 - 원 미만은 절사하고 기재 - 수리전 반출승인물품은 세액이 확정되지 않은 경우라도 잠정세액을 기재 - 보세공장 및 자유무역지역에서의 사용신고 또는 반입신고시 산출된 세액을 기재	999,999,999,999
⑤③ 감면분납부호 - 감면분납부호 - 부가세감면 부호 - 개소세면세 부호 - 주세면세부호 - 과세보류 - (감면액)	 AN.. AN AN AN AN N..	 12 7 7 7 7 18	 C C C C C C	 C C C C C C	 공통 공통 공통 공통 서류 공통	• 감면분납부호 및 감면액 기재 - 관세인 경우 감면분납부호 기재(통계부호표 참조) - 부가세 감면인 경우 부가세 감면부호를 기재(통계부호표 참조) - 개소세 면세인 경우 개소세 면세부호를 기재(통계부호표 참조) - 주세면세인 경우 주세 면세부호를 기재(통계부호표 참조) - 보세공장 및 자유무역지역에서의 사용신고 또는 반입신고시에는 "과세보류"로 표시 - 관세감면액을 ( )에 기재	예) 수출물품 재수입면세 - A099000001 - K120100 - L190014, L190015 - D310201 - "과세보류" (2,001,020)

항 목	TYPE	SIZE	조건		서류/전자문서	작성요령	작성 예
			일반	간이			
⊙내국세종부호	AN	6	C	C	공통	• 내국세인 경우 내국세 세종부호를 기재(통계부호표 참조)	422000 {개소세: 고급시계 (기준가격: 200만원/개)}
⊙부가세과표							
- 과세과표	N..	18	C	C	전자	- 부가세과세과표를 기재	
- 면세과표	N..	18	C	C	전자	- 부가세면세과표를 기재	
⊙특송업체 C/S	AN	1	C	C	전자	• 특급탁송물품의 경우 특송업체 자체 C/S결과를 기재 -'Y' : 검사 'N' : 생략	Y
⑭ 결제금액						• 송품장등의 내용에 근거하여 인도조건, 통화종류, 결제금액, 결제방법순으로 기재	CFR-USD-100,001,310-DA
- 인도조건	AN	3	C	C	공통	- 인도조건은 INCOTERMS 90 코드를 기재	
- 통화종류	AN	3	M	M	공통	- 통화종류는 통계부호표상의 통화코드를 기재(단, 관세청 고시환율에 해당 통화코드가 없거나 또는 결제금액이 없는 경우에는 "USD"로 통일)	
- 결제금액	N..	18	M	M	공통	- 금액은 통화종류에 따른 금액 기재(INCOTERMS 90 코드 이외에는 환산하여 기재 : 통계부호표참조)	
- 결제방법	AN	2	M	M	공통	- 결제방법부호 기재(통계부호표 참조)	
⑮ 총과세가격							
- 미화	N..	14	C	C	공통	-신고서 총 과세금액을 미화로 기재	$999,999,999,999
- 원화	N..	18	C	C	공통	-신고서 총 과세금액을 원화로 기재	₩999,999,999,999
⑯ 환율	N..	9	M	M	공통	• 53번 항목의 통화종류에 대한 관세청 고시환율을 기재 * 결제금액이 없는 경우에도 해당 환율은 기재 * 수입신고전 물품반출신고후 수입신고하는 경우 물품반출신고시의 환율 기재	1,210.1234
⑰ 운임						• 운임에 대한 통화종류 및 금액을 기재	999,999,999,999
- 금액	N..	18	C	C	공통	- 운임은 실제 지급한 운임을 원화로 환산하여 기재	
- 통화종류	AN	3	C	C	전자	- 통화종류는 "KRW" 기재	

항 목	TYPE	SIZE	조건		서류/전자문서	작성요령	작 성 예
			일반	간이			
⑱ 보험료 – 금액 – 통화종류	 N.. AN	 18 3	 C C	 C C	 공통 전자	• 보험료에 대한 통화종류 및 금액을 기재 – 보험료는 실제 지급한 보험료를 원화로 환산하여 기재 – 통화종류는 “KRW” 기재	999,999,999,999
⑲ 가산금액 – 통화종류	N.. A	18 3	C C	C C	공통 전자	• 품목전체에 영향을 미친 가산금액을 원화로 환산하여 기재 – 통화종류는 “KRW” 기재	
⑳ 공제금액 – 통화종류	N.. A	18 3	C C	C C	공통 전자	• 품목전체에 영향을 미친 공제금액을 원화로 환산하여 기재 – 통화종류는 “KRW” 기재	
㉑ 세종(합계)	A..	14	C	C	서류	• 관세 및 내국세의 종류(출력시)	관세
㉒ 세액(합계)	N..	18	C	C	공통	• 세종별 세액합계를 기재	
㉓ 총세액합계	N..	18	C	C	공통	• 총 세액 합계를 기재	
㉔ 납부(고지)서 번호	AN	15	C	C	서류	• 세관에서 접수통보시 부여한 납부(고지)서번호 – 세관(3)+고지유형(2)+년도(2)+일련번호(8)	130-11-98-06962434
㉕ 총부가가치세과표 – 과세과표 – 면세과표	 N.. N..	 18 18	 C C	 C C	 공통 전자	 – 총부가세과세과표를 기재 – 총부가세면세과표를 기재	
⊙특송업체부호	AN	6	C	C	전자	• 특송업체부호를 기재	
⊙특별통관대상 업체부호	AN..	10	C	C	전자	• 특별통관대상업체 부호를 기재	
⊙응답형태	AN	2	M	M	전자	• 응답형태를 기재 ‘AB’ : 응답필요 ‘NA’ : 응답불필요	AB

항 목	TYPE	SIZE	조건		서류/전자 문서	작성요령	작 성 예
			일반	간이			
⊙ 신고인기재란					전자	• 관세사가 신고서 표시사항 또는 세관에 제공하는 정보를 구분하여 기재	
– 구분부호	AN	3	C	X		– 관세사 기재 부호를 기재(통계부호표 참조)	–ABB
– 기재사항1	AN..	200	C	X		– 신고서에 출력하지 아니할 사항을 자유롭게 기재	
– 기재사항2	AN..	300	C	X	공통	– 신고서에 출력할 사항 기재 • 사전회시번호 및 시행일자, 콘테이너 번호 및 수량등	
– 전화번호	AN..	40	M	M		– 연락 가능한 전화번호를 기재	042-1234-5678
– 이메일 주소	AN..	100	M	M		– 이메일 주소 기재	
⊙ 무역업체 참조번호	AN..	20	C	C	전자	• 무역업체가 내부관리를 위해 부여한 참조번호 기재	
⊙ 남북교역 과세구분	AN..	1	C	C	전자	• 남북교역물품여부, A : 정부지원 물품(차관 포함) C : 사회문화협력사업 물품, E : 기타 경제협력사업 물품(G,K 제외), F : 정부 협력사업교역(유상 반출입 물품) 등	
⊙금 거래 계좌여부	AN	1	C	C	전자	• 금거래계좌 납부신청건 여부, Y : 신청건, N : 미신청건	
⊙사용신고구분	AN	1	C	X	전자	• 보세공장 사용신고여부, A : 사용전신고, B : 사용후신고(보세공장 사용 후 사후 사용신고서를 제출하는 경우 B(사용후신고)로 기재)	
⊙ 사용일시	AN	14	C	X	전자	• 사용신고 구분이 B(사용후신고)인 경우 사용일시 기재	
⊙ 신고지연가산세	N..	18	C	C	전자	• 신고지연가산세 기재	
⊙ 미신고가산세	N..	18	C	C	전자	• 미신고가산세 기재	
⊙ 전용물품 확인공문번호	AN..	25	C	X	전자	• 용도세율 전용물품확인 공문번호 또는 용도세율 전용물품 신청번호 기재	
⊙ 제품원료구분	AN	1	C	X	전자	• 수입종류가 보세공장 원료과세, 종합보세구역 원료과세인 경우 반드시 기재(보세공장 원료과세 : 29, 종합보세구역 원료과세 : 36), A : 제품, B : 원료미신고가산세 기재	
⊙ 제품란 번호	AN	3	C	X	전자	• 제품 · 원료구분이 "B(원료)" 일 경우 원료에 해당하는 제품란번호를 필수 기재	
⊙ 신고인기재 검사필요란 여부	AN	1	C	C	전자	• 관세사 기재부호의 3번째 부호가 B, C, D, E 인 경우만 검사필요란 여부 기재(Y: 검사필요, N:검사불필요)	

항 목	TYPE	SIZE	조건		서류/전자문서	작성요령	작 성 예
			일반	간이			
⊙ 요건비대상 사유부호	AN	1	C	X	전자	• 세관장 확인대상 세번 중 해당 법령에 대해 요건비대상인 경우 란단위로 필수 기재(A:용도비대상, B:요건면제대상, Z:기타)	
⊙ 요건비대상 법령부호	AN	2	C	X	전자	• 세관장 확인대상 세번 중 요건비대상인 경우 해당 법령 부호 필수 기재	
⊙ 요건비대상 사유	AN..	60	C	X	전자	• 세관장확인대상이면서 비대상일 경우 기재	
⊙ 수출신고번호	AN..	14	C	C	전자	• 재수입면세 대상일 경우 수출신고번호, 란번호, 규격번호, 수출신고 수량에 대한 수입사용량과 단위 기재	
⑯ 세관기재란	AN..	1,000	C	C	서류	• 의무이행요구사항 등 세관에서 필요한 사항 기재	
⑰ 담당자						• 세관 심사담당자 성명 및 직원부호	
- 성명	AN..	12	C	C	서류	- 심사담당자의 성명을 기재	홍길동
- 직원부호	N	6	C	C	서류	- 심사담당자의 직원부호를 기재	990112
⑱ 접수일시	AN	12	M	M	서류	• 세관에서 접수통보한 접수일시를 기재	2001/02/01,13:30
⑲ 수리일자	AN	8	M	M	서류	• 신고수리일자 기재	2001/02/02

3. 수출신고서 작성요령(수출통관 사무처리에 관한 고시)

수 출 신 고 서(적재전, 수출이행)

※ 처리기간 : 즉시

①신고자	⑤신고번호	⑥세관.과	⑦신고일자	⑧신고구분	⑨C/S구분

②수 출 대 행 자 (통관고유부호) 수 출 화 주 (통관고유부호) (주소) (대표자) (사업자등록번호)	수출자구분 (소재지)	⑩거래구분 ⑬목적국 ⑯선박명(항공편명) ⑲운송형태 ㉑물품소재지	⑪종류 ⑭적재항 ⑰출항예정일자	⑫결제방법 ⑮선박회사(항공사) ⑱적재예정보세구역 ⑳검사희망일
③제 조 자 (통관고유부호) 제조장소	산업단지부호	㉒L/C번호 ㉔사전임시개청통보여부	㉓물품상태 ㉕반송 사유	
④구 매 자 (구매자부호)		㉖환급신청인 (1:수출대행자/수출화주, 2:제조자) 자동간이정액환급 XX		

품명 · 규격 (란번호/총란수: 999/999)

㉗품 명 ㉘거래품명			㉙상표명			
㉚모델 · 규격		㉛성분	㉜수량	㉝단가(XXX)	㉞금액(XXX)	
㉟세번부호		㊱순중량	㊲수량		㊳신고가격(FOB)	
㊴송품장번호		㊵수입신고번호	㊶원산지		㊷포장갯수(종류)	
㊸수출요건확인 (발급서류명)						
㊹총중량		㊺총포장갯수	㊻총신고가격 (FOB)			
㊼운임(₩)		㊽보험료(₩)	㊾결제금액			
㊿수입화물관리번호			51컨테이너번호			

※신고인기재란	52세관기재란

53운송(신고)인 54기간 // 부터 /// 까지	55적재의무기한	56담당자	57신고수리일자

Page :

수 출 신 고 서(적재전 을지, 수출이행 을지)

※ 처리기간 : 즉시

①신고자	⑤신고번호	⑥세관.과	⑦신고일자	⑧신고구분	⑨C/S구분

품명 · 규격 (란번호/총란수:)							
㉗품 명 ㉘거래품명					㉙상표명		
㉚모델 · 규격				㉛성분	㉜수량	㉝단가 (XXX)	㉞금액(XXX)
㉟세번부호		㊱순중량		㊲수량		㊳신고가격 (FOB)	
㊴송품장번호		㊵수입신고번호		㊶원산지		㊷포장갯수 (종류)	
㊸수출요건확인 (발급서류명)							

품명 · 규격 (란번호/총란수: 999/999)							
㉗품 명 ㉘거래품명					㉙상표명		
㉚모델 · 규격				㉛성분	㉜수량	㉝단가 (XXX)	㉞금액(XXX)
㉟세번부호		㊱순중량		㊲수량		㊳신고가격 (FOB)	
㊴송품장번호		㊵수입신고번호		㊶원산지		㊷포 장 갯 수 (종류)	
㊸수출요건확인 (발급서류명)							

품명 · 규격 (란번호/총란수:)							
㉗품 명 ㉘거래품명					㉙상표명		
㉚모델 · 규격				㉛성분	㉜수량	㉝단가 (XXX)	㉞금액(XXX)
㉟세번부호		㊱순중량		㊲수량		㊳신고가격 (FOB)	
㊴송품장번호		㊵수입신고번호		㊶원산지		㊷포장갯수 (종류)	
㊸수출요건확인 (발급서류명)							

3-1 일반사항

가. 보세공장 또는 자유무역지역으로부터 외국으로 반출(반송 · 수출)신고시는 수출신고서를 사용한다.(「남북교역물품 통관관리에 관한 고시」 및 「반송절차에 관한 고시」에 따라 반출(반송)하는 물품의 신고시에도 동일하다)

나. 수출신고서는 상업송품장(Commercial Invoice) 또는 포장명세서(packing list) 등을 근거로 작성하되 신고시점에 제시된 현품과 동일해야 한다.

다. 품목번호 또는 품목별로 별도의『란』으로 구분하여 기재하고, 동일『란』안에는 모델 · 규격별로 "모델 · 규격, 성분, 상표명, 수량, 단가, 금액"을 최대 50행까지 상세히 기재하여야 한다. 모델 · 규격이 최대 50행을 초과하는 경우에는 수출신고서의 '송품장번호'란에 반드시 해당 송품장번호를 기재 하여야 한다.

라. 다수의 품목으로 신고서 1매를 초과할 경우에는 "을지"를 사용할 수 있으며 이때 신고서의 우측 상단에 "을지"라 표시한다.

마. 자동차, 전자제품, 기계류, 섬유류 등 주요품목에 부수하여 수출되는 품목으로서 금액이 적고 종류가 다양하며 관세환급 또는 무역통계 작성에 지장이 없는 것으로서 품목별로 각각 별도의『란』을 구분하여 기재하는 것이 비능률적이라고 판단되는 경우에는 여러 가지 부수되는 품목 중에서 무역통계상 별 의미가 없는 품목은 일괄하여 한『란』에 기재할 수 있다. 이 경우에는 수출신고서의 '송품장번호'란에 반드시 해당 송품장번호를 기재하여야 한다.

바. 원 · 부자재와 자동차 · 전자제품 등의 주요 부품(A/S 목적 등) 및 해외 현지조립 방식(Knock Down방식) 수출 물품으로 종류가 다양하며 관세환급 또는 무역통계 작성에 지장이 없는 경우 일괄하여 한『란』에 기재할 수 있다. 이 경우에는 수출신고서의 '송품장번호'란에 반드시 해당 송품장번호를 기재하여야 한다.

사. 비환급대상 물품의 경우에는 품목별로『란』을 구분하여 기재하되 모델 · 규격 구분없이 일괄하여 기재할 수 있다. 이 경우에는 수출신고서의 '송품장번호'란에 반드시 해당 송품장번호를 기재하여야 한다.

아. 이사물품의 경우 그 종류와 금액이 다양하여 품목별로 각각 별도의 란을 구분하여 기재하는 것이 비능률적일 때에는 제1란 품명 및 거래품명에 대표적으로 이사물품임을 「Household goods」으로 영문표기하고 그에 대한 세번은 2424.00-0000으로 기재하며, 품목별 수량, 중량, 포장갯수, 금액 등은 일괄하여 해당란에 기재하고, 품목별 세부내용은 신고서에 첨부된 포장명세서 기타 물품목록 등에 기재된 내용으로 갈음할 수 있다.

다만, 이사물품 중 재수출조건 이행 또는 재수입면세와 관련된 물품이 포함된 경우에는 이를 분리하여 제2란부터 당해물품의 HS세번별로 각각의 품명 · 규격란을 설정하여 일반 수출물품의 경우와 같이 품명, 거래품명, 모델 · 규격, 성분, 상표명, 원산지, 세번, 수량, 중량, 포장갯수, 금액 등을 각 해당란에 기재하거나 별도의 신고서에 의거 수출신고를 하여야 한다.

자. 결제금액에 운임 · 보험료 등이 포함된 경우에는 그 운임 · 보험료 등을 수출자(제조자)가 구분하여야 하며 관세사 등 신고인은 그 적정성을 심사하여 신고하여야 한다.

차. 수출신고서 용도별 구분

- 수출신고서(보관용) : 세관/신고인 보관용 수출신고서
- 수출신고필증 : 신고필증 발급용

카. 수출신고서의 형식

- 전산기에 의하여 출력되는 데이터의 길이에 따라 신고항목의 상하 출력위치가 가변적인 FREE FORM 형태의 서식을 사용
- 수출신고서의 좌우 출력위치는 고정적임

타. 수출신고서 출력시 출력내용이 첫 페이지를 초과할 경우 다음 페이지에 이어서 계속하여 출력하되, 신고서의 제출번호, ①과 ⑤~⑧ 항목은 매 페이지별로 동일한 위치에 반복하여 출력한다.

파. 통계부호의 추가, 삭제, 변경사항이 시달되었을 때에는 이를 전직원 및 관세사에게 숙지시키고 관계자료를 보완하여 활용함으로써 오류가 발생하지 않도록 유의한다.

하. 제35조의2(전자상거래 물품 등의 간이수출신고)에 따라 수출하려는 물품은 수출신고서 기재항목 중 다음 항목을 기재를 생략할 수 있다. 〈개 정〉

–「③제조자」」기재항목 중「산업단지부호」 항목

- 「④구매자」 기재항목 중「구매자부호」 항목
- 「⑨C/S구분」 기재항목
- 「⑪종류」 기재항목
- 「⑭적재항」 기재항목
- 「⑮선박회사(또는 항공사)」 기재항목
- 「선박명(또는 항공편명)」 기재항목
- 「출항예정일자」 기재항목
- 「적재예정보세구역」 기재항목
- 「운송형태」 기재항목
- 「검사희망일」 기재항목
- 「물품소재지」 기재항목 중「장치장부호」,「반입번호」 항목
- 「L/C번호」 기재항목
- 「물품상태」 기재항목
- 「사전임시개청통보여부」 기재항목
- 「반송 사유」 기재항목
- 「품명」 기재항목
- 「상표명」 기재항목
- 「성분」 기재항목
- 「송품장번호」 기재항목
- 「수입신고번호」 기재항목
- 「원산지」 기재항목 중「결정기준」,「표시여부」 항목
- 「포장개수」 기재항목
- 「수출요건확인(발급서류명)」 기재항목
- 「운임」 기재항목
- 「보험료」 기재항목
- 「수입화물관리번호」 기재항목
- 「컨테이너번호」 기재항목
- 「운송(신고)인」 기재항목
- 「기간」 기재항목
- 비환급대상건의 경우 「③제조자」 기재항목 중 제조자 통관고유부호, 제조자 일련번호 항목, 「성분」 기재항목

갸. 제33조의2에 따라 수출하려는 물품은 수출신고서 기재항목 중 다음 항목을 기재를 생략할 수 있다.

- 「③제조자」 기재항목 중 「산업단지부호」 항목
- 「⑨C/S구분」 기재항목
- 「⑫결제방법」 기재항목
- 「⑭적재항」 기재항목
- 「⑮선박회사(또는 항공사)」 기재항목
- 「선박명(또는 항공편명)」 기재항목
- 「운송형태」 기재항목
- 「물품소재지」 기재항목 중「장치장부호」,「반입번호」 항목
- 「L/C번호」 기재항목
- 「물품상태」 기재항목
- 「사전임시개청통보여부」 기재항목
- 「반송 사유」 기재항목
- 「㉖환급신청인」 기재항목
- 「㉛성분」 기재항목
- 「㊱순중량」 기재항목
- 「송품장번호」 기재항목
- 「수입신고번호」 기재항목
- 「포장개수」 기재항목
- 「수출요건확인(발급서류명)」 기재항목
- 「㊹총중량」 기재항목
- 「㊺총포장개수」 기재항목
- 「㊻총 신고가격」 기재항목
- 「㊼운임」 기재항목
- 「㊽보험료」 기재항목
- 「㊾결제금액」 기재항목
- 「수입화물관리번호」 기재항목
- 「컨테이너번호」 기재항목
- 「세관기재란」 기재항목
- 「운송(신고)인」 기재항목
- 「기간」 기재항목

－「적재의무기한」 기재항목
－「담당자」 기재항목
－「신고수리일자」 기재항목

냐. 제35조의5(전자상거래 물품의 국외반출신고에 관한 특례)에 따라 국외반출하려는 물품은 국외반출신고서 기재항목 중 다음 항목의 기재를 생략할 수 있다. 〈신 설〉

－「대행자」 기재항목
－「③제조자」 기재항목 중 「산업단지부호」 항목
－「⑨C/S구분」 기재항목
－「결제방법」 기재항목
－「적재항」 기재항목
－「⑮선박회사(또는 항공사)」 기재항목
－「선박명(또는 항공편명)」 기재항목
－「출항예정일자」 기재항목
－「적재예정보세구역」 기재항목
－「검사희망일」 기재항목
－「L/C번호」 기재항목
－「물품상태」 기재항목
－「사전임시개청통보여부」 기재항목
－「반송 사유」 기재항목
－「환급신청인」 기재항목
－「품명」 기재항목
－「상표명」 기재항목
－「성분」 기재항목
－「송품장번호」 기재항목
－「수입신고번호」 기재항목
－「포장개수」 기재항목
－「수출요건확인(발급서류명)」 기재항목
－「운임」 기재항목
－「보험료」 기재항목
－「수입화물관리번호」 기재항목
－「컨테이너번호」 기재항목

3-2 품명 · 규격 기재에 관한 사항

가. 용어의 정의

- "품명 · 규격"이라 함은 품명, 거래품명, 상표명, 모델 · 규격, 성분 등 수출신고서상의 5개 항목을 총칭하여 말한다.
- "품명"이라 함은 당해 물품을 나타내는 관세율표상의 품명을 말한다. 다만 관세율표상에 당해 물품을 나타내는 품명이 없는 경우에는 이를 나타낼 수 있는 일반적인 상품명을 말한다.
- "거래품명"이라 함은 실제 상거래시 송품장 등 무역서류에 기재되는 품명을 말한다.
- "상표명"이라 함은 상품을 생산, 가공 또는 판매하는 것을 업으로 영위하는 자가 자기의 업무에 관련된 상품을 타인의 상품과 식별되도록 하기 위하여 사용하는 기호 · 문자 · 도형 또는 이들을 결합한 것과 기호 · 문자 · 도형에 색채를 결합한 것을 지칭하는 이름을 말한다.
- "모델"이라 함은 생산방식 · 방법 · 타입 등으로서 관세법 별표 관세율표(이하 "관세율표"라 한다)상의 품목분류 · 관세법 제226조의 규정에 의한 세관장 확인물품 등의 심사에 영향을 미치는 사항을 말한다.
- "규격"이라 함은 재질 · 가공상태 · 용도 · 조립여부 · 사이즈 · 정격전압 · 처리능력 · 생산년도 등으로서 관세율표상의 품목분류 · 관세법 제226조의 규정에 의한 세관장 확인물품 · 환급 등의 심사에 영향을 미치는 사항을 말한다.
- "성분"이라 함은 당해 물품 구성성분의 종류 및 그 함량을 나타내는 것으로 관세율표상의 품목분류 · 관세법 제226조의 규정에 의한 세관장확인물품 · 환급 등의 심사에 영향을 미치는 사항을 말한다.

나. 품명 · 규격의 표기 원칙

- 품명 · 규격의 표기는 선량한 신고인의 의무로서 다음사항을 구체적으로 성실하게 기재하여야 한다
  - 품목분류(HS10단위)에 필요한 사항
  - 관세법 제226조의 규정에 의한 세관장확인에 필요한 사항
  - 환급심사에 필요한 사항
  - 수출하고자 하는 물품을 정확히 나타내기 위하여 필요한 사항
- 품명 · 규격은 영어와 아라비아 숫자로 표기하여야 하며, 영어가 아닌 경우에는 영어로 번역하여 기재하여야 한다.

- 품명 · 규격의 표기는 수출신고서상의 양식순서에 따라 표기한다.
- 다수의 품목을 신고하는 경우로서 품목번호, 품명 또는 상표명이 다르면 각각 란을 달리하여 기재하여야 한다. 다만, 동일한 품목번호로 분류되는 부분품, 부속품 등은 대표되는 품명을 기재하고 그 외 물품의 품명 · 규격은 모델 · 규격 및 성분 항목에 차례대로 기재한다.
- 품명 · 규격을 기재함에 있어 원 · 부자재의 단위실량(Raw Material) 등 환급심사에 필요한 사항을 기재하고자 하는 경우에는 "규격" 항목에 이를 기재하되, 그 앞에 〈RM〉이라고 표기한 후 기재한다.
- 관세청장이 정하는 품명 · 용도 표준화 코드에 따라 기재하여야 한다.

다. 신고인의 권한과 책임

- 신고인은 송품장 등에 기재한 품명 · 규격이 이 요령에서 정하는 표기원칙과 다르게 작성된 때에는 이 요령에서 정하는 바에 따라 수정하여 수출신고서에 표기하여야 한다.
- 관세사 등은 통관을 의뢰하는 수출업자에게 수출요건 확인서류, 송품장 등을 작성하는 때에는 이 요령에 정하는 바에 따라 품명 · 규격을 작성하도록 전문지식을 제공하여야 한다.

3-3 제7조의3에서 정한 보세구역 등 반입 후 수출신고에 관한 사항

가. 일반사항

- 수출신고 항목 「⑧신고구분」을 기재함에 있어 신고인은 반입대상물품이 적재 전 최종 출항 보세구역에 장치되었는지 여부를 확인한 후 부호 'B' 로 기재한다.
- 「⑧신고구분」을 'B' 로 기재 후 「적재(예정)보세구역」의 보세구역코드를 입력한다.
- 「물품소재지」는,
  - (우편번호) 수출물품이 장치되어 있는 소재지의 우편번호 5자리를 기재
  - (장치장소) 주소(구, 군단위까지) 및 보세구역명 반드시 기재(통계부호표 참조)
  - (장치장부호) 해당 보세구역부호 반드시 기재(통계부호표 참조)
  - (반입번호) 해당 보세구역에 반입시 형성된 반입번호(반입계 정보) 반드시 기재
- 본 항목에서 특별히 규정하지 않은 사항에 관하여는 수출신고서 작성요령 (1)일반사항에 따른다.

나. 품목별 세부사항

연번	종 류	대상	기재사항
1	중고자동차	컨테이너에 적입하여 수출하는 중고자동차	-「운송형태」는 운송수단 코드(10), 운송용기 코드(FC 또는 LC)로 기재한다. -「컨테이너번호」는 적입여부를 'Y' 로 기재하고, 컨테이너 번호를 기재한다. 이때, 신속한 통관 및 검사의 용이성을 위하여 적재한 차량의 차대번호와 컨테이너 적입 전 및 적입 작업 후 대조 가능토록 동일 방향의 적재 사진을 전자방법으로 첨부하여 제출한다.
2	플라스틱 폐기물 및 생활폐기물 등	컨테이너에 적입하여 수출하는 플라스틱 스크랩 및 생활폐기물 등	-「운송형태」는 운송수단 코드(10), 운송용기 코드(FC 또는 LC)로 기재한다. -「컨테이너번호」는 적입여부를 'Y' 로 기재하고, 컨테이너 번호를 기재한다. 이때, 신속한 통관 및 검사의 용이성을 위하여 적재한 폐기물의 컨테이너 적입 중간, 적입 완료 후 및 컨테이너번호 확인이 가능토록 적재 사진을 전자방법으로 첨부하여 제출한다.

다. 권한과 책임

- 신고인은 반입계 등에 기재한 반입정보가 이 요령에서 정하는 표기원칙과 다르거나 누락하여 작성된 때에는 이 요령에서 정하는 바에 따라 수정하여 수출신고서에 표기하여야 한다.
- 보세구역 운영인 등은 통관과 관련된 이해관계자(수출업자, 관세사, 포워딩업체)에게 신속하고 원활한 통관을 위하여 보세구역 반입정보를 제공하여야 한다.

3-4 작성방법 약어 설명

구분	약어	설명
TYPE	A	– 영문자를 정해진 자리수로 작성
	A..	– 영문자를 정해진 자리수 이내로 작성
	N	– 숫자(계산가능)를 정해진 자리수로 작성
	N..	– 숫자(계산가능)를 정해진 자리수 이내로 작성
	AN	– 영문 또는 숫자를 정해진 자리수로 작성
	AN..	– 영문 또는 숫자를 정해진 자리수 이내로 작성
SIZE	999	– 입력 또는 출력 자리수
조건	M	– 필수 기재항목
	C	– 선택 기재항목
	X	– 기재 불필요 항목
서류/ EDI	서류	– 서류작성 또는 신고서 출력시 적용
	EDI	– 신고자료 EDI전송 항목
	공통	– 서류 및 EDI공통 사용 항목

3-5 수출신고서 세부작성 요령

항 목	TYPE	SIZE	조건	서류/EDI	작성요령	작성예
① 신고자	A..	40	M	공통	• 신고자 상호와 대표자 성명을 기재 – 관세사의 경우 : 신고자상호, 관세사성명 기재 – 자가통관업체의 경우 : 신고자상호, 대표자성명 기재 – 기타 개인의 경우 : 성명 기재 ※ 다만, 화주(당해 수출물품의 소유자) 또는 완제품 공급자 직접신고로서 관세사 명의로 수출신고하는 경우에는 ㅇㅇ회사(주) 관세사ㅇㅇㅇ으로 기재	– 최신 관세법인 관세사 최고봉 – (주)최신상사 최고봉 – 최고봉 – 최신상사(주) 관세사 최고봉
② 수출대행자	AN..	28	M	공통	• 수출대행자의 상호 또는 성명을 기재. ※ 수출대행자가 다수인 경우 ㅇㅇㅇ외 ㅇ명으로 신고할 수 없으므로 수출대행자별로 분리하여 신고	– (주)다파라인터내셔널
– (통관고유부호)	AN	15	C	공통	• 수출대행자의 통관고유부호를 기재 – 관세청장(세관장)이 지정한 통관고유부호를 기재	– 초일류**1741204
– (일련번호)	AN..	4	C	공통	• 사업자단위 과세 적용사업자의 경우 국세청에서 부여하는 해당사업장 일련번호	– 본사:0000, 지사:0001~(지사는 해당번호 기입)
– 수출자 구분	AN	1	M	공통	• 아래 해당코드를 기재 – 수출대행자가 제조자와 동일한 경우 : A – 수출대행자가 수출대행만을 한 경우 : B – 수출대행자가 완제품공급(원상태 공급을 포함한다)을 받아 수출한 경우 : C – 수출화주와 제조자가 본 · 지사 관계인 경우 : D	– A
– 수출화주	AN..	28	M	공통	• 수출화주의 상호를 기재	– (주)초일류상사
– (주소)	AN..	35	M	공통	• 수출화주의 주소를 기재	– 서울시 강남구 강남대로 123
– (대표자)	AN..	12	M	공통	• 수출화주의 대표자 성명을 기재	– 최일류
– (통관고유부호)	AN	15	C	공통	• 수출화주의 통관고유부호를 기재 ※ 수출대행자 또는 수출화주의 사업자등록번호가 부여되어 있는 경우 통관고유부호를 반드시 기재하여야 하며, 사업자등록번호가 없는 개인 · 외국인은 기재 생략	– 초일류**1741204
– (일련번호)	AN..	4	C	공통	• 사업자단위 과세 적용사업자의 경우 국세청에서 부여하는 해당사업장 일련번호	– 본사:0000, 지사:0001~(지사는 해당번호 기입)

항 목	TYPE	SIZE	조건	서류/EDI	작성요령	작성예
– (사업자등록번호)	AN..	13	C	공통	• 수출화주의 사업자등록번호를 기재 – 국세청장이 지정한 사업자등록번호 기재 ※ 사업자등록번호가 없는 개인의 경우는 개인통관고유부호 또는 주민등록번호를 기재하며, 외국인인 경우는 개인통관고유부호 또는 외국인등록번호(외국인등록번호가 없을 경우 여권번호) 기재 * 외국인의 여권번호 기재시 앞자리에 "F"를 기재한 후, ISO국가코드 2자리와 여권번호를 이어서 기재(13자 이내)	– 사업자등록번호가 있는 경우 : 112-29-66062 – 사업자등록번호가 없는 개인의 경우 : P811111234569 또는 701230-1645917 – 외국인으로 국적이 미국이고, 여권번호가 12345678901234인 경우 : FUS1234567890
– (소재지)	AN	3	M	공통	• 수출화주 소재지의 우편번호 앞 3자리 번호를 기재.	– 134
③ 제조자	AN..	28	M	공통	• 수출물품을 제조 가공한 자의 상호를 기재	– (주)메이저상사
– (통관고유부호)	AN	15	M	공통	• 관세청장(세관장)이 지정한 통관고유부호를 기재 – 국내제조자가 없는 수입물품, 반송물품, 제조자를 알 수 없는 시중구매물품, 제조자 다수 등으로 제조자 기재가 불가능한 경우에는 제조자 상호를 "미상"으로 하고 통관고유부호는 "제조미상9999000"으로 기재	– 메이저**1741204
– (일련번호)	AN..	4	C	공통	• 사업자단위 과세 적용사업자의 경우 국세청에서 부여하는 해당사업장 일련번호	– 본사:0000, 지사:0001~(지사는 해당번호 기입)
제조장소	AN	5	M	공통	• 수출물품 제조장소(공장)의 우편번호 앞 3자리 번호를 기재. 다만, 제조자가 미상인 경우에는 수출화주 소재지 우편번호 5자리 기재	– 13457
산업단지부호	AN	3	M	공통	• 수출물품 제조장소의 산업단지부호 기재 (통계부호표 참조) – 산업단지부호가 아닌 경우 '999' 기재	– 246
④ 구매자	AN..	26	M	공통	• 상업송품장(Invoice)상에 명시된 외국의 구매회사 이름을 영문으로 기재	– MADONA CO
– (구매자부호)	AN..	13	M	공통	• 관세청에서 부여하는 해외거래처 부호를 기재 – 등록된 해외거래처 부호가 없는 경우에는 관세청(세관장)에서 부여받아 기재	– CNTOSHIN12347
⑤ 신고번호					• 신고자 부호, 년도 및 신고서 작성 일련번호를 기재	– 12345-04-000123X
– 신고인부호	AN	5	M	공통	– 수출신고인 부호 기재(통계부호표 참조)	
– 연도	AN	2	M	공통	– 신고년도 기재	
– 일련번호	AN	7	M	공통	– 신고인이 관리하는 연도별 일련번호로서 중복될 수 없음(일련번호(6) + 'X')	

항 목	TYPE	SIZE	조건	서류/EDI	작성요령	작성예
⑥ 세관.과					• 통관지 세관부호 및 과부호를 기재	
– 신고세관	AN	3	M	공통	– 신고세관을 기재(통계부호표 참조)	– 010
– 신고과	AN	2	M	공통	– 신고과를 기재(통계부호표 참조)	– 10
⑦ 신고일자	AN	8	M	공통	• 신고자가 신고서를 접수하고자 하는 날짜를 YYYYMMDD(연월일)로 기재	– 20040312
⑨ C/S구분			X	공통	• 세관기재(검사생략 등)란으로 기재 생략	
⑩ 거래구분	AN	3	M	공통	• 일반형태수출 등 해당코드를 기재(통계부호표 참조)	– 11
⑪ 종류	AN	1	M	공통	• 일반 · 보세공장수출 등 해당코드를 기재(통계부호표 참조)	– A
⑫ 결제방법	AN	2	M	공통	• L/C, 단순송금 등 해당코드를 기재(통계부호표 참조)	– TT
⑬ 목적국 – 코드	AN AN	7 2	M M	서류 공통	• 수출물품의 최종 도착국가에 대한 약어를 기재 • 해당 ISO 국가코드를 기재(통계부호표 참조)	– JAPAN – JP
⑭ 적재항 – 코드	AN AN..	12 5	M M	서류 공통	• 수출물품이 적재되는 항구 · 공항명을 기재(통계부호표 참조)	– 부산항 – PUS
⑮ 선박회사(또는 항공사) – 코드	AN AN	25 4	C C	서류 공통	• 당해 항차의 선박운항을 책임지는 선박회사의 상호 또는 당해 항행의 항공기 운항을 책임지는 항공사 상호 • 관세청에 등록된 선박회사 또는 항공사의 코드 기재	– HANJIN SHIPPING CO.LTD – HJSC, KE
⑯ 선박명(또는항공편명)	AN	23	C	공통	• 선박의 고유명칭(선박명을 23자리 이내의 영문으로 기재) • 국외로 출항하는 항공기의 운항 항공편명	– HANJIN SAVANNAH – KE1098
⑰ 출항예정일자	N	8	C	서류	• 당해 선박 또는 항공기의 출항예정일을 기재	– 20100101
⑱ 적재(예정)보세구역	AN	8	M	서류	• 적재를 위한 장치장소의 보세구역 코드를 기재 * 보세구역이 아닌 장소에 장치하거나 미정인 경우 "세관부호+99999"를 기재 – 보세구역 반입 후 수출신고대상은 적재 보세구역 코드 필수 기재	– 03012202 – 03099999
⑲ 운송형태 – 운송수단 – 운송용기	 AN AN..	 2 3	 M M	 공통 공통	• 운송수단 코드를 기재(통계부호표 참조) • 운송용기 코드를 기재(통계부호표 참조) – 보세구역 반입 후 수출신고대상 중 중고자동차는 운송수단 코드(10), 운송용기 코드(FC,LC)로 기재	– 10BU (선박에 의한 벌크) – 40UL (항공기에 의한 ULD) – 50ETC (우편물에 의한 기타용기)

항 목	TYPE	SIZE	조건	서류/EDI	작성요령	작성예
⑳ 검사희망일	AN	8	C	공통	• 세관검사 희망일을 YYYYMMDD로 기재 ※ 수출신고시점에는 수출물품이 신고한 장소에 장치되어 있어야 함	– 20040304
㉑ 물품소재지	AN	3	M	공통	• 수출물품이 장치되어 있는 소재지의 우편번호 5자리를 기재	–13345
– 장치장소	AN..	40	M	공통	• 수출물품이 장치되어 있는 소재지 명칭(업체 상호)을 먼저 기재하고 그 다음에 도로명주소를 기재하되, '시, 군, 구' 용어는 생략하고 기재 – 물품소재지가 보세구역일 경우 주소(구, 군단위 까지) 및 보세구역명 기재(통계부호표 참조) – 보세구역이 아닐 경우 회사명과 주소 순으로 기재 ※ 동일세관, 출장소 관할지 내 물품이 2곳 이상 있을 경우 1건으로 신고 가능(대표소재지 기재)	– 한진보세장치장 서울 강동 명일대로 123
– 장치장부호	AN	8	C	공통	• 보세구역 반입후 수출신고, 계약상이수출, 반송 등 수출물품이 보세구역에 있을 때에는 해당 보세구역부호를 반드시 기재	– 12345678
– 반입번호	AN	15	C	공통	• 적재지 보세구역에 장치한 후 수출신고하는 수출물품의 경우에는 반드시 보세구역 반입번호를 기재 – 보세구역 반입 후 수출신고 대상은 해당 보세구역 '반입계'의 반입번호 기재	– WMCD99999999999
㉒ L/C번호	AN..	20	C	공통	• 신용장거래방식에 의한 수출인 경우에는 L/C번호를 기재하고, 그 외의 경우에는 은행참조번호 또는 계약서 번호를 기재	– LC620-96141
㉓ 물품상태	AN	1	M	공통	• 수출물품이 신품인지 중고품인지 기재 – 신품인 경우 : N, 중고품인 경우 : O, 신품과 중고품 혼재인 경우 : M	– N
㉔ 사전임시개청통보여부	AN	1	M	공통	• 야간 또는 공휴일에 신고서를 전송하는 경우 사전에 임시개청을 통보한 신고서인지 아닌지 여부를 기재 – 임시개청 미통보(임시개청대상 아님) : A – 임시개청 기통보(임시개청대상임) : B	– A
㉕ 반송사유	AN	2	C	공통	•「반송절차에 관한 고시」의 규정에 의한 반송물품의 경우에는 반송사유부호를 기재(통계부호표 참조)	– 11

항 목	TYPE	SIZE	조건	서류/EDI	작성요령	작성예
㉖ 환급신청인	AN	1	C	공통	• 수출물품이 환급대상인 경우, 환급신청인을 해당하는 번호로 기재 – 수출대행자/수출화주 : 1,　제조자 : 2	– 1
자동간이정액환급	AN	2	M	공통	• 수출신고에 의한 자동 간이정액환급 신청 여부를 기재 – 자동 간이정액환급신청 : AD – 미신청 : NO ※ 자동 간이정액환급을 신청하고자 하는 경우는 다음의 3가지 요건을 충족하여야 함 ① 환급신청인이 수출물품의 제조자 이어야 하며 ② 거래구분은 일반형태 수출인 "11" 이어야 하고 ③ 수출물품의 제조자 통관고유부호는 관세환급시스템에 등록된 자동환급대상업체의 통관고유부호와 일치	– AD
◎서류첨부여부	AN	1	M	EDI	• 각 란 마다 모든 신고내역을 모델 · 규격별로 기재하지 않아 서류첨부가 필요한 건인지 여부를 기재	– Y(서류첨부 필요)
㉗ 품명	AN..	50	M	공통	• 당해 물품을 나타내는 관세율표상의 품명을 영문으로 기재 – 관세율표상 품목번호 10단위에 당해 품명이 특게되어 있는 경우 이를 기재 – 10단위에 특게되어 있는 품명이 없는 경우에는 9단위부터 4단위까지 순차적으로 특게된 품명을 찾아 기재 • 품목번호 중 최종 4단위에도 관세율표상에 품명이 특게되지 않은 경우 일반적인 품명을 기재 • 관세율표상에 특게된 품명이 당해물품의 성질을 정확하게 표현하지 못하는 경우 일반적인 품명 기재 • 품명 또는 용도 표준화 코드에 따라 기재 • 부분품 및 부속품의 경우에는 「~PART」 또는 「PART FOR ~」로 일괄 기재하고 구체적인 품명은 모델 · 규격란에 기재 • 해외현지조립방식(Knock Down) 물품의 경우 "CKD" 또는 "SKD" 라는 단어를 기재한 후 품명을 기재 ※ 중고물품인 경우 품명 맨 앞에 "USED" 표기 ※ 반복수출입포장용기의 경우 품명 맨 앞에 "Returnable"표기	– ASPARAGUS – MELON JUICE – KIMCHI REFRIGERATOR – PART FOR CAR – "CKD" HEADPHONES

항 목	TYPE	SIZE	조건	서류/EDI	작성요령	작성예
㉘ 거래품명	AN..	50	M	공통	• 실제 상거래시 상업송품장 등 무역서류에 기재하는 품명을 기재 • 영어 이외의 외국어는 단순히 발음을 영자로 표기 • 학명은 CITES 해당 여부 등을 위해 확인이 필요한 경우 기재	- MP3 PLAYER - TAMAGOCHI - MILVUS LINEATUS
㉙ 상표명	AN..	30	M	공통	• 상표가 있는 경우 실제 사용하는 하나의 상표명을 기재 - 상표에 포함되어 있는 공백을 제거하고 연결하여 기재 ※ 상표가 다른 경우 란을 달리하여 신고 ※ 'BRAND'라는 단어는 기재하지 않음 • 상표가 없는 경우 'NO'를 기재	- CHRISTIANDIOR
㉚ 모델·규격					• 해당 품목의 세부 모델 및 규격을 기재	
- 규격번호	N..	2	C	EDI	- 모델·규격별 일련번호를 기재	- 01
- 모델·규격	AN..	400	C	공통	- 세관 심사에 필요한 모델 및 규격을 상세히 기재 ※ 하나의 모델에 규격이 여러개인 경우 각 규격별로 규격 앞에 모델명을 기재 • 모델명 기재방법 - 생산방식, 생산방법, 타입 등을 나타내는 부호임 - 모델이 있는 경우에는 규격 앞에 "MODEL :"라는 단어를 기재한 후 영어 대문자로 모델명 기재 • 규격 기재방법 - 재질, 가공상태, 용도, 조립여부, 사이즈, 정격전압, 처리능력, 생산년도, 두께 등을 나타냄 - 여러 규격을 기재하는 경우 ';'로 구분하여 기재 • 원·부자재의 단위실량(Raw Material) 등 환급심사에 필요한 사항을 기재하고자 하는 경우 그 앞에 "〈RM〉"라고 기재한 후 영어 대문자로 내역을 기재 • 품명 또는 용도 표준화 코드에 따라 기재	- MODEL : 335MH - W 400mm × L 1,400mm; UNFINISHED - 〈RM〉 WIDTH:58/60" WP:POLYESTER F.YARN 75(SD)185E/INCH 86GR/YD WT:POLYESTER F.D.T.Y 150(SD) 80P/INCH 87GR/YD 2,450T/M WEIGHT-AFTER:170GR/YD

항 목	TYPE	SIZE	조건	서류/EDI	작성요령	작성예
㉛ 성분	AN..	70	C	공통	• 품목분류, 법제226조의 규정에 의한 세관장확인대상물품, 관세환급 심사에 영향을 미치는 성분 및 함량을 기재 – 농산물 혼합물 및 실,직물의 경우는 성분 및 함량을 모두 기재	– NYLON 20%, WOOL 80%
㉜ 수량	N..	14	C	공통	• 당해 품목의 모델·규격별 수량을 기재 – 소수점 이하 다섯째 자리에서 반올림하여 기재	– 200.0000
– 단위	AN..	3	C	공통	– 실제 수량단위를 기재	
㉝ 단가	N..	18	C	공통	• 당해 품목의 모델규격별 단가를 기재 – 소수점 이하 일곱째 자리에서 반올림하여 기재	– 14.000000
㉞ 금액	N..	16	C	공통	• 당해 품목의 모델 · 규격별 금액을 기재 – 소수점 이하 다섯째 자리에서 반올림하여 기재 ※ 결제금액란의 통화종류 부호를 단가 및 금액항목 우측 ( )안에 출력	– 2,800.0000
㉟ 세번부호	AN	10	M	공통	• 관세율표에 기재된 세번을 10단위까지 기재 – 제35조의2에 따라 수출하는 건 중 비환급대상이나 관세법 제226조의 규정에 의한 세관장확인대상물품에 해당하지 않는 경우 6단위 기재 가능	– 8528.30-0000
㊱ **순중량**	N..	11	M	공통	• 물품의 포장용기를 제외한 순중량을 기재 – 소수점 이하 둘째자리에서 반올림하여 기재	– 320.00
– 단위	AN	2	M	공통	• 단위는 'KG'으로 기재	
㊲ 수량	N..	10	C	공통	• HS별 표준수량 · 중량단위표에 게기된 단위로 환산하여 기재	– 10
– 단위	AN..	2	C	공통	– HS별 표준수량 · 중량단위표에 중량단위만 있고 수량단위 부호가 특게되어 있지 않은 것은 기재하지 않음(중량만 기재) – 소수점 이하는 반올림하여 기재	

항 목	TYPE	SIZE	조건	서류/EDI	작성요령	작성예
㊳ 신고가격	N..	15	M	공통	• FOB 기준의 원화 가격을 원단위까지 기재 – 송품장상 결제조건이 FOB가 아닌 경우 FOB가격으로 산정하여 기재(결제조건이 CIF인 경우 운임, 보험료를 공제한 금액) – 외국에서 수리 · 개조하기 위하여 반입된 선박 · 항공기를 수리 후 수출하는 경우에는 수리 · 개조로 인한 가득액을 기재 – 우리나라 선박 · 항공기를 외국에서 수리 후 반입하기 위하여 수출하는 경우에는 "0"을 기재 – 선박 · 항공기가 아닌 기타의 경우 "물품가격+가득액"을 기재	– 결제금액이 CIF 10,000이고 운임이 1,000원, 보험료가 500원 인 경우 : 8,500원 기재
◎차대번호	AN..	20	C	EDI	• 중고차량(임시운행차량 포함)을 수출하는 경우 해당 차대번호를 기재	– KLAJA19Y1BP8092540
– 차대관리번호 (일련번호)	AN	3	C	EDI	– 차대번호의 일련번호를 기재	– 01
㊴ 송품장 부호	AN..	17	C	공통	• 상업송품장 부호를 기재 – 수출물품에 원상태수출물품이 일부 포함되어 수출되는 경우 맨 앞에 "72–"를 기재한 후 송품장 부호를 기재	– 0000083964
㊵ 수입신고번호	AN..	15	C	공통	• 수출신고 거래구분 '72', '84', '86', '89', '93' 등 재수출의 경우 수입신고번호를 반드시 기재(다만, 수출입안전관리 우수업체(화주)의 원상태 수출신고건(72)은 수입신고번호(분증번호 포함) 기재 생략 가능)	– 31010–04–1490223
– 란번호	N..	3	C	공통	– 해당 수입신고건의 란번호 기재	– 1
㊶ 원산지						
– 국가부호	AN	2	M	공통	• 수출물품의 원산지를 기재	– CN
– 결정기준	AN	1	C	공통	• 원산지 결정방법 코드를 기재 – A : 완전생산기준 – B : 부가가치기준(직접생산비기준) – C : 부가가치기준(타국원재료비공제기준) – D : 가공공정기준 – E : 조합기준 – 2 : 세번변경기준(HS 2단위) – 4 : 세번변경기준(HS 4단위) – 6 : 세번변경기준(HS 6단위) – 8 : 세번변경기준(HS 6단위에서 세분)	– A

항 목	TYPE	SIZE	조건	서류/EDI	작성요령	작성예
- 표시여부	AN	1	C	공통	• 원산지 표시여부를 기재 - N : 원산지 미표시 - Y : 현품 및 포장에 원산지 표시 - B : 포장에만 원산지 표시 - G : 현품에만 원산지 표시	- Y
- FTA 원산지증명서 발급여부	AN	1	C	공통	• FTA 원산지증명서 발급 여부 표시 - Y : 원산지증명서 발급 - N : 원산지증명서 미발급 - B : 상대국 보세구역 반입으로 불필요 ※ 수출 이후 원산지증명서 발급 예정인 경우에도 기재	- Y - N
㊷ 포장개수	N..	6	M	공통	• 해당 물품의 외포장 개수를 기재	- 3
- 종류	AN	2	M	공통	• 수출물품의 해당 포장종류 코드를 기재(통계부호표 참조)	- RO
㊸ 수출요건확인						
- 일련번호	AN..	2	C	EDI	• 수출요건확인 일련번호를 기재	- 01
- 구분	AN	1	C	공통	• 수출요건별 구분코드를 기재 - A : 수출승인서 - B : 수출추천서 - C : 검사증 - D : 검역증 - E : 전략물자수출허가서 또는 상황허가서	- D
- 요건승인번호	AN..	20	C	공통	• 타 법령에 의한 수출요건확인서의 허가 및 승인 번호 • 수출승인서 기재 가. 수출에 제한이 있는 경우에는 반드시 기재 - 수출입구분 1자리 - 기관고유코드 3자리 - 산하기관코드 2자리 - 연도 2자리 - 일련번호 7자리 - 체크디지트 1자리 나. 대외무역법령상 수출승인면제물품인 경우에는 대외무역관리규정의 해당 사유항목을 기재	- ESJ00309000801 - 1127119900010686 (한국섬유직물수출입조합 추천대상인 경우) - 대외무역관리규정 별표3-1 수출승인의 면제 중 영 제27조 제2호 다목의 규정에 의한 수출승인면제로서 "가"의 1)에 해당하는 경우 : 27-2-다-가-1

항 목	TYPE	SIZE	조건	서류/EDI	작성요령	작성예
					• 전략물자수출허가서 기재 (상황허가서 포함) 가. 허가구분자리(1자리) – A : 개별수출허가 – B : 개별수출허가 면제 – C : 사용자포괄수출허가 – D : 품목포괄수출허가 – E : 전략물자비해당판정 나. 허가번호 및 판정번호(6자리)	
– 발급서류명	AN..	35	C	공통	• 수출요건확인서류명 ※ 신고서 출력시 20자리까지 ( )로 표시	– 문화재국외반출허가서
– 발급일자	AN	8	C	EDI	• 수출요건확인서류 발급일자	– 2003-09-01
– 법령부호	AN	2	C	EDI	• 수출요건확인관련 법령부호(통계부호표 참조) ※ 최대 8개까지 기재 가능하며, 수출신고서에는 최초 입력한 4개만 출력	– 13
㊹ 총중량	N..	11	M	공통	• 수출신고 물품의 총중량(용기 포함)을 기재 – 소수점 이하 둘째자리에서 반올림하여 기재	– 4817.2
– 단위	AN	2	M	서류	• 단위는 'KG'으로 기재	– KG
㊺ 총포장개수	N..	6	C	공통	• 포장명세서상의 총 외포장 개수를 기재 ※ 운송용기(예 Pallet) 수량으로 기재하지 않음 ※ 수출신고서상 총포장개수의 단위는 1란의 포장종류 부호가 기재됨	– 300
㊻ 총신고가격	N..	15	M	공통	• 원화 : 수출신고가격의 합계를 원단위까지 기재(원단위 이하는 절사)	– 4,000,000
	N..	14	M	서류	• 미화 : 총신고가격을 미화($)로 환산하여 기재($ 이하는 반올림) ※ 환산율은 관세청 고시 수출환율을 적용	– 3,044
㊼ 운임	N..	12	C	공통	• 결제금액에 운임이 포함된 경우 운임을 원화로 기재	– 6,940,224
㊽ 보험료	N..	12	C	공통	• 결제금액에 보험료가 포함된 경우 보험료를 원화로 기재	– 8,847,178

항 목	TYPE	SIZE	조건	서류/EDI	작성요령	작성예
㊾ 결제금액					• 송품장의 내용을 근거로 하여 인도조건, 통화종류, 금액(실제 결제금액) 순으로 기재(통계부호표 참조) – 인도조건은 INCOTERMS 2000코드를 기재	
– 인도조건	AN	3	M	공통	(INCOTERMS 2010 코드 이외에는 환산하여 기재) EXW, FAS, FCA, FOB, CFR, CIF, CPT, CIP, DAT, DAP, DDP (11개)	– CIF
– 통화종류	AN	3	M	공통	– 통화종류는 통계부호표상의 통화종류를 기재(다만, 관세청 고시환율에 해당 통화종류가 없는 경우에는 “USD”로 기재)	– USD
– 결제금액	N..	18	M	공통	– 금액은 통화종류에 따른 금액 실제 결제금액을 기재(관세청 고시환율에 해당 통화코드가 없는 경우 수입물품과세가격결정에관한고시 제1-4조 제2항을 준용하여 환산 기재) ※ 결제금액에 운임, 보험료가 포함된 경우 그 금액을 각각 구분하여 원화로 기재	– 2,990.00
◎환율	N..	8	M	공통	• 해당일자에 해당하는 관세청 고시환율을 기재	– 1163.9100
㊿ 수입화물관리번호	AN..	18	C	공통	• 반송절차에 관한 고시의 규정에 의한 반송물품의 경우에 당해 수입화물관리번호를 기재 – 무적화물은 “NO”를 기재 – 화물관리번호는 1개만 기재	– 03MSCUD50A90016003
– 구분	AN..	2	C	공통	• 전량, 분할, 여러건 반송 등의 구분 기재 – A : 화물 전량을 반송 – B : 화물을 분할하여 반송 – C : 여러건의 화물을 동시에 반송	– A
51 컨테이너번호						
– 적입여부	AN	1	M	공통	• 컨테이너 적입 및 컨테이너번호 확인 여부 – ‘Y’ 또는 ‘N’으로 기재	– Y
– 컨테이너번호	AN..	11	C	공통	• 수출신고시점에서 컨테이너에 적입되어 있고 컨테이너번호가 확인된 경우 해당 컨테이너 번호를 기재 – 최대 10개까지 기재 가능하며, 수출신고서에는 최초 입력한 번호만 출력 ※ 해상으로 수출 예정인 컨테이너화물에 한함	– CKLU2005013

항 목	TYPE	SIZE	조건	서류/EDI	작성요령	작성예
◎신고인기재란	AN..	500	C	공통	• 관세사 등 신고인이 수출신고시 세관에 제공하는 정보 기재 – 보세구역 반입 후 수출신고건은 보세구역 운영인, 컨테이너 작업업체 연락처 등 기재	– 수출자 : 제조/섬유, 의류
㊷ 세관기재란			X		• 세관에서 사용하는 특기사항(예 선적확인사항 등) 기재란으로 신고시 기재할 필요 없음	
㊸ 운송(신고)인	AN..	30	C	공통	• 보세운송대상물품(보세공장물품, 자유무역지역 등)인 경우 해당 보세운송신고인의 상호와 성명을 한글로 기재 • 일반 수출물품인 경우 복합운송주선업자 등 당해 수출물품의 운송인의 상호와 성명을 한글로 기재 ※ 기재방법 – 운송(신고)인이 신고자인 경우 : "신고자와 동일" – 운송(신고)인이 수출자인 경우 : "수출자와 동일" – 운송(신고)인이 제조자인 경우 : "제조자와 동일" – 운송(신고)인이 일반업체인 경우 : 상호와 성명을 기재	– 한라통운(주) 이순신
㊹ 기간	AN	16	C	공통	• 보세운송대상물품인 경우 보세운송 신고수리일자 및 종료일자를 YYYY/MM/DD로 기재 • 일반 수출물품인 경우 운송 예정기간을 기재	– 2004/01/01~2004/01/30 – YYYY/MM/DD
㊺ 적재의무기간			X		• 신고수리일로부터 기산된 최초 적재의무기한이 시스템에서 자동으로 기재되므로 신고인이 기재할 필요 없음	– 2003/12/17
㊻ 담당자			X		• 세관의 접수 담당자	– 990101 (홍길동)
㊼ 신고수리일자			X		• 세관에서 신고수리한 일자가 기재되므로 신고시 기재할 필요 없음	– 2003/11/17

저자 약력

홍승열

전북대학교 회계학과 졸업
서울시립대학교 일반대학원(세무학과) 수료(2001)
서울과학종합대학원대학교 디지털금융학과 경영학 석사(2023)
가천대학교 일반대학원 회계세무학과 박사과정
세무사(2000), 경영지도사(2017), 기술거래사(2024)
한국금융연수원 강사
한국기술거래사회 강사

현) 신용보증기금 근무(2001.12 ~)
- 기금운용부(위탁회계 및 세무총괄)
  * 전국은행연합회 세무전문실무위원회위원(2005.7~ 2011.1)
- 인재개발원(신용조사 전임교수)
- 지식재산금융센터(지식재산가치평가팀) 등

2025 무역회계와 세무실무

저　자	**홍승열**
발 행 인	**서원진**
편집 · 교정	**류현수, 김영림**
편집디자인	**이은희, 이미영, 황자애**
발 행 처	**㈜조세통람**
펴 낸 날	**2021년 4월 30일 초판 발행**
	2025년 6월 30일 개정2판 발행
주　소	서울특별시 중구 동호로 14길 5-6(신당동)
등　록	1976. 11. 5. 제9-81호
대표전화	02) 2231-7027
F A X	02) 2231-7994
구입문의	02) 2231-7027
I S B N	979-11-6064-356-5 13320
정　가	50,000원

㈜조세통람은 좋은 책을 만들기 위해 독자 여러분의 의견을 기다립니다.
• 독자 의견 및 도서 문의 메일 : josetop@inaus.co.kr